# プーチン

外交的考察

木村 汎

藤原書店

# プーチン　外交的考察

目次

「ロシア連邦とその関連諸国」地図　10

## はじめに　15

外交は内政の延長にあらず　17　本書の構成　19　誰がロシア外交を決めるのか　20
プーチン外交の執行機関　22　ロシア外交の目標　24　外交の特徴　25
手段を選ばず　28　「近い外国」にたいするハイブリッド戦略　30
アジアへの軸足移動　32　中ロ、力関係の変化　34
欧州にたいするアンビバレンツ　36　ロシアにとっての中東　37
なぜ、シリアへ介入？　39　「リセット」はきまって崩壊？　41　機会主義外交　42

## 第1章　主　体　45

憲法上の規定　47　プーチノクラシーの指導原理　48
シェワルナゼとプリマコフ　50　メドベージェフは悪役　53
プーチン流決定スタイル　55　二人のイワノフは反対　56　プーチノクラシー　58
プーチン自身のサバイバルのため　59　安全保障会議　62　外交への影響　64
書記の重要性　66　知識人やシンクタンク　68　エリツィンの「セミヤー」　70
プーチンの側近たち　72　「知的専門家集団」の凋落　74

## 第2章　装　置　77

大統領府　79　イワノフの更迭　81　ワイノ任命の理由　83　外務省　86
ラブロフ＝「現代版グロムイコ」　90　プーチンの忠実な歯車　92　軍　部　93

デリケートな関係　95　旧KGBなど治安機関　97　プーチン自身がチェキスト　99
チェキストの特徴　100　KGBの限界　103　議会や政党　104　オリガルヒ　107
反抗、忠誠オリガルヒ　109　徴集オリガルヒ　110

## 第3章　論理（1）　113

本章、次章を設ける理由　115　ロシアは冷戦の敗者ではない　116
ロシア人の主張　118　NATO不拡大と口約束　120　賢明な対ロ戦略だったのか　122
拡大の敢行　124　拡大のトレード・オフ　126　被包囲意識　128
アメリカの「一極主義」に対抗　130　プリマコフ流「多極世界」の提唱　131
米国を名指しで批判　133　内政不干渉の要求　135　二重尺度の採用　138

## 第4章　論理（2）　141

「九・一一」時の協力　143　対米協力の動機　145　イラク戦争による破綻　148
カラー革命の原因　150　米国がそそのかす　152　プーチン自身が従事　154
ジョージアへの軍事介入　157　特殊権益地域　159　「緩衝地帯」は危険　160
ウクライナにたいする特殊な思い　161　武力の脅しによる併合　164

## 第5章　特徴　167

イデオロギー・フリー　169　力の相関関係　171　外交と軍事は表裏一体　173
手段を選ばず　175　〝柔道型〟行動様式　177　電撃作戦　179
国際的なルールに囚われず　181　法律は梶棒と同じ　183　仮装敵の設定　184

プーチン式マジック 186　経済的損得は二次的 188　戦術に秀で、戦略に劣る 191
ウクライナ国民の覚醒 193　事実上、EU寄りへ 194　NATOの蘇生 196
小魚を得て、大魚を喪う 198

第6章　武器輸出 201
なぜ、兵器を輸出するのか――二つの動機 203　世界第二位にのしあがる 207
国営企業による独占 209　ロシア製兵器の特徴 211　中国はそろそろ飽和点 213
二つのタブーを破る 214　インド、米ロを天秤に？ 217　輸出先の拡大戦略 219
その他の東南アジア諸国 220　「ならず者国家」とすら取引 223
さらなる増大を阻む諸要因 225　西側諸国からの逆輸入 227

第7章　ソフト・パワー 231
あらゆるものを利用 233　弱体なソフト・パワー 235
ロシアの努力は緒についたばかり 237　プーチン流〝ソフト・パワー〟 240
マス・メディアは、「もろ刃の剣」 241　マスコミは死んだ 243
テレビを最重視 245　言論の自由の制限 247　ノーボスチから「RT」へ 248
政権代弁者、キセリョフ 250　「RT」の新陣営 252　G7の対処法 254
ソチ冬季五輪 256　五輪、大成功か？ 259　「ポチョムキン村」の中身が問題 262

第8章　EEU（ユーラシア経済連合） 265
二十世紀最大の惨事 267　イズベスチヤ論文 268　精算機関の必要性 270

親ロシア、反ロシアの二傾向　272　鯨とイワシ　274　ロシアの意図　276
ベラルーシの計算　279　中央アジア諸国　281　ナフタリン臭　283　砂上の楼閣　286
五カ国が参加——「ユーラシア経済連合」　288　鍵はウクライナ　290
ヤヌコビッチの逡巡　291　「マイダン革命」　293
クリミアを得て、ウクライナを失う　295　プーチン自ら「惨事」を招く　297
「ミニ・ソ連」は時代遅れ　299　大きいことは良いことか　301

## 第9章　ハイブリッド戦争——ロシアvsウクライナの闘い　303

「ノボ（新）・ロシア」　305　「併合」シナリオ　306　「過剰膨張」の危険　306
独立国家までは意図せず　308　キエフを揺さぶる手立て　311
「ハイブリッド戦争」——ロシアvsウクライナの闘い　313　軍事力の威嚇と行使　315
エネルギー資源を外交手段に　317　天然ガス交渉　319　石炭、原子力　321
長期戦が狙い　322　ハイブリッド戦は大成功　324　ポロシェンコの譲歩　325
バランス・シートは？　327　ロシア異質論　329　原因でなく症状　331

## 第10章　アジア太平洋　333

ロシアは、アジア太平洋パワーか　335　鍵は、極東が握る　337　プーチン発言　338
地理的特質　341　人口がなぜ流出？　343　就職口がない　345
原料供給地として軽視　348　雷鳴は轟くも雨は降らず　350
消えた「極東開発公社」構想　352　極東発展省の創設　354
首尾一貫した極東開発政策なし　357　ＡＰＥＣ、初めて主催　358

またも打ち上げ花火に終わる？　361

第11章　中　国　365
経済的相互補完性　367　ロシア側の事情　369
一〇年越しのガス・パイプライン交渉　371　ウクライナ危機の勃発　374
「東ルート」決着　376　政治的判断が決め手　379　対外的ＰＲが狙い　380
過大評価は禁物　382　合意と実践は別　384　将来は不透明　385
原油価格が変動したら……　387　東方シフトは、何時から？　388
クリミア併合がキッカケ　390　中ロは、便宜的な枢軸　391　「一帯一路」　394
「一帯一路」vs「ユーラシア経済連合」　396　中央アジアは草刈り場に　398

第12章　中国リスク　401
拝借の思想　403　中ロ貿易は、アンバランス　406　招かざる客　407
中国の極東進出　409　驚異的な中国の伸長　411
ロシアはジュニア・パートナーへ　414　「中国脅威」論　416　リスク分散の必要　419
中国プラス　421　韓国は中国傾斜　422　克服すべき障害　424
日本、有力な選択肢　425　対日関係の正常化が不可欠　428

第13章　ブレグジット——英国ＥＵ離脱の影響　431
「ヨーロッパ」の一部？　433　ロシアは「西欧」ではない　435
「人たらし」プーチン　437　首脳間交流を重視　440　米欧間の分断　441

英国のEU離脱（ブレグジット）決定 445　ロシアへの影響は？ 446
珍しく自制――その理由 448　ロシアにとってのプラス――米・英と対ロ制裁 450
ロシアにとってのプラス――EU弱体化 452　英国よりもドイツ 454
メルケルの発言力 456　ロシアはEUを必要 458　蕩児、ヨーロッパへ帰る 460
EEUとEUの連携？ 462　欧州分断の新しい可能性 464

## 第14章　中東（1） 467

定義、特徴、重要性 469　「二大陣営論」 471　フルシチョフの「第三世界」外交 473
中東重視の理由――経済・宗教 474　中東重視の理由――政治・外交 476
イランにたいする危険な綱渡り 478　ケーキを食べ、かつ残す 480
対イラン制裁 483　制裁解除 485

## 第15章　中東（2） 487

ロシアは、なぜアサド政権に肩入れするのか 489
オバマのオウンゴールを利用 491　勝利をもたらす小さな戦争 494
冷蔵庫vsテレビの闘い 496　完全な外国に対する砲撃 498　長期介入のマイナス 499
撤退の潮時？ 500　シリア関与のジレンマ 502　和平プロセスでの狙い 505
トルコとの微妙な関係 508　ロシア機撃墜事件 510　両指導者、互いに譲らず 511
ロシアによる制裁措置 513　ロシア国民はおとなしく忖度 516
エルドアンの屈伏？ 518　プーチンの巧妙な手口 520

## 第16章　オバマ　525

リセット——曖昧な概念　527　ロシア側の誤解（？）　528　オバマの誤解（？）　530
軍備管理の進展　533　MD配備問題　534　プーチン、オバマのケミストリー　536
「米国の陰謀」論　539　アルバートフの見方　540　一連の諸事件の発生　542
スノーデンの亡命　544　オバマ、最後の置き土産　547
「リセット」は必ず破綻する　550　米ロ関係には明らかにパターンあり　552
新冷戦の到来か？　554

## 第17章　トランプ　559

米大統領選——二重の勝利　561　トランプのジレンマ　563　報復措置を採らず　565
プーチンの巧みな反応？　567　両指導者の類似性　568　機会主義　572
「親ロ派」、総くずれ　574　「ミニ・リセット」、早くも挫折　576
モスクワ、暫し静観の構え　578　トランプの軍拡路線　580　価値観の対立　582
プーチンのサバイバル作戦　585　「リセット」の終焉　588　熊の穴籠り　590
アメーバ式行動様式　592

## おわりに　597

内政と外交は、リンク　599　トランプも国内志向　600　二次元ゲーム　602
外交が内政に奉仕　604　国内困難から目を逸らす　606
国際的アクロバットは何時まで？　608　国内改革が先決　609

謝　辞　613
プーチン関連年表（一九八五―二〇一七）　615
注　678
事項索引　686
人名索引　693

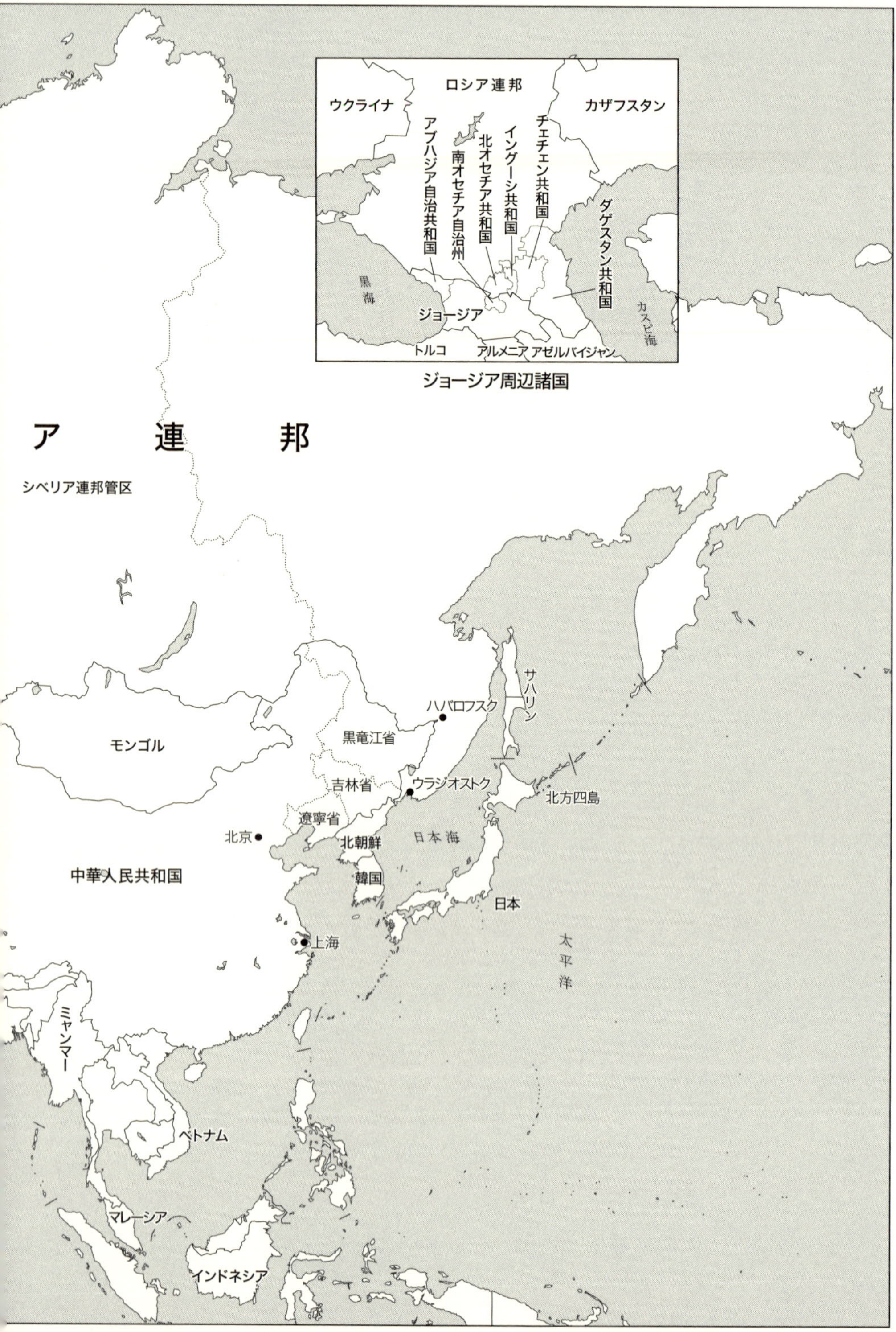
ロシア連邦
ウクライナ
カザフスタン
アブハジア自治共和国
南オセチア自治州
北オセチア共和国
イングーシ共和国
チェチェン共和国
ダゲスタン共和国
黒海
ジョージア
カスピ海
トルコ
アルメニア
アゼルバイジャン
ジョージア周辺諸国
ア　連　邦
シベリア連邦管区
モンゴル
黒竜江省
ハバロフスク
サハリン
吉林省
ウラジオストク
北方四島
遼寧省
北京
北朝鮮
日本海
中華人民共和国
韓国
日本
上海
太平洋
ミャンマー
ベトナム
マレーシア
インドネシア

# ロシア連邦とその関連諸国

※主に本書で言及された国名(地名)を採り上げた。

# プーチン

## 外交的考察

# はじめに

国連総会で演説するプーチン大統領（2015年、ニューヨーク）

ソ連外交の対外的側面と対内的側面のあいだの関係は時期によって変わるとはいえ、両者が密接なリンケージ（関連）を持っていることは事実かつ重要である。

——セベリン・ビアラー(1)

外交政策——これは、内政を形成する本質的な要素である。この点にかんし何らの幻想も抱くべきでない。

——ウラジーミル・プーチン(2)

外交政策は、国内ならびに国際的な諸影響の産物である。

——ジョセフ・ノッジ&ジュドソン・ミッチェル(3)

## 外交は内政の延長にあらず

外交は、内政の延長といわれる。たしかに、どの国においても内政と外交は密接に関連している。当然だろう。ともに同一主体が、ほぼ同一状況下におこなう政治的営為だからである。すなわち、内政であれ外交であれ、それを決定するのは、ロシアの地理、歴史、文化、国民性……等々、同一の要因にほかならない。[4] 内政は国内向け(internal)、外交は国外向け(external)の営為という差が存在するだけに過ぎない。

右のことは、私が本シリーズで対象にするプーチンの内政と外交にかんしても当てはまるだろう。というのも、はたして国内政治(domestic politic)であれ、対外政治(foreign politics)であれ、現ロシアでそれは結局のところワン・マン指導者、ウラジーミル・プーチンの発想や思惑に因るところが大きいからである。彼が考える基本路線に異論を唱えたり、それと違った政策を決定したり、実施したりすることは許されない。プーチノクラシー(プーチン統治)下では、内政分野であれ外交分野であれ、このような事情は全く変わらない。

だからといって、外交が内政の単なる延長に過ぎない。こう言い切ってしまうのはやや早計であり、かつ間違いでさえあろう。もしそうならば、われわれはもはや外交にかんして殊更語る必要などなくなってしまう。たしかに、内政と外交とは、ともに同一主体によっておこなわれる政治的営為ではある。だが他方、両者間には数々の異なる側面も存在する。たとえば行為の客体が、異なる。行為が遂行されるミリュー(milieu; 場、環境)も、異にする。内政は自国民相手に国内でおこなわれる行為であるのにたいして、外交は他国民相手に国際場裡でおこなわれる営為である。これらの違いについて、もう少し説明しよう。

内政は、自国でほぼ同質の人間を対象にする。それだけではない。大概の場合、同一国民のなかから選ばれた指導者や官僚たちが政策を形成し、実行に移す。治者と被治者のあいだに民族、その他の点で同一性が存在する。そのために、たとえば前者は後者に向って、己が採る具体的な政策や実践法について微に入り細にわたって事細かに説明し、納得させる労や手間が少なくて済む……等々の便宜に恵まれる。もとより、そのことによって両者間に馴れ合いなどの悪弊も生じるだろうが。

ところが外交行動の場合は、その客体やミリューが異なる。自分のそれらとは全く違った地理、歴史、伝統、言語、文化、制度の束をもつ他国民（そして、その一部である外交担当者）を相手にして、当方の主張を貫徹し、利害を実現せねばならない。このような諸事情のために、およそ内政では想像しえないような類いの説得の作業、煩瑣《はんさ》な手続き、……等々を覚悟せねばならない。しかも、仮にそのような努力を尽くす場合であれ、はたしてその労苦が報いられ、相手国（指導者のみならず国民）の同意を獲得できるのか、全く保証の限りではない。だからといって他方、指導者や外交担当者が交渉相手国の意向や国際社会の事情ばかりを忖《そん》度《たく》したり、配慮したりする態度に終始するならば、どうであろう。そのような姿勢はきっと自国民からは国益を第二義とし、それを損ねる「軟弱ないし宥和外交」とのレッテルを貼られ、批判を浴びることを覚悟せねばならないだろう。

つまり、外交とは、本来交渉テーブルの向う側に坐っている相手側ばかりでなく、テーブルの背後で己を見張っている自国民――この双方を同時に満足させねばならぬ難題を背負っている。外交は、そのようにふつう両立しがたい国内的・国際的な利害や要求を共に満足させねばならない使命――宿命と言い直してもよいだろう――を課されている。一方を満足させれば、他方を傷つける、いわば「もろ刃の（double-edged）[5]剣」の機能をになわされた人間営為なのである。不可能事を可能にしようとする「至難の業」（ロバート・パットナム）[6]とすら言い換えてもよいだろう。

右にのべた諸点からも判るように、やはり外交は内政と一味も二味も異なる行為である。ともに同一の主体がおこなう政治的営為に過ぎない――こう簡単に一括りにしてしまうわけにはいかない。ましてや、単純に「外交は内政の延長」とみなすのは、厳に禁物である。両者は、もっと複雑な関係にある。私がプーチノクラシーを論じるに当って、わざわざ内政的側面と外交的側面を区別せねばならなかった理由である。前者の諸側面を論じた『プーチン――内政的考察』(二〇一六年刊)につづいて、本書『プーチン――外交的考察』を執筆することにした理由も、ここにある。

## 本書の構成

前置きはこのくらいに止めて、早速、プーチン外交についての検討に入ることにしよう。本書は、格別そう銘打っていないものの、大別すると「総論」と「各論」の二部に分かれる。「総論」では、プーチン外交には一体どのような特色がみられるのか――この問題を検討する。「総論」「各論」の両方において、ジャーナリストが事件を報道するさいに心掛けるべき「五つのWと一つのH」を、私もまたカバーするつもりである。すなわち、「だれが(*Who*)」、「いつ(*When*)」、「どこで(*Where*)」、「なにを(*What*)」、「なぜ(*Why*)」、そして「どのように(*How*)」おこなったのか。

「総論」では、まず「だれが」、すなわちプーチン外交の「主体(subjects)」の問題を取りあげる。次いで、「なにを」狙っているのか、すなわち同外交の「目標(goals)」を論じる。続いて、プーチン外交がそのような目的を「どのように」達成しようとしているのか、すなわち「手段(instruments)」について検討する。右のような各点にかんして、プーチン外交は、その他の国々の外交はもちろんのこと、これまでロシア/ソビエト期の歴代政権が採ってきた外交と比べてどのように異なり、または異ならないのか。このような比較の観点も忘れないように心掛けたい。「各論」部分では、プーチン外交の実際を主として地域別に検討する。すなわち、プーチン政権は、「いつ」、「どこで」、「だれに（Whom）」にたいして、「どのように」外交を展開中なのか。

以上の「総論」、「各論」の区別は、著者が飽くまでも理論的観点からおこなう分類に過ぎず、現実には両者は重なっている。そのことよりもおそらく遥かに重要なことがあろう。それは、「なぜ（Why）」の問いである。筆者は、明示するとしないとにかかわらず、つねにこの問いを念頭におき、可能なかぎり自らの答えを記すよう心掛けるつもりである。以下、各章の意図や狙いを、ごく簡単に紹介、要約しておこう。

## 誰がロシア外交を決めるのか

本書の第1章から第9章までは、「総論」といえる。なかでも第1〜5章は、そうだろう。プーチン外交全体に見られる一般的な特色を取扱っているからである。

まず、プーチン外交の「主体」は誰か（**第1章**）。答えは、単純明快。プーチン本人、しかも彼一人である。正直に告白すると、私はもう少し複雑な答え方をしたかった。なぜか。ひとつには、私が書物の冒頭からこのような断定的なことを記すと、読者のなかにはひょっとして次のように誤解する者すら現れかねず、それは私の本意に背《そむ》くことになりかねないからである。物事をこのように単純化してのべる著者は、「一事が万事」、その他の箇所での分析も単純な割り切り方をする人物なのだろう、と。本書を読み進めていただくと分かるように、私は善きにつけ悪しきにつけ必ずしも通説に大人しく従うようなタイプの研究者ではない。時としては天の邪鬼ないしは目立ちたがり屋の性格ゆえに、敢えて通説にチャレンジする奇説（?）を展開する人間である。ところが、「プーチン外交の主要決定者は一体誰か」――この問題にかんするかぎり、「それは、プーチンその人にほかならない」という極めて平凡な通説をのべざるをえないのだ。

最高政治権力者が外交を一手に引き受け、担当する――。これは、必ずしもゴルバチョフ、エリツィン期には見られなかったことである。というのも、ゴルバチョフ期にはシュワルナゼ外相、エリツィン期にはプリマコフ外相にかなりの自由裁量権が与えられていたからだ。ところがプーチン期での権限分配の実態は、それらとは全く異なる。プーチン唯一人が全ての外交決定をとり仕切り、ラブロフ外相に自由裁量の余地は全く残されていない。

ごく例外的なケースとはいえ、時としてプーチン外交の政策決定に参加することが許される人間が全くいないわけではない。それは、連邦安全保障会議の常任メンバーのなかで、「シロビキ（武力担当省庁関係者）」の二、三人である。安全保障と外交は切っても切れない関係にあるうえに、彼らはプーチンと共にＫＧＢ（ソ連国家保安委員会）の飯を共に食った同僚たちである。たとえば二〇一四年春のクリミア併合は、プーチンがごく少数の彼らと共に決定した。

逆に、プーチン外交の政策決定過程から、今や完全に外されてしまったグループがある。むずかしい言葉でいうと「知的共同体」、平易な用語でいうと知識人階層に属する人々である。ソビエト時代では科学アカデミー付属の各研究所に勤務する知識人たちは、国立大学の教授たちとは異なり、授業負担を免れるかわりに、クレムリン宛てに政策提言をおこなう権威と義務をになっていた。また、ゴルバチョフ時代、エリツィン時代には数多くの知識人たちが重用され、彼らのアドバイスが実際、政策に採り込まれるケースすら珍しくなかった。ところが、プーチン時代の今日、そのような例は全く見られず、ロシア外交はもっぱらプーチン大統領の胸先三寸で決められている。

## プーチン外交の執行機関

しかしながら、プーチンとて、生身の人間であり、彼の時間もエネルギーも限られている。したがって、己が決定した外交政策の執行は、ある程度まで部下の手に委ねざるをえない。そのような意味で、プーチンの決定を実施する組織を本書では「装置」と名づけ、その主な機関を六つばかり紹介する（第2章）。

まず第一は、ロシア大統領府。これは、プーチン大統領による内外政策一般の画定ならびに執行の作業を助けるために設けられた組織である。日本の総理大臣を助ける内閣府にほぼ相当するといえよう。大統領府長官は、ロシアの政治制度では大統領、首相に次ぐ第三位のポストとされる。ごく最近まで、プーチンの「第二のエゴ」と綽名される盟友、セルゲイ・イワノフがその地位に坐っていた。

ロシア外交プロパーの最も重要な「装置」は、外務省である。そのトップであるラブロフは既に約一三年間にもわたってソ連外相ポストに坐っている。長身かつ頑健な身体条件に恵まれたラブロフは、外交官らしからぬ高圧的な言動でつとに有名な人物。ところが、そのような傲岸不遜な態度で有名なラブロフも、KGB出身のプーチン大統領の前ではまるで借りてきた猫のように大人しくなり、己の意見を開陳する勇気など全く持ちあわせない。ボスたるプーチンに「善玉」役を演じさせるために、敢えてみずから「悪玉」役を買って出ようとすることすら稀ではない。プーチン大統領が、ラブロフを余人をもって代えがたい便利な道具とみなすわけである。

軍隊も、ロシア外交の有力な「装置」の一つといえよう。軍隊が、内政や外交に関わることは厳に禁じられている（例えば戦後日本国憲法の精神や規定は、そうだろう）。現に、ロシア版「シビリアン・コントロール」制度も存在する。ところが、政権に忠実に従属し、かつ都合の良い方法に因るのであるならば、軍隊を政治目的達成のために利用して差し支えない——これが、プーチノクラシーの考え方のようである。現にプーチン政権は、政治的目的を達成するためにジョージア（旧グルジア）、ウクライナ、シリアなどにおいて軍事力もしくはその脅威を用いることに些かも逡巡しない。外交に頼っているだけでは達成しえない、もしくは達成が困難な国家目標を、ロシア軍が成就してくれると考えるからである。

プーチノクラシー下では「超大統領制」が実施される煽りを食《くら》って、政党制にもとづく議会政治は甚だ未発達の状態に止めおかれている。たしかに建前上は、共産党独裁制を採っていたソビエト時代とは異なり、現ロシアは複数政党制を採用している。が、現実にはプーチン政権与党の「統一ロシア」は、様々な諸側面で圧倒的に有利な特典に浴している。たとえば選挙運動にかんしていえば、「統一ロシア」は公共テレビ番組の割り当て、その他において特別扱いを受ける。その結果、現ロシア議会における野党は、事実上ロシア連邦共産党だけになっている。与党「統一ロシア」の議席数は、準与党のそれらを含めると優に憲法改正すら可能な三分の二を占めている。ロシア議会は、プーチン大統領の対外的行動を無条件で承認する「ラバースタンプ」の機能を果たしている。

欧米諸国や日本では、政治家や政党が企業や経済組織から寄付、その他の資金援助を仰ぐ。そのために、政経癒着がしばしば問題にされる。たとえばジョージ・W・ブッシュJr.政権によるイラク軍事介入の決定には米国石油業界の意向が反映していたという噂がしきりに騒がれた。ロシアのエリツィン期には、ベレゾフスキイらの「オリガルヒ（新興寡占財閥）の一部が大統領の「財布」の役目を果たす代りに、政治的な要職を当てがわれたこともあった。プーチン期においても、ティムチェンコらのオリガルヒはプーチン大統領と同郷者であるとのコネや同一の趣味（柔道）をフルに利用して、ロシアの独占国家企業体の下請けを独占し、個人財産を急速に増大させている。だが彼らは、プーチン大統領がオリガルヒに課している「政治への不介入ルール」だけは忠実に順守することにつとめ、もっぱら経済的利益の追求だけで満足し、ロシア外交に嘴を挟むことを慎んでいる。

## ロシア外交の目標

かつてのソ連外交は明瞭な目標を掲げていた。①世界に初めて誕生した社会主義国家としてのソ連邦の防衛、維持、拡張。②同じく社会主義陣営メンバーである中・東欧、その他の諸国からなる「社会主義共同体」の防衛。③「第三世界」と呼ばれる中間地域における「民族解放運動」の支援。主として、これらの三つである。ところがソ連邦解体以来のロシアは、このようなイデオロギー上課せられたゴールや使命から解放されることになった。ではプーチン外交は、ソ連時代のそれとは全く異なり、たとえば西側諸国の外交に似たようなものへと変質したのだろうか？　必ずしもそうとは断言しきれない。ひとつの理由は、今日のロシア人がソ連人と全く異なる存在とは言い切れないからである。「論理は飛躍す、されど自然は飛躍せず」（ヘーゲル）。現ロシア人のなかには、かつてのソ連人と同様のメンタリティーや行動様式が未だ根強く残っている。

このようにして、プーチンが目指す外交目標は、以下のようなものになる（第3＆4章）。

まず第一に、ロシアの独自性の主張。ロシアは、たしかに共産主義や社会主義への道を断念し、民主主義や市場経済への転換を遂げることにした。とはいえ、そのことをもって彼らが米欧流の発展モデルを猿真似するつもりと誤解するのは禁物。彼らは、飽くまでもロシア土着の価値や伝統を尊重するプーチン流「主権民主主義」の道を歩もうと欲する。だから、もし欧米諸国がそのようなやり方に異論を唱えるならば、プーチン・ロシアはそれを内政干渉とみなし断乎抗議する。

第二に、旧ソ連邦の構成国にたいするプーチン・ロシアの態度は、かつての中・東欧「衛星」圏にたいするそれを思い起こさせる類いの時代錯誤のものに止まっている。というのも、ジョージア、ウクライナなどれっきとした独立主権国家を、まだロシアの「特別権益地域」であるかのようにみなして、事実上武力を背景にする介入すら敢行しようと欲するからである。

第三に、ソ連邦が冷戦の敗者であるか、否かにかんしては、両論がある。おそらくソ連は米国との総合的な闘争において事実上の敗北者となったのだろうが、唯一人の死者も出した訳ではなかったためにロシア人のあいだで敗戦意識は極めて希薄である。むしろ、ソ連国内での民主主義勢力が勝利した結果として、ロシア人は体制変更の道を自発的に選んだ。こう説く者すら少なくない。したがって、「ワルシャワ条約機構」(WTO)もロシア人が自発的に解体させたのであり、その対抗組織として形成されたはずの「北大西洋条約機構」(NATO)が解体されないどころか、旧WTOメンバー諸国を吸収して拡大しつつあるのは、遺憾千万であるとみなす。

それにもかかわらず、第四に、プーチン政権は二〇〇一年に「九・一一」同時多発テロが発生した折に、米国のブッシュJr.政権にたいし、全面的な協力をおこなった。もとより、米側も相当な返礼をおこなったはずであるが、ロシア側は必ずしも十分な程度に感謝されたとは思っていない様子である。

第五に、米国の「一極主義」に対抗しようとして、プーチン外交は「多極主義」を提唱する。具体的には、同様の考えを共有する中国、その他の諸国と連携し合って米国に圧力をかけようともくろむ。たとえば、G20、BRICS、「ユーラシア経済連合」、「上海協力機構」などの組織づくりや参加に熱心になる。

## 外交の特徴

プーチン外交は、国際状況、当該相手国の反応など様々な要因によって影響をこうむり、けっして単純な説明法に馴じむような代物ではない。だが他方、それをソ連時代やゴルバチョフ／エリツィン期の外交と比べる場合には、一味も二味も異なる特色が明らかになる。そのような観点からプーチン外交に見られる特徴を数点、指摘してみよう（第5章）。

（1）イデオロギー・フリー。ソ連時代の外交はマルクス・レーニン主義を外交の主たる指針として掲げていた。ゴルバチョフも「新しい政治思考」を唱えた。ところがプーチンは、「強いロシアの再建」のスローガンを除くと、これといった外交上の指導概念を提示していない。彼は、元々ＫＧＢによって「力の相関関係」を重視せよと教え込まれた現実主義者だった。加えて、東独での海外勤務中に目撃したホーネッカー体制の崩壊以来、特定イデオロギーにたいする信頼感を減少させた様子である。

（2）外交と戦争を峻別しない。プーチンは、クラウゼヴィッツの格言「戦争は異なる手段をもってする政治の継続」の信奉者であるばかりか、拡大論者でさえあるようだ。というのもプーチンは、政治、外交、戦争のあいだに必ずしも厳密な一線を引いて区別せず、むしろそれらを同一線上で捉えようとするからである。軍事的、非軍事的手段を用いる点にこそ違いがあるが、これら全ては対外的な国家目標の達成を目指す点で変わりない。換言すれば、闘争を一種の「ハイブリッド戦争」のように捉える。クリミアのロシア併合、ウクライナ南部への介入も、外交と戦争を混合させた「ハイブリッド戦争」の典型例にほかならない。

（3）関連して、外交目標の達成に役立つものならばあらゆる手立て——それがハード・パワーであれ、ソフト・パワーであれ——に訴えることに逡巡しない。これも、プーチン外交の特徴だといえよう。

（4）「柔道型」行動様式。これは、プーチンがクリミアをロシアに電撃的に併合したときに、欧米のクレムリン・ウオッチャーたちが改めて気づかされたプーチン流行動様式の一大特色だった。将棋やチェス・

ゲームではプレイヤーたちは交互の順番制というルールを守って闘う。ところが柔道では、相手側に隙を見つけるや否やいつ何時であれ、かつ何度でも攻撃を繰り返して構わない。

(5) 国際的なルールを必ずしも順守しない。プーチン・ロシアがジョージア、ウクライナ、モルドバにたいしておこなっていることは、国連加盟の独立国家に対してその主権や領土を真っ向から侵犯する行為にほかならない。第二次世界大戦後に諸列強（ロシアを含む）が合意した領土不可侵など国際法上の原則を踏みにじっている。

(6) 仮装敵の設定。内政・外交を問わずプーチノクラシーには共通する、次のようなパターンが存在する。政治を「敵・味方」間の闘いと捉える。もし現実の敵が存在しない場合バーチャルな「敵」を創造したうえに、彼らを敵とみなす口実すら作り出す。目に見える形で具体的な「外敵」をしめすと、国民が直面している経済的困窮、その他から、彼らの目を逸らすことに役立つ。そのような「敵」の背後で米国という最も危険な「敵」が陰謀をたくらんでいると説き、ロシア国民の愛国心を高揚させようと試みる。

(7) 経済的利害を、二の次とみなす。プーチンにとっては、ロシアの地政学的な国益の追及、さらにいうならば自身のサバイバルが最大の優先事項。そのために、ロシアが経済的なマイナスを少々こうむっても止むをえない。このような彼の思考、行動様式をしめす例は、数多く存在する。北方領土の返還に応じさえするならば、日本から莫大な経済支援が得られる。このことが分かっているにもかかわらず、プーチンはそのような取引に決して応じようとしない。また、ウクライナやシリアへの軍事介入が、ロシア国庫から莫大な支出を強いる結果をみちびいているにもかかわらず、一向に介入を止めようとしない。

(8) 戦術に秀でる一方、戦略に劣る。プーチン外交は、短期的な視点からみると素晴らしい成果を挙げているかのように映るが、はたして長期的にはどうだろうか。クリミア併合を例にとると、それはロシア国民間に熱狂を巻き起こす成果をもたらした一方で、ウクライナ全体を西欧寄りにしてしまう結果を招いた。プーチンが掲げる「ユーラシア経済連合」にウクライナが参加する道を、ほぼ完全に絶つなどのマイナスをみちびいている。

## 手段を選ばず

プーチンは、レーニンの教えを守る忠実な生徒でもある。レーニンは、目的を達するためには「ありとあらゆる手段に訴えるべし」と教えたからである。このことを具体例を引きつつ実証しようとしたのが、「兵器輸出」以下の四章である。

兵器移転は本来イデオロギーを共有する国家間でのみおこなわれ、逆にイデオロギーを異にする国家間では望ましくないとみなされていた。冷戦中に西側諸国が設置した「対共産圏輸出統制委員会（COCOM）」は、そのことを証明する好例だったといえよう。なぜか？　兵器は軍事機密の束であるがゆえに、同一の価値観を共有する者同士のあいだで取引されるのが望ましい。また、兵器の売買は、兵器本体ばかりでなく、スペアパーツ（予備部品）や弾薬を供与したり、修繕に応じたりする恒常的な関係を伴いがちである。さらに、兵器の使用法の伝授などをつづけていると、それは兵員の訓練、将校の軍事交流といった、より広範囲な分野での協力関係へと発展してゆくことにもなろう。ところが他方、兵器は、経済的利潤を求めて売買される商品としての側面も持つ。これら二つの要求、すなわち政治的、経済的要請のどちらを優先すべきなのか――これが、問題となろう。このような観点から、プーチン外交の一環としての兵器移転を検討する（**第6章**）。

プーチンが政権に就いた二〇〇〇年には世界第四位でしかなかったロシアの兵器輸出は、二〇一七年の今日、米国に次ぐ世界第二位の地位にまでのし上がっている。そのような急成長の秘密は、何なのか？　その問いを解く鍵のひとつは、プーチン政権が熱心に実行中の兵器販売先の拡大努力である。じっさいプーチン期の約一七年間に、ロシア兵器の得意先は中国、インドという同盟国ないし友好国から、東南アジア、中近東、中米諸国へと拡大した。プーチン政権はさらに米欧諸国が武器移転を禁止した「ならず者国家」にすら目をつけて、それらの諸国への兵器移転にすら逡巡しない。

次に、ハード・パワー、とりわけ、その典型例である軍事力と比較・対照させて、いわゆる「ソフト・パワー」を取扱う（**第7章**）。ソフト・パワーとは、元々ジョゼフ・ナイが創造した用語で、プーチン大統領はそれをロシア語に直訳して用いている。が正確に言うと、両者間には力点の違いが存在する。ナイは、ソフト・パワーを「他国民が憧れ、みずから模倣したくなるような無形の魅力」と定義する。ところがプーチンは、ソフト・パワーを、自国ロシアの立場を正当化し、それを他国民にたいして宣伝することに役立つ手段として捉える。プーチン政権は、たとえば海外向けの英語放送をおこなうテレビ局「ＲＴ」を創設し、同政権の立場を忠実に代弁するキャスターとして有名な、キセリョフを同社長に任命した。では「ＲＴ」は、膨大な予算を与えられていることに十分応えるにふさわしい効果をあげているといえるのだろうか。

たしかに、ロシア国内ではインターネットが急速に普及中とはいえ、主たる情報源を未だテレビに頼り、信用している人々が多数を占める。したがってロシア国民は、国営化された三大テレビの画面でロシア軍がウクライナやシリアで「連戦連勝」の輝かしい戦果を挙げていることに拍手喝采をし、生活苦を紛らしている。ところが、ことがロシア国外となると、事情は全く異なる。外国人のなかで、わざわざモスクワ発の英語テレビ局「ＲＴ」にチャンネルを回し、そこから情報を得ようとする酔狂な（？）者は限られている。

いや、さらに重要なことがあろう。それは、自国を宣伝する場合肝心なことは、必ずしもＰＲ活動分野に注ぐエネルギーや予算の多寡ではないこと。むしろ、自国それ自体を魅力的なものにする努力だといえよう。

ロシアがそのような存在になりさえすれば、格別宣伝しなくてもロシアの魅力は遅かれ早かれ外部世界にも伝わっていくはずである。ところがプーチン政権の最近の対外行動は、ロシア国民間の「大国復活」の願望にこそ応えているかもしれないものの、国際ルールを無視した活動であるとみなされ、対外的には評判が芳《かんば》しくない。

## 「近い外国」にたいするハイブリッド戦略

次の二章は、総論と各論を繋ぐ架け橋の役割を果たす。というのも、問題意識や検討課題は、依然として「総論」のそれである。すなわち、プーチン外交の目的や手立てが多種多様であることと関連している。ところが、これら二章が取扱う具体的対象は主として「近い外国」であり、その意味で「各論」分野へと既に踏み込んでいる。

「近い外国（ближнее зарубежье; near abroad）」とは、奇妙なコンセプトである。とりわけ「外国」とは遠い海の彼方の諸国を意味すると考えがちな日本人にとって、形容矛盾の概念のように響く。ところが、まさにこの用語のなかに、ロシア人の「独立国家共同体（ＣＩＳ）」諸国にたいする複雑かつデリケートな感情が籠《こ》められているのだ。つまり、「近い外国」とは、ＣＩＳ諸国にたいするロシア側の親近感をしめす一方で、次のようなニュアンスを含んでいる。ＣＩＳ諸国は地理的にロシアの隣国であり、歴史的にも密接な関係にあった。そのようなＣＩＳ諸国にたいする特殊な経緯にもとづくロシア人の特別な立場、なかんずく感情は、欧米諸国などによって十分配慮されて然るべきではないか。

プーチン大統領は、誰にも増してソ連邦の解体を残念至極とみなしている。もし可能ならば、ソ連邦に似た組織を再建できないものだろうか。このような夢を何かと実現しようと欲して、自らが大統領に返り咲くことを表明した二〇一一年秋、プーチンは「ユーラシア連合」構想を発表した。再選後のプーチンは、このペット・プロジェクト「ミニ・ソ連」の実現に並々ならぬ情熱を傾けるようになった。だが、その前途は必ずしも明るくない。二〇一五年一月一日、同構想は「ユーラシア経済連合（ＥＥＵ）」と名称を変更して発足したものの、参加国は現時点で未だロシア、ベラルーシ、カザフスタン、キルギス、アルメニアの僅か五カ国に止まっている。旧ソ連邦が一五共和国から構成されていた事実にかんがみて、約三分の一の規模でしかない。しかも、ロシアを除く四カ国は、経済上の観点からみて極貧国である。

とりわけ、プーチンにとり大失策だったのは、ウクライナの加盟を確保し損なったことだった。ロシアとヨーロッパの双方に跨がる地理的要衝を占めるウクライナは、二つのライバル組織、「欧州連合（ＥＵ）」、「ユーラシア経済連合」の両方から秋波を送られ、そのどちらに加盟するか大いに迷うことになった。プーチンはウクライナをＥＵから引き離し、ＥＥＵへ加盟させようと、「人参」と「鞭」の両戦術を駆使した。当時のウクライナ大統領ヤヌコビッチは、これら両組織からの勧誘を巧みに操って、両者から大きな譲歩を引き出そうと試みた。だが、そのような二股膏薬の手法は必ずしもウクライナ国民によって支持されず、二〇一四年二月「マイダン革命」を勃発させるきっかけをつくってしまった。ヤヌコビッチ大統領は、命からがらロシアへ亡命することになった（**第8章**）。

プーチン大統領は、二〇一四年三月、ウクライナ南部のクリミアをロシアへ併合する旨発表し、全世界をアッと驚かした。それは、クリミア住民の住民投票の結果を事後承認したに過ぎない行為だと説明された。だが、ウクライナ憲法の規定によればウクライナ国民全体による国民投票ではなく、クリミア地方住民だけによる住民投票は、クリミアのウクライナ脱退を正当化する事由にはなりえないはず。ましてや、れっきとした独立国家であるウクライナの領土を、ウクライナ中央政府の同意なしに自国へと編入する権利など、ロシアが有するはずはなかった。ロシアは、とうぜん米欧諸国から弾劾され、主要八カ国（G８）から事実上追放されるのみならず、先進七カ国（G７）から制裁を科されることになった。

右のような措置をこうむっているにもかかわらず、プーチンはさらにウクライナ東部への介入にも踏み切った。たとえば、ロシアとウクライナの国境線上には数十万人のロシア部隊を、演習のためと称して張りつけている。同国境を通過して兵器、弾薬、その他を反乱諸勢力へ届けている。自警団と名乗りつつも、ロシア軍の迷彩色を着た軍人たちを、反乱軍の応援に駆けつけさせている。ロシア軍参謀総長のゲラシーモフは、ロシア軍事専門誌に「ハイブリッド戦争」こそが現代型戦闘であると説く論文を発表した（**第9章**）。

## アジアへの軸足移動

第10章から、私は厳密な意味での「各論」をはじめている。「近い外国」というロシア式造語にもじっていうならば、「遠い外国」を取扱っている。すなわち、ふつう「外国」とみなされる諸国にたいするプーチン政権の外交である。私は、まずプーチン外交での「東方シフト」もしくは「アジアへの軸足移動」を巡る、次のような一連の問いに関心を抱く。

（1）プーチンは、ヨーロッパ主義、アジア主義のどちらの信奉者なのか。（2）彼は、一体何時頃からロシア外交の軸足をアジア地域へ移そうと考えたのか。また、その背景事由は、何なのか。（3）プーチンの東方シフトの主な対象国は何処なのか。はたして中国一点張りとみなして差し支えないのか。それとも、他の国々（たとえば日本、韓国、北朝鮮、東南アジアの諸国など）がロシアの誘いに一向に乗ってこないので、モスクワは「中国中心主義」に傾かざるをえないのか。（4）プーチンによる東方シフトを一種のゼロ・サム・ゲームとして理解して差し支えないのか。つまり、ロシア外交が向うべき方向をもっぱら東か西かの二者択一の視点でとらえ、一方にたいする関心を増大させる分だけ他方にたいする関心の減少とみなしてよいのだろうか。（5）そのような軸足移動の現状如何。移動は、じっさいどの程度にまで進展し、どのような成果をあげているのか。

まず強調したいのは、次の事実である。ロシアは、今日既に「完全な」アジア太平洋パワーである、と評価する者は、当のロシアを含めておそらく存在しないだろう。だとすれば、ロシアが正真正銘のアジア太平洋パワーになるためには、一体何をなすべきか。この問いにたいして、指導者や国際問題専門家たちが一致してのべる答えは、ロシア極東——以下、極東——を開発し発展させることである。極東は、ロシア地域のなかで太平洋に最も近く位置し、玄関口とみなしてよい地域だからである。

ところが、極東の発展は掛け声ばかりに止まり、はかばかしく進捗していないのが実情である。極東は人口の流出率がひじょうに高く、過疎地に転じつつある。その理由は明らかだろう。極東は、ソビエト時代とは異なり、軍事産業が衰退し、補助金も途絶え、民需産業への転換も成功していない。中央政府は極東地域での人口流出に歯止めをかけようとして、移住者一人当たり一ヘクタールの土地を無償提供する制度をはじめた。しかし、土地を与えられたからといって、インフラストラクチャー（社会基盤）が未整備の荒野へ移住しようとする酔狂なロシア国民は少ないだろう。

極東が発展していない最大の責任は、モスクワ中央政府が同地域開発のための首尾一貫した長期戦略を未だに確立していない点にある。たとえば、極東を管轄する官庁は、一体どこなのか。極東発展省が創設されるまでの長期間にわたって、この問いにたいする明確な答えは下されなかった。開発の青写真たるべき「極東とザバイカル地方の社会・経済発展プログラム」と銘打った文書は、採択→修正→改訂の過程を数度となく繰り返し、遂に誰も真剣に読む者がいなくなった。同プログラムの最大の欠陥は、壮大な構想計画をぶちあげる一方で、必ずしもそれを実現化する具体的な措置、とりわけ予算措置が伴っていないために、折角のスキームが何時も「絵に描いた餅」に終わる点に存在する（第10章）。

## 中ロ、力関係の変化

極東で日増しに存在感を強め、同地域をまるで己の事実上の植民地へと変えつつあるのは、中国である。そういう訳で11～12章では、主として極東におけるロシアと中国のあいだの微妙な関係を取扱う。ロシアと中国のあいだを規定する要因は数多いが、とくに重要なのは次の四つといえよう。（1）四三五五キロメートルの地上国境を共有し、引越しできない隣国であること。（2）経済的相互補完関係が緊密であること。中国は自己の発展のためにロシアの天然エネルギー資源を必要としていて、その代りにロシアへ安価な消費物資、労働力を送り込む。（3）国内では、ともに共産主義の一党独裁の流れを汲む準権威主義的な体制を堅持し、かつチェチェン共和国、新疆ウイグル地区などの係争地を抱え、他国による内政干渉を嫌っていること。（4）対外的には、米国の「一極主義」傾向に反対する点で互いにスクラムを組む必要があると考えていること。

以上の諸点で、中ロは互いに連携・協力する必要性をほとんど「運命づけられている」。こう評してさえ差し支えない。ところが、皮肉なことにその同一の要因が、両国に確執を生じる原因にもなっている。たとえば長い地上国境を共有していることは、交易物資の運搬を容易、安価するメリットをもたらす一方、軍事攻撃を受けやすいデメリットにもなる（実際、一九六九年に両国はダマンスキイ島で流血の惨事を惹き起こした）。加えて、中ロ関係では最近発生しつつある次のような事実を見過ごしてはならない。

かつて中ソ両国が共産主義社会の建設を目指していた頃には、誰が見てもソ連が兄貴分、中国が弟分の関係だった。ところが最近では中国の驚異的な台頭によって、ややもすると中国がシニア、ロシアがジュニア・パートナーへと立場を逆転しつつある。経済的にはロシアが中国へ原材料を供給し、中国がロシアへ製品を輸出するという一種の「宗主国–植民地」関係すら成立しつつある。このようにして、一種の「中国脅威論」が、まず極東のロシア国民、次いでモスクワの国際関係専門家たち、そして一部政治指導者によって囁《ささや》かれるようになった（**第11章**）。

経済、人口、安全保障等の観点からみての「チャイナ・リスク」。これを回避し分散するための手立てとして、「チャイナ・プラス・ワン」という考えが生まれて当然かもしれない。ところが、その候補者の一つである韓国は、ロシア極東よりも中国東北三省と経済交流をおこなうことのほうに、より一層熱心なように見受けられる。ロシアにとって日本こそが理想的なパートナーであることは、言を俟たない。だが、高度に経済的発展を遂げている日本は、北方領土問題の解決の目途が得られないかぎり、極東へさしてヒト、モノ、カネを投ずるインセンティブに駆られないだろう。

中ロ間の対立が明白に看取されるのは、中央アジアを舞台にしての利権や覇権争いである。かつてのソ連時代、中央アジアはロシアが己の「裏庭」とみなす地域だった。ところが、資源を求めて中国は中央アジアへ果敢な進出をはじめた。中国は、中央アジアを経由すれば、己をヨーロッパ諸国と結びつけることも可能になる。ロシアが東方へのシフトを試みるのならば、中国が西方へのシフトを試みて少しもおかしくない。こう考えるかのように、習近平国家主席は二〇一三年、巨大経済構想「一帯一路」をぶちあげた。これは、プーチン大統領が二〇一一年に提唱した同様の経済プロジェクト「ユーラシア経済連合」に真っ向から衝突するスキームといえなくなかろう。中ロ首脳は、表向きでこそ両構想の「提携」に合意しているものの、内心では戦々恐々の思いにとらわれているに違いない（**第12章**）。

## 欧州にたいするアンビバレンツ

本書は、つづいてヨーロッパに目を転じ、プーチンの対欧州政策を扱う。ロシアのヨーロッパにたいする態度は、アンビバレント（愛憎両感情併存）である。ロシア人のアイデンティティー（同一性）の拠り所にも関連するデリケートかつ複雑な問題である。十九世紀ロシアの知識人たちは「スラブ派」と「西欧派」に分かれて、侃々諤々《かんかんがくがく》の論争を展開した。地理的にヨーロッパの奥座敷に位置するロシアにとり、パリやロンドンは憧憬の的であると同時に、己はその完全なメンバーとなりえないがゆえにインフェリオリティー・コンプレックス（劣等感）を抱かざるをえない対象でもあった。

ドイツ語を専攻し、東独に四年半も滞在したプーチンは、少なくとも政権に就いた当初、ロシアの将来を欧州文明のそれと同一化するかのような態度をしめした。彼を頭とするロシア政権がアジアへ軸足を移すと宣言したのは、早くて二〇〇八年以降のことだった。それも、多分に欧米諸国を牽制するため口頭上の宣言にすぎず、プーチンの本心は未だヨーロッパに残っているのではなかろうか。これが、私の見方である。紙幅の都合もあり、本章では主として、二〇一六年、ヨーロッパを震撼させた大事件、すなわち欧州連合（EU）からの英国の離脱（ブレグジット）にたいするプーチン・ロシアの反応について論じる。

ブレグジットは、ロシアにとり何よりの朗報だった。というのも、EUは、NATOとともに、米国を事実上の頭としてロシアの力を封じ込めようとする欧米組織のひとつだからである。たとえばプーチンのEEU構想は、少なくとも当初はEUに対抗する自前の組織を作ることを狙いとしていた。そのようなロシアのライバル組織、EUから、主力メンバーのイギリスが離脱する——。これは、EUにたいするアングロ・サクソンの影響力が弱体化し、ひょっとするとゼロになることすら意味する。プーチン大統領としては歓迎しないはずがない事態の展開にほかならない。

ところがプーチン大統領の態度は、意外に慎重な類いのものだった。大統領は、「ブレグジットは、ロシアにとりプラス、マイナスの両方向に働く」と発言し、これがロシアの公式的な立場になった。私もまたプーチンの態度や見解に同意し、その理由をのべる。たとえば視点を経済的側面に限るならば、元々ＥＵにおいて英国の存在はそれほど大きいものでなく、明らかにドイツ以下だった。ドイツを含むＥＵ諸国は、たしかにロシアからの天然ガス輸入に依存している。だが、経済上の売り手と買い手は相互依存関係にあるので、ロシアがＥＵに天然ガスを売らなくなればＥＵ諸国はたしかに困るとはいえ、ロシアも経済的収入源を失ってそれ以上に困惑することになろう。つまり、ロシアにとり最大の経済パートナーは中国ではなく、ＥＵなのである。ＥＵ経済がくしゃみをすると、ロシア経済は忽ちにして風邪を引く関係とまでいわれる。要するに、ＥＵが弱体化することはロシアにとり必ずしもプラスとは限らないのだ。

さらにいうと、習近平による「一帯一路」構想の提唱によって、プーチンは己のペット・プロジェクト、ＥＥＵが危殆《きたい》に瀕することを危惧している。そのような時に当たり、プーチンはこれまでと違いＥＵを敵視する余裕をもはや持ちえなくなった。むしろ、ＥＵを取り込んで「一帯一路」構想に対抗せねばならない必要性にすら迫られている（第13章）。

## ロシアにとっての中東

つづく二章は、プーチンの対中東政策を取扱う。かつてのソ連時代、中東諸国は社会主義とも資本主義とも断定しえない発展途上の「第三世界」諸国とみなされていた。これらの諸国は、ソ連の指導や支援次第では社会主義への道を進む可能性を内蔵していると考えたフルシチョフ第一書記らは、身分不相応なまでの経済援助を中東諸国に与えた。ところが、ゴルバチョフ、エリツィン期には、ソ連／ロシア自体が深刻な経済的困窮に見舞われたこともあり、中東への支援は中止された。

プーチン期になると、史上稀にみるオイル・ブームの追い風を受けてロシア経済は空前絶後の繁栄に恵まれた。自信を回復したプーチン大統領は、米国の「一極主義」に対抗する「多極主義」外交を提唱し、ロシアの存在感を主張し、発言力を拡大する果敢な動きを開始した。ブッシュJr.大統領が英国の協力を得ておこなった対イラク軍事介入に反対を唱えたのを手始めとして、プーチン大統領はイラン、シリア、トルコなどにも積極的に関与するようになった。結果として、ロシアなしで中東問題の解決はもはやむずかしい、との印象すら作り出すことに成功した。プーチン・ロシアは、中東情勢を左右する紛れもない「リージョナル（地域）・パワー」としての地位を確立することによって、「グローバル・パワー」である米国が無視しえない立場を獲得したといえよう。

右に大略紹介したようなロシアの中東政策一般の変遷を説明したあと、本書は、イラクにかんしては私自身が別の書物で取扱っているので、イラン、シリア、トルコの三カ国にたいするプーチンの政策を検討する。プーチン政権は、イランの立場を必ずしも全面的に支持しているわけでもなければ、米欧諸国の対イラン政策に同調しているわけでもない。両者間を巧みに遊泳し、あわよくば経済的な利益をちゃっかり入手しようと欲している。すぐれて状況主義的な二股膏薬の綱渡り外交である。その点で、アサド現政権側の存続に役立つ支援を行なった対シリア政策とは、一味も二味も異なる。

イランは、米欧諸国さえ認めるならば核保有国になる野心を隠さず、その機会を虎視眈々と狙いさえしている。核保有国が増えることはロシアの核超大国としての優越性を危うくしかねないので、ロシアは反対する。その限りにおいては、ロシアは米欧諸国に協調する姿勢をしめす。ところが他方、イランはロシア製兵器の重要な顧客でもある。また、ロシアはイランにたいして原子力発電所の建設も請け負っている。そういう訳で、ロシアは理想的にはイランと米欧諸国とのあいだで次のような妥協案が成立することを願っている。イランにたいして、欧米諸国が「小規模なウラン濃縮の研究活動」を認める。但し、ウランの濃縮の全段階をイランの手にゆだねることなく、使用済み核燃料の再処理など一部の作業はロシアでおこなうことに合意する。

ところがイランは、あくまでも自らの手で濃縮活動をおこなう権利を主張して止まないばかりか、実際そのような活動を再開した。そのために、さすがのプーチン大統領も、国連安保理によるイラン経済制裁の発動に反対しえない立場へと追い込まれた。しかし幸いなことに、イランでは核開発推進派のアフマディネジャド大統領に代って、穏健保守派のロハニ師が大統領に当選した。イランは国連安保理とのあいだで核合意に達し、欧米諸国は制裁を解除した（**第14章**）。

## なぜ、シリアへ介入?

続いて、シリア、トルコにたいするプーチン外交を検討する。シリアは、ロシアからみて一〇〇%外国の土地であるので、ロシアの国益にとり死活的な意味をもつ「緩衝地帯」との口実を用いて介入しえない第三国のはずである。それにもかかわらず、プーチン政権は、二〇一五年九月三十日、シリアに空爆を敢行し、本書執筆時点（二〇一七年十月）で未だシリアの内戦に係わっている。プーチンは、なぜこのような外国への介入を敢行したのか？　複数の事由を指摘しうるだろう。

一は、「革命嫌悪主義者」としてのプーチン特有の心情。プーチンは、「カラー革命」や「アラブの春」類似の人民反乱が自らのお膝元のロシアで起こることを極度に危惧している。その背後には、米国の支援があるに違いないとの疑いを抱いている。もしロシアが梃子入れしなければ、シリアのアサド政権も米国が煽動する反対勢力によって打倒されることすら必定と考える。二は、ロシア国民の目を国内の諸問題から逸らす狙い。ロシア国民にとっては、ウクライナへの介入はいわば当然。大国としての地位を回復しつつあるロシアが純然たる外国、シリアで、華々しい軍事行動を展開する。このことによって初めて、冷戦終結以来、ロシア国民が耐え忍び、長年のあいだ蓄積してきた心理上のうっ憤を、見事晴らすことができるだろう。

三は、ロシアの国際的な存在感や発言力を誇示することによって、ロシア抜きでシリア問題の解決はとうてい不可能——このことを全世界、とりわけ米欧諸国に向って印象づけようとする狙い。この目的を達成するために、プーチン政権はアスタナ（カザフスタンの首都）で、米欧抜きにシリア和平案をまとめることにも懸命になっている。四は、シリア、したがって中東地域においてロシアの権益をしっかりと確保すること。プーチン大統領は、アサド政権がもし倒れようとも、タルトゥースにロシア海軍の寄港地を半永久的に保持しつづけるとともに、シリアへ天然資源や兵器を売り込むなどの、経済的関係を続行させることを狙っている。転んでもただで起きる気はない。

つづいて第15章後半では、プーチンの対トルコ政策を扱う。シリア内戦にかんしては、ロシアとトルコは正反対の立場にたつ。前者はアサド政権支持、後者はアサド政府反対を表明しているからである。二〇一五年、両国は抜き差しならない全面的な対立状態を招いた。というのも、シリア内戦に参加していたロシア空軍機がトルコ領を度々侵犯する事実に業を煮やしたトルコ軍が、遂にそのうちの一機を撃墜する挙に出たからだった。激怒したプーチン大統領はトルコにたいして数々の制裁措置を科した。

トルコ経済は、ロシアなしには成り立ちえない程度にまでロシアに依存している。エルドアン大統領は遂に音をあげ、プーチン大統領に謝罪の書簡を送り、プーチン大統領もそれを受け入れることにした。というのも、ロシアにとっても、トルコは掛け替えのない重要かつ貴重な存在だからである。トルコは、NATO加盟国のなかでロシアに最も友好的な国である。「トルコ・ストリーム」を通じて、ロシア産の天然ガスを南欧諸国へ輸出する仲介点になりうる地理的要衝でもある。ロシアは制裁措置を解除したが、両国関係のわだかまりが完全に解消したとみるのは時期尚早かもしれない（**第15章**）。

## 「リセット」はきまって崩壊？

本書は、最後にプーチン政権の対米外交を取扱う。アメリカ合衆国は、旧ソ連時代以来ロシアにとって主敵ナンバー・ワンであり、ポスト冷戦期でもその「一極主義」傾向にプーチンが闘いを挑む意図を隠さないライバル国にほかならない。極論すると、プーチンは地球上で生起する悪の根源すべてが米国の陰謀に帰せられるとすら考える。たとえば、「カラー革命」、「アラブの春」、モスクワでの反プーチンの抗議デモ——これら全ての背後には、米国の使嗾《しそう》、宣伝、支援が働いている。だから、もしそのような米国の力を弱めることに成功するならば、ロシア外交はその任務の九〇％以上を果たすことになろう。プーチン政権によるブッシュJr.政権との抗争史にかんしては、私は既に別の場所で取扱ったので、本書ではオバマ、トランプ両政権にたいするプーチン外交のみを検討する。

米ロ関係は、ブッシュJr.政権末期に「冷戦の再来」を思わせるまでに悪化した。オバマ政権は、このことを懸念して、米ロ関係を「リセット（再構築）」することを目指す外交を開始した。ところが、これが裏目に出た。プーチンは、まずロシアの政治体制に欧米流の民主主義を押しつけようとする、民主党にありがちなオバマ政権の干渉癖を好まなかった。さらにいうと、インテリで物腰が紳士風のオバマ大統領とプーチン大統領は、ケミストリーが合わなかった。後者は、前者を演説が巧みとはいえ、行動力を欠く軟弱な政治指導者とみなした。人間であれ国家であれ、己が弱いときに宥和政策を採る傾向があるというのが、プーチンの人生観、世界観の根底にある考え方だった。じっさい、オバマ大統領は、シリアのアサド政権の化学兵器使用の嫌疑問題にかんして、優柔不断な言動をしめした。プーチンは、それを巧みに利用して外交上の得点を稼いだ。

己の政権期にロシアとの関係を「リセット」したい——これは、オバマ大統領だけが駆られる外交上の思いなのではない。「リセット」のスローガンこそ公式に掲げないにしろ、米国歴代のほとんどの大統領が——民主党、共和党の区別なく——政権当初には必ずといってよいほど試みる対ロ政策である。ブッシュSr.以来、クリントン、ブッシュJr.、オバマの最近の四大統領が、そうだった。というのも、彼らがホワイト・ハウスの住人になったとき、米ロ関係は大抵の場合最低レベルにまで転落していたからだった。しかし、結局、彼らのいずれも「リセット」に成功しなかった。なぜか？　その主要理由は、単純化していえば二つある。まず何よりも米ロ体制がそれぞれ拠って立つ価値観が異なり、結局その差異があらゆる問題に顔を出し、関係してくること。次に、そのことにもとづく対立が、米ロのいずれか、あるいは第三国が仕出かす諸事件の発生によって、妥協を許さない形や程度にまで先鋭化しがちなこと。このようにして、米ロ関係は、〈最初は改善、次いで停滞、最後にはどん底〉という一般的なパターンを、ほとんど必然的に辿ることになるのだ（第16章）。

## 機会主義外交

右のパターンは、トランプ政権にも当てはまるのだろうか。本書脱稿時に同政権は未だ一〇カ月を経過したばかりである。しかも、トランプ大統領はみずから即興的な言動をしめすことを最大の売り物にしている人物である。したがって、何事であれ時期尚早に、断定的な判断をくだすことは危険、かつ厳に慎むべきだろう。とはいえ、トランプ候補が選挙戦キャンペーン中にのべていた対ロシア宥和政策は、どうやら実施がむずかしくなってきた模様である。

トランプは、オバマ前大統領にたいする過剰なまでの対抗意識が嵩じて、みずからがホワイト・ハウスの主《あるじ》になる場合、次のような諸措置を採ることを示唆していた。クリミア併合の事実上の承認。対ロ制裁の緩和。NATO依存の減少……等々。もしトランプ当選後にこれらが実践に移されていたならば、それをもって「ミニ・リセット」の始まりと見なしえていたかもしれなかった。ところが、少なくとも現時点でそのような公約が実現しているとは評しがたい。トランプ政権は、発足早々「ロシア・ゲート」と綽名される数々の疑惑に悩まされるようになったからである。

一般論として、ロシアにとっては民主党に比べ共和党の大統領のほうが相性が良いといわれる。前者がロシアでの民主主義の伸長を問題視するのにたいし、後者は両国間の体制上の差異を到底埋めえないと悟って、プラグマチックな妥協の道を探ろうと試みるからだ。ところが、トランプは完全に共和党員とは見なしえない異色の大統領である。プーチン政権としても、トランプによるほとんど予測不可能な行動様式にたいして、今やなす術を知らずにきりきり舞いさせられ、戸惑っているようにさえ見受けられる。少なくとも己の側から慌てて動く必要なしと考えている節すら感じられる。

国力からいうと、米国は、ロシアが本来正面切って互角に闘いうるライバルではない。米国側がしめす隙間や「オウンゴール」によって初めて得点を入手しうる数段格上の相手である。北朝鮮による核ミサイル発射実験を利用して、早速、米・中・日間に楔《くさび》を打ち込もうとしているのは、そのようなプーチン流の機会主義外交の好例といえよう（**第17章**）。

# 第1章
# 主　体

記者会見に応じるプーチン大統領（2015 年、上海協力機構（SCO）、ロシア）

プーチン主義とは、権力のすべての梃子を同一人物に集中させねばならない主義のことである。

——**アンドレイ・ピオントコフスキイ**(1)

ロシアの政策決定がおこなわれる最も重要な場所は、一体どこか。答えは、クレムリンでなく、「プーチン」大統領の頭蓋骨のなかである。

——**マーシャ・リップマン**(2)

プーチンこそは、ロシア外交の内外における顔であり、ロシア外交そのものである。

——**ボボ・ロー**(3)

## 憲法上の規定

プーチン外交とは、一体何か？　プーチン大統領のワン・マン外交である——これが、答えである。

プーチン外交をしてこのような性格を帯びさせている根拠のひとつは、ロシア連邦憲法の規定である。ボリス・エリツィン元大統領は、一九九三年十月、〝ホワイト・ハウス〟にたいして武力砲撃を加え、その建物内に立て籠もっていた反エリツィン派の一味を降伏させた。ちなみに、当時、ロシア最高会議（現在、首相府）が執務していた建物は、壁が白く塗られていたことから、ロシア語で〝ベールイ・ドーム〟（英語で〝ホワイト・ハウス〟）と綽名される。反対派打倒に成功したあと、同大統領は前もって準備していたロシア連邦憲法草案に修正を加えて[4]、ロシア大統領の権限をさらに強化した[5]。

右のような経緯を辿った現ロシア憲法（俗に「エリツィン憲法」とも呼ばれる）は、たとえば大統領に首相の任免権や下院の解散権など広大な権限をあたえる一方で、議会による大統領の牽制や弾劾をむずかしくした。外交分野で、同憲法は大統領に次のような強大な権限をあたえている[6]。「大統領は、外交政策の基本方針を決定する」（八〇条③）、「大統領は、ロシア連邦の外交政策を指導する」（八六条（a））。

このような一般論をのべたあと、ロシア憲法は大統領の具体的な任務や権限にかんし次のように規定する。「首相を指名し、外相、国防省、内相などを任命する」（八三条（a）、（e））。「諸外国へ派遣する全権代表を任命する」（八三条（i））。同大統領は、「安全保障会議をその議長として主宰する」（八三条（g））。大統領は、「国際条約の交渉をおこない、署名する」（八六条（b））。「批准書に署名する」（八六条（c））。「ロシア連邦軍の最高司令官も兼務する」（八七条（a））、等々。他方、ロシア連邦の首相は主として「内政と経済」問題の担当者とされている。

このようにロシア憲法は、大統領こそがロシア外交政策の中心的な決定者兼アクター（行為者）であると規定する。したがって、たとえば、ネイル・マルコム（英国王立国際問題研究所――通称「チャタム・ハウス」の主任研究員）が、つぎのように結論するのも宜《むべ》なるかなといえよう。ロシア憲法は「最初から、ロシア外交を本質的に〝大統領の（presidential）〟外交である――こう規定している」[7]。

一般的にいって、ロシアはワン・マン指導者を輩出しがちな政治風土の国である。その独自の地理、歴史、文化が強大な権力をもつピョートル大帝やエカテリーナ女帝らを生んだ。このような専制君主たちは、内政も外交も己の一手に集めて実施しようと試みがちである。このような「単独指導制（единовластие）」の伝統は今日まで脈々と続き、現ロシア憲法はそれを「超大統領制（суперпрезидентализм: super presidentialism）」として事実上公認し、制度化さえしている。しかも、プーチノクラシーにはさらに一層重要な傾向が加わる。プーチンが、憲法上の規定に二次的な意義しか認めていないことである。そのようなプーチンの態度は、たとえば「タンデム（双頭）」政権期（二〇〇八―一二年）に顕著に現れた。ロシア憲法は、〈外交は大統領、内政は首相〉の専権事項と定めている。それにもかかわらず、プーチン首相は外交の基本路線を自らが決定し、己の決定をメドベージェフ大統領に執行させるという越権行為を実施したからだった。

## プーチノクラシーの指導原理

次に重要なのは、「プーチノクラシー」（Путинократия; Putinocracy; プーチン統治）[8]の指導原理である。それを仮に「プーチン主義」（Путинизм; Putinism）[9]と名づけるならば、プーチン主義の第一の主張兼特徴は、「権力の垂直」（вертикаль власти）」支配といえよう。すなわち、政治や経済の運営を下からの被治者大衆のイニシアチブにゆだねることなく、国家による上からの指導でおこなう。このような中央集権制の考えは、ロシアの伝統や国民のメンタリティーに起源をもつ。ほかならぬプーチン自身が、このことを公式伝記『第一人者から』のなかで次のようにのべている。「ロシアは最初から超中央集権的な（суперцентрализованное）国家としてつくられた。このことは、国家の遺伝子のなかに、伝統のなかに、人々のメンタリティーのなかに刻みこまれているのだ」[10]。

国家が上から国民を指導し、管理する。このような考え方は、後進国（たとえば、かつてインドネシア）の指導者が主張した「指導ないし管理される民主主義」（guided/ managed/ directed democracy）の一種といえるだろう。ただし、プーチン主義下のそれは、ややもするとその指導や管理の程度が過剰なレベルにまで達しがちである。そのために、ロシア内外のクレムリン・ウオッチャーのなかには、次のように提唱する者すら現れる始末。「指導ないし管理される」という言葉にさらに「過剰なまでに（over）」[11]を意味する修飾語をつける必要がある。すなわち、プーチニズムを「過剰なまでに管理される民主主義（*over*managed democracy）」と呼ぶのが、より正確である[12]、と。

その程度や名称はともかく、プーチノクラシーないしはプーチン主義の中核概念としての「権力の垂直」支配は、以下のようなことを要請する。（1）上部の指導者のみが決定をおこなう。しかも、指導者は単一人物でなければならぬ。というのも、複数の指導者が決定をくだす場合、官僚たちは一体どの人物の決定に従うべきかの問題に迷う。結果として、仕事の効率性が大いに損なわれるばかりでなく、極端な場合、権力争いをみちびく可能性すら生まれるからだ。（2）唯一の最高指導者、ワン・マンがくだす決定は、トップダウン方式で下部の諸組織に伝達され、些かの疑念も抱かれることなく正確かつ迅速に遂行されねばならない。（3）右の（1）と（2）を保障するために、複数のパワー・センター（たとえば、議会、反対政党、裁判所、地方知事、メディア、NGOなど）が存在したり、競合し合ったりする事態は望ましくない。したがって、サネ・

グスタフスン教授（ジョージタウン大学、ロシア政治専攻）によれば、プーチノクラシー下の「権力の垂直」支配とは、極端にいうと三権分立制の原理を否定し、「立法権や司法権よりも、行政権の効率性を最重視しようとするシステム」[13]にほかならない。

現ロシアではいったい誰がロシア外交の実質的なプレイヤーなのか。この問いにたいしては、「ウラジーミル・プーチン」——こう答えるのが正解である。厳密にいうと、つぎの二つは区別されるべきだろう。プーチン政権の外交とプーチン主導の外交。これら二つは必ずしも等号で結ばれるべき同義語にならない。このことに改めて留意せねばならない理由がある。たしかにロシアは、帝政《ツァーリズム》期、ソビエト時代、ポスト・ソビエト期の区別に拘わらず、ワン・マン指導者を輩出しがちな歴史を繰り返してきた。しかしだからといって、独裁者自身が常に対外政策の決定と実践、とりわけその二つの行為を必ずしも独占していたわけではなかった。つまり、最高指導者が唯一人で外交政策を決定し、同時に外交の実務も担当したわけではなかった。少なくとも後者の仕事は、プロの外交専門家たちにゆだねられるのが普通だった。

## シェワルナゼとプリマコフ

最近の歴史でいうと、ゴルバチョフ、エリツィン両政権期で対外政策の形成、ましてやその実践は、必ずしもゴルバチョフ、エリツィン自身の手でおこなわれたわけではなかった。

たとえばゴルバチョフは、盟友エドワルド・シェワルナゼ外相を信頼し、同外相にかなりの程度や分量の外交業務を一任した。とくに政権末期になると、ゴルバチョフは己の権力基盤をいちじるしく脆弱化させ、政敵エリツィンの発言力の増大さえ許すようになった。それやこれやの事情から、ゴルバチョフは、内政と同じく、外交分野でも妥協に次ぐ妥協を余儀なくされ、もはやゴルバチョフ色の濃い外交を展開しえない羽目におちいった。そうでなければ、たとえば一九九一年四月におこなった東京訪問時に、ゴルバチョフは日本にたいしてもっと柔軟な態度をしめし、おそらく北方領土問題にかんしてもかなり大幅の譲歩をおこないえていたことだろう[14]。

同様のことは、エリツィンの場合にも当てはまる。その統治の全期間にわたって、エリツィンははたして「エリツィン外交」と名づけても差し支えない類いの外交を主導したのだろうか。こう尋ねるならば、おそらく答えは必ずしも「ダー（イエス）」とは限らない。エリツィンは、時として気まぐれな思いつき外交をみずから口にする以外は、アンドレイ・コーズィレフ、エフゲーニイ・プリマコフの両外相に外交をゆだねた。加えて、大統領一期目を終える前後から自身の健康をいちじるしく悪化させ、再選こそ辛うじて果たしたものの、その後入退院を繰り返し、クレムリン登庁すらままならぬ状態におちいった。そのこともあって、エリツィンは首尾一貫した外交を実践する意志も能力も欠くようになった。

再び対日外交を例にとるならば、エリツィンは橋本龍太郎首相との口約束を全く実現しないままで、政権を放り出す羽目になった。クラスノヤルスクや川奈での日ロ首脳会談で、エリツィン大統領は橋本首相に向って「二〇〇〇年までの平和条約締結に全力を尽くす」ことを自ら提案したはずだった。同大統領がそのような即興的な(?)発言をおこなったあと、しかしながら、ロシア外交を実際にとり仕切ったのはもはやエリツィンではなかった。プリマコフ外相（次いで首相）だった。プリマコフは、右のような約束をロシア外相である自分に前もって相談することなく、エリツィン大統領が橋本首相とのあいだで交わしたことにたいしてどうやら不快の念をいだいていた様子だった。同大統領のそのような言質を、プリマコフは少なくとも反古にしようと欲し、実際その思いを達成した。

もう一例。一九九九年春のコソボ紛争の最中、北大西洋条約機構（NATO）軍が遂にセルビア空爆をはじめたとの報に接したとき、プリマコフ首相は偶々米国へ向うロシア専用機のなかに居た。同首相は、米国主導下のNATOによる右の軍事行動に断乎抗議するジェスチャーをしめそうと考え、ロシア機を直ちにUターンさせる決定をくだし、かつ実行した。プリマコフ首相によるこのような決定は、厳密にいうとロシア憲法の規定に違反する独断専行行為にほかならない。というのも、ロシア憲法上の規定によれば、外交決定権を独占するはずのロシア大統領の許可を得るために、クレムリンのエリツィン大統領とホットラインで連絡したうえでなされたものではなかったからだった。のちにプリマコフに面会する機会をえたとき、私はこの点を問題視して、率直に尋ねた。

待ってましたとばかりに、プリマコフはこの問いにたいして得意顔で答えた。[15]「私は、エリツィン大統領にまったく相談することなく、同決定を独自の判断でおこなった。すなわち、米国へ向いつつあった大西洋上での専用機にUターンを命じたあとになってはじめて、私は大統領に自分がそのような決定をくだしたと告げた。そのとき大統領は、私にたいし『帰路の飛行機の燃料は足りるかね』と一言、尋ねるにとどまった」[16]。プリマコフは、さらに言葉をついで説明した。「帰国後、〔大統領に予め相談することなくUターンするという〕私の決定を、エリツィン大統領は格別誉めもしなかったかわりに、批判しようともしなかった」。

右の諸事例からも分かるように、ゴルバチョフ、エリツィン両政権期の外交政策は、必ずしもゴルバチョフやエリツィン大統領だけによって決定されたものでも、彼らのアイディアを全面的に実現したものでもなかった。つまり、重要な外交政策の決定が大統領でなく、その執行者である首相や外相によって下される——そのようなケースすら、決して珍しくなかったのだ。

## メドベージェフは悪役

ところが、プーチン政権下のロシア外交は違う。それは、大統領が首相や外相と共におこなう集団指導型の外交なのではない。ましてや、外務省主導型の外交でもない。プーチン大統領個人の意向を強く反映し、良きにつけ悪しきにつけプーチン自身の刻印を色濃く捺した外交なのだ。まさしく「プーチン外交」と呼ぶにふさわしい外交なのであり、それ以外の何物でもない。そしてこのことは、何とプーチンがいったん大統領職を退き、首相ポストを占めた四年間においてすら当てはまる。なぜならば、メドベージェフ（大統領）プラス・プーチン（首相）から成る「タンデム」政権の期間中にロシア外交の基本方針を決定かつ実践したのは、プーチンその人だったからである。このことを、メドベージェフが三回もおこなった北方領土訪問を例にとって説明してみよう。

メドベージェフは、彼が大統領だった二〇一〇年十一月、ソ連／ロシア連邦の国家元首として初めて日本との係争地、すなわち北方領土のひとつ、国後島《くなしり》への上陸を敢行した。彼は、大統領ポストを退いて首相の身分になった二〇一二年七月、再び国後島訪問を実施し、日本国民の憤激を買った。二度あることは、三度ある。メドベージェフは、首相時代の二〇一五年夏、今度は択捉島《えとろふ》を訪問し、ロシアの指導者たちが自分同様に北方領土をもっと頻繁に訪れるべきとの発言すらおこなった。メドベージェフのアドバイスに従ったのか、ロシアの閣僚たちはその後、相次いで国後、択捉、色丹島《しこたん》を頻繁に訪れるようになった。これらメドベージェフによる北方領土訪問にかんし、とりわけプーチン、メドベージェフ間の関係もしくは役割分担を巡って真っ向から対立する二つの解釈が出現した。

一は、両指導者のあいだに政治上のライバル関係が存在したとみなすもの。メドベージェフは、プーチンに比べると明らかに軟弱な「ハト派」のタイプとみなされがちな政治家である。まさにそれゆえに、彼は時としてプーチン以上に強硬な外交姿勢をとり、己の存在感を誇示したがる傾向が顕著にみられる。たとえば二〇〇八年夏に「ロシア－ジョージア紛争」が発生したとき、大統領ポストにいたメドベージェフは、ロシア軍にたいしジョージア奥地深くへの軍事侵攻を命じた。メドベージェフの国後上陸も、ほぼ同様の動機にもとづいている。このように説く見解があって、不思議でないのかもしれない。

二は、私の見方である。メドベージェフとプーチンとのあいだにライバル感情が存在する。おそらくこれは、たしかな事実だろう。とりわけ彼が大統領だった四年間に、メドベージェフがロシアの対外行動で何らかの独自色を出したいとの誘惑に駆られたことは、想像にかたくない。とはいえ、北方領土訪問は、ソビエト時代を含め、ロシア国家元首の唯一人として敢えてなしえなかったデリケートな行為ではないか。訪問はいたずらに日本国民の反ロ感情を煽り、ひいてはロシア指導者にたいする信頼を失墜させかねない外交行動だからである。日ロ両国関係に深甚《しんじん》なる影響をあたえるそのような行ないを、はたしてメドベージェフがプーチンによる何らかの同意なしに実施しうるものだろうか。答えは、ハッキリしている。実施しうるはずはない。したがって、メドベージェフ大統領は、己の事実上のボスであるプーチン首相から少なくとも暗黙の合意を得たうえで、国後訪問に踏み切った。こう解釈すべきだろう。

では、プーチンはなぜメドベージェフの国後訪問を許可したのだろうか。答えは明らかである。「悪い警官（bad cop）」と「良い警官（good cop）」の分業を、プーチンが欲したからである。つまり、本来「ハト派」とみなされているメドベージェフですら、ことが対日政策となると北方領土上陸という強硬政策すらをも敢行する。彼に代表されるようなロシアの対日強硬派の言動を、柔道好き、日本好きの自分（プーチン）は何とか慰撫し、日本政府側の立場に歩み寄ろうと努力している。したがって、そのような己の親日的な態度や政策を現ロシアがとりうるぎりぎりの線だとみなして、自分が政権の実力者である間に日本側は是非とも領土交渉をまとめるべき筋合だろう――。このような「悪玉・善玉」の役割分担戦術に従って、プーチンはメドベージェフを外交上の一道具に仕立て上げ、日本向けのメッセージを発信しようと試みているのだ。

メドベージェフ大統領が国後初訪問を敢行したさい、日本の日ロ関係ウオッチャーたちの多くは、右の二つの説のうち第一説に傾いた。ところがメドベージェフは、首相ポストに退いた後の時期になっても北方領土訪問を一向に止める気配をしめさなかった。その様子を見て、彼らもまた当初の見方を改め、その結果現在では第二説のほうが有力な見方になっているようである。

## プーチン流決定スタイル

ついでに付け加えるならば、己の「良い警官」役をことさら際立たせるために、部下たちに「悪い警官」役を演じさせる――これは、プーチン外交の常套的手法といえよう。メドベージェフ同様にそのような「悪玉」役を度々演じさせられているのは、セルゲイ・ラブロフ外相である。同外相は、口を開けばまるで決まり文句のように次のような科白をのべさせられているからだ。「日ロ間に〝北方領土〟なる問題は存在しない。この問題は、第二次世界大戦の結果すでに決着済みである」。

プーチン外交は、プーチン個人に過剰なまでに依存する外交である[17]――。このことを裏返していうならば、現ロシア政治では外交の制度化が未だ十分なまでに進んでいないことを意味する。本来ならば、外務大臣をはじめとする外務省やその他の関係諸機関が、もっと積極的に外交政策の決定や実施過程に関与すべき筋合だろう。現ロシアでは、しかしながら、これらのプロフェッショナルな機関や集団は脆弱な存在に止められ、いわば脇役の地位に甘んじている。〈制度〉化が進んでいないから、〈個人〉が突出せざるをえないのか。それとも、逆に特定〈個人〉が過大な役割を演じるから、〈制度〉化が一向に進展しえないのか。これら二つは、おそらくあざなえる縄のごとく密接に関連し合っているのだろう。

その理由はともかくとして、プーチンはロシア外交をほぼ独占し、彼一人で政策決定をおこなおうと欲する。もとよりこれは、彼が他人の意見をまったく聴こうとしないという意味ではない。だが、いったん側近や部下の意見を徴したあと、プーチンは唯一人で考え、他の誰とも相談することなく決断をくだす[18]。そして、もはや己の決定に反対する余地を他人に一切あたえようとしない。これが、プーチン式外交政策形成法の一大特徴になっている。

ロシアの政治ジャーナリストのスベトラーナ・ババエワも、「孤独なピラミッド」と題する論文のなかで記す。「ボス〔＝プーチン〕を過小評価している人々は多い。彼らは誤解しているのだ。プーチンが誰の意見も聴かないで、ときどき奇妙な決定をおこなう人物であるかのように。これは、間違いである。ボスはすべてを聴いている。だが決定をくだすとなると、ずっとあとの時間となってから、しかも彼に必要な程度や形式でおこなう。その時になると、彼のアドバイザーたちですら、彼らがかつてボスに向って進言した忠告にしたがってプーチンが特別の決定をおこなっていることに、もはや気づかない」[19]。ババエワはつづける。「プーチンはすべてのことを呑みこむ。暫くのあいだそれを消化しようと努める。そしてそれからまったく予想外ともみえる形で決定に到達し、それを行動に移す。これこそが、プーチン流なのである」[20]。

## 二人のイワノフは反対

周知のごとく、プーチン大統領は二〇〇三年発生の「九・一一米同時多発テロ」——以後、「九・一一」と略する——後に、対ロシア外交の舵を対米協力路線へと大きく転換した。このとき同大統領がおこなったやり方は、まさに右にのべたプーチン流決定スタイルの好例だったといえよう。中央アジア諸国における軍事基地を米国が使用することを、ロシアが容認する決定をくだしたために全世界はアッと驚いた。そのような重大決定を、このときプーチンは単独でおこなったのである。[21]

たしかに、プーチンは同決定をテレビ演説でロシアの国民に告げる前に、議会各派の代表者二〇名をクレムリンに招集する儀式もしくはジェスチャーをしめした。だがその会合の席上で、彼は正直に次のように断った。「私自身は〔すでに〕心を決めてはいるものの、〔念のために〕みんなの意見を聴きたいと思う」[22]、と。同会合で対米協力の立場をのべたのは、リベラル改革派のグリゴーリイ・ヤブリンスキイ（「ヤーブロコ」党首）とボリス・ネムツォフ（当時、「右派勢力同盟」代表）の二人だけだった。[23]

残りの一八名はすべて、対米協力に反対するとの意見を表明した（そのうちの二名は、「イスラム原理主義勢力、タリバンの方を支持すべき」とすら主張した）。たとえばセルゲイ・イワノフ国防相（当時）の同問題にかんする見解は、プーチン大統領のそれとは全く異なっていた。同国防相は米国に協力すべきでないとの立場を明確にしてのべた。「中央アジア基地を米国に使用させる――。そんなことは、たとえそれが仮定論だとしても、〔私には〕まったく考えられない」[24]。もう一人のイワノフ、すなわちイーゴリ・イワノフ外相（当時）も、イワノフ国防相ほど明確とはいえなかったものの、やはり米軍による中央アジア軍事基地の使用に否定的な態度をとった。ところが、基地使用にかんするプーチン大統領の対米協力の決定がもはやくつがえしえないまでに固いものだと知ってはじめて、二人のイワノフは大統領の決定に渋々従うことにしたのだった。

右に紹介したエピソードは、「九・一一」直後にくだされた対米協力路線の決定が、プーチン大統領の単独の判断にもとづいて――しかも、外相、国防相、その他の側近たちの反対を押し切って――敢行された事実を、物語っている。ヤブリンスキイによる次の発言は、このことを裏づける有力な傍証とみなしえよう。「われわれは〔プーチン大統領との会談を終えたあと〕クレムリンを後にし、赤い壁の外へ出た。すると、どうだろう。私たちは、間髪を入れずにロシアのテレビ局すべてがつぎのように報じるのを耳にしたのである。『プーチン大統領は、この事件にかんしアメリカに協力する旨発表した』、と。つまり大統領はわれわれに相談をもちかけ、われわれの意見を聴する以前の段階で、すでに自分自身の決定をくだしていたのだった。このことは、明らかな事実である」[25]。ついでながら、このときヤブリンスキイは言葉を継いで、自身の感想を付け加えている。「この事例は、要するにつぎのことを意味していた。第一に、プーチンがすべてのことを自分一人で決める人物であること。第二に、彼といえども時折〔私にとっては〕正しいと思われる決定もおこなう人間であること」[26]。

## プーチノクラシー

ババエワ記者も、さきに引用した論文中でヤブリンスキイの見方に同意する結論を記す。「この国〔ロシア〕においては、あらゆるものがたった一人の人間に依存している。ものごとはどのように組織されるべきか。このことについての彼の考えや理解次第にすべてが懸かっている。つまり、一人の人間を頂点に戴くピラミッドが形成されているのだ。その人間とは、いったい誰か。ウラジーミル・プーチンにほかならない。彼は、自身の世界観を持っている。彼は、己のビジョンにしたがって課題ならびに目的を設定する」[27]。こう記したあと、ババエワ女史は次のように結ぶ。「プーチン以外の人間は、彼の協力者にはなりえても共著者とはなりえない。ただ一人の人間が、その他すべての者のうえに塔《タワー》のようにそびえたち、プログラムや行動のコースを決定している」[28]。

このような決定法こそが、アンドレイ・ピオントコフスキイ（モスクワ戦略研究センター）によれば、「プーチノクラシー」[29]の真髄なのである。すなわち、プーチノクラシーとは「権力のすべての梃子を単一の人間に集中させようとする統治方式の謂《いい》にほかならない」[30]。ボボ・ローもまた、大胆かつ直截な結論をくだす。彼は、オーストラリア出身の元外交官で、現在はフランスの「国際問題研究所（ＩＦＲＩ）」の客員研究員（ロシア担当）をつとめている。ローは、「プーチン外交」研究の第一人者としての名声を確立した自著『ウラジーミル・プーチンとロシア外交政策の発展』（二〇〇三年）で、以下のように記す。プーチン時代のロシア外交は、「純粋に〝大統領〟の外交政策（genuinely 'presidential' foreign policy）」[31]にほかならない。その主な理由は、ロシア憲法がそのように規定しているからというよりも、プーチンの個人的特色にもとづく。すなわち、プーチン自身が「外交の細部にまで関心をいだく」[32]人物だからである。このようにして、ローは次のように結論する。「プーチンこそはロシア外交の内外における顔」[33]であるばかりか、彼自身が「ロシア外交そのものなのである」（*Putin is* Russian foreign policy）[34]（傍点、原文通り）、と。

マーシャ・リップマン（当時、『カウンター・ポイント』誌編集人兼クレムノロジスト）にいたっては、ローがのべると同様のことを次のように表現している。「ロシアの政策決定がおこなわれる最も重要な場所は、一体どこか？　答えは、クレムリンではなく、〔プーチン〕大統領の頭蓋骨のなかである」[35]。私も、ローやリップマンの見方に全面的に同意せざるをえない。

## プーチン自身のサバイバルのため

プーチン政権の外交の立案者兼実行者は、プーチン大統領（時には首相）にほかならない。このことが十分分かった場合、次に重要な問いが発せられる。では、プーチンは一体いかなる外交目標の達成を目指し、どのような外交を遂行中なのか。この問いに端的に答えるならば、プーチンは自分自身の政治的サバイバル（生き残り）を目指す外交を実施中——こうのべて差し支えないだろう。このことを正当化するために、彼は次のような三段論法を思いつき、かつ喧伝している。

第一に、ロシアは「強い国家（сильное государство）」の構築を目指さねばならない。国際場裡で大きな発言権や存在感をもつ国家の再建である。プーチンが初めて大統領に就任した直後の二〇〇〇年七月に発表した「ロシア連邦の外交政策概念」と題する文書——別名「ロシアの外交ドクリン」——は、明言する。「ロシア外交コースの最高の優先目標は、国際社会において偉大な大国（великая держава）としてのロシア連邦の利益に最高のやり方で応える、堅固にして権威ある地位を確保し、強化することにある」[36]。いいかえるならば、地球上のほとんどの地域で一定のポジションを占め、発言力を行使し、存在感を誇示しうる国家になること。これこそが、ロシア外交の第一目標にほかならない。プーチン大統領は二〇〇四年の教書演説中でも、このことを次のように明らかにした。「われわれの目標は、世界でのロシアのポジション強化にある。（中略）変貌しつつある国際的状況でロシアが権威ある地位を占めることである」[37]。

では、一体どうすればそのような「強いロシア」の構築が可能になるのか。この問いにたいしても、プーチンは明確な答えを与える。それは、「国家権力の強化（укрепление государственной власти）」によってはじめて可能になる。一九九九年十二月二十八日、大統領代行になる直前に発表した論文「世紀の境目にあるロシア」で、プーチン首相（当時）は記した。「ロシア人にとり強い国家こそが秩序の源泉かつ保証人であり、すべての革新の原動力である」[38]（傍点、木村）。プーチンは、つづいてのべた。「ロシアは、強い国家権力を必要とし、強い国家権力を持たねばならぬ」[39]（傍点、木村）。

右の一文は、一見なにげないようでいて、実に重要である。なぜならばここで、「強いロシア」＝《イコール》「強い国家権力」である、と二つの概念をまるで同義語であるかのように結びつけるトリックを、プーチンは用いているからだ。物事を少し冷静に考える者ならば、これら二つは必ずしも等号で結びつけられる関係にあるとは考えない。というのも、「強いロシア」を実現する方途は、「国家権力の強化」以外にも存在するはずだからである。たとえば、ロシアのソフト・パワーを充実し、ロシアをお手本にしたいと人々に感じさせるような魅力ある存在にするやり方である。そうであるにもかかわらず、プーチン論文はまるで「国家権力の強化」以外の手立てがないかのように説く。

では、「強い国家権力」の再建はどのようにすれば可能になるのか。ここでも、プーチン大統領は強引ないし巧妙なトリックを用いる。それは、「強い指導者」の出現によって初めて可能になると主張するからである。たしかに、ゴルバチョフ、エリツィンというプーチン以前の二大大統領は、必ずしも「強力な指導者(крепкий руководитель)」でなかった。とくに辛うじて大統領ポストに再選された後のエリツィンは満身創痍といってよほど多くの病に悩まされ、クレムリン登庁もままならぬ脆弱な健康状態におちいった。プーチンは、自分がそのような前任者のアンチテーゼになることを目指した。ロシアでは強靱な心身の持ち主で、強力なリーダーシップをもつ政治指導者こそが、必要不可欠である。このようなロシア国民の願望にぴったりとマッチする人物として、プーチンは登場し、かつそのようなイメージを裏切らないように一貫して努力している。言い換えると、「強いプーチンは、強いロシア国家の具現化にほかならないのだ[40]」。

右に略述したような「強いロシア」→「強い国家権力」→「強い指導者」といったプーチン式の強引な三段論法。これは、やや意地悪な解釈をおこなうならば、結局のところ己の指導的地位を強化し、正当化しようとしてプーチンが思いついた実に巧妙な理屈にほかならない。さらにいうと、一見ロシアの国益推進を第一義においている風に見せかけてはいるものの、実はプーチン自身の政治的サバイバルを確保しようともくろむ得手勝手な論理構成にもとづいている。こうも評しうるだろう。

## 安全保障会議

以上くどいほど強調して説明したのは、プーチン外交の主体が上御一人、すなわちプーチンである事実だった。このことを、片刻も忘れることなく念頭に置くべしと断ったうえで、以下のようなごく少人数の人間がいることを紹介しよう。プーチンがおこなう外交政策決定過程に時として参画することが許されたり、また時としては同決定の隠れ蓑の機能を演じたりする人々。具体的にいうと、安全保障会議に属するメンバー、しかもそのうちのごく限られた者たちである。プーチン大統領の影の腹心、すなわち彼の「政治局員」とすら名づけて差し支えないかもしれない。まず、やや迂遠とはいえ、安全保障会議とは、一体何か。この説明から話をはじめよう。

「外交」と「戦争」とはまったく無関係ではない。両者はともに、国家目標を達成する手段である点において共通している。このような考え方からいえば、外交を安全保障から切り離して論ずるほうが非論理的とさえいえるかもしれない。両者は密接不可分、あるいは不即不離の関係にある。ドイツの有名な軍事戦略家、カール・フォン・クラウゼヴィッツは「戦争は、他の手段による単なる政治の継続である」(41)と喝破した。レーニン、スターリンをはじめとするロシアのボリシェビキ指導者たちは、クラウゼヴィッツの箴言《しんげん》の熱烈な信奉者だった(42)。

それればかりではない、右の名言を逆転させて彼らの一部は「政治は、他の手段による戦争の継続である」とさえ説いた。たとえばスターリン治下の一九三〇年代にソ連外務人民委員（すなわち、外相）をつとめたマキシム・リトヴィノフは、己の伝記作家に向ってのべた。「戦時においてソ連赤軍が果たすべき任務を、ソ連外交は平時において果たす」(43)。同外相は、さらに言葉をつづけて己が言わんとすることを明らかにした。「これは、〝戦争が他の手段による政治の継続〟と説いたクラウゼヴィッツの言葉を、丁度逆さまにしたものである」[44]。

リトヴィノフ流の考えは、次のようなものであるとまとめうるだろう。平時と戦時を区別しない。外交、交渉、調略、戦争らの人間行動を区別しない。これら全てを、いわば政治目的を達成するための手立てとして、同一線上ですら捉えようとする。広義で「闘争」と総括できるもの全てが同一カテゴリーに属し、その一形態に過ぎないとみなす。或るものは軍事力、他のものは非軍事力、また或るものはそれらをハイブリッド（混成）して用いる。それだけの違いに過ぎない。

おそらくこのような外交と安全保障を峻別しない考え方にもとづくのであろう。ロシアでは安全保障会議や国防省は、ふつう外務省の管轄または専権事項とみなされる諸領域にまで遠慮会釈なくズカズカと踏み込み、介入してくる。外務大臣や外務省の力が脆弱であるときには、これらの組織による干渉行為はとりわけ目に余る程度にまで達する。

外交と安全保障は、切っても切れない密接な関係にある。このような基本的な考えにもとづいて、「安全保障会議（Совет безопасности; the Security Council）」と名づけられる組織が、エリツィン時代の一九九二年六月に創設された。外交と安全保障の専門家たちを一堂に集め、総合的な見地から両分野の連携をはかり、討議をおこなう。その結果を大統領令として発布し、法律の代りとしての効力を持たせる。これらを、その主要目標に掲げた。それは、名称からしても米国の国家安全保障会議（national security council）と非常に似かよった組織であるといって差し支えないかもしれない。

さて、そのような安全保障会議の議長は、ロシア大統領。メンバーは、常任、非常任の二種類から成る。投票権をもつ常任メンバーは、現在一二名。安全保障会議書記、上下両院の議長、首相、外相、国防相、内相、連邦保安庁長官、対外情報庁長官ら。投票権をもたない非常任メンバーは、現在一八名。八名の連邦管区大統領全権代表のほか、法相、緊急事態相、検事総長など。常任、非常任を問わず、安全保障会議のメンバーとしては、いわゆる「武力省庁」(силовые ведомства; power ministries)のトップが多数を占めている。さらにいうと、安全保障会議の事務局に勤める一七六名の専門スタッフのうち、五八%までもが「武力省庁」の関係者、すなわち「シロビキ」関係者であるという。

安全保障会議は、その名称だけからみると安全保障問題だけをとりあつかう組織のように聞こえる。だが、実際には国家の安全にかんする問題全般を取扱う。結果として、その対象は非常に広範囲におよび、単に安保や外交ばかりでなく、ほとんど全ての問題をカバーするとさえいって差し支えない。それは「立憲権限」[45]すら有している。同会議は、その決定をロシアのほとんどすべての執行機関に実施させ、その実践状況をみずから監督する。そのように大きな権限を有しているにもかかわらず、安全保障会議はエリート主義にもとづく閉鎖的組織で、その会合は非公開とされている。プーチン現大統領は安全保障会議を週一回開催している。このような諸特徴をもつために、安全保障会議は、ソ連時代に強力な政治的組織だったソ連共産党中央委員会政治局をもじって「新しい政治局」[46]とすら綽名されている。

## 外交への影響

安全保障会議がロシアの外交や安全保障関連の事項の決定にたいしておよぼす影響力は、必ずしも一定ではない。それは歴史的な変遷を辿ってきた。敢えて大胆にいうと、二つの要因が安保会議の発言力の増減に作用する。まず、同会議の議長であるロシア大統領自身がこの機関を一体どのように活用しようと考えているか。このこと次第に関わっている。というのも、ロシア大統領は必ずしも安全保障会議の決定やアドバイスを尊重せねばならない義務を負っていないからである。[47]

安全保障会議は、元はといえばエリツィン元大統領の意向によって創設された組織である。ボリス・エリツィンは、当初人民主義者《ポピュリスト》とみなしてよい側面をもつ政治家だったが、[48]政権の座についたあと、その立場を大きく変えた。彼は、たとえば移り気な存在である人民大衆よりも、次第に特定グループの人間に依拠するようになった。一般的にいうと、エリツィンの権力基盤は、国民から議会、内閣、安全保障会議、そして最後には一握りの側近たちへと変化していった。エリツィンは、己に忠誠無比な者のみを部下に任命することによって、憲法規定に制約されない「垂直的な大統領体制」[49]をつくりあげようと欲するようになった。安全保障会議は、その一例といえるかもしれない。[50]

ロシアに安全保障会議という機関があるらしい――。一般の日本人がこのことに気づいたのは、一九九二年九月にエリツィン大統領の来日が突然キャンセルされたときだった。同大統領の訪日延期は、「ロシア政府の指導者、最高会議、安全保障会議、ロシア連邦大統領によって決定された」[51]（傍点、木村）。公式発表が、このように記していたからだった。だが、はたして実際そうだったのか。疑問視される。このときロシア連邦最高会議は、訪日延期の決定日から数えて二週間後の九月二十二日に招集された。このテーマだけを議題として、最高会議（定員五四二名の過半数は二七二名）を召集する訳にはいかなかったからだろう。この点から判断すると、エリツィン大統領の訪日延期は最高会議でなくて、安全保障会議か、大統領自身か――そのどちらかによって決定されたことになる。第一説は説く。安全保障会議で訪日の是非をめぐって活発な議論が交わされ、三時間におよぶ大激論のあと、ついにエリツィン大統領が最終判断をくだした。第二説は説く。会議冒頭でロシア大統領みずからが訪日の意志がないことを明らかにし、その発言ですべてが決まった、[52]と。

右のいずれの説を採用する場合でも、エリツィン大統領の意向が決定的な役割を演じたことに変わりはなかった。ほかならぬエリツィンの言葉が、そのような解釈が正しいことを裏書きしている。エリツィンは、彼にとって第二冊目となった自叙伝のなかで次のように記しているからである。「〔訪日予定日の〕三日前に、私は訪日をキャンセルする決定を自分ひとりで（самостоятельно）くだした」[53]（傍点、木村）、と。ただし、安全保障会議の席上で訪日延期を賛成多数で決定した名目的な手続きを踏むことによって、大統領だけが訪日延期決定の全責任を負うことを、エリツィンは回避しようともくろんだ。つまり、安全保障会議は、エリツィン大統領が既に下した決定を正当化する隠れ蓑の役割を果たしたのだった。

## 書記の重要性

次に、安全保障会議の影響力を左右する第二の要因についてのべる。それは、この機関の書記の地位に一体誰が坐っているのかによって異なる。[54] 創設以来今日まで、ロシア大統領によって連邦安全保障会議の書記（секретарь）のポジションに任命された者は、一三名にものぼる。具体的な名前をあげると、以下のとおり。ユーリイ・スコーコフ、エフゲーニイ・シャポシニコフ、オレグ・ロボフ、アレクサンドル・レベジ、イワン・ルィプキン、アンドレイ・ココーシン、ニコライ・ボルジュジャ、ウラジーミル・プーチン、セルゲイ・イワノフ（以上、エリツィン大統領による任命）。ウラジーミル・ルシャイロ、イーゴリ・イワノフ、ワレンチン・ソボロフ、ニコライ・パトルシェフ（以上、プーチン大統領による任命）。

これら一三名のなかで最大の存在感をしめしたのは、おそらくレベジ将軍だったろう。彼は一九九六年夏におこなわれた大統領選挙の第一次投票で、エリツィン、ゲンナージイ・ジュガーノフ共産党委員長に次いで第三位を占め、決戦投票でキャスティング・ボート（決定票）を握ることになった。そのために、第二次投票ではエリツィン側につくことと交換の形で、レベジはエリツィン陣営側から安全保障会議書記のポストを提供された[55]。レベジは、以前に派遣されていたモルドバで、ロシア人居住者の多いドニエストル自治共和国を巡るロシアとモルドバとの対立の収拾に成功した経験をもっていた。その折の外交交渉手腕を買われて、レベジ書記はロシアとチェチェン自治共和国との仲介にも努力し、じっさい「第一次チェチェン戦争」を休戦協定へ持ち込むことに見事成功した[56]。この功績によって、レベジ書記はエリツィン後継者の有力候補の一人とさえ取沙汰されるようになった。だが、嫉妬深いエリツィン大統領はそのようなレベジの野心に気付いて、一九九六年十月、レベジを安全保障会議書記の地位から解任した[57]。

その後安全保障会議書記に任命されたココーシン、ボルジュジャは、それぞれがユーリイ・ルシコフ（モスクワ市長）、プリマコフ（元首相）が次期大統領になるとの判断ミスを犯し、エリツィン大統領によって解任される憂き目にあった。以来、安全保障会議書記には、大統領に忠誠を誓うイエスマン・タイプの人間が任命されがちになった。結果として、安全保障会議書記のクレムリンの内外政にたいする影響力は減少した。プーチン期のルシャイロらが格別活躍したとの印象はない。

ところが、現書記のパトルシェフは違う。彼は、プーチンと同じくレニングラード（現サンクト・ペテルブルグ）生まれ。レニングラード国立大学卒業後直ちにKGBに入り、これまでKGB以外の職場でつとめたことのない生粋のチェキスト。チェキストとは、KGBの前身、チェー・カーに勤める人間から転じて、一般にロシアの秘密警察要員を指す。パトルシェフは、プーチン政権下で既に一〇年近くにもわたって安全保障会議書記のポストに坐りつづけている。この事実ひとつから判断しても、彼にたいするプーチン大統領の信頼感がいかに高いかがうかがえるだろう。ちなみに、パトルシェフは、日本の安倍晋三政権の安全保障局長、谷内正太郎のカウンターパートとみなされている。

パトルシェフこそは、プーチン大統領が重大な政策決定をおこなう際のインナー・グループの筆頭格。プーチン政権の外交・安保問題を決定するさいのキー・パーソン。こうみなして、間違いなかろう。たとえばクリミア併合の決定が、その好例になる。プーチン大統領は、ソチ冬季五輪の終幕時の二〇一四年二月二十三日の早朝、安全保障会議のコア・メンバーら四人を招集して秘密会議を開催し、ウクライナのクリミア半島のロシアへの併合を決した。[58] 四人とは、セルゲイ・ショイグ国防相、パトルシェフ、セルゲイ・イワノフ大統領府長官（当時）、アレクサンドル・ボルトニコフ（連邦保安庁長官）。ショイグを除くと、プーチン大統領を含む全員がチェキストだった。安全保障会議メンバーではあっても、メドベージェフ首相、ラブロフ外相はこの秘密会議に招かれていなかった。彼らは、クリミア併合というロシア外交がおこなった最重要イシューの決定に参画させてもらえなかったのだ。

右の一例がしめしているのは、次のことである。安全保障会議の常任メンバー（約一二名）のなかでプーチン大統領によって最も信頼され重んじられているのは、少数のチェキストに限られる。その意味で、彼らはプーチン大統領とともにロシア外交の決定者（decision-makers）である——。こうみなしてすら、差し支えないかもしれない。とりわけ、彼らがトップをつとめる組織がプーチン大統領に提出する秘密の報告書は、同大統領にたいして重要な情報をインプットする役割を果たす。というのも、それらの報告書こそは、大統領が毎日仕事はじめに必ず念入りに目を通すファイルにほかならないからである。[59] すなわち、連邦保安庁（ФСБ；FSB）、対外情報庁（СВР；SVR）、連邦警護庁（ФСО；FSO）の三機関がまとめるレポートである。

## 知識人やシンクタンク

以上紹介したのは、プーチン大統領がロシア外交政策の決定に当たって時として相談をもちかける、腹心のインフォーマルな人々である。一方、プーチン政権下では彼らとは全く対照的な立場の人々がいる。それは、知識階級に属する人々である。彼らは、他の諸国やロシアの他の政権下では、外交政策の決定過程に程度の差こそあれ参画する人々だろう。ところが、プーチン政権下ではそのようなことは、ほとんどゼロ。こう断言して、差し支えない。すなわち、プーチン外交に外交専門の知識人たちからのインプットは皆無とさえいえる。プーチンのワン・マン外交決定法を改めて強調するために、このことは改めて紹介に価する。

政治家は、自分の周りに知識人たちを集めたさいに、彼らの見解に一体どのぐらい真剣に耳を傾け、彼らのアドバイスを己の政策のなかに採り込むのか？　この問いにたいする一義的かつ明確な答えは、必ずしもないようである。たとえば、ここに己の能力や判断に自信をもつ政治指導者がいると仮定しよう。おそらく彼（または彼女——以下同じ）は、他人の意見をさほど熱心に聴こうとしないだろう。だが、正反対のケースも考えられる。みずからが絶大な自信をもつがゆえに、彼は他人の異なる見解にも謙虚に耳を傾け、それと自分の意見を比較考量し、優れた方を採用する余裕をしめすかもしれない。

右の単純な事例がしめすように、トップ・リーダーの「知的専門家集団（epistemic community of experts）」にたいする態度は千差万別といえるだろう。したがってここでは、指導者たちはなぜ知的エリートにたいする態度を異にするのか——この問いにたいする詮索はいったん横におく。その代りに、ロシアの直近指導者の三人、すなわちゴルバチョフ、エリツィン、プーチンが「知的専門家集団」にたいして実際どのような接し方をしたのか？　その具体的な差異のほうに、むしろ注目しよう。

ゴルバチョフは「理念（ideas）の力」（アーチー・ブラウン）[60]を信じるとともに、己の知的能力に自信をもっていた。おそらくこのことと関係していたのだろうか、彼は自分の周りに錚々たる知識人たちを集めた[61]。たとえば、アレクサンドル・ヤーコブレフ、ゲオルギイ・シャフナザーロフ、エドアルド・シェワルナゼ、アナトーリイ・チェルニャーエフ、ワジム・メドベージェフ、アナトーリイ・ドブルイニン。ゴルバチョフにプラスしてこれら六名の側近たちは、「ゴルバチョフ外交の中心的なプレイヤー」[62]を構成した。

エリツィンは、右の六名に匹敵するようなアドバイザーを己の周りに集めなかった。なぜか？　側近のひとりだったビャチェスラフ・コスチコフのつぎの言葉は、この問いに一つの答えをあたえているようである。その点で、「〔エリツィン〕大統領は、自分の周辺にベスト・アンド・ブライテストたちを集めることを望まなかった。己だけにスポットライトを集中させ、拍手喝采を独り占めすることを、彼は欲したのだった」[63]。エリツィンは舞台で主役を演じるスター俳優に似かよっていた。

## エリツィンの「セミヤー」

そのようなエリツィンといえども、ある種の小グループに依存していた。だが、彼はときどきの自分の気分や政治的利害に応じて、そのようなグループのメンバー構成を変える傾向をしめした。ある時期には、エゴール・ガイダル、アナトーリイ・チュバイス、ネムツォフ、セルゲイ・キリエンコといった知識人たちを重用した。彼らは、頭でっかちで政治や経済の実務経験を欠く、政治的に未成熟な若者たちだった[64]。そのために、「ピンク色のパンツをはいた子供たち（мальчики）」（ルスラン・ハズブラートフ）[65]とすら綽名され、からかいの対象になった。

エリツィンの周りには、彼らと全く異なるタイプの側近たちもいた。例えばビクトル・チェルノムイルジン、プリマコフ、イーゴリ・イワノフ、セルゲイ・ステパーシン、プーチンといった人々である。彼らのなかには、単純化していえばエリツィン大統領にたいし忠実無比の態度を尽くしたがゆえに、登用された実利主義者が多かった。バランス感覚に秀でる一方、想像力や創造力を欠き、大胆な政策イニシアチブをとろうとしない官僚タイプの者たちだった。

エリツィンには、ごく限られた数の身内の者を過大に重用する性癖が明らかに存在した。このような傾向は、とくに彼が健康を悪化させ、隔離された病院や郊外の療養所での養生生活を強いられるにつれて益々顕著なものになっていった。結果として、政権末期にはエリツィン大統領に現実に近づくことができるのは、実の娘、ゴースト・ライター、ボディガードを含む一握りの者だけという状態すら招来させた。具体的にいうと、タチヤーナ・ジヤチェンコ（エリツィンの次女）、ワレンチン・ユマシェフ（タチヤーナのボーイフレンド、のちに夫）、アレクサンドル・コルジャコフ（大統領警備局長）、ベレゾフスキイ（政商）らに限られていた。彼らは、エリツィン「ファミリー」[66]――ロシア語では「セミヤー（семья）」（家族）――と綽名された。

要するに、エリツィンは、いわゆる「知的共同体」、平易な言葉でいうと「知識人階層」に属する人々の知識や情報を吸いあげ、それらを元にして自身の政策を形成しようとする意欲を欠いていた。逆にいうと、彼らを利用して国内世論を己の政策実現に資する方向へ誘導しようとも試みなかった。[67] エリツィン期には、知識人階層にとり都合の悪いことも発生した。一言でいって、ロシア科学アカデミー付属の研究所、シンクタンク、各大学、その他に勤務している政治、経済、国際問題の専門家たちの凋落現象である。彼らは、ソ連解体後に見舞われた経済的困窮のために、たとえば右に列挙したような学術機関での勤務を辞めて、民間の財団、銀行、企業などに職を転じることによって、辛うじて生計をたてざるをえない羽目になった。[68] 結果として、科学アカデミー付属の研究所、国立大学に勤務する専門家たちから情報、政策提言、その他を記したレポートが大統領の手許に届けられるという、ソビエト期においてすら存在した「制度上のメカニズム」[69]が、もはやほとんど機能しなくなったのである。

以上の諸事由が作用して、エリツィン期のロシア外交政策は、一言でいうと「プロフェッショナリズム」

を欠く、アマチュアリズム（素人判断）のレベルへと転落した。(70) ロシア外交は、全く予測不可能かつ不規則的なプロセスを経て、その時々の便宜主義的、かつ安っぽい算盤勘定にもとづいて決定され、著しく首尾一貫性を欠くものになった。

## プーチンの側近たち

では、現プーチン期での政権と知識人との関係はどのようなものなのか？　結論を先に記すと、プーチン大統領が特定個人の知識人や「知的専門家集団」に依存して、自らの政策決定をおこなっているようには到底評しがたい。プーチン政権は、エリツィン政権と比べてさえも知識人のアドバイスを求める程度が少なくなり、ほとんど皆無とすら評すべきだろう。このことは、とりわけ外交分野で顕著のように思われる。

プーチン大統領は、外国語（ドイツ語）に堪能である。若い頃に外国（東ドイツ）に約四年半住んだ経験を持つ。通訳を介さずにゲルハルト・シュレーダー前独首相とはドイツ語、アンゲラ・メルケル現独首相とはドイツ語やロシア語で会話する機会すら多い様子である。このような能力や経験の結果として、同大統領は他人の助けを借りずとも、自分が外部世界について十分な知識を有している――このような過大な自信を抱くようになっているのかもしれない。また、ＫＧＢ出身者としての特性から、諜報機関こそが最も精確な情報に通じていると信じ込んでいるのかもしれない。さらに、ロシア大統領のもとには全ての情報が上がってくるので、自分以上に事情通の人間など存在するはずはない。こう自惚れているのかもしれない。エリツィン前大統領ですら、本章の冒頭で記したように、ロシア外交の決定や実践をコーズィレフやプリマコフというプロフェッショナルにある程度依存したり、任せたりする傾向をしめした。ところがプーチン現大統領は、対外政策をもっぱら単独で決定し、みずからの周辺近くに外交上のアドバイザーをおく気配すらしめそうとしない。

たしかに、プーチン大統領は経済や法曹の分野では知的エリートを登用している。だがそれは、法律や経済の部門では専門的知識や技能をもつ実務家の関与がどうしても必要不可欠という事情に因るものだろう。たとえば、メドベージェフ第一副首相、アレクセイ・クドリン財務相、ゲルマン・グレフ経済発展貿易相、ドミトリー・コザク南方管区大統領全権代表（役職はすべて、当時）などは、いずれも法律か経済の専門家である。但し、プーチン政権誕生直後に重用されたかのようにみえる右のような一連の人物は、今日、どちらかというと閑職に押しやられ、プーチン現政権にたいする影響力はさほど大きいようには感じられない。

プーチン大統領の周囲を固めるもう一つのグループがある。それは、旧ＫＧＢ関係者である。さきにもふれたように、パトルシェフ現ＦＳＢ長官、イワノフ国防相、チェルケソフ麻薬流通監督庁長官、セーチン大統領府副長官らである（役職は、ほとんど当時）。

右の二グループは、一見したところ互いに相容れないグループであるかのように思われるが、必ずしもそうなのではない。一方における中道リベラル志向のエコノミストや法曹人たち、すなわち「シビリキ（文民派）」と呼ばれる人々と、他方における元ＫＧＢ勤務者たち、すなわち「シロビキ（武闘派）」と呼ばれる人々だが、まず、両グループの多くの者たちは、ともにサンクト・ペテルブルグ出身という地縁によって結びついている。次いで、ともにプーチン大統領のお蔭で今日の自分の地位や財産が築かれたとの恩義を共有している。第三に、「強いロシア国家」を再建すべしとの共通目標の実現を目指している。これらの点で、彼らは異ならない。

## 「知的専門家集団」の凋落

プーチン大統領は、同郷人やかつての同一職場での同僚を重用しがちな傾向をしめす。このことと並行して見られる事実がある。それは、かつて「研究所勤務者（институтник）」または「国際問題専門家（международник）」と称された人々が、プーチン政権下で影響を減少させつつある現象にほかならない[71]。

ソビエト時代、ソ連科学アカデミー付属の各種研究所の地位と名声は、モスクワ大学の教授のそれらをしのぐ高いものだった。彼らは講義や学生指導の義務を免れ、潤沢な研究費をあたえられる一方で、ソビエト政府の決定や運営に資する政策ペーパーを執筆することが期待されていた。とくに知識人好きのゴルバチョフ政権下での彼らの活躍は瞠目に価した。ところが、さきにふれたように、エリツィン時代に実施された市場経済への移行政策によって、ロシア科学アカデミー傘下の各研究所に勤務する専門家たちは打撃をこうむった。ハイパー・インフレーションの到来によって、彼らが受け取る給料の実質的価値は激減した。だからといって彼らが仮にストライキや怠業に訴えようとも、政府も国民もさしあたって痛くも痒《かゆ》くも感じない。ペレストロイカの必要性を最も熱心に提唱し、賛同した知識人が、経済改革の最大の被害者となった——。これも、歴史の皮肉のひとつだろう。

プーチン時代になると、右のようなロシアの知識人たちは財政難に加えて、言論統制によっても苦しめられることとなった。たしかに、ごく一部のラッキーな者たちは国会議員になったり、政府の要職についたり、みずからクレムリン寄りのシンクタンクを創設することに成功したりした。たとえば、ウラジーミル・ルーキン、アンドラニク・ミグラニヤン、セルゲイ・カラガーノフら、世渡り上手な知識人たちがそうだった。だが彼らは、あくまで一握りの例外的存在に過ぎない。知識人の大多数は、政府から内外政策についての勧告や忠告を求められる機会など皆無になり、したがって補助金交付にあずかるチャンスも失った。ロシア教育・科学省は、ロシア科学アカデミー付属の研究所の数を一〇分の一以下へと減らすことを計画中と伝えられる。すなわち、二〇〇六年五月時点で二四〇〇の数にのぼった研究所を、二〇〇八年までに僅か一〇〇―二〇〇にまで減少させる。サンクト・ペテルブルグでは、そのような削減に抗議して約三〇〇〇名の学者たちが街頭デモをおこなった[72]。

河東哲夫（前駐ウズベキスタン日本大使）は、現在、ロシア知識人たちが直面するこのような動向を、次のように分析している。同氏は、モスクワの初代日本文化センター長もつとめ、数多くのロシア知識人を友人にもつ日本屈指のロシア通である。そのような河東氏、いわく、「ロシアの知識人のあいだでは、以前はリベラルだったのが、最近はナショナリスティックな言辞を弄する者が増えている。……助成金、研究委託金の類いが政府に集中管理されつつあるようで、インテリも自由にものが言いにくくなっている。また、大統領に頼まれ、……内外世論の反応を探っている者もいる」[73]。

現在、みずからの立場がクレムリン寄りであることを一向に隠そうとしない政治評論家たちが続々と生まれている。たとえば、次は、そのなかで最も有名な者たちだろう。セルゲイ・マルコフ（「政治調査研究所」所長）、ヴャチェスラフ・ニコノフ（「ロシアの世界」財団総裁、現在、下院教育・科学委員長）、グレブ・パブロフスキイ（「有効基金」理事長）……等々。本書の執筆者は、二〇〇六年、彼らのうちの一人が主催する国際会議に出席する機会を得たことがある。会場は、モスクワ郊外にある天然ガス国家独占企業体「ガスプロム」社の別荘だった。その前々年に出席した科学アカデミー所属の世界経済国際関係研究所（ИМЭМО／IMEMO）が主催した会議と比べ、その物質的、その他の待遇が一変して贅沢なものとなったことには驚かされた。

一部の知識人が政権に近づき、結果的にプーチン政権の代弁者となる――。これは、プーチン時代のロシアの特徴のひとつなのかもしれない。ノダリ・シモニア（IMEMO所長）ですらその例外でなかったのは、私にとり残念至極なことだった。シモニア博士は、ブレジネフ時代には共産党政権の方針には容易に同調しない気骨ある学者として知られていた。そのためだろう、長いあいだ不遇をかこっていた。しかしゴルバチョフ期の到来とともに、同郷（ジョージア）出身のプリマコフIMEMO所長の引きもあって、同研究所副所長に抜擢され、その後所長になった。シモニア博士は、日ソ間の領土問題について日本の四島返還要求に理解を寄せ、その実現を期待する発言をおこなっていた。

ところが、プーチン時代となると次第に政権寄りとなり、領土問題にかんしプーチン政権のほとんど忠実な代弁者となるにいたった。同博士が二〇〇五年一月に『イズベスチヤ』紙上に載せた長大論文[74]は、その好例である。博士の主張は、前年の十一月にプーチン大統領、ラブロフ外相がしめした「二島ぽっきりの返還」で、日本とのあいだの領土論争に幕引きをおこなうとする公式見解に賛同していた。私を含む日本におけるシモニア博士の長年の友人たちは失望した。と同時に、それは、プーチン政権下では言論の自由がいかに厳しく制限されるようになったか——その事実を改めて教える、もうひとつの実例になった。同様の転換をおこなったロシア知識人たちの例は枚挙に暇がない。

# 第2章

# 装　置

ロシア外務省

セルゲイ・ラブロフ外相

プーチンは、すべてのことを自分一人で決める。

——**グリゴーリイ・ヤブリンスキイ**(1)

プーチン以外の人間は、彼の協力者となりえても、共著者とはなりえない。

——**スベトラーナ・ババエワ**(2)

プーチンは、己一人がくだす決定をそのまま忠実に履行する物言わぬ歯車を必要としている。

——**タチヤーナ・スタノーバヤ**(3)

現ロシアの外交政策は、憲法によって大統領の専権事項と規定されているばかりでなく、実際のところプーチン唯一人によって決定されている。このことが、前章の説明で十分理解されたと仮定する場合、次に検討すべき問いがある。では、プーチン大統領がくだす外交上の決定は、いったい誰によって執行されるのか？ プーチン大統領がたとえいかにエネルギッシュであろうとも、彼も生身の人間である。彼にとっても一日は二四時間しかない。したがって当然、同大統領を補佐し、彼の意図や狙いを実践に移すことを手伝う人員が、不可欠となろう。本書ではそのような任務や役割をになう人々を総称して、「装置」（apparatus）と呼ぶことにしよう。では、プーチン外交の実務を担当する「装置」は、プーチン登場前のそれとどのように異なるのか？ また、これらの機関や組織は、諸外国のそれらとどのように違うのか？ 本章は、これらの問いを検討する。

もとより、そのような「装置」のすべてについてのべることは紙幅の観点からも不可能なので、ごく主要なものに限定せざるをえない。本章では、以下のような諸機関や組織を紹介し、検討することにする。大統領府、外務省、軍部、旧KGBなどの諜報機関、議会や政党、そしてオリガルヒ（新興財閥）。

## 大統領府

現行のロシア政治において、大統領は他国の元首（国王、大統領、首相）に比べてひじょうに高い地位ならびに強大な権限を享受している。このことは、大統領を直接補佐する「大統領府」（Администрация Президента; Presidential Administration/ PA）のスタッフの数が膨大であり、その権限が強力であることを意味する。プーチン現政権下の大統領府には、長官（一）、第一副長官（二）、副長官（三）、補佐官（一〇）、顧問（二）、報道官（一）、儀典長（一）、そして一般職員――合計して、約二〇〇〇名（二〇一二年での推定）のスタッフが勤務している。(4)

ロシアの政治制度によると、大統領府長官は、大統領、首相に次いで第三番目に重要なポストとされている。プーチン政権第一期目の大統領府長官は、アレクサンドル・ヴォローシンだった。彼は、前大統領、ボリス・エリツィンの「ファミリー」に属する重要人物だったために、プーチン大統領といえども彼を直ちには更迭しえなかったからだった。ところが、第一期目のプーチン政権がほぼ終わりに近づいた二〇〇三年十月、同政権は「ユーコス」社CEO（最高経営責任者）のミハイル・ホドルコフスキイを逮捕する挙に出た。このように重大なことが事前に自分に知らされていなかった。ヴォローシン大統領府長官はこう抗議して、辞表を提出した。プーチン大統領は「渡りに舟」とばかりに辞表を受けとり、ドミートリイ・メドベージェフ大統領府第一副長官を昇格させ、大統領長官に任命した。メドベージェフは、プーチン大統領がサンクト・ペテルブルグから連れてきたいわゆる「サンクト派閥」のなかの三羽烏の筆頭格にほかならない。プーチン大統領は、二〇〇五年十一月になると、メドベージェフを第一副首相へと横滑りさせた。これは、同大統領がメドベージェフを次期大統領候補の一人とみなす人事であると解釈された。

メドベージェフの後を襲って大統領府長官に任命されたのは、セルゲイ・ソビャーニンだった。これは、やや意表をつく抜擢人事と評さざるをえない。というのも、ソビャーニンはそれまで地方（チュメニ州）の一知事でしかなかったからである。前大統領のエリツィンが地方行政府の知事や有力者たちにあまりにも譲りすぎた権限を、プーチン大統領は何とかして再び中央にとり戻そうと躍起になっていた。彼が上院を改組したり、連邦管区大統領全権代表ポストを新設したりしたのも、そのような方向に沿っての試みだった。ところがそうした努力にもかかわらず、地方行政主体の長たちは「面従腹背」の態度をとり、モスクワ中央政府の言うことをあまり聞こうとしなかった。そうこうするうちに、二〇〇七年の下院選、二〇〇八年の大統領選の時期が近づいてくる。これらの選挙の際、プーチン中央政府は、地方自治体の首長の協力を必要不可欠とするだろう。このようなことを考えてプーチン大統領は、有力な知事のひとりソビャーニンを中央ポストへ登用してみせたのかもしれなかった。

クレムリンに返り咲くことになったプーチンは、二〇一一年十二月、セルゲイ・イワノフを大統領府長官に任命した。イワノフはサンクト・ペテルブルグ出身者であり、かつ大学卒業後直ちにＫＧＢでの勤務をはじめた。つまり、彼はプーチン閥に属するための条件を二つまで満たしている人物なのだった。イワノフは、ロシア連邦保安庁長官、国防相などの要職を次々に歴任。メドベージェフ現首相と並んで、ポスト・プーチン期の大統領候補のトップに擬せられるまでの地位にのしあがっていた。

イワノフの難点を強いてあげるとするならば、息子のスキャンダルないし不幸に苦しめられがちなことだった。二人の息子のうち、長男のアレクサンドルは、若くして政府系の有力銀行の幹部への昇進をとげたものの、自動車事故を引き起こし六十八歳のロシア人女性を死にいたらしめた。おそらく国防相（当時）をつとめていた父親の威光がものをいったのだろう、アレクサンドルは無罪放免になり、その後も順調にエリート出世を驀進しつつあった。だが、好事魔多し。まだ三十八歳の若さで国営の対外経済銀行の副頭取をつとめていたときに、休暇旅行先のアラブ首長国連合で溺死した。(5)

## イワノフの更迭

プーチン大統領は、二〇一四年八月十二日、セルゲイ・イワノフを突如、大統領府長官ポストから解任すると発表した。全世界のクレムリン・ウオッチャーたちは吃驚し、その理由をあれやこれやと詮索した。当然だろう。かつてプーチン大統領の右腕と称された盟友、イワノフの解任は、いったい何を物語っているのか。これは、今後のプーチノクラシーの行方を占う点からも、けっして見過ごしえない重大事件にほかならなかった。プーチンの人事政策一般とからめて、この問題をやや詳しく検討する必要があろう。

少々話を遡るならば、一九九九年末にプーチンがエリツィン元大統領によって彼の後継者として指名されたのは、あまりにも唐突かつ突然のことだった。当時、ほとんど無名だったプーチンは、二つの人脈しか持ち合わさなかった。そのために彼は好むと好まざるとにかかわらず、それら二グループから側近や部下を任命せざるをえなかった。サンクト・ペテルブルグ閥とＫＧＢ閥である。ところが、それからすでに約一五年の歳月が経過し、今日のプーチンは、もはやこれら二大派閥に依存する必要性が少なくなった。

いや、これら二グループに依然として頼りつづけることは、必ずしも好ましいとも賢明ともいいがたくなった。というのは彼らはひょっとすると、次のような不遜かつ思い上がった考えすら抱いているかもしれないからである。われらの仲間の一人に過ぎなかったボロージャ（ウラジーミルの愛称）は、運よくエリツィン元大統領に気に入られたために、とんとん拍子に出世するエスカレーターに乗ることができた。だとするならば、ボロージャの幼馴染みである自分たちもまたそれなりの御相伴にあずかって然るべきだろう、と。プーチンがこのような「プーチンのお友だち（Друзья Путина;(6) *Friends of Putin*(7)／略して「ＦＯＰ」——マーシャル・ゴールドマン、ハーバード大学名誉教授）の驕《おご》った心理状態に気づき、彼らの馴れ馴れしい行動様式を次第に疎《うと》ましく感じるようになる——。このように想像しても、あながち見当はずれでなかろう。

話をセルゲイ・イワノフ自身に戻すならば、彼はプーチンに比べて僅か四カ月若いだけで、ほぼ同年齢、同世代の人間といってよい（解任時に六十三歳だった）。しかも、繰り返すようであるが、イワノフはプーチンと実に似かよった出身や経歴の持ち主である。すなわち、「ピーテル（ペテルブルグの愛称）」の出身者で、同一の大学（レニングラード大学）で学び、同一の職場（ＫＧＢ）に勤めた。加えて思想やものの考え方まで、プーチンと瓜二つといってよいくらい似ている。そのために、イワノフにたいしては、プーチンの「もう一つの自我《オールタナティブ・エゴ》

（второе Я）」、あるいは「複製品《クローン》」などのニックネームすら献上されているくらいである。だからこそ、イワノフはプーチンの最もふさわしい後継者である。このようにみなす者が多い。だが、これは皮相な見方だろう。というのも、逆もまた真なり。すなわち、イワノフはプーチンと似た者同士であるがゆえに、プーチンにとり必ずしも必要な人材ではない――。この点を見逃しているからだ。プーチンにしてみれば、自分とそっくりで僅か四カ月若いだけの人物に政権を譲るくらいなら、自分がもう少し長くポストに止まればよいという理屈になろう。さらにいうならば、自分と類似の人物が身近にいることは、プーチンにとり何かにつけ目障りであるに違いない。

これに関連して、ここでのべねばならぬことがある。プーチンによって辞任に追い込まれたのが決してイワノフ一人でなかったことである。すなわち、プーチンは、二〇一五年八月以来、ピーテル閥やＫＧＢ閥に属する「ＦＯＰ」を次から次へと解任しはじめたのだった。たとえば次のような人物が、そのような憂き目にあった。ウラジーミル・ヤクーニン「ロシア鉄道総裁（六十八歳）。ビクトル・イワノフ麻薬流通監督庁長官（六十六歳）。エフゲーニイ・ムロフ連邦警備庁長官（七十歳）。アンドレイ・ベリャーエフ連邦関税局長官（五十九歳）。

## ワイノ任命の理由

プーチン大統領は、なぜ、二〇一五年から一六年にかけての時期に、このような人事刷新の大鉈《なた》を振るいはじめたのだろうか。主として三つの理由が考えられる。

一は、世代交代の必要性。「ＦＯＰ」は六十歳代に差しかかり、若返りが要請される。もしこの要請に応じなければ、かつてブレジネフ政権が一八年間もつづいたために、老害や硬直化の弊害などを含む「停滞《ザストイ》」

に陥ったことの二の舞いを免れかねないだろう。プーチン自身は不可測の事態が起こらないかぎり、二〇一八年三月の大統領選で当選確実なので、プーチン体制は少なくとも二〇二四年までさらに六年間もつづくことになる。合計すると、二四年間、すなわちブレジネフ長期政権を超える約四分の一世紀の長期政権になるだろう。だからといって、しかしながら、若返りの必要性は飽くまでも表向きの口実に過ぎず、その説得力は十分とはいえない。というのも、プーチンは自分自身を例外視しているからだ。一九五二年生まれのプーチンは、二〇二四年には七十一歳になる。これは、ロシア人男性の平均寿命、六六・六歳を六年も超える高齢者を意味しないか[8]。

二は、己のライバルになる可能性を秘めている同世代の「FOP」を前もって厄介払いしておこうとするプーチンの政治的意図。帝政君主《ツァーリ》が貴族《ボヤーレ》を罰し、かれらの特権を剝奪し、国民の拍手喝采を博する――。これは、ロシア帝政以来の為政者たちが実践してきた常套的な統治法にほかならない。プーチンもまた、意識するとしないとにかかわらず、この伝統的なやり方に従って「プーチノクラシー」の存続をはかろうと意図しているに違いない[9]。それはともかく、右の一と二の理由を結合して、次のようにまとめることも可能だろう。プーチンは、「古い同志たちをお払い箱にし、彼らを若い忠誠者たちによって補完しようと試みている[10]」、と。

三は、今や垂直権力体制の絶頂に立ったプーチンが、己の周りに従来とは全く異なったタイプの人間を必要とするという統治技術上の必要性。すなわち、今や絶対権力をほしいままにするようになったプーチンはもはや「アドバイザーでなく、アシスタント（助手）を欲しているのだ」（タチヤーナ・スタノーバヤ[11]）。さらに率直にいうならば、「同志やパートナーや友人でなく、召使」（ニキータ・ペトロフ[12]、スタニスラフ・ベルコフスキイ[13]）タイプの部下を必要としている。つまり、プーチンの判断や決定を補助する「イワノフたち」ではなく、己一人がくだす決定をそのまま従順に履行してくれる「忠実な実務型官僚」、極端にいうと「物いわぬ歯車」を入用としているのだ。――このような見方に立つならば、イワノフの罷免を単なる「ＦＯＰ」の解任という人事面の観点ばかりから見るのは、必ずしも適当とはいいがたい。むしろ、プーチノクラシーそのものが新しい統治体制へと転換しつつある。このことを、象徴的に物語る事件として捉えるべきだろう。

プーチンが旧友にして超大物のセルゲイ・イワノフを解任した背景事由は、一体何か？　おそらく右に指摘した三つの動機のすべてが大なり小なり当てはまるように思われる。とりわけ重要なのは、第三番目の要因なのかもしれない。われわれをしてそのように思わせる訳がある。それは、イワノフに代って任命された者のプロフィールである。イワノフの後任として大統領府長官として任命されたのが、イワノフよりも二十歳近くも若い無名の官僚、アントン・ワイノだったからだ。

ワイノ（現在、四十五歳）は、エストニア出身のキャリア外交官である。父がソ連通商代表部勤務時に来日し、少年時代を東京で過した。帰国後はモスクワ国際関係大学（ＭＧＩＭＯ）に進み、日本語、英語に磨きをかけたのち、再び来日し、狸穴の駐日ロシア大使館で五年間勤務した。モスクワへ帰ったあとはロシア大統領府へ配属され、儀典部でプーチン大統領の旅行スケジュールを作成する仕事を担当した。職務上とうぜん彼自身も大統領に随行する機会が増え、「降雨のさいには傘を差しかけるまでにプーチンに近い人物」[14]といわれる存在になった。

ついでながら、プーチンが日本語を上手に操る知日派であるワイノを大統領府長官に任命したことが分かったとき、次のような憶測がなされた。これは、プーチン大統領が今後対日関係を重視するとのメッセージの伝達行為にほかならない、と。気の短い一部日本人のなかには、このように解釈する見方が全くなきにしも非ずだったが、残念ながらそれは単なる希望的観測に過ぎなかったようだった。ワイノ長官は、二〇一六年十二月十五―十六日にプーチン大統領の訪日が実施されたとき、その随行メンバーの一員にすら加えてもらえなかったからである。ワイノ新長官に期待されているのは、飽くまでもプーチン大統領がくだす決定を忠実に執行に移す「歯車」としての機能。それ以上でも、それ以下でもないようである。

## 外務省

ソ連邦は一九九一年末に解体したので、ソ連外務省もまた存在しないことになった。では、それまでソ連外務省が行なっていた業務は、今後いったい誰によって行なわれるのか。ソ連邦の財産や業務を事実上引き継ぐことになったロシア共和国（次いで「ロシア連邦」と改名）の外務担当機関以外に適当な術はなかった。つまり、ロシア共和国外務省の職員たちが、旧ソ連の外交を一手に引き受けることになった。ソ連邦解体時に、ソ連外務省の職員数は約三七〇〇人であり[15]、ロシア共和国外務省の職員数はわずか二四〇人しかいなかった。だが、翌一九九二年十月、ロシア外務省の職員数は一挙に三二〇〇名へと増加した。ソ連邦を事実上継承したのがロシア共和国であることからいって、とうぜん至極の補充だった。二〇〇四年三月時点でロシア連邦外務省の定員数は三〇二八名とみなされた[16]。

ロシア共和国外務省の人間たちは、当初ソ連邦の外交を引き継いで担当するための実力も経験も欠如していた。そのことを何よりも象徴していたのは、アンドレイ・コーズィレフ新外相だった。コーズィレフは、エソ連外務省時代には国連担当の一課長にすぎず、未だ四十歳になったばかりだった。このような若造が、エリツィン大統領によってソ連邦の事実上の後継国家であるロシア共和国の外務大臣に任命されたのだから、驚きだった。

トップのコーズィレフ外相のリーダーシップ能力が脆弱だったことも作用して、ロシア共和国の外務省はロシア外交を明確な方向へ嚮導する実力を全く欠いていた。そのようなロシア外務省の統合能力不足を、その他の省庁や機関はそれぞれ己に都合よいように利用しようとさえ試みた。大統領府、国防省、対外情報庁（ＳＶＲ）、大統領警備局などが、そうだった。これらの組織は、元来、外交プロパーを担当する機関ではない。それにもかかわらず、外交政策の遂行ばかりでなく、政策の立案や形成過程にまで嘴を突っ込もうとした。そのようなことも作用して、ロシア外交は長期的な展望を欠くどころか、その場しのぎの対応に追われる体たらくとなった。

エリツィン大統領は、一九九六年一月、ようやくコーズィレフ外相を更迭し、その後任として大物のエフゲーニイ・プリマコフを任命することにした。一九九八年九月、エリツィンはプリマコフを首相へと昇格させ、イーゴリ・イワノフ外務次官を外相に昇進させた。イワノフは必ずしもエリツィン「ファミリー」の一員とはみなしえなかったが、「ファミリー」と良好な関係を維持していた。

プーチンは二〇〇〇年に大統領に就任した折、暫くの期間、イーゴリ・イワノフを外相として残留させた。だが、プーチン政権の一期目が終了する直前の二〇〇四年三月、イワノフを安全保障会議書記ポストへと放出し、代ってセルゲイ・ラブロフを外相に任命した。イワノフからラブロフへの外相交代によって、プーチン大統領によるロシア外務省の支配体制は揺るぎないものになった。ロシア外交の大筋はひとえにプーチン大統領ならびに一握りの側近たちによって決定され、ロシア外務省はその決定を忠実に実施に移す執行機関にすぎない。別の言葉でいえば、外務省、そしてそのトップ、外務大臣にすら対外戦略を立案する権限はなく、単に「戦術的な手段を選ぶ自由」[17]があたえられるだけとみなされる（**図2―1　ロシア外務省機構図**、参照）。ドミートリイ・トレーニン（カーネギー・モスクワ・センター所長）は、まさにこのような見方をおこなう。ラブロフ外相は、プーチン大統領によって決定される対外政策の単なる「執行者」に過ぎず、けっして「イニ

## 機構図

- 外務大臣 **ラブロフ** (S.V.LAVROV)
  - 大臣秘書室（局長） **ブーチン** (S.V. BUTIN)
  - 秘書総局長 **クズネツォフ** (P.M. KUZNETSOV)
  - 対外政策企画局 **ステパノフ** (O.V. STEPANOV)
  - 情報・出版局（報道官） **ザハロヴァ** (M.V. ZAKHAROVA)
  - 法務局 **コロトキン** (R.A. KOLODKIN)
  - 人事局 **ストロジェフ** (V.A. STOROJEV)
  - 第一次官 **チトフ** (V.G. TITOV)
  - 次官 **カラーシン** (G.B. KARASIN)
  - 次官 **メシコフ** (A.Yu. MESHKOV)

第一次官 チトフ (V.G. TITOV)

| （局名） | （局長名） | （担当分野） |
|---|---|---|
| 第2欧州局 | **ネヴェロフ** (I.S. NEVEROV) | イギリス、デンマーク、アイルランド、アイスランド、バルト3国（エストニア、ラトビア、リトアニア）、ノルウェー、フィンランド、スウェーデン |
| 第3欧州局 | **ネチャエフ** (S.Yu.NECHAEV) | オーストリア、ハンガリー、リヒテンシュタイン、スロバキア、ドイツ、チェコ、スイス、ポーランド |
| 国家儀典局 | **フィラトフ** (Yu. A. FILATOV) | |
| 領事局 | **イワノフ** (E.S. IVANOV) | |
| 歴史文書局 | **バリノヴァ** (N.M. BARINOVA) | |
| 言語保障局 | **ゴンチャレンコ** (V.B. GONCHARENKO) | |
| 警備局 | **ロプホフ** (A.G. LOPUKHOV) | |
| 情報保障局 | **アファナシエフ** (M.Yu. AFANACJEV) | |
| 外交文書電信局 | **コステンコ** (N.N. KOSTENKO) | |
| モスクワ国立国際関係大学 (MGIMO) | **トルクノフ** (A.V. TORKUNOV)（学長） | |
| 外交アカデミー | **バジャノフ** (E.P. BAZHANOV)（学長） | |
| カレッジ | **ガヴリュシン** (I.Yu. GAVRYUSHIN) | |
| 高等外国語コース | **ファラフォノヴァ** (L.G. FARAFONOVA) | |

次官 カラーシン (G.B. KARASIN)

| （局名） | （局長名） | （担当分野） |
|---|---|---|
| 第2CIS局 | **ルデンコ** (A.Yu. RUDENKO) | ベラルーシ、モルドバ、ウクライナ |
| 第3CIS局 | **ステルニク** (A.V. STERNIK) | カザフスタン、キルギス、タジキスタン、トルクメニスタン、ウズベキスタン |
| 第4CIS局 | **パヴロフスキー** (A.V. PAVLOVSKY) | アゼルバイジャン、アルメニア、ジョージア、（アブハジア、南オセチア） |
| 対連邦構成主体・議会・社会政治団体関係局 | **ヴァスネツォフ** (O.V. VASNETSOV) | |
| 対在外同胞活動局 | **マリギノフ** (O.S. MALIGINOV) | |

次官 メシコフ (A.Yu. MESHKOV)

| （局名） | （局長名） | （担当分野） |
|---|---|---|
| 第1欧州局 | **パラモノフ** (A.V. PARAMONOV) | アンドラ、ベルギー、ヴァチカン、イタリア、スペイン、ルクセンブルグ、マルタ、モナコ、オランダ、ポルトガル、フランス |
| 第4欧州局 | **ボツァン－ハルチェンコ** (A.A. BOTSAN-KHARCHENKO) | アルバニア、ブルガリア、ボスニアヘルツェゴビナ、ギリシャ、キプロス、マケドニア、ルーマニア、スロベニア、セルビア、モンテネグロ、トルコ、クロアチア |
| 全欧州協力局 | **ケリン** (A.V. KELIN) | NATO、OSCE、CE、EAPC、WEU、EU |

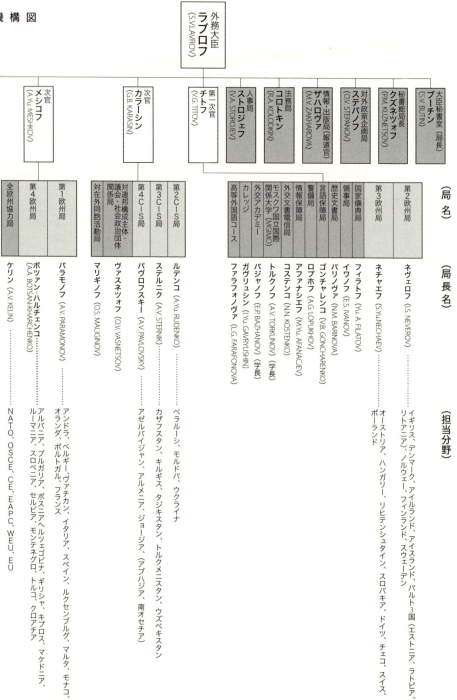

図2–1　ロシア外務省

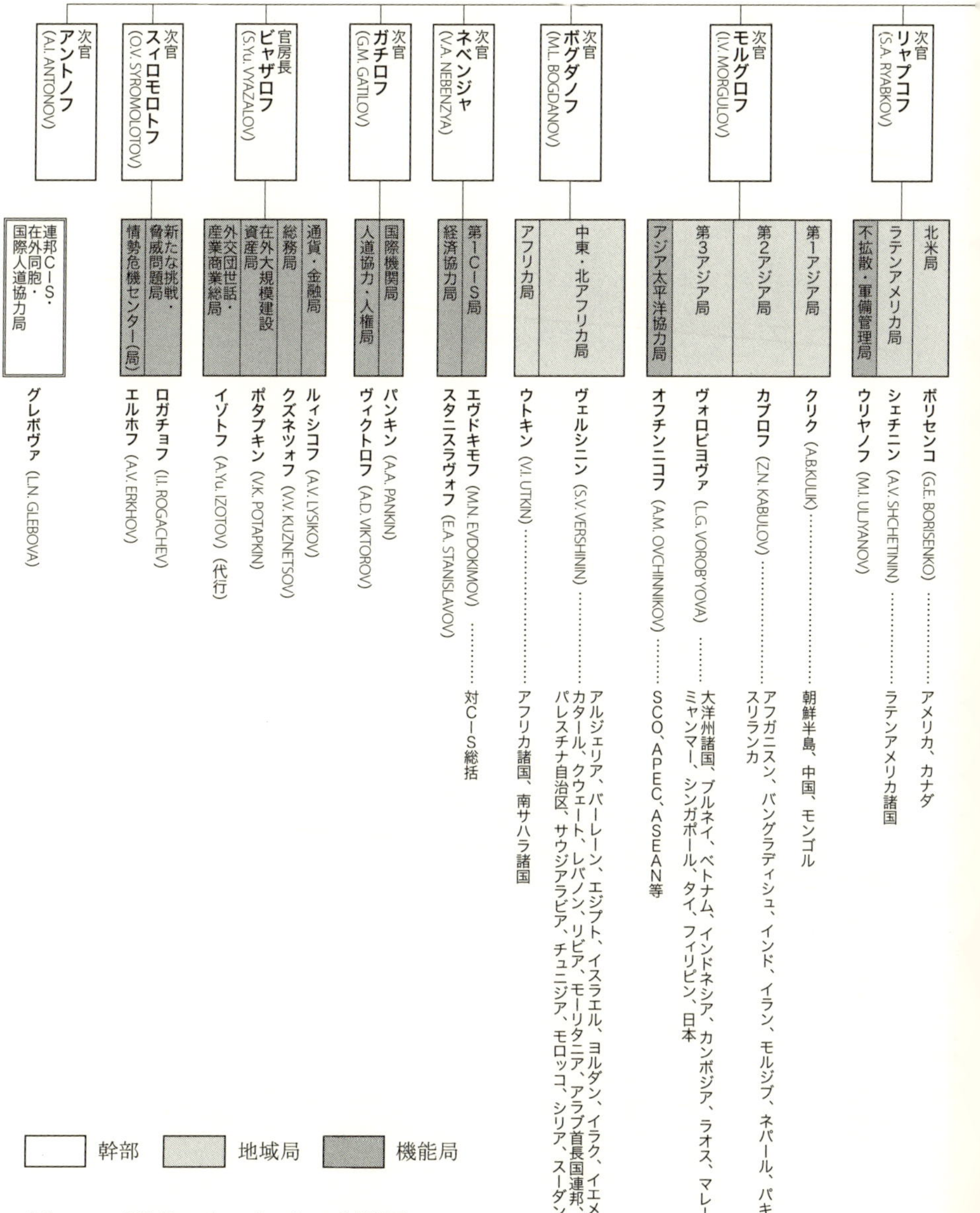
次官
リャプコフ (S.A. RYABKOV)
北米局
ボリセンコ (G.E. BORISENKO) ……… アメリカ、カナダ
ラテンアメリカ局
シェチニン (A.V. SHCHETININ) ……… ラテンアメリカ諸国
不拡散・軍備管理局
ウリヤノフ (M.I. ULIYANOV)
次官
モルグロフ (I.V. MORGULOV)
第1アジア局
クリク (A.B.KULIK) ……… 朝鮮半島、中国、モンゴル
第2アジア局
カブロフ (Z.N. KABULOV) ……… アフガニスン、バングラディシュ、インド、イラン、モルジブ、ネパール、パキスタン、スリランカ
第3アジア局
ヴォロビヨヴァ (L.G. VOROBYOVA) ……… 大洋州諸国、ブルネイ、ベトナム、インドネシア、カンボジア、ラオス、マレーシア、ミャンマー、シンガポール、タイ、フィリピン、日本
アジア太平洋協力局
オフチンニコフ (A.M. OVCHINNIKOV) ……… SCO、APEC、ASEAN等
次官
ボグダノフ (M.L. BOGDANOV)
中東・北アフリカ局
ヴェルシニン (S.V. VERSHININ) ……… アルジェリア、バーレーン、エジプト、イスラエル、ヨルダン、イラク、イエメン、カタール、クウェート、レバノン、リビア、モーリタニア、アラブ首長国連邦、オマーン、パレスチナ自治区、サウジアラビア、チュニジア、モロッコ、シリア、スーダン
アフリカ局
ウトキン (V.I. UTKIN) ……… アフリカ諸国、南サハラ諸国
次官
ネベンジャ (V.A. NEBENZYA)
第1CIS局
エヴドキモフ (M.N. EVDOKIMOV) ……… 対CIS総括
経済協力局
スタニスラヴォフ (E.A. STANISLAVOV)
次官
ガチロフ (G.M. GATILOV)
国際機関局
パンキン (A.A. PANKIN)
人道協力・人権局
ヴィクトロフ (A.D. VIKTOROV)
官房長
ビャザロフ (S.Yu. VYAZALOV)
通貨・金融局
ルィシコフ (A.V. LYSIKOV)
総務局
クズネツォフ (V.V. KUZNETSOV)
在外大規模建設資産局
ポタプキン (V.K. POTAPKIN)
外交団世話・産業商業総局
イゾトフ (A.Yu. IZOTOV)（代行）
次官
スィロモロトフ (O.V. SYROMOLOTOV)
新たな挑戦・脅威問題局
ロガチョフ (I.I. ROGACHEV)
情勢危機センター(局)
エルホフ (A.V. ERKHOV)
次官
アントノフ (A.I. ANTONOV)
連邦CIS・在外同胞・国際人道協力局
グレボヴァ (L.N. GLEBOVA)
幹部
地域局
機能局

出典：ロシア外務省HP（2017年1月9日付機構図）

シエーター」（主導者）とはなりえない[18]、と。

## ラブロフ＝「現代版グロムイコ」

ラブロフは、二〇〇四年から本書執筆時点にいたるまで何と一三年以上の長きにわたって、ロシア外相の地位にとどまっている。その意味からも、彼について特別の紙幅を割く必要があろう。ラブロフは、一九五〇年、アルメニア人の父とロシア人の母とのあいだで生まれた。ロシア外交官の名門養成機関であるモスクワ国際関係大学を卒業後、外務省に入り、順調に出世を重ねた。外務次官を経て、一九九四年から約一〇年間、国連駐在ロシア大使をつとめた後、外相に就任した。

国連駐在ロシア大使時代のラブロフについて、ジョン・ネグロポンテは次のように語っている。ネグロポンテは、当時、国連駐在米国大使をつとめていた。彼は、単に国連の全体会合ばかりでなく、国連安保理の常任理事国メンバーであるアメリカ合衆国の大使として、厭が応でもロシア人外交官たちと度々顔を合わせざるをえなかった。その点からも、ラブロフの性格を最も熟知する外国人の一人である。そのようなネグロポンテによると、ラブロフの言動には、少なくとも二つの明らかな特徴が見出される。ちなみに、その言葉を紹介した米『フォーリン・ポリシー』誌の編集長、スーザン・グラッサーによれば、ネグロポンテ大使が指摘する二点の指摘は誠に正鵠を射ており、ラブロフが後にロシア外相へ昇格して以後も全く変わっていない彼の特徴だという[19]。

ラブロフの第一の特徴は、彼が首尾一貫した反米主義者であること。すなわち、ラブロフは機会ある毎にアメリカの主張に疑義を提出し、米国の立場に挑戦を挑み、アメリカの国際的権威を失墜させようと試みる。第二は、そのように試みることを通じて、彼が国際場裡におけるロシアの発言権や存在感を高めようと懸命に努力する人物であること。[20]これら二つは、同一硬貨の表裏の関係にある。ともあれ、これらの目的を達成するために、国連ロシア代表時代のラブロフは、国際連合の五カ国の常任理事国のみに与えられている「拒否権《ベトー》」をフル活用したことで有名になった。あまりにも頻繁にこの権利を多用するラブロフにたいして〝現代版グロムイコ〟とのニックネームが献上されることになった。

かつてソ連時代の外務大臣アンドレイ・グロムイコは、〝ミスター・ニエット〟の綽名をほしいままにしていた。外交交渉において他国が提案するほとんど全ての提案にたいし常に「ニエット（「ノー」にあたるロシア語）」とにべもなく回答したからだった。グロムイコが頻発したそのような「ニエット」の典型的な一例をあげよう。日本政府が北方領土返還交渉をおこなおうとしてソ連外務大臣の東京訪問を要請する度毎に、グロムイコ外相はその申し出を拒否して、次のごときないないづくしの回答をおこなうのが常だった。「そもそも日ソ間に領土問題は存在しない。存在しない問題を議論したり交渉したりする会議など開く必要はない。したがって、そのために自分が訪日することもありえない」、と。

国連ロシア代表時代のラブロフに話を戻すと、ラブロフが〝グロムイコの現代版〟と呼ばれるまでに安保理で拒否権を頻発した理由は、いったい何だったのか。この問いにたいして、コンドリーザ・ライス（ジョージ・W・ブッシュJr.政権期の安全保障担当補佐官、次いで国務長官）は、端的に答える。「現ロシアは、不幸なことにポジティブなやり方で権利を行使する手段をもっていないので、どうしてもネガティブな手法に頼らざるをえないのだろう」[21]。いかにも反ロ主義者らしいライス流の冷たい見方ではある。しかしながら、少なくとも部分的には当たっている様子である。

## プーチンの忠実な歯車

ラブロフ外相がプーチン大統領の恩顧や寵愛をほしいままにしている理由のひとつは、同外相が次の点でも便利かつ不可欠な役割を喜んで分担する点にあるのかもしれない。つまり、対外交渉においてラブロフは、プーチンを引き立たせるために、「悪玉」役を買って出ることを厭わない。そのあと、プーチン大統領がおもむろに「善玉」役として登場するシナリオに忠実に従う。たとえば日ロ間では、「北方四島は第二次世界大戦の結果としてロシア領となり、両国間には未解決の問題など存在しない」。ラブロフ外相は、日本にたいして好んでこのような憎まれ口を叩く。そうすることによって、一九五六年の日ソ共同宣言中の「二島引き渡し」条項だけは認めようとするプーチン大統領の譲歩を、日本側にとり実に貴重かつ有難いオファーのように見せかける役割を果たそうとするのだ。このような汚れ役を躊躇しない忠勤ぶりが買われて、ラブロフは一三年以上もの長きにわたってロシア外務大臣のポストを占めつづけているのだろう。

外相ポストに長らく留まっているのは、かならずしも自分の本意ではない。できれば早く円満退職して、趣味の魚釣りにでものんびり専念したい——。ラブロフ外相はこのような言辞を吐く。ところが、これは飽くまで彼独特のジェスチャーに過ぎず、少なくとも本人みずからが進んで辞表を提出する意図などまったく持ち合わせていない様子である。さらに重要なことがあろう、現プーチン体制下では人事案件がそのような個人の希望次第で決まらないことである。プーチン大統領がくだす外交方針を、常に忠実に履行する能吏の典型——。こう評してよいラブロフは、プーチン外交実施の掛け替えのない歯車の一つにほかならず、そのような便利な駒をプーチン大統領が簡単にお役御免にするはずはない。

その一方で、ラブロフはプーチン大統領による外交政策決定過程そのものからものの見事に外されている。

その好例は、すでに第1章の「安全保障会議」の項（六八頁）でふれたように、クリミア併合の決定である。すなわち、二〇一四年二月二十三日の早朝、プーチン大統領はこの重大決定を自分を含めわずか五名の人間で決した。プーチン、ショイグ、イワノフ、パトルシェフ、ボルトニコフから成る「インナー・グループ」である。ショイグ国防相以外の四人は全てKGB出身の「シロビキ」だった。「シビリキ」のメドベージェフ首相、ラブロフ外相はロシア外交上、最重要決定をくだした同会議に招かれていなかった。

右の事実がしめしているように、ロシア外交はもっぱら旧KGB系組織の者たちによって決定され、外務省職員の知見や経験は十分活用されない――。このような傾向は最近ますます顕著になってきた。マーク・ガレオッティ教授（当時ニューヨーク大学、ロシア政治専攻）は、現プーチン政権下で明らかになりつつある、このようなチェキストと外務省官僚とのあいだの分業傾向を、次のような譬えを用いて説明する。「ニコライ・パトルシェフやウラジスラフ・スルコフらは、かれらの公式の役職が何であるかにかかわらず、ロシア外交で大きな役割を演じる。かれらはまるで巨象の座上に坐った大公のように傍若無人に行進する。他方、かれらが巻き散らした塵芥《ごみ》を、バケツと箒《ほうき》を引っさげて懸命になって始末する役目を担当させられているのが、ラブロフに他ならないのだ」[22]。これは、やや誇張し過ぎる見方のようでもある。とはいえ、万一こういった類いの分業が実施されつづける場合、ロシア外交は戦術的な成功に目が眩《くら》むあまり、長期的な戦略上大きなものを失う危険を否定しえなくなるのではなかろうか。

## 軍部

軍隊は、本来は外部の敵に向けられるべきはずの暴力装置である。ところが、国内の政治指導者に向けられる可能性（軍事クーデターによる政権転覆の試みなど）が全くなしとは、断言しえない。軍隊が「もろ刃の剣」

と評される理由である。同様に極端なケースといえ、軍部の発言権が知らず知らずのうちに肥大して、国家の対外政策に過大な影響力を与える危険もなきにしもあらず（日本における一九三〇―四〇年代、または北朝鮮などのケースを想起せよ）。右のような弊害を防止するために、「シビリアン・コントロール」（文民統制）と呼ばれる原則が唱道され、大概の国々で実施されている。文民が軍部を厳しい監督下におき、けっして制服組の独走を許さないようにしようとする考えにもとづく。

旧ソビエト時代、ソ連共産党は「赤軍」と呼ばれた軍事組織を一種の「シビリアン・コントロール」下においていた。レーニンらボリシェビキの指導者たちは、政治の世界で暴力が果たす重大な役割を十二分なまでに理解していたからである。彼らは、自身が地下運動に従事していた時期にツァーリズムの暴力やテロリズムによって散々苦しめられた経験の持ち主だった。同時に、「暴力は、あらゆる古い社会の助産婦である」（カール・マルクス）[23]と説く思想の信奉者でもあった。[24]その理由はともかく、彼らは、いったん権力を握った暁に、権力の暴力装置（軍隊、警察、監獄など）がまかり間違っても自分自身に刃向ってこないよう細心の注意をはらっていた。

ソビエト政権は、共産党のお目付け役としてたとえば軍事人民委員《コミッサール》と名づける者たちを各軍隊に派遣し、軍人たちの行動をチェックしようとしていた。そのお蔭で、約七〇年つづいたソビエト時代、ソ連軍の将校たちは唯の一度としてクレムリンの政治指導者にたいして刃向おうと試みなかった。ミハイル・トハチェフスキイ、ゲオールギイ・ジューコフなどの赤軍の将星たちがスターリンの猜疑心や嫉妬心の犠牲になって次々に粛清の対象となったときですらも、赤軍は抗議行動を一切起こさなかった。[25]

このようなソ連版「シビリアン・コントロール」の伝統は、ゴルバチョフ時代となってからもつづいた。ゴルバチョフ党書記長は、たとえば一九八七年、セルゲイ・ソコーロフ国防相、アレクサンドル・コルトゥーノフ防空軍総司令官らを更迭した。西ドイツの青年マチアス・ルスト（十九歳）が軽飛行機（セスナ172B型機）に乗って飛来し、神聖であるべき「赤の広場」にやすやすと着陸することを、ソ連軍部はまったく阻止しえなかった。これが、その罷免事由だった。このときも、ソ連軍の将軍たちはゴルバチョフ党書記長にたいして弁解や不満の態度を何ら表明しなかった。

ところがエリツィン時代に入ると、ロシア軍幹部の発言権はやや増大したかのように思われる。たとえば、パーベル・グラチョフ国防相は、エリツィン大統領にたいしチェチェン共和国への軍事攻撃を進言して、つぎのように豪語した。「私めに空挺降下部隊をお任せくださるならば、グローズヌイ（チェチェン共和国の首都）なぞわずか二時間で陥落させてご覧に入れましょう[26]」。一九九四年十二月のエリツィン政権による「第一次チェチェン戦争」開始の決定は、もとより数多くの要因にもとづいてくだされたものにちがいなかった[27]。とはいえ、そのうちの一つの事由として、エリツィン大統領周辺でのグラチョフ国防相をはじめとする軍部強硬派の台頭ぶりを指摘しても、あながち間違ってなかろう。

## デリケートな関係

現プーチン政権下におけるロシア軍部の発言権の大きさは、一体どのくらいなのだろうか。これが、問題である。プーチン大統領は、二〇〇一年三月、イーゴリ・セルゲーエフ国防相を解任し、盟友セルゲイ・イワノフを新国防相としてロシア軍に送り込んだ。イワノフは、さきにも紹介したとおりサンクト派閥に属し、プーチンの「ウルトラ・エゴ」とまで綽名される側近ナンバー・ワン。当時、次期大統領の有力候補のひとりとすら目されていた人物だった。イワノフ国防相は、二〇〇四年七月、アナトーリイ・クワシニン参謀総長を含むロシア軍の要人たちを罷免した。「イングーシ事件」の不手際の責任をとらせるというのが、その解任事由であった。

「イングーシ事件」とは、同年六月、チェチェン武装勢力がイングーシ共和国の旧首都ナズラニの治安施設を襲撃し、イングーシ側に約九二名の死者を発生させた事件を指す。だが、「イングーシ事件」の責任追及は、表向きの口実にすぎなかったともいえる。プーチン大統領は、クワシニン参謀総長など軍幹部を目の上のたんこぶのような存在とみなし、彼らを解任する機会や口実の到来を待ちうけていた。そのような同政権にとり、「イングーシ事件」の勃発は、天与のチャンスのように映った。もっとも、プーチン流人事の特徴は、ライバルや部下を完全に失脚させてしまうことで、彼らがプーチンにたいし恨みを抱くことがないように、代替ポストを与えるなど細心の注意を払うやり方を取る点にある。クワシニンの場合もこの例に洩れず、同年九月シベリア連邦管区大統領全権代表に任命されたので、彼の面子は大きく損なわれることはなかった。

そういえば、プーチンとロシア軍将校との関係は実にデリケートなそれである。プーチンは、元来「第二次チェチェン戦争」の勝利を熱心に唱えたがゆえに、ロシア一般大衆から圧倒的な支持を得て大統領に当選した人物にほかならない[28]。また、ジョージア本土奥深く軍事侵略を敢行したり、武力を背景にウクライナのクリミア半島をロシアへと併合したり、ウクライナ東南部へも事実上軍事介入したりして、ロシア国民の喝采を浴びた。同大統領が二〇一五年九月にシリア空爆をはじめたとき、プーチン支持率は八九・九％にまで急上昇した。このようにプーチン大統領の人気を高め、彼の政権維持に大いに貢献している戦争——その「3K（危険、汚い、きつい）」の仕事を現実に遂行しているのは、一体誰か。ロシア軍にほかならない[29]。その実戦指導をおこなっているのは、ロシア軍将校である。プーチン大統領はそのような軍部にたいしていわば「借り」を負っており、彼らの恩義にたいしては何らかの形で報いるべき筋合——こういって、差し支えないだろう。

このような「借り」を忘れて、プーチン大統領がもっぱらシビリアン・コントロールを強化したり、軍部の意向を一切尋ねることなくウクライナやシリアへの武力介入に一方的に終止符を打ったりする。これは、とんでもない思い違い。万一同大統領がそうするならば、ロシア軍は強く抗議する必要がある――。ひょっとすると、ロシア軍将校たちはこう考えるかもしれない。だとすれば、ロシアの政治学者、リリヤ・シェフツォーワ女史による次のコメントがある程度までは当たっていることになろう。プーチン大統領は、己の人気や地位の「上昇を助けてくれている者たちの人質になっている」[30]、と。

## 旧KGBなど治安機関

「ソビエト時代は、共産党がソ連を支配し、現プーチン時代は、旧KGBがロシアを支配している」――。こうまでのべるのは、たしかに極論かもしれない。とはいえ、まったく的外れでなく、部分的には的を射た見方だろう。ことほどさように、旧KGBの後継諸組織に勤める者、チェキストたちは、現プーチン政権下で「わが世の春」を謳歌し、同政権の枢要ポストを独占している。現モスクワでは、次のようなジョークすら流行っているという。「出世したいと思うのなら、ドイツ語を学ぶべし」。答えは、「プーチン大統領が側近に登用する人間として、旧KGBとサンクト・ペテルブルグ関係者はそろそろ底をつくだろう。そうなると、次の有望株はドイツ語閥に違いない」[31]。

改めて解説するまでもなく、この笑い話(?)は、プーチン政権下で旧KGBとサンクト・ペテルブルグの出身者――「ピーテルツィ」と呼ばれる――が二大出世頭《がしら》であることを皮肉っている。ペテルブルグ出身者であり、かつ旧KGB勤務者を兼ね備えている者――「ピーテルスキー・チェキスト(питерский цекист)」

と呼ばれる――ならば、いうことなし。鬼に金棒。というのも、プーチン大統領はペテルブルグ出身者。と同時に、KGBに一六年間も在職したうえに、KGBの主な後継組織である連邦保安庁の長官までつとめた人物だからである。このようにして、プーチン政権下のロシアでは、旧KGB関係者に非ずんば人に非ず。チェキスト出身者は、まるで飛ぶ鳥も落とさんばかりの勢いなのである。

歴史を少し振り返ってみよう。ソビエト政権の祖であるレーニンは、ロシア革命に成功するや否や秘密警察組織を創設した。帝政《ツァーリズム》を打倒するための地下工作活動をおこなっていたときに、彼自身が帝政側の革命抑圧組織、「オフラナ」によって何度も捕えられたり、国外追放されたりするなどの苦い経験の持ち主だったからである。加えて、レーニンは、革命後のソビエト政権を維持してゆくためには、同政権のために「眼と耳」の機能を果たしてくれる秘密警察組織が是非とも必要と考えていた。

このようにして組織された最初の秘密警察が、チェー・カー（全ロシア反革命・怠業取締非常委員会）である。その活動員はチェキストと名づけられ、その後継組織に勤務する者一般が等しくチェキストと呼ばれるようになった。チェー・カーは、その後国家政治保安部《ゲー・ペー・ウー》（GPU）、内務人民委員部《エヌ・カー・ベー・デー》（NKVD）などを経て、一九五四年に国家保安委員会《カー・ゲー・ベー》（KGB）に改組された。一九九一年夏、クーデターを引き起こした「八人組」のなかにKGB議長のウラジーミル・クリュチコフが加担していたために、激昂したエリツィンはKGBを解体、五つの組織に分解した。すなわち、①連邦保安庁、②連邦国境警備庁（FPS）、③連邦政府通信・情報庁（FAPSI）、④対外情報庁、⑤連邦警護庁（FSO）である。

KGB出身者のプーチンが大統領となってから、KGB組織は徐々に再統合の過程を辿っているようである。プーチン大統領は、二〇〇三年三月、右の五機関のうち、①の連邦保安庁に②と③を統合した。再編の狙いは、主として次の二つだった模様である。一は、時代の要請。現ロシアの安全をおびやかす主な源泉は、テロリズム、民族の独立・分離運動、麻薬の密輸などである。これらの脅威に対応するためには、治安諸機関のあいだの指揮系統を統一し、相互協力を促進する必要がある――。プーチン大統領がこう考えたこと。二は、己に忠実な部下や友人たちをなるべく多く治安関係機関に配置し、権力強化を図ろう――。同大統領がこう欲したこと。

## プーチン自身がチェキスト

プーチンは、みずからがKGB出身者であることを隠そうとしないどころか、誇りとすらみなしている。プーチンは、公式伝記『第一人者から』その他で、ヘンリー・キッシンジャーが彼に向ってのべた次の言葉を好んでしばしば引用する。「まともな人間はすべて情報機関からスタートしている。私もそうだった」[32]。首相に任命される直前、彼はわざわざユーリイ・アンドロポフの墓に詣でて献花さえおこなった。アンドロポフは、KGB議長からソ連共産党書記長へのコースを辿り、プーチンが崇敬してやまない大先輩である。プーチンは、一九九一年のクーデターの首謀者の一人、クリュチコフKGB長官（当時）にたいする尊敬の念をも隠そうとしない。

プーチンは、何度も繰り返すようであるが、己の主要な側近を「ピーテルツィ」でなければ、KGB出身者によって固めようとする傾向が顕著である。たとえば以下の要職を占める者たちすべては、かつてKGBに勤めていた人々である。ミハイル・フラトコフSVR長官、セルゲイ・イワノフFSB副長官（一時、大統領府長官）、パトルシェフFSB長官（現安全保障会議書記）、ビクトル・チェルケソフ麻薬流通監督庁長官（当時）、イーゴリ・セーチン元大統領府副長官（現「ロスネフチ」社長）。

プーチンは、なぜ、みずからの周りに旧KGB関係者ばかりを集めようとするのだろうか。以下が、その主な理由にちがいない。(1)前大統領のエリツィンは、旧チェキストのなかから己の後継者を選ぼうとした。自身の辞任後に「エリツィン・ファミリー」の地位や財産を守ってくれるのは、結局のところKGBの「強い腕」を除いてほかにありえない――エリツィンはこう考えたからである。プーチンも、ほぼ同様の考えの持ち主と推定される。すなわち、己の政権の安泰やサバイバル(存続)を最終的に保障するのは、広くはシロビキ一般、狭くはKGBの仲間以外に存在しない、と。

(2)ロシア国民一般に根強い「秩序、安定、規律」願望。彼らは、次のように考えがちである。ゴルバチョフ、エリツィン両政権時代における自由化や民主化の行き過ぎの結果として、ロシア社会に混乱や不安定が生まれたのだ。そのような状態に終止符を打ってくれる強い指導者の出現が必要不可欠である。そのような指導者は、必ずしもチェキストである必要はない。が他方、彼(もしくは彼女)がKGB出身者であっても、そのことにたいしてロシア国民は格別アレルギーを抱かない。(3)プーチン自身は、突如としてエリツィン前大統領によって後継者に指名された。そのような事情のために、少なくとも政権当初、プーチンはKGBを除くと他に人脈らしい派閥をもたなかった。

## チェキストの特徴

KGB、その後継諸組織に勤める者たちは、総じて以下のような特徴をもつといえるだろう。彼らは、第一にすぐれて現実主義者である。彼らは力の信奉者であり、「力の相関関係(соотношение сил)」を重視する。現時点ではいったい誰が力をもっているか。常にこのことを、冷徹に判断しようとする。そして、力をもっている者にたいしては、一時的には屈伏することさえ厭わない。だが、もしそのような人物がひとたび力を失うや、まるで手のひらを返すように態度を変え強気に出て、一向に恥じるところがない。

ＫＧＢ関係者は、第二にナショナリストまたは愛国主義者である。彼らは、ロシア連邦の「領土保全」を第一義とみなし、それを損なうことにたいし猛然と抗議し、反対する。たとえばチェチェン武装勢力の独立分離運動。そのような動きを、彼らは何がなんでも阻止する必要があると考える。ロシア連邦は、現在、一八カ国とのあいだで国境線を共有している。そのうちの五つは独立国家共同体（ＣＩＳ）加盟国である。ウクライナ、ベラルーシ、カザフスタン、ジョージア、アゼルバイジャンである。連邦国境警備庁の職務を引き継いだ連邦保安庁国境警備局の主要任務のひとつは、これら一八カ国との国境（合計すると六万キロメートル）の防衛にほかならない。彼らは、ウクライナのクリミア半島――プーチン大統領は、それをロシア「固有の領土」と呼ぶ(33)――を、ロシアへ併合したことに対して喝采を送る。他方、北方領土――日本人が日本「固有の領土」とみなす――を対日返還しようとする動きにたいしては、断乎反対を唱える。

大抵のチェキストは、第三に、ロシア国内での自由主義や民主主義の進展に関心をしめそうとしない。いや逆に、ジョージア、ウクライナ、キルギスを襲った「カラー革命」の勃発を憂慮し、二度と再びそのようなことが発生しないよう腐心し、懸命な努力を傾ける。「カラー革命」を陰に陽に支援しがちなＮＧＯ（非政府組織）、そして彼らに財政的援助をあたえようとする欧米諸国の動きを苦々しい思いで眺め、ロシア国内でそのような活動を禁止し抑圧しようとするプーチン大統領の方針に全面的な賛意を表明し、協力を惜しまない。

第四に、旧ＫＧＢ員たちの多くは、ソ連邦の解体を遺憾千万なこととみなす。ＣＩＳ加盟諸国の一部を語らって、できればかつてのソ連邦に近い形での再統合を切望して止まない。この目的を実現するためには、ロシアのエネルギー資源を武器として用いることすら一向に躊躇しない。たとえば二〇〇六、二〇〇九年プーチン政権が敢行したウクライナにたいする天然ガスの供給停止は、彼らチェキストたちから満腔の支持を得た行為だったにちがいない。

以上のべたような諸特徴をもつチェキストたちは、ではロシア外交の遂行にどのような形でかかわるのか？　この問いに端的に答えるならば、彼らは正規の外交官が通常ルートを用いる限り容易に達成しえない類いの任務を担当する。たとえば次のような仕事である。機密情報の入手。そのような情報の提供者（エージェント）たちへの接近、そして彼らのリクルート、訓練、教育。ディスインフォメーション（虚偽情報）の流布、諸外国の選挙、その他の内政にたいするサイバー攻撃などによる干渉。これらのために役立つ他国の情報諸機関との連携、調整、協力、……等々。

旧ソ連時代では海外のソ連大使館や領事館で働いているロシア人スタッフ、職員、運転手などのうち、約三分の二までもがＫＧＢ関係者だったといわれる。[34]　エリツィン前大統領は、一九九一年八月クーデターの首謀者の一人がクリュチコフＫＧＢ議長だったことを遺憾として、さきにのべたようにＫＧＢを五つの機関に分割する大英断をくだした。ところがこの分割作業にもかかわらず、旧ＫＧＢがクレムリンの内外政治に及ぼす影響力は必ずしも減少しなかった。ごく一例をあげるにしても、たとえばエリツィン時代の末期の三人の首相（プリマコフ、セルゲイ・ステパーシン、プーチン）は、全員、旧ＫＧＢの勤務者だった。また、安全保障会議の書記の多くも（ボルジュジャ、プーチン、セルゲイ・イワノフ）、同じくＫＧＢ出身者にほかならなかった。

そのような人事的な側面ばかりではなく、さらに重要なことがある。それは冷戦終了後の現在においても、ＫＧＢの後継組織が世界各国で情報収集その他のスパイ活動をほとんどこれまで通りに続けている事実である。ＫＧＢ退役大佐のオルグ・ゴルディエフスキーによれば、今日ロシアの諜報機関が米・英・独などに送りこんでいる要員の数は、冷戦時代のそれから些かも減少していないという。英国紙『タイムズ』による次のような見方は、おそらく間違っていないだろう。ロシア連邦保安庁（ＦＳＢ）の元幹部、アレクサンドル・

リトビネンコが英国へ亡命し、英国市民権を獲得したあと、ロンドン市内で毒殺されたとき（二〇〇六年十一月二十三日）の記事である。「ＫＧＢの後身であるＦＳＢは、ほとんど変わっていない。西側の多くをロシアに悪意をもつ存在とみなし、彼らがロシアの利害に反する情報活動をおこなっていると考える。そして、ロシアからの亡命者、とりわけ海外の安全な逃避先で自由に発言している亡命者たちを執念深く追跡し、監視している[35]」。

## ＫＧＢの限界

たしかに、ロシアの旧ＫＧＢなどの秘密警察は、泣く子も黙る恐ろしい組織だろう。そのことを肝に銘じる必要がある一方で、それらが以下のような欠陥をもつこともまた忘れてはならない。

第一に、その秘密性のゆえに、類似または関係諸機関との協力や連携などが十分でなく、結果としてその活動に見合う効果を必ずしもあげていないこと。ＫＧＢ、ＧＲＵ（軍参謀本部情報総局）、内務省のあいだでの相互不信やライバル関係は、あまりにも有名な事実である。

第二に、プーチン政権下でチェキストが強くなり過ぎていることに由来する驕《おご》りや油断。クレムリンに事実上一八年近くも君臨しているプーチンは、ややもすると己が全てのことに誰よりも通暁しているとの自負心を抱きがちである。ところが、彼が実施しているワン・マン支配が裏目に出て、側近や部下たちは同大統領にとり都合の悪い情報を耳に入れることを躊躇する。結果として、同大統領はかなりの程度にまで「裸の王様」と化す弊害が生じている。たとえば、原子力潜水艦「クールスク」号内の水兵全員の生死（二〇〇〇年）、ベスラン学校占拠事件（二〇〇三年）の人質の数、ウクライナやシリアの戦況などについて、同大統領がはたしてどの程度にまで正確な情報を入手しえているのか。疑問視される。

第三に、一般的にいうと、チェキストによる諜報活動は人間心理をとらえることが必ずしも得意でない。彼らは、たしかにハードな情報データを把握することには長じている。だが他方、統計数字には現れえないデリケートな人間感情の捕捉は極めて苦手との欠陥が否めない。[36] 一例をあげるだけにとどめるにしても、何時までたっても北方領土返還交渉に真面目に応じようとしない、ロシア政府の頑迷な態度や政策。このことにたいして日本国民が抱いている心理的なフラストレーションにかんして、チェキストたちはあまりにも鈍感すぎるといえよう。

以上の分析からの教訓または結論は、意外に平凡なものになる。ＫＧＢの各後継組織の諸活動を過小評価することは厳に戒《いまし》めるべきである。だからといって、他方、それをあまりにも過大評価することもまた禁物といえよう。

## 議会や政党

立法機関が対外政策を形成し、執行機関がその決定を実行に移す。ハロルド・ニコルソンがその古典的名著『外交』のなかで記すように、[37] これが、本来の役割分担のはずである。ところが現実には対外政策の形成と実践は、必ずしもこのように理論的あるいは厳密な区別にしたがっておこなわれるとは限らない。たしかに国民や国家の行く末を決める大筋にかんしては、是非とも議会でじっくり討論する必要があろう。だが、毎分毎秒変化をとげる国際情勢に対処してゆくためには、その都度議会や有権者たちの意向をいちいち問いただすという悠長至極な過程を踏む余裕などありえない。したがって、ある程度までは外交専門家の臨機応変の判断にゆだねる――。実際の外交は、この前提に立っておこなわれている。

このようにして、ほとんどの国で、本来は外交政策の執行者にすぎないはずの首相、外務大臣、外務官僚たちが、現実には外交政策の形成者の役割を兼務していることが多い。彼らは、外交の現場にいる者としての経験にもとづき、対外政策を立法機関に提案して裁断を仰ぐのが、本来の建前のはず。ところが現実には予め事前に相談することなく外交行動を実施し、そのあとになってはじめて事後承認をうける。このようなケースが珍しくないどころか、普通でさえある。では、本書の対象であるプーチン治下のロシアではどうなのか？　答えをまず記すならば、通常の国でおこなわれている右のごとき一般的慣行は必ずしも当てはまらない。説明しよう。

ロシアの立法機関である議会は二院制を採用している。上院は、連邦会議（または連邦院）と呼ばれる。ロシア連邦の八三構成主体（共和国、州、地方など）から各二名ずつ選出し、合計一六六名からなる。下院は、国家会議《ドゥーマ》（または国家院）と呼ばれ、四五〇名の議員から構成される。小選挙区、比例代表制でそれぞれ半数（二二五名）が選ばれる。二〇〇三年十二月の下院選挙の結果、プーチン政権支持の三政党が地滑り的な勝利をおさめた。事実上の与党、「統一ロシア」、ロシア自由民主党（ウラジーミル・ジリノフスキイ党首）、そして「祖国《ロジーナ》」（ドミートリイ・ロゴージン党首）である。野党は、逆に惨敗を喫した。ロシア共産党（ゲンナージイ・ジュガーノフ委員長）は、辛うじて第二党の地位を保った。が、二つのリベラルな中道政党、「ヤーブロコ」（グリゴーリイ・ヤブリンスキイ党首）と「右派勢力同盟」（指導者は故ボリス・ネムツォフら）は壊滅的な敗北を喫し、事実上下院から姿を消した。

プーチン大統領は、さらに追い討ちをかけた。二〇〇三年九月にテロリストによるベスラン学校占拠事件が発生したことを口実に用いて、〇五年五月に選挙法を改正し、今後は下院の定員全員を政党別の比例代表制で選出することとした。この制度改革によって、大政党は有利な立場にたつことになった。逆に、これまで小選挙区で当選してきた地方の有力者や少数政党所属の者たちは、当選のチャンスを減少させた。案の定、その後のロシアでは、「統一ロシア」指導下に「事実上の一党体制」[38]が現出することになった。

政権与党「統一ロシア」が、圧倒的に強力かつ優勢な地位を占めていること――。これをもって、紛れもなくプーチノクラシーの特徴のひとつとみなしうるだろう。たしかに、現ロシアは建前のうえでは複数政党制度を採り、議会には四つの政党が存在している。すなわち、「統一ロシア」、ロシア連邦共産党、ロシア自由民主党、「公正ロシア」である。その点では、共産党による一党独裁制を敷いていたソビエト時代とは、政治体制を明らかに異にしている。しかしながら、「統一ロシア」は下院で準野党を含めると優に三分の二以上の圧倒的多数を占めているので、不可能なことなど事実上何ひとつない。ロシア憲法の改正すら可能である。現に、「統一ロシア」が多数を占める下院は、二〇〇八年、メドベージェフ大統領（当時）の発議に従ってロシア憲法を改正した。すなわち、ロシア大統領の任期はそれまで四年とされていたが、今後は六年とされた。同時に下院議員の任期も四年から五年へと変更された。

今日では、次のような事態が現出しているとすらいって差し支えないだろう。すなわち、ロシア議会は、プーチン大統領の外交決定を自動的に承認する、まるで「ラバースタンプ（ゴム印）」[39]のような存在へ化している。そして、このような状況をつくり出すことに貢献したのは、まさにプーチンの指導原理たる「強い国家」のコンセプトにほかならず、それを実現するための「権力の垂直」支配政策である。それにもかかわらず、プーチン大統領自身、まるで事態が逆であるかのように説明している。すなわち、ロシアでは議会が弱体であるので、大統領は止むなく強力にならねばならないのだ、と。

もっとも、そのようなプーチンですら時には本音を洩らす。現ロシアはイギリス型議会主義などを決して求めておらず、強い大統領制を必要としている、と。たとえば世界のジャーナリストたちとの会合（二〇〇六年一月三十一日開催）で、同大統領は明言した。「今日のロシアの政治的現実のなかへ政党制にもとづく政府の慣行を導入しようとする考え方に、私は反対する。私が深く確信しているところによれば、われわれには〔むしろ〕強い大統領権力（твердая президентская власть）こそが必要だからである」[40]。

## オリガルヒ

政治や外交は、どこの国においても企業、その他の経済組織、その集合体の影響をうける。たとえば、ブッシュJr.政権の対イラク政策は、ある程度まで石油産業をはじめとする米国財界の利害や意向によって左右された（二〇〇三年の対イラク武力攻撃を想起せよ）。日本の歴代内閣も、旧財閥系の大会社、経団連、経済同友会などから献金や支援を事実上うけている。そのために、ややもすると大企業寄りの内外政策をとりがちと批判されることが多い。では、ロシアの巨大企業はプーチン外交の形成や遂行において一体どのような役割を演じているのだろうか？

エリツィン前政権は、市場経済化の一環として国有・公有財産の民営化政策を遂行した。ところがもともと、ロシアの一般国民が巨大な国有財産を譲りうけるに十分な貯蓄や資金を持ちあわせていようはずはなかった。したがって多くの場合、機をみるに敏なごく一部のロシア人が共産党幹部と結託して、そのような国有・公有財産をほとんど只同然の値段で手に入れることになった。当時、民営化が「プリバチザーチヤ（民営化）」でなく、「プリフバチザーツィア（略奪化）」と揶揄された理由だった[41]。また、或る者は、ソ連解体や移行期のドサクサ紛れにおける関税制度の不備などを利用して、事実上密輸に近い形で海外諸国との取引や貿易に従事して巨万の富を築くことに成功した。このようにしてまるで瞬く間に大富豪となったごく少数の人々を、現ロシアでは、「オリガルヒ」（新興寡占財閥）もしくは「ニューリッチ」などと呼ぶ[42]。

彼らのなかには、みずから手に豆をつくったり額に汗したりすることなく、まるで「濡れ手で粟」のごとく巨額の富を入手して億万長者になった者たちが多い。その意味で彼らは実業家でなく、より正確には虚業家とみなされるべきかもしれない。彼らの特徴のひとつは、政界との癒着によって甘い汁を吸っていることである。これは、エリツィン、プーチン大統領期の別を問わず一貫してみられる傾向と評さざるをえない。

たとえば一九九六年の大統領選挙で、オリガルヒが果たした役割は、実に大きかった。同選挙ではエリツィン対ジュガーノフ（共産党委員長）の一騎打ちとなることが事前に予想される一方、エリツィン現職大統領の人気は当初あまりかんばしくなかった。もしジュガーノフが勝てば、当時のロシアは少なくとも部分的に共産主義体制へ逆戻りする可能性すら存在した。万一そうなると、オリガルヒはそれまでに得た甘い汁を吐き出させられるばかりでなく、少なくとも今後同様のうま味を吸うことがむずかしくなる。こう懸念したオリガルヒは一致団結し、エリツィン陣営にたいし巨額の資金を提供し、エリツィン再選を確保しようと躍起になった。彼らは、「ミスター民営化」の異名をとるアナトーリイ・チュバイスを選挙本部長にすえ、エリツィンの次女タチヤーナ・ジヤチェンコとも密接な連絡を保ち、米国から選挙戦のプロを雇い、結局エリツィンを再選させることに成功した。

右のキャンペーンの旗ふり役をつとめたボリス・ベレゾフスキイ（「ロゴバス・グループ」会長、その他）は、タチヤーナを通じてエリツィン「ファミリー」の一員に入り込み、同ファミリーの「財布の紐」と綽名されるまでの存在になった。[43]ベレゾフスキイは、エリツィン政権下で政治的恩賞にもあずかった。まず安全保障会議書記、次いで「独立国家共同体」（ＣＩＳ）事務局長に就いた。このようにエリツィン時代の特徴は、オリガルヒがロシアの富を独占するばかりにとどまらず、「ファミリー」と癒着することを通じて政治的な影響力を行使した点にも求められる。「寡頭支配」[44]と呼ばれる理由である。

## 反抗、忠誠オリガルヒ

ロシア大統領に就任したプーチンは、オリガルヒの弊害、とりわけ彼らの政治的介入を清算しようと欲した。未だ大統領代行期の二〇〇〇年二月に発表した「ロシア有権者宛ての公開書簡」でプーチンは現ロシアにとり「フェアな企業競争ルール」の確立が喫緊の課題であると語っていた。正式に大統領に就任したあとの七月二十八日、新興財閥や大企業のリーダーたち二一名をクレムリンに招いて主宰した円卓会議の席上で、プーチン大統領は「ゲームのルール」を宣言した。自分は、エリツィン政権下でオリガルヒがおこなった数々の不正行為にまで時間を遡って、咎めだてるつもりはない。しかしながら今後、ロシアの経済人たちは法律を順守するとともに、国家に税金をキチンと収めねばならぬ。とりわけ重要なことは、政治に介入しないことである、と。同会合は、プーチン大統領とビジネス・エリートとのあいだでの一種の手打ち式を意味した。

右のようなプーチン式ガイドラインの設定によって、ロシアのオリガルヒはそれ以後二種類に分けられることになった。右のゲームのルールを無視または軽視した者は、手厳しく罰せられる。彼らは、西側の専門家たちによって「反抗オリガルヒ」と名づけられる。そのような財閥にたいするプーチン大統領によるバッシングはそのような代表的な三人に対して三段階を経ておこなわれた。まず、ウラジーミル・グシンスキイ、次いでベレゾフスキイ、第三段階でミハイル・ホドルコフスキイが攻撃の主対象にされた。エリツィン時代にオリガルヒの筆頭格を争っていたグシンスキイやベレゾフスキイは事実上国外追放の憂き目にあい、後者はロンドンで自殺を遂げた。ホドルコフスキイは最初八年、次いで加えて七年の禁固刑の判決をうけ、結局、合計一〇年間シベリアの獄中につながれる運命に甘んじなければならなかった。

他方、プーチンが設定したガイドラインを忠実に守り、プーチノクラシーに介入する意図をしめさなかったオリガルヒは、経済的にますます繁栄することになった。彼らは「忠誠オリガルヒ」[45]と名づけられる。その好例は、ローマン・アブラモビッチである。[46]アブラモビッチは、当初ベレゾフスキイとともに石油会社「シブネフチ」の経営者の一人だった。が、ベレゾフスキイが政治に関心をもち、結局ロシアから追放されたのとはまったく対照的な道を選んだ。プーチン大統領によって命じられるがままに極北の地チュクチ自治管区の知事も厭わずに務める一方で、ロシアでトップ・クラスの富豪の座をほしいままにした。イギリスの名門フットボール・チーム〝チェルシー〟を買収するなどの散財によって、全世界を驚かしたりもした。[47]

## 徴集オリガルヒ

このようにして、メドベージェフ（当時、第一副首相）がのべるつぎのような見方に一応は同意しうるだろう。「ロシアにおけるオリガルヒの発展は一九九〇年代の特徴だったが、オリガルヒは今や（二〇〇六年）明らかに終焉を迎えた」[48]、と。しかしより厳密には、大著『オリガルヒ』（二〇〇二）の著者デービッド・ホフマンの見方のほうがより正確と評さざるをえない。五年間（一九九五—二〇〇〇年）『ワシントン・ポスト』紙のモスクワ特派員をつとめたホフマンは、次のようにのべる。「プーチン大統領は、必ずしもオリガルヒ体制を変えようと欲したわけではない。同大統領がおこなったのは、グシンスキイ、ベレゾフスキイら一部の特定オリガルヒを攻撃し、潰すことだった」[49]。

なぜ、ホフマンの見方のほうが正しいのか。プーチン政権期のこれまで約一八年間にオリガルヒはけっして絶滅させられた訳でなかったからだ。「忠誠オリガルヒ」と呼ばれる新興財閥は生き残っているばかりか、新しいタイプのオリガルヒさえ出現しているからである。すなわち、もっぱらプーチン個人との密接なコネクションのゆえに驚くべきスピードで財力形成に成功し、大富豪の地位にのしあがりつつある人々である。

彼らは、専門家によって「プーチン徴集《リクルート》のオリガルヒ（олигархи путинского призыва）[50]」とも名づけられている。

たとえば次の三人が、そのような「徴集オリガルヒ」の代表格といえる。

まず、ローテンベルク兄弟。兄アルカージイはプーチンよりも一歳年長、弟ボリスは四歳年少である。兄弟はプーチンの幼馴染みであり、サンクト・ペテルブルグ市のスポーツ・ジム「トルード（労働）」時代以来のプーチンの柔道仲間。兄弟は、プーチン同様に貧しい家庭に生まれたが、今や二人とも米財界誌『フォーブス』誌の億万長者番付表の常連になっている。何しろ彼らは、プーチン政権下で「ガスプロム」社などに天然ガス運搬用のパイプを納入しうる独占的権利、その他の特典をあたえられているからだ。「ガスプロム」社はロシアの国家独占ガス事業体で、膨大な額にのぼる国家事業プロジェクトを幾つも手掛けている。ロシアの天然ガスを海底を通してドイツ、その他のEU諸国まで運ぶ「ノルド（北）・ストリーム」の敷設工事は、その一例にすぎない。ローテンベルク兄弟は、プーチン大統領と幼馴染みであるとの縁故のお蔭で、まさに「金《かね》がなる木」をあたえられているといえよう。二人とも、フィンランドの市民権を取得している。

三人目は、ゲンナージイ・ティムチェンコ。彼もまた、プーチンのペテルブルグ以来の知り合いで、かつ柔道の愛好家。現在、フィンランドの市民権を取得し、スイスに住んでいる。彼が経営する「グンボール」社は、ロシアの国営石油企業「ロスネフチ」をはじめロシア有数の石油企業の原油を海外に輸出する権利をあたえられている。そのために、彼は、ローテンベルク兄弟と並んで「国家入札の皇帝《ツァーリ》[51]」とすら綽名される。二〇一七年版『フォーブス』誌によれば、ティムチェンコの資産は前年度の四二億ドルから三倍以上の一六一億ドルと増え、今やロシア第四位の富豪の座を占める。[52] まるで「魔法のような」（ジュリア・ヨッフェ[53]）急成長ぶりと評さねばならない。

「徴集オリガルヒ」は、プーチン大統領とのあいだにいわば一蓮托生の運命共同体を形成している。彼らはたとえばプーチンの「運び屋」[54]もしくは「金庫番」とみなされるまでにプーチン自身の財力形成に貢献し、同大統領とは持ちつ持たれつの密接な関係にあるからだ。ロシアが二〇一四年にロシアへのクリミアの併合を敢行し米国が対ロ制裁を科したとき、オバマ政権はプーチン周辺のロシアの個人企業家たちをその制裁対象に加えた。その名誉ある（!?）第一グループに、ローテンベルク兄弟、ティムチェンコの三名が入っていた。米政権は、さすがにロシア事情によく通じているといえよう。

# 第3章

# 論　理(1)

セルゲイ・カラガーノフ

エフゲーニイ・プリマコフ

米国におけるロシア「専門家」たちは、物事をロシア側から見る能力を欠いている。

——ブライアン・マクドナルド(1)

プーチンは、われわれ〔外部の者〕を一体どのように見ているのか。このことを知ることによってのみ、彼の行動、彼が欲していることをわれわれは知ることができる。

——フィオナ・ヒル&クリフォード・ガディ(2)

ロシア人は自分の国が冷戦に敗れたとは夢にも思っていないのに、西側はロシアを冷戦の敗者として取扱おうとしている。

——セルゲイ・カラガーノフ(3)

## 本章、次章を設ける理由

プーチンの外交政策や行動様式は、言語道断なもののように映る。国際法の基本的な諸原則を明らかに侵犯して、省みようとも恥じようともしない。たとえば武力を背景にしてのクリミア併合、ウクライナ東部への介入、シリア空爆……等々。しかし他方、プーチンやロシア側から見る場合、これらの対外行動は、彼らなりに何がしかの理屈や正当性をもつ行為なのである。彼らは、たとえば次のように主張する。それらの多くは、冷戦終結以来ソ連／ロシアが米欧諸列強によって嘗《な》めさせられてきた数々の屈辱的な体験にたまりかねて、ロシア人が遂に爆発させた怒りの抗議行動にほかならない。つまり、彼らが長年にわたって蓄積してきたルサンチマン（怨念感情）の表明なのである。プーチン指導部による決定や行為は、したがって、ほとんどのロシア国民によって圧倒的に支持されているではないか、と。

現ロシアでは、以下のような国際通の専門家たちが誕生している。英語をまるでネイティブ・スピーカーのように自由自在に操り、ワシントンDC、ニューヨーク、ロンドン、パリ、ベルリン等でほぼ毎日のように開催されている国際会議の常連となっている知識人たち。具体的な名前を挙げるならば、たとえば次のような人々がその典型例だといえよう。セルゲイ・カラガーノフ（モスクワ高等経済学院付属の世界経済・国際関係学部長）。フョードル・ルキヤーノフ（『グローバル・アフェアーズにおけるロシア』編集長兼「外交・防衛政策会議」議長）。ドミートリイ・トレーニン（カーネギー・モスクワ・センター長）。アレクセイ・アルバートフ（ロシア科学アカデミー付属世界経済・国際関係研究所の国際安全センター所長を経て、現在、カーネギー・モスクワ・センターの核不拡散センター長）ら。彼らは米欧人との接触を緊密に保ち、ロシア外部の諸事情にも驚くばかりに精通している。だが、彼らとてロシア人。そのほとんどがロシア政府の重要ポストを歴任している。したがって彼らもまた、最終的にはロシア側の立場に立ち、結局はプーチン政権の論理や主張を外部世界に発信し、正当化する役目を果たしている。もとより、その程度やニュアンスは各人各様である。思い切って大胆にいうと、ほぼ右に並べた順序で、彼らはプーチン政権の立場をより一層強く代弁している。とはいえ、彼らロシアの国際通たちは、欧米の政治家やクレムリン・ウオッチャーたちがつい見逃しがちなロシア独自の視点を指摘する。そのことによって、欧米人がややもすると抱く見方や偏見にたいし警告を発し、異論を唱え、誤りを修正することに役立つ。

われわれは、好むと好まないとにかかわらず、これらロシア人の事情通がのべる見方を正確に理解し、念頭におく必要があるだろう。つまり、彼らがのべる提言や結論に最終的に同意するか否かは、各人の判断にゆだねられる。しかしそのこととは別にして、彼らの意見は少なくともわれわれの前提ないし既成概念を再考する貴重な機会をあたえてくれる——。これが、本書筆者である私の基本的な考えであり、彼らが主張するロシア側の言い分を本章及ならびに次章で三、四点ばかり紹介する理由なのである。もとより、彼らの論点を紹介したあと、さらにはその適否についての私自身の判断を併せて記すことにする。

## ロシアは冷戦の敗者ではない

大多数のロシア人は、自分たちが「冷戦」の敗者であるとは認識していない——。これが、右の国際通のロシア人専門家たちが例外なく指摘する第一のポイントである。

冷戦（the Cold War）とは、東西陣営間の対立を指す。一方における米国を首領とする資本主義、他方におけるソ連邦をリーダーとする「社会主義」。これら両陣営間で、それぞれが信奉するイデオロギー、国際政治上の覇権や勢力圏を巡る熾烈な抗争が、第二次大戦後約四〇年間もの長きにわたって展開された。とはいえ、両陣営は一度として実際に戦火を交える「熱い戦争（the Hot War）」へ突入しなかった。一九六二年のキューバ危機がそうだったように、あわや実戦の瀬戸際近くまで軍事的に対立したことはあった。だが、その場合でも両陣営は踏み止まった。もし両陣営のそれぞれ盟主だった米国とソ連が軍事的衝突にまで踏み込んでいたならば、それは「熱核戦争」、すなわち最悪の場合、人類破滅の危機さえ覚悟せねばならなかったことだろう。

しかし結局のところ、ソ連はそのような冷戦に敗れた――。見方次第では、こういえなくもなかろう。ロナルド・レーガン米大統領が仕掛けた「戦略防衛イニシアチブ（ＳＤＩ）」――「スター・ウォーズ計画」の呼名で知られる――の熾烈な米ソ軍拡競争で、ソ連は敗北した。また、ブレジネフ政権が無謀にはじめたアフガニスタン戦争は泥沼におちいった。さらに、高齢かつ脆弱化したにもかかわらず、レオニード・ブレジネフ書記長が一八年間もの長きにわたって政権の座から一向に降りようとしなかったために、ソ連邦では経済改革その他が全く推進されず、政治、社会一般が「停滞《ザストイ》」と呼ばれる状態に陥った。以上のような諸事情が積み重なった結果として、ソ連は事実上冷戦の敗者になった――。このように荒っぽく要約しても構わないだろう。

ブレジネフ政権下の「停滞」後、ユーリイ・アンドロポフ、コンスタンチン・チェルネンコ下の短命政権が二代つづいた。その後になって、ようやく先ずミハイル・ゴルバチョフ、次いでボリス・エリツィンが登場した。彼らは、括弧付きとはいえある程度まで「改革主義」的傾向をもつ指導者だった。彼らの決断や諸措置によってソ連はソビエト型「社会主義」に訣別を告げ、欧米流の民主主義や市場経済への道を選択することになった。この転換は、飽くまでソ連／ロシアのトップ指導者による「自発的」[4]な選択の結果であり、米ソ列強間での直接的な軍事衝突によって招来されたものではなかった。[5]

仮に百歩譲って、旧ソ連が冷戦の敗者になった――率直にこう認める場合であれ、それは飽くまでイデオロギー、体制を巡る、いわば観念上の敗北に過ぎなかった。したがって、大抵のロシア人は自分たちが「冷戦の敗者である」という意識や感情を抱いていない。いや、母国ロシアは、対独戦を中心とする大祖国戦争――ロシア人は、第二次世界大戦をこのように名づける――で、輝かしい戦勝国になった。むしろこのような思いや誇りのほうが、冷戦の敗者であるという意識に比べて、彼らのあいだではより一層強い。ちなみに、二〇一七年六月に「レバダ・センター」がおこなった世論調査は、次のようになっている。「ソ連は連合国の助けなしにナチを敗北させたと考える」―六三％、「連合国の助けが必要だった」―二八％、「答えられない」―九％。(6)

## ロシア人の主張

右のような見方をする者は、ロシア国際通のなかですら多数を占めている。そのような発言の例を、一、二引いてみよう。まず、トレーニン。近著『われわれ〔西側〕は、ロシアを恐れるべきか』（二〇一六年）のなかで、トレーニンはおそらく自分とは違って、大抵のロシア人が、次のような受け止め方をしていることを紹介している。「一九九〇年代のロシアは、事実上は全ての意味において敗戦国にほかならなかった。ロシアは著しく脆弱化しつつあり、かつ益々脆弱になりつつあった。（中略）それにもかかわらず、ロシアは依然として大国である――。このような意識が、ロシアの政治エリート層のDNA（遺伝子）のなかで依然として支配的なのである。というのも、冷戦終結時にロシアが軍事的敗北をこうむったという思いが、彼らには全く存在しないからである。（中略）いや、冷戦の終結は〝われわれ全員で克ち取った勝利なのだ〟。リベラルなロシア人のあいだでは、こう確信している者すら少なくない」(7)。

トレーニンの説明はつづく。「ドイツは、明らかな敗戦国だった。イギリスやフランスも海外における植民地帝国の崩壊に直面した。それらの結果として、彼らは以前に大国だった地位から滑り落ちた。ところがロシアの政治エリートたちは、自分たちのケースは全く違うと思い込んでいる。すなわち、ロシアは飽くまで己の国内事情によって自らを解体させたに過ぎない。したがって、ロシアは依然として大国としての己の地位を保持しているはずである――。これこそが、ロシアの政治エリートたちの自国イメージなのだ。彼らが抱いているそのようなプライドは、他国、とりわけ米国によるロシアへの容喙《ようかい》や干渉を極度に嫌い、排除しようとする根拠になっている」[8]。

米国人のなかでも国際問題に通暁している専門家たちは、右に記したようなロシア人の「傷ついた心情」を正確に捉え、理解しようとしている。トレーニンはこうのべて、自著で例えばロバート・ゲーツの回想録からしばしば引用をおこなう。ゲーツは、ブッシュJr.、オバマ両政権期に国防長官をつとめ、みずから対ロ強硬派であることを一向に隠そうとしない人物である。ところが、そのようなゲーツですら次のように記す。「冷戦における敗北、ソ連解体によってロシア人が抱かざるをえなかった大きな屈辱感――これを、西側諸国とりわけ米国は、過小評価した。〔超大国の地位から転落してしまったことに由来する心理的影響に加えて〕米国の役人、学者、ビジネスマン、政治家たちはロシアに向って、ああすべきだ、こうすべきだと注文し、口に出している――このことに、多くのロシア人たちは深く傷つき、米国人は傲慢な国民との彼らの思いをさらに強化した」[9]。

トレーニンと似たような見方をするロシアの国際問題専門家を、二人紹介しよう。たとえばルキヤーノフは「正当な地位を回復したいとのロシアの要求」と題する論文のなかで、次のように記す。「アメリカ人、その他の西側の人々にとり、ソ連崩壊の意味は単純明快である。すなわち、米国は冷戦に勝利し、世界で唯一つの超大国としての正しい位置を獲得した。他方、ソ連解体後のロシアは、単なるリージョナル（地域的）

なパワーに堕し、しかもワシントン主導下の戦後の自由主義的な国際秩序への統合をとげることにすら未だに成功していない」[10]。こうのべ記したあと、ルキヤーノフはロシアの立場が次のようなものであると主張する。「〔ところが、〕ロシア人の見解は異なる。現ロシアの従属的な地位がロシアをいたずらに貶《おとし》める一方で、米国はといえばロシアが適当な地位を再び獲得することを妨害しようとするキャンペーンを小止みなくつづけている。ロシア人は、このように考える」[11]。

「外交・防衛政策会議」でルキヤーノフの前任者だったカラガーノフにいたっては、次のように明快に記す。「ロシアのエリート層は、自分の国が冷戦に敗れたなどと夢にも思っていない。全体主義的な共産主義に対する闘いでは、自分たちが勝者になったとすらみなす。ところが西側は、ロシアを〔冷戦の〕敗者として取扱おうとする。このような西側の言動こそが、新しい対立のベースに存在すると言わねばならない。解決策は、単純明快だろう。旧い西側は、ロシアを『始末』する。さもなければ、ロシアとのあいだで名誉ある講和条約を締結し、未だ終わっていない冷戦状況に完全なケリをつける。このいずれかの方法しかないのだ」[12]。

## NATO不拡大と口約束

右に引用した現ロシアの国際通たちの主張は、次のように要約できるだろう。ソ連は必ずしも冷戦に敗れたわけではないにもかかわらず、米欧諸国はまるで旧ソ連／現ロシアを冷戦のルーザーであるかのようにみなし、そのような存在として取扱おうとする。具体的にいうと、米欧諸国はロシア側の弱味を利用することばかりに熱心となり、そのことを通じて己の陣営を益々強化しようと欲する。「北大西洋条約機構〔NATO〕の東方拡大は、そのような傾向をしめす好例以外の何者でもない、と。こういう訳で、次に「NATOの東方拡大」の問題を検討することにしよう。

NATOは、冷戦期に西側陣営の集団的安全保障を確保しようとする目的で結成された、東側陣営の「ワルシャワ条約機構（WTO）」に対抗する軍事的組織だった。したがってロシア側の理屈によると、冷戦終了後には「ワルシャワ条約機構」が解体を遂げたのであるから、当然そのライバル組織たるNATOも解体すべきである。ところが、米欧諸国はそのようなNATOを存続させているばかりではない。新しいメンバー諸国を加えて、NATOを拡大、強化しようとさえ試みている。しかも、その新しいメンバー諸国とは何かと問えば、まさに以前に「ワルシャワ条約機構」に属していた国々ではないか。すなわち、主としてバルト三国や中・東欧諸国である。別の言い方をすれば、NATOは己が敵対していた組織、「ワルシャワ条約機構」からメンバーを引き抜く形で、みずからの組織の増強につとめている。このような印象を抱かざるをえない――。

こうしたやり方でのNATOの東方拡大は、まず米国の指導者が当時ゴルバチョフ・ソ連大統領に約束した言葉に違反する行為ではないか。たとえばカラガーノフは、のべる。「NATOを決して拡大させない。われわれは、このような言質を得ていたはずだった。〔だから〕われわれは、西側の友人たちを喜ばせようとした。ところが、われわれは見事に欺されてしまった訳だ」[13]。もっとも、その「言質」の解釈について諸説があることを紹介せねば、フェアでないだろう。まず、東西ドイツが、統一後にNATOに加盟すること。ロシアといえども、もはやこのことを問題にしえなかった。西ドイツが既にNATOの有力メンバー国であるうえに、東ドイツを事実上吸収合併する形になったからである。じっさいゴルバチョフ大統領は、一九九〇年七月、西ドイツのヘルムート・コール首相とのあいだで、ソ連にたいする経済支援と引き換えの形で統一後のドイツがNATOに加盟することを承認した[14]。

東西ドイツの統一後、NATOは東方へ拡大しない――。ジョージ・H・W・ブッシュSr.大統領はゴルバチョフに向ってこう「約束した」[15]ので、ソ連大統領は安心した。たしかに、このように伝えられている。しかし、それは飽くまで「非公式な会談」(ジョージ・F・ケナン)[16]での口約束に過ぎず、「明確なコミットメントとは評しえなかった」(アンジュラ・ステント教授、ジョージタウン大学、米ロ関係史専攻)[17]。

それが口約束に過ぎなかった事実は、ロシア側も認めている。たとえばプーチン大統領は、二〇一七年五月の訪仏中に『フィガロ』紙とのインタビュー中でのべた。「ソ連邦が存在を停止したとき、西側の政治家たちはわれわれに向ってNATOが東方に拡大しないだろうとのべた。〔たしかに〕文書上では、そのことは明記されなかった。だが、それは明らかに言及された」[18]。プーチン大統領は、二〇一五年七月におこなった米国の映画監督、オリバー・ストーンとのインタビューのなかで、NATOの東方拡大がペーパーに書かれていない事実をはっきり認め、次のようにのべてその責任を主としてゴルバチョフに帰した。「NATOを東ドイツの東国境以上に拡大しないことは、紙に書かれてなかった。これは、ゴルバチョフが犯した過ちである。政治では、すべてのことが、ペーパーに書き込まれねばならない。なぜならば、書き込まれたことですらしばしば破られるからである」[19]。

## 賢明な対ロ戦略だったのか

ブッシュのゴルバチョフにたいするNATO不拡大の約束は単なる「口約束」過ぎなかったので、守らなくてもNATOは法律的な責任を負う必要はない。NATO側はこう主張しうるにせよ、ひとつ重要な問題が生じる。それは、道義的な責任論を別にして、NATOの東方拡大がはたして政治的に賢明な対ロ戦略だったのだろうか――この問題の検討である。

トレーニンは、この問いを提起して次のようにのべる。「西側の指導者たちが犯した過ちは、次のことにあるのではない。彼らがソ連の指導者にたいして、公式の約束――そのようなものは、たしかに存在しなかった――、もしくは非公式の約束――それは、恐ろしく漠然とした類いのものだった――を、破ったか否か。むしろ、次の点にこそ存在するのだ。拡大してゆく同盟関係の外側に取り残されて不快感を抱くに違いないパワー、ソ連にたいする対応を、一体どうすべきなのか。ところが西側の指導者たちは、この種の戦略的な判断を全く考慮することなく行動したのだった」[20]。

ＮＡＴＯの東方拡大は、対ロ戦略の観点からみる場合適当なものだった――。必ずしもこうは評しがたい。米国の著名な国際政治やロシアの専門家たちのなかですら、こう説く者は少なくない。たとえば、ジョージ・ミアシャイマー教授（シカゴ大学、国際政治専攻）は、冷戦が終了したにもかかわらず、依然としてＮＡＴＯを存続させたことにたいして、「勢力均衡」論の視点から次のような疑問を投げかける[21]。すなわち、彼の名前を一躍有名にすることに貢献した「バック・トゥ・ザ・フューチャー」論文（一九九〇年）のなかで、同教授はのべる。かつて「ＮＡＴＯを結束させる接着剤の役割を果たしていたのは、ソ連の脅威そのものにほかならなかった。ソ連が解体した今日、四〇年間つづいてきた防衛同盟としてのＮＡＴＯは解体して然るべきだろう[22]」。冷戦終結によって国際政治のバランス・オブ・パワーが大きく変わったにもかかわらず、ＮＡＴＯはなぜ存続しつづけるのか。たしかに同教授が指摘するように、この問いにたいして必ずしも納得ゆく形での説明は与えられていないようである[23]。

ジョージ・Ｆ・ケナンも、ＮＡＴＯ拡大を疑問視した。ケナンは、改めていうまでもなく元々ソ連「封じ込め」戦術を唱えたことで名声を馳せたロシア研究の泰斗である。そのようなケナンは、冷戦後にＮＡＴＯを拡大することが必ずしも感心しないやり方だったと、一九九七年二月『ニューヨーク・タイムズ』紙に寄稿した論文で、次のように主張した。「ＮＡＴＯ拡大は、ポスト冷戦期に米国が犯した最大の致命的な過ちである。そのような決定は、ロシアの世論において反西欧の民族主義、軍国主義などを煽る方向へ作用するに違いない。ひいては、ロシアでの民主主義の発展に逆行する効果を招くだろう。東西関係において冷戦の雰囲気を復活させるだろう。〔このようにして〕ロシア外交をわれわれにとり明らかに望ましくない方向へと押しやるに違いない」(24)。また、駐ソ米国大使（一九八七―九一年）をつとめたジャック・マトロックJr.も、ケナンとほぼ同様の理由にもとづいてNATO拡大に反対した(25)。

## 拡大の敢行

ところが他方、将棋盤をぐるりと回してNATO側から物事を見るならば、NATOにはメンバー国を拡大せざるをえない、次のような事情や正当化事由があった。第一に、新規加盟諸国が加入を熱心に希望し、しかも彼らがメンバーとしての資格条件を十分満たす場合、NATO側としては彼らの申請を却下する格別の理由を持ちえなかったこと。この言い分を、もう少し詳しく説明しよう。

西独と統一することによってNATOのメンバーとなった東独のケースは、さきにふれたのでここでは繰り返さない。旧ソ連邦の一部を構成していたバルト三国、そしてソ連「衛星」圏から離脱することになった中・東欧諸国は、例外なくNATOに加入することを熱意をしめし、実際まるで争うかのように加盟申請書を提出した。そのような動きは、NATO側からこれらの諸国に参加を勧誘したり、ましてや参加を強要したりした結果ではなかった。

これらの諸国は、かつて己の意志に反してWTOへの加盟が強制された国々だった。そのうちの一部は同機構から離脱しようと欲して、ソ連軍の介入を招き、厳しく罰せられた苦い経験すらもっていた（ハンガリーやチェコスロバキア）。そのような苦汁を二度と味わいたくない。これらの諸国はおそらくそのような切実な思いから、NATO加盟を自発的に希求したのだろう。十分理解でき、共感さえしうる心情だった。NATO側としては、もし彼らの要請がNATOの加盟条件を満たしているならば、敢えて彼らに扉を閉ざす格別の理由はない。おそらくこのように判断したに過ぎなかった。ロシアの政治学者ドミートリイ・オレシキンもこのような見方に賛同して記す。「NATO拡大は、欧州の要請ではなく、加盟国自身が望んだ(26)」結果にほかならなかった、と。

とはいえ、将棋盤を再び回してロシア側の視点にたってみよう。自分たちは「ワルシャワ条約機構」を解体した。それにもかかわらず、かつて同「機構」に属していたメンバー諸国が、つい最近まで敵対陣営の防衛組織だったNATOへ続々と加盟していく――。これは、さきにもふれたとおり、ロシア側にとって少なくとも心情的に我慢しえない展開ではなかろうか。しかも地政学的見地からみる場合、バルト三国や中・東欧諸国のNATO加盟は、ロシアの目にはまるで「NATOの軍事力をロシアの玄関口間際にまで接近させようとする背信行為である」(トレーニン(27))ように映る。要するに、ロシアにとっては心情的に耐えがたく安全保障上許しがたいダメージをあたえる行為なのだ。

とはいいながら他方、バルト三国や中・東欧圏諸国は今やれっきとした独立主権国家である。彼らがNATO、その他の国際組織への加入を希望する場合、ロシア側はそれを阻止する正当な事由を欠くばかりか、現実にブロックする適当な手立てを持ち合わせていない(28)。NATO側も、さきにも示唆したようにロシアの不満を招くからといって、加盟希望国の要請を無碍に却下する格別の理由を持たない。このようにして結論は、ではどのようにすれば「ロシアの面子《メンツ》を立てることができるか(29)」。この一点に絞られてくることになった。言葉を換えると、条件闘争になった。

もとより、こうして米ロ間では長期間にわたって激しい応酬を含む話し合いや交渉がつづけられた。その結果、ワルシャワ条約機構解体時から数えて六年もの歳月が経った一九九七年五月二十七日になってはじめて、エリツィン政権は「ロシア連邦とNATO間の相互協力および安全保障にかんする基本文書」に調印することに同意した。[30] 同文書は、次のように規定している。①NATOとロシアは、もはや互いに他を敵とみなさない。②常設機関としての「NATO－ロシア合同理事会」を設置する。③NATOは、新規加盟国の領土に核兵器を配備しない。但し他方で、ロシアが強く求めていたNATOの決定にたいするロシアの拒否権は認められなかった。そのために、ロシア側には次のような比喩で表される不満が残った様子である。「われわれは、食前のドリンク（アペリティーフ）にこそ招かれたものの、正餐《ディナー》それ自体に招かれることなかった」[31]、と。

## 拡大のトレード・オフ

ロシア側には右のような不満が残ったものの、同「基本文書」の調印によってNATOが今後東方拡大をおこなうための障害は、曲がりなりにも除去されることになった。そして、これこそが、NATO側が東方拡大を正当化するさいに決まってのべる主要根拠になった。右のような具体的措置を講ずる以外にも、米欧諸国はロシアにたいして様々の優遇措置を与え、ロシアをもはや敵対国とみなすことを止めた。このことが、後ろめたい思いをすることなく、NATO拡大を推進しうるもうひとつの有力な根拠になっている。

では、冷戦終了後、西側諸国はロシアにたいしてどのような優遇措置を与えたのか？　まず、かつてのソ連邦にたいしてと同様、ロシア連邦にたいし国連安保理の常任理事国の座を認めることにした。また、かつてはソ連邦が名義上保有するものの、現実には安全保障上の見地から構成共和国に分散配備中だった核兵器――これら全てを各共和国から撤収して、ロシア連邦のみが今後それらを独占的に相続する権利を承認した。

さらに、米欧諸国は、ロシア連邦のエリツィン政権がおこなおうとした「レジーム・チェンジ」の決断を歓迎し、同路線の遂行に対して支援を惜しまない旨の姿勢を明らかにした。ロシア連邦が未だ十分な程度にまでは民主主義や市場経済の体制へと移行していないにもかかわらず、その方向への転換を奨励・鼓舞しようとして、米欧諸国はたとえば次のような具体的措置を採った。[32] まず、先進七カ国（G7）にロシアを加え、それを主要八カ国（G8）にする組織替えをおこなった。また、ロシアが欧州評議会（Council of Europe）や世界貿易機関（WTO）へ加盟することを承認した。欧州連合（EU）も、ロシアとのあいだでパートナーシップおよび協力の協定に調印した。また、世界銀行、国際通貨基金（IMF）、ロンドン・クラブ、パリ・クラブなど、事実上米欧が主導する国際的な金融機関は、以前にも増してロシアにたいして多額の資金援助を積極的におこなうことにした。

右にのべたような根拠や措置にもとづいて、NATOは東方への拡大を始めた。まず、一九九九年にポーランド、チェコ共和国、ハンガリーの中欧三カ国のNATO加盟を承認した（「第一次東方拡大」と呼ばれる）。二〇〇四年には、次の七カ国の加盟を認めた（「第二次東方拡大」）。スロバキア、スロベニア、ルーマニア、ブルガリアの中・東欧諸国、そしてバルト三国（エストニア、ラトビア、リトアニア）。二〇〇九年には、クロアチアとアルバニアの加盟を承認した。二〇一七年には、モンテネグロを加えた。このようにしてNATOは、二〇一七年夏時点で、二九カ国体制になった。[33]

旧ソ連邦構成国だったジョージアとウクライナもまた、NATOへの加盟を強く希望している。だが、両国はともにロシアとのあいだに係争地（南オセチア、アブハジア、クリミア）を抱えていることもあり、少なくとも当分のあいだ加盟は認められないだろう。『北大西洋条約』は、その第五条において「締結国に対する武力攻撃を全締結国に対する攻撃とみなし」、「集団的自衛権を行使する」ことに同意している。裏返していえば、NATOは他国とのあいだで紛争地域をもつ国を加盟国に加えることによって、そのような集団的自衛権を行使せざるをえない立場になることを欲しないからである。

このようにして、「チャタム・ハウス」の二人のロシア専門家、ジェームズ・シェールとボボ・ローは結論する[34]。「NATOの東方拡大にたいして西側は必ずしも自責の念を抱く必要はないだろう」[35]。なぜならば、「一般的にいって、いかなる政策もトレード・オフ、道徳上の妥協もしくは取引なしには実現しないものだからである」[36]。加えて、「たとえロシアとの関係を損ねる政策措置ではあっても、それがロシア以外の諸国やヨーロッパ全体のために役立つのならば止むをえないからである」[37]。

## 被包囲意識

米国は、冷戦で事実上の勝利を手にして以来、「単独一極主義」的傾向をあらわにしている——。ロシアの指導者たちは、この傾向を不快に思い、「多極世界」の構築を主張する。このことを説明するために、やや迂遠のように思われるかもしれないが、ロシアの地政学的特徴から話をはじめたい。ロシアは、平坦《フラット》な土地空間であり、ロシアの詩人や文学者たちは、ロシアを「広大無辺な空間（простор）」、または茫漠たる「虚無（пустота）」とみなす[38]。欧米の専門家は、ロシア民族が「無防衛の大草原《ステップ》（defenseless step）」[39]に棲息しているという。理想的な自然障壁（海、大きな河川、高い山脈など）に恵まれていない。多くの異民族と人為的な地上国境で接している。そのことも手伝ってロシアは、実際スウェーデン、ポーランド、モンゴルら夷狄《いてき》との闘いに遭遇せねばならなかった。また、ナポレオン、ヒトラーによって率いられた仏、独軍の侵入や占領による被害をこうむった。

このような地理、歴史、イデオロギー上の特殊諸事情によって、多くのロシア人のあいだでは、未だに次のような意識が存在している。ロシアは周囲を外敵によって取り囲まれており、このことを十分意識して自己防衛につとめなければ、いつ何時再び外敵によって攻撃され、侵略される危険に見舞われるかもしれない。レーニンも記す。「ロシアは諸列強によって〝包囲された要塞（осаждённая крепость; besieged fortress）〟である[40]」。

被包囲意識は、ピョートル大帝時代にも遡るロシア人の心理に深く滲み込んだ心情である。ジョージ・ケナンは、ロシア史の特殊性によって生まれた被包囲意識が、共産主義イデオロギーによってさらに増幅されたとみなして、次のように記す。マルクス主義の「イデオロギーは教えた。外部の世界は悪意に満ち満ちている。したがって、究極的にはロシアの国境外に存在する政治諸勢力すべてを打倒すること——これが、クレムリンの指導者たちにとっての神聖な義務となる。ロシアの歴史と伝統はこのような感情を維持し、増強することに貢献した[41]」。

では、どうすれば、ロシア人はこのようなオブセッション（強迫観念）から脱出できるのだろうか。ロシアが軍事的な大国になる以外、適当な術はない。多くのロシア人はこう確信して、核兵器の開発に熱心になり、じっさい一時は米国と並びたつ二大列強の地位を占めるにいたった。ところが一九八〇年代末から九〇年代はじめにかけて、ソ連邦は中・東欧「衛星」圏を喪い、次いでみずからも解体を遂げ、己の影響力を著しく脆弱化させた。結果としてアメリカの力のほうが相対的に大きくなり、国際舞台では米国一国が支配する「一極主義世界（однополярный мир; unipolar world）」が出現し、まかり通るようになった。では、冷戦後のこのような世界で、ロシアは一体どのような地位を目指したら良いのか。

## アメリカの「一極主義」に対抗

理論的には、二通りの考え方があろう。一は、依然としてアメリカ合衆国と並ぶ「超大国（супер-держава; superpower）」の地位を目指す。二は、イギリス、フランス並みの単なる「大国（великая держава; great power）」に止まることで、我慢する。[42] 右の二通りの方途のうち、ロシアは第一の道を未だ完全には諦め切っていないようである。たとえば、ロシアは己の経済力に全く釣り合わないほど多額の予算を用いて、軍事力を増強することに躍起になっている。国内総生産（GDP）でいうと、ロシアは二〇一七年現在、世界一二位。にもかかわらず、ロシアの軍事費は絶対額で米国、中国に次ぎ世界第三位（但し、ルーブル安のために、二〇一七年時点では第六位まで転落）の大きさを維持しようと懸命になっているからだ。[43]

右の簡単な数字から、ロシアが己の経済力をはるかに超え、身分不相応と評してよいまでに多額な国家予算を軍事部門に投じていることが明らかになる。じっさいGDPに占める割合でいうと、ロシアは四・五％で、米国の三・五％、中国の二・一％を上回っている（二〇一四年）。[44] ちなみに、NATO加盟二九カ国は、GDPの少なくとも「二％」を国防費に当てることを約束し合ってはいるものの、その目標値二％を現に達成しているのは、米国、英国、ギリシャ、ポーランド、エストニアの五カ国に過ぎない。ところがロシアは、そのようなNATO諸国に要請されている「二％」の二倍以上にも当たる四・五％を軍事予算に投じているのだ。[45]

現ロシアは、なかでも核兵器の維持を重視している。というのもロシアは、通常兵器の分野ではアメリカと競争しうる経済力も科学技術能力も欠如しているからである。それゆえに、ロシアは仮に「大国（great power）」になりえても、ドイツや日本と違って必ずしも「偉大な国（great *country*）」とはなりえないだろう。[46]

それはともかく、ロシアが米国とほぼ対等な地位を主張しうるのは、唯ひとつの分野、すなわち核兵器の部門に限ると評さねばならない。現にスウェーデンのストックホルム国際平和研究所（ＳＩＰＲＩ）によれば、二〇一六年時点で、米国が総計七〇〇〇発の核弾頭を持っているのに対して、ロシアは七二九〇発を保有している。(47) しかもプーチン大統領は、どうやら「核兵器保有国＝《イコール》世界の指導的な列強」とすら誤解している気配すら感じられる。たとえば二〇〇六年の教書演説中で、同大統領は次のようにのべているからである。「われわれが明確に認めなければならないのは、次のことといえよう。あらゆる脅威に対抗し、グローバルな安定の保障にたいして鍵《キー》となる責任をもつのは、世界の指導的な列強（ведущие мировые державы）――すなわち、核兵器という軍事的・政治的な影響力を及ぼす強力な梃子《てこ》を持つ国だけであること」(48)。

## プリマコフ流「多極世界」の提唱

このようにして、プーチンは考える。ソ連解体後のロシアが米国の「一極主義」的な支配や「単独主義」的な行動様式に対抗するためには、まずもってロシア自身が核の超大国でありつづけることが必要不可欠である。だが、それだけでは未だ十分でない。次いで、米国以外の諸国と組んで、ロシアは是非とも多極世界を構築する必要がある。いわゆる「多極主義ないし多極支配（многополярность; multipolarity）」の推進である。(49)

「多極支配」は、それを標榜する者によって若干異なった意味合いで用いられるので要注意のコンセプトかもしれない。たとえば、エリツィン政権の初代外相だったコーズィレフが「多極支配」の構築を提唱したとき、それは世界に存在する多くの極が自発的に協力し合うといういわば理想的なビジョンを想定していた。(50) だが、ふつう「多極支配」というとき、それはコーズィレフの後を襲って外相（次いで首相）になったプリマコフが説いた内容や趣旨のほうを指す。端的にいうとそれは、飽くまで米国主導の「一極ないし単独主義」

に対抗することを主目的とするコンセプトなのである。[51] プリマコフは骨の髄までの反米主義者であり、米国による独占的な「一極支配」体制を打破する必要があると考えていた。以下の本書では、「多極主義」の概念を、コーズィレフ流でなく、むしろプリマコフが主張する意味で用いる。

プリマコフ流「多極主義」概念の骨子は、次のごとし。冷戦後の国際世界は、何もしないで放っておくならば、アメリカ合衆国が唯一の超大国として国際政治を己のほしいままに主導する危険性が存在する。結果として、いわゆる「米国単独主義（U.S. unilateralism）」の支配体制、すなわち「パックス・アメリカーナ」が現出しかねない。そのような類いの米国「一極主義」支配の実現を阻止するために、ロシアは何をなすべきか。先にのべたように自国の軍備増強にひたすら努めることも、たしかに一案かもしれない。だが、万一ロシアが再び超大国になりえた場合でも、ロシアは「唯一の超大国（the only superpower）[52]」になるわけでない。したがってもう一つの超大国、アメリカを十分牽制しうるまでにはいたらないだろう。

このように考えると、ロシアにとり有力な選択肢の一つは、「地域的な超大国（the regional superpower）[53]」を目指すことであろう。すなわち、地球上の少なくともある地域でのある問題にかんしてはロシアの同意や参加なしに、米国といえども己の意志を決して貫徹しえない。たとえばイラク、アフガニスタンからの米軍のスムーズな撤退、あるいはウクライナ、シリア、北朝鮮を巡る係争問題の解決――。これらにかんしては、ロシアの合意や協力が必要不可欠。ロシアは、そのような発言権をもつ存在になることを目指すべきだろう。

一国の力で右のようなことをなしとげうるならば、言うことなし。だが、それが不可能な場合でも、諦めるには及ばない。米国主導の「一極主義」支配に対抗しうるやり方がある。それは、ロシア以外の諸国の力を結集して、第二もしくは第三の「極」を形づくる方法である。今日のロシアは、たしかに同盟国をほとんど持たない「孤独なパワー（lonely power）」（リリヤ・シェフツォーワ）[54]と綽名される存在かもしれない。とはいえ、右のような「極」づくりにつとめることによって、そのような地位から脱却することが可能になるだろう。

プリマコフは、プーチンにとりライバルの存在だった。両者はともにＫＧＢ出身者、かつエリツィン大統領の有力後継者候補だった。ところが、プリマコフはタイミングを見誤り、エリツィンの後釜を狙う自身の意図を性急に明らかにする過ちを犯した。嫉妬深いエリツィンによってそのような野心を見抜かれてしまい、首相ポストを解任され、エリツィン忠誠一本槍のプーチンとのあいだの事実上の後継者争いに敗れた。政権に就いた後のプーチンはそのようなプリマコフにロシア商工会議所会頭ポストを与えて慰撫し、味方にさえつける一方で、彼から「多極主義」外交のアイディアをちゃっかり借用し、みずからも国際政治上「多極主義」の立場を提唱した。(55)その理由は、はたして何だったのか。プーチンがもともと「多極主義」「価値相対主義」思想の信奉者だったからなのか。それとも、「多極主義」こそがアメリカの「一極主義」に対抗する絶好の外交手段になりうる、とプーチンがみなしたからなのか。この種の詮索をしても大して意味はなく、おそらくその両方なのであろう。

## 米国を名指しで批判

ともあれ、プーチン自身は、二〇〇七年二月十日、アメリカの「単独一極主義」的傾向を批判する演説をおこなって、一躍その名を轟かした。プーチンがドイツのミュンヘンでおこなったスピーチは、その激烈なトーンや言葉遣いのゆえに傍聴中だったジョン・マケインを含む米国上院議員たちを驚愕させた。世に「ミュンヘン演説」として知られる同スピーチの強烈な反米主義を紹介するために、さわりの部分を引用することにしよう。(56)アメリカ合衆国を初めて直接名指しして、次のように批判している。

「一極主義世界とは、いったい何か。それは、結局のところ現実には政策決定の唯一の中心が存在することを意味する。（中略）民主主義とは何かについて、われわれロシア人に向って常に教えを垂れようとする者たちがいる。ところが、われわれに何をなすべきかを教えようとする当の本人たち自身が、けっして学ぼうとしない人々なのである」。プーチンはつづけた。「今日われわれが目にするのは、国際場裡でほとんど無制限といってよいまでに力、すなわち軍事力に依存しようとする傾向である。世界を半永久的に紛争の深淵へと投げ込もうとする力だ。そのようなことをおこなっている一つの国家は、もちろん第一義的にアメリカ合衆国にほかならない」。プーチンは、次いで米国を直接批判する議論を展開した。「アメリカは、あらゆる分野で己の国境を踏み越えている。すなわち、経済、政治、人文の各分野で他の国々にたいして自分のやり方を押しつけようとしている。はたして一体誰が、このようなことを望むだろうか」。

「一極主義」を排して、「多極主義」を推進する――。プーチン大統領のこの主張を裏づける彼の言葉をもう一つ紹介したい。それは、二〇一四年七月にブラジルで開催されたＢＲＩＣＳ（ブラジル、ロシア、インド、中国、南アフリカ）首脳会議の前夜に、イタル・タス通信の記者たちとのインタビュー中で同大統領がおこなった次の発言である。「現代世界は、じっさい多極的で複雑でダイナミックな世界である。これが客観的な現実であるといえよう。〔だから〕すべての決定が単一の『極』によって下される国際関係モデルを作ろうとするいかなる試みも非効率であり、巧く機能せず、結局は失敗する運命のもとにおかれている」[57]。二〇一六年十二月、プーチン大統領は次のようにも断言した。「唯の一極から成立する世界をつくろうとする試みは、既に挫折した」[58]、と。

では、プーチン自身は、このような米国推進の「一極主義」外交に対して具体的にはどのようなやり方で対抗しようとするのか。プーチンの答えは、単純明快である。プリマコフがすでに提唱していたように、「多極主義外交を推進することにこそ、今後の国際政治の未来が存在する」。具体的にいうと、第一に、ロシアがその安全保障理事会で拒否権をもつ国際連合を重視すること。第二に、台頭しつつある次のような新組織に期待をかけ、それらを育成すること。すなわち、BRICS、G20（主要二〇カ国・地域）、上海協力機構（SCO）、独立国家共同体（CIS）、集団安全保障条約機構（CSTO）、ユーラシア経済連合（EEU）、等々。

## 内政不干渉の要求

たしかに、米国の単独主義思考にもとづく「一極主義」支配にたいしてプーチンが加える批判は、ある程度まで正鵠を射ているように思われる。というのも、欧米流の民主主義や市場経済制度を普遍的な発展モデルであるかのようにみなして、同モデルの採用を他国にも強制する――このような上から目線にもとづくお節介な傾向が、米国にはたしかに存在するようだからである。

だからといって他方、プーチン自身がややもすると同時に次のような行動をとりがちであることも見逃してはならぬだろう。つまり、米欧型モデルのロシアへの適用を拒否することに熱心なあまり、ややもすると今度はロシアの特殊性を力説する。ロシアの地理、歴史、民族、宗教、言語、文化などがユニークであることを強調しがちな傾向である。

プーチンは、ロシアがもつ右のような「特殊性」[59]を主張して止まない。たとえば初めての大統領選を控えた一九九一年十二月に発表したみずからの論文『世紀の境目にあるロシア』で、プーチンは次のようにのべた。「わが祖国が、もし無駄な代償を支払わずに真の刷新（обновление; renewal）をとげたいと欲するのならば、心すべきことがある。それは、外国の教科書からそっくりそのまま借用してきた抽象的なモデルやスキームをロシアの土壌に移植することによって、ロシアの刷新はけっして達成されないこと。他国の経験を機械的にコピーするかぎり、ロシアの成功は保証されえないことである」[60]。

同論文はつづける。「ロシアを含むどのような国であれ、刷新のためには自分の道（свой путь）を模索せねばならない。もっとも、いままでのところわれわれはこのことにあまり成功していないが。ようやくここ一、二年になって、われわれは自分の途（своя дорога）、すなわち自分のモデル（своя модель）らしきものを模索しはじめたばかりである」[61]（傍点、木村）。論文は、結論として、次のように記す。「市場経済や民主主義の普遍的な諸原則とロシアの現実を有機的に結びつける。このことによってはじめて、われわれは前途に立派な未来を予想しうるだろう。（中略）ロシアは、決してアメリカやイギリスの二番煎じを目指してはならないのだ」[62]。

『世紀の境目にあるロシア』論文で未だ萌芽的な形に過ぎなかった、ロシアの独自性尊重の主張――。この考え方をより鮮明かつ具体的な形に概念化したのが、ウラジスラフ・スルコフが考案した「主権民主主義（суверенная демократия）」概念だったといえるだろう。スルコフは大統領府副長官（当時）のひとりで、クレムリンの「灰色の枢機卿」もしくは「スースロフの現代版」[63]との綽名が奉られている。ミハイル・スースロフは、ソビエト政権末期の共産党中央委員会幹部会の政治局員で、ブレジネフ政権のイデオローグ役をつとめたことで有名な歴史上の人物だった。スルコフも、「プーチノクラシー」を正統化する「権力の垂直」支配、「主権民主主義」などのコンセプトを次々と考案したことで知られる[64]。依頼者である上司、プーチンが、スルコフが作り出した概念やスローガンに賛同しお墨付きをあたえたこと、改めて付け加えるまでもない。

「主権民主主義」は、「民主主義」のうえに「主権」という修飾語を冠している点がまさにポイント、俗な言葉でいえばミソになっている。つまり、「主権民主主義」概念が強調しようともくろむのは、次の点である。プーチン政権が追及しようと意図する「民主主義」は、民主主義一般なのではない。ロシア土着の歴史、民族、文化にフィットした独自の民主主義なのだ。それは、とうぜん欧米流の民主主義と同一のものにはなりえない。お仕着せの外国、とりわけ米欧の発展モデルを普遍的なものとみなして、それを盲目的に猿真似する必要など、ロシアには存在しない。にもかかわらず、もしロシア版の民主主義がまるで民主主義を後退させているかのように解釈したり、批判したりするならば、それはまったくのお門違い。いや、ロシアはそれをロシアにたいする西欧諸国による不必要な内政干渉行為とさえみなして、断乎、抗議を申し立てる。

スルコフが唱えた「主権民主主義」概念は、プーチン大統領自身が二〇〇五年四月におこなった教書演説中に採り入れられた。次の意味からも、当然だったろう。というのも、同演説の少なくともその部分の代筆者《ゴーストライター》は、他ならぬスルコフ自身とみなされているからだ。それはともかく、同演説は次のように明言した。「ロシアもまた民主主義の道を歩む。だが、ロシアの歴史的、地政学的、その他の特殊性（специфика）を考慮に入れて進む。ロシアは主権国家であって、それが歩む民主主義への道の期間や条件を独自に決めうるのであり、また実際そうするだろう(65)」。

そうであるにもかかわらず、アメリカは、みずからが実践中の米国版民主主義をあたかも万国に通じる普遍的かつ唯一絶対のモデルであるかのようにみなし、そのような民主主義を実施しようとしない他国にたいしクレームをつけるばかりか、干渉しようとすら試みる。これこそは、米国の「ユニラテラリズム（単独主義）」の好例にほかならない。プーチン大統領は『ニューヨーク・タイムズ』（二〇一三年九月十一日付）紙上に、このように説く米国批判論文（英文）を寄稿して、自身の主張を敷衍《ふえん》した。すなわちアメリカは、己をその他の国々とは異なるユニークもしくは〝例外的な存在〟とみなし、「世界の警察官」としての役割を果たすとの大義名分を掲げ、他国の内政に干渉しようと欲する。「外部諸国への内政干渉が、米国にとりごく普通のことにさえなっている。（中略）オバマ大統領はアメリカの政策が他国のそれと異なるとのべ、〝アメリカ例外主義（American exceptionalism）〟を主張する。このことにたいして、私は強く異議を唱えたい。その動機が一体何であれ、自己を例外的な存在であるかのように見せかけるやりかたは危険きわまりない、と(66)」。

## 二重尺度の採用

ここで、賢明な読者ならば、プーチンが二重尺度（double standard）を使い分けている事実に気づくだろう。というのも、「ロシア文明のユニークな特性」（レオン・アロン）[67]を尊重せよ――。プーチニズムの中核概念をなすこの命題もまた、突きつめていえば「ロシアの独自性ないし例外主義」（レオン・アロン）[68]の主張にほかならないからだ。プーチンは、一方で〝ロシアの独自性ないし例外性〟の尊重を要求する。他方で〝アメリカの独自性ないし例外主義〟を批判する――。これは、明らかに二重尺度の使用と評せざるをえないだろう。万一そのような批判を免れうる場合であれ、プーチン流の多極主義は所詮「選択的な多極主義」の主張なのではないか。このような批判を免れえないことになろう。[69]

さらに、もうひとつ、気づかざるをえないことがある。それは、プーチン政権が単に言葉のうえばかりでなく、実際の行動で採っている二重尺度である。すなわち同政権は、一方で「主権民主主義」のスローガンを唱えて、米欧諸国によるロシア内政へのいかなる形での干渉も排除しようとする。ところが、その舌の根の乾かぬうちに、プーチン政権は他国への内政干渉を自ら平然と敢行して、顧みようとしない。たとえば、れっきとした主権国家で国際連合への加盟国でもあるジョージア、ウクライナ、モルドバにたいする介入は、他国の主権に対するあからさまな干渉行為だろう。たとえば、ジョージアの南オセチア自治州やアブハジア自治共和国、モルドバのトランス・ドニエストル共和国、ウクライナのクリミア自治共和国の住民たちにたいして、ロシアは同政府発行のパスポートをあたえている。ジョージア、ウクライナ、モルドバ中央政府は二重国籍の制度を認めていないので、これは、これらの諸国の主権を明らかに無視する行為ではなかろうか。それればかりではない、ロシアはジョージアに軍事侵入を図り、南オセチアとアブハジアのジョージアからの独立を承認した。さらに、ウクライナからは、軍事力を背景にしてクリミアのロシアへの併合を敢行した。プーチン政権が二〇一六年の米大統領選キャンペーン中に民主党候補のヒラリー・クリントン陣営にサイバー攻撃を加えた——。これらは、明らかに外国の内政への干渉以外の何物でもなかろう。

# 第4章

# 論　理(2)

ドミートリイ・トレーニンと筆者

フョードル・ルキヤーノフ

かつて反ナチ連合を組んだときのように、今やタリバンという共通の敵にたいしてロシアと米国が対等の立場で反テロ連合を形成することを、われわれは欲した。

——イーゴリ・イワノフ(1)

政府にたいする人民の抗議運動はけっして自然発生的な土着のものでなく、能動的なインテリジェンス活動にほかならない。

——ウラジーミル・プーチン(2)

わが隣国は、ロシアが特殊な利害をもつ地域である。

——ドミートリイ・メドベージェフ(3)

## 「九・一一」時の協力

二〇〇一年九月十一日、米国で同時多発テロ――以下、「九・一一」と略称――事件が、勃発した。このとき、ロシアは、他のどの国にも増して米国にたいする協力を惜しまなかった。それにもかかわらず、米国はロシアのそのような尽力に十分感謝したとは評しがたい――。多くのロシア人は、このような不満を抱いている様子である。ロシア人のこの種の思いは、はたして正当とみなしえるだろうか。この問題を、次に検討することにしよう。

たしかに、「九・一一」が発生したとき、プーチン大統領の反応は実に素早く、その対米協力は予想をはるかに超える類いとスケールのものだった。これは、誰一人として否定しえない事実といえよう。たとえば、同大統領は「九・一一」事件発生の当日、直ちに米国民に向い哀悼の意を伝える緊急メッセージを公表した。翌十二日には、これも他の列強首脳に先駆ける形でジョージ・W・ブッシュJr.大統領に電話をかけて、国際テロリズムに対する闘いでロシアが米国とスクラムを断乎組む意図を明らかにした。（ちなみに、偶々ホワイト・ハウス不在のブッシュ大統領の代りに電話に出たコンドリーザ・ライス補佐官は、このとき「冷戦は本当に終わったとの思いを深くした」と、回想録に記している[4]）。連帯の決意表明の印として、プーチンはクレムリン政府庁舎上に半旗を掲げるだけでなく、正午には全ロシアで黙禱を捧げよとの大統領令すら発布した。

単に儀式上のジェスチャーだけではなかった。プーチン大統領は、九月二十二日に外交、軍事、治安関係の閣僚たちを集め、「九・一一」事件にかんしてロシアが採るべき具体的な方策を議論する会議を催した。そして、ロシアのやり方としては異例ともいえるスピードで「対米協力五項目」提案をまとめあげ、その内容を二日後の二十四日、ロシア公共テレビでの演説中で大統領みずから公表した。すなわち、イスラム過激派／テロリストによる脅威を米ロ両国にとって共通のそれと認め、米国が今後推進するウサマ・ビンラディン指導下のアル・カーイダとの闘いにたいしてロシアは全面的な協力を惜しまない。そして、この闘いを遂行するために、ロシアは具体的に以下のことをおこなう。ビンラディンら国際テロリストたちが潜伏したり、彼らが戦闘要員たちを訓練したりしていると疑われるアフガニスタンへの米英軍の接近《アクセス》や軍事攻撃を助ける。たとえば米国輸送機が中央アジア諸国（キルギス、タジキスタン、ウズベキスタン）の空港や軍事基地を使用したり、ロシア上空を通過したりすることを認める。(5)

米軍部隊の中央アジアへの関与や駐留――。これは、ロシア軍部にとり実は画期的な申し出だった。彼らの意識では、中央アジアは依然としてロシアの「裏庭」とみなされる地域だったからである。げんに、右の「五項目提案」が発表された後になっても、セルゲイ・イワノフ国防相（当時）は次のようにのべていた。「中央アジア基地を米国に使用させるのだって!? たとえ仮定論にせよ、〔私にとり〕これは想像さえすることができない(6)」。もう一人のイワノフ、すなわちイーゴリ・イワノフ外相（当時）も、イワノフ国防相ほど明快でなかったとはいえ、米軍による中央アジア軍事基地の使用にたいし否定的な態度をとった。

右のようなプーチン大統領による対米協力――。これは、世界のクレムリン・ウオッチャーたちの予想をはるかに超える類いのものだった。日頃、米ロ関係を冷徹極まる目で眺めがちな米国のロシア専門家たちですら、プーチン大統領の大英断によって今や劇的な変化が起こりつつある――こう解釈せざるをえなくなった。たとえばロバート・レグボルト教授（コロンビア大学、ロシア外交専攻）は、「九・一一」事件直後に彼のオフィスを訪れた私に向い、日頃の冷静でシニカルでさえある同教授からはおよそ想像しえない興奮状態を隠さずに、ロシア外交の転換がいかに大きかったか――このことについて熱弁をふるった。当時『ナショナル・インタレスト』誌に寄せた論文のなかでも、同教授は記している。「プーチン大統領の決断は、劇的なまでに変化した異なるコンセプトの選択（a dramatic conceptual choice）」[7] だった、と。コンドリーザ・ライスは、レグボルトに比べはるかに反ロ傾向の強い共和党員である。とはいえ、そのような彼女ですら「九・一一」後に、米ロ関係は「根本的に異なる関係（a fundamentally different relationship）」へと転じたと書いた。

## 対米協力の動機

プーチン大統領は「九・一一」事件の勃発を機に、なぜ、対米政策をかくもラジカルに転換させたのか？この問いにたいする私自身の答えを記すならば、おそらく同大統領は咄嗟に以下のように判断したからであろう。まず、「九・一一」事件の発生を巧く利用すれば、プーチン自身が当時ロシア国内でチェチェン過激派勢力にたいして実施中の無差別的な殲滅作戦の理論上の正当化が可能になる。加えて、自身の政権は誕生したばかりで、その権力基盤は脆弱である。まさにそのような折に、世界の超大国たるアメリカ合衆国とのあいだで協調・提携関係を確保し、それを誇示・喧伝するならば、それは間違いなくプーチン政権に数々の実利上のプラスを与えてくれるだろう、と。第二のメリットを、もう少し詳しく紹介しよう。

じつをいうと、二〇〇〇年五月の大統領就任以来それまでのあいだ、プーチンは際だって反米主義志向の外交を遂行中だった。それは、二代続いた前任者、すなわちゴルバチョフとエリツィンがともに――あくまで相対的な意味においてとはいえ――欧米重視の外交を採用したことにたいする一種の反動であり、アンチテーゼの表明であった。また、プーチン自身が元来反米主義者である事実にも由来していた。さらにいうと、政権の座に就いて間もないプーチンは、ロシアの国民やエリートたちに向って、自分が「強国ロシア」再建の課題遂行に最適の「強い指導者」であるとのメッセージを、伝える必要にも迫られていたからだった。

ともあれ、プーチン外交の右のような方向性をしめす証拠がある。それは、彼が大統領就任直後の二〇〇〇年に歴訪した諸外国（約二五カ国）の訪問先リストである。プーチン新大統領が約一年間に訪れた外国のほとんどは、中国、北朝鮮、ベトナム、キューバなど、反米傾向の強い「社会主義」諸国ばかりだった。たしかに二〇〇〇年十二月、大統領はカナダを訪問した。ところが、カナダまで赴きながらも、彼は隣国アメリカ合衆国には立ち寄る気配をまったくしめさなかったのである。[8] これらの訪問先で、プーチンは米国の「一極主義」外交に反対し、ロシアが「多極主義」外交で対抗する意図を打ち出そうと試みた。米国包囲網の形成こそがプーチン外交の優先課題の第一であることを、明らかにしようと欲した。

　ところが、このような反米一本槍の外交は必ずしも有効に機能せず成功を収めえない。少なくともそれだけではけっして十分でなく、限界を持つ政策であることが、ほどなく判明した。なぜそうなのか。端的に答えるならば、ロシアがそのような独自外交を実施しようと意図しても、残念ながらロシアはそれに見合う実力を持ち合わせていなかったからである。たとえば、当時ロシアの国内総生産（ＧＤＰ）は世界の一〇位前後、オランダ並みでしかなかった。プーチンは一九九九年末に発表した論文『世紀の変わり目にあるロシア』で、「一五年後にはロシアの一人当たりのＧＤＰをせめてポルトガル、スペイン並みに向上させたい」[9]との目標を掲げた。だがその後一七年が経った今日においてすら、このゴールは未だ達成されないままに止まっている。兵力ならびに労働力の元であるロシア人口の減少傾向は著しく、年平均で七五万人ずつ減少している。

　ロシア外交の主たる方向は、残念ながら米欧諸国でなければならない――。大統領就任後ほどなくしてプーチンは、このことを改めて痛感したに違いない。まさにそのような時に「九・一一」事件が勃発した。機を見るに敏なプーチンが、このようなチャンスの到来を見逃すはずはなかった。すなわち、彼は「九・一一」発生を絶好の口実として用いて、ロシア外交の舵を対米協力へと切り替える決意を固めたのだった。この転換によってプーチンは、次のものを入手しようともくろんだ。たとえば先にふれたような対米協力の諸項目を自らが率先しておこなうことにたいする見返りとして、米国に向って次のような種々様々な項目を要求し、かつ実際それらのほとんどを入手したのだった。

まず、プーチンが首相時代からおこなっているチェチェン共和国にたいする軍事攻撃についての米国側批判を、トーン・ダウンさせること。それまで米欧諸国は、ロシアが加えつつあるチェチェン向けの武力行使、とりわけ無辜《むこ》の市民も巻き込む無差別攻撃を厳しく糾弾して止まなかった。ところが、「九・一一」以後、イスラム系テロリスト集団は米ロが協力して闘うべき相手方になったために、ロシア軍によるチェチェン攻撃を米国が以前に比べ寛大な目で眺めるようになることを、プーチンは期待したのだった。

第二に、米国との軍縮協定の合意。当時のロシアは経済的困窮の真只中にあったために、米国相手に軍拡競争をつづける財政的余裕を持たなかった。それどころか、既存の核兵器を維持し、その安全管理を実施する力にさえ事欠く始末だった。そのために、米ロ間での軍縮・軍備管理交渉にかんして、ロシアは米国以上に熱心にならざるをえなかった。そのような「お家の事情」を百も承知のアメリカは、米ロ間の軍縮合意文書に容易には調印する気配をしめそうとしていなかった。ところが「九・一一」後に醸成された協調ムードのなかで、米ロ両首脳は二〇〇二年五月、「戦略攻撃能力削減条約（SORTもしくは「モスクワ条約」）」に署名し、それぞれが配備する戦略核弾頭総数を二〇一二年末までに一七〇〇―二二〇〇発へと削減することに合意した。

第三は、ロシアにたいして欧米諸国に準じ、あるいは同等のメンバー資格を認めたり、あたえたりすること。このようにしてロシアは、たとえば二〇〇二年六月、米国や欧州連合（EU）諸国から「市場経済を実施中の国」であるとのお墨付きを得た。同じく六月下旬、カナダのカナナキスで開催されたサミットでロシアは主要八カ国（G8）メンバー入りが認められた。それまで先進七カ国（G7）は、G7のメンバーを民主主義と市場経済を実施中の国々だけに限定していた。プーチン下のロシアはその資格を充当していないにもかかわらず、G7はG8へと組織を改編してまでロシアを迎え入れようとしたのだった。G7は中国にたいしてはけっしてそのような特別待遇を講じなかったので、これはG7、とくにその主唱者、米国がロシアにたいしてしめした格別の厚遇処置以外の何物でもなかった。

## イラク戦争による破綻

たしかに、ロシア国内におけるプーチン大統領の発言力や権限は、二〇〇一年九月十一日時点で絶大だった。そのことを十分認める場合でも、次の事実を無視することは適当ではなかろう。すなわち、「九・一一」後に同大統領が採用した急激な対米接近路線にたいする反感や批判が、当時のロシア国内に存在していたこと。じっさい、軍部、軍産複合体、共産党、民族主義者、そして外務省エスタブリッシュメントといった大統領を本来支持すべき人々のあいだですら、たとえば以下の諸点を巡って不満をくすぶらせていた。

まずロシアでは、中央アジアを伝統的に旧ソ連邦の一部とみなす考え方が根強く残存している。極端にいうと、同地域を未だにロシアの「裏庭」、ないし「柔らかな下腹部」とみなしがちな者が少なくない。そのようなキルギス、タジキスタン、ウズベキスタン地域へ米英軍兵士たちが軍靴を響かせて、駐留してくる――。このことにたいするロシア人の心理的な反発は大きかった。また、これらの諸国の空港、その他の施設が米英軍によって長期間にわたって用いられる場合、それは軍事戦略の観点から判断してロシアに重大なマイナスをもたらすことになるのではないか。このような懸念は、とりわけロシア将星間で支配的だった。

さらに、プーチン大統領による対米協調路線へのギア・チェンジは、ロシアのエリート間に次のような危惧の念を生んだ。これでは、ロシアがまるで米国の「単独一極主義」の軍門に下り、その走狗の役割すら果たすことを意味するのではないか。米大統領のブッシュJr.は、二〇〇二年二月の教書演説中でイラク、イラン、シリア、北朝鮮などの諸国を公然と「悪の枢軸」もしくは「テロ支援国家」と呼ぶことにすら躊躇しなかった。ところが、これらの諸国のほとんどはロシア製兵器の上得意先であるばかりか、準同盟国である。彼らをわざわざ敵に回したり、貴重な外貨収入をみすみす失ったりしてまで、ロシアははたして米国に協力すべき筋合なのだろうか。

右に列挙したようなロシア国内での不満や批判によって、少なくとも部分的には後押しされたのかもしれない。二〇〇一年の「九・一一」事件を契機としてはじまった米ロ間の「蜜月」は、実にあっけなく終幕を迎えることになった。すなわち、二〇〇三年三月に米英を中心とする「有志連合」諸国がイラクにたいし武力攻撃をはじめるや否や、ロシアは同攻撃に賛成しなかったドイツやフランスと語らって「反有志連合」を結成し、同攻撃に反対する側に回ったからである。(10) たしかに、サダム・フセイン治下のイラクが大量破壊能力を持つ核兵器を必ずしも保持していなかった事実が判明した以上、米英によるイラク軍事攻撃は正当性を欠く他国への明らかな侵略行為だった。だが現文脈では、そのようなイラク攻撃の是非論はいったん横におくことにする。

さらにいうと仮にイラク戦争が勃発しなかった場合であれ、「九・一一」を機に成立した米ロ間の「蜜月」関係は遅かれ早かれ終幕を迎える運命にあった。こう評してすら差し支えなかったろう。米ロ首脳間では、なによりも相互協力の程度や期待値を巡って大きな齟齬ないしは誤解が存在したからだった。ロシア側にかんしていえば、プーチンは反テロ闘争で米国に協力する代りに、米国が国際場裡で発生する事案全てについて今後ロシアが米国と対等の立場での相談にあずかり、共同決定をおこなうまでに協調関係を深めることを欲した。じっさい、イーゴリ・イワノフ外相（当時）はのべた。「ロシアは、テロリズムという新しい脅威に対抗するために米ロ両国が新しいパートナーシップ関係を結ぶことを希望する。つまり、かつての反ナチ闘争時のような同盟組織である。そして、これこそが、新しい世界秩序の根底に据えられるべきなのだ」[11]。米国のジョーン・ベイル元駐ロ大使も、当時のロシアが次のようなことを欲していたと証言している。「ロシアは、アメリカがロシアの意見に耳を傾けて、それを尊重し、かつそのような態度を行動によって表わすことを求めていた」[12]。

ところが改めてのべるまでもなく、ブッシュJr.政権側は、プーチン・ロシアが「九・一一」関連の反テロ闘争に協力してくれるからといって、それを国際政治一般での米ロ協調へと広く発展させてゆくことまでは考えていなかった。両国間には価値観や体制ばかりでなく、力関係、同盟の結び方などにかんして、大きな差異が存在する。だから、アル・カーイダとの闘いを巡る米ロ協調も、たとえそれが仮に如何に重要なものであったにしても、部分的、さらに言うならば一時的・便宜的な「同盟」関係に過ぎなかったのである。

## カラー革命の原因

ロシア側のユニークな論理ないし思考として、次に是非とも紹介し検討する必要があるのは、プーチンの下からの人民反乱についての独特の考え方である。プーチンは、ロシアの人民大衆が概して大人しく、臆病でさえあり、積極性に乏しい性格の持ち主であるとみなす。言い換えれば、彼らは下から「レジーム・チェンジ（体制転換）」を目指して自発的に立ち上がろうとしたり、蜂起をくわだてたりしようとする気概などほとんど持ち合わせていない。したがって為政者側がもっぱら注意すべきは、このように元来受動的であるはずのロシア国民が外からそそのかされるケースだけとなる。つまりロシアでは、外部諸勢力の教唆、謀略、陰謀、支援が加えられることによってはじめて、下からの人民反乱が可能になる。

そもそも一体何が、右のような考え方をプーチンに植え付けたのだろうか？　プーチンが受けたＫＧＢ教育に加えて、彼自身が身をもって体験した一連の諸事件だったといえるだろう。

なかでも決定的に重要な事件は、プーチンがKGBのケース・オフィサー（工作者）として東ドイツ滞在中に発生したベルリンの壁ならびにホーネッカー体制の崩壊だった。プーチンはこれらの事件に代表される東欧圏の解体を目のあたりに見て、己の人生観を大転換せんばかりの革命的な衝撃を受けたにちがいない。東独市民がプーチンの勤務先のビルにたいしても襲撃を加えはじめたために、プーチンらソ連KGBからの派遣職員たちは事実上の失職状態に投げ出され、命からがらロシアへと帰国せざるをえなかった。その後、プーチン自身は幸運にも先ずサンクト・ペテルブルグ市役所、次いでモスクワの大統領府に職を見つけることができたうえに、究極的にはロシア大統領のポストへ昇りつめるという僥倖にすら恵まれた。とはいえ、彼が東独滞在中に目撃した下からの人民騒乱――これらの原体験によって革命にたいする嫌悪感や恐怖感がプーチンの心中根深くに刻み込まれた。――こう推測して、大きく間違っていないだろう。

しかも、さらに追い討ちをかける事件が相次いで起こった。まず、プーチン自身が未だにロシアの勢力圏であるとみなす旧ソ連構成国、すなわち現「独立国家共同体（CIS）」諸国での下からの反乱である。すなわち、二〇〇四年から〇五年にかけて、ジョージア、ウクライナ、キルギスで民主化を求める民衆蜂起が発生した。それぞれ「バラ革命」（二〇〇四年一月）、「オレンジ革命」（〇四年十二月）、「チューリップ革命」（〇五年三月）と綽名され、「カラー革命（цветная революция; color revolution）」と総称される政変である。これらの事件を見て、プーチンは人民蜂起にたいする彼自身のトラウマ（心的外傷）をさらに強めたに違いない。次いで、二〇一〇年末からは、アフリカ北部や中東諸国で「アラブの春」（二〇一〇―一一年）と総称される政治変動も起こった。たとえば、リビアではカダフィ体制は間もなく崩壊し、ムアマル・カダフィ自身は虐殺された。もとより、これらの諸国での政治革命を求める運動のすべてが、必ずしも「レジーム・チェンジ（体制転換）」

や民主化への移行に成功したわけではなかった。とはいえ、それらがプーチンの心胆を大いに寒からしめたことは、想像に難くない。

さらに、二〇一一年から二年にかけては、何とプーチン自身のお膝元であるモスクワ、サンクト・ペテルブルグなどロシアの大都市で「プーチンなきロシア!」のシュプレヒコールを叫ぶ抗議集会やデモが、繰り広げられる事態が発生した。プーチンにとって幸いだったのは、翌二〇一二年三月に約六四%とはいえ過半数の投票を確保して、彼が大統領ポストに返り咲くことができたことだった。いったんクレムリンの主に収まるや否や、プーチンは直ちに次から次へと強硬措置を講じて、ロシアで反政府運動をほぼ完全に封じ込めることに成功し、今日にいたっている。だが、旧ソ連構成諸国のなかでロシアに次ぐ重要性をもつウクライナでは、二〇一四年二月「マイダン(広場)革命」が勃発し、親ロ派のビクトル・ヤヌコビッチ大統領は政権を投げ出し、命からがらロシアへ逃亡して来なければならない窮地へと追いつめられた。

プーチンが直接的・間接的に目撃したり体験せざるをえなかったりした以上のような諸経験——。それらによって、プーチンは「革命嫌悪主義者(*anti-revolutionary*)」が嵩じて「反革命主義者(*counter-revolutionary*)」になった——。グレブ・パブロフスキイ[13]やサクワ教授[14]によるこのような見方には、十分な説得力があるように思われる。

### 米国がそそのかす

プーチンが人民反乱や革命を眺める視点には、既に示唆したようにユニークな特徴がある。すなわち、人民による反乱や革命は国民大衆の自発的な意思や下からの力だけではけっして起こりえない。ほとんどの場合、強力な「外部諸勢力」からの経済・軍事・政治的、その他の支援を受ければこそ、それらは可能になる。

そのように邪悪な意図をもつ外部勢力がロシア国内へと送り込む破壊工作分子を、プーチンは「トロイの木馬」とみなす。「トロイの木馬」とは、ギリシャ軍が木馬のなかに兵士をひそませて敵軍へ送り、遂にトロイアを破滅させることに成功した巧妙な手口を指す。プーチンは、「外部諸勢力」の尖兵を、「第五列（пятая колонна; the fifth column）」[15]と名づける。「第五列」とは、ふつう軍隊の行進隊形が四列縦隊であることから、列外にありながらしかも四列と同一の目的で行動する部隊を指す。国内でスパイ行為、後方撹乱などに従事することによって「外部諸勢力」に協力し、彼らに政治的・軍事的便宜を提供し、彼らの自国への介入や侵略を助ける者たちの謂《いい》にほかならない。

次に重要なことがある。それは、プーチンが「外部諸勢力」というとき彼が主として念頭においているのがアメリカ合衆国であること。じっさい、二〇一一年十二月、モスクワなどの大都市でプーチン政権にたいする抗議運動がピークに達したとき、プーチン首相（当時）は公言した。このような「抗議運動はけっして潜在的もしくは自然発生的に起こるのではなく、能動的なインテリジェンス活動の結果にほかならない」[16]。より端的にいうと、ヒラリー・クリントン国務長官（当時）指揮下の米国務省やＣＩＡ（米中央情報局）によってそのかされた破壊工作作業以外の何物でもない、と。

このようなプーチンの考えに従うならば、ロシアで反政府運動の根を絶つための対抗策は、単純かつ明らかといえる。すなわち、そのような運動にたいする外部、とりわけ米国からの支援をシャット・アウトすること。これこそが、ロシアで「カラー革命」勃発を防止するベストの対応策になる。

右のような基本的な考えにもとづいて、二〇一二年五月にクレムリンに復帰したプーチン大統領は、二〇一二年以来、次の三種類のＮＧＯ（非政府組織）をロシア政府にとり有害かつ危険な存在とみなし、その活動を事実上禁止措置処分とすることにした。一は、国際的なＮＧＯ。とりわけ、米国系のＮＧＯ。たとえば、「米国国際開発庁（ＵＳＡＩＤ）」、「マッカーサー財団」、「オープン・ソサエティー財団」（ハンガリー生まれのユダヤ系米実業家ジョージ・ソロスが主宰）、等々。これらの組織は、今日、ロシアから既に撤退済みか、近く撤退せざるをえない状態へと追い込まれている。二は、国際的なＮＧＯ組織のロシア支部。たとえば、「アムネスティ・インターナショナル（国際アムネスティ）」。世界の汚職状態を調査することで知られる「トランスペアレンシー・インターナショナル」。これらのロシア支部も、今や閉鎖寸前状態へと追い込まれつつある。三は、ロシア独自のＮＧＯ。たとえば、「ロシア人兵士の母の会」。ロシアの三大世論調査機関のなかで唯一の独立系民間組織、「レバダ・センター」。これらもまた、現在、風前の灯のごとき閉鎖寸前の状態におかれている。

## プーチン自身が従事

右のような「レジーム・チェンジ」についてのプーチン式思考は、彼自身が実際に経験したり目撃したりした「カラー革命」、「アラブの春」、その他の人民反乱によって形成された。このことについては既にふれたので、もはや繰り返さない。ここではもう一つの重要な要因を指摘したい。それは、ＫＧＢの教育や職務がプーチンに叩き込んだ革命史観である。プーチンは三十三歳から三十八歳までの約四年半、東独ドレスデンのＫＧＢ出張所へ派遣された。そこでの彼は一体どのような任務にたずさわっていたのか。この時期の己の行動にかんして、プーチンは公式伝記『第一人者から』のなかで一言も洩らしていない。当然だろう。

　というのも、プーチンは、この四年半のあいだ高度に機密を要する諜報ならびに地下工作活動を遂行中だったからだった。具体的にいうと、次のような業務である。①ＫＧＢと「シュタージ」とのコンタクト。「シュタージ（Stasi）」とは、ドイツ民主共和国（東独）の秘密警察、国家保安省の略称である。②東独のみならず西独内でロシアに役立つエージェント（諜報部員）の発掘やリクルート（勧誘）。③政治機密情報《インテリジェンス》の収集。④

東独政府の監視。それぞれについて、ごく簡単に説明しよう。[17]

まず、「シュタージ」とのあいだの連絡と連携。大統領ポストに就いたあとの今日ですら、プーチンは彼が東独時代に知り合った元東独スパイたちとの密接な接触や関係を保っている。たとえば、マティアス・ヴァルニッヒとの交流が、その好例。東ドイツ人のヴァルニッヒは当時「シュタージ」の諜報員で、一九八〇年代後半にドレスデンでプーチンと緊密に協力し合っていた人物である。東西ドイツの統一後、機を見るに敏なヴァルニッヒは実業家への転進を試み、見事に成功した。現在、彼はドイツ財界を代表するロシア・ロビーで最有力者の地位すら占めている。彼になぜ、そのようなことが可能になったのか。ヴァルニッヒがプーチン現大統領とのあいだのコネを最大限に利用しているからだろう。

ドレスデン勤務時代のプーチンにとり次に重要な任務は、ソ連側に便利かつ役に立つ「エージェント」を発掘し、育てる仕事だった。プーチンは、当時東独の各大学で勉学中の外国人留学生のなかから、そのようなエージェントになりそうな候補者を捜し出し、リクルートする役目を担当していた。プーチンが標的として狙いを定めたのは、たとえば次のような条件を満たす留学生だった。たとえば、現時点ではドレスデン工科大学へ留学中の身分であれ、将来母国に戻ったあとも引き続き「インフォーマント」（情報提供者）として役立ちそうな者。同じく本国に帰った暁には、エリート・クラスの家庭に戻り、将来母国で重要なポストにつく可能性を十分秘めている子弟たち。

プーチンが担当した任務の第三は、東ドイツと国境線を接する西ドイツに当時駐留中だった米軍の動静を探ること。この作業を遂行するためには、単に東独市民ばかりではなく、是非とも西独市民を「インフォーマント」に仕立て上げ、活用する必要がある。というのも、プーチンらロシア人チェキストたちには、米軍基地へ接近する方途が閉ざされていたからだった。そこで、プーチンらは次のように奇妙なロジックすら用いて、西独市民をリクルートしようと試みた。もし米軍が西独の軍事基地を閉鎖するようになる暁には、それと交換の形でソ連軍もおそらく己の基地を閉じて、本国へ撤退することになろう。ドイツからのソ連軍の撤兵を本心から希望する西独市民であるのならば、撤兵を可能にする前提条件の形成に協力して然るべきである。すなわち、米軍基地の動静についての詳細かつ正確な情報をソ連側に手渡すように、と。このような屁理屈を用いて、プーチンは結局二〇名くらいの西独市民をリクルートすることに成功した。

東独駐在中のプーチンが関わった第四の職務は、いわゆる「ライト・ビーム（光線）」作戦。「ライト・ビーム」とは、秘密のコード・ネームである。エーリッヒ・ホーネッカー国家評議会議長をはじめとする東独の政治指導者らにたいして、当時東独駐在のKGBが実施していた監視、誘導などの工作一般を指す。たとえばホーネッカー議長がおこなったすべての演説は、KGB要員がマイクロフォンに仕掛けた盗聴器によって即座にモスクワのクレムリンへと伝達される仕組みになっていた。〈まず、味方から疑え〉。これをモットーとするチェキストにとり、とうぜん至極の業務だった。

右にのべたような諸任務の遂行にかんしてプーチンは、東独駐留のチェキストたちのなかで最優秀の成績を収めた様子だった。というのも、彼は、伝記『第一人者から』で、次のような事実を不用意にも自慢げにポロリと洩らしているからである。「〔ドレスデン駐在中に〕私は良い仕事をしたので、二度も昇進した。これはひじょうに大きな昇格であり、私のうえにはわずかにトップの管理職である上司がいるだけになった」(18)。

プーチンの東独でのチェキストとしての業務を、なぜこれほどまでに詳しく私は紹介したのか。賢明なる読者にとってその理由は明らかだろう。私は、プーチンが下からの人民反乱を極度に恐れる革命嫌悪主義者、いや反革命主義者である理由を、まず、彼が直接体験したり見聞きしたりした「カラー革命」や「アラブの春」に帰した。だが、プーチンがロシア国内でのNGOを「外国エージェント」とみなして異常なまでに警戒する、もう一つの重要な理由があった。このことを是非とも指摘したい。私はこう考えたからである。すなわち、「外国エージェント」たちがおこなうであろうと己が想像する活動を、まさしくプーチンが自身が東独、その他でおこなっていた。それゆえに、彼は「外国エージェント」たちの工作活動に目を光らせねばならないことを、他の誰にも増して警戒していたのだった。言い換えれば、プーチンは次のように決意し、懸命になっているのだ。米欧諸国が「エージェント」や「第五列」を用いてロシアの「レジーム・チェンジ」をもくろむ工作活動を、ロシアは全力を揮って妨害し、壊滅させねばならない、と。

以上のことを知って、プーチンが極めて得手勝手な「二重尺度」を用いているなどとの批判を加えてみても、詮ないことだろう。そのような批判にたいして、己自身の体験すらから学ばない者は愚者であると、プーチンは反論するだけだろう。

## ジョージアへの軍事介入

プーチン外交が用いるユニークな言い分ないし論理として、最後にもう一つ、是非とも採り上げるべき独特のロジックがある。それは、ジョージアやウクライナにたいして軍事力を背景として己が採った強圧的な行為を正当化する際にロシアが用いる理屈である。ロシアの「タンデム」政権は、二〇〇八年夏、ジョージアにたいし果敢な軍事介入をおこなった。その「五日間戦争」の結果として、それまでジョージア領とされていた南オセチア自治州とアブハジア自治共和国は、以後まるでロシアの属領地であるかのように取扱われるようになった。ロシアは、両地域をジョージアから独立した存在であるとみなし、外交関係を樹立するばかりか友好協力相互援助条約を締結した。今日ロシアは、これら両地域を事実上己の軍事占拠下においている。

このようなロシアの行為は、国連加盟の独立国家、ジョージアの主権を真っ向から否定する非合法行為にほかならない。ジョージアばかりでなく米欧諸国はこのように認識して猛烈に抗議している。ところが、ロシアは主として以下のような二つの理屈をのべて己の行為を正当化しようと試みている。[19] そのような理由ははたして正統性が認められ、国際社会によって受け入れられうる類いのものなのか。検討する必要があろう。

第一は、〈ロシア系住民は、たとえどこに住んでいようとも、ロシア政府によって保護されるべし〉と説く論理である。もとより、このような主張にたいしては、直ちに反論が提起される。まず、南オセチアやアブハジアにおける住民をはたして「ロシア系住民」とみとめうるのか。大いに疑問である。彼らの多数は、イラン系のオセット人やアブハズ人だからである。

彼らに向って、ロシア政府は勝手にロシア国籍のパスポート（旅券）を支給しているに過ぎない。そのような行為自体が、ジョージアにたいする内政干渉に当たるだろう。というのも、ジョージア政府は、いわゆる「二重国籍制度」を認めていないからである。したがって、二〇〇八年夏の「ロシア―ジョージア紛争」にかんして欧州連合（EU）が委託した特別調査委員会（座長は、スイスの女性外交官、ハイディ・タグリヴィーニ）の最終報告書（二〇〇九年九月発表）は、次のように記している。とうぜん至極の結論だろう。「ロシア側によるパスポート化の試みにもかかわらず、南オセチア住民をロシア系市民と認定するわけにはいかない[20]」、と。

たしかに、次のことは間違いない事実である。二〇〇八年八月七日に南オセチアに向って最初に軍事攻撃を加えたのが、ミヘイル・サアカシェビリ大統領（当時）下のジョージア中央政府だったこと。ひょっとすると、このとき南オセチア自治州の「ロシア系住民」は、ロシア政府に向い自分たちを保護してくれるよう要請したかもしれない。但し、まず一般論として想起せねばならないことがある。外国で生活している同胞たちから身柄の安全を保護して欲しいと要請がなされた。このような名目を用いて、外国の領土への武力介入をおこない、結局その地域を自国領へと編入してしまう――。まさにこれこそは、かつてロシアを含む帝国主義列強が己の植民地膨張政策を正当化するために用いる常套的な口実だったことである。

## 特殊権益地域

〈ロシアは、特殊権益地域をもって当然である〉。別の言葉でいうと、「近い外国」、すなわち「独立国家共同体（CIS）」に加盟している諸国は、ロシアの「利害圏」にほかならない。これは、ジョージアにたいし二〇〇八年夏に軍事力を行使したときに、ロシアが主張した二つ目の根拠だった。しかしながら、この理屈も、正当性をもちえない。その理由をのべる前に、まずロシア側の主張に耳を傾けてみよう。

メドベージェフ大統領（当時）は、二〇〇八年九月十二日開催の「ヴァルダイ会議（ロシア国内ばかりでなく諸外国の有識者たちとの会合）」の席上、同年八月のジョージア軍事進攻を正当化して、次のようにのべた。「わが隣国はわれわれに近い国家であり、ロシアにとり伝統的な利害圏 (сфера интересов; sphere of interests) である。（中略）それゆえに、われわれを分断することは不可能になる。（中略）まさしく共通の歴史、われわれの経済との遺伝子的な結びつき、われわれの魂の近似性が問題なのだ。したがって、われわれにとって彼らとの善隣関係は、優先事項ナンバー・ワンになる」[21]。

メドベージェフ大統領（当時）が用いたコンセプトは、二〇〇八年八月三十一日、同大統領が正式に発表した「五つの外交原則」では、次のように正当化された。すなわち、「ロシアには特権的な利害を有する諸地域 (регионы, в которых находятся привилегированные интересы) がある」[22]と。ところが、もしわれわれがこの概念の正当性を承認するとしたら、一体どうなるだろう。これらのコンセプトは、どのように定義されようとも、「勢力圏 (сфера влияния; sphere of influence)」[23]概念とのあいだにほとんど紙一重の違いもない。「勢力圏」とは、「外部の国家がその政治的な影響力やコントロール、もしくは優先的な地位や発言力をおよぼすことが可能な他国の領土もしくは地域」[24]を意味する。たとえばかつて中・東欧諸国やソ連を構成する各共和国は、旧ソ連邦によってまさしくそのような「勢力圏」とみなされていた。

ソ連邦の崩壊から既に四分の一世紀を経た今日ですら、ロシアの指導部や側近エリートたちのなかには、かような旧ソ連「勢力圏」の発想を払拭しきれない者がいる。そして、「近い外国（близкие зарубежие）」と名づけるＣＩＳ諸国を、未だにロシアの「勢力圏」であるかのごとく見なそうとしている。このこと自体、驚きに価する。[25]

## 「緩衝地帯」は危険

「特殊権益地域」、「勢力圏」――これらのコンセプトは、ロシアが依然として「緩衝地帯（буферная зона; buffer zone）」を持たねばならないという、「十九世紀的な」（マイケル・マクフォール、スタンフォード大学教授[26]）時代遅れの考え方にもとづいている。そのような発想は、極論すればかつてナチズムが説いた「生存圏（Lebensraum）」概念にすら通じる危険を内包している。たしかに、どの国にとっても自身の領土に地続きで隣接する他国の地域が存在し、それを確保したいと欲するかもしれない。しかしながら、もし世界のすべての国々がそれを己の「特殊地域」と認めよと主張しはじめるならば、一体どのような結果をみちびくだろう。各国が要求する「特殊地域」はとかく、いや通常の場合重なり合うことが多いので、そこでの実効支配を貫徹しようとして、各国間に深刻な領土紛争、いや軍事衝突すら発生する危険性なきにしも非ずだろう。

メドベージェフ大統領の「特殊権益地域」論は、かつて帝政ロシアやソ連邦が己の領土拡張政策を正当化したときの理屈に通底する危険な考えを秘めている。自然国境（海、高い山脈、広く深い河川など）に恵まれなかったロシア／ソ連は、国境地帯付近にバッファーゾーン（緩衝地帯）を設けることを要求しがちだった。周辺諸国がうっかりそのことに同意すると、ただそれだけでは済まされなくなる。そのようなゾーンはそれ自体がまるで既得権益地域であるかのようにみなされ、この「バッファーゾーンを守るためのバッファーゾーン」の要求へとさらに発展しがちである。日本式城郭の守りでたとえれば、それは内堀のそとにさらに外堀を構築せねば安心しえないと説くがごとき理屈である。げんに、このような要求を際限なく繰り返すことによってロシア／ソ連は、他の帝国主義的な諸列強と同様に、対外的な膨張をとげてきた。

今やソ連邦は崩壊し、新生ロシアが誕生したはずである。それにもかかわらず、この種の「帝国主義の遺産」が完全に清算された——このようには必ずしも断言しえないようである。残念である。たとえばトレーニンは、この点について記す。ソ連邦の「帝国主義的な体質は、今日なお残存している」[27]。ドミートリイ・フルマン（ロシア科学アカデミー付属欧州研究所主任研究員、二〇一一年死去）も、次のようにのべていた。「ロシアの『特殊権益地域』論は、〝ブレジネフ・ドクトリン〟のソフトなアナロジーである。ジョージアで起こりつつある出来事を、まるで独立国家共同体の内部で起こっているかのようにみなす。そのような見方にたいして、われわれはデジャ・ビュ（既視感）との感想を抱かざるをえない[28]」、と。さきに引用したEUの事実究明委員会報告書も、メドベージェフ大統領提唱の「特殊権益地域」論をきっぱりと拒否して記す。『特殊権益地域』といった政治的概念、すなわち或る国が他国の内外事情に干渉する権利があるとの考え方——。これは、国際法に抵触し、国際的な平和と安定にとって実に危険な考え方である。諸国家間の友好関係と両立しない、これらの概念は是非とも峻拒されねばならない[29]」。

### ウクライナにたいする特殊な思い

次に、プーチン政権がほぼ同様の理屈で二〇一四年三月以来おこなっている、ウクライナへの軍事力を背景とする強圧的な行為――。これを正当化することは困難である。まず、クリミアのロシアへの併合。これは、その行為自体が国際法違反。残念ながら、こう考えるロシア人はほとんど皆無である。私が親しくしているロシア知識人たちのあいだでも、そうである。彼らが異を唱えない訳としてのべるのは、次のような理屈である。ロシア–ウクライナ間には、およそ外国人には想像しえないくらい密接な地理的・歴史的・人種的・文化的近接性がある。古代ロシアはキエフ国家に起源をもち、ロシア人とウクライナ人はともにスラブ系民族として、これまで兄弟のような親密な関係を保ちながら共存共栄してきた。じっさいロシア人のなかには、ウクライナ人とのあいだに姻戚関係をもち、両民族をほとんど区別しない者が少なくない。著名人のなかから、そのような例を二、三紹介してみよう。

ニキータ・フルシチョフ（ソ連共産党第一書記）の妻、ニーナはウクライナ人だった。[30] おそらく、そのことが多分に作用したのだろう。フルシチョフは、一九五四年のニーナの誕生日にクリミアをウクライナ共和国へプレゼントすると発表した。この決定にたいして、当時異を唱える者はいなかった。というのも、当時ロシアとウクライナは共にソ連邦の構成共和国だったので、前者から後者へのクリミア割譲は単なる行政区画の移管措置に過ぎないと受けとられたからだった。また、ゴルバチョフ大統領は、自分の母方が「部分的にウクライナ系であり」、彼女は「ロシア語をしゃべるとき、ウクライナ語の単語をたくさん混ぜて使っていた」と回想している。[31] そのようなゴルバチョフは、クリミア併合後の二〇一四年十一月にのべた。「クリミアは、ロシアだった。そして、クリミアの大抵の人々は〔二〇一四年三月十八日の国民投票で〕ロシアへの併合に賛成した。私は、この動きを初めから支持した。私は、半分ウクライナ人である。科学的な観点からはどうか知らないが、ロシア人とウクライナ人は同一の国民なのだ」。[32] ゴルバチョフ大統領夫人、ライーサ・チトレンコも、ロシア人の父とウクライナ人の母とのあいだに生まれた女性だった。そのようなライーサの出目を問題にする者は、当時のソ連で誰もいなかった。

右の諸例がしめしているように、大抵のロシア人にとりウクライナやクリミアは彼らの心情に極めて近い土地柄であり、異郷であるとは到底思いえない地域なのである。二〇一四年三月十八日、クリミアのロシアへの正式併合を決定した日の有名な演説中で、プーチン大統領はクリミアはロシア「固有の領土」にほかならないことを力説した。つまり、まるで当然ロシアに帰属すべき固有の土地が、遅まきながらロシアに戻っただけのことであるかのように。じじつ、そのような口調で語ったプーチンの言葉は、以下のようなものだった。「人々のハートや意識のなかで、クリミアは常にロシアの分かちがたい一部であったし、今日もそうである。（中略）クリミアは、固有のロシア領土なのである」[33]。

じっさい、現ロシアでクリミア併合を非合法とみなし、ウクライナへの返還を要求している者は、数えるほど少数の人間に過ぎない。「自由ロシア・フォーラム」と名乗る反体制グループに属する僅かな数の知識人くらいといってさえよいだろう。具体的には、次のような人々である。ガリ・カスパロフ（元世界チェス・チャンピオン）、ウラジスラフ・イノゼムツェフ（高等経済学院教授）、アンドレイ・イラリオーノフ（元大統領経済顧問）、アンドレイ・ピオントコフスキイ（モスクワ戦略調査研究センター長）など[34]。故ボリス・ネムツォフも、そうだった。彼はおそらくユダヤ系であり、かつ真の意味でのコスモポリタンだったといえよう。だが、そのような彼は二〇一五年二月、暗殺されてしまった。彼が殺害されたまさにそのとき散歩に同伴しており、近く結婚する予定だった相手の女性は、ウクライナ人だった。

ネムツォフの衣鉢を継ぎ、現ロシアで名実ともに反体制運動の中心的指導者の地位を占めているのは、アレクセイ・ナヴァーリヌイだといえよう。彼もまたウクライナ人を父、ロシア人を母として生まれた。チェルノブイリ事故が起こるまでは、ウクライナで幼少期に毎年夏を過ごす慣わしの人物だった。そのような出自や事情が多少とも作用しているのだろうか、ナヴァーリヌイは、ロシア、ウクライナ、ベラルーシの三大スラブ民族を兄弟ないし同胞のようにみなして、彼らを一切区別しようとしない。他方、彼は中央アジアや北カフカスの諸民族にたいしては若干の差別意識を抱いているようである。そのような意味で、彼をアレクサンドル・ソルジェニーツィンに似かよった一種の「スラブ主義者」とみなしても差し支えないだろう。

ナヴァーリヌイは反プーチンの立場を採りつつも、ことがクリミアのロシアへの併合問題になると途端に歯切れが悪くなり、その態度は必ずしも一義的とは評しえない。じっさい、彼は正直に語った。「仮にもし自分が将来大統領になる場合であれ、クリミアのウクライナへの返還はもはや実現しないだろう」[35]。とはいえ、ナヴァーリヌイがプーチンによるクリミア併合を全面的に追認するとしたら、どうであろう。彼はプーチン反対派の指導者としての立ち位置そのものまでもが疑われることになりかねない。そのような懸念が若干作用しているからだろうか、プーチンがクリミアを併合したやり方にたいしては、ナヴァーリヌイははっきりと異議を唱える。すなわち、プーチン大統領はクリミアを武力を背景にして有無を言わせずにロシアへと併合してしまった——。このような仕方は、民主主義的な手法に反しており、誠に遺憾千万である[36]、と。

## 武力の脅しによる併合

プーチン大統領は、武力を背景もしくは使用してクリミアを併合した——。こう批判するナヴァーリヌイにたいして、プーチン政権は反論する。つまり、クリミアは、二〇一四年三月十六日実施のクリミア自治共和国の住民投票という手続きに従い、九六・七％という圧倒的な比率の賛成票を集めた。このような決定を尊重し、飽くまでもクリミア住民の要請に応じる形で、プーチン政権はクリミアのロシア連邦への編入に合意したに過ぎないのだ、と。だが、このように説くプーチン政権の主張は、少なくとも以下の三つの点で事実に即しておらず、正当とは認めがたい。

第一に、三月十六日施行のクリミアでの住民投票は、けっしてウクライナ憲法に則《のっと》った合法的な行為ではなかった。ウクライナ憲法は、「国境の変更がウクライナ全体の国民投票によって初めて可能になる」(第七三条、傍点、木村)と規定している。ところが、三月十六日に実施された投票はウクライナ国民でなく、クリミア地域の住民のみによる投票に過ぎなかった。しかも、ウクライナ、クリミアどちらの政府の承認を得ることなく、クリミアの一部親ロ派勢力によって決定され、実施された投票に過ぎなかった。そのような「ウクライナ憲法のたちの悪い違反」(ティモシー・コールトン)[37]行為としての住民投票による国境変更の決定は、法律的に有効とは認めがたい。

しかも、クリミアでの住民投票は、民主的な手続きを順守しておこなわれたとは必ずしも言いえなかった。軍事的な威圧下で実施されたからである。これが、三月十六日の住民投票に正当性を認めえない二番目の理由である。まず、クリミアのセバストーポリ軍港をウクライナから租借しているロシア黒海艦隊の水兵たち、約二万人が、クリミア半島中を徘徊して住民たちにたいして無言の圧力を加えた。彼らばかりでなく、ロシア本土から送り込まれた「自警団」、もしくは「義勇兵」と称する覆面の特殊部隊の兵士たち——迷彩服の軍服を着用していたため「緑の小人(little green men)[38]」と綽名された——が、同様の圧力を行使した。合計すると、少なくとも二万五〇〇〇人以上のロシア兵士が、ウクライナ人(クリミア半島の総人口の一五・七%)、クリミア・タタール人(同、一〇・六%)に対して、自宅にとどまって投票場へ赴かないよう目をひからせ、圧力をかけた。逆に、ロシア系住民(同、六七・九%)は、複数の投票所をバスで掛け持ちして走り回り、一人で何枚もの投票用紙を使用するなどの不正行為を公然とおこなった疑いすら濃厚だった。

結局、住民投票で「ロシアへの編入」に賛成したのは、九六・七%と公表されているものの、「ロシア連邦大統領付属の市民社会と人権のため評議会」が発表した調査報告書によると、賛成投票をおこなった者の実際の数はそれを大幅に下回っていた。同レポートによれば、じっさい投票所に赴いたのは、有権者のわずか三〇―五〇%にすぎなかった。しかも、彼らのなかで編入に賛成したのは五〇―六〇%だった。もし同報告書のこれらの数字を信じるならば、全有権者のわずか二〇・五%が編入に賛成した計算になる。[39]

第三に、プーチン政権によるクリミア併合の決定は、国連憲章、国家主権の尊重を謳った一九七五年の「ヘルシンキ宣言」、その他数々の国際条約や諸協定に違反する行為だった。これら全ては、武力の脅しや行使を背景としておこなう国境線の一方的な変更を厳格に禁止している。しかも、これは他ならぬロシア自身が合意し、時には自ら提案さえし、調印済みの条約や協定であった。

以上要するに、ロシアがウクライナにたいして二〇一四年から今日までおこなっていることは、二〇〇八年にジョージアにおこなった行為同様、ロシアが「特殊権益地域」とみなすCISの一部に対する軍事力の行使であると解釈される。だとするならば、それは、『第一人者から』のなかでプーチン自身がのべた次の言葉に反し、それを裏切る行為とみなさざるをえない。『第一人者から』は、一九九九年末の大統領に就任する直前にプーチンが三人のロシア人ジャーナリストたちとのあいだでおこなったインタビューをもとにして出版されたプーチンの公式伝記である。同書のなかで、プーチンは次のように明言していた。「ロシア軍を主力とするワルシャワ条約機構軍は、一九五六年にハンガリー、一九六八年にチェコスロバキアへ侵入した。われわれは、一九五三年にも東ドイツで軍事力を行使した。これらは、私の考えによれば、大きな過ちだった。今日の東欧にみられるロシア嫌いの傾向は、明らかにこの過ちが招いた結果にほかならない[40]」。

# 第5章

# 特　徴

アレクサンドル・ヤーコブレフと筆者（2002年）

グリゴーリイ・ヤブリンスキイ

ローマ法王だって！　彼は一体、何個師団の軍隊をもっているのだ。

——**ヨシフ・スターリン**(1)

プーチンは柔道から学んだ戦術を、ロシア外交の実践に応用している。

——**フョードル・ルキヤーノフ**(2)

プーチン政権は最近とみに戦略的思考をしめすことなく、戦術的勝利ばかりを目指している。

——**アンドレイ・コレスニコフ**(3)

プーチン外交は、ワン・マン外交である。その主体は、プーチンその人にほかならない。良くも悪しくもプーチン個人の刻印が色濃く捺された外交である――。これまでの叙述、とりわけ「第1章　主体」での説明から、このことを納得できた場合、われわれにとっての次の課題は次の問いだろう。プーチンの一人芝居ないしは独演会と評しうるロシア外交には、一体どのような内容上の特徴が見出されるのか？　それらは何に由来するのか。プーチン独自の出自、経歴、体験などにもとづくのか？　それらは、どのような具体的ケースから判断して、プーチン外交の特色を形成していると言いうるのか？　これら三つの問いを設定して、以下八つばかりの特徴を指摘してみよう。但し、具体例を挙げての実証作業は本章中ではごく簡単にとどめ、詳しくは関連各章にゆだねることにする。

## イデオロギー・フリー

プーチン外交にかんして、私が第一に指摘したい特色は、それが必ずしも特定かつ明確な青写真やビジョンを掲げて、その実現を目指す意識的な営為でないことである。もとより外交は、真っ白なキャンバスを開き己の好む絵具で色をつけうるような作業ではない。国際情勢や相手方というものが存在する。したがって、どの国の外交行為であれ、右のような営為を意図すること自体が見当違いになろう。とはいえ、ソビエト期のソ連外交は違った。少なくとも公式上、ソ連外交はマルクス・レーニン主義イデオロギーに準拠する一連の外交目標を定め、その目的を成就しようと努力していた。たとえば、国際場裡での民族解放運動の支援。とりわけそれらをして「社会主義」体制の建設を目指すように仕向ける。そして究極的には資本主義諸列強の「帝国主義」的支配の野望をくじき、全世界を社会主義化する――。ソ連外交は、こういった理想もしくは野望の達成を看板に掲げ、かつそのことを些かも隠そうとしていなかった。

このような共産主義イデオロギーにたいする帰依や信仰は、ソ連／ロシアで一体何時頃から失われるようになったのだろうか？　これは、一概に答ええない難問かもしれない。ひとつには、今日なおこの思想を信じているロシア人すら存在するからである。プーチン個人にかんしていうならば、一九五二年生まれの彼は、間違いなく共産主義のイデオロギー教育の洗礼を受けた世代に属する。多くのソ連人がマルクス・レーニン主義イデオロギーに事実上疑問を差し挟みはじめたゴルバチョフ政権の成立時（一九八五年）に、プーチンは既に三十三歳に達していた。また、エリツィン政権がソ連邦解体を宣言したときに、プーチンは三十九歳だった。このような事実から推測して、プーチンの思想、すなわち「プーチニズム（プーチン主義）」のなかにはある程度までマルクス・レーニン主義イデオロギーが残存しているばかりか、その重要部分を形成している。こう見なしても、全くの的外れでないのかもしれない。

ところが他方、プーチンは必ずしも完全かつ模範的な共産主義者とはなりえなかった。こう疑って差し支えない理由も、また存在する。そのような事由の一つとして、ソ連共産党に入党する時期にかんしてプーチンが他人に比べて若干遅れをとった事情を挙げてもよいかもしれない。ソ連時代に子供たちは、ふつう小学校三年生（十歳）のときに「ピオネール」に入る。「ピオネール」とは、十―十四歳の少年少女を対象とするソ連の児童組織である。彼らはまずこのグループに入ったあと、次の段階すなわち「青年共産主義同盟《コムソモール》」へ加盟する過程を歩む。そして「コムソモール」を経て、はじめて正式の共産党員になることが認められる。

ところがプーチン少年は、ピオネールに入るのが遅れた。ヴェーラ・グレーヴィッチは自著『将来の大統領についての回想』（二〇〇一年）で、次のように記している。グレーヴィッチは、プーチンの小・中学校時代の担当教師のひとりで、教え子だったウラジーミル・プーチンについての回想録を二冊も出版している女性である。彼女が受けもったクラス（五年A組、十二歳）の四六―四七人の生徒のなかには、当時ピオネール

入団が未だ許可されていない者が二、三名いた。ボロージャ（ウラジーミルの愛称）は、明らかにそのなかのひとりだった。(4)

ボロージャがピオネールに入り、同組織メンバーの象徴である赤のネッカチーフをつけえたのは、ようやく六年生（十二歳）になってからのことだった。「どうして六年生になるまでピオネールに入団できなかったのか？」こう率直に尋ねられたときに、公式伝記『第一人者から』のなかでプーチンは正直に次のように答えている。「私は不良だった。ピオネール団員でなかった。……私は、じっさい、チンピラやくざだった」(5)。もとより、そのようなプーチンですら、結局、コムソモールへ加盟することは許された。だがそれは、ようやく同級生に比べ約二年遅れの八年生（十五歳）になってからのことだった。

## 力の相関関係

つまり、プーチンは、ソビエト期の青少年たちにとり出世コース、ナンバー・ワンだったピオネール→コムソモール→共産党への入会に若干手間取った人物なのである。この遅れを意識したからなのか、プーチンは当時のソ連でナンバー・ツーの出世コース、ＫＧＢ（ソ連国家保安委員会）への加盟を強く希望した。共産党とＫＧＢは、ソビエト政治体制の二大支柱ともいえる重要組織である。ともに同体制に忠誠を誓い、その維持・発展に全力を尽くす点において、両グループ間に何らの差異も存在しない。

ところが敢えて指摘するならば、これら両グループの構成員の思考回路やメンタリティーには、次のような違いがあるといえなくもない。共産党は、共産主義社会という理想の実現を目指して努力する組織にほかならない。少なくとも建前上、そうである。その意味で、共産主義者たちには理想主義者としての側面が存在すると言えよう。彼らはマルクス・レーニン主義のレンズを通して森羅万象を眺め、〝ゾルレン〟（何をなすべきか）の観点に立って政策を立案し、その実現に鋭意努力しようと志す。アメリカの政治社会学者が人間を分類するさいに用いる言葉を借用すると、共産主義者の多くは「目標志向型（goal-oriented）」の「十字軍張りの改革運動家」とみなしうるだろう。(6) もし共産主義者を以上のように理解すると、プーチンはあまり良い共産主義者と評しがたかったのかもしれない。

プーチンをして共産主義に違和感を抱かせることに貢献した一因として、彼の次のような特異な体験を指摘すべきかもしれない。プーチンは、一九八五年から一九九〇年へかけての約四年半、東ドイツのドレスデンへ派遣され、同地のＫＧＢ支部で勤務していた。東独のホーネッカー政権は、当時「社会主義」の優等生と自他ともに認められる体制だった。ところが一九八九年「ベルリンの壁」の崩壊にはじまる一連の出来事に遭遇するや、同政権はあれよあれよという間にまるでカルタの城のように安易に瓦解してしまった。このときプーチンが驚き、かつ失望したのは、単にホーネッカー体制の情けない崩壊ぶりだけではなかった。そのような事態を何らなす術もなく傍観するにまかせた、ロシアのゴルバチョフ「共産主義」政権の不甲斐ない態度だった。

この歴史的変動を目のあたりにして、プーチンは以下のような教訓を汲みとった。こう考えても差し支えないかもしれない。特定のイデオロギー、政治・経済体制、ましてや政治指導者にたいして絶対的信頼を寄せることは危険きわまりなく、禁物でさえある。危機に直面するや、こういったものはアッという間に変質し、もろくも崩壊を遂げてしまう実に脆弱な存在で、何の支えにもならない。共産主義イデオロギー、それにもとづいて形成されていた東独型「社会主義」、そしてホーネッカー個人を見舞った運命――これらは、プーチンにこの冷酷な現実を完膚なきまでに明らかにし、彼にとって忘れがたいレッスンとなった。

その背景事由が一体何であるかを別にして、プーチンは己の対外行動様式をけっして特定のイデオロギーに依拠して決めようとしない。では彼は、何にもとづいて己の外交を決定しようとするのだろうか。彼は何よりも国際場裡を見渡し、そこでの「力の相関関係（соотношение сил）」を、注意深く観察する。「力の相関関係」が仮に自国や己にとって不利なものであれ、プーチンはその現実を冷静沈着に直視して、素直に受け入れる。その状況（〝ザイン〟、すなわち在るもの）を前提とし、それに即して自身が採りうるベスト、いやベターな行動を選択しようとする。[7] このようなプーチン式アプローチは、アメリカの政治社会学者の分類にしたがうと、リアリストによる「文脈志向型（context-oriented）」のそれだといいえよう。[8]

この関連で、プーチンの公式伝記、『第一人者から』のなかのプーチンの言葉をひとつ紹介しておこう。すなわち、外国の「好きな政治家」を挙げて欲しいと言われたとき、プーチンは、ルードヴィヒ・エアハルト（アデナウアー後の西独首相）と答えた。プーチンがエアハルトを選んだ理由としてのべていることが現文脈では興味深く、注目に価する。エアハルトは「きわめてプラグマチックな人間（прагматичный）」[9]（傍点、木村）なので、気に入ったのだ。プーチンはこう説明した。

## 外交と軍事は表裏一体

外交と戦争とのあいだに必ずしも明確な一線を引いて両者を区別しない――。これをもって、私は、プーチン式外交に観察される第二の特徴とみなしたい。

かつてのソ連時代、すべての指導者たちは外交と戦争をともに自国の国益を実現するための闘いの一種とみなし、両者を峻別しなかった。つまり端的にいうと、「戦争は政治の継続である」とのべたクラウゼヴィッツの格言の熱心な信奉者だった。レーニンが、まさにそうだった。彼は語った。「戦争は他の手段による政治の単なる継続である。俗物のみがこのことを理解しない[10]」、と。ソビエト政権の草創の始祖、ウラジーミル・

レーニンがそうなのだから、後は推して知るべし。リトヴィノフ外相にいたっては、先に紹介したように（第1章　主体、六二―三頁）次のようにさえ語った。「戦時においてソ連赤軍が果たすべき任務を、ソ連外交は平和において果たす」、と。ソ連外相はさらに言葉をついで、次のように説明した。「これは、〝戦争は他の手段による政治の継続〟と説いたクラウゼヴィッツの言葉を逆さまにしたものである」。

戦争と外交を同一線上でとらえる。すなわち、戦争は軍事力を行使し、外交は軍事力を（少なくとも直接的には）用いないだけの差があるだけで、ともに階級闘争ないしは国益遂行を目指す闘いの一形態に過ぎない点で、両者は全く変わりない。これは、単にソビエト期ばかりでなく、帝政期《ツァーリズム》にも遡るロシア指導者たちに通底する考え方だった。このように言ってさえ、差し支えないだろう。

イギリスの外交官かつ外交史家だったハロルド・ニコルソンが書きとめている次のエピソードは、右のことを示唆している。ウィーン会議の停滞ぶり（往年の名画「会議は踊る」を想起されたい）に業を煮やしたロシアの一将軍は、思わず本音を（?）を洩らした。「われわれに六〇万人の武装した部下でもいれば、われわれは〔外交〕交渉などに頭を痛める必要など全くないのだが[11]」。スターリン自身にかんするエピソードとしては、次の科白が有名である。「ローマ法皇だって！　彼は一体、何箇師団の軍隊をもっているのだ[12]」。

外交と戦争とのあいだに必ずしも明確な一線を引こうとしないロシア＝ソビエト流の考え方――。ちなみに、これは戦後日本人の考え方とは対照的だといえよう。というのも、戦後日本人の多くは日本国憲法の次の規定を当然視して、疑おうとしないからである[13]。「国際紛争を解決する手段として」の「武力による威嚇又は武力の行使は、これを永久に放棄する」（第九条2項）。

プーチン政権下になると、外交と戦争をともに階級闘争の一形態として捉える見方は、たしかにもはや主流とはみなしえないかもしれない。だが、両者を同一線上で捉える考え方そのものは、未だ完全に破棄されていないように思われる。というのも、プーチン政権は、二〇一三年末以来の「ウクライナ紛争」を「ハイブリッド戦争」とみなしているからだ。

「ハイブリッド戦争」は、厳密にいうと「戦争（war）」ではない。それは「伝統的な戦闘行為とは随分と様相を異にする闘いである」（ヴァレーリイ・ゲラシーモフ現ロシア軍参謀総長）[14]。だからといってそれは、もとより「平和（peace）」なのではない[15]。敢えていうならば、それは戦争と平和の中間形態と位置づけるべきものかもしれない。差し当っては、「戦争状態（warfare）」と呼ぶことにしよう。厳密な定義づけはともかく、要するに「ハイブリッド戦争」とは非軍事的手段ばかりでなく、軍事的手段に訴えることに一切逡巡しない闘争形態である。じっさい、プーチン政権はクリミアをロシアに併合するに当たり、迷彩服を着たロシア兵を現地に送り、武力行使の脅しを加えた。同共和国の併合に成功したあと、ウクライナ東・南部に対してほぼ同様の軍事的・政治的威圧を加えて同様の成果を収めようと、「柳の下のドジョウ」を求める努力をつづけている。

## 手段を選ばず

己がいったん狙った目的を達成するためには、方便や手段を選ばない。これをもって、プーチン式外交にみられる三番目の特徴とみなしうるだろう。

かつてボリシェビズムの始祖、ウラジーミル・イリイッチ・レーニンは説いた。「陰謀組織の全技術は、ありとあらゆるもの（все и вся）を利用することにある」[16]（傍点、原文どおり）。革命を成就しようと欲するならば、この世に存在するものでおよそ利用可能なものは、それが一体何であれ用いることに躊躇してはならぬ。端的にいうと、ソビエト・ロシアの国益を維持し、拡大することに役立つ一切のものが、便利かつ有効な手立て（means）として正当化される。最終的な目標の達成に貢献するならば、戦術（tactics）や手続きの善し悪しにこだわるのは愚《おろ》かである。

右のように教えたレーニン主義ないしボリシェビズムの教えを、プーチンは誰よりも忠実に実践している人物である。こうみなして間違いなかろう。彼は、ロシアの対外的なゴールを達成するために、じっさい軍事的・政治的・経済的・心理的な「ありとあらゆる手段」を総動員することに逡巡せず、そのことを実践しているからだ。たとえば二〇一三年末以来のウクライナ紛争が、その好例を提供する。

というのも、プーチンおよび側近たちは、ウクライナ紛争を単に軍事的手段ばかりでなく、その他様々な手段のコンビネーションによって遂行されるべき闘いとみなしている。一言でいうと、右にふれた「ハイブリッド戦争」と観念しているからである。つまり、武力の行使に加えて、その他の手立てをフル活用して、相手側の威圧につとめ、譲歩を引き出し、当方の目的を達成する。たとえば相手国の政治体制を弱体化させる。国民の戦意を低下させたり、喪失させたりする。そのために、経済的支援を注ぎ込むことによって反政府集団を買収したり、使嗾したりする。情報・教宣工作を活発化させ、地元住民を煽動したり、地下破壊活動をそそのかしたりする。反政府目的の抗議集会やデモを組織させたり、人民反乱や蜂起の企てを画策させたりする。

もっとも、誤解を招かないように付言するならば、いわゆる「ハイブリッド戦争」の基本的な考え方それ自体は、必ずしも新奇なものでも優れて現代的なアイディアなのでもない。ましてや、プーチン大統領やゲラシーモフ軍参謀総長などロシア指導者たちによる独創的発明なのではない。通常の軍事作戦と並行して、情報戦、地下工作活動などの謀略を組み合わせて遂行し、敵方の抵抗力を殺《そ》ぐ。このような手法や活動の重要性は、古来ほとんど全ての戦略家たちが例外なく実践してきたいわば兵法の常識とさえいえる要諦だからである。[17] クラウゼヴィッツの有名な定式、「戦争は他の手段による政治の継続である」。あるいは、それを逆さまにしたリトヴィノフの定式、「政治は他の手段による戦争の継続である」。これらはともに、このごく当たり前のことを別の言いまわしで表現しているにすぎない。

## 〝柔道型〟行動様式

プーチン式外交にみられる第四の特徴は、何か。〝柔道型〟行動様式を採りがちな傾向である。プーチンは少年時代背が低く、貧弱な体型の持ち主だった（成年になった今日でも、一六八センチメートル）。これでは、いわば弱肉強食のジャングルの掟が幅を利かすサンクト・ペテルブルグの「街頭《ドヴォール》」では、とうてい大きな顔をなしえない。プーチン少年は、ボクシング、空手、サンボ（柔道とレスリングを合わせたようなロシアの伝統的スポーツ）などの格闘技を試み、己の脆弱な身体的ハンディキャップを補おうともくろんだ。心理学者が「打ち勝ち補償」または「有効補償」[18]の動機と名づける考えや行動様式である。そして最終的には、柔道に行き着いた。柔道は、身体上ハンディキャップがある者でも、相手側の力を逆用するなどの技を駆使することによって勝利を収めうるゲームだからである。プーチンの狙いと努力は実を結び、彼はペテルブルグで柔道チャンピオンに輝くまでのレベルに達した。

プーチンは、周知のごとく二〇一四年三月、まるで電光石火のごとき早業でウクライナからクリミアを奪い、同半島をロシア領へと併合した。この時以来、ロシア内外の専門家の少なからぬ数の者たちは説明するようになった。プーチンの対外行動様式は〝柔道型〟のそれであり、チェスの愛好者が多い欧米諸国の指導者たちがおこなう外交とは一味も二味も異なる、と。そのようなコメントを、五つばかり紹介しよう。

一は、セルゲイ・アレクサシェンコの発言。アレクサシェンコは、ロシア財務次官、ロシア中央銀行第一副頭取を得て、現在、高等経済学院のマクロ経済研究所長をつとめる人物。そのようなアレクサシェンコは、二〇一四年のウクライナ危機にさいしてロシアは「柔道型」、米欧諸国は「チェス型」の行動様式を採ったので、両者間の勝敗は最初から決まっていたも同然であるとみなし、次のようにのべた。(19)「柔道では、相手方が仕掛けてくる術をただ手をこまねいて待っているようでは、とうてい勝利を収めえない。相手側の行動を前もって察知し、隙を狙い、脆弱部分に向けて勇猛果敢な攻撃を仕掛ける。できれば最初の一撃で勝負を決する。それが不可能な場合でも、次は相手側による攻撃の順番と悠長に構えて待ちの姿勢をとるようでは、まったく勝算を望みえない。ごく僅かなものであれチャンスが存在するかぎり、当方から次から次へと大胆な攻めをつづける必要がある。

二は、マイケル・マクフォールのコメント。マクフォールは、駐ロ米国大使をつとめた後、現在古巣のスタンフォード大学で再び教鞭をとっているロシア政治の専門家である。マクフォールも、プーチン大統領が対外政策ではチェスでなく、柔道の手法を愛用する人物であることを強調して、次のようにのべた。「われわれにとり肝要なのは、プーチンをチェス・プレイヤーでなく、柔道のマスターであるとみなすことだろう。柔道は、畳《たたみ》のうえに何時間も忍耐深く立って、攻撃のチャンス到来の瞬間を今か今かと待ち構える競技なのである」(20)。

三は、フョードル・ルキヤーノフ。彼も、アレクサシェンコ、マクフォールと同様に、プーチンが柔道から学び、会得した戦術や手法を、ロシア外交の実践に応用していると説く。すなわち、「自分よりも体重で勝る相手からの強力な攻撃を避ける一方、タイミングと慣性の力を応用して相手の重量を己のほうに有利に転換させるという能力(21)」を発揮しようと努める人物である。

第四の論者は、レオン・アロン。アロンは、元ソ連人、米国移住後に浩瀚《こうかん》なエリツィン伝の刊行を含む旺盛な執筆・出版活動をつづけている人物。現在、共和党寄りのシンクタンク「アメリカン・エンタープライズ研究所」のロシア研究部長。そのようなアロンはのべる。「柔道では、相手がバランスをくずすのを見計って猛然と襲いかかり、『技あり、一本』を手にする。プーチンがこのような柔道の戦法を自分の政治テクニックとして応用していることは、明らかである[22]」。

マーク・アドマニスも、右に紹介したすべての論者たちと同様に、政治・外交におけるプーチンの行動様式が柔道型であるとみなす。アドマニスは、米経済誌『フォーブス』のモスクワ特派員をつとめ、現在は大学で学位取得の傍ら旺盛な執筆活動をつづけている人物。そのようなアドマニスはのべる。「プーチンは敵の動きに反応することに秀でている。これは、彼の柔道体験と大いに関連している[23]」。

## 電撃作戦

柔道型の行動様式をとると、ゲームや闘いの少なくとも当初もしくは前半で往々にして優勢に立ち、得点を手中にすることが可能になる。というのも、米国のオバマ大統領や欧州連合(EU)諸国の指導者たちは、ウクライナ紛争といった危機の真っ最中ですら、チェスのルールを紳士的に順守して行動しがちな人物だからである。すなわち、相互に代り番こに駒を動かすのが、チェスのルール。したがって、当方は相手方がどのように駒を動かすかを知ったあと初めて己の駒を動かす。米欧諸国による対ロ制裁が、第一次、第二次……と段階的に小出しにおこなわれているのは、彼らが飽くまでも相手側の反応次第で当方の対応法を決めるというチェスのルールに従っているからだろう。

そのようなチェス型プレイヤーには、もちろん大きな弱点がともなう。柔道型の攻めを実施する者にたいして、己が打つ手、打つ手が後手、後手に回りがちだからである。それにもかかわらず、チェス・プレイヤーたちは長期的な戦略にもとづいてゲームをおこなう癖を改めようとしない。もっとも、チェス・プレイヤーには長所もある。一〇手も二〇手も先を読んで現在の一手を打つという長期的視野が功を奏し、ゲームがたとえば後半段階に差しかかると次第に形成を巻き返し、終了期になると結局勝利を手に入れているケースすら稀でない。このことを付け加えなければ、フェアな比較でないかもしれない。

プーチンは、郊外のロシア大統領公邸付きのプール横に講道館の始祖、嘉納治五郎の銅像を飾るばかりでなく、[24]嘉納が書いた「自他共栄」の掛け軸を掲げていると伝えられる。また、常日頃「柔道は闘争心だけでなく、政治家や国家指導者に欠かせない類いの資質を涵養する」[25]と語って倦むことがないようだ。ところが、これらはもっぱら言葉のうえの綺麗事に過ぎない。プーチンが実際おこなっていることは、嘉納が説いた高邁な講道館精神から著しく懸け離れた行動との印象を抱かざるをえない。彼は柔道ばかりでなく、その他のスポーツにおいても厳格なルールを順守し、公平無私なスポーツマンシップにもとづいてゲームをプレイしている人物である——。はたしてこのようにみなしてよいのだろうか。

長年のあいだチェスの世界チャンピオンの座をほしいままにしていたガリ・カスパロフは、右の問いに否定的に答える。いわく、「プーチンは、チェス・プレイヤーでは全くない。彼は〔むしろ〕、ホッケーのプレイヤーといえよう。チェスの場合、プレイヤーは自分および相手側がもっている駒についての情報を完全に共有し合って勝負を競う。ところがKGB出身者のプーチンは、己の持っているカード（情報）を隠して闘おうとする。いや、自分が持っているカードを相手方に異なった風に見せかけてさえ、相手に打ち勝とうと欲する」[26]。

トーマス・フリードマン（『ニューヨーク・タイムズ』紙編集委員）も、右の問いにたいして、カスパロフ同様に否定的に答える。プーチン大統領がクリミア半島を電撃的にロシアに合併したとき、フリードマンは次のように記した。「プーチンは、地政学的な意味でチェスのプレイヤーであるようには思いがたい。彼は、むしろホッケーを好む。しかもそれは、レフェリーなしのホッケー・ゲームだ。プーチンはひじで押し分けて強引にのり込み、相手の足をすくい、クロスチェック（スティックを両手で握り、相手の顔や身体に交差するように押しつける反則行為）をおこなう」[27]。やや厳し過ぎる譬えのようにも思える。とはいえ、プーチンをフェアなスポーツマンシップを誇りうる政治家とみなしては、大きな間違いを犯す。おそらくフリードマンは、このことを強調したかったのだろう。

## 国際的なルールに囚われず

己の論理やルールを、国際的な取り極めよりも上位におく。これをもってプーチン外交の第五番目の特徴とみなすことができる。具体例を引いて、このことを証明してみよう。

人間は、ややもすると己の生活空間を拡大したいと欲し、他人、他国の領土を侵略し、併合しようとする誘惑に駆られがちである。動物的本能と称してよい人間の性《さが》であろう。ところが、そのような本性が原因となって、人類は性懲りもなく戦争すら惹き起こす愚を繰り返してきた。このことにたいする猛省にもとづいて、第二次大戦の終結前後期に諸列強は「領土不拡張」、「国境不可侵」の原則に合意した。すなわち、「大西洋憲章」（一九四三年）は、〝領土不拡大の原則〟に合意し、ヤルタ会談、ポツダム宣言などもこの精神を引き継いだはずである。国際連合憲章（第二条［4］）も、「武力による威嚇又は武力の行使、いかなる国の領土保全又は政治的独立に対するものを慎まなければならない」と規定した。これら全ての条約や憲章に、ソ連は調印した。そればかりではない。「ヘルシンキ宣言」（一九七五年）のなかへ、同宣言の最重要項目のひとつとして「欧州における国境線の現状固定化」を書き込むことを強く主張したのは、何とソ連にほかならなかった。

ところが、第二次大戦後の国際秩序を律するこれら一連の基本合意を、プーチン大統領は真っ向から踏みにじって省みようとしない。みずからは、ロシア連邦内で独立を希求するチェチェン共和国の要求を武力で押え込んでいる。その一方で、れっきとした国連加盟の独立主権国家、ジョージアから南オセチア自治州やアブハジア自治共和国が独立する意図を承認した。同じく国連加盟の主権国家、ウクライナの一部であるクリミア自治共和国をロシアへ平然と併合した。これらは、口頭で宣言していることと、現実の行動とのあいだの基準が乖離していることを示している。二重尺度の使用以外の何物でもない。

プーチン政権は、領土問題にかんしてダブル・スタンダードを採っている――。このことは、プーチン政権の対日関係と対ウクライナ関係を比較するだけでも一目瞭然となろう。というのも、クリミアを自国に併合したときの演説（二〇一四・三・一八）でプーチン大統領は、クリミア半島は元々ロシアの「国有の領土」であるがゆえに、ロシアが同地域を併合して当然との理屈を用いたからである。同大統領はのべた。「クリミアは、常にロシアの分かちがたい（неотьемлемая）一部であったし、今日もそうである」(28)（傍点、木村）。「クリミアは、国有の（исконная）ロシア領土なのである」(29)（同）、と。しかしながら、プーチン大統領が主張するようにクリミアがもしロシアの「国有の領土」であることを認めるのならば、それ以上に確かな根拠にもとづいて北方四島を日本「国有の領土」とみなさねばならないはずである。ところが、同大統領は前者を主張する一方で、後者すなわち日本の主張にはけっして合意しようとしない。

ロシアは二重尺度を採用しているのではないか。こう疑わせるもう一つの例は、領空侵犯の航空機にたいする措置である。トルコ政府は、ロシアの戦略爆撃機が度々トルコ領空を侵犯している事実に耐えかねて、ついに警告を発したのち、二〇一五年十一月二十四日、ロシアのSu―24機を撃墜した。そのことを知るや、プーチン大統領は烈火のごとく怒りをあらわにした。「背後から刺された」との科白を発し、トルコにたいして数々の制裁措置を科することにした。トルコのレジェップ・エルドアン大統領はとうとう音をあげ、公式書簡を送って謝罪するという屈辱的な行為を強いられた。

## 法律は梶棒と同じ

ところが他方で、ロシアは他国に向けて同様のこと、いやもっと酷《ひど》いことすらおこなっている。たとえば一九八三年九月一日、韓国の民間航空機007便がサハリン領空に誤って迷い（?）込んだとき、アンドロポフ政権は国際法上の取り極めを必ずしも順守しなかった。すなわち、同機に警告を発してソ連領空外へと誘導する手続きを採ることなく、同機を直ちに撃墜した。そのために、乗務員、乗客全員（二六九名）が生命を落とす大惨事になった。アンドロポフ党書記長は、他国の領空を無断で侵犯した大韓航空機こそが責められるべきであるとみなして、ソ連側の謝罪を拒否した。[30]

それればかりではなかった。もし今後同じような領空侵犯がくりかえされる場合、ソ連軍部はまったく同一の決定と行動をとる——このことに、疑いの余地を残さなかった。じじつ、ニコライ・オガルコフ・ソ連軍参謀総長（当時）は、一九八三年九月九日、モスクワ外務省プレスセンターでおこなった記者会見でのべた。まず「ソ連軍は栄光をもって自己の使命を果たした」と自画自賛したあと、ソ連軍は必要とあれば「今後も同様にみずからの戦闘任務を遂行するだろう」[31]、と明言した。

ソ連防空軍総司令官だったアレクサンドル・コルトゥーノフは、KAL撃墜事件の責任を追求されて自身の経歴に傷をつけるのではないか——。当時、われわれはこう懸念した。真逆だった。ソ連防空軍は「用意周到な態勢」のゆえに称賛され、コルトゥーノフ自身も半年後にソ連空軍元帥へと昇進する栄誉に浴した。[32]

たしかに、大韓航空機撃墜事件は、今から三五年前のアンドロポフ政権下のソ連時代に起こったことだった。だが因みにいうと、アンドロポフ（KGB長官からソ連最高指導者に昇進）こそは、まさにプーチン現大統領が生涯の師と仰ぐ人物にほかならない。

以上のことから、二つの結論がみちびき出される。まず、一般的にいってロシア人に法律尊重の意識が乏しいこと。袴田茂樹教授（新潟県立大学、ロシア政治専攻）も度々指摘するように[33]、ロシア人には順法精神が希薄である。ロシアの数々の諺も、このことをしめしている。たとえば、「法律と電柱は避けて通り抜けるもの。ぶつかるのは、馬鹿のすること」。もしくは「法は、梶棒と同じである。向けた方に向く[34]」。

二は、ロシア人に次のような傾向がみられること。己の論理やルールを強く主張する一方で、もし他者がロシア人相手に同じことを主張しようとしても、それを認めようとしない。リリヤ・シェフツォーワ（現在、「チャタム・ハウス」客員研究員）も、ロシア人にこのような傾向があることを率直に認めて、記している。「プーチン大統領ならびにロシアのエリートたちは飽くまでも彼ら自身の条件で（on their own terms）、すなわちロシア・システムを維持しつつ、しかも西欧世界に加わりたいと欲するのだ[35]」。

## 仮装敵の設定

プーチン外交に顕著な第六番目の特徴は、何か？　それは、その時々のロシアの状況に応じて明確な「敵」を設定し、そのようなエネミー・ナンバー・ワンにたいする闘争に国民の目を集中させること。この手法を通じて、ロシア国民の連帯と結束を図り、国内の閉塞状態から生じる不満を発散させようと狙う。たしかに、これは古今東西の為政者が訴える常套的な手法であろう。とはいえ、プーチンはこのようなやり方にとりわけ習熟しており、かつ大成功を収めている。なぜ、そう言えるのか。説明しよう。

プーチンは、チェキスト（チェー・カー要員）である。ソ連の秘密警察であるチェー・カーの後継組織、KGB（国家保安委員会）に自ら志願して加わり、その訓練を受けた。チェキストは、人間を味方と敵に二分類する。「味方に非ずんば、すなわち敵」である、と。その意味で、ドイツの高名な政治学者、カール・シュミットに近い考え方をする。シュミットは、「政治的なるものの本質」が、友・敵を峻別することにある――こう説いたことで、知られる。[36]「道徳においては善・悪が、美的には美・醜が、経済においては利・害（もうかるかもうからないか）が、それぞれ固有の識別徴標であるように、政治に固有の識別徴標は、〝友・敵〟関係である[37]」、と。シュミットの考え方は、戦争・内乱・革命など、いわば「例外的な事態」に着目して「政治の常態」を解明しようとする彼独自のアプローチなので、「些か極端」とみなさねばならないが、政治的なるものの本質を見事に衝いている（丸山眞男[38]）。

プーチンは、マルクス主義イデオロギーが説くプロレタリアートvsブルジョワジーの闘争理論の信奉者であり、加えてボリシェビキ流の「Kro-Koro（誰が誰をやっつけるか）」という政治闘争の手法を徹底的に教え込まれたチェキストだった。彼が日頃しめしている言動から判断して、プーチンがシュミット流〝友・敵〟理論の信奉者であるばかりか、その忠実な実践者である、とみなして差し支えないだろう。

敵が存在しなければ、作り出せばよい。これは、チェキストたちが教え込まれたレッスンである。ついでに関連して、彼らが教えられたその他の教訓を紹介しておこう。「まず敵を指名せよ。そうすれば、彼（または彼女）には適当な罪状がみつかるだろう[39]」。「もし罪状がみつからないならば、ただ発明すればよい[40]」。プーチンが初めて政権の座に上る寸前の一九九九年夏から今日までの約十八年間に作り出した「敵」の具体例を、列挙してみよう。それらは、以下のようなグループや国家である。

## プーチン式マジック

プーチンが闘うべき「敵」とみなした第一号は、チェチェン共和国の過激派武装勢力だった。プーチン首相は、彼らにたいする果敢な闘いを提唱し、かつ実施することによって己にたいする支持率を高め、大統領ポストを獲得することに成功した。「敵」の第二号は、オリガルヒ（新興寡占財閥）だった。すなわち、エリツィン政権初期に敢行された国有企業・財産の民営化政策によって、まるで「濡れ手で粟」のように旧国有財産を入手し瞬く間に世界有数の大富豪の座にのしあがった者たち。プーチン新大統領は彼らの一部を徹底的に叩いて、ロシア一般庶民たちのうっ憤を晴らし、拍手喝采を浴びた。第三号は、一部の旧ソ連構成諸国だった。ソ連邦の地位を引き継いだはずのロシアの盟主としての座を尊重しようとせずに、不埒千万な反逆すら企てようとした「独立国家共同体」の二、三の国々である。具体的にいうと、ジョージア、ウクライナ。プーチン（大統領もしくは首相）はこれらの諸国へ軍事侵攻を敢行したり、その領土の一部を併合したりして、ロシア国民の愛国心を高揚させることに成功した。

次いでプーチン大統領は、ロシアにとり外国以外の何物でもないシリアにたいしても空爆を敢行した。トルコに対しても、経済制裁、その他の強硬措置を講じた。そして、何よりも強調せねばならないことがある。それは、右の諸グループや国家による反ロシア政府の言動をそそのかし背後で糸を引いている存在として、米欧諸国、とりわけアメリカ合衆国を一貫して「外敵」ナンバー・ワンとみなす態度や政策を続行している事実である。

目に見える形で具体的な「敵」を設定して、彼らにたいして果敢な闘いを挑み、勝利を収める。しかも、その戦いの様子を、ほぼ完全に国営化した三大テレビ（ロシア・テレビ、独立テレビ。第1チャンネル）を通じて、己に都合のよい形で宣伝しＰＲすることに努める。このようなプーチン政権による巧妙至極な情報操作によって、大抵のロシア国民は経済的な困窮を少なくとも暫しのあいだ忘れ、彼らがおかれている閉塞感から解放され、精神的なカタルシス（浄化作用）を味わうように仕向けるのである。

ロシア被治者大衆は、目下、このようなプーチン流マジックに翻弄されている様子である。このことをしめすのは、次の二つのことを尋ねたロシアでの世論調査にたいする回答率だろう。まず、「あなたは、現ロシアの何にたいして不満を抱いていますか」と聞いたところ、「経済的困窮」と答えた者の比率は「八二％」にも達した。ところが、同一の調査が同時に「あなたは、どの指導者を支持していますか」と問うたところ、奇しくも同一比率の「八二％」が「プーチンを支持する」と答えた。

このようなことは、およそロシア以外の他の国では考えられない現象と評さねばならない。もし「八二％」の人間が現状に不満を抱いているのならば、その不満の矛先は当然のごとく為政者に向けられるだろうからだ。すなわち、その場合、最高政治指導者にたいする支持率が「八二％」という高率に達するはずはなかろう。ところが現ロシアは、実に変わった国である。不満もプーチン支持率も、共に同じく「八二％」なのだから。このような通常ありえないはずのことが、ロシアでは一体なぜ発生するのだろうか。

一つの説明法は、ロシアの特殊事情に因ると説く。ロシア人は、たとえ自分が飢餓状態に見舞われていようと、己が属する国家が国際場裡で栄光に輝くのならば、それを可能にした指導者に喜んでエールを送る国民なのだ。約二〇〇〇万人にものぼるロシア人同胞を粛清したにもかかわらず、大祖国戦争で最終的にロシアに勝利をもたらしたスターリンが崇められた歴史をもつ国なのである。

このようなロシア人の国民性に加えて、現プーチン政権による巧妙な宣伝や情報操作活動も特筆に値するだろう。同政権は説く。現在ロシア国民が体験させられている経済上の〝三重苦〟（原油価格の国際的な急落、ルーブル安、経済制裁）は、すべてひとえに米欧諸国の指導部がロシアに仕掛けている経済戦争、すなわち「陰謀」の所産にほかならない、と。もっぱらこのような見方にもとづく報道、解説番組ばかりを制作し、国営化された三大テレビ網を用いて早朝から深夜にいたるまで茶の間へ垂れ流しつづける。よほど強靭な批判精神を維持しない限り、大概のロシア国民は、そのように津波のように押し寄せる報道攻勢によってほぼ完全に洗脳されてしまいがちになろう。

## 経済的損得は二次的

経済的要因を相対的に軽視しがちである。これをもって、プーチン外交の七番目の特徴とみなしうるだろう。

もとより厳密にいうならば、およそ経済的ファクターをまったく無視しうる政治的指導者などいようはずはない。プーチンは、さきにふれたとおり、三十歳代後半になるまでソビエト政権下に育ち暮していた人間である。「経済的下部構造がすべての物事の基礎」である——。旧ソビエト体制は、このように説くマルクス主義イデオロギーを掲げていた。プーチン自身、大統領に就任して二期目の二〇〇六年五月、単純明快にのべた。ロシアのマス・メディア幹部たちの会合で「〔今回の閣下による〕大統領教書演説のなかで最も重要な部分は何でしょうか」と尋ねられたときの彼の回答である。「経済だ。経済が全ての基礎である。今日の世界で国家の力は、まず何よりも経済力によって決まってくる。そのあとになって、やっと社会状況、社会政策、防衛政策の諸問題が出てくる。これら全てのものは経済から派生する。（中略）はじめにカール・マルクスありき。そのあとにフロイト、その他がつづくのだ」[41]。

繰り返すようであるが、経済的なマイナスをこうむることを気にかけない政治指導者などいるはずはなかろう。とはいえ、プーチンが現実に採っている外交行動様式をみるかぎり、次のような見方も十分成り立ちうるように思われる。ロシアの地政学的な（geopolitical）利益の追求こそが、ロシア外交の最大の優先事項である。そのために、経済的、その他の利害が多少とも犠牲になっても止むを得ない——。プーチンは、どうやらこう考えているらしい、と。

プーチン本人は、経済的利害を少々犠牲にしてまでも、政治的な目的を追求する指導者である。これが、正しい観察であるとしよう。では、彼がそのように考えたり、実際そのように振る舞う理由は、一体何なのか。プーチンは、サウジアラビア国王の資産、二一〇億ドルの約二倍にあたる「四〇〇億ドル以上」の資産をもつ[42]「ヨーロッパ一の大金持」（スタニスラフ・ベルコフスキイ[43]）と噂される人物である。このように彼個人が経済的にまったく困らないという事情も、多少は関係しているのかもしれない。とはいえ、そのようなことは飽くまで副次的な原因にすぎず、それよりももっと重要な理由があるに違いない。ほかならぬロシア国民が、自らはたとえ経済的困窮状態にさらされようとも、彼らが所属し同一化して止まない母国ロシアの国威が対外的に発揚されることを人生最大の関心事とみなし、かつ切望して止まないという事情。そして、そのような国民心理の存在をプーチン自身が熟知しているのみならず、それを己自身の政権維持ならびにサバイバルのために最大限利用しようと欲していること——。これこそが、ロシアにとっての経済的損得をプーチンが二次的要因とみなしがちな主要事由なのだろう。

その理由はともかくとして、地政学的目的の達成を経済的利益の追求の上位におこうとするプーチン独特の優先順位法——。これは、たとえば日本人には容易に理解しがたいことのように思われる。というのも、もしプーチン大統領が日本にたいし北方四島の返還に同意しさえするならば、ロシアは日本から莫大な経済的支援を獲得しうることは間違いないからだ。日本は、経済、科学技術大国である。最近でこそ中国によって追い抜かれたとはいえ、国民総生産（GDP）にかんしては戦後長らくのあいだ米国に次ぐ世界第二位の地位を独占しつづけた国である。他方、現ロシアはGDPでいうと、ルーブル安の今日、世界一二位以下の経済力しか持たぬ国である。国民一人当たりのGDPでは、ポルトガル、スペインのレベルにすら達していない。

北方四島はたとえば面積でいうと、ロシア極東地方（六二一万五九〇〇平方キロメートル）のわずか一二〇〇分の一の広さ（五〇三二平方キロメートル）でしかない。北海の孤島である北方四島はいうまでもなく、ロシア全体は目下、経済的な不振にあえぎ、その極東部分は事実上「中国の植民地」化をとげようとしつつある。ロシアがもしそのような趨勢を自力で阻止しえないのならば、一種の「他力本願」方式しか残されていないことになろう。つまり、北方四島を対日返還する代りに、日本からヒト、モノ、カネ、科学技術を活発かつ大幅に導入して、ロシア極東の活性化を図る。これは、単に極東ばかりでなく現ロシア全体にとり見返りの多い取引ではなかろうか。現にトレーニンは、「土地と発展の交換取引（land-for-development）[44]」がロシアにとって有利であることを強調して止まない。純粋な経済合理主義の観点に立つならば、誰しも同様の結論に達するであろう。

ところが、プーチンは異なる。彼はけっしてそう考えたり、ましてやそのような判断を実行に移して、この種の「取引」に応じようとしたりする意図を全く持ち合わせていない様子である。もっとも彼は、部分的な領土返還がありうるかのよう見せかけて、日本からロシア極東へ可能なかぎり多くの経済支援を取りつけようとする戦術を行使中とはいえるが。ともあれ、右の一例は、プーチンが経済的な算盤勘定よりも、国家としてのプライド（誇り）、威信、面子のほうをより一層重視する政治家であることを物語っている。

## 戦術に秀で、戦略に劣る

たしかに、プーチン外交は、戦術面では成果をあげているように見えるものの、戦略的な観点からは必ずしもそのようには評価しがたい。この点に、同外交の八番目の特徴が存在するといえるかもしれない。つまり、プーチン外交は短期的な戦術（tactics）の観点からみると、ことごとく成功しているかのようにすら映る。しかしながら、大局的な戦略（strategy）の観点から判断すると、必ずしもそうとは評しがたく、ロシアの国益にマイナスをもたらしている点が少なくない。このことは、さきにふれたように、プーチン外交が「柔道型」外交の性格をもち一時的には勝利を収めるものの、長期的には「チェス型」外交を実践する欧米諸国によって敗北を喫しがちなこととも関連している。クリミア半島のロシア併合は、その好例だろう。なぜ、そうなのか。この点にかんして、以下、やや詳細に説明しよう。

プーチン大統領は、すでにふれたようにソチ五輪の終了目前の二〇一四年二月二十三日の早朝（午前七時）、わずか四人の幹部との閉ざされた会合でクリミアの併合を決定し、三月にそのプランを実行した。たしかに、ウクライナ全体をめぐる情勢は未だ極めて流動的で、いかなる判断や評価もおそらく時期尚早なのかもしれない。最終的判断は、歴史がくだすことになろう。だが現時点でも、次のように言いうるのではなかろうか。ロシアはクリミアを事実上入手するという快挙をなしとげたかもしれない一方で、実は多くのものを失いもした、と。ロシアが失ったように思われる代償として、少なくとも次の三つを挙げうるだろう。

第一は、大多数のウクライナ国民の愛国心を一気に目覚めさせて、かれらの反ロ感情を高揚させてしまったこと。

ウクライナは長らくのあいだ、「引き裂かれた国」（ドミートリイ・トレーニン[45]）だった。少なくとも次の二地域に分裂していた。地理的にロシアに近く、住民に親ロ気分が強い東・南部。地理的にヨーロッパに接し、親欧志向をしめす西・中部。ウクライナは二つの中心（キエフとハリコフ）を有するいわば楕円形である。結果として、ウクライナは、「サンドイッチ国家」（名越健郎・拓殖大教授[46]）である。こう酷評されるまでのまとまりのない状態を露呈してきた。

　このようなこともあって、ウクライナはその時々の状況や力関係にしたがって、親ロ、もしくは親欧の両極端をまるで振り子のごとく揺れ動いてきた。大統領の交替が、そのように不安定な振幅を象徴している。たとえば、ビクトル・ヤヌコビッチ（親ロ派）からビクトル・ユーシチェンコ（親欧派）へ。そして、ユーシチェンコからヤヌコビッチへ。再びヤヌコビッチからペトロ・ポロシェンコ（親欧派）へ。たとえ誰がウクライナ大統領になるにせよ、これら二つの地域ないし勢力間のバランスを巧みにとる以外、政権維持は到底おぼつかない。プーチン大統領も、二〇〇八年四月、ブカレストでのＮＡＴＯの会議でジョージ・Ｗ・ブッシュJr.大統領に向い、次のようにのべたと伝えられる[47]。「ジョージ、君が分かっていないことがある。それは、ウクライナが国家の体をなしていないことだ。その領土の一部は東欧であるし、大部分はわれわれからのギフトなのだよ[48]」。

　じっさい、二〇一四年の危機発生後も、ウクライナは通常考えられない数々の醜態を天下にさらした。たとえば、ロシアがクリミア併合を強行したとき、その暴挙にたいし命がけで抵抗しようとするウクライナ市民は一人として現れなかった。それどころか、東・南部地方の制圧のために派遣されたはずのウクライナ政府軍の兵士たちのなかには、戦闘開始前に早々と親ロ派武装集団側へと投降する者すら少なくなかった。

## ウクライナ国民の覚醒

ところが、である。クリミア併合、そしてその後にプーチン政権が採りつつある一連の強硬姿勢や諸措置――。これらによって、さすがのウクライナ人たちも、ウクライナ国民としての同一性《アイデンティティー》に次第に目覚めつつある気配が感じられる。自分たちが団結し連帯しないかぎり、ウクライナは外国、つまりロシアによってさらに領土を削りとられ、挙句の果てにはウクライナ全体が事実上ロシアの植民地へと化してしまう危険すらなきにしもあらず。このような危機意識が、彼らに初めて生まれてきたのである。

二〇一四年五月二十五日のウクライナ大統領選挙で、有権者たちがしめした大同団結がその好例といえよう。というのも、彼らはいきなり第一回目の投票でポロシェンコ候補を当選させたからだった。大統領選には二一名もの候補者が乱立していたうえに、ポロシェンコは必ずしも強烈なカリスマ性や指導力を持つ人物でもなかった。彼は、製菓業で財をなした――そのために、「チョコレート王」と綽名される――実業家であり、政治の経験は皆無だった。それにもかかわらず、ウクライナの有権者たちはポロシェンコに過半数をあたえ、決選投票を待たずして彼の当選を確実にさせたのである。なぜか？　第一回投票で決着がつかずに第二次投票にもつれ込むようだと、その後のウクライナでは一体何事が起こるか、保証の限りでない。たとえばロシア、ウクライナの親ロ派集団による選挙妨害工作などが誘発され、ウクライナ政局がさらなる大混乱におちいる危険性すらなきにしもあらず。ウクライナ国民は遅まきながらこのような危機感に目覚め、一致団結せねばならないとの必要性に目覚めたのだろう。

同年十月二十六日実施のウクライナ議会選挙についても、ほぼ同様のことがあてはまる。ウクライナ国民は、ポロシェンコ大統領が率いる「ポロシェンコ連合」をはじめ、親欧米派の旗印を鮮明にする諸政党の側を圧勝させたからだった。このようにして、アンドリュー・クチンズ（ワシントンDCに本拠をおく「戦略国際研究センター（CSIS）」のロシア・ユーラシア・プログラム長）は、もちろん皮肉をこめて、次のようにコメントした。「ウクライナの国民的同一性の確立――。これは、ウクライナの政治家たちが何十年かかっても尚かつなし遂げえなかった夢だった。そのような偉業を、ロシアのプーチン大統領はわずか一瞬で成し遂げさせたのだった」[49]、と。

## 事実上、EU寄りへ

プーチン大統領がクリミアを獲得することの代償として支払わねばならなかった第二のコストは、「ユーラシア経済連合」構想の挫折である。同構想こそは、のちに第8章で詳しくのべるように、プーチン大統領のペット・プロジェクトにほかならなかった。この「連合」構想は、他のどの「独立国家共同体（CIS）」メンバー国にも増して、ウクライナがそれに参加してくれることによって初めて所期の目的を達成する。ところが、プーチン大統領がウクライナにたいしておこなったクリミア併合、その他の強硬処置は、ウクライナの「ユーラシア経済連合」加盟の芽をほぼ完全なまでに摘み取ってしまったのだ。その経過を暫し辿ってみよう。

ヤヌコビッチ大統領（当時）は、親ロ派だった。そのような大統領ですら欧州連合（EU）側からなされたEUとウクライナとの「連合協定」（*A*ssociation *A*greement; AAと略称）の提案を退けえなかった。ところが、AAはウクライナの将来のEU加盟への前提条件であるとも解釈されうることから、プーチン政権は猛反発し、巻き返し工作をはじめた。ウクライナに一五〇億ドルのローンを与え、かつロシアがウクライナに提供中の天然ガス価格を三分の一も割り引くと約束した。このような「アメ」と並んで、プーチン政権はいわゆる「コンプロマート（компромат）」[50]、すなわち知られてはまずい情報を流すぞとの脅迫を中心とする「ムチ」戦術も駆使したにちがいない。

クレムリンによるアメとムチの巧みな併用戦術に屈したヤヌコビッチは、結局、ＥＵとのＡＡ調印を直前になって中止するという醜態をさらした。もっとも、ヤヌコビッチ大統領は、元々ロシアから右にのべたような譲歩を引き出すために、ＥＵへ接近するかのごときお芝居を打ったのだ――。このように説くうがった見方もある。もしそうだったとしても、しかし、その戦術はやや度を過ぎたために逆効果を招いたと評さざるをえないだろう。

ヤヌコビッチ大統領がおこなった一八〇度の政策転換に抗議する集会やデモが、二〇一三年十一月末から首都キエフを中心として猛然と巻き起こった。市の中心部にある独立広場「マイダン」が反政府派諸勢力によって占拠されてしまうという深刻な事態すら招いた。世にいう「マイダン革命」の勃発である。同「革命」は、約一〇年前に起こった「オレンジ革命」の第二弾とみなされる勢いすらしめした。身の危険を感じたヤヌコビッチ大統領や主要閣僚がロシアへの国外脱出をはかったために、親ロ派のヤヌコビッチ政権はあえなく崩壊した。親欧米の立場を隠そうとしないポロシェンコ新大統領は、ＥＵと再交渉してＡＡ合意を復活させた。

要するに、プーチンは、ウクライナにたいし強硬政策を敢行することによって、ウクライナ国民をほぼ完全にヨーロッパ寄りにしてしまうという逆効果を招いてしまった――。こうも解釈できるだろう。ウクライナは、はたしてＥＵ、もしくはモスクワ主導の「ユーラシア経済連合（ＥＥＵ）」のどちらに加盟すべきか？　たとえば、この問いを巡るウクライナ人の答えは、一年間で大きく変わってしまった。ギャロップ社が実践した世論調査によると、マイダン広場で抗議集会デモがはじまる前の二〇一三年九月の時点では、両者間の差はそれほど大きくなかった。すなわち、EU加盟賛成は四二％、EEU加盟賛成は三七％だった。ところがロシアによるクリミア併合後の二〇一四年九月になると、前者は五九％、後者は一七％と、EU加盟賛成派のほうがEEU加盟賛成派をはるかに上まわることになった。(51)

NATOやEUへの加盟についてのウクライナ人の態度も変わった。ウクライナ国民の約三分の一は、二〇一三年まではウクライナのNATO加盟に反対していた。だが、その後二年間でウクライナの世論はすっかり様変りした。すなわち、二〇一五年七月実施の世論調査によると、回答者の六四％がNATO加盟に賛成、二八・五％が反対と答えた。(52)さらに一年後の二〇一六年六月実施の別の世論調査によると、ウクライナ人回答者のうちNATO加盟に賛成と答えた者は四四％、反対は二六％と、やはり約二対一の比率になった。(53)ところが二〇一六年六月の世論調査によると、ウクライナ市民のなかでEU加盟に賛成する者は半数を超えて、五六％。反対は一八％、未決定は二六％となった。

## NATOの蘇生

プーチン大統領がクリミアを入手した代りに支払わねばならなかったコストの第三は、いわば「寝た子を起こす」愚を犯したことに求められる。より具体的にいうと、米欧諸国のNATOやEUといった組織の団結を強める結果を招いたことだった。

たしかに、EU側にもNATO側にも、ウクライナを己の組織に加盟させる意図はない。そうでなくともEUは、ギリシャ、その他、事実上財政的に破綻している諸国家を抱え込んで、四苦八苦の最只中にある。そのうえさらに、経済的に事実上、破産状態に陥っているウクライナをメンバーに加える余裕など全くなかろう。NATOもまた、ロシアとのあいだで事実上戦火を交えているウクライナをメンバー国に抱え込むわけにはいかない。しかしながら他方、米欧諸国がウクライナとロシアとの対立を何とか緩和せねばならないと苦慮し、奮闘努力していることもまた、たしかな事実である。そのためには、ロシアのウクライナ介入を停止させることが何よりの先決問題。このように考えて、米欧諸国は、まず自身にもある程度ブーメラン効果が発生することを覚悟のうえで、ロシアに対して数次にわたって経済制裁を科す決定をくだし、今日にいたるもそれを強化しこそすれ、解く気配をしめしていない。

加えて、米欧諸国は、NATOが許す枠内での諸措置を講じようとしている。NATOは、ロシアからの軍事的脅威がメンバー諸国にたいする危機へと発展するケースに備えようとして、たとえばバルト三国の防衛支援を強化する姿勢を改めて表明した。バルト三国は、ウクライナ同様、多数のロシア系住民を抱え、しかも既にNATOへの加盟を果たしている。米欧諸国は、一万三〇〇〇人だったNATO「即応部隊」を一気に三倍の最大四万人へと増強する方針を決めた。数日以内に展開可能な五〇〇〇人規模の「速攻部隊」も創設して、その司令部をバルト三国やポーランドなど六カ国に置くことにした。さらに、NATO加盟国の軍事費支出をそれぞれの国内総生産（GDP）の二％以上にすることも再確認した。ウクライナそれ自体の防衛力強化についても、NATOは可能なかぎりのことをおこなおうとしている。NATOが一五〇〇万ユーロ（約二〇億円）を供出することに決めたのは、そのような意図の表明に違いない。トランプ政権は、二〇一七年十二月、オバマ前政権が控えていたウクライナへの兵器供与の方針を転換し、総額四一五〇万ドル相当の兵器供与を承認した。

右にのべたことを、次のように要約することも可能だろう。「ウクライナ危機」の発生以来、ロシアは米欧諸国との対立を深めた。このことは、間違いない事実である。もっとも、この種の対立の原因を「ウクライナ危機」だけに求めるのは、必ずしも正しい見方ではないかもしれない。それは、むしろ「プーチノクラシー」一般に帰すべき対立である。このようにより広い視点から捉えるべきなのかもしれない。それはともかくとして、少なくともほぼ確実にいえるのは、二〇一三―一七年にかけての「ウクライナ危機」のバランス・シート（損益勘定書）がロシアにとり必ずしもプラスばかりと評しがたいことである。

## 小魚を得て、大魚を喪う

以上のようにみてくると、次のような暫定的結論にさえ到達せねばならないのではなかろうか。たしかにロシアは、たとえていえば「小魚」（＝クリミア）を得たかもしれない。その代りに、しかしながら、「大魚」（＝ウクライナ全体）をとり逃す愚を犯した、と。たとえば、ロバート・サービス教授（オックスフォード大学、ロシア史専攻）は、次のようにのべてまさにそのような見方をおこなう。「プーチン氏は、面積でいうとウクライナのわずか四・五％でしかないクリミアをロシア領へと併合することによって、ウクライナ全体をユーラシア連合へ加盟させるという念願を一挙に台無しにしてしまった。プーチン外交の大惨事と評さねばならない」[54]。トレーニンが次のように記すとき、彼もまたサービス教授とほぼ同様の結論に達しているといえるだろう。「ロシアは、クリミアを半永久的に保有するかもしれない。〝ドンバス（ウクライナ東・南部のドネツク州とルガンスク州）〟をここ当分の間コントロールするかもしれない。しかし他方で、ウクライナの大部分は事実上、西側の支配地域になってしまったのだ」[55]。

繰り返すようであるが、プーチンのウクライナ政策全体について最終的な評価をくだすのは、未だ時期尚早かもしれない。とはいえ、ロシア内外のクレムリノロジストたちのあいだでは、プーチン大統領によるクリミア問題の処理法に着目して、次のような一般的な見方が次第に有力になりはじめている[56]。「プーチンは巧みな戦術家（tactician）であるかもしれないが、必ずしも優れた戦略家（strategist）とは評しがたい」。そのような見方を二、三しめして、本章を終えることにしよう。
たとえば、ダニエル・トレーズマン教授（カリフォルニア大学ロサンゼルス校、現ロシア政治・経済専攻）はのべる。「プーチンは戦略家でなく、戦術家である。彼は、物事を長期的な観点から捉えようとしない。首尾一貫した行動計画をもち併せていない。その代りに、彼が注意深く見定めようとするのは、特定の瞬間における状況次第なのだ。それにしたがって、彼は反応する。おそらく自分の行動が全体としてどのくらいコストの高いものについたり、長期的には一体どういう意味を帯びたりするのか。これらの点について、プーチンはまったく意を介さない。そのような意味で、クリミアの併合も、おそらくウクライナ危機の熱に煽られてプーチンが採った衝動的行動なのだろう」[57]。

レオン・アロンも、ほぼ同様の見方をおこなう。柔道家のプーチンはたしかに闘いの初期段階でこそ勝利を手にするものの、最終的にはチェス・ゲームに秀でた米欧に敵わない、と。これは、先に紹介したアレクサシェンコと似かよった見方である。ともあれ、アロンは記す。プーチンは「素早く、大胆な動きを得意とする戦術家ではある」が、「必ずしも戦略に長《た》けた人物のようにはみなしえない」[58]（傍点、木村）。

アンドレイ・コレスニコフが次のようにのべているのも、ほぼ同様の視点からおこなったプーチン評価とみなしうるだろう。「プーチン政権は、最近とみに戦略的思考をしめすことなく、戦術的な勝利ばかりを目指すようになった」[59]（傍点、木村）。マーク・アドマニスも、プーチンが短期決戦には勝利を収める柔道式戦術には秀でる一方、かならずしも長期的戦略の遂行を得意としない人物であるとみなして、次のように結論する。「プーチンは、みずから長期的な計画を立てて、その実現の完成を目指して努力する――。こういった仕事に必ずしも秀でている指導者とはみなしがたい」[60]。

# 第6章
# 武器輸出

カラシニコフ銃とその発明者、ミハイル・カラシニコフ

ロシアの防衛能力を維持する。ロシア経済にどのような負担をかけようとも、これこそが第一義の優先権である。ところが、兵器輸出部門は、ややもするとこの肝心ことを忘れがちとなる。

——ミハイル・ゲラセフ&ビクトル・スリコフ(1)

カラシニコフ自動小銃は故障が少なく、手入れが簡単なため、未熟な兵士にも取扱いが容易。途上国で人気が高い。

——松本仁一(2)

兵器輸出におけるロシアの伝統的な利点は低価格だったが、この利点は急速に失われつつある。

——ドミートリイ・トレーニン(3)

本書は、同一著者による「プーチン」シリーズの三冊目に当たる。すなわち、第一冊目は「人間的考察」との副題を付し、主として「プーチノクラシー」の主人公であるプーチンの出目、教育、経歴、性格……等々にかんする特色を取扱った。第二冊目は「内政的考察」との副題をつけて、「プーチノクラシー」の内政面を検討した。本書は、これらの続編として、「プーチノクラシー」の外交面を扱う。

ところが、政治的行為のなかには、内政、外交の両方に跨《また》がり、そのどちらとも決めがたい中間分野が存在する。軍事は、その好例だろう。たとえば政治指導部が軍部にたいして行使するシビリアン・コントロール（文民統制）は、「内政」事項とみなすべきだろう。ところが他方、軍隊や兵器が他国にたいする干渉や対外的膨張の手立てとして用いられる場合、そのような軍隊や兵器の機能はもはや「内政」でなく、広義の「外交」として論じられるべきだろう。そういうわけで、私はやや独断的かもしれないが、軍事に関連する数々のテーマを「内政」、「外交」の二つに分けて論じることにした。すなわち、「軍事改革」「文民統制」「国防相」については、前著「内政」編で検討した。そして、「兵器輸出」「ソフト・パワー」「ハイブリッド戦争」に関連する分析は、本書、すなわち「外交」編で取扱うことにした。私のやや恣意的な分類を諒とされたうえで、読者諸賢におかれてはできれば本書だけでなく、前書も併せ読んでくださるようお願いしたい。

## なぜ、兵器を輸出するのか——二つの動機

「武器」と「兵器」はほとんど同義語のように用いられるが、厳密には異なる。人間を殺傷するものは何であれ、武器になりうる。一本の細紐やネクタイであれ、首を締める凶器として用いられる場合、それは立派な武器とみなすべきだろう。包丁、ナイフ、花瓶、ドローン、ロケット……ほとんど全てのものは、民生、軍事両方に使用可能（「デュアル・ユース」）な物品ないし技術である。ところが、当初からもっぱら戦場で不

特定の人間を殺戮する目的でつくられたカラシニコフ銃は、兵器以外の何物でもない。

兵器は、このように相手方または自己を滅ぼす可能性をもつ危険な物品である。と同時に、それは売り買いの対象となる商品でもある。兵器がもつこのような二面的な性格のゆえに、兵器の移転（売買または貸与《リース》——以下同じ）は、主として二つの動機によっておこなわれる。[4] 一は、政治、外交、安保、軍事上の事由。二は、経済的な利潤の獲得。まず前者、次いで後者の動機について説明しよう。

兵器は、軍事機密の束である。この点で、他の貿易の対象物とは異なる特殊な性格を帯びる。だから、それは誰にでも売り渡してよいことにはならない。兵器の移転は、本来、同一の価値観やゲームのルールを共有する者のあいだでのみおこなわれるべきである。理想をいえば、それは互いに信頼し心を許した者同士、政治・外交上友好関係にある国家間でのみおこなわれるのが筋だろう。

兵器の売買は、兵器本体ばかりでなく、ふつうスペアパーツ（予備部品）、弾薬などの恒常的な供与‐被供与関係も伴う。また、その売買は、その使用ならびにメンテナンス方法の伝授を伴う。さらに、単なる軍事技術の説明にとどまらず、兵員の訓練、将校間の軍事交流などを含む広範囲な分野での協力関係の拡大、さらには合同軍事演習の実施へと発展してゆくかもしれない。——以上のようなことは、買い手と売り手とのあいだで良好な政治・外交関係が長期的に存続していることを、前提にする。と同時に、そのような関係を今後さらに続行させてゆくことにも資する。

旧ソ連は、右に列挙したような政治的・軍事的またはイデオロギー上の動機にもとづいて、他国とのあいだで兵器移転をおこなっていた。たとえば中・東欧の「社会主義」諸国にたいする兵器移転が、好例だった。「第三世界」のなかで、その民族解放運動が「社会主義」志向の萌芽を秘めるとみなされる国々にたいする兵器輸出も、そうだった。このような事情は、西欧諸国間でも同様といえよう。たとえば米国は、原則として思想、政治体制をほぼ同一にする諸国とのあいだでのみ兵器移転をおこなっていた。逆にソ連をはじめイデオロギーを異にする諸国にたいして、米国は軍事技術の移転を厳格に規制していた。冷戦中の「対共産圏輸出統制委員会（COCOM）」の設置ならびに規制は、その好例だった。——以上から、兵器の移転が「外交・安保政策の貴重な手段」[5]であることが、十分理解されたであろう。

ところが兵器移転には、もうひとつ重要な側面があることを看過してはならない。経済的利潤の追求である。兵器といえども、それはれっきとした商品になりうるからである。したがって、政治・外交上かならずしも良好な関係にあるとは限らない国家のあいだですらも、もし価格その他の商業的条件が合致するならば取引は成立する。これにストップをかけることは、上から下への水の流れを塞き止めることにも似て非常にむずかしい。

西側諸国における軍事産業はほとんど民間企業の手でおこなわれており、これらの企業はふつう熾烈な価格競争に直面している。彼らは、研究その他に費やした莫大な先行投資を取り戻そうと躍起になる。極端にいうと、彼らは経済的にペイさえするならば何をしても構わないとの利潤第一主義に傾きがちで、挙句の果てには「死の商人」[6]化する者すら珍しくない。たしかに、ロシアの軍事産業は、そのほとんどが国営企業である。とはいえ、プーチン指導下のロシア経済は、一種の「国家資本主義」を実施中である。外貨獲得の貴重な源としての兵器輸出は、国家がらみで奨励され、推進されている。米欧諸国の私企業に勝るとも劣らない利潤追求の動機にもとづく経営を実践している。

冷戦後の今日、イデオロギー上の対立は少なくなった。したがって、兵器輸出国は、右にのべた二大動機のうち、安保上の考慮よりも商業上の利益追求をより一層重視しがちになっている。一般的にはこのように評して構わないだろう。とはいっても、もとより経済的な契機だけが優先されるようになったわけではない。

安保上の考慮も、依然としてなされている。それは、冷戦の終焉や「イデオロギーの腐食」とは関係ない敵・味方という事情、兵器がもつ特殊的な性格などに起因する。つまり端的にいうならば、商業上の利益が得られるからといって、己をひょっとすると滅ぼすかもしれない相手に、はたして兵器を売却してよいのだろうか。経済上のプラスと安保上のマイナス——これら二つのモメント（契機）のあいだのバランスをとることは、重要な課題として依然として残っているのだ。

もちろん、安全保障の観点からみて、己と潜在的な敵対関係にある国家にたいして、わざわざ「塩を送り」「みずからの首を締める」愚を犯す者はいないだろう。とはいえ、自分以外の国々（たとえば同盟国）の安全を脅かす潜在的な存在にたいする兵器輸出を、一体どの程度にまで抑制すべきなのか？　この問いにたいして、一義的な答えはむずかしい。ひとつには、安全保障や「脅威」の概念や受けとり方それ自体が必ずしも客観的に測定可能な類いのものでなく、主観的な判断が多分に混入したものだからである。

たとえばイランや北朝鮮の核兵器開発にかんして、ロシアや中国は米欧諸国とは異なった考え方や立場を採っている。また、「人権抑圧」をおこなっている諸国（たとえば、天安門事件後の中国、ベネズエラ、インドネシア、ミャンマーなど）にたいする外交、安保上の対応についても、同様に様々な見方があるだろう。したがって、これらの国々にたいする経済制裁の一環としての兵器移転の是非にかんしても、異なった考え方が存在して少しもおかしくない。さらにいうと、兵器の定義からして必ずしも一義的ではない。軍需品と民生品とのあいだに、汎用性をもつ製品もあろう。しかも、それらの使用法の危険度にかんする見方や評価は、時の経過とともに変わってくる。

まず以上のような一般論をのべたあとで、プーチン・ロシアの兵器移転政策は、一体どのようなものであり、どのような特色をもつのか？　この問いを提起し、それにたいする私の答えをのべるならば、それは、自国および同盟国の安全保障よりも、己の経済的利潤の追求をより一層重視し、優先しさえする傾向を顕著にしつつある。こう判断してよい理由を、以下、のべることにしよう。

## 世界第二位にのしあがる

プーチン政権になってからのロシアは、自国製の兵器を諸外国へ積極的に輸出する政策にとみに熱心になっている。その結果、兵器産業は、天然エネルギー産業と並んで、ロシアにとり外貨獲得のための二大ソース（源）へと急成長した。

プーチン政権が発足したばかりの二〇〇〇年、ロシアの兵器輸出の総額は、米、英、仏に次いで世界第四位でしかなかった。だが、それは、二〇〇一年—三七億ドル、二〇〇二年—四八億ドル、二〇〇三年—五六億ドル、二〇〇四年—五八億ドル、二〇〇五年—六一億ドルへと伸びた[7]、さらに、二〇〇六年—六五億ドル、二〇〇七年——七四億ドル[8]、二〇〇八年——八三億ドルへと伸びた[9]。プーチン政権第一、第二期の八年間に、ロシアの兵器輸出は三七億ドルから八三億ドルへと倍増以上に伸長したことになる。

ロシアは、二〇一五年現在で、すでに世界第二位の兵器輸出国である（シェアは二五%）[10]。ちなみに、第一位は米国（シェア、三三%）。第三位は中国（同、五・九%）。第四位はフランス（五・六%）、第五位はドイツ（四・七%）。六位は英国（四・五%）。これら六カ国で、世界の兵器輸出の約七六%を占める[11]。

国連安全保障理事会の常任理事国である五大国（米、ロ、中、仏、英）が、世界全体の兵器輸出の七〇%以上を独占している訳である。ジミー・カーター元米大統領は、一九七六年の大統領選挙キャンペーン中にのべた。「われわれ［米国人］は、次の二通りの存在であることはできない。すなわち、世界の指導的な平和のチャンピオンであること、世界の指導的な兵器の供給者であること」[12]。ところが残念なことには、大統領当選後にカーター自身もまた、右のように批判した現実を修正する行動を現実にとりえなかった。

話をロシアに戻す。現ロシアは世界の兵器販売のなかで約四分の一のシェアを占める兵器輸出大国である。[13]だが、それは繰り返すようであるが、プーチン政権になってからの特別の努力や客観的情勢の結果なのである。じっさい一九九〇年代、兵器輸出がロシアの全輸出のなかで占める比率はわずか五%でしかなかった。原油の国際価格が急騰しロシア産原油が外貨稼ぎの主役をになうようになって、この比率はさらに小さくなった。そのような事情にもかかわらず、ロシア兵器の海外輸出はロシアにとり大きな意義をもち、重要な役割を演じた。

ひとつには、冷戦終焉後、ソ連解体後しばらくのあいだ、ロシア軍自体はロシアが生産する兵器の全てを買い上げる財政的余裕をもたなかったからだった。だからといって、軍需工場を完全に閉鎖してしまうわけにはいかない。とくに兵器開発のためのR&D（研究開発）を中断するのは、厳に禁物。いかなる状況であれ、続行せねば他国にたいする遅れが取り返しえないまでに拡大する恐れがある。このような理由にももとづいて、ロシアの軍産複合体は自国製兵器を諸外国へ輸出・販売することによって、このような苦境を何とか切り抜け凌《しの》ごうともくろんだのだった。ロシア製の兵器の購入先が国内と海外のあいだでほぼ同額に達したのは、ようやく二〇〇八年以後になってからのことだった。[14]ロシアの兵器産業は対外的セールスを拡大する道を講ずることによって、初めて受難の時代を生き延びえたといえるだろう。

ついでながら、右のような事情はエネルギー産業にかんしてもある程度まで当てはまる。ロシアのエネルギー産業は、一般的にいって国内の産業活動が低調だった一九九〇年代に、その提供、販売先をロシア国内で見出せなかった。そのために、石油や天然ガスの産出の約三分の二までをも諸外国への輸出のほうに回すことによって外貨を稼ぎ、辛うじて同産業を生き延びさせえたからである。ともあれこのような事情も手伝って、プーチン大統領は、「兵器セールスが一般産業復活の機関車役をつとめるとの幻想にとりつかれた指導者」[15]――。このようにまで評されている。そのような見方がはたしてどの程度まで該当するのか。このことを別にしても、兵器輸出はロシアの軍需産業にとり決して軽視しえない貴重な外貨収入源である――。このこと自体は、間違いない事実である。

## 国営企業による独占

ロシアでは兵器セールスは、国営企業による独占事業とされている。これは、プーチン大統領の基本的な考え方にもとづく。すなわち、同大統領はエネルギー産業と並んで、兵器産業を「戦略基幹産業」とみなす。そのような兵器産業、とりわけ兵器輸出を民間企業にゆだねるのは、望ましくない。それは、是非とも国策会社の経営下におき、国家によって厳重な監督下に運営され、貴重な外貨獲得源とされねばならない。具体的にいうと、ロシアの兵器輸出は「ロスオボロンエクスポルト」(Рособоронэкспорт)社以外にはほとんど許されていないのだ。同社は、二〇〇〇年十一月、プーチン大統領自身によって設立され、ロシア製兵器の対外輸出をほぼ独占的に(約七五―八五%)おこなう権利をあたえられた。残りの一五―二五%(主としてスペアパーツの売買、先に納入した機材の保守点検や修理といったアフターサービス)のみが、その他の二一社によっておこなわれることになった[16]。

これら兵器会社の幹部には、旧KGB出身者か、プーチン大統領のサンクト・ペテルブルグ閥に直接連なる面々が配置されている。たとえば、「ロスオボロンエクスポルト」社の総支配人(社長)は、二〇〇四年以来、セルゲイ・チェメゾフである。彼は、いわゆる「プーチンのお友だち」すなわち〝FOP〟の典型的な人物。プーチンとチェメゾフは、在東独ドレスデン・ソ連領事館付きのKGB要員として同じ釜の飯を喰って（一九八三―八八年）以来、切っても切れない親密な間柄にある。

二〇〇七年十一月二十六日の大統領令によって、「ロステフノロギイ」（Ростехнологии）が創設された。ロステフノロギイは、国営の国防産業コングロマリット。約二五〇の防衛企業がその傘下に加わり、ロシアが取扱う兵器装備の納入契約すべてを独占する権限を持つ。この新組織の創設によって、ロスオボロンエクスポルトは、その中核を占めるとはいえ、「ロステフノロギイ」の対外経済部門を担当する単なる一子会社になった。チェメゾフは、ロスオボロンエクスポルトから「ロステフノロギイ」の総支配人へと出世を遂げた。

別名「チェメゾフ帝国」とも綽名される、右の機構の設立をめぐっては、きな臭い権力闘争の噂も流れた。ミハイル・フラトコフ元首相は、このような巨大組織を設立することに反対を唱え、そのことが二〇〇七年秋に彼がプーチン大統領によって首相ポストを罷免される一因になったとさえ伝えられている。逆に、当時次期大統領の有力候補者ナンバー・ワンと目されていたセルゲイ・イワノフは、賛成側に回った。これは、イワノフがチェメゾフへ接近し、そのことを通じて「シロビキ」派の首魁であるイーゴリ・セーチン（当時、大統領府副長官兼大統領補佐官）に接近するシグナルを送ることを意味した。だが、このようなイワノフによる大統領選目当てのあまりにも露骨な猟官運動は、どうやら裏目に出た模様だった。

二〇〇七年秋から暮にかけて、後継大統領候補の問題をめぐって対立が激化し、「シロビキ」閥自体においてすら二つの分派が抗争を繰り広げた。すなわち、セーチン＝ニコライ・パトルシェフ（当時、連邦保安庁長官）連合vsビクトル・チェルケソフ（当時、麻薬取締国家委員会議長）派のあいだの闘争だった。前者は後者の部下を逮捕したり、後者は前者を攻撃する記事を公表したりした。このような事態の展開に恐怖感を抱き、反セーチン派の「リベラル」たちは、団結して反撃に出る必要を感じるようになった。

おそらく同様の懸念にうながされたからであろう、プーチン大統領は、結局、以下のような裁断をくだした。①チェメゾフを、「ロステフノロギイ」の社長に任命する。②だが、同会長にはイワノフでなく、アナトーリイ・セルジュコフ国防相をすえる。仮に右にやや詳述したような噂や解釈が一〇〇％正しくない場合ではあれ、二〇〇七年十一月の「ロステフノロギイ」の新設の背景には巨大な利権の争奪をめぐる闘争が存在した。こう推測して、おそらく間違ってはいなかろう。ついでながらチェメゾフは、「ウクライナ紛争」への関与の廉で、二〇一四年以来、米欧諸国がロシアに科している個人制裁の対象者の一人とされている。

## ロシア製兵器の特徴

ロシア製兵器は、米欧のそれと比べると技術的性能ではたしかに劣る。このことは、実戦体験によって証明済みとさえいえよう。たとえばイラクをはじめとするアラブ諸国は、湾岸戦争、その他の中東危機のさいに、ソ連／ロシア製の兵器で戦闘をおこなった。それらの闘いでロシア製兵器は、米欧製兵器を用いる米軍やイスラエル軍を前に太刀打ちしえないことが明らかになった。また、二〇〇八年夏のロシア－ジョージア「五日間戦争」でも、ほぼ同様のことが証明された。

もとよりロシア軍の装備は、ジョージア軍のそれと比べると、質量ともに上回っていた。これは、間違いない事実である。だが、米国レベルと比べると劣っていた。これは、誰の目にも隠しようもない事実だった。[17]これら三カ国間での兵器にみられる差は、国防予算の違いによって容易に説明しうるかもしれない。ごく大雑把な比較をおこなうために、仮にジョージアの国防予算（一〇億ドル）を一と見立てるとすると、ロシアのそれ（五二三億ドル）は約五〇、アメリカ合衆国のそれ（六一六〇億ドル）は約六〇〇になる。[18]

ロシア軍がジョージア侵攻時に用いた兵器は、そのほとんどがソ連時代から使いつづけてきた旧式兵器、たとえばSu―24戦闘爆撃機、Su―25攻撃機、Y―72、T―62戦車だった。Tu―22M3長距離爆撃機（バックファイアー）は、唯一の例外だった。五日間つづいた戦闘期間中にロシア軍のSu―24（二機）、Su―25（三機）、Tu―22M3（一機）が、ジョージア軍によって撃墜された。[19] ちなみに、一九七〇年代に使用されはじめたSu―24戦闘機は、その後もロシア軍によって用いられ、二〇一五年十一月、トルコ領空を侵犯したとして、米国製F―16戦闘機を用いるトルコ軍が発射した地対空ミサイルによって撃墜され、大問題になった。ジョージア侵攻を担当したロシア第五八軍の司令官、アナトーリイ・フルリョーフ中将は、ジョージア進軍中にみずから負傷するという失態すら演じた。

他方、しかしながら、ロシア製兵器は、買い手側からみる場合次のような利点をもつ。①まず、値段が安い。たとえば、米国製のF―15戦闘機は一機五〇〇〇万ドルもするのにたいして、ロシア製のSu―27戦闘機は約三五〇〇万ドル（二〇〇三年）。②次いで、兵器操作（修理も）が簡単なうえに、厳しい環境でも使用できる。好例は、カラシニコフ銃。世界市場で、毎年約一〇〇万丁のカラシニコフ自動小銃「AK―47」（もしくは、改良型の「AK―74M」）が売却され――そのうち、一〇―一二％がロシア製――、約五〇カ国以上の軍隊や武装集団によって用いられている。[20] ③また、バーター取引にも応じる。すなわち、ロシア側が必ずしも現金決済を要求せずに、農産物や利権などと交換の形式が認められるために、ドル、ユーロなどの外貨をもたない国々にとっては甚だ好都合である。④最後に、政治的な事情。ある種の国々にとっては、ロシア製兵器を購入する以外の選択肢が閉ざされている。たとえば米欧諸国から兵器を輸入することにたいしてアレルギー反応をいだいている。逆に、ある種の諸国にたいしては米欧諸国が兵器禁輸政策を採っているために、それらの諸国は事実上ロシア以外に兵器購入の方途を持ちえない。

その理由はともかくとして、ロシア製兵器のなかでとりわけ人気が高いものとしては、例えば次のものが挙げられるだろう。スホイ（Su）やミグ（MiG）系のジェット戦闘機、ミル（Mi）系のヘリコプター、地対空ミサイル防衛システム、キロ級潜水艦、戦車、小型兵器……等々。

## 中国はそろそろ飽和点

ロシアは、世界の五六カ国にロシア製兵器を輸出している。その最大の輸出先は、中国とインドの二国。これら二国は今日、依然としてロシアの得意先ではあるものの、ロシア兵器供給先の多元化、中印両国での兵器国産化の努力や動向による影響を受けて、絶対額も、両国が占める相対的な比率もともに減少しつつある。その実態を中国、インドの順序で見てみよう。

中国は、軍事力を増強する一方の国である。現時点でその国防費支出は、絶対額で米国に次いで世界第二位。国民総生産（GDP）の二・一%までをも国防費に割いている。「ストックホルム国際平和研究所（SIPRI）」の年次報告書によれば、その約五〇%を軍事ハードウェアの購入に当てている。兵器購入先の観点からロシアとの関係を振り返ってみると——。

ソ連は、フルシチョフ期の一九六〇年年代、中国に兵器を売ったり、スペアパーツを提供したりすることを拒否し、中国から技術者を引き揚げさせたことがあった。ソ連と中国——はたしてどちらのほうが、正統のマルクス・レーニン主義のイデオロギーを受け継ぎ実践中の国なのか。この問題をめぐって、当時、両国は激しく対立の最中だったからである。一九六九年、両国はダマンスキイ島（珍宝島）で武力衝突を惹き起こし、流血の惨事すら惹き起こした。この体験は、北京の政治指導者たちに兵器の供給先を一国（ロシア）に依存することの危うさを身に沁みて教えたにちがいない。ところが一九八九年六月、ゴルバチョフ党書記長の訪中時に起こった天安門事件を契機として、米欧諸国は中国への兵器輸出を差し控えるようになった。また、一九九一年末のソ連崩壊後になると、エリツィン政権は中国とのあいだで「戦略的パートナーシップ」

関係を結んだ。このようにして、中国は再びロシアから兵器を購入しはじめた。

ロシアから中国へ向けてどのような類いの兵器が売却されているのか？　まず、航空機関係が六〇％以上を占める。いわゆる第四世代の戦闘機Su―27や戦闘爆撃機Su―30（計二八〇機）。次いで、海軍関係では、キロ級ディーゼル潜水艦（一二隻）、ソブレメンヌイ級ミサイル駆逐艦（四隻）など。地対空ミサイル・システムS―300ＰＭＵ2（六〇基）や中距離防空システムTor―Ｍ1（三〇基）も提供されている。

ところが、注目すべき現象が顕著になってきた。それは、ロシアから中国への兵器輸出が二〇〇五―〇六年頃に遂に飽和点に達し、二〇〇七年以降は減少さえする傾向をしめしはじめた事実である。じっさい、ロシアの兵器輸出総額に占める中国の比率は、五九％（二〇〇五年）、五七％（二〇〇六年）、一九％（二〇〇七年）へと減少傾向にある。[21]　なぜか？　ロシアは、中国にたいしてすでにほとんど全ての兵器を提供済みであり、あますところは次の二つのタブーに触れる点にまで到達したからである。

## 二つのタブーを破る

一つ目のタブーは、兵器のライセンス生産の売却。ロシアの軍産複合体には、次のような経済的懸念が存在する。中国は知的財産権を平気で侵犯して、「コピー」（複製品）をつくる国である。[22]　すなわち、中国はロシア製の兵器や軍事装備を「コピーして、中国バージョンを造り」、第三国に売却し「ロシアの市場を奪って恥じることを知らない」。[23]　ロシアがこのような嫌疑を抱く当の相手国、中国にライセンス生産の売却に応じるならば、どのような結果を招くだろうか。中国側はロシア製兵器を公然と生産できることになり、以後ロシアにたいし追加注文を一切おこなおうとしなくなろう。

このような懸念が十分存在するにもかかわらず、このタブーを破る形で、モスクワは一九九六年頃から

Su—27を二〇〇機生産可能なライセンスを北京向けに売却した。「利潤追求主義を優先させた挙句の勇み足」——。こう評して、差し支えない行為だった。案の定、中国はSu—27のコピーをつくり、中国版Su—27を量産して第三国宛てに輸出しはじめた。(24) もしロシアがこのようなことを許容しつづけるならば、たとえば東南アジアの兵器市場——有力な販路として急成長しつつある——の争奪戦は、今後単に米ロ間ばかりでなく、中ロ間で益々熾烈になってゆくだろう。

第二のタブーは、ロシアの安全保障に支障をきたす惧れのある高性能の兵器や関連技術の移転。これは、次のような軍事的・外交的な懸念にもとづく。すなわち、もしロシアが中国にたいして最も先進的なタイプの兵器やテクノロジーを提供すれば、どうなるだろうか。それは、たとえば中国‐台湾間の微妙な軍事戦略バランスを変更する結果をみちびくかもしれない。そればかりではなく、ひいてはロシア自体の安全保障にかんしてすらネガティブな影響が生じるかもしれない。

右のような懸念から、ロシアは中国にたいしてＩＣＢＭ（大陸間弾道ミサイル）やＩＲＢＭ（中距離弾道ミサイル）などを一切提供しようとしない。同様の考えから、ロシアは中国に第四世代の戦闘機、Su—27を提供するにしても、第五世代の戦闘機、Su—33やSu—35を長らくのあいだ供与しようとしなかった。つねに中ロ間では「一〇年の軍事技術格差」を保つ必要がある。こう考えていたからだった。中ロ両国は、地上約四三五五キロメートルに及ぶ国境線を共有している。したがって、国境地域で用いられるとロシアにとり軍事的脅威になる戦車や装甲車の類いも、ロシアは中国にたいし売却しない方針を採っている。(25)

それにもかかわらず、もしロシアが経済的利潤を優先させるあまり、中国にたいしこれら最新鋭兵器の売却に応じるようになるならば、どうであろう。それは、直截にいって、ロシアが中国に提供する兵器が将来状況の変化に伴ってロシア自身に向けられる可能性すら否定しえないことになろう。つまり、中ロ有事という万が一のシナリオが発生した場合、ロシアが「敵にみずからの首をしめるロープを売る」ことにも似た愚行になりはしないか。[26] ニキータ・ペトロフ教授（ロシア高等経済学院、政治学専攻）は、『ＲＩＡノーボスチ』（二〇〇八・五・二七）の記事のなかで記す。「今日、中国は〔ロシアにたいして〕友好的である。だからといって、中国が明日どのような行動に出るか、誰一人シカと予測しえないではないか。ソ連やロシアを尊重するように教育されて育ってきた古い幹部に代って、新しい指導部が登場するときが、そのようなケースになるかもしれない。アメリカは、中国の軍事力拡張に公然と懸念を表明している。ロシアは、明らかに自身に向ってくる軍隊にたいしはたして兵器を供給する愚を犯してよいのだろうか[27]」。

ところが、二〇一四年にはじまった「ウクライナ危機」は、中ロ間の兵器取引にも影響をあたえた。同危機がもたらした米欧諸国との関係悪化は、一般的にいってロシアをして中国へ接近せねばならない状況をつくりだした。このような状況変化を、二種類の兵器を例にとって具体的に説明してみよう。第一例は、ロシアが遂に最新鋭戦闘機Su―35の対中売却に「ゴー」サインを出したこと。さきに説明したように、ロシアはそれまで長らくのあいだ、第五世代の戦闘機、Su―35を中国に輸出することを躊躇していた。だが、そのようなSu―35二四機を約二〇億ドルで中国に売却する（実際の引き渡しは二〇一六年十二月から一八年）との契約書に、二〇一五年十一月、合意したのだった。このようにして中国は、今後、自前でSu―35を生産可能なノウハウを獲得することになるだろう[28]。

第二例は、同じく最新鋭の地対空ミサイルS―400を中国向けに売却することに合意したこと。S―400は、S―300を大幅に改良したシステムである。ロシアは、四―六基の同システムを中国向けに三〇億ドルで売却する契約に、二〇一四年九月、調印した。契約を正当化する理由として、ロシア側はのべた。同システムをコピーするためには、中国側といえどもかなりの時間を要するだろう。その間に、ロシア側は次世代のS―

500システムを開発することが可能なので、大きなマイナスとはならないだろう、と。たしかに経済的観点からはそうかもしれないが、国際政治や軍事戦略上の観点からは問題なきにしもあらず。というのも、中国の人民解放軍（ＰＬＡ）が旧世代のＳ―300でなく、Ｓ―400を配備するようになれば、中国とその周辺諸国（台湾、尖閣諸島、南シナ海）での軍事バランスを大きく変える事態をみちびきかねないからだ。[29] たとえば台湾の戦闘機が離陸するのとほぼ同時に、ＰＬＡはＳ―400システムを用いて同機を撃ち落すことが可能になろう。

## インド、米ロを天秤に？

インドは、軍事費支出にかんしては世界で第一〇位（「ＳＩＰＲＩ」調査）を占める。その三〇―三五％を軍事ハードウェアの輸入に用いており、二〇一〇年―一四年で世界最大の兵器購入国だった（世界の全兵器輸入額の約一四・九％を占めた）。[30]

冷戦終焉までの時期、インドは、表向きは「非同盟（non-alignment）」外交政策を標榜していたものの、現実には「西」よりも「東」側陣営へ傾く傾向をしめしていた。そのことも作用して、インドはソ連との関係を良好に保ち、五〇年近くにもわたって緊密な軍事協力関係をつづけてきた。インド軍が用いている兵器の七〇％はロシア製であり、インドがロシアの全兵器輸出の三〇―四〇％のシェアを占めた時期すら珍しくなかった。中国と並ぶロシア製兵器の二大得意先で、二〇一三年には中国を抜いて遂に第一位になりさえした。インドは、二〇一四年、ロシアから四七億ドル（ロシアの全兵器輸出の二八％）にもおよぶ兵器を調達した。[31] インドは、地続きの中国にたいしロシアが提供しない類いの最新鋭兵器の供与を受ける特権にさえ浴している。たとえば、第五世代戦闘機の共同開発ならびに生産などである。

ところが最近、ロシア－インド間では兵器売買をめぐって、不協和音が若干聞こえてくるようになってきた。なぜか？　一般的な背景事由としては、次の諸点を指摘しうるだろう。まず、インド外交がロシアから一定の距離を保ち、米欧諸国への接近傾向をしめしつつあること。[32]そのことも手伝って、インドは兵器購入先を多元化しようと試みるようになった。加えて、インド側における私企業の発達という事情もある。かつてインドは、一般的にいって民間企業が十分育っていなかったがゆえに、やむなく外国諸企業に市場を開き、経済活動を彼らの独占にゆだねざるをえないという事情があった。ところがそのようなインドでも、次第に民間企業が育ち、それなりの発言権を主張するようになってきた。このような変化を反映して、インドは戦略防衛産業（インドGDPの二・五%相当）分野にも競争原理を導入したり、外国企業にたいしてインドの地元防衛産業への投資（例えば、契約価格の三〇%の投資）を義務づけたりするようになった。[33]

とはいいながら、インドは現在なおロシア製兵器の最大の購入国の一つにとどまっている。だがやや単純化していえば、それは兵器のハードウェア部分が主になりつつある。ハイテク部分は、ロシア以外の諸国（たとえば、米、英、仏、イスラエルなど）からも調達するようになった。しかもハードウェア分野でも、純商業的な観点に立ってロシアとのあいだで熾烈な価格交渉をおこなうようになった。ちなみに、このようなことは中ロ間の兵器売買にかんしても同様に当てはまる。価格面で折り合わなければ、取引を中止するとの強い態度に出ることすら珍しくない。インドの例を、一、二しめそう。

たとえば、空母「アドミラル・ゴルシコフ」のロシアからインドへの売却の場合が、そうだった。同空母（四万四五七〇トン）のインドへの売却価格は、一五億ドルにまでディスカウントされた（二〇〇四年）。ロシア側は、同艦（インド名〝ヴィクラマーディティヤ〟）の改修・近代化作業を有料で請負うことになっていた。ところが、ロシアは後になって改修費を一二億ドルへと値上げし、本艦の売却代金と併せて合計二七億ドルの支払いを要求しようとした。インド側はそのように多額の値上げには同意できないと回答、じじつ改装後の空母の引き渡しは二〇一二年末まで延期された。[34] 同空母は、結局二〇一四年一月八日にインドへ引き渡され、価格は二七億ドルよりも高くなったと推定されている。

もう一例。インドは、ロシアのアクラⅡ型原子力潜水艦（インド名ＩＮＳ〝チャクラ〟）を、二〇〇七年八月十五日にロシアから借り入れる予定だった。だが同潜水艦の建造が遅れたために、リース開始期日を二〇〇九年秋へと変更せざるをえなかった。[35] しかも、ロシア側は賃貸料を六億五〇〇〇万ドルから七億八五〇〇万ドルへと値上げすることを主張した。インド側はリース開始時期の延期には合意したものの、賃貸料の見直しには応じようとしなかった。

## 輸出先の拡大戦略

中国とインドは、依然としてロシア製兵器のお得意先である。とはいえ、その相対的比重は徐々に低下してきている。じっさい、中印両国がロシアの全兵器輸出に占める割合は、七四％（二〇〇五年）から六二％（〇六年）にまで低下した。[36] こうなると、ロシアは、当然のごとく兵器輸出の販路をインドと中国以外の諸国向けに拡大する必要に迫られる。ＳＩＰＲＩの年次報告書（二〇一六年版）によると、今日、ロシア製兵器の輸出先は、次のような多元化をとげている。アジア太平洋地域―六一％、アフリカ―一一％、中東―八・二％。[37]

東南アジア諸国を例に引いて、以下、このような傾向を実証してみよう。

たとえば、ベトナム。ベトナムは、南北ベトナム統一以前の時期から、「社会主義」国としてソ連から兵器供与の便宜にあずかっていた。ソ連解体後のロシアは、主として経済的な理由から維持困難となったベトナムのカムラン湾の基地から撤退した。だからといって、ロシアはベトナムそれ自体にたいする関心を減少させたわけではない。ロシアとベトナムの二国間には、中国を潜在的な脅威とみなすという共通項も存在する。プーチン大統領がＡＳＥＡＮ諸国のなかで最初に公式訪問をおこなったのも、ベトナムにほかならなかった（二〇〇一年二月）。

今やベトナムは、インド、中国と並ぶロシア製兵器の最大のお得意先とみなして差し支えないだろう。じっさい、二〇一五年現在、ベトナムはロシアの兵器輸出先として、インド、中国につづいて第三位（八億一二〇〇万ドル）の地位を占めている。ロシアは、ベトナムへSu—22M3、Su—22M4、Su—27SK、Su—30MKMなどを輸出し、ミサイル警備艇のライセンス生産（一〇隻）、S—300PMU型の地対空ミサイル（数基）を売却する契約も結んでいる。[38] ベトナムはかつてSu—27の代金を外貨に加えて農産物でも支払っていたが、[39] ロシア側は次第にそのようなバーター取引を好まなくなった。

ロシアは、ミャンマーからの訪問団をモスクワに受け入れた。二〇〇六年四月のことである。このときプーチン政権は、どうやらミャンマーの石油・ガス利権と交換の形でロシア製兵器（例えば、MiG—29戦闘機、二〇機）をミャンマーに売却する契約を結んだ模様である。プーチン政権によるこのような動きにたいして、中国側は不快感を表明した。一九八〇年代末以来、ミャンマーの主要貿易パートナー兼兵器供給国は中国であり、[40] 中国側もミャンマーにたいして国産の新型戦闘機（たとえば、「梟竜」）の売却を考えていたからだった。

## その他の東南アジア諸国

ＡＳＥＡＮ加盟諸国に限っていうならば、ベトナムとともにロシア兵器の三大輸入国となったのは、マレーシアとインドネシアである。ごく単純化していうならば、ベトナムの場合は中国にたいする対抗意識、マレーシアとインドネシアの場合は米国にたいする敵対意識が働いているといえよう。このような要素を早速利用しようと考えたロシアは、政治的接近を企てる有効な手段としても、マレーシアとインドネシアにたいするロシア製兵器の輸出に熱心になった。

まず、マレーシア。マレーシア首相（当時）のモハマド・マハティールは、「アジア的価値」の提唱者として知られていた。裏返しにすると、これは米国とりわけビル・クリントン政権による民主主義促進キャンペーンにたいする反発を意味した。米国によるマレーシアにたいする嫌がらせに対抗する一つの手立てとして、マハティールはロシアとの関係を改善しようと欲した。結果として、マハティールは東南アジアにおけるロシアの強力なスポンサー（支援者）となり、ロシアの同地域への進出を大いに助けることになった。

それまでのマレーシアは、アメリカ製のF/A―18戦闘機を購入していた。ところがマハティール首相は、一九九九年、同機種と並んで、ロシア製のMiG―29M戦闘機を購入することに決した。[41] マレーシア国防省はその必要全くなしと主張して、首相の意図に反対を唱えた。反対の根拠として、マレーシア軍部はのべた。①米国製戦闘機は、ロシア製戦闘機の能力や機能も兼ね備えている。②米ロ二種類の戦闘機からなる混成部隊が形成されると、作戦業務上の支障が生じる恐れがある。③ロシア製のMiG―29は、同機の代替部品工場の設立がマレーシア国内で認められていないためにも不便である。国防省や軍部のこのような反対論にもかかわらず、[42] マハティール首相はロシア製戦闘機の購入を敢行した。マレーシアからロシアへの支払いは、その六五％が現金払い、残りの三五％が椰子油とのバーター取引の形で決済された。

マハティールは、プーチン政権成立後も東南アジア諸国へのロシアの先導役を果たすことにも熱意を燃やした。アジアにおける中国の影響力拡大を防止しようとして、アメリカが東南アジアにたいする己の発言力を増大させようとする意図や動きにたいして、同首相は反感を抱いたからだった。プーチン大統領は、二〇〇三年八月、マレーシアを訪問した。ロシアの国家元首として同国への初めての公式訪問であった。この訪問中に、ロシアからマレーシアへのSu―30ＭＫＭ戦闘機（一八機）の売却契約が正式に調印された。支払いの三〇％は椰子油とのバーター取引でおこなわれた。二〇〇八年、ロシア側からSu―30MKM四機がマレーシア側に手渡され、すでに供給済みの六機と併せると、計一〇機になった[43]。

ロシアが次に食い込みをはかったのは、インドネシア。マレーシア同様、インドネシアと米国とのあいだに生まれた間隙や確執を利用しての外交攻勢にほかならなかった。インドネシアがこれまで輸入していた兵器の約八割までは、米国製だった。ところがインドネシアは、国内における人権抑圧、とくに東ティモールでのインドネシア軍による人権侵害（一九九九年）の廉で、米国議会によって兵器禁輸の制裁を受けることになった。そのことを不満に感じたインドネシアは、アメリカ以外の兵器供給先としてロシアに目を向けるようになった。たしかに二〇〇五年になると、米国はインドネシアにたいする兵器禁輸措置を解除した。だがこの時までに、インドネシアは兵器供給源をアメリカ一国だけに依存するのは必ずしも賢明な政策でないと考えるようになった様子だった。

他国との間にうまれた間隙やぎくしゃくした関係を巧みに利用して、己の国益を素早く達成しようとする――。これは、ロシア、とりわけプーチン政権が得意とする外交戦術にほかならない。ともあれ、ロシアは、二〇〇二―三年頃から、インドネシアにたいする兵器輸出に熱心となった。たとえば、Su―27SK戦闘機（二機）、Su―30MKM戦闘機（二機）、軍用ヘリコプター、Mi―35（六機）などを売却した[44]。代金は、主として椰子油とのバーター取引の形で支払われた。要するにインドネシアの場合、次のような理由がロシア製兵器の導入を後押ししたことになったと言えよう。①ロシア製兵器の価格が低廉であること、②ロシア側がバーター取引にも応じたこと、③アメリカがインドネシアに禁輸措置を加え、米国兵器の輸出を事実上禁止したこと。これらに加えて、マレーシアという先例が存在したことも重要だった。

## 「ならず者国家」とすら取引

プーチン政権は、米国防省のブラック・リストに載せられている諸国（たとえば「ならず者国家」）にたいしてすら、ロシア製兵器の売却を些かも逡巡しない。たとえばイラン、ベネズエラ、シリア、パレスチナなどにたいして、そうである。

ロシアは、エリツィン前政権時代の一九九五年、クリントン米政権とのあいだで、イランにたいしては兵器セールスをおこなわないという秘密合意を結んだ（いわゆる「ゴアーチェルノムイルジン合意」）。プーチン政権期になると、米ロ両国はこの合意を修正し、今後五年間はイランにたいして三―四億ドルの兵器しか売却しないことに決した。そのような合意が存在するにもかかわらず、ロシアは、二〇〇七年イランとのあいだで兵器売買契約を結び、そのなかにはTor《トール》―M1防空システムの対イラン売却契約すら含めた（二〇〇八年一月に引き渡しが完了した模様）。同システムは、爆撃機や巡航ミサイルを低空で撃ち落とすことが可能である。さらにプーチン政権は、同システムの改良型であるS―300を二〇一六年末までにイランに提供する用意があることすら示唆した[45]。もしこれが実行に移されると、米国またはイスラエル軍が万一イランを攻撃する場合、強力な対抗手段に遭遇せねばならぬことになろう[46]。

ロシアによるイランへの兵器セールスにたいして、もとより米国当局は遺憾の意を表した。そのような抗議にたいして、プーチン大統領自身は答えた。まず、「ロシアの兵器は、それを受けとる諸国の防衛能力の強化、ならびに地域的な安定と安全保障の維持のみを目指している」[47]。そればかりではない。大統領はつづけて言明した。「兵器売買にたいして一方的または政治的な評価にもとづいてわれわれに制限を加えようとするいかなる試みも、ロシアは考慮に入れないし、また入れることはできないだろう[48]」。

このようなロシアのイランにたいする政策にたいして、ジョージ・W・ブッシュJr.政権は黙ってはいなかった。同政権は、二〇〇六年八月、外国の一部軍事関連企業にたいして制裁措置を採ると発表した。イランと軍事協力をつづけている嫌疑が濃厚な企業にたいして、アメリカ政府との取引を今後二年間にわたって禁止するとの措置である。そのような対象となった外国企業七社のなかには、ロシア企業二社が含まれていた。ロシアの国営兵器輸出会社「ロスオボロンエクスポルト」、戦闘機メーカーとして名高い「スホイ航空」である。[49] セルゲイ・イワノフ国防相（当時）は、これらのロシア企業が「大量破壊兵器（WMD）」不拡散にかんする国際法上の義務に違反するセールスをおこなっているはずはないと反論した。[50]

南米ベネズエラも、チャベス政権下に米国によって兵器禁輸制裁を受けていた。制裁前の時期に米国はベネズエラにたいしF―16戦闘機を提供していた。だがフーゴ・チャベス大統領が採った反米外交路線、とくにその影響力が中南米全体へと拡大しかねないことを懸念して、米国政府はベネズエラにたいし経済制裁を科すことにした。ワシントンによるこの制裁処置を奇貨として、プーチン政権はベネズエラへの兵器輸出を積極的に推進しようともくろんだ。ワシントンがロシアの「裏庭」である中央アジア諸国に関心を抱き進出してくるのならば、モスクワも米国の「裏庭」に当たる中南米諸国へ進出して何が悪い。このような政治的意図も作用していた。

じっさい、チャベス大統領が二〇〇六年にモスクワを訪問したとき、プーチン政権は同大統領を大歓迎し、その結果成立した契約の内容は以下のようなものだった。Su―30MKM戦闘爆撃機（二四機）、ミル軍用ヘリコプター（三〇機）、カラシニコフAK自動小銃（一〇万丁）、合計して一〇億ドルの商談。[51] ブッシュJr.政権はプーチン政権にたいして、ベネズエラへ兵器を提供しないよう依頼していた。が、プーチン政権はそのような前もっての懇請を全く意に介さなかったために、同政権の仕打ちはブッシュJr.政権にたいしてまるで平手打ちを加えるに似た外交行為になった。ともあれ、ロシアからベネズエラへの兵器輸出契約は、二〇〇八年時点で四〇億ドルにも達し、その後一〇年間に五〇億ドル以上にも上るだろうとすら予想された。[52]ところがその後、ベネズエラはロシアの兵器輸入国の地位から滑り落ちてしまった。[53]二〇一三年にチャベスが死去した。その後を受けて成立したニコラス・マドゥロ政権は、独裁かつ反米左派のチャベス路線を継承したものの、原油価格の急落に直面せざるをえなかった。そのために、世界最大の原油埋蔵量を誇り、以前には南米有数の富裕国だったベネズエラは、かつて輸出収入の九割超を占めていた原油マネーを失う羽目になったからである。

## さらなる増大を阻む諸要因

ロシアの兵器輸出は、はたして順風満帆とみなしてよいのか？　プーチン政権のこれまで一七年間にそうだったように、今後も右肩上がりに伸びてゆく。こう想定して、構わないのだろうか？　必ずしもそうとは楽観しえない。いやそれどころか、ロシアの対外兵器輸出は、ひょっとすると二〇一七年の一五〇億ドルがピークなのかもしれない。今後は良くてこのレベルの維持が精一杯で、最悪の場合、下降線へと転じる——このように厳しい予想すらおこなうべきなのかもしれない。なぜか？

その主要事由を説明するためには、ロシアの兵器セールスの特徴を今一度思い起こしてみる必要があろう。ロシア製兵器は、次のような特色をもっていたがゆえに、海外で顧客を見つけることがこれまでさほどむずかしくなかった。①米欧製に比べて安価。②技術的な操作が簡単。③バーター取引も可能。④米欧製兵器を購入しえない諸国にとり残された選択肢。これらの利点を裏返しにすると、もし以下のような状況が生まれてくる場合には、ロシア製兵器にたいする需要が減少して当然という理屈になろう。

①ロシア製兵器の価格を従来のように低く抑えることが困難になり、逆に値上げすら敢行せねばならなくなる場合。インフレーションがほとんど皆無で物価が安定していたソ連経済の惰性に引きずられて、ロシアは破格の安値で兵器注文に応じる傾向があった。ところが現ロシアは、少子化その他の理由で労働力不足におちいり、賃金も物価も急上昇しつつある。じっさい、軍産複合体関連のインフレーション率は二〇%にも達している。つまり、それ以外の諸分野でのインフレ率（一二%）に比べて、約二倍近くも高くなっている（二〇〇七年）。

②技術革新によほど熱心に取り組まなければ、ロシア製兵器の性能は低下し、米欧諸国が提供する高度かつ洗練された兵器との格差は益々拡大する一方だろう。加えて、購入する諸国の兵士たちの質も向上する一方と予想すべきだろう。彼らは最新鋭の兵器を要求し、やがてロシア製兵器に見向きもしなくなる時代が訪れるかもしれない。

③ロシア側は、次第に（椰子油や農産物などとの）バーター取引に満足しえず、現金決済を要求するようになってきている。他方、空前のオイル・ブームのお蔭でこれまでロシア製兵器の得意先だった国々（ベネズエラ、イランなど）は、ブームが去った今日、兵器購入に熱心になりえなくなった。

④米欧諸国の政治的判断その他にも変化が生じ、兵器売買をめぐる国際競争は熾烈の一途を辿るだろう。結果として、一部の米欧諸国は、これまで自国製兵器の売却を自粛していた国々にたいしても禁輸処置を解除する誘惑に駆られるかもしれない。たとえばドイツ、フランスなどのＥＵ諸国は、天安門事件以来、中国にたいする兵器輸出の抑制を申し合わせていたが、そのような措置を事実上解除する気配をしめしはじめた。

以上四点を大胆に要約するならば、兵器売買の分野でも「事情変更の原則」が当てはまる。つまり、ロシア製兵器がこれまでは良く売れたからといって、そのような状態が何時までも永久につづくとの保証はどこにも存在しない。事情が変われば、ロシア製兵器が売れなくなって当然だろう。兵器も一個の商品である。したがって、他の商品同様、その時々の需要と供給の原則にしたがう。

## 西側諸国からの逆輸入

ロシア製兵器を輸出して外貨を稼ぐとともに、政治的な協力関係の構築を図る——これこそは、まさにプーチン政権が鋭意推進中の対外政策の根幹といえるだろう。ところが残念ながら、ロシアには自らがつくりえないタイプの兵器や軍事技術も、とうぜん存在する。それらを先進諸国から積極的に輸入してくることを、同政権はためらわない。ひとつには、ピョートル大帝に遡るロシア式「拝借」思想がロシアに根付いているからである。他国から科学技術上のイノベーションを積極的に導入し、先進諸国の発展レベルに可能なかぎり速く追いつき、追い越す。これは、何ら恥しいことではない。プーチン自身の考えも、そうである。

二〇〇七年から一二年にかけてロシア国防相をつとめたアナトーリイ・セルジュコフは、実業家（家具業）出身だった。そのような経歴も作用したのか、同国防相は外国の軍事技術をロシアへ採り入れ、模倣することに逡巡しなかった。KGB出身者のプラグマチスト、プーチン大統領も、そのようなセルジュコフの政策を咎めだてしないばかりか、奨励さえした。二〇〇八年夏の「ロシア–ジョージア五日間戦争」は、ロシア国防省関係者にとり貴重な実戦体験の機会を提供すると同時に、数多くの教訓をもたらした。なかでも反省点のひとつは、ロシア軍の装備レベルにかんしてであった。たしかにそれは、さきにもふれたようにジョージア軍のそれに比べると上質だったとはいえ、ジョージア軍が直接・間接的に支援を受け提供されていた米欧諸国の軍事装備と比べると明らかに劣っていた。

同戦争で明らかになったのは、ロシア軍はたとえば精密誘導装置や夜間ゴーグル（暗視照準）能力を備える「無人航空機（*Unmanned Aerial Vehicles*／ＵＡＶ）」を所持していないという事実だった。ＵＡＶは飛行中に発するエンジン音が雄のミツバチ（drone）の羽音と似ていることから、「ドローン」と綽名されている。他方、同戦争中でジョージア軍は、イスラエル製の大量のＵＡＶを駆使した。おそらくこの時の苦い経験から学んだのであろう、セルジュコフ国防相は、二〇〇九年四月、イスラエルから先ずサンプルとしてＵＡＶ一二機を五三〇〇万ドルで購入したのを皮切りにして、結局、合計して六三機を六億ドルで買いつけた。[54] その効果は絶大だった。ロシア軍は、その後のウクライナ紛争やシリア空爆のさいには二〇〇八年の対ジョージア戦とは比較にならないほどの「洗練されたオペレーション」を実施することが可能になったからである。[55]

同戦争でロシア側は兵員輸送能力にも手間取る苦い経験を味わった。この反省にもとづいて、ロシア軍はフランスから「ミストラル」艦の購入を決定した。フランスは、もとよりドイツと並ぶ西側陣営の枢要国であり、ＮＡＴＯメンバーである。にもかかわらず、ロシアは、そのようなフランスから、「ミストラル」を購入しようとし、フランス側も売却をためらわなかった。「ミストラル」はフランス海軍が誇る最新鋭の強襲揚陸艦で、とりわけヘリコプター用空母としての数々の優れた機能をもつことで知られている。さらに詳しくのべると、全長約二〇〇メートルにも及ぶ大型艦船であり、四五〇人の兵員、一六機のヘリコプター、七〇両の戦車などを搭載、運搬しうる能力を備えている。

もしロシア軍が「ミストラル」を配備し利用できるようになれば、同軍の上陸作戦能力は飛躍的に向上するに違いない。対ジョージア戦争のさい二六時間もかかっていた兵員やヘリコプターの輸送などわずか四〇分くらいで可能になるだろう。ロシアは「ミストラル」を二カ所に配備すると予想された。一隻目は、おそらくジョージアに面する黒海もしくはバルト海の地域。ジョージアはいうまでもなく、バルト三国（リトアニア、ラトビア、エストニア）などの近隣諸国はこのような可能性を大いに危惧した。二隻目は、おそらくロシア太平洋艦隊への配備。日本、中国などはそう予想して、警戒の念を高めた。

しかしその後、「ミストラル」を巡るフランス－ロシア間交渉は意外な展開をとげた。両国は、二〇一一年六月「ミストラル」二隻の売買契約（一七億ドル）を結び、一隻目は二〇一四年、二隻目は二〇一五年の引き渡しに合意していた。ところが、二〇一三年末から一四年へかけて所謂「ウクライナ紛争」が発生した。ロシアによるクリミア併合に反対するG７諸国は、対ロシア制裁の一環としてフランスを説得し、「ミストラル」のロシアへの引き渡し禁止に同意させたのである。フランスは、ロシアとの「ミストラル」売買契約を解除し、二隻をエジプトへ売却することに方針転換せざるをえなくなった。これは、ロシア海軍にとり大きな打撃だった。[56]

「ウクライナ紛争」は、次の意味においてもロシアの軍事産業にたいしてネガティブな影響を及ぼしたとみなさざるをえないだろう。というのも、ソビエト期から二〇一四年までロシアとウクライナの二国間では軍事技術上実に緊密な協力関係が存在していたからだった。そのことをしめす、一、二の例を挙げよう。

たとえば、ウクライナの黒海沿岸に面するニコラエフ港の大型造船所。これは、かつてソビエト海軍の艦船、とくに空母用の乾ドックであると同時に、六―七万トン級のロシア艦船を建造するプロジェクトを実施中だった。広くロシア中を探しても、このような機能を代行しうる造船所を他に見つけてくることはむずかしい。しかも、同造船所近くには海軍用ガス・タービンの製作センターが設置され、稼働していた。同センターで製造されるタービンは最も複雑なタイプのそれであり、他の類似のセンターでは製造困難な類いのものだった。ところが、「ウクライナ紛争」の煽りを食って、そのようなガス・タービンは生産中止となり、ロシアへの供給が不可能になった。ロシアの軍産複合体にとって大きな打撃であり、深刻な「アキレス腱」[57]になった。

また、ヘリコプター用エンジンのコンポーネンツ（部品）にかんしても、ロシア軍産複合体は一種の「分業」則に従いロシア国内で製造することなく、その生産をもっぱらウクライナの諸工場に依頼、依存する方法を採っていた。ところが「ウクライナ紛争」の発生によって、ヘリコプター部品の入手は少なくとも当分のあいだロシアにとり困難かつ不可能になった。[58] 兵器の生産や輸出入は、単に商業原理ばかりでなく、政治的状況にも左右される——。その好例とみなしうるだろう。

また、英国の有名なシンクタンク、「国際戦略研究所（ＩＩＳＳ）」は、二〇一七年夏、発表した。北朝鮮が、「ＲＤ250」と呼ばれる旧ソ連製エンジンを、闇市場を通じ獲得したことによって、ミサイル発射技術を飛躍的に向上させることに成功した、と。「ＲＤ250」は、旧ソ連の大陸間弾道ミサイル（ＩＣＢＭ）などに使用された液体エンジン。これを改良したエンジンは、北朝鮮が二〇一七年五月以降に発射した新型中距離弾道ミサイル「火星12」や「火星14」に用いられた——。このような嫌疑が、濃厚だった。もっとも、「ＲＤ250」が誰によって、すなわちウクライナ、ロシアのうちの一体どちらの密輸業者の手を通じて北朝鮮へ移ったのか。これは、厳密にいうと不明だった。とはいえ、「ＲＤ250」エンジンが当時ソ連邦の一部だったウクライナの工場「ユジマシ」で製造されたエンジンであることだけは、明らかだった。

# 第7章
# ソフト・パワー

「RT」(英語テレビ局)の新スタジオを案内するシモニヤン編成局長(右)とプーチン大統領(右から2人目)(出典:『タイム』2015.3.16号)

陰謀組織の全技術は、ありとあらゆるものを利用することにある。

——**ウラジーミル・レーニン**(1)

ハード・パワーとソフト・パワーを組み合わせて効果的な戦略にする能力こそが、スマート・パワーなのである。

——**ジョセフ・S・ナイ**(2)

毎朝シャワーを浴びることこそが大事なのであって、外出直前に香水をふりかけても大して役にたたない。

——**アンドレイ・レーベジェフ**(3)

## あらゆるものを利用

軍事力などの「ハード・パワー」を重視し、それを脅しに使ったり、じっさい駆使したりすることばかりをたくらんでいる——。プーチン大統領を、そのような指導者であると誤解してはならない。これは、プーチノクラシーの一側面しかみようとしない皮相な見方だろう。政治とは、結局のところ「敵」ないしは相手をして、当方に都合のよいイメージを形成させて、人間を篭絡するゲームである。だとするならば、武力を用いることなく所期の目的を達成するに越したことはない。武力は伝家の宝刀、すなわち最後の手段（ultima ratio）である。少なくともそれに訴える以前の段階では、それ以外の手段を十分活用することが望ましい。レーニンは説いた。「陰謀組織の全技術は、ありとあらゆるもの（все и вся）を利用することにある」（傍点、原文どおり）。

「ありとあらゆるもの」という場合、軍事力といったハード・パワーそのものや、それに近い強制力も帯びる経済力はいうまでもなく、文化力、宣伝・広報といったソフト・パワーがとうぜん含まれる。じっさい、レーニンは、政治においてソフト・パワー、とりわけ教宣活動が演じる重要な役割を十二分なまでに理解し、かつ実際それを利用した政治家だった。やや極端にいうと、レーニンは煽動、謀略、ＰＲ活動をフル活用することによってロシアで「レジーム・チェンジ」を成し遂げ、ソビエト政権を樹立した人物といえるだろう。彼の後を継いだスターリンも、その点で人後に落ちなかった。スターリンは、ソ連共産党、端的にいうと己自身の支配を正当化するために、たとえば『ソ連邦共産党史』、『スターリン小史』などのＰＲ文書を出版し、それらに依拠する政治、歴史教育を徹底させた。同様の考え方にもとづき、彼は『プラウダ』、『イズベスチヤ』、『赤星』など公認機関紙の購読をソビエト国民に強要した。

プーチン現大統領もまた、このように輝かしい（？）先達たちの教えを忠実に履行している政治家である。すなわち、政治は、一種の「ハイブリッド戦争」にほかならない。彼は、このことをよく理解している。そのようなハイブリッド戦争で〝ソフト・パワー〟が果たす重要な役割を認識する点で、プーチンは人後に落ちない。具体的には、宣伝・広報が果たす役割を承知し、みずからもそれを活用して己の政権維持に役立てようとしている。

〝ソフト・パワー〟(4)は、米国のジョセフ・ナイ教授（ハーバード大学、国際政治専攻）によって提案された概念《コンセプト》。「目に見えない国家・国民の価値や文化の魅力を用いて、他者を味方や追随者にする力」を意味する。ソフト・パワーを用いると、ハード・パワーの要素が強い軍事や経済の力をその分だけ節約することが可能になる。(5)

〝ソフト・パワー〟、「目に見えない無形の（intangible）魅力」(6)、もしくは「伝統的な文化力」。はたしてそれを何と呼ぶにせよ、しかしながら、現時点のロシアがそのような力を十分な程度にまで持ちあわせていないことは、誰の目にも明らかといえよう。まず、イデオロギー、政治、経済、社会体制の観点からいって、現ロシアはこれといった〝ソフト・パワー〟を有していない。たとえばマルクス・レーニン主義は、それがかつて少なくとも地球上の一部の人々のあいだで有していたかもしれない信憑性や説得力を失ってしまった。ソ連型社会主義体制も、今や政治、経済、社会モデルとしての魅力を喪失してしまった。

今日、国づくりのモデルとしての観点での〝ソフト・パワー〟を有しているのは、むしろ米欧諸国のほうだろう。たとえばバルト三国やかつて旧東欧圏に属していた諸国は、まるで争うかのようにＮＡＴＯやＥＵへ加盟しようと試みた。なぜか。もとより、複数の事由を挙げうるだろう。たとえば、これらの組織へ加盟することによって、安全保障や商業上の利益が得られるからにちがいない。だが、同時に次の理由も少なからず大きな役割を演じたのではないか。すなわち、欧米諸国に普及している民主主義的な価値観、市場経済の「ゲームのルール」に、これらの国々がシンパシーを感じ共鳴すればこそ、彼らは進んでNATOやEUへの参加を決めた、と。この意味で、アーチー・ブラウン（オックスフォード大学名誉教授、ロシア政治専攻）の次の言葉は、必ずしも誇張とはいえないかもしれない。NATOやEUの東方拡大は、それが掲げる「経済的、政治的モデルの魅力」(7)によって、「一発の弾丸を発砲することなく」(8)実現した。

もしブラウン教授の指摘が当っているとするならば、EUやNATOのさらなる拡大を阻止するために、ロシアがなすべきことは自ら明らかになろう。加盟申請国にたいして軍事力や天然エネルギー資源を用いて圧力を加え、牽制したり阻止したりするだけでは決して十分ではない。むしろ、自らの〝ソフト・パワー〟を充実させ、他の諸国をしてロシアとの関係を是非とも深化させたい、ロシアと同一の組織に加わりたい——こう思わせるような魅力を備えることだろう。

## 弱体なソフト・パワー

たしかに、ロシアの文学、音楽、演劇、美術、バレエ、スポーツ、宇宙開発は、世界の一部知識人らのあいだで依然として高い人気を博している。とはいえ、かつて基礎科学分野で米国と並ぶ超一流国だったソ連の面影は、現ロシアで失われてしまっている。たとえばノーベル賞の自然科学部門（物理、化学、医学生理学）の受賞者中に、ロシア国籍者の名前を最近ほとんど見かけなくなった。二〇一六年十月現在、日本のノーベル賞受賞者の数は二四名（世界第七位）であるのにたいして、ロシアのそれは二〇名（第八位）のままに止まっている。ひとつには、ロシア人受賞者の一部は海外へ出て、米国や欧州諸国の国籍を取得しているからだ。ロシアの「ベスト・アンド・ブライテスト」のあいだでは海外移住傾向が顕著になり、プーチン期の現在、ボリシェビキ革命直後に次いで数多くのロシア人が祖国を去る「第二の海外移住ブーム」が発生中なのである。ちなみに、諸外国からロシア市場への投資が増大しない一方、ロシア資本も海外へ流出中である。要するに、現ロシアはヒトにとってもカネにとってもさして「魅力のない」場所に変わりつつあるのだ。

たしかに、年間二九〇〇万人もの観光客がロシアを訪れている。(9) だが、モスクワの赤の広場、ペテルブルグのエルミタージュ美術館を除くならば、現ロシアの文化、食事、娯楽は、世界の一般ツーリストたちを長期間にわたって滞在させるに足る魅力をはたして十分備えているだろうか。ことの良し悪しを問わず、ハリウッド映画、ディズニーランド、マクドナルド、スターバックスなどアメリカ型の大衆文化や商業施設、日本製アニメやマンガの人気などに、ややもすれば押され気味のように思われる。コンピューター時代の到来とともに英語が世界の共通言語となり、ロシア語は学習者の数を激減させつつある。（中央アジアの大国、カザフスタンでは、カザフ語のロシア語表記を止めて、欧米で幅広く用いられている文字表記への移行を開始した(10)。もっとも、インターネット利用者が用いている言語は、次のようになっているが。英語―五二・八％、ロシア語―六・四％、日本語―五・六％、ドイツ語―五・五％、スペイン語―四・九％、フランス語―四％、中国語―二％、アラビア語―〇・八％。(11)

以上のことから、残念ながら次のような結論に達せざるをえないだろう。現ロシアは、己の国際的イメージを高め、友好国を増やすことに資する十分な〝ソフト・パワー〟を欠如しているのではないか。英国のPR会社「ポートランド・コミュニケーションズ」が実施している〝ソフト・パワー〟のランキング調査によれば、世界三〇カ国のなかでロシアは二〇一五年度に二七位とされている。(12)

ロシアは、必ずしも強力な〝ソフト・パワー〟を持たなくとも構わない――。このような反論が提出されるかもしれない。だが、次のような嫌疑もかけられるのではないか。往々にして、〝ソフト・パワー〟を十分もたない国は、ややもするとその不足分をハード・パワーによって補おうとする誘惑に駆られる。じじつ、そのような事情が、プーチン・ロシアをして軍事力というハード・パワーや経済力という準ハード・パワーにたいする依存度を高める悪循環すら生み出す。具体的には、兵器の輸出、その使用、そしてエネルギー供給の停止・再開などによる政治的威嚇である。これらはある意味では有効なパワーなのかもしれないが、ロシアの国際的イメージを向上させることには必ずしも貢献しない。

ついでながら、右にのべたこととの関連で、最近一〇年間でロシアの対外イメージを失墜させる方向に作用した出来事を想起してみるのも、興味深い作業かもしれない。たとえば、次の諸事件である。二〇〇七年――アレクサンドル・リトビネンコの毒殺。二〇〇八年――ロシア軍のジョージア侵攻。二〇一一年――プーチン(首相)、メドベージェフ(大統領)間での公職交換の発表。二〇一二年――ロシア女性バンド「プッシー・ライオット」にたいする実刑判決。二〇一四年――ロシアによるクリミアの併合。二〇一五年――同じくウクライナ東・南部への軍事干渉……等々。

ではクレムリンは、一体どうすればよいのか。ルキヤーノフは、この問いにたいして実に適切な答えを与えている。「ロシアが欠いているソフト・パワーを自国の対外的な影響力増大の効果的な手段として役立てる」[13]――。これこそが、必要不可欠な作業になる。いいかえるならば、ロシアはもっとＰＲ(広報・宣伝)活動を重視して、悪化しつつある自己の対外イメージの改善に努めねばならない、と。

## ロシアの努力は緒についたばかり

政治分野でも、経済・商業分野とまったく同様、ＰＲ活動の重要性は大きい。ロシアの歴代政権は、このことを十分すぎるまでに熟知している。だからこそ、エリツィン政権は、たとえばＰＲ専門会社として世界的に有名な米国のケッチャム（Kechum）社と契約を結び、数千万ドルにもおよぶ莫大な額の外貨を支払った。同政権は、ケッチャム社の宣伝指導のお蔭によって、エリツィン大統領の再選（一九九六年）を見事、克ち取った。プーチン政権は、ロシアで初めての主要八カ国（G8）サミット（二〇〇六年）、同じくロシアで初めてのソチ冬季五輪（二〇一四年）を成功裡に開催、終了しえた。ケッチャム社は、プーチン個人にたいしても大いなる手助けをおこなった。たとえば二〇〇七年に、米国の権威ある週刊誌『タイム』によってプーチン大統領が初めて「今年の人物《パーソン・オブ・ザ・イヤー》」に選ばれたときも、二〇一三年に彼の論文が『ニューヨーク・タイムズ』紙に掲載されたときも、実はその背後で斡旋、尽力したのは、ケッチャム社に他ならなかったと噂される。[14]

だが、プーチン政権がケッチャム社に協力を要請したのは、同政権の政策の宣伝・PRの作業であり、それ以上でもそれ以下でもなかった。アングス・ロックスバフ（英『サンデー・タイムズ』やBBC放送のモスクワ支局員）は、ケッチャム社からの依頼を受け入れてプーチン政権のイメージ改善を手伝った人物である。そのようなロックスバフは、帰国後に刊行した著書『強大な男――ウラジーミル・プーチンとロシアのための闘争』（二〇一二年）で、はっきりと記している。「クレムリンがわれわれ〔ケッチャム〕に欲したのは、彼らのメッセージを流布することであり、けっしてそれらを変更することではなかった」。[15]

案の定、ケッチャム社は、二〇一四年五月、プーチン・ロシアから手を引くことになった。[16] というのも、ロシアはウクライナへの干渉を止めようとしなかったからだった。「われわれは主として経済的発展にかんする事柄についてアドバイスする会社であるので、外交政策にかんして同様のことをおこないえない」[17] これが、同社がプーチン・ロシアから撤退するさいにのべた理由だった。プーチン政権は、二〇一三年、米国のゴールドマン・サックス・グループとのあいだで三年間の契約を結んだ。[18] ロシアの対外イメージの改善につとめることによって、海外諸国からのロシア市場への投資意欲を増大させるというのが、その目的だと説明されている。
もとより、プーチン政権は、文化交流やロシア語の普及活動が重要であることを、十分認識している。プーチンは、たとえば二〇〇七年六月「ルースキイ・ミール（русский мир; ロシアの世界）」財団」を創設するとの大統領令を発布した。同プロジェクトの初代総裁には、クレムリンの対外的代弁者として有名なヴャチェスラフ・ニコノフを任命した。ニコノフは、ソ連邦時代のヴャチェスラフ・モロトフ外相の孫である。現在では、下院の教育・科学委員会の委員長をつとめている。
「ルースキイ・ミール財団」基金は、ロシア内外の七カ所にセンターを開設し、ロシア語やロシア文化の伝播・教育活動に本腰を入れるとの方針を発表した。遅まきながらも、アメリカ文化センター、ブリテッシュ・カウンシル、ゲーテ協会、「国際交流基金」、孔子学院など諸外国の例に倣おうとする動きなのであろう。ラブロフ外相は二〇〇八年十一月の訪日時に、北海道の函館市にまでわざわざ足を延ばし、「ルースキイ・ミール財団」が開いた文化情報施設「函館ロシア・センター」の開所式に出席し、テープ・カットをおこなった。[19]
とはいえ、ロシアによる〝ソフト・パワー〟の活用はまだ緒についたばかりだとみなすべきだろう。というのも、このような海外に設置されたロシアの学術・文化の啓蒙・教育を目的とする機関の数は、二〇一三年現在まだ五九カ所にとどまっており、中国による孔子学院など九〇〇カ所の開設とは比べるべくもないレベルに止まっているからである。[20]
他方、プーチン政権は、二〇一五年九月、モスクワのアメリカン・センターを閉鎖するよう命じた。同センターは、たとえば二〇一四年に四〇〇回以上の文化・教育のイベントを催し、五〇〇〇人以上のロシア人が来館した機関だった。米ソ冷戦期においてすら開館していた同センターを一方的な命令で閉鎖処分にするのは遺憾千万である。とジョン・テフト駐ロ米国大使（当時）は、こうコメントした。[21]

## プーチン流〝ソフト・パワー〟

プーチンは、二〇一二年二月になって初めて〝ソフト・パワー〟なる用語を自ら使用した。四年間のインターバルをおいたあと、名実ともにクレムリンに返り咲く意図を表明した時のことだった。『モスコフスキイ・ノーボスチ』紙上(二〇一二・二・二七)に発表した「ロシアと変貌する世界」と題する大統領選挙の公約を記した論文中で、プーチン首相(当時)は言及した。「ソフト・パワーとは、武器を用いることなく、情報・その他の影響力を行使して外交政策の目的を達成するための道具(инструмент)や方法(метод)の複合体を指す」[22](傍点、木村)、と。

このときプーチンは、たしかに英語〝ソフト・パワー〟の直訳に当たるロシア語、「柔らかい力(мягкая сила)」を用いた。しかし、プーチンが心中で意味するものは、はたして〝ソフト・パワー〟概念の発明者、ナイ教授のそれと全く同一の内容だろうか。このことはとうぜん提出してよい問いだろう。というのも、プーチン首相は〝ソフト・パワー〟概念を飽くまでも自己流のやり方で理解している疑いが濃厚だからだ。

アレクサンドル・セルグーニン教授(サンクト・ペテルブルグ大学、国際関係論専攻)は、「ロシア指導部のソフト・パワー概念は、ナイの元来のコンセプトとは異なる」[23]という。また、英国の研究家、ジャンヌ・L・ウィルソン教授も同様の見方して、次のように記す。「ロシアの分析家たちは、ナイの著作や概念に真剣かつ批判的に挑戦することにほとんど関心をしめすことなく、むしろ彼の分析を現実に応用する結果におちいっている」[24]。思い切って両者間の違いを単純化するならば、以下のようにいいうるだろう。

まず、念のためにナイの定義を再度記しておこう。ナイによれば、〝ソフト・パワー〟とは「親近感ないし魅力によって他人の選択や行動様式に影響を与える能力」[25]。つまり、「他国の人々が放っておいても自発的に惹きつけられ、みずから模倣したくなるような無形の魅力」を指す。それにたいして、プーチンが力説する「柔らかな力」とは、諸外国にたいする情報戦で対外的な影響力として用いられる「手段」ないし「道具」としての有効性の側面に力点がおかれている。[26] プーチンが大統領に再選された後の二〇一三年二月十八日に発表した、「ロシア外交政策概念」と題する新外交ドクトリンは、少なくとも私個人が抱くこのような嫌疑を裏づけている。というのも〝ソフト・パワー〟について、同ドクトリン「概念」は次のように記しているからである。「ソフト・パワーは、現代の国際社会において不可欠の構成要素になりつつある。それは、対外政策の課題を解決するための複合的な手段（инструментарий）、すなわち、古典的な外交に代る情報・コミュニケーション上の人文的、その他の手法やテクノロジーを指す[27]」（傍点、木村）、と。

右のような私の嫌疑が当っているか否かを別にして、クレムリンに晴れて復帰したあと、プーチン大統領は、ロシア外務省の幹部を招集した会合（二〇一三年二月十日）で、自己流の〝ソフト・パワー〟概念にもとづいて以下のような訓辞をおこなった。「ソフト・パワーのメカニズムを十二分に利用し尽くすことに、優先的意義があたえられるべきである。それは具体的にいうと、次の任務である。ロシア語の地位を向上させること。海外でロシアの肯定的なイメージを再興させること。そして、われわれをしてグローバルな情報の流れに有機的に統合させる力を身につけること[28]」。

## マス・メディアは、「もろ刃の剣」

プーチン政権の目標は、何度も繰り返すようであるが、「強いロシア国家」の構築にほかならない。真の「強い国家」は、強く豊かな物質的基礎を必要とする。そのような基盤が必ずしも中央集権的な指令計画経済体制によって形成されえないことは、ブレジネフ期の「停滞」によって証明された。したがってエリツィン期以来のロシアは、市場経済への移行を志している。プーチン現大統領も、エネルギーなど基幹産業の再国有化の試みを除くと、おおむね市場経済化という一般方針にたいしては反対していない。

しかしながら、プーチン大統領が良くわかっていない、いやわかっていない振りをしていることがある。それは、市場経済メカニズムを機能させるためには、民主的な政治制度を備えなければならないということ。言論、報道の自由、情報公開、その他の民主主義の諸権利が保障された土壌のうえにはじめて、市場経済の花が咲き誇ることである。逆にいうと、羊のように大人しい受け身の被治者からは、積極的なイニシアチブ、イノベーション、創意工夫に富む企業家精神は生まれえない。ましてや、順調な発展を期待しえないだろう。一言でいうと、積極的な市民参加こそが、欧米先進諸国と互角に競争しうる市場経済をロシアにもたらす。マス・メディア、市民団体などからの批判を進んで吸収することによって、ロシアは己の欠陥を矯正し、真に「強い国家」になることが可能になる。

ところが残念ながら、プーチン大統領は右にのべたごく当たり前のことを理解しようとも、ましてや賛同しようともしない。否、右にのべたような類いの民主主義的諸権利は、「強い国家権力」の再建と両立しがたいコンセプトであるかのように考えている気配すら感じられる。

じじつ、プーチン大統領は最初の年次教書演説(二〇〇〇年七月)のなかで、報道の自由を否定するとも受けとられかねない発言すらおこなっていた。「メディアは、時として大量の虚偽情報《ディスインフォメーション》の手段となり、国家にたいする闘いの道具となる」[29]。そして、同年九月にプーチン政権が発表したいわゆる「情報安全保障ドクトリン」は、明らかに「国家」のほうが「社会」や「個人」にたいし優先するという考え方を、次のように示唆した。「これまでは、このような情報安保ドクトリンが制定されていなかったために「個人、社会、国家のあいだで必要なバランスを維持することが困難だった」[30]。同様の理由のために、外国の情報機関が「ロシア国内のマス・メディア市場に浸透し、ロシア情報機関を押しのける状況すら発生していた」[31]。このような基本的な考えにもとづいて、プーチン政権はロシア国内で「言論の自由」の抑圧と解される動きすらはじめた。それは、まず政府に批判的なマス・メディアにたいする厭がらせと解釈される措置となって現れた。

実はゴルバチョフ政権がはじめたペレストロイカ（立て直し）やグラースノスチ（情報公開性）政策のお蔭で、ロシアでは数々の新聞、週刊誌、雑誌が発行され、活況を呈するようになった。それまでのソ連では、『プラウダ』、『イズベスチヤ』、『トルード』がそれぞれソ連共産党、ソ連政府、全ソ労働組合の機関紙として、ソ連体制の正当化や宣伝につとめていた。そのような時代から考えると、ゴルバチョフ登場後のロシアでの状況は完全に様変わりしたはずだった。

## マスコミは死んだ

ではその後、ロシアのマス・メディアは順風満帆の発展をとげたのか。こう問われると、答えは必ずしもそうではなかった。否むしろ、正反対とすら評さねばならない。プーチン時代の今日、「ロシアのマスコミは死んだ[32]」とさえ評される惨めな状態におちいっている。なぜか？　簡潔に説明しよう。

第一は、財政難である。グラースノスチの導入は、ポルノグラフィー、暴力、ゴシップなどのセンセーショナルな内容の報道、記事、写真などが氾濫し、紙質の低下を招いた。また、どの国にも進行中の活字離れがある。この傾向に拍車を駆けたのは、とりわけ若年層に顕著なテレビやインターネット志向である。各活字メディアは、発行部数を伸ばしえず、出版部数を増やせば増やすほど、それだけ赤字がより多くなるという状態すらみちびいている。通常収入に頼っているだけではとうてい経営を維持しえない。そのために、ロシアのマス・メディアは政府の補助金に依存するか、さもなければ新興財閥の傘下に組みこまれるか。それ以外にサバイバルする道がなくなった。

第二は、言論統制の強化である。プーチン政権による新興財閥攻撃の第一弾は、「メディア王」のウラジーミル・グシンスキイ叩きからはじまった。グシンスキイの綽名「グース」はロシア語で鵞鳥を意味するので、俗に「鵞鳥狩り」と呼ばれる。ロシアのマス・メディアが政府寄りの御用報道機関と化する一般的風潮のなかにあって、グシンスキイ指揮下の「メディア・モスト」グループは政府からの独立志向が高く、政権にたいする批判的な報道をおこなうことも躊躇しなかった。同グループは、「独立テレビ」(NTV)、ラジオ局「モスクワのこだま」を経営し、『セボードニャ(今日)』紙を発行していた。「独立テレビ」は、ロシア三大テレビ・ネットワークのなかで唯一、一〇〇%民間のテレビだった。

二〇〇〇年五月、ロシア治安当局は、「メディア・モスト」の本部事務所を急襲し、強制捜索をおこなった。覆面に迷彩服、手には自動小銃を携えた武装部隊を派遣しての家宅捜索だった。六月、ロシア最高検察局は、同グループの総帥グシンスキイを逮捕。四日後には保釈したものの、「ジャーナリズムの雄」の逮捕はロシアのみならず全世界のマスコミを震撼させた。「メディア・モスト」は、結局「独立テレビ」の持ち株を、政府系の天然ガス独占企業「ガスプロム」社に売却し、グシンスキイ自身は海外へ亡命することを余儀なくされた。

第二弾は、ボリス・ベレゾフスキイにたいする攻撃。同じくオリガルヒのベレゾフスキイは、次のようなメディアを所有または経営していた。「ロシア公共テレビ」(ORT)、「テレビ6」、『独立新聞』、『コメルサント』、『新イズベスチヤ』、『アガニョーク(灯)』。ベレゾフスキイは、グシンスキイ同様に、これらのメディアにたいする株式を税金滞納などの口実で没収されるか、政府系大企業に売却するか、どちらかの道を選ぶように強制された。彼も国外追放の道を選び、ロンドンで配所の月を眺めたあと、二〇一三年、失意のうちに自殺をとげた。ロシア三大テレビ、すなわち「ロシア・テレビ」（RTR）、「ロシア公共テレビ」（ORT）――現在「第1チャンネル」と改称――、「独立テレビ」（NTV）は、このようにして完全に国有化された。

## テレビを最重視

一般大衆は主としてテレビから、知識人エリートたちは活字メディアから情報を入手する――。これが、今日、世界のほとんどの国々に大なり小なり当てはまるメディア利用の実態だろう。現ロシアでも、このことは当てはまる。つまり、現ロシアでもインターネット人口が急増しつつあるものの、未だ大多数のロシア人にとって主なニュースや情報ソースはテレビにほかならない。(33)（二〇一六年現在、テレビ―五九％、インターネット―二〇％、ラジオ＆新聞―九％）(34)。このような状況から判断して、プーチン政権は、マス・メディアの種類によって統制の程度を変えている。というのも、国民の大多数が己の主要な情報源としているテレビ媒体はコントロールせねばならない一方で、ごく一部の知識人の目にしかふれていない活字メディアはそれほど厳しく統制する必要性がないからだ。

とはいえ、活字・印刷メディアのなかでも、日刊新聞は政府系大企業によって買収され、その論調をプーチン政権寄りに変えつつある。たとえば、『イズベスチヤ』。『イズベスチヤ』は、一九一七年創刊のソ連政府機関紙で、ソビエト時代には『プラウダ』と並ぶ二大紙だった。ゴルバチョフ時代、グラースノスチの波に乗って、一時は部数を一〇〇〇万部以上にも伸ばした時期すらあった。ところが一九九七年、編集方針をめぐる対立などから分裂、『イズベスチヤ』と『新イズベスチヤ』の二つに別れた。前者は相対的にクレムリンに好意的、後者は批判的な報道姿勢をとった。二〇〇三年、『新イズベスチヤ』からも追われたイーゴリ・ゴレンビオフスキイ編集長らは『ルースキイ・クリエール』を創刊したが、二〇〇五年夏、廃刊を余儀なくされた。

クレムリンは、政権寄りとなったはずの『イズベスチヤ』にたいしてさえも圧力を加えつづけた。ロシアの北オセチア共和国のベスランで二〇〇四年九月はじめに学校占拠事件が発生したとき、『イズベスチヤ』紙は負傷した幼い児童を含む悲惨な生々しい写真を掲載した。おそらくそれがクレムリンの怒りを買ったのであろう、ラフ・シャロフ編集局長は解雇され、その後任となったのは未だ二十六歳のウラジーミル・ボロジンだった。その後、同紙はガスプロム・メディアによって買収され、さらに政府寄りの報道姿勢をあらわにするようになった。

有力経済紙の『コメルサント』は、まずローマン・アブラモビッチの投資会社のミルハウス、次いで鉄鋼財閥のアリシェル・ウスマノフによって買収された。ウスマノフはガスプロムの系列会社の社長も兼任し、プーチン政権の要人たちとの関係も深い人物である。『コムソモルスカヤ・プラウダ』はガスプロムのメディア部門の一部となり、インテリ向けの高級紙、『独立新聞』もゲルマン・グレフ経済発展貿易相（当時）に近い人物の名義で買収された。『モスコフスキイ・ノーボスチ』も当初リベラルな週刊誌だったが、ビタリー・トレチャコフ新編集長のもとでクレムリン寄りを顕著にしつつある。

要するに、プーチン下の現ロシアではテレビ→活字媒体→インターネットの順序で、クレムリンのメディア管理が進行中――。このように指摘する専門家の見方は、おそらく正しいといえるだろう。たとえばアンナ・カチカエバ（「自由放送」のメディア分析家）は、のべる。「クレムリンは、すべてのテレビ局をコントロール下においた今、〔次に〕新聞をコントロールしようとしている。当然だろう[35]」。オレグ・パンフィーロフ（「極端な状況にあるジャーナリズムのためのセンター」長）にいたっては、次のような不吉な予告すらおこなう。プーチン下ですら「活字・印刷メディア（だけ）は自由が許されるだろう。私はかつてこう楽観視していた。間違いだった」[36]。というのも、彼は今や次のように予測するからである。「活字・印刷メディアのあとは、インターネットだけが自由となるだろう。だが二年もすれば、彼ら（政府に近い財閥）はインターネットにすら規制の手を伸ばしてくるに違いない」[37]。

## 言論の自由の制限

マス・メディアの統制――。これは、言葉を換えると「言論の自由」の侵害にほかならない。では、現プーチン政権下における「言論の自由」度を、米欧諸国はどのように評価しているのだろうか。紹介しよう。

「国境なき記者団」（本部パリ）は、国際的なＮＧＯのひとつ。毎年一回、世界各国（一八〇カ国）の「報道の自由度」ランキング表を発表しつづけている。二〇一八年度の報告によると、ノルウェー、スウェーデン、フィンランド、デンマークなどの北欧諸国が第一位を占め、米国は四三位、日本は七二位だった。同表で、ロシアは一四八位と評価されている。ちなみに、中国は一七六位、北朝鮮は最下位の一八〇位[38]。

「フリーダムハウス」も、世界各国の自由度を測定し、毎年、報告をおこなっている。その二〇一七年度版をみてみよう。まず、1を最も自由、7を最も不自由とみなす七段階採点方式で、同報告書はロシアの市民的自由を6、政治的権利を7とみなした。次に同報告書は、1を最も民主的、7を最も非民主的とみなす七段階採点法で、ロシアを二〇一七年には6・5へと落した[39]。同報告書は、まず総合的評価として「自由（Free）」「部分的自由（Partially Free）」「不自由（Not Free）」の三つに分類し、ロシアを「不自由」のカテゴリーに入れた。次にメディアの自由については、同報告書はロシアを二〇〇三年以来の評価である「部分的自由」から「不自由」のカテゴリーへと落した[40]。

二〇〇六年六月五日、「世界新聞協会（略称ＷＡＮ、本部パリ）」は、第九五回世界新聞大会をモスクワで開いた。一一〇カ国から集まった参加者一七〇〇名を前にして基調報告をおこなったのは、ゲイビン・オライリー会長だった。同会長は、地元ロシアでの国家によるマス・メディア統制について歯に衣きせぬ批判を展開した。同会長が指摘したのは、つぎの二点だった。（1）ロシアでは、主要な新聞が政府によって直接コントロールされるか、政府の方針に忠実な金融産業グループによって買収されている。かつてのオリガルヒ支配から、今や国家による支配へと移行しつつある。（2）そのために、ロシアのジャーナリストたちは「自主規制」を余儀なくされている。「彼らは、もし自らが政府の公式路線から逸脱すれば、生計の道を閉ざされかねないことを懸念せねばならなくなっている」[41]。

## ノーボスチから「RT」へ

本章の冒頭で指摘したように、マス・メディアは政権にとって「もろ刃の剣」の役割を果たす。すなわち、一方で、「第四の権力」として政権を批判し牽制する。ところが他方、それは政権側に役立つPR機能もになう。したがって、プーチン政権が次のように確信するにいたったのも、とうぜん至極のことだったろう。同政権の対外的な情報宣伝キャンペーンを活発化するためには、もはやケッチャム社などに頼るいわゆる「他力本願」方式ではなく、自前のPR機関を創設する必要がある。おそらくこのような考え方にもとづいてであろう、二〇一三年十二月プーチン大統領は思い切った決定を下して、内外のメディアをアッと驚かした。ソ連時代からそれまで一貫して対外的な情宣活動を一手に引き受けてきた「リア（RIA）・ノーボスチ通信社」を解体して、「今日のロシア」へと吸収するばかりでなく、ロシア国営の国際衛星テレビ局「RT」を創設することにしたからだった。

七〇年以上の歴史をもつノーボスチ通信社の名は、よく知られている。ナチ・ドイツがソ連侵攻した一九四一年に、スターリンによって「ソビエト情報局」の後継組織として創られた。その主な使命は、大祖国戦争の正当性を内外に宣伝することだった。ところが、ゴルバチョフ大統領が唱道したグラースノスチ政策によって、情報をつかさどるソ連時代の諸機関は大幅な変化を遂げることになった。ノーボスチ通信社も、その例外とはならず、同社はリア・ノーボスチ通信社と編成替えされた。新組織は、とくに二〇〇四年メドベージェフ現首相に近いスベトラーナ・ミロニューク女史が編集長に就任して以来、リベラルかつ客観的な――もちろん、「相対的に」との但し書き付きではあるが――情報を提供する傾向をしめしはじめた。

ところがひとつには、このような傾向がプーチン大統領には気に入らなかったのだろう。同大統領は、二〇一三年十二月、突如リア・ノーボスチ通信社を解体することに決した。しかも実に乱暴なやり方で、それを敢行した。このように大事な決定を誰にたいしても相談することなく、一片の大統領令を公布するやり方で実践に移した。解体されたリア・ノーボスチ社でそれまで働いていた社員、二三〇〇人は、まず二〇〇五年に創設された英語テレビ・チャンネル「今日のロシア（Россия Сегодня; Russia Today）」、次いで新組織「RT」へと吸収されると発表した。ロシアにおける「ハイブリッド戦争」の提唱者、ゲラシーモフ軍参謀総長は、プーチン大統領に代って宣言した。「この種の新しい戦争で鍵《キー》となるのは、情報にほかならない。そして、『今日のロシア』、次いで『RT』は、この分野での主要な武器になるのだ[42]」、と。

プーチン大統領は、「RT」の新社長に一体誰を据えようとするのか。人々は、固唾を飲んでこの人事を見守った。というのも、トップ人事こそが、組織改編の目的や方向性をしめす、単に象徴的のみならず実質的な意味ももつからである。答えは、直ちに明らかになった。大統領は、ドミートリイ・キセリョフ（六十歳）を任命した。キセリョフは、それまでテレビ局「第1チャンネル」のアンカーマンとしてロシアで有名な人物だった。反西欧の「超保守主義」とでも称すべき政治姿勢をとり、プーチン政権を絶対的に支持する報道をおこなうことで知られていた。選りにも選ってそのような人間を任命して、対外広報活動をつかさどる最大組織の最高責任者の地位に据える。歴史的な伝統と由緒あるリア・ノーボスチ社をつぶしてまで、「RT」を立ち上げたプーチン大統領の意図――これは、この人事によって誰の目にも明らかすぎるほど明らかになった。

ともあれ、プーチン大統領による外国向けテレビ局の改編意図を、シンボリックにしめすことになったキセリョフ。この人物のプロフィールを、主として彼自身の発言を引用して紹介することにしよう。

## 政権代弁者、キセリョフ

プーチン大統領は、二〇一二年十月七日、六十歳の誕生日を迎えた。このときキセリョフがホスト役をつとめ、プーチンが好んで観るとされるテレビ番組〝今週のニュース〟で、キセリョフは同大統領を礼讃して、次のようにのべた。「プーチン大統領は、彼の活動範囲にかんしていうならば、二十世紀では唯一人の前任者と比べるのが適当だろう。その人物とは、一体誰か？　スターリンにほかならない」(43)。

キセリョフは、「RT」社長に任命される直前には次のような一連の発言もおこない、一部の知識人のあいだで物議を醸していた(44)。たとえば同性愛傾向をしめす者にたいする反感を隠そうとしないプーチン大統領に迎合するかのように、キセリョフはのべた。「ホモセクシュアルの血液や内臓は不潔きわまりなく、腐りきっているので、仮に彼らから臓器提供の申し出がなされる場合でも、われわれはその申し出を断乎拒否すべきだろう」(45)。また、ウクライナがEU加盟を希望する動きをしめしたとき、そのように説くウクライナ人たちを弾劾してのべた。「彼らは外国勢力によってそそのかされ、外国から資金援助を受けているファシスト以外の何者でもない」(46)。また、反プーチン政権の発言が目立つブロガー、ナヴァーリヌイを批判するさいに、キセリョフはこれ以上ないくらいの侮辱的な言葉を用いた。「ナヴァーリヌイは、ヒトラーに比べられるべき〝第五列〟である」[47]。

「RT」社長に就任後、キセリョフの発言は穏健なものになるどころか、ますます過激なものへとエスカレートした。〈ジャーナリズムは、不偏不党であるべし〉。例えばこの金言を否定せんばかりのキセリョフ発言の例を、一、二引用してみよう。「もし君たちが宣伝活動に従事するのならば、われわれもまた〔対抗の〕宣伝行動に出ることを一向に躊躇しない。ジャーナリズムが中立を保たねばならない時代は、もはや過去のものになったのだ」[48]。また、ジャーナリズムの使命は暴力に訴えることなく人間を説得することであり、そのようなやり方は人間を殺してしまうことに比べ遥かにベターなやり方でないか、と次のようにのべる。「一人の敵方の兵士を殺害するためには、かつての第二次大戦、第一次大戦、中世の頃に比べて、今日、コストが遥かに高くつく。〔もちろん、〕人間を〝説得する〟行為も、以前に比べてより一層高くつくようになった。〔とはいえ、〕もし人間を説得できるのならば、それは彼を殺さなくて済むだけまだマシというべきだろう」[49]。

では、このように過激な発言をおこなうキセリョフの能力を、一体どのようなものとして評価すべきなのか。以下の見方が一般的なようである。「キセリョフは、たしかに弁論術に長《た》けた有能なキャスターではある。しかしながら、彼は、たとえばヒトラー・ドイツ下でゲッペルス宣伝相がそうであったような、良くも悪しくも大物の器であるようには到底みなしがたい」[50]。というのも、キセリョフが、自身の確固とした政治哲学などまったく持ち合わせていない人物だからである。むしろ周りを注意深く眺め、なかんずく上部の意向に迎合して己の言動を決定する「大勢順応主義者（ロシア語ではприспособленец）」[51]である。つまり、「己に要求されていることを素早く感じとり、それを単に自分自身の利益に資するように巧みに利用する能力に秀でた人間」[52]にすぎない。

キセリョフは、ヒラリー・クリントンを「ブロンド女」[53]と呼び、彼女こそが二〇一一年から一二年にかけてロシアで盛り上がった反政府集会・デモを使嗾した帳本人だったと糾弾した。二〇一六年の米大統領選では、トランプ候補支持の立場を隠そうともしなかった。トランプの勝利が明らかになった後、キセリョフはのべた。「ロシアは、トランプ候補を信頼している」[54]。「プーチン大統領は、トランプ候補の勝利によって驚かされなかった世界で唯一人の政治指導者だった」[55]と称賛した。

## 「RT」の新陣営

たしかに、キセリョフ個人は、自身の政治哲学を持たない単なる「大勢順応主義者」にすぎないかもしれない。だがそのことは、キセリョフが率いる「RT」の広報活動を外部の者が甘く見たり過少評価したりしてよいという結論をみちびかない。なぜか?

まず、キセリョフが率いる「RT」それ自体が、リア・ノーボスチ社の旧社員、二三〇〇人のほとんどを吸収した大組織だからである。リア・ノーボスチは、それまで世界の四五カ国宛てに一四カ国語で海外放送をおこなってきた実績を有する[56]。「RT」の二〇一六年度の予算は二億四七〇〇万ドル、二〇一七年度のそれは約三億ドルと見積もられている[57]。米国が、「ボイス・オブ・アメリカ」や「ラジオ・フリー・ヨーロッパ」に投じている予算、七億四八〇〇万ドルの約三、四割にも当たる[58]。二〇一七年現在、「RT」テレビが流す英語番組やニュースを観ている人間の数は、ヨーロッパで三六〇〇万人、全世界（三八カ国）で七〇〇〇万人と見積もられる。BBCの三億四八〇〇万人、「ボイス・オブ・アメリカ」の二億六八〇〇万人に比べると、たしかに見劣りがする[59]。とはいえ、リア・ノーボスチ社と「RT」テレビ部門を合体・形成した新組織、「RT」は、「このたび、クレムリンがコミュニケーション戦争を遂行するにあたり、最も重要な武器の役割をになうことになろう」[60]。過小評価することは、禁物である。

「RT」の新編集局長に任命されたのは、マルガリータ・シモニヤンだった。彼女の経歴は是非とも紹介に価する。シモニヤンは、その名前がしめすようにアルメニア出身であるが、完全なロシア語、そして英語を話す。彼女は、二〇〇二年、二十二歳のときにテレビ・レポーターを志し、幸運なことにいきなりクレムリン詰めとなった。終日プーチン大統領の行動に密着し、彼の発言や行動を報道するという大役をそつなくこなし、二十五歳のときに「今日のロシア」へ配置替えとなった。二〇一二年はじめにプーチンがクレムリンへ返り咲くための大統領選キャンペーンをはじめたとき、シモニヤンは「今日のロシア」の職務をつづける一方、プーチン再選チームのスタッフとしても働いた。

そもそも独立不羈《ふき》の精神を誇るべきはずのジャーナリストが、特定候補の選挙運動に積極的に参加したり、のめり込んだりして、差し支えないものだろうか。米国のジャーナリストからこう問われたとき、シモニヤンは答えた。「その件にかんして絶対的な確信があるとはいいかねますが、私自身は何とか二つの立場を両立させていると思いますよ」[61]。そのような彼女の協力ないしは献身ぶりにたいする一種の論功行賞だったのかもしれない、プーチン大統領は二〇一三年末に「今日のロシア」の再編・改組を敢行したとき、まだ三十三歳のシモニヤンを「RT」テレビの英語版編集長へと抜擢した[62]。

プーチン・ロシアは、二〇一六年の米大統領選キャンペーン中にヒラリー候補に不利に働くようなサイバー攻撃をおこなった。米国の中央情報局（CIA）、連邦捜査局（FBI）、国家安全保障局（NSA）の三大情報機関は、結論した。「プーチン・ロシアが米国の大統領選挙に介入し、影響を及ぼそうとした。この事実は、ほぼ間違いない」[63]と。「RT」編集局長シモニヤンは、米国による右のような非難を一笑に付す声明を発表した[64]。その一方で、しかしながら、二〇一六年十一月八日、米大統領選の結果が判明し、トランプの勝利が確実になったとき、シモニヤンは「やった！」とばかりに快哉を叫ぶ次の言葉を正直に自身のツイッターに書き込んだ。「私は、米有権者たちがおこなった正しい決定にたいして喜びを隠しえない。自分の車に米星条旗を掲げてモスクワ中を走り回りたい[65]」と。ちなみに、米財界誌『フォーブス』が二〇一七年十一月に「世界で最も影響力のある女性」を選んだとき、シモニヤンは、ロシアから最高位の第四九位に選ばれた（第一位はメルケル独首相、第二位はメイ英首相）。

## G7の対処法

プーチン大統領による外国向けテレビ「RT」の梃子入れに代表される情報戦争の挑戦にたいして、ではたして米欧諸国はどのように対処すべきなのか？ 大別すると、二つの対応策が提案されている。一は、この挑戦を正面から受けとめ、堂々と勝負を挑むべしとの見解。たとえば米国は自分自身の外国語放送テレビ「ボイス・オブ・アメリカ」のロシア語版を駆使し、「プーチンの土俵や縄張りで正邪をはっきりさせて闘うべし[67]」と説く。じっさい、ジョン・ケリー米国務長官（当時）は、二〇一四年四月、この考えに沿う姿勢を明らかにした。つまり、ウクライナ向け「RT」テレビ放送を名指して、それが「プーチンのための拡声器[68]」であると決めつけたうえで、次のように非難した。「ウクライナ向けの『RT』は、実際ウクライナに起こり、起こっていないこと全てを歪曲し、報道している[69]」。

欧州議会が二〇一六年に採択した決定も、おそらくほぼ同様の考え方にもとづくものだったといえるだろう。同決定は記した[70]。プーチン指導下のロシアは「EUに対して次のような目的のハイブリッド戦争」を仕掛けている。すなわち、「EUの加盟国間での見解の齟齬や確執をみちびく。EUの政策決定過程に混乱を生じさせる。これらを通じて、大西洋にまたがるEU諸国によるパートナーシップ関係の形成を妨害する。その戦略的な成果を弱体化させる」。同決定は、このような宣伝活動に従事しているロシアの諸機関として具体的な名前を挙げた。(71)「ロシアの世界」財団、テレビ局「RT」、「スプートニク」。すると、プーチン大統領は、直ちに同年六月、モスクワの「RT」社をみずから訪問し、次のようにのべて同社員たちを激励した。欧州議会による右の決定は「西側の民主主義のイメージをおとしめる行為にほかならない。同決定によって、ロシアのジャーナリストたちが己の才能を発揮したり、活発かつ効果的に活動したりすることを些かでも抑制する結果をみちびいてはならない(72)」、と。

プーチン大統領が二〇一六年十二月一日におこなった「新外交政策概念」の発表は今や定例化した一行事に過ぎず、実際またその内容にはさしたる新味は見出されなかった。(73)だが強いていうならば、次がその注目点とみなしうるかもしれなかった。(74)すなわち、ロシアのメディアが国際場裡で用いるべきテクノロジーをことのほか重視、強調して、次のようにのべている点である。「情報分野での安全保障を確保するためには、情報コミュニケーションの新しいテクノロジーを広範に駆使することが肝要である。ロシアは、そのようなテクノロジーの安全保障を確保するために法的、倫理的な複合体《コンプレックス》を形成、確保せねばならない(75)」。このようにして、ロシア下院は、二〇一七年度の予算のなかに「RT」テレビ網のそれを増額する条項を盛り込んだ。(76)

「RT」などの強化政策にたいして米欧諸国がとるべき第二の対処法は、以下のように説く。プーチン・ロシアによるクレムリンの宣伝合戦に大真面目で対応する必要はない。そうすれば、それはまるでロシア側の狙いや戦術に進んでおちいることにも等しいからである――。ロシア・メディアに通暁した米欧の一部専門家たちがのべるアドバイスである。たとえば、ポメランツェフ。ピーター(=ピョートル)・ポメランツェフは、その名前がしめしているように元ロシア人。幼少時に両親とともに英国へ移住し、イギリスで育ち、教育を受けた。が、おそらく血が騒ぐのだろう、長じてロシアへ赴き、約一〇年間にもわたってモスクワでテレビ番組の制作にたずさわった。現時点では英国へ戻ってはいるものの、ロシア・テレビ界の裏表を知り尽した人物として、現在ジャーナリズムで大いに活躍している。そのようなポメランツェフによれば、プーチンがそもそも新しく英語テレビ局「RT」を設立・発足させた目的は、次の点に求められるという[77]。

米欧諸国は、世界制覇を目指す陰謀を企てている。「RT」は、世界の聴視者たちに向ってこう説くことによって、彼らを混乱に落し入れ、動揺させることを狙っている。したがって、米欧諸国が互角の立場に立ち、そのような「RT」の陰謀と正面から闘おうとするのは実に愚かな対応法である。当方は善戦したつもりでも、せいぜい勝ち敗けがはっきりしない泥仕合におちいるのが、関の山だろう。そして、クレムリンはまさにそのような状態や結果こそ望んでいる。だとすると、米欧諸国が採るべき最善の対処法は、ロシア側とは飽くまで事実《ファクト》にもとづき冷静な議論を展開することにつきる。それ以上でも、以下でもない[78]。

## ソチ冬季五輪

ロシアの存在感を国際的に誇示して、米国の「単独一極主義」的言動に対抗する。これこそが、何度も繰り返すように、プーチンの外交政策の眼目のひとつである。そして、プーチンがこの目的に貢献させるための恰好の手立てとして重視しているのが、〝ソフト・パワー〟の活用にほかならない。このように考えるプーチン大統領にとり、ロシアでの国際的なイベントの主催は決して見逃しえない〝ソフト・パワー〟駆使の絶好の機会である。全世界のマス・メディア、したがって内外の人々の注視の的になる国際的な行事をとり仕切る。これは、単にロシア国家のためばかりでなく、何よりもプーチン自身の政治的サバイバル（生き残り）を可能にする一大ページェントになる。こう信じて疑わないプーチン大統領は、様々な国際会議や行事をロシアへ招聘することに異常なまでに情熱を注ぐ。そのために莫大な国費を費消することなど、全く意に介さない。そのような大統領の意図は、しかしながら、はたして現実には一体どの程度まで達成されているのだろうか。ソチ冬季五輪を例に引いて、この問いを検討してみよう。

プーチン大統領が二〇一四年二月のソチ冬季五輪主催に投じた熱意とエネルギーは、半端なものでなかった。そのために、ソチでのオリンピックは「プーチンのプーチンによるプーチンのための五輪[79]」との陰口を叩かれたくらいだった。プーチン首相（当時）は、まず二〇〇七年、国際オリンピック委員会（ＩＯＣ）総会にみずから乗り込んで、英、仏などの外国語で招聘演説をぶつ〝蛮勇〟ぶりを発揮して、冬季五輪をロシアへ誘致してくることに成功した。同五輪開催のためにプーチン政権が投じた国費は、五一〇億ドルにものぼった。もっとも、その約三分の一は賄賂やリベートとして関係省庁や担当官僚の懐に消え、現実に用いられたのは三一〇億ドルだったが。それはともかくとして、ロンドン夏季五輪の一九〇億ドル、北京夏季五輪の四二〇億ドルをも上回り、「五輪史上で最高額を記録した[80]」。

プーチンは、わずか三週間開催の冬季五輪に、なぜかくも莫大な予算やエネルギーを投じたのだろうか？　プーチン自身がウィンター・スポーツの大の愛好家であることも、その理由の一つかもしれない。また、積年の恨みを晴らそうとする意図が潜んでいたことも間違いなかったろう。ソ連は一九八〇年に初めてモスクワ夏季五輪を主催したものの、それは散々な結果に終わった。前年末にブレジネフ政権が、アフガニスタンへの軍事侵攻をおこなったために、日本を含む西側の主要諸国がボイコットし、「片肺オリンピック」という惨めなオリンピックになってしまったからである。たしかに、これらの要因も影響していたのかもしれなかった。とはいえ、プーチン大統領が冬季五輪をロシアに招こうとした最大の理由は、本章の現文脈で力説している次の点に求められるであろう。すなわち、五輪開催が、まさに〝ソフト・パワー〟を用いておこなう国威発揚の絶好の機会であること。なぜ、そうなのか？

まず、オリンピックや運動競技大会などの大型国際イベントは、ある程度の国力、なかんずく経済力を保有していなければ、とうてい主催しうる類いの行事ではない。逆に、これらのイベントを開催すれば、主催国が大変な国力、とりわけ経済力を保持している事実を対外的にPRしうる。じっさい、中国、英国、カナダ、ブラジル、日本などの大国は、最近、各種スポーツ大会の開催地に立候補し、かつ選ばれている。この事実は、スポーツが経済や政治と無関係でないどころか、それらと密接に関係していることを物語る。ちなみに二〇二〇年の東京オリンピックの次は、パリ、その次はロサンゼルスが夏季五輪開催地に決定済みである。以上のようなことを誰よりも熟知しているからこそ、プーチンはなりふり構わず国際的な諸行事を自国へ招致し、それを国威発揚のための絶好の機会として利用し、ひいては己の政権の宣伝ならびにサバイバルに役立てようともくろんでいるのだろう。

プーチン大統領がソチ五輪を成功させるために投じたのは、莫大な経済予算ばかりだけではなかった。彼は、そのために少なからず政治的・外交的な譲歩も敢えておこなった。たとえば、五輪開催前の二〇一三年十二月、ロシアにたいする厳しい国際世論を慰撫し緩和させる目的で、同大統領は二つの大胆な決定を下した。一は、「プッシー・ライオット（子猫の暴動）」の解放。「プッシー・ライオット」は、ロシア女性からなるパンク・グループの名称である。二〇一二年二月二十一日、モスクワ大聖堂で彼女らのうち三人が歌った歌詞のなかには、「マリア様、プーチンを追い出して」の一句が含まれていた。三人は、ロシア検察当局によって「宗教対立を煽《あお》るフリーガン（ならず者教唆）行為を犯した」廉《かど》で逮捕され、懲役二年の実刑判決を言い渡された。同判決は、ロシア憲法が保障している「表現の自由」をプーチン政権が侵犯する行為以外の何物でもない――。ロシア内外でこう批判する抗議の嵐が巻き起こった。ロシアでも人気の高いマドンナ、スティング、オノ・ヨーコらを含む世界的に有名なアーティストたちがこぞって、三人の女性の釈放を求める運動を展開中だった。

二は、ミハイル・ホドルコフスキイの釈放。ホドルコフスキイは、民間石油会社「ユーコス」社の元社長。二〇〇三—〇四年にプーチン政権によるオリガルヒいじめの最大の犠牲者になり、財産横領の嫌疑などを着せられて有罪判決を受け、すでに約一〇年以上にわたって牢獄に繋がれていた。ところが、ロシアのソチ冬季五輪開催を目前に控えた二〇一三年十二月、ロシア大統領による特別の恩赦処分を受け、突如として獄中生活から解放されることになったのだった。

## 五輪、大成功か?

右に列挙したようなプーチン大統領側による若干の妥協努力やジェスチャーにもかかわらず、二〇一四年二月のソチ五輪開催は裏目に出る兆候すらしめした。ひとつには、〝ハード・パワー（強制力）〟を背後に控えさせて初めて開催が可能になるスポーツ大会——。このような印象さえ生まれたからだった。プーチンは、チェチェン共和国のイスラム独立派勢力を抑圧することによって、大統領ポストを獲得した人物にほかならない。このような大統領の背景事情が、災いのタネを提供したのである。プーチンの強硬的な弾圧政策によって、たしかにチェチェン過激派勢力はチェチェン共和国から追い出された。だが他方、彼らの反プーチン運動がカフカス全土へ拡散するという皮肉な結果も招いた。彼らは、いかなる手段に訴えても五輪主催者のプーチンの面子を傷つけようと躍起になった。

彼ら過激派勢力の一部は、たとえば五輪開始の五週間前に、ソチからわずか四〇〇マイルしか離れていないヴォルゴグラードの鉄道駅で自爆テロを引き起こした。この事件によって少なくとも一五人のロシア人の命が奪われた。もとより結論からいうと、その後彼らによる五輪妨害工作は完全に封じ込められてしまい、オリンピックは支障なく開幕し、終了した。とはいえ、彼らによる工作を阻止するために、プーチン政権は人口五三万人のソチに警官、治安・軍の各部隊計四万人を動員し、アリの這い出る隙間もないくらいの厳戒態勢を敷くことを余儀なくされた。まるで要塞のように閉ざされた空間でおこなうスポーツの祭典——。これをもって、はたして純粋な〝ソフト・パワー〟のデモンストレーションといいうるのだろうか。本来の目的に背馳《はいち》する行為とすら評しえないこともない。オバマ米大統領、オランド仏大統領をはじめとする先進七カ国（G7）の首脳たちは、五輪開会式出席をこぞってボイコットした。ロシア国内での治安悪化、同性愛者たちの人権抑圧、その他が、主な欠席事由だった。

ソチ五輪は「ポチョムキン村の現代版」——。こうも評しうるかもしれない。エカテリーナ女帝のご機嫌をそこねまいとして、忠臣ポチョムキンは女帝が行幸する道路沿いの外装部分だけを前もって飾り立て、あたかも街全体が繁栄しているかのような印象を作り出そうと試みた。この故事から転じて「ポチョムキン村」とは、外見上は美しく壮大にすら映るものの、中身は空っぽという意味で用いられる。ソチ五輪は、国際的イベントを華々しく主催することにより、ロシア国内の圧政や内政上の失策から内外の目を逸らす目的で遂行された。だが、ロシアを国民にとって住みやすい場所にする。これこそが、〝ソフト・パワー〟を高める本来かつ最善の方法のはず。プーチン政権は、この基本的かつ最も大事なことをおろそかにし、忘れた振りをしていた。

プーチン大統領が国威発揚の超大型国際イベントとして次に期待を寄せたのは、二〇一六年開催のリオデジャネイロ夏季五輪だった。ところがリオ五輪は、プーチン大統領にとり屈辱的な敗北をもたらすイベントになった。というのも、「世界ドーピング機関（WADA）」が同大会直前に報告書を公表し、ロシアが長年にわたって国家ぐるみのドーピング違反行為をおこなっていた事実を満天下に暴露したからだった。その結果、「国際オリンピック委員会（ＩＯＣ）」は、最終決定を各競技団体にまかせたものの、大多数のロシア選手が同五輪に出場できなくなった。

ＷＡＤＡ報告書によれば、ロシアのスポーツ省と連邦保安庁（ＦＳＢ）は、あろうことか国際的なスポーツ行事に参加するロシア選手たちに対して、ドーピング行為とその具体的な手口すら指導していた。もとより、プーチン大統領自身がそのようなことをスポーツ相やＦＳＢ職員に直接命令するはずはなかった。しかしながら、彼らが大統領の思惑を付度するあまり、彼らがつい勇み足を犯してしまったとの嫌疑は濃厚だった。にもかかわらず、彼らは大統領によってその咎を責められなかったどころか、責任当事者のビタリー・ムトコ・スポーツ相はその後間もなく副首相へ昇格した。

二〇一七年十一月五日、ＩＯＣは二〇一八年二月に開催される韓国の平昌《ピョンチャン》冬季五輪へのロシア選手団の派遣を禁止した。ドーピングにかんし潔白を証明したロシア人選手は個人の資格で参加が認められるものの、ロシアの国旗や国歌の使用は許されない。プーチン大統領は、この決定を来たる一八年三月のロシア大統領選挙にたいする欧米諸国による悪辣な干渉とみなして、猛反発した。ところが、ロシア人の選手や有権者たちをいたずらに失望させるのは必ずしも得策でない、おそらくこう思い直したのであろう、結局、個人資格での参加を許容することにした。と同時に、ＩＯＣ決定の翌日、十一月六日には自らの大統領選への出馬を表明し、ロシア世論の関心や愛国心の発露を五輪から自身へと転換させようと試みた。

ともあれ、ロシア選手を大活躍させ、ソチ五輪同様に多数の金、銀、銅メダルを獲得させ、ロシアの国威を発揚する恰好の機会としてリオや平昌での五輪を役立たせる。そのことによって、原油安、ルーブル安、経済制裁の〝三重苦〟に喘いでいるロシア国民に心理的カタルシス（浄化作用）を与える――。こう意図したに違いないプーチン大統領のもくろみは、裏目に出た。以上のようにみてくると、国際的な大型イベントのすべてがプーチン大統領が当初期待したとおりの成果をあげたとは、とうてい結論しえなくなるだろう。

## 「ポチョムキン村」の中身が問題

世界各国、そして指導者にかんする好感度を定期的に調査している米国の民間調査機関がある。そのうちの一つ、「ピュー・リサーチ・センター」は、二〇一五年三月から五月にかけて、世界の四〇カ国で約四万五〇〇〇人を対象にして、ロシアならびにプーチン大統領にたいする好感度調査をおこなった。八月に発表された同リサーチの結果によると、(81) ロシアとプーチンにたいする世界の人々の信頼度や好感度は、けっして芳《かんば》しいものとはいえなかった。まず、国家としてのロシアについては否定的な感情が支配的だった。その極端な例は、ポーランドとヨルダン（ともに八〇％。以下、数字は国別全回答者の比率）。イスラエル（七四％）、日本（七三％）、ドイツ、フランス（ともに七〇％）、米国（六七％）が、それにつづく。逆にロシアにたいして肯定的な感情を抱いているのは、次の三カ国くらいである。ベトナム（七五％）、ガーナ（五六％）、中国（五一％）。全体を平均すると、ロシアにたいする支持率はわずか三〇％にとどまった。

次に、プーチン大統領個人のイメージは、国家としてのロシアのそれに比べさらに悪い。「ピュー・リサーチ・センター」は尋ねた。「プーチン大統領が国際的な舞台でおこなっていることを、あなたは肯定的、あるいは否定的に評価しますか？」この問いにたいし肯定的に答えたのは、ロシアを除く三九カ国中で、わずか二カ国に過ぎなかった。ベトナム（七〇％）、中国（五四％）である。肯定的に答えた者の平均は、二四％だった。逆に残りの三七カ国はすべて、否定的に答えた。たとえば次の諸国である。スペイン（九二％）、ポーランド（八七％）、フランス（八五％）、ウクライナ（八四％）。

「ピュー・リサーチ・センター」による右の調査結果をもとにして、欧米のロシア専門家たちは以下のような結論をくだした。「ロシアにおける対外用の巨大な宣伝マシーンは、クレムリンから膨大な額の資金を提供されているにもかかわらず、世界でロシアにたいする好意的なイメージを作り出しえていない」[82]と。たしかに、そのとおりだろう。もっとも、「ピュー・リサーチ・センター」の調査結果で判明したロシアやプーチン大統領の人気が低いことの理由を、ひとえにロシアの対外的宣伝機関だけの責任に帰するのは、必ずしも適当ではないだろう。というのも、かれらPR機関は「ポチョムキン村」の外装を作り出すことはできても、その中身までを作る作業をまかされている訳ではないからである。

このようにして、本章全体の結論として、おそらく以下のようにまとめうるのではなかろうか。優秀なPR会社を雇ったり、プレスセンターを創設したり、対外宣伝用テレビの組織替えをおこなったり、五輪などの国際的なスポーツのイベントを華々しく主催したりする。このような小細工をほどこすことだけによって、プーチノクラシーの権威主義的、強権的な対外的イメージはけっして改善されたり好転されたりしないだろう。問題はプーチン政権が拠って立つシステム、それが採用する現実の政策それ自体にあるのであって、必ずしもそのプレゼンテーションのやり方次第ではないからだ。

ルキヤーノフによれば、ロシアの〝ソフト・パワー〟は、まず、次の三つの目標の実現を目指さねばならないという。一は、ロシア語を含むロシア文化の伝播・普及事業、関連してロシア式教育の長所の宣伝PR。二は、ロシア式生活様式やロシア外交について、世界の人々がややもすると抱きがちな否定的イメージの矯正や修正。三は、ロシアに友好的な感情を寄せる「友人」やシンパサイザーを世界中でできるだけ多く作り出すこと[83]。だが、これらの三課題に努力するだけでは未だ不十分である。これが、どうやらルキヤーノフが暗に言いたいことのようである。すなわち端的にいって、ロシアが世界の人々を真に惹きつけるためには、ロシア独自の魅力的なモデルを積極的に提供する努力が必要不可欠である。そのような魅力を備えることなしには、ロシアは決して「肯定的なイメージを形成し、世界にポジティブな影響を及ばしえないだろう[84]」。ミハイル・マルゲロフ（ロシア上院国際問題委員長、当時）が次のようにのべるとき、彼もまた、ルキヤーノフと同じことを言おうとしているように思われる。「われわれは、〝強いロシア（сильная Россия）〟ではなく、〝良いロシア（хорошая Россия）〟のイメージを追求すべきだろう[85]」。シニカルな西側の一専門家は、次のような比喩を用いて彼らとほぼ同様の趣旨のことをのべる。「毎朝シャワーを浴びることこそが大事なのであって、外出直前に香水をふっても大して役にたたない[86]」。

# 第8章

# EEU
## （ユーラシア経済連合）

アレクサンドル・ルカシェンコ（左：ベラルーシ大統領）ヌルスルタン・ナザルバエフ（中央：カザフスタン大統領）プーチン大統領（右）

ユーラシア経済連合は望みがなく、人畜無害の構想である。

――アンドレイ・コルトゥーノフ(1)

ウクライナなしには、ロシアはユーラシア帝国であることを止める。

――ズビグネフ・ブレジンスキー(2)

戦術上の成果は、それがまったく目覚ましい時であれ、戦略上のレベルでは逆効果になるケースが多い。

――エドワード・ルトワック(3)

## 二十世紀最大の惨事

プーチンは、メドベージェフ、その他のロシア政治指導者たちと比べて、どこが違うのか？ 数々の点をあげうるだろうが、そのうちのひとつとして、次のことを指摘して差し支えないかもしれない。プーチンが単に既成事実の発生を嘆き悲しむだけには止まらず、できればその遺憾な事態を是正し、元の形に戻そうと執拗に試みようとする点である。その一例を、本章で採りあげる。

一九九一年末、ソ連邦は解体した。この解体を遺憾に思う点で、もとより、プーチンはその他のロシアの指導者たち、たとえばメドベージェフと大きく変わらない。というのも、ソ連邦（正確にいうと、ソビエト社会主義共和国連邦）の崩壊は、次のような重大結果をもたらしたからである。それまでソ連邦を構成していた一五の共和国すべてが独立主権国家になり、国際連合に加盟した。そのうちの「バルト三国」、すなわちエストニア、ラトビア、リトアニアは、単に欧州連合（EU）ばかりでなく、北大西洋条約機構（NATO）にも参加した。たしかにロシア共和国（その後、ロシア連邦）は、旧ソ連邦の大部分の面積、核兵器、在外公館などを相続した。だが、ソ連邦と比べるとロシア連邦の領土は約四分の三、人口は約二分の一へと減少した。

このような事態を嘆いて、プーチン大統領が二〇〇五年の教書演説中でのべた次の言葉はあまりにも有名なものとなった。「ソ連邦の解体は、二十世紀最大の地政学的な大惨事（катастрофа）である」[4]。同大統領は、今日時点でもこのような考え方を変更していない様子である。というのも、二〇一七年夏ソチ開催の「才能教育児童センター」での会合で「大統領が人生で最大の影響を受けた事件は何ですか？」と尋ねられたとき、プーチンは暫し逡巡《しゅんじゅん》したあととはいえ、明確に答えた。「おそらく結局のところ、ソ連邦の解体である」[5]、と。

本音を吐露したとみられるこれらの発言によって、プーチンが、ソ連崩壊にたいしてどれほどまでに無念な気持を抱いているかが分かるだろう。だが、プーチンは強烈な愛国主義者であるとともに、現実主義者でもある。ロシアには〈覆水盆に返らず〉と丁度同じ意味の諺も存在する。たとえば、〈どうしようもないものについて、嘆くのはやめよ〉[6]。こう考え直したにちがいない、プーチンは次のような名科白を口にした。「ソ連崩壊を惜しまない者には、心《ハート》（сердце）がない。だが、その復活を欲する者には、頭《ブレイン》（голова）がない[7]」、と。

おそらくプーチンは、以下のように考えているのではないか。ソ連それ自体の再建はもはや望むべくもない。とはいえ、何とかしてそれに近い形の連合体を構築しうる術はないものだろうか。具体的にいうと、バルト三国（エストニア、ラトビア、リトアニア）の参加は、もはや諦めよう。これら三カ国は、もともとヨーロッパ系の国々であり、スターリンがヒトラーとの密約によってソ連邦内に強制的に併合した地域で、今やEUやNATOの正規メンバーにすらなっている。だが、これら三国を除く残りの一二カ国を何とかしてロシア連邦主導下に再統合したいものだ――。端的にいうと「ミニ・ソ連邦（mini-USSR）[8]」の創設である。そして本章で取扱う「ユーラシア連合」は、プーチンによるまさにそのような「ミニ・ソ連邦」構築の試みの一つであるように思われる。

## イズベスチヤ論文

このようにして、プーチン・ロシア首相（当時）は、二〇一一年十月四日、「ユーラシア連合」を結成する意図を明らかにした[9]。一〇日前の九月二十四日に、メドベージェフ大統領（当時）とポストを交換して、翌年三月の大統領選にみずから立候補するとの意志を発表した直後のことだった。プーチンによる「ユーラシア連合」構想は、『イズベスチヤ』紙に掲載された。『イズベスチヤ』はかつてのソ連時代にはソビエト政府の機関紙だったが、ソ連崩壊後には独立紙となり、数度の組織替えを経験して部数を著しく激減させたものの、政府寄りの基本姿勢だけは変えていない新聞である。

実は、二〇一二年一月から二月にかけてのわずか四〇日間に、プーチン首相は、六本もの論文を立てつづけに発表した。それらの内容は、政治、経済、外交、軍事、民族、社会、教育、福祉の多分野にわたり、いずれもメドベージェフに交替して三期目の大統領選に名乗りをあげたプーチン候補の「マニフェスト」にほかならなかった。ところが、こうのべたあと強調したいのは、次の点である。これら六本の論文すべてに先駆ける形でプーチンが「ユーラシア連合」構想を発表した事実である。これは、自らがメドベージェフとは一味も二味も異なる大統領になることを、ロシア有権者たちにことさら力説してみせようとするプーチンの強い意志表明——。このように解釈することが十分可能だろう。

では、「ユーラシア連合」なる組織を結成することによって、プーチンはいったい何を狙っているのか？　複数の動機を指摘できる。まず、欧米諸国が結成している各種の組織、とりわけ欧州連合（EU）、北大西洋条約機構（NATO）に対抗すること。これが、第一の目的であるにちがいない。また、ロシアも参画しているとはいえ、その名称からも窺えるように中国主導傾向が否めない「上海協力機構（SCO）」に対抗する。このことも、秘かに狙っているにちがいない。要するに、自前の組織をもつことによって他の組織に対抗する姿勢をしめし、そのことを通じてロシアの存在感と発言力を増大させる。プーチン版「ユーラシア連合」構想は、このようなことを目的にしている。

もっとも、このようにプーチン自身とロシアの面子や虚栄心を満足させる一方、「ユーラシア連合」は、それが実現する暁にはロシアにとって経済的、その他の持ち出しが実に大きくならざるをえないプロジェクトである。また、その後詳しくのべるように、正式メンバー国が何時まで経っても容易に五カ国以上に拡大しないばかりか、ウクライナという重要候補国を事実上EUというライバル組織へと追いやる結果を招いてしまった。これらの点からみてみると、「ユーラシア連合」は不毛であるばかりか、失敗に終わりつつある営為のようにすら思われる。それにもかかわらず、大統領就任後のプーチンは、己のペット・プロジェクト実現の夢を放棄する気配を一切しめそうとしない。そのような執念という点で、「ユーラシア連合」はおよそメドベージェフ、その他の指導者が決して思いつかず、実践しようとしないプーチン独自の構想――。こう評さざるをえない。

## 精算機関の必要性

標題に掲げたようにプーチンによる「ユーラシア連合」が、本章の主たるテーマである。だが、同構想について検討する前に、「ユーラシア連合」に類似、もしくは関連するアイディアについて、ごく簡単におさらいしておきたい。一九九一年十二月にソ連邦が解体されてから、二〇一一年十月に「ユーラシア連合」が提案されるまでの約一〇年間に、大きく分けると二つの動きが発生した。一方で、何とかして「ミニ・ソ連」に類する新組織を創ろうとする試みがなされてきた。他方、そのようなロシア連邦主導の努力を妨げるばかりか、阻止しようとさえする動きも起こった。これら二つの動向が対立し、張り合ってきた。このように大まかに要約しうる状況について、具体的に説明しよう。

まず、ソ連邦の解体とほとんど同時に「独立国家共同体」が形成された。ロシア語では Содружество Независимых Государств（略称、СНГ《エス・エヌ・ゲー》）、英語では Commonwealth of Independent States（略称、ＣＩＳ）と呼ばれる組織である。旧ソ連を構成していた一五共和国のうち、当初、バルト三国を除く一二カ国が加わった。これら一二カ国は、なぜＣＩＳを結成することに同意したのか？　ＣＩＳを創設せねばならない、次のような諸事由が存在したからである。

まず、ソ連邦解体後の財務整理、その他をおこなうためには、何らかのメカニズムもしくは組織が必要だった。ソ連邦の解体を「文明的離婚」[10]、もしくは破産宣告にたとえるならば、少なくともしばらくのあいだはある種の話し合い（たとえば財産の分割などについて）をおこなったり、過渡期の事務的な手続きを担当する機構が必要だった。

次に、政治・外交上の必要性も存在した。米国をはじめとする国際社会は、「政府承認」（ソ連邦を継承するロシアの場合）や「国家承認」（ロシア以外の共和国の場合）をあたえる条件として、たとえばそれまで各共和国に分散して配備されていた戦略、戦術核兵器の所在を明確にしたり、それらをロシア共和国へ集中移管したりすることを要求した。その作業を責任をもって終えるまでは、旧ソ連構成諸国がてんでばらばらの別個の存在になってしまうことを認めようとしなかった。

三つ目は、経済的な理由。旧ソ連は構成共和国がソ連邦から離脱することを阻止する手立ての一つとして、「悪の天才」と称されるスターリンによっていわゆる「社会主義的分業」の原則が押しつけられていた。たとえばカザフスタンやトルクメニスタンは、自前の資源パイプラインを敷設する権利が認められていなかった。そのために、自国産の原油や天然ガスをモスクワ中央によって安価で買い上げてもらう以外に、有効な販売ルートを持ちえなかった。このような歴史的経緯ないしは「負の遺産」のゆえに、構成共和国はソ連邦解体後政治的には独立を遂げたものの、経済的には直ちに自給自足体制《アウタルキー》へ移行しえない境遇下におかれていた。

ところが、である。ＣＩＳが形成されてから仮に今日までの時間を数えると、すでに四分の一世紀が経過した。そのあいだにＣＩＳは、性急な離婚もしくは破産宣告のあとに必要とされた残務整理の業務をほぼ完全に終了させたにちがいない。旧ソ連構成共和国のすべては、国際社会から独立国家としての「承認」を受け、国連のメンバー国になり、自前の軍隊や経済制度も整備しつつある。結果として、いまやＣＩＳという一つの組織に集結せねばならない必然性は著しく減少するか、消滅した。したがって現在、ＣＩＳにかんして次のような結論をのべる者すら現れて驚くにあたらない。「ＣＩＳの命運はもはや尽きている」[11]。

ＣＩＳの正式加盟国数は、当初の一二カ国から、今日、九カ国へと減少している。まず、二〇〇五年にトルクメニスタンが準加盟国へ転じた。同国は「積極的中立政策」を唱え、国連からも「永世中立国」のお墨付きを得たからだった。次に、ジョージア（旧グルジア）は二〇〇八年八月にロシアから軍事介入を受けたときに、ＣＩＳからの脱退要求をおこない、ＣＩＳ規則に則って一年後の二〇〇九年八月に正式に脱退した。さらにウクライナも、二〇一四年三月、ロシアによる強引なクリミア併合に抗議して、ＣＩＳからの脱退要求をおこなった。

## 親ロシア、反ロシアの二傾向

以上のような諸事由や正式加盟国の減少傾向にもかかわらず、しかしながら、ＣＩＳは今日時点で未だ存続している。なぜか？　ひとつには、若干の新旧機能を遂行しているからだろう。地理的に隣接し、経済関係も密接なＣＩＳ諸国は、たとえば航空規則やエネルギー資源をめぐる協力について、相互間で話し合う場もしくは機関が必要である。また、旧ソ連構成国の多くは準独裁もしくは権威主義的政治体制を実施しているので、欧米諸国から加えられる民主化促進の圧力に抗したり、「カラー革命」の勃発の危険性にたいして互いに連帯して備えたりする必要もあろう。これらの機能、その他のために、ＣＩＳ構成各国の首脳たちが年に数回、一定の場所に集合して、相互間の接触を保って情報を交換したり、またその場を借りて二国間の個別会談をおこなったりする。これは、おそらく有意義な作業なのだろう。これらを、ＣＩＳの「新しい機能」

（フョードル・ルキヤーノフ）[12]と名づける者すらいる。

とはいうものの、ＣＩＳは少なくとも所期の目的をほぼ遂行済みであり、その存在は形骸化しつつある。主として象徴的な価値のみを残す組織になっている。このような機構に頼っているだけでは、ロシア連邦はＥＵ、ＮＡＴＯ、ＳＣＯなど、米欧列強や中国主導の連合体にもはや対抗しえない。是非ともロシア主導下にもう少し強力な組織を形成する必要性がありはしないか――。どうやらこれが、プーチンの考えなのだろう。そして実際、二〇〇〇年に大統領に就任して以来今日までの約一八年間にわたり、プーチンはロシア主導下に新組織を形成することに熱意を燃やしつづけてきている――こうみなして、間違っていないだろう。プーチンは、たとえば二〇〇〇年十月「ユーラシア経済共同体」を創設した。ロシア、ベラルーシ、カザフスタン、キルギス（クルグスタン）、タジキスタンの五カ国が、そのメンバーになった。二年後の二〇〇二年には「集団安全保障条約機構」を結成した。ユーラシア経済共同体のメンバー国にプラスして、アルメニア、ウズベキスタン（但し、その後脱退）を参加させた。

ところが他方で、ロシア主導の新機構づくりに反発する動きが起こっている事実にも注目せねばならない。ＣＩＳの一部加盟国は、別個の新しいグループすら結成しようと試みる。そのような動きの急先鋒に立っているのは、ジョージア、ウクライナ、モルドバの三カ国といえよう。いずれも自国でいわゆる「カラー革命」を発生させたお国柄である。これら三カ国はロシア離れをとげるばかりでなく、米欧諸国に接近しようとする姿勢すらしめしている。ＥＵやＮＡＴＯへ加盟したいとの意向も明らかにしている。アゼルバイジャンは、自国領内に存続するアルメニアの飛び地、ナゴルノ・カラバフをめぐる紛争で、ロシアがアルメニア側を支援する側に回っているために、ロシアにたいして釈然としない思いをいだいている。加えて、カスピ海の自国産原油を、ロシアを迂回してＥＵ諸国へ運び、直接取引したいとも考えている。

このようにして、ジョージア、ウクライナ、アゼルバイジャン、モルドバの四カ国は、一九九七年にGUAM（ГУАМ）と名づけられるグループを形成した。これら四カ国の頭文字をとってそう呼ばれるGUAMは、ロシア主導のCIS、その他の親ロ傾向をもつ組織からみて、事実上の「ライバル[13]」集団になった。このようなGUAMの動きを、英『タイムズ』紙は「まさにモスクワの鼻をへし折ろうとする行為にほかならない」とすらコメントした。[14]

## 鯨とイワシ

ここで、本論の「ユーラシア連合」に話を戻す。まず、その創設の意図や内容などにかんして、プーチンの『イズベスチヤ』紙論文は次のように記している。（1）差し当ってのメンバーは、ロシア、ベラルーシ、カザフスタンである。これら三カ国は、「関税同盟」（二〇一〇年七月一日、発効）と「統一経済空間」（二〇一二年一月一日、創設）を土台にして、「ユーラシア連合（Евразийский Союз; Eurasian Union）」を創設する。（2）近い将来、キルギスやタジキスタンが加盟することを期待する。（3）ユーラシア連合は、「自由、民主主義、市場」なる共通の価値観でまとまっている大欧州の一部として形成される。（4）同連合は、「現代世界の一つの極」となり、「ヨーロッパとアジアを結びつける効果的な紐帯」の役割を果たす。

このようなことを明記する「ユーラシア連合」構想の特徴は、いったい何だろうか。こう問われるならば、まずその特異なメンバー構成を指摘すべきだろう。主要三カ国間には、明らかに力のアンバランスが存在するからである。すなわち、ロシアは政治、経済、その他どの点からいっても、圧倒的に強大な存在である。ところが、ベラルーシとカザフスタンは必ずしもそうではない。ベラルーシの経済力はロシアの四〇分の一に過ぎず、CIS諸国のなかで最貧国に属する。いや、事実上破産している国とみなすべきかもしれない。

カザフスタンはエネルギー資源に恵まれ、中央アジア五カ国のなかでこそ強力な存在かもしれないが、基本的には未だ発展途上国とみなすべきだろう。そのGDPは、ロシアの一〇分の一以下である。

ロシアがつづいて参加を要請したキルギス、タジキスタンも、CIS諸国、いや中央アジア諸国のなかでも最も貧しい国である。カザフスタンにくらべて一〇分の一のGDPしか持たない存在である。このようにして、アレクセイ・マラシェンコ（当時、カーネギー・モスクワ・センターの中央アジア専門家）は「ユーラシア連合」におけるロシアとその他のメンバーとの力関係を「鯨とイワシ」[15]のそれにたとえた。あながち誇張といえない比喩だろう。

「ユーラシア連合」の構成国にみられるこのようなアンバランスは、たとえば「欧州連合（EU）」のメンバー間における関係と異なる。というのも、EUは少なくともその結成当初は、ドイツ、フランス、イタリア、ベネルクスという政治的・経済的にほぼ同等の力をもっている国々が主要メンバーとなって結成された組織だったからである。[16] EUに問題が生じ躓《つまず》きを見せかけたのは、その後にギリシャなど経済的基盤の脆弱な国々をそのメンバーに加えたからだった。ところが「ユーラシア連合」では、EUでいうとギリシャに該当するようなベラルーシを最初から主要メンバーに加えて発足したのである。イーゴリ・ユルゲンス（「現代発展研究所」理事長）は、「同組織はのっけからギリシャ問題を抱えている」[17]とのべた。宜《むべ》なるかなと評しうるだろう。

「ユーラシア連合」の創設メンバー諸国間に存在する経済的、その他の格差のゆえに、同連合はとうてい「対等なパートナー関係」[18]にもとづく組織とはいいえないだろう。「ユーラシア連合」の本部はモスクワにおかれ、同経済委員会の議長もロシア人のビクトル・フリステェンコ（前ロシア連邦産業貿易相）なのである。[19]

## ロシアの意図

右にのべたようなアンバランスを一応横におくとして、ロシア、ベラルーシ、カザフスタンの三カ国は、そもそもどのような動機や意図に促されて「ユーラシア連合」の創設を提案したり、もしくはその提案に同意し参加したりすることに決めたのだろうか？　端的にいうと、同床異夢。これが、その答えだろう。三カ国は、それぞれ「異なった思惑や狙い」[20]にもとづいて「ユーラシア連合」への参加を決断したのだ。

まず、ロシア。「ユーラシア連合」の結成はロシアにとって経済的に実に大きな持ち出しになるだろう。このことは、最初から分かり切ったことだった。それにもかかわらず、ロシアが同組織を創設することに決したのは、それが単なる経済連合を超える構想であることに存する。プーチンは、このことを隠していない。たとえば二〇一三年九月開催のヴァルダイ会議（ロシアのみならず世界の有識者を集めてロシアが年に一回開く会議）の席上で、プーチン大統領は次のようにのべた。ユーラシア経済連合を創設する目的は、「財政、経済、文化、文明、軍事、政治の諸分野に跨る巨大な地政学的な大陸をつくりだすことである。これこそが、ロシアの隣国との密接な統合にわれわれが絶対的な優先権をあたえる理由なのである。（中略）ユーラシア連合は、ポスト・ソビエト期の全ての空間を単にヨーロッパやアジアの周辺部にとどめおくのではなく、グローバルに発展する独立したセンターへと変貌させるチャンスを提供する」[21]。

つまり、「ユーラシア連合」創設の動機は、端的にいうと政治的動機に求められる。さらにいうならば、プーチンという指導者の個人的な信念や野心に存在する。つまり、ソ連邦の解体を「二十世紀最大の地政学的な惨事」とみなすプーチンは、過ぎ去った栄光への郷愁《ノスタルジア》をどうしても捨てきれず、何らかの形で「ミニ・ソ連」の再建を図ろうと欲しているのだ。

プーチンは、「ビッグ・プロジェクト」[22]大好き人間である。さらに、このことを「ユーラシア連合」創設の動機のひとつとして加えてもよいかもしれない。プーチンは、すでにふれたように、たとえば次のような国際的に華やかな行事をロシアで主催することに、異常なまでの熱意を傾ける。ウラジオストクでのアジア太平洋経済協力会議（APEC）、ソチでの冬季五輪、ワールド・カップ（W杯）大会……等々。そのために、莫大な経済的予算をかけることを些かも厭わない。「ユーラシア連合」構想もまた、そのようなプーチン好みのメガ・プロジェクトのひとつとみなしえよう。このことに関連して、ドミートリイ・オレシキンは、次のようにコメントをおこなう。プーチンは、とくにメドベージェフと交替してクレムリンへの復帰をとげるにさいして、ロシア国民に「古き良き時代」を想起させる何か「お伽話」[23]を提供することが是非とも必要と考えたのだろう、と。

ロシア、そして二〇一二年に大統領復帰予定だったプーチンにとっては、単に見栄ばかりではなく、「ユーラシア連合」構想を推進して然るべき実質的な理由も存在した。それは、端的にいうと時代の要請だった。つまり、現代の国際場裡では、唯《ただ》一国のみの力に頼っているだけでは、とうてい熾烈な競争社会で生存を確保することすらむずかしくなってきた。一種の「地域主義（regionalism）」の原理にもとづいて「地域共同体」を組織したり、それに参加したりすることが、己のサバイバルにとっても不可避の要請になってきたのだ。たとえば、「欧州連合（EU）」を結成したさい、ドイツ、フランス、イタリアなどもおそらく同じことを考えていたにちがいなかった。彼ら一国だけの力では、もはやアメリカ合衆国や日本の経済力に太刀打ちできず、団結・連帯が必要不可欠である、と。こうして、彼らはEUの創設に踏み切った。「上海協力機構（SCO）」も、ほぼ同様の趣旨から結成された。もっとも、その名称がしめしているように、SCOの主導権を握っているのは中国であり、ロシアではないが。

このまま何もしないで唯坐っているだけでは、国際舞台で西のEUや東の中国の影響が次第に増大し、ロシアは両勢力によって挟撃され、やがてはジリ貧状態へと追い込まれてゆくのではないか。かつてロシアの勢力圏もしくは緩衝地帯だった諸国や地域ですら、たとえば米欧や中国によって次第に侵蝕され、ロシア離れを遂げてゆく趨勢に歯止めをかけえなくなるのではないか。ロシアの目からみると、NATOはたとえばウクライナやジョージアへと触手を伸ばし、ベラルーシさえも次のターゲット（標的）とみなしているかのようである。EU諸国は、エネルギー資源をもはやロシアからではなく、カザフスタンなどのCIS諸国から直接購入する手立てを講じようとしている。中国も同様の意図をもち、じっさいカザフスタン、トルクメニスタン、キルギスなど中央アジア諸国へ接近していることは、誰の目にも一目瞭然といえよう。

右のように片やEU、片や中国の伸長に対して、ロシアはみずからの利益や従来の勢力圏を守るために今や積極的な手を打つべき状況に直面しているのではなかろうか。とはいえ、ロシア唯《ただ》一国だけでは、EUや中国によってもはや対等のパートナーとして認めたり、取扱ったりしてもらえないだろう。だとすると、たとえどのように弱小であろうと、二、三の同好の士を募り、連帯を組む——少なくとも外部にそう映る——努力をおさおさ怠ってはならない。アンドレイ・コルトゥーノフ（ロシア国際問題会議議長）によれば、「ミニ・ソ連邦」の再建よりも、むしろロシアの交渉的地位の強化——この狙いのほうが、プーチン大統領に「ユーラシア連合」創設の契機となった主要動機ではなかろうか。[24] ボボ・ローが次のように記しているのも、同様の見方をしているように思われる。「プーチンによるユーラシア空間の創設は、西欧、中国、旧ソ連構成国が提起するチャレンジにたいするロシア側による一種の防衛的な措置である。このようにみなすべきでなかろうか」。[25]

## ベラルーシの計算

ベラルーシの意図はどうか？　ベラルーシは、地理的にはロシアとヨーロッパの狭間に位置し、一〇〇〇万人近くの人口を擁する。その点で、ロシアにとっては無視しえない重要な大国。ウクライナがロシアからの離脱傾向をあらわにしている昨今に、とくにそうだといえる。ベラルーシは、「ヨーロッパ最後の独裁者」と綽名されるアレクサンドル・ルカシェンコ大統領のもとで準独裁体制を二〇年以上にもわたって続けている。ルカシェンコは、大統領任期を二期に限った憲法規定を廃止し、今日までに四選を果たしている。ベラルーシの経済状態はよくない。エネルギーその他の資源に恵まれておらず、市場経済への移行も遅れている。ロシアからの経済支援、とくに安価での資源供給なしには、おそらく直ちに破産状態におちいるだろう。

このような諸事由から、ベラルーシはかつてロシアと合体し「連邦国家」を形成するアイディアにすら乗り気になった。とはいえ、もしロシアと完全に併合してしまうと、一体どうなるだろうか。それは、弱体なベラルーシが強大なロシアのほうへ呑み込まれてしまうことを意味する。しかも、そのような「連邦国家」のトップの座に就くのは飽くまでロシアの大統領であり、ベラルーシの大統領ではない。ということは即ち、ルカシェンコがナンバー2以下の地位に身を落とさねばならないことを意味する。これまで準独裁政治をほしいままにしてきた自尊心の強いルカシェンコにとり、それは屈辱以外の何物でもなかろう。このように考え直したルカシェンコ大統領にとって最も都合が良いシナリオは、ロシアと就かず離れずの関係に立つこと。すなわちロシアから経済援助を受ける一方で、けっしてベラルーシ、したがって自分自身の独立や安全を損なわない形を維持することである。

このように虫の良いベラルーシ方式について、さらに具体的に話をつづけよう。ベラルーシは、ロシアから輸出税なしの低価格で原油や天然ガスを輸入するばかりか、その一部を国内で精製し、付加価値をつけたうえで欧州に転売して、差額を稼ごうとさえ試みる。[26] ベラルーシがこのような手法に訴えることを熟知しているロシアは、とうぜん資源価格の値上げに踏み切ろうとする。すると忽ちルカシェンコ大統領は、ベラルーシが実はＥＵへの加盟を希望していることをほのめかす。もし同大統領がこのアイディアを推進すれば、ロシアはベラルーシという地政学上の緩衝地帯を失い、以後みずからはヨーロッパと直接対峙せねばならなくなるだろう。このような脅しをかける。

ルカシェンコは、一言でいえば「マキャベリスティックな術策に長《た》けた」[27] 煮ても焼いても食えない人物。ロシア側の「アキレス腱」[28] をベラルーシ、そして己自身のために最大限に利用する巧妙な外交術で生き残ってきた「政界風見鶏」[29] なのである。結局、ベラルーシは、ロシアから二〇億ドルの借款を獲得して、「ユーラシア経済連合」に加盟する決定に合意した。[30] ルカシェンコは、二〇一七年二月、再びロシアに揺さぶりを加えた。たとえば何と七時間にも及ぶ「マラソン記者会見」を敢行し、ベラルーシ―ロシア間の溝はもはや「ロシアがベラルーシに石油やカネを提供することによって埋めえないまでに拡大してしまった」[31] と語った。ベラルーシは、同年五月、国際アイス・ホッケー連盟から二〇二一年度のワールド・カップをラトビアと共催する許可を獲得した。これまた、「ミンスクが多元外交を展開したことが成功をもたらした意味深長なシンボル」（グリゴーリイ・ヨッフェ）[32] とみなすことができる。

ルカシェンコ・ベラルーシ大統領が推進しようとするロシアとそれ以外の諸列強との「二つの椅子に同時に坐ろうとする」外交政策、とりわけその脅しの手口は、はたしてこれまでどおりに今後も功を奏するのだろうか？　疑問視する声なきにしもあらずといえよう。主な理由は、次のとおりである。まず、ＥＵはもはやベラルーシをさして支援しえない状態におちいっている。というのも、ＥＵは、ウクライナの支援こそが喫緊の任務であり、「第二のウクライナ」にまで手を差しのべる余裕を持たなくなっているからだ。しかも、ルカシェンコは、「ヨーロッパで最後の独裁者」と綽名される悪名高い人物。そのようなルカシェンコの専制政治に堪えかねて、ベラルーシの骨のある知識人たちは既にあらかた国外へ出てしまった。ベラルーシに居残っている者のなかでは「ベラルーシのロシアへの統合すら、もはや止むをえない選択肢のひとつと考えはじめている人々が多くなりつつある[33]」。

このような状況から判断すると、次のような結論にすら到達せざるをえない。どうやらルカシェンコは、対ヨーロッパ向けにロシア離脱カードを高く売りつけるベストの機会を逃したのかもしれない。それはともかく、ルカシェンコは二〇一七年四月になると、結局「ユーラシア経済連合」との関税規約に調印した。ベラルーシはそれと引き換えにロシアから七億五〇〇〇万—八億ドルの債務の帳消し、ならびに一〇億ドルにのぼる新借款を獲得した[34]。要するに、ロシアとベラルーシとの関係は、一刀両断するような形での単純化に馴染むものではなく、次のコメントのように曖昧なものにならざるをえない。「約二〇年前にはじまった、ロシアとベラルーシとのあいだのロマンスが終焉の時を迎えつつあることは、間違いない事実である。とはいえ、ロシアとベラルーシとの結婚が、今後、正式の離婚手続をはじめるまでに悪化することもないだろう[35]」。

## 中央アジア諸国

カザフスタンが、プーチン提唱の「ユーラシア連合」に加わることに決めた理由は、いったい何だったのだろうか。それは、ベラルーシのそれに勝るとも劣らぬほど複雑だった。カザフスタンのGDPは、まえにふれたようにロシアのそれに比べはるかに小さく、十分の一以下。とはいえ、カザフスタンは豊かな地下資源に恵まれ、それを梃子として近年急速に経済力を伸ばしつつある国でもある。政治状況も安定している。

ヌルスルタン・ナザルバエフ大統領が、一九九〇年から今日にいたるまでの二五年間にもわたって、ほとんど盤石といえる長期政権をつづけ、二〇一五年四月には四選（二〇二〇年までの五年任期）すら果たした。

そのようなカザフスタンが「ユーラシア連合」参加を決意した理由は、まず第一にナザルバエフ大統領の名誉欲だった。というのも、そもそも「ユーラシア連合」のアイディアを最初に思いついたのはナザルバエフだからである。一九九四年にナザルバエフが同構想を発表した当時、カザフ大統領によるそのような考えに賛同する者は皆無だった。[36] ところが、それから一七年後の二〇一一年になると、何とロシアのプーチン首相（当時）が類似のアイディアを発表したのだ。アイディアの創始者としてのナザルバエフの自尊心は大いにくすぐられ、その点からは同構想に賛成せざるをえない立場になった。

だからといって、もとよりカザフスタンによる「ユーラシア連合」への参加決定が、ナザルバエフ大統領の栄誉の充足欲だけにもとづく。こう考えるのはナイーブ過ぎる見方だろう。政治家の言動は、実利的な算盤をはじいて決定される。ロシアが提唱する「ユーラシア連合」への加盟は、中国や欧州諸国にたいして今後これまで以上大胆に接近しようともくろんでいるカザフスタンにとり、何よりのアリバイづくりになるだろう。カザフスタンは、最近、自国と中国や欧州を直接結ぶパイプラインを建設し、自国産の天然ガスや原油をもはやロシアを経由することなく海外へ輸出し、外貨を稼ぐことに熱心になっている。だが、そのような己の目論見がロシア指導部によってロシア離れと解釈されるのは、必ずしも望むところではない。カザフスタンは、ロシアとのあいだに切っても切れない重要かつ微妙な関係を有しているからである。

カザフスタンは、たとえばロシアとのあいだに約七五九一キロメートルの国境線を共有する。[37] これは、カナダ－アメリカ間の八九〇〇キロメートルに次ぐ世界第二の長さである。中ロ間の四三五五キロメートルよりも長い。また、カザフスタン国内には多数のロシア系住民が暮らしている。正確にいうと、三七九万三七六四人で、全人口（一六六〇万人）に占める比率は二一・八%。これは、中央アジア五カ国、そしてもちろんCIS諸国のなかではずば抜けて大きい数字である。とくに、ロシアと国境を接するカザフスタンの北部や北東部では、その数字は五〇%にものぼる。以上のような諸事情から、カザフスタンはロシアとのデリケートな二国間関係を決して損なわないよう常に細心の注意を払う必要に迫られている。多くの評者は、それを「綱渡り外交」[39]と名づける。[38]

プーチン首相は、中央アジア五カ国のなかではカザフスタンに引き続いて、キルギスとタジキスタンが「ユーラシア連合」に加盟することを期待した。さきから引用している『イズベスチヤ』論文のなかで、じっさい同首相は記した。「キルギスやタジキスタンが正式加盟をとげることによって、関税同盟および統一経済圏の参加国の拡大が徐々に進むことになるだろう」。キルギスとタジキスタンは、中央アジア五カ国のなかの最貧国である。国際通貨基金（IMF）の数字を借りると、二〇一一年、カザフスタンの国民一人あたりのGDPが約九〇〇〇ドルであったのに対して、キルギスのそれはわずか八四〇ドル、タジキスタンのそれは七三〇ドル、ともに一〇分の一以下である。つまり、ロシアの一〇〇分の一。このような経済的状態のキルギスやタジキスタンは「ユーラシア連合」に加盟すれば、ロシアからこれまで以上の経済的支援や恩恵を期待しうるだろう。もっとも、その場合キルギスやタジキスタンは、ロシア以外の国々、たとえば米国、中国、日本などから従来どおりの経済支援を得ることが若干むずかしくなるとの代償を支払わねばならないかもしれないが。

## ナフタリン臭

「ユーラシア連合」構想は、ロシア国内で一体どのように受け止められたのだろうか。一方では、同構想を熱烈に支持する声が巻き起こった。なにしろ、ほかならぬ絶対的な権威と圧倒的な人気の持ち主、兼「おらが大将」のプーチン大統領御自身の提案だからである。たとえばアレクサンドル・ドゥーギン（当時、モスクワ国立大学の国際関係学部社会学科長）[40]は、プーチン提案にたいし「待ってました！」と拍手喝采せんばかりの賛同の意をあらわした。[41]ドゥーギンは、「〝ユーラシア〟概念の発明者、構築者、そして演出者」[42]として有名な人物である。そのようなドゥーギンは、現に次のようにのべた。「一九九四年にナザルバエフが類似のアイディアを発表して以来、われわれはユーラシア連合構想に賛成してきた。その後しばらくのあいだわれわれは無為に時を過していたが、今やロシア連邦の強力な指導者、プーチンが同様の発想を公表してくれた。これは、実に大きな意義をもつ。現在は、〔このアイディアを推進するための〕ベストタイミングなのかもしれない」。ドゥーギンは調子に乗って、さらに次のようなことすら提案した。「ユーラシア連合は、経済分野の統合レベルだけに止まってはならないだろう。政治的領域での高次の統合へと大胆に歩を進める必要がある。そこまで進んでこそ、ユーラシア連合は国家の次元を超越したモデル、未来を先取した素晴らしいイメージとして人々を惹きつけることができるだろう」。

しかしながら、ドゥーギンのような根っからのユーラシア主義者を除くと、プーチンの「ユーラシア連合」構想は、少なくもロシアの知識人や評論家のあいだで必ずしも好評を博しているとは評しがたい。そのような論者による批判点を、一、二紹介しよう。

プーチン構想は新味が感じられず、かび臭い匂いさえする代物である。これが、第一の批判点である。同構想が、一九九四年にナザルバエフによって提唱されたアイディアの焼き直しに近い代物であることについては、さきにふれた。たとえば、ルキヤーノフはいう。「この〔プーチン〕論文には、じっさい何らフレッシュなものが感じられない。関税同盟をユーラシア空間へと拡大してゆくという構想は、これまで何度も提起されてきたプロジェクトだからである」[43]。また、『独立新聞』は、イーゴリ・ユルゲンスの次のような批判を掲載した。「ユーラシア連合構想は、今日、さほど有益なアイディアであるようには思いがたい。ナフタリンのようにカビ臭い匂いさえ感じられる」[44]。

ダン・ペレシュークは、さらに手厳しいコメントをおこなう。「プーチン論文のトーンは、古いプーチンへの復帰をしめしている」[45]（傍点、木村）。これは、本質を衝いた鋭い指摘のように私に思われる。というのも、プーチンはもはやエネルギー資源の分配によってロシアの国民や側近たちの支持を確保できなくなり、その代りにナショナリズムや愛国心といった精神的ファクターに訴えざるをえなくなった。そして、「ユーラシア連合」構想実現によって「ミニ・ソ連」を構築しようというアイディアは、まさにナショナリストや愛国主義者たちの琴線に触れる提案のごとく響くからである。

非現実的――。これが、「ユーラシア連合」にたいしてロシアでなされている第二の批判点である。仮に一歩譲って、この発想がアイディアとしては素晴らしいことを認めることにしよう。その場合でも、同構想が簡単に実現可能なプロジェクトではないという難点がなる。「ユーラシア構想」がプーチン好みの「ビッグ・プロジェクト」の典型であり、「お伽話」でさえあることについてはさきにふれた。さらにいうと、それは、二〇一二年三月の大統領選に出馬するに際してのプーチン候補のスローガンのひとつにほかならなかった。ところが、ロシアの識者たちは、この巨大構想の実現可能性を危ぶむ。たとえばペレシュークはのべる。「プーチンはしばしば壮大な計画を打ち出すものの、彼のアイディアは大抵の場合、象徴的なものにとどまり、実現可能性が欠如している。これが、大方の専門家の見方といわねばならない」[46]。

## 砂上の楼閣

プーチンの「ユーラシア連合」構想は、現実離れした大言壮語であり、砂上の楼閣[47]にすぎない。パーベル・フェリゲンガウエルにいたっては、このことを具体的に証明しようとさえ試みる。[48]フェリゲンガウエルは、もともと軍事問題の専門家、現在は主として独立系の『ノーバヤ・ガゼータ』紙を発表の場にしている評論家である。フェリゲンガウエルは、たとえば『イズベスチヤ』紙上のプーチン論文の次のくだりが、そのことを証明しているという。「ユーラシア連合は、大欧州の切り離せない一部として形成される。すなわち、普遍的な原理にもとづき、自由、民主主義、市場の法則という共通の価値観でまとまっている大欧州である」。フェリゲンガウエルによれば、この文章は全く客観的事実に合致せず、ナンセンスでさえある。というのも、ロシア、ましてやベラルーシ、カザフスタンは権威主義的な独裁国家であり、欧州と「自由、民主主義、市場の法則という価値観」を共有している国々とはとうていみなしえないからである。そのような三カ国が主体となってつくる「ユーラシア連合」が、はたして「大欧州の切り離せない一部（неотъемлемая часть Большой Европы）」になりうるだろうか。また、同連合は、そもそも「大欧州の切り離せない一部」になることを本当に目指しているのか。疑問といわねばならない。

プーチン論文から、もう一カ所引用しよう。「われわれが提案するのは、次のようなモデルである。すなわち、強力かつ超国家的な統合体、現代世界の一つの極（полюс）となることができる。同時に、欧州とアジア太平洋地域とのあいだの効果的な紐帯（связка）としての役割を果たすことが可能なモデルである」（傍点、木村）。このくだりを、ロシアの別の評論家たちはほとんど揶揄せんばかりに痛烈に批判する。その急先鋒は、リリヤ・シェフツォーワである。

まず、ロシア、ベラルーシ、カザフスタンという三カ国が一緒になって、はたして「現代世界の一つの極」を形成しうるか。シェフツォーワ女史は、このように問う。ウラジスラフ・イノゼムツェフ（高等経済学院教授）が自身の二つの論文で提供している次の数字から判断すると、女史の疑問はもっとも至極と言わざるをえない。たしかに、これら三カ国が擁する人口、領土、そして天然エネルギー資源は大きい。人口は一億七〇〇〇万人で、世界人口の一・五％、土地は世界の二〇％、ガスは二〇％、石油は一五％を占める。[49]とはいえ、ロシアのGDPは、ベラルーシとカザフスタンのそれを加えてもわずか一四・八％分だけ増えるにすぎない。[50]これら三カ国のGDPを総計しても、わずか二・七兆ドルである。EUの一五・六兆ドル、中国の一一・二兆ドルに比べると、あまりにも小さい規模ではないか。[51]

次に、ユーラシア連合が「欧州とアジア太平洋地域との紐帯」を目指すという文章も、シェフツォーワによれば身のほどを知らぬ中学生レベルの常套句に過ぎない。というのも、たとえば欧州とアジアを結ぶシベリア横断鉄道やバム鉄道（バイカル・アムール鉄道、第二シベリア鉄道）などロシアの交通・運送インフラストラクチャーは、老朽化してしまっているからである。結果として、EU‐アジア間の全貿易量のわずか一％がロシアを経由しておこなわれているに過ぎない。これは、ソビエト時代の一九八九年に比べてすら一一％減の数字である。じっさい、二〇〇七年にロシアが中国から輸入した全製品のうち六二％までもが、現にヘルシンキ、その他のヨーロッパの港を経由しておこなわれている。[52]

右のような数字に準拠して物事を冷静に見るのならば、「ユーラシア連合」が一つの「極」になって、ヨーロッパとアジアを結ぶ架け「橋」となるというのは、「あまりにも野心的すぎる目標ではないか」[53]。シェフツォーワ女史はこう危ぶんで、次のように記す。「もし万一ユーラシア連合が欧州やアジアの一部の国々のようにダイナミックな存在に成長してゆくのならば、ひょっとしてそれは可能なのかもしれない[54]」。だが、「これらの諸国（ロシア、ベラルーシ、カザフスタン）は時代遅れの経済を有し、政治的な観点からは己の独裁傾向をますます顕著にし、いわば政治権力を退化させつつあるシステムの国々にほかならない。そのような三カ国がはたしてどのような『極』や『紐帯』になりうるというのか[55]」。

このようにして、イノゼムツェフは実に残酷な結論をくだす。「プーチンが提案していることは、およそ実践不可能なプロジェクトである[56]」。

## 五カ国が参加――「ユーラシア経済連合」

プーチンが『イズベスチヤ』（二〇一一・一〇・四）論文で「ユーラシア連合」構想を提唱して以来今日まで、同構想は一体どのような展開を遂げてきているのか。その経緯を、箇条書きの形でごく簡単に記しておこう。

二〇一一年十月十九日。プーチン首相は、「ユーラシア連合」の創設がロシアにとり「無条件かつ優先的な課題である」ことを強調するとともに、「エネルギッシュに取り組むならば、われわれは二〇一五年頃までにこの構想の実現に近づくだろう[57]」との楽観的な予測をおこなった。十月二十六日。ユーラシア連合の名称に「経済」の一語を付け加えて、名称を「ユーラシア経済連合（Евразийский Экономический Союз/ ЕЭС; *Eurasia Economic Union*／ＥＥＵ）」に改めた。十一月十八日。ロシア、ベラルーシ、カザフスタンの三カ国の首脳（ロシアはメドベージェフ大統領、当時）は、二〇一五年一月一日までに「ユーラシア経済連合」発足を目指すと記した共同宣言に署名した[58]。二〇一二年一月一日。ロシア、ベラルーシ、カザフスタンの三カ国は、「統一経済圏」創設に合意する文書に署名した[59]。二〇一四年五月二十九日。ロシア、ベラルーシ、カザフスタンの三首脳は、「ユーラシア経済連合」創設条約に署名した[60]。二〇一五年一月一日。右の条約がそれぞれ三カ国のそれぞれで批准されたので、「ユーラシア経済連合」の枠組が正式に発足した[61]。

二〇一五年一月二日、アルメニアが「ユーラシア経済連合」に参加した。アルメニアの決定理由は、主として次の二つだった。一は、同国の経済実情を冷静に検討した結果。アルメニア経済はロシア経済に過度なまでに依存している。アルメニアにとってロシアは最大の投資国、EUに次ぐ第二の貿易パートナー（二二%）である。[62] 二は、アルメニアが、政治・軍事上もロシアに依存していること。アルメニアは、隣国アゼルバイジャン、トルコと敵対関係にある。とりわけ、アゼルバイジャン領内にナゴルノ・カラバフ自治州を有し、その住民の八〇%までもがアルメニア系である。そのことが両国間で深刻な軍事的な対立の種になっている。幸い、ロシアがアルメニア側に就き支援してくれているお蔭で、アルメニアは同自治州がアゼルバイジャンへ編入される事態を辛うじて免れている。アルメニアにとりロシアの機嫌を損ねることは、ナゴルノ・カラバフを失うことにも等しい。

二〇一五年五月二十一日、キルギスが「ユーラシア経済連合」に加盟した。[63] 主な理由は、これまたキルギスが抱えている深刻な経済事情といえよう。キルギスは、ロシアが提供してくれる天然ガスなしには、そもそも存立不可能なのだ。キルギス経済は、また、「ユーラシア経済連合」加盟国へ出稼ぎ中のキルギス労働者たちからの送金なしには、一日たりとも立ちゆかない。ロシアからキルギスへの送金額は、キルギスのGDPの二八―三〇%を占めるからである。[64] もとより、キルギスが、「ユーラシア連合」へ加盟すれば、同国の中国やG7諸国との関係をぎくしゃくさせることになる。キルギスは、たとえば中国との地理的近接性を利用して、ロシア製品に比べ廉価かつ品質の良い中国産品を仕入れ、それらを近隣の中央アジア諸国へ転売することによって、利ざやを稼いでいるからだ。他方、キルギスは西側からの援助も期待しえなくなろう。たとえばG7諸国の多くは、キルギスが民主的な発展を遂げると早とちりして、同国に経済的支援を惜しまなかった。ところが、キルギスが必ずしもそのような道を歩まないことを知って失望し、キルギス支援熱を冷ましつつあった。以上のような要因や状況をリアリスティックに考慮したうえで、キルギスはおそらく同「ユーラシア経済連合」参加という最終判断に到達したのだろう。

## 鍵はウクライナ

プーチンの「ユーラシア連合」構想の成否の鍵を握るのは、結局のところウクライナ(65)――。こういって、些かも過言ではない。プーチンは、例の『イズベスチヤ』論文で名指すことを避けたといえ、明らかにウクライナを指していることが分かる形でのべた。「われわれの隣国のなかには、旧ソ連圏でのさらなる統合プロジェクトに参加したくない理由が、彼らの欧州志向と矛盾する点にあるとのべている国がある」。これは、己が提唱する「ユーラシア連合」構想への加盟を尻込みするであろうウクライナを、前もって当てこすった厭味発言にほかならない。と同時に、ロシアがウクライナの参加をいかに強く熱望しているかを露呈した文言でもあった。では、「ユーラシア連合」は、なぜそれまでにウクライナの参加を必要とするのか。

ウクライナは、旧ソ連邦構成国のなかで、まず経済、人口の点からいってロシアに次ぐ第二の大国である。その面積はフランスとほぼ同程度で、日本の約一・六倍。人口は、約四五〇〇万人、ロシアの約三〇%にも当たる。加えて、そのロケーションは、ロシアとヨーロッパの狭間という地理的要衝を占めている。さらに経済的発展の観点からいうと、ウクライナは、キルギスやアルメニアと同日に語りえない可能性を秘めた国である。たしかにエネルギー資源の供給にかんしては、ウクライナはロシアに依存している。だが他方、以前には「ヨーロッパの穀倉」と呼ばれた農業国であり、とりわけ東部地域では工業が発展し、軍事関連部品(たとえば、ヘリコプターのコンポーネントや核ミサイル用のエンジン)を製造し、ロシアへ輸出している。但し、ウクライナが目指している経済モデルはロシア型ではなく、EU型のそれといって差し支えないだろう。かつて同レベルかそれ以下だった隣国ポーランドの目覚ましい経済発展をみるにつけ、ウクライナ人はこの思いを強くしているに相違ない。

このようなウクライナがもし「ユーラシア連合」構想に参加するならば、同プロジェクトはもう完成したも同然の大成功。逆にウクライナが加盟しなければ、このプーチン構想は甚だしく生彩を欠く代物と化すだろう。この単純明快な真実を、たとえばルキヤーノフは次のように記す。「ウクライナ加盟の〝ユーラシア連合〟。ウクライナなしの同〝連合〟。この二つは、まったく異なる機構となるだろう。つまり、もしウクライナが参加すれば、〝連合〟は真正かつ強力な経済団体になる。だがウクライナなしには、いまだ基本的な原型に止まらざるをえない[66]」。ましてや、ウクライナが「ユーラシア連合」のライバル組織である「欧州連合（EU）」のほうに加盟しようものなら、ロシアにとっての差引き勘定はマイナス以外の何物でもなくなる。

このような肝心要の重要性をもつがゆえに、ウクライナは、まるで「王冠のなかの宝石（the jewel in the crown）[67]」、もしくは「ジグソーパズルで欠けている最重要細片《ピース》[68]」にも譬えられる存在である。ウクライナは、実際それほどまでにプーチン発意のユーラシア・プロジェクトにとっての「中軸《リンチピン》[69]」、「特別枠《ワイルド・カード》[70]」、したがって「主要標的《ターゲット》[71]」なのである。故ズビグネフ・ブレジンスキー（コロンビア大学教授、カーター政権の安全保障担当補佐官）も、のべた。「ウクライナなしには、ロシアはユーラシア帝国であることを止める[72]」、と。

## ヤヌコビッチの逡巡

ウクライナは、二〇〇四年から今日までの約一四年間におよそ他国ではみられない類いの数々の政治的激動を体験してきた。二〇〇四年には「オレンジ革命」が勃発、親欧米派のビクトル・ユーシチェンコ、ユーリヤ・ティモシェンコらが政権の座についた。だが、故サミュエル・ハンチントン教授（ハーバード大学）がその著書『第三の波』で実証しようとしたように、すべての国が必ずしも民主化の第一波に乗りうるとは限らない。[73] 現に、ウクライナは第一波に失敗し、二〇一〇年には親ロ派のビクトル・ヤヌコビッチが再び大統領に返り咲いた。

ヤヌコビッチ大統領は、一般的にはウクライナの政治指導者のなかで明らかに親ロ派として分類される人物である。ところが、ヤヌコビッチといえども親ロの立場を固守しているだけでは、ウクライナのような事実上の「分裂国家」で安定政権の立場を保ちえない。経済連合組織への参加問題にかんして、ウクライナははたして「ユーラシア連合（ＥＡＵ）」と「欧州連合（ＥＵ）」の一体どちらに与《くみ》するべきなのか。ヤヌコビッチ大統領は、容易に答ええなかった。そして、中途半端な態度で危険な綱渡りをつづけ、結局自滅の途を辿ることになった。

ヤヌコビッチ政権がまず採ったのは、次のような立場だった。ウクライナは、ロシア主導の「ユーラシア経済連合」に正規メンバーとしては参加しえない。精々、〝3プラス1〟という特別な形で準メンバー資格で加盟するのが、関の山である。ところが、メドベージェフ大統領（当時）は、そのような変則的な枠組は認められないとのロシアの立場をキエフに伝えた。[74] つまり、ウクライナは「ユーラシア連合」に正規メンバーとして加盟するか、それとも全く参加しないか、どちらかの道しかありえない、と。

二〇一三年になると、ヤヌコビッチ大統領は、ＥＵとのあいだで「連合協定」（the Ukraine-EU *Association Agreements*／ＡＡ）締結の準備作業をはじめた。ヤヌコビッチとしては、ロシアから譲歩を引き出す「取引」目的でＥＵへ接近する振りをするジェスチャーだったのかもしれない。[75] ところが、「連合協定（ＡＡ）」は、ウクライナが将来ＥＵへ加盟するための前提条件との解釈も可能だった。そのために、ロシアはヤヌコビッチ大統領によるそのような動きに危機感をつのらせ、猛烈な巻き返し戦術を採りはじめた。

ロシア側の反発は、もっとも至極だったといえる。なぜならば、ウクライナにとりプーチンの「ユーラシア連合」と「ＥＵとの連合協定」は、そのどちらを採るかの二者択一の道しかない。両者を両立させることは、少なくとも当時のプーチンの考えによれば不可能だったからだった。[76] じじつ、当時、ロシアの一外交官は、二股をかけようとするウクライナの態度を、次のように批判した。「ウクライナは、同時に二つのことを達成しようとしている。ＥＵと関税同盟という二つの組織への加盟である。ところが、この件にかんしては、そうはいかない。〔オール・オア・ナッシングの道しかなく、譬えていうと〕部分的な妊娠ということはありえないのだ」。[77]

プーチンは、当然のごとくロシアが得意とする「ムチ」戦術を行使し、ウクライナへの天然ガス供給を停止すると脅《おど》した。[78] ロシアの圧力に屈したヤヌコビッチ大統領は、同年十一月、右の「連合協定（ＡＡ）」の調印を見送りにすることにした。ヤヌコビッチの翻意を多として、プーチン大統領はウクライナに一五〇億ドルの融資を約束したばかりか、ロシアがウクライナへ輸出する天然ガスの値段を三〇％も割り引くことにした。このような「アメ」と交換の形で、ロシアはベラルーシ、カザフスタンなどと推進する「関税同盟」にウクライナが加盟することを、プーチン大統領は要求した。当時、このような噂さえ流れた。[79]

## 「マイダン革命」

「アメ」と「ムチ」を併用してのクレムリンによる圧力の行使、そしてそれに屈したヤヌコビッチ大統領の豹変。このことに抗議する集会やデモが、首都キエフを中心にしてウクライナの各都市で起こった。キエフの中心部にある独立広場「マイダン」は、親欧米派の反政府諸勢力によって占拠され、大統領派と反大統領派との争いは遂に流血の惨事を伴う規模にまで発展した。いわゆる「マイダン革命」と呼ばれるこの騒動は、ウクライナで九年前に発生した「オレンジ革命」の第二波であるとみなされるまでの勢いをしめした。同「革命」の最中、身の危険を感じたヤヌコビッチ大統領をはじめとする主要閣僚たちはロシアへの脱出をはかった。プーチンは、ヤヌコビッチを個人的に好んでおらず「軽蔑さえしていたが、それ以上に旧ソ連圏内で欧米支援の革命が発生することを嫌っていた」[80]ので、ヤヌコビッチのロシア亡命を認めた。それはともかくとして、二〇一四年二月二十二日のヤヌコビッチ政権崩壊は、クレムリンにとり全く「予期しない結果」[81]だった。

右のどさくさ紛れにクリミア自治共和国の親ロ派勢力は、二〇一四年三月十六日、クリミアの独立の編入の是非を問う住民投票を強引に実行した。同共和国では人口（二二〇万人）のうちロシア系住民が約六割を占めている。加えて、非ロシア系住民は投票をボイコットするか、親ロ派勢力によって投票場へ赴くことを妨害されるなどの干渉をうけた。結果として、投票者の圧倒的多数（九五％以上）が編入を支持した。

このような事態の展開のなかで、何にも増して全世界をアッと驚かせたのは、ロシア側の電光石火の動きだった。というのも、プーチン大統領は、直ちに三月十八日、クリミアの指導者たちをモスクワに呼びつけ、ロシア上下両院の議員たちが居並ぶ面前でクリミア自治共和国のロシア連邦への合併を認めたからだった。プーチン大統領の言動をそのまま承認するのが通例のロシア議会両院は、直ちにこの編入協定に批准した。ロシア政府は、クリミアでの三月十六日の住民投票の結果を尊重して、クリミアのロシアへの編入希望を承認せざるをえなかった――。これが、ロシアによるクリミア併合の正当化事由とされている。

ところが、である。暫くのあいだ通説となり、今日なお一部の人々によって唱えられている右の見解は、その後、ほかならぬプーチン大統領自身によって否定されることになった。同大統領は、右の住民投票が実施される以前の二月二十三日の早朝に、自分たちが既にクリミア編入の決定をくだしたと語ったからである。

すなわち、大統領はクリミア編入から丁度一年後に制作されたテレビ・ドキュメンタリー番組「クリミア、祖国への道」のインタビュー中でのべた。「ソチ冬季五輪の閉会式当日の二〇一四年二月二十三日の午前七時に、私は同僚四人とともに、クリミア編入の決定を下した[82]」、と。ちなみに、この時、この決定くだすために招かれた四人は、セルゲイ・イワノフ大統領府長官、パトルシェフ安全保障会議書記、ボルトニコフ連邦保安庁長官、そしてショイグ国防相だった。[83] メドベージェフ首相、ラブロフ外相など「シビリキ（市民派）」は、一人も参加していなかった。[84]

## クリミアを得て、ウクライナを失う

では、プーチン大統領は、なぜクリミア併合を決意し、その決定を実行に移したのだろうか？　主として二つの理由が挙げられる。まず、領土問題にかんするかぎりプーチンが確信犯であること。常に領土拡張の機会を狙っている彼が、クリミア半島のロシア編入という願ってもないチャンスを見逃すはずはなかった。次に、ビッグ・イベント好きのプーチンがソチ冬季五輪というお祭りにかまけているあいだに、ウクライナ情勢が緊迫化し、彼が動転し慌てたという事由も挙げられるかもしれない。首都キエフ、その他の西部ウクライナでは、さきにふれたように「第二のオレンジ革命」と呼ばれてもおかしくない状況（ユーロマイダン革命）が起こった。かつて任地、東独ドレスデンで「ベルリンの壁」、そしてホーネッカー東独支配体制のあっけない崩壊を目のあたりにしたプーチンは、それ以後まるでパラノイアにかかったかのごとく「カラー革命」のロシアへの伝播を恐れている。とりわけ、ウクライナのようなスラブ系の隣国がそれに感染することは、ロシアにとり悪夢以外の何物でもない。おそらく右のような諸事由から、プーチンはクリミア併合を即断したのだろう。そして実際、ウクライナ大統領・ヤヌコビッチは命からがらロシアへ逃げてきた。

プーチン大統領によるクリミア併合の決定は、ロシア国内で大歓迎された。たとえば、プーチン第三期政権発足（二〇一二年五月）当時、六〇%台にまで下がっていたプーチン支持率は、ソチ冬季五輪の成功に加えて、クリミア併合という「英断」によって一挙に八〇%台へと跳ね上がった。その後のプーチンは、大多数のロシア人によって英雄視され、まるで救世主扱いをうけているといってさえ過言でなかろう。無理もない。というのもクリミアは、フルシチョフやエリツィン初代ロシア大統領の愚行（?）によって一旦、ロシアの手から完全に失われてしまったかのように思われたが、このたび、プーチン大統領の「英断」ならびに果敢な動きによって再びロシアへと奇蹟的に戻ってきたからである。シリアでの化学兵器の廃棄問題でオバマ米大統領の鼻をあかした「おらが頭領、プーチン」は、またしてもクリーン・ヒットを放ってくれた。アンドレイ・コレスニコフ（モスクワ・カーネギー・センター上級研究員）は、このときのロシア人の喜びについて次のように記す。「クリミア併合によって、ロシア人のあいだでは愛国主義の誇りと歓喜の思いがまるでツナミの襲来のように巻き起こった。かれらは長年にわたって東西冷戦での〔ロシアの〕敗北によって苦しめられ、劣等感にさいなまされてきた。だが、かれらは遂に待ち焦がれていた勝利を手にしたのだった」[85]。クリミア併合によって次期大統領選（二〇一八年）でプーチン当選は確実になったと見て間違いなかろう。

厳密かつ慎重にいうならば、しかしながら、事態は未だまだ流動的である。プーチン大統領の独り勝ちとみなすのは、やや時期尚早だろう。というのも、ロシアはクリミア半島を入手した一方で、ひょっとするとウクライナ全体を失うことになったと言えなくないからだ。キエフのウクライナ政府は、このたびの事件を契機にその反ロシア志向を決定的なものにし、EU接近をさらに一層欲するようになるだろう。現に、ヤヌコビッチ政権が崩壊するや否や、ヤヌコビッチ反対派の指導者たちはEUとの交渉へ戻ると宣言した。EU側も、ウクライナのそのような動きを無碍《むげ》には拒否しえなくなるかもしれない。その結果、もし万一近い将来にウクライナのEU加盟が実現するならば、プーチンの「ユーラシア連合」構想は頓挫しかねない。ロシアは、小魚（クリミア）を入手した代りに大魚（ウクライナ）を逃したと評さねばならなくなろう。

## プーチン自ら「惨事」を招く

このような見方をする一人は、ロバート・サービス教授（オックスフォード大学、ロシア史専攻）である。同教授によると、プーチン大統領のクリミア併合は、ウクライナの「ユーラシア経済連合」加盟の可能性をゼロにする結果をみちびいたという意味で、近年稀にみるロシア外交上の「愚行」[86]にほかならない。いわく、「［プーチン氏は、］ウクライナのわずか四・五％の面積でしかないクリミア半島をロシア領へと編入することによって、ウクライナの『ユーラシア連合』参加という自身の念願の夢を一挙に台無しにしてしまった」[87]。「プーチン外交の惨事（disaster）と評して差し支えないだろう」[88]（傍点、木村）。

米国のロシア通、マービン・カルブも、近著『帝国の賭け――プーチン、ウクライナ、新冷戦』（二〇一五年）で、ほぼ同様の見方をおこなう。「プーチンにとり遺憾だったことは、彼がクリミアを占拠したまさにその瞬間に、彼は、ウクライナ――少なくとも西半分のウクライナ――を喪ってしまったことだった。というのも、多くのウクライナ人はクリミアを喪ったことによって、彼らのナショナリズム、西欧贔屓の感情をより一層高め、EU、そしてNATOにすら加盟せねばならないとの決意を強め、固めさせたからだった」[89]。

より直截にいうならば、プーチンはクリミア併合という戦術的成功を収める一方で、ウクライナ全体を喪うという戦略的失敗を犯したのかもしれない。ストローブ・タルボット（ブルッキングス研究所長、ロシア専攻）が好んで用いる比喩を借用するならば、プーチンの勝利は「古代ギリシャのピュロス王のそれに過ぎなかった」[90]。ピュロス王は、ローマ軍を破りはしたものの、そのために敗北同然というより大きな犠牲を払わねばならなかった指導者である。

次の世論調査結果は、右のような見方が当たっていることを証明している。キエフの「民主的イニシアチブ財団」が二〇一四年十月に実施したアンケートが、それである。同調査結果によると、ウクライナ人の五四％がウクライナのＥＵ加盟に賛成する一方で、モスクワ主導の関税同盟への参加を支持するウクライナ人の数はその半分にも満たなかった（二二％）。このような結果は、ロシアによるクリミア併合前には右のそれぞれの組織への加盟を希望すると答えたウクライナ人の比率がほぼ同じだったことを考えると、大きな変化だった。ついでに、同「財団」がおこなったＮＡＴＯ加盟問題についての世論調査の数字も紹介しよう。二〇一二年三月に実施された世論調査では、ＮＡＴＯ加盟に賛成―一三％、中立―四二％、ロシアとの軍事同盟に賛成―二六％だった。ところが、クリミア併合後に実施された二〇一四年四月の調査では、それぞれ四四％、二二％、一五％へと激変した[91]。

本書執筆時点（二〇一七年秋）でウクライナ危機の今後を予測することはむずかしいが、ロシア‐ウクライナ間の対立にかんするかぎり、それが容易に修復しえぬまでに深まったとみなして差し支えなかろう。ウクライナがプーチン提唱の「ユーラシア経済連合」に加盟する可能性は、右の一、二の世論調査の結果がしめしているように、二〇一三―一四年の「ウクライナ危機」発生前の時期に比べ遥かに少なくなった。さらにいうと、「ユーラシア経済連合」も、現在の五加盟国（ロシア、ベラルーシ、カザフスタン、キルギス、アルメニア）にプラスして、タジキスタンなど最貧困国が加わる以上の組織へとはもはや拡大しないだろう。このように予測してすら構わないのではなかろうか。そればかりではない。ウクライナにたいするロシアの仕打ちを見て、カザフスタンやベラルーシなども自国の主権をこれまで以上に堅持しようとする気持に駆られるのではなかろうか。そのような衝動は、プーチンの「ユーラシア経済連合」プロジェクトにとり決してプラスとはならないだろう。いや、プーチンが当初目指した「ビッグ・プロジェクト」構想に反する結果といわざるをえないだろう。一体なぜ、そういう成り行きになってしまったのか？　その事由は、これまでの記述で十分示唆したつもりである。だが、それらに加えてさらに次の三点——相互に関連する——を指摘しても的外れでないかもしれない。

## 「ミニ・ソ連」は時代遅れ

第一は、時の経過である。ソ連邦解体（一九九一）から数えると、すでに二五年もの歳月が経った。そのあいだに、CISは当初己に課せられた「精算機関」としての役割を果たした。以前には旧ソ連邦の一部に過ぎなかったCIS加盟諸国は、今や曲がりなりにも独立国としてやってゆく政治、経済、軍事能力を身につけた。ロシア連邦は、面積や人口を減少させたとはいえ、名義の上で旧ソ連邦を継承した。そのようなロシアがCIS諸国中で事実上、領袖としての地位を占めようとする誘惑に駆られるのは、全く分からないわけではない。ところがCIS諸国のほうは、旧ソ連時代に己が長年にわたって嘗《な》めてこなければならなかったロシアによる搾取、その他の辛酸を想起して、もはやモスクワの意向に大人しく従う気持など持ち合わせていない。しかも、これらの諸国には、今やロシア以外の国々とパートナーシップ関係を組むという選択肢すら存在する。たとえば、欧米諸国、中国、日本、その他との連携・協力である。

ベラルーシにたいしてすらそのようなオプションが開かれていることを、当のベラルーシ国民が熟知している。ベラルーシが実施した次の世論調査は、このことを証明するひとつの根拠となろう。「あなたは、ベラルーシのロシアへの統合を望みますか？」この問いにたいして、肯定的に答えるベラルーシ国民の比率は年を追う毎に減少してきているのだ。つまり、二〇〇一年には「はい」と答えた者の比率が八〇％だったのにたいして、それ以降は次のような数字になった。〇三年―五三・一%、〇四年―四九・三%、〇六年―四六・四%、一一年―三一%。二〇一一年に「あなたはベラルーシのロシア、ＥＵのどちらとの統合に賛成しますか?」と尋ねたアンケートで、前者は後者より少ない数字だった。すなわち、ロシア―三五・三%、ＥＵ―四四・五%。[92]

もとより、時の経過がロシア側に一方的に不利に働く点ばかりを強調するのはフェアでないかもしれない。なぜならば、ロシア自体にとっても事情は同じで、歳月は有利にも作用するだろうからである。パートナー選択の幅が拡がり、たとえばＢＲＩＣＳ諸国との関係を密接にし、それらと一緒になって新しい組織体を結成する道も開かれているだろう。

「ユーラシア連合」は今や「ユーラシア経済連合(ＥＥＵ)」と名称を変え、政治的な機構ではなく経済的な組織であることを強調している。だとすれば、一方的な持ち出しとなるベラルーシ、カザフスタン、キルギス、アルメニアといった極貧諸国と連合体を結成するよりも、これらの諸国に比べはるかに大きな経済力をもつ例えばＢＲＩＣＳ(中国、インド、ブラジル、南アフリカ)と現在以上に親密な関係を深めることのほうが、ロシアにとり賢明な選択肢だろう。ＧＤＰでいうと、ＢＲＩＣＳは全世界のそれの二三%を占めるからである。[93]ちなみに、米国財界誌『フォーブス』(二〇一三年版)が挙げる世界のトップ二〇〇〇社リストのなかに名前を連ねている企業数を国別に記すと、次のとおりである。[94]ベラルーシ―〇《ゼロ》、カザフスタン―一、ロシア―三〇。他方、中国―一三六、インド―六六、ブラジル―四一。

第二は、一にのべたこととも関連して、ロシアで世代交代が進行中であること。[95]すなわち、ソビエト世代に代って新しい世代が誕生しつつある。[96]つまり、ロシアのエリート層においても一般庶民においても、良きにつけ悪しきにつけ「ソ連邦は遠くなりにけり」の思いが日増しに強まりつつあるのだ。そのような時期に当たって、現在、六十五歳のプーチンが夢見る「ミニ・ソ連邦の再建」は、もはや時代遅れのスローガンになりつつあるのではなかろうか。また、ロシア人の多くが世界各国に抱くイメージも変化しつつあるのではなかろうか。たとえば欧米諸国は、彼らの多くにとって、世界が東西二陣営に分割されていた冷戦期にソ連邦が闘おうとしていた諸悪の根源ではない。むしろ、心ひそかに憧憬の念を抱き、できれば留学、観光旅行、ひいては移住したい存在へとイメージを変えつつある。彼らＣＩＳ所属の人間はロシア語でしゃべるよりも、いっそ欧米人と英語で会話することを好む。[97] カザフスタンなどでは公用のキリール語表記を止め、ラテン語綴りへと変えた。

たしかに一般のロシア人にとり、ウクライナやベラルーシは同一スラブ系民族として親近感を抱く存在なのかもしれない。だが他方、カザフスタン、キルギス、タジキスタンなどの中央アジア諸国は、ロシア人にとり人種、民族、言語、文化、宗教などの点で異質な存在である。ロシアが少子化その他の理由によって外国人労働力を必要としていることは、たしかな事実なのかもしれない。他方、ロシアはやがて多産系のイスラム諸民族によって占拠される日が到来するのではないかとの悪夢も存在する。じっさい、そのような懸念を抱くロシア一部の右翼グループは、中央アジアや北カフカスからの労働移民たちの排斥運動を遂行中で、現に度々流血騒動すら惹き起こしている。

## 大きいことは良いことか

このような展開を目のあたりにするとき、プーチン提唱の「ユーラシア経済連合（ＥＥＵ）」構想が伸び悩む第三の理由を指摘せねばならなくなる。同構想は、そもそも間違った前提にさえ立っているのではないか。このように問う根本的な疑念である。

〈大きいことは、良いことだ〉。これは、ロシア人のあいだで根強くつづいている伝統的な考え方である。プーチン構想も、このことを暗黙裡に前提にしているのではないか。ロシア語では、ジャイアント（巨人）のことを〝ギガント〟という。ロシア人は、国土であれ、建築物であれ、指導者であれ、並はずれて大きいものを好む傾向が顕著である。国民全体が〝ギガントマニア（巨人病）〟にかかっているようにすら感じる。もっともロシアにも、〈背丈はイワンと同じながら、知恵は馬鹿と同じ〉という諺がある。これは、〈大男、総身に知恵が回りかね〉という日本の諺と同意義である。[98] 米国人のあいだでは、かつて、シュマッハーの著書『スモール・イズ・ビューティフル（小なるものは美しき哉）』（一九七三年）がベストセラーになった。つまり、ビッグ・ガバメント、ビッグ・ビジネスにたいする批判して疑いの目を投げかける精神である。

ところが、ロシアの事情は少々異なる。たとえば国力を測る尺度は旧態依然に止まっている。領土、人口、軍事力、経済力の大きさといったハードな指標が、依然として幅を利かしている。逆に、価値観など目に見えない魅力、〝ソフト・パワー〟などがさして重視されているようには見受けられない。その点で、プーチン大統領は、トレーニンの次の言葉に真剣に耳を傾ける必要があるのではないか。「二十一世紀において偉大な列強の一つになるために、ロシアは現在もっている以上の領土、人間、同盟国をもはや必要としていない。その代りに、すでにもっているものを十分活用する――このことのほうにもっと意を用いるべきだろう」[99]。トレーニンの忠告に耳を傾けるべきか否かを別にして、少なくとも「ソ連邦を元に戻そうとする者には頭《ブレイン》がない」――この言葉を噛みしめるべきは、案外この名言をのべた張本人、すなわちプーチンその人なのかもしれない。

# 第9章

# ハイブリッド戦争

## ロシアvsウクライナの闘い

クリミア併合に署名するプーチン大統領（2014年3月18日、クレムリン）

戦争学というものは、決して存在しない。（中略）戦いに勝つのは、必ず勝とうと堅く決心した者だ。

——レフ・トルストイ(1)

二十一世紀に住んでいるわれわれは、紛争というものを軍事的なやり方では解決しない。

——アンゲラ・メルケル(2)

プーチンはほどなく理解するようになった。ロシアはウクライナを占拠するよりも、コントロールするほうがより賢明である、と。

——マービン・カルブ(3)

## 「ノボ（新）・ロシア」

クリミアを併合した後にロシアがターゲット（標的）にしたのは、ウクライナの東・南部である。同地域のドネツク州、ルガンスク州では親ロシア派武装集団が「人民共和国」宣言をおこない、クリミア同様に、ロシアへの編入を希望している。プーチン大統領は、これら両州を含むウクライナ東・南部（以下、単に東部）を「ノボ（新）・ロシア」（Новороссия）と呼び、ロシアに準ずる〝特別な地位〟がウクライナ中央政府によってあたえられるべきと主張する。

たとえば二〇一四年四月におこなったロシア国民とのテレビ直接対話で、同大統領は次のようにのべた。「ノボ・ロシアと呼ばれる言葉は、帝政時代にさかのぼる。すなわち帝政期では、ハリコフ、ルガンスク、ドネツク、ケルソン、ニコラエフ、オデッサは、実はウクライナの一部ではなかった。（中略）この地域の中心はノボロシースクであり、同地域はノボ・ロシアと呼ばれていた。ロシアは種々な事情でこれらの領土を失いはしたものの、人々は残った(4)」。

だからといって、しかし、プーチン大統領は「ノボ・ロシア」をロシア領へ併合してしまうことまでは考えていない様子である。なぜか？　その理由をのべることから、本章をはじめよう。この問題を検討するためには、ピョートル・アコポフが分類した「ノボ・ロシア」についての三つのシナリオが便利な手引きになる。アコポフは、ロシア人ジャーナリスト。クレムリン寄りのオン・ライン『見解（Взгляд）』（二〇一四・九・二五）紙上で、クレムリンの対「ノボ・ロシア」政策にかんし三つの理論的な選択肢があることを示唆した(5)。「ノボ・ロシア」を、①ロシアへ併合する、②独立国家にする、③ロシアのための手段として活用する。アコポフによるこの三分類にヒントを得て、私はそれぞれのシナリオがプーチン・ロシアにとって持つメリット、デメリット、そしてその実現可能性について以下のような解説を加えることにしたい。

## 「併合」シナリオ

一つ目のシナリオは、「ノボ・ロシア」を、クリミア同様、ロシアへと併合してしまう方法。ところが、このシナリオには難点がある。「ノボ・ロシア」は、様々な点からいってクリミアとは事情を異にする地域だからである。まず、人口構成が異なる。クリミア連邦管区（クリミア自治共和国とセバストーポリ市から構成）では、定住人口約二二八万人のうちロシア系住民が約六八％も占めている。

ところが、「ノボ・ロシア」の人口構成は、クリミアのそれとは大きく異なる。もとより、「ノボ・ロシア」でもロシア語を話す住民は数多くいる。ソビエト期におこなわれたロシア化政策の遺産が未だ残存しているからである。とはいえロシア系住民の比率となると、クリミアとは違い、途端に少なくなる。たとえばドネツク州（人口、約四四〇万人）では、ロシア語を話す住民が約七五％もいる一方で、自分をロシア系住民とみなす者は三九％に過ぎない。ルガンスク州でも事情はほぼ同様で、ロシア語を話す住民が六九％近くもいる一方で己をロシア系とみなす者は三八％である。いいかえるならば、両州（併せて「ドンバス」と呼ばれる）の大多数は、自分をウクライナ人とみなして、ロシア人とは考えていないのだ。[6] 二〇一四年十月七日発表の世論調査によると、ドンバス住民の四九％以上はウクライナ国家に残る意志を表明し、四二％が反対と答えた。[7]

## 「過剰膨張」の危険

第二に、ドネツク、ルガンスクの両地域では、クリミア自治共和国が試みた疑似的な住民投票すら実施していない。もとより、クリミアで強行された住民投票は、第4章（一六四―六頁）や第8章（二九四―五頁）でふれたように、キエフ中央政府やクリミア議会いずれの正式承認も得ることなく強行された非合法な政治的行為だった。ちなみに言うならば、プーチン大統領は、当初、自身がのべたこのような正当化理由を否定した。すなわち、これについても前章でふれたように（二九四―五頁）、二〇一五年三月放映の「ロシア1」テレビ番組中で、同大統領は明らかにした。ウクライナのヤヌコビッチ政権が崩壊した二〇一四年二月二十三日の早朝七時――すなわち、クリミアで住民投票がおこなわれる約一カ月前の段階で――に、大統領は既に側近に向い「クリミア編入のための活動をはじめるよう命じた」、と。[8]

たとえそのように疑いが抱かれる類いのものだったにせよ、クリミアでは曲がりなりにも住民投票が実施された。その住民投票の結果を尊重して、プーチン政権はロシアへのクリミア編入に踏み切った――。このような理屈が、ひょっとすると成り立つかもしれない。ところが「ノボ・ロシア」の場合は、そのような類いの住民投票すらおこなわれていないのだから、さすがのプーチン政権といえども同地域の編入に踏み切る口実をまったくもたないことになる。

第三に、もしプーチンが「ノボ・ロシア」までもロシアへ併合してしまうならば、それは明らかに「過剰膨張（overstretch または overextension）」（ポール・ケネディ『大国の興亡』[9]）以外の何物でもなく、かつロシアの利益に反するだろう。つまり、ロシアはもしその気になりさえすれば、「ノボ・ロシア」全域を軍事的に占領することは可能かもしれない。しかし、ウクライナ軍や親米欧派の残党は、ゲリラ戦による抵抗などをしぶとくつづけるにちがいない。結果として、同地方を支配下におくために、ロシアは大規模な軍隊――二〇―三〇万人と見積もられる[10]――を、おそらく約一〇年間にもわたって駐留せねばならなくなるだろう。[11]また、「スラブ民族が同胞スラブ民族を殺戮している」[12]との内外の悪評にもさらされることになろう。ロシアの経済的負担が莫大な額にのぼることも、確実である。ロシアは、すでにクリミアを併合することによって年間五〇億ドルの出費を余儀なくされているという。[13] しかも、二〇一五年九月末の空爆以来、シリア内戦への関与によってロシアの財政的負担はさらに増加している。ロシアはシリアへの軍事介入によって、年間一〇―二〇億ドル（英『エコノミスト』）、ロシア紙ですら一一億ドルの出費を余儀なくされていると記している。[14] これらにプラスして、ウクライナ東部への出費がかさみ、年間三十三億ドルともみなされている。フィオナ・ヒル（トランプ米政権の安全保障会議のロシア担当部長に就任）も、のべる。「クレムリンは、占領地域〔ウクライナ東部〕を併合することに全く興味を抱いていない。そんなことをすれば、クリミア併合の費用をはるかに上回る経費がかかるからだ」。[15] また、ロシアはウクライナ東部を軍事的占領することによって、キエフ中央政府下にウクライナ全体の団結をさらに強化させる愚を犯すことになろう。

それればかりではない、ロシアは己の手中にすでに獲得済みとみなす、虎の子のクリミア半島のロシア編入すらをも危うくしかねないだろう。クリミアの併合は、残念かつ不幸なこととはいえ今や既成事実化し、世界の人々の関心は「ノボ・ロシア」の戦局や行方のほうに向っている。そのような時にあたってロシアがもし「ノボ・ロシア」の併合にまで乗り出すならば、どうだろう。人々は、ロシアの領土膨張欲が際限のない性質のものであることを知って愕然とし、おそらくクリミア編入にまでさかのぼってその是非を一層真剣に議論しはじめるにちがいない。そうなれば、ロシアは「寝た子を起こす」に似た愚を犯すことになろう。

## 独立国家までは意図せず

アコポフの理論的な分類によれば、「ノボ・ロシア」の二つ目のシナリオは、同地域を独立国家にしようとするもの。つまり、ウクライナとロシアのいずれにも属さない独立主権国家へと仕立てあげること。だがプーチン政権がこの選択肢を採ることも、おそらくないだろう。その理由は、以下の二つである。

一は、ジョージアの南オセチア自治州とアブハジア自治共和国を独立国家にしたときの苦い（?）経験がまだ鮮明であること。二〇〇八年夏のロシア―ジョージア「五日間戦争」のあと、ジョージアからの独立を宣言した南オセチアとアブハジアの両地域を、ロシアは直ちに独立国家として認めた。ところが、ロシアのほかにこれら両地域の国家承認に踏み切ったのは、次のわずか三カ国でしかなかった。ベネズエラ（人口、約二五万人）、ニカラグア（人口、約七万人）、ナウル（人口、約一万人）。承認に踏み切ってくれたことにたいし報いる形で、ロシアはこれら諸国に経済支援をあたえざるをえなかった。[16] すなわち、ニカラグアに一〇〇〇万ドル、ベネズエラに二二億ドル、ナウルに五〇〇〇万ドルの借款である。端的にいうと、三カ国はこのような経済借款欲しさに南オセチアとアブハジアの国家承認に応じたようだった。

通常ならばロシアの対外行動を決まって支持する側に回るはずの中国、そして「独立国家共同体（CIS）」のなかで最も親ロ的な傾向をしめす諸国――これらのうち、南オセチアとアブハジアを独立国家として承認した国は未だ一国も現われていない。その理由は明らかだろう。たとえば中国は、自国内に独立を要求する少数派民族（新疆ウイグル自治区やチベット自治区）を抱えている。カザフスタンをはじめとする中央アジア諸国は、自国内に多数のロシア系住民を擁している。これらの住民がひょっとするとロシアへの併合の動きを起こすかもしれない。このようなデリケートな国内事情を、中国やCIS諸国は懸念しているのである。

右に説明したような南オセチアとアブハジアを巡る経験に鑑みるならば、ロシアが仮に「ノボ・ロシア」に独立国家の地位を認める場合、それはいたずらに世界の反発を買うだけのことになろう。ロシアに続いて国家承認をおこなう国が次から次へと現われる――このようには、とうてい想像しえない。さらにいうならば、ロシア自身が複雑な民族事情を抱えている。たとえばチェチェン共和国ではロシア連邦からの独立を要求する独立派諸勢力が存在し、彼らのそのような欲求を、モスクワ中央政府は力ずくで辛うじて押え込んでいる現状なのである。このような状況下にあるプーチン政権が「ノボ・ロシア」にかんしてはウクライナから独立する政策を熱心に推進する。これは、同政権が「二重尺度」を採用することにも等しいだろう。

もう一つ、重要な理由がある。もし「ノボ・ロシア」をウクライナから分裂させる場合、それは残りのウクライナをしてNATO加盟への動きをさらに促進すること必定との危険性である。NATOは、紛争を抱える国のNATOへの参加を許可していない。ところが、もし万一ウクライナが「ノボ・ロシア」のロシア編入もしくは独立を認めるならば、どうであろう。それは、結局残りのウクライナ——それは、自国内にもはや係争地域をもたないことになる——をしてNATO加盟を可能にする道を開くという皮肉をみちびきかねない。それこそは、ロシアが最も望まないことであるにもかかわらず、である。

ちなみにのべるならば、二〇一七年七月、ウクライナ東部で新国家宣言をおこなう動きが起こった。親ロシア派武装勢力「ドネツク人民共和国」の指導者、アレクサンドル・ザハルチェンコが、新国家「マロ・ロシア（小ロシア）」（首都、ドネツク）の樹立を一方的に宣言したからである。「マロ・ロシア」は、帝政ロシア時代におけるウクライナの呼称。これは、プーチン政権による中途半端で煮え切らない対ウクライナ東部政策にしびれを切らしたザハルチェンコが、クレムリンを前もって相談することなく打ち上げた一種のショック療法としての花火だったように思われる。正式に国家を樹立する意図はなく、単に対ウクライナ中央政府にたいする交渉ポジションを有利にしようともくろんだ動きのようだった(17)。

ともあれ、クレムリンは、現時点で「ノボ・ロシア」プロジェクトを事実上放棄した。こうみなして差し支えないだろう。このようにしてアコポフの三分類中、「ノボ・ロシア」のロシアへの併合案も、独立案も、ともに実現可能性なし。プーチン大統領はこう判断するにいたったに違いない(18)。

## キエフを揺さぶる手立て

アコポフが説く三番目の方法がある。「ノボ・ロシア」をロシアのウクライナ政策を有利に遂行するための手段として利用するやり方である。つまり、これらの地域をロシアへは併合しない、さりとて独立国家として承認もしない。現状を可能なかぎり長くつづけさせて、キエフ中央政府にとって頭痛の種にする。具体的にいうと、「ノボ・ロシア」地域で、親ロシア派武装集団をしてウクライナ政府軍とのあいだの軍事的な衝突ないしは緊張状態を延々とつづけさせる。ポロシェンコ政権はやがてそのような状態に音をあげ、結果としてロシア側に都合のよい形での政治的妥協に応じる——。このような事態になるのを、気長に待ち構えるという持久戦術にほかならない。

プーチン大統領は、はたしていずれのシナリオを採用するつもりなのか？　アコポフ自身は右の三シナリオが存在しうることを示唆するだけに止まり、この問いにみずからは答えようとしない。とはいえ諸般の状況から判断して、大統領自身が現実には第三の道を採っている。このことは、ほぼ明らかといえよう。たとえば、マーク・ガレオッティ教授（当時ニューヨーク大学、ロシア政治専攻）は、このことを当然視するかのように次のようにのべる。「ロシアのゲームは、ウクライナ東部では異なる。それ（ウクライナ東部）はプーチンが格別欲しい地域ではない。〔むしろ〕同地域はつねに、モスクワがキエフに圧力を加える手段なのである」[19]（傍点、木村）。ピーター・ルトランド教授（米ウェズリアン大学、ロシア政治専攻）が次のように記しているのも、ほぼ同様の見方なのだろう。「ウクライナ東部で分離を欲する『ノボ・ロシア』地域は、キエフにたいしモスクワが手に入れた決定的な道具もしくは梃子なのである」[20]（傍点、木村）。

プーチンのウクライナ政策を検討するさいに肝要なことは、その究極目標を正確に捉えることだろう。それは端的にいうと、ウクライナの米欧接近を阻止しようとする狙いに尽きる。具体的にいいかえると、EU、ましてやNATOに加盟しようとするウクライナの意図や動きを、たとえどのような手立てを講じても阻止すること。もし米欧諸国がウクライナのNATO加盟を認めるならば、それは米欧諸国とロシアの関係悪化の「棺へ最後の釘」[21]を打ち込むことにも等しい。これが、どうやらプーチンの基本的な認識であり、かつ脅しのメッセージなのである。

ちなみにいうと、プーチン大統領のペット・プロジェクト、「ユーラシア経済連合」にウクライナを加盟させる可能性は、前章（8章）で詳しく論じたようにクリミア併合後の今日、ほとんど望み薄になった。[22]つまり、ウクライナを積極的にロシア側に引きつけたり、ロシア陣営へ巻き込んだりすることは、もはや問題外になった。だとすれば、ウクライナがこれ以上米欧へ接近したり、米欧諸国が形成する組織に加入したりするのを何としてでも阻止する。そして、ウクライナが例えばフィンランド（EUへ参加、NATOには不参加）のように政治的中立を保ち、[23]ロシア―ヨーロッパ間で事実上、緩衝地帯の機能を果たす——。これが、おそらくプーチンの対ウクライナ政策の最大限目標なのだろう。

では、これらの目的を、プーチン政権は一体どのようなやり方を通じて達成しようとするのか？　まず、ウクライナ全土に連邦制を敷く。次いで、ドネツク、ルガンスク両州にほとんど独立国家なみの〝特別の地位〟を賦与する。〝特別の地位〟とは、広範な自治権の承認を意味する。同地域ではロシア語を公用語にする。同地域のウクライナ全体の内・外政にたいする発言権を承認する。もし両州がこのような自治権を獲得することに成功すれば、ロシアにとってはしめたもの。ロシアは、そのような「ノボ・ロシア」をキエフ中央にたいして圧力を行使するための絶好の手段として背後から操《あやつ》り、ウクライナ政府の内・外政に口を挟むばかりか、干渉することすら可能になろう。

ウクライナにたいするこのような思惑を、プーチン大統領みずからがポロリと洩らしかけたことがあった。たとえば「第1チャンネル」テレビのインタビュー（二〇一四年八月三十一日放映）で、大統領はウクライナ東部には独立国家並みの権限があたえられるべきと語った。[24] 大統領が東部の「国家組織」について公的に言及したのは、これが初めてのことだった。[25] 大事な点なので、大統領の正確な文言を引用しよう。「ウクライナ政府は、ウクライナ東・南部の社会および国家体制（государственность）の政治組織の問題についての実質的な交渉へ直ちに入るべきである」[26]（傍点、木村）。

ウクライナ東部の「国家体制」について、ロシアの大統領がこのように要求がましい発言をおこなうことは、内政干渉行為以外の何物でもない。[27] さすがにこう思い直したのであろう、ドミートリイ・ペスコフ大統領報道官は、即座に修正説明をおこなった。プーチン大統領の発言は、実は次のような趣旨をのべようとしたに過ぎなかった。つまり「ノボ・ロシア」に「国家体制」を付与せよというのではなく、ウクライナ国内で危機的になった状況を打開するために交渉をはじめる必要があるとの意図だった、と。[28]

## 「ハイブリッド戦争」――ロシア vs ウクライナの闘い

以上説明した対ウクライナの戦略目標を、では、プーチン大統領は一体どのような手段を用いて実現しようとしているのか？　これが、われわれにとり次の検討課題になろう。この問いにたいして、まず一般的に答えるならば、「ありとあらゆる手立てを用いる」（レーニン）が、その答えである。すなわち、政治、軍事、経済……等々すべての手段を総動員することが必要不可欠である。二〇一四年の「ウクライナ危機」発生以来、プーチン大統領は紛れもなくレーニンの右の教えを忠実に履行してきている。というのも、一言で要約するならば、同大統領はロシア vs ウクライナの闘いを「ハイブリッド戦争[29]」とみなし、実際そのような闘いを遂行中だからである。

「ハイブリッド戦争」(hybrid war; гибридная война) とは、あらゆる手法や手段のコンビネーションを通じて、敵の力を殺《そ》ぎ、みずからを勝利へとみちびこうとする闘いを指す。すぐれて現代的な戦争遂行法だといえよう。かつての戦争は、敵対陣営が相対峙し、主として軍事的手段を用い、もっぱら兵力の多寡や優越で雌雄を決しようとした。これにたいして、ハイブリッド戦争は軍事的な戦闘行為に加えて、以下のように様々なやり方を「ミックス (混合)」[30] させる。

まず、軍事的手段そのものを多様化させる。通常兵器のほかに、生物・化学・細菌兵器、はては核兵器などを使用したり、行使の脅しを加えたりする。また、非軍事的手段、すなわち政治的・経済的・心理的な手立てをフルに駆使・活用して、相手を威圧する。また、相手国の政治体制を弱体化させたり、国民の戦意を低下させせたり、望むらくは喪失させせたりする。さらに、経済的支援を注ぐことなどによってシンパ集団の買収や使嗾に努め、反政府の抗議集会やデモを組織させる。さらにまた、情報・教宣・スパイ工作を活発におこない、地元住民を煽動し、地下破壊活動を活発化させ、ゲリラ戦を敢行し、人民反乱や蜂起の類いすら画策する。

現代の戦争は、もはや在来型の通常の軍事力ばかりではなく、「政治、経済、情報、その他あらゆる類いの非軍事的手段」も用いる総力戦である。将来の戦争状態においては、軍事的措置と非軍事的措置との比率は、一対四にさえなるだろう。[31] ゲラシーモフ・ロシア軍参謀総長自身、このことを次のようにのべる。「軍事的衝突を避けようとして、われわれは戦略的抑制の綜合的な方策を企画する。すなわち、一般的な国家装置の全ての手法を動員する。それらは、政治外交、対外経済の方策にもとづき、軍事、情報、その他の措置を相互かつ密接に調整する。このような措置を講ずることによって初めて、われわれにたいする潜在的な攻撃者たちは、ロシア連邦とその同盟諸国にたいしては、どのような形の圧力をかけてももはや効果がないことを悟るだろう[32]」。

現文脈で重要なことは、次のことである。まず、ほかならぬプーチン大統領本人がウクライナにたいしてロシアの闘いをまさにハイブリッド戦争状態とみなしていること。しかもハイブリッド戦争をウクライナに対しておこなうために役立つ「一連の広範な道具[33]」を、プーチン政権がじっさい所持していること。紙幅の制限もあるので、以下ではそのなかでも最も重要な二つの手段、すなわち軍事力と経済力を採り上げ、説明することにしよう。

## 軍事力の威嚇と行使

まず、軍事力。プーチン大統領は、ロシア憲法の規定にしたがいロシア軍の最高司令官を兼任している（第八七条第一項[34]）。しかも同大統領は、二〇一四年三月一日、ロシア上院によって、いつ何時であれ自身だけの判断にもとづき、ウクライナにたいしロシア軍を派遣しても構わないとの権限をあたえられた。つまり、ロシアでは、目下、大統領がウクライナ情勢の展開次第で「究極の手段《ウルチマ・ラティオ》」としての〝ハード・パワー〟、すなわち軍事力に訴えて構わない状態になっている。プーチン政権は、このことを些かも隠していない。いや、このことを誇示するかのように、ロシアとウクライナの国境線沿いにロシア正規軍を張りつけている。その数、約四―五万人[35]とも推定されている。もっとも、これは「ウクライナ国内へ進軍させるためのものでなく、飽くまでもロシア国内での軍事演習の一環に過ぎない」との弁明をおこなっているが。

現実の武力行使の一歩手前で止まっている行動は、専門家たちが「武装した政治（armed politics）[36]」と名づける威嚇戦法以外の何物でもない。じっさい、ジェームズ・シェール（英「チャタム・ハウス」の元ロシア&ユーラシア・プログラム長）によれば、現ロシアの軍事ドクトリンそれ自体は次のように記している。「もし外国の軍隊がロシア国境に隣接する地域に配置されるならば、ロシアは直ちにそれをもってロシアにとっての脅威、かつ危険であるとみなす[37]」、と。ロシア自身がそのようにみなしていることを、プーチン政権はウクライナにたいして実践しているわけだ。たとえ一体誰が誰にたいしておこなおうとも、このような軍事力の「潜在的な」使用は、「ハイブリッド戦争」では「現実の使用」と変わらない機能を演じる。[38]

クリミアで、二〇一四年三月十六日実施の住民投票の折に、ロシアが軍事力を威嚇手段として用いたことについては、さきにふれたとおり。ウクライナ東部での親ロ派武装集団とウクライナ政府軍の軍事紛争でも、ロシアが前者に兵器ばかりでなく、兵員、その他有形無形の支援を提供し、脅迫行為として用いていることは、公然たる事実である。たとえばロシアからクリミア、その他のウクライナの各地方へ送られた義勇兵は「自警団」と名乗っているものの、ロシア製の迷彩服を着用し、ロシア語を話している。親ロ派武装集団を指導するための将校たちも、「軍事顧問」という名義のもとにロシアから馳せ参じたり、派遣されたりしたロシア軍人である。ボリス・ネムツォフの暗殺後に公開された『ネムツォフ・レポート』は、これらの諸点を改めて白日の下にさらした。

二〇一四年八月時点で、ドネツク、ルガンスク両州の首都などで、一時、ウクライナ政府軍が優勢に立ち、親ロ派武装集団の制圧に成功しかけた瞬間があった。もし制圧が成功すれば、東部を拠点にしてウクライナの内・外政に影響力を行使するというプーチン大統領の戦術が頓挫し、実現困難になる危険すらなきにしもあらず。慌てたプーチン大統領は遂に「究極の手段」、つまり軍事力の使用に訴える決意を固めた。すなわち、プーチンは約一〇〇〇名のロシア正規軍の兵士をウクライナ領内へ送り込んだのである。ロシア軍の直接介入によって戦局は忽ち逆転し、親ロ派武装集団は息を吹き返した。クリミア半島に地理的に近い南部の都市マリウポリ港すらも、親ロ派武装集団によって占拠されかねなくなった。もしそうなれば、ドネツク、ルガンスクにつづいて親ロ派武装集団にとっての「第三番目の戦線」[39]が開かれることになろう。

加えて、ロシア軍のトラックがロシアからウクライナ領内へいわば公然と出入りするようになった。ウクライナなどからの抗議にたいして、ロシア側は東部住民にたいする「人道援助」物資の運送のためだと正当化している。その後、ロシアとウクライナ間の国境は有名無実、すなわち事実上なきにも等しい状態になった。[40]このような事態の展開をみて、たとえ親ロ派武装集団の諸要求に少々譲歩することになろうとも、もはや停戦に応じる以外の道は残されていない――ポロシェンコ政権はこう判断するにいたった。

プーチン大統領の意図が次の点にあったことを、ここで改めて繰り返す必要があるかもしれない。今日時点でウクライナ参謀本部によれば約六〇〇〇名、[41]米国やEUによれば、約一〇〇〇―三〇〇〇名と推定されるロシア兵士は、ウクライナ東部の親ロ派武装集団が軍事的敗北をこうむらないようにし、かつキエフのポロシェンコ政権をして交渉妥協に応じさせるための政治的手段の役割をになわされていること。[42]いいかえれば、ロシア正規軍は必ずしもウクライナへの全面的な軍事介入を遂行する使命を帯びていないこと。つまり、ルキヤーノフの言葉でいいかえるならば、この場合「軍事活動は、交渉前に政治的ポジションを強化するための手段とみなされているのだ」[43]。

## エネルギー資源を外交手段に

次に、経済力。プーチン政権は、対ウクライナ「ハイブリッド戦争」の手立てとしてエネルギー燃料資源を最大限に活用しようとしている。[44]天然ガス、石炭、原子力の順序に従って、そのような事実を検討してみよう。

まず、天然ガス。[45]ウクライナは、光熱・暖房用資源の約八一％を天然ガスに頼っている。[46]そうした貴重な資源であるガスの二七％分がウクライナ国内で生産可能で、残りの七三％は海外諸国からの輸入に依存せざるをえない。そのように高い比率を占める輸入ガスのうち、何と九二％までもがロシア産なのである。これは、ウクライナが必要とする天然ガスの約六七％までをも、ロシア一国に依存している勘定になる。ガスの容量でいいかえると、ウクライナは年間に約四五〇—五〇〇億m³のガスを必要とし、そのうち三〇〇—三三五億m³のガスがロシア産ということになる。ところがウクライナはロシアへのガス代金の支払いを滞りがちで、たとえば二〇一四年十一月までに約五五億ドル分が未払いとなっていた。そのために、ロシアは二〇一四年六月中旬からウクライナへのガス供給を中止した。これは、二〇〇六年、二〇〇九年につづく第三回目の停止措置だった。

毎年かならず到来する冬期——ウクライナでは十月半ばから暖房が必要になり、一—二月が厳冬期[47]——をウクライナが乗り切るためには、理論的にいうと三つのオプションしか存在しないことになる。[48]まず、ウクライナはこれまで以上に省エネ努力に真剣につとめねばならない。ウクライナ人には、例えるならば単に「セーターの重ね着」[49]をする以上の努力が必要になる。ところが残念ながら、現ウクライナ国民は、ヨーロッパ諸国民のなかでガスを非効率的に用いることで悪名が高い。

なかでもウクライナの国営ガス企業「ナフトガス」の改革は喫緊の課題だろう。同社は、たとえば一〇〇〇m³あたり三八〇ドルで買い付けたガスを、ウクライナの家庭には四七ドルで販売する——こういった信じられないことすら、これまで実施してきたからだった。[50]ウクライナではガスの温度がアパート全体で一律に設定され、各家庭がそれを自由に調節できない仕組みとなっている。このようなやり方も、今後改めるべきだろう。ウクライナ政府は、二〇一五年八月、来るべき冬の室内温度をそれまでに比べ二度下げて一六度に設定することに決めた[51]。

第二のオプションは、ロシア以外の外国からより多くの天然ガスを輸入すること。じっさい、スロバキア、ハンガリー、ポーランドなどの諸国は、一時、自国で余った本来ロシア産であるガスをウクライナへ「逆流(reverse flow)」供給させ転売することに応じていた[52]。だが、この事実に気付いたロシアは、当然のごとくこれらの諸国に向って、もしそのようなことを続けるならばロシアはこれら諸国向けの天然ガスの輸出そのものを再考せねばならなくなるだろうと脅した[53]。

この種の圧力行使にもかかわらず、一部のヨーロッパ諸国は依然としてウクライナにガスを「逆流」させようとする。もとより、これらの国々はウクライナにたいして正規の価格にマージンや輸送費を上乗せした価格の支払いを要求する。そのために、たとえば二〇一五年の第Ⅱ四半期に、ロシア産のガスは一〇〇〇m³あたり二四七ドルに過ぎなかったのに、ヨーロッパ諸国の一部からの「逆流」ガスにたいして、ウクライナが現実に支払った金額は二七五ドルだった[54]。それにもかかわらず、ウクライナはたとえば二〇一六年一―十一月、九四・二億m³の「逆流」ガスの購入を余儀なくされた[55]。

## 天然ガス交渉

ロシアからのガス供給を何とか確保すること。これは、好むと好まざるとに関わりなく、ウクライナにとっての三つ目のオプションである。ただし、そのためには、ウクライナはこれまで滞納中のロシアへのガス代金を支払わねばならない。もし全額（約五五億ドル）を一度に支払えないのならば、とりあえずその一部（たとえば三一億ドル）を支払う。そのような姿勢をしめすことによって初めて、ウクライナはロシアからさしあたって必要な一〇〇億m³分の供給合意をとりつけることが可能になろう。その場合でも、ロシア側に存在する、これまでの支払い実績に対するウクライナ側への猜疑心は容易になくならないだろう。そのために、今後ウクライナへ供給するガスにたいしてロシアは代金前払いを条件に課すに違いない。

しかもロシアは、ウクライナにたいしてＥＵ向け標準価格である一〇〇〇$m^3$あたり三五〇ドルを上まわる三八五ドルの支払いすら要求しようとした。[56] ついでにいうと、ロシアの天然ガス国家独占体「ガスプロム」がウクライナに要求する価格は必ずしも一定ではなく、以下にのべるような変遷をしめしてきた。モスクワは政治的判断を加味して、対ウクライナ用のガス価格を決定する。このように批判される所以である。たとえば親ロ派のヤヌコビッチがウクライナ大統領だったときには、プーチン政権はウクライナに一〇〇〇$m^3$あたり二六八・五ドルの支払いしか要求していなかった。だがヤヌコビッチ政権が崩壊すると、一挙に四八五ドルへと値上げした。こうして、ウクライナ国営のエネルギー会社、「ナフトガス」は、国際仲裁裁判所（本部はストックホルム）に提訴し、ガスプロムが「公正かつ適正な市場価格」でガスを供給するよう要求した。[57]

二〇一四年十月末、ロシア‐ウクライナ間のガス交渉はようやく合意へ辿りついた。[58] ロシア、ウクライナ、ＥＵの三者それぞれが次のような一定の譲歩をおこなうこと（「三者一両損」）に決したからだった。①ウクライナは、ロシアにたいして滞納額五五億ドルのうち、とりあえず三一億ドル分を二回に分けて二〇一四年末までに支払う。②ロシアは、ウクライナの滞納分のガス料金を一〇〇〇$m^3$あたり二六八・五ドルで計算することに同意する。ウクライナは、今後はガス代金を前払いするとの条件を呑む。ロシアは、ウクライナに冬季用として四〇億$m^3$分のガスを提供し、そのうち約一五億ドルを前払いとして受けとる。③欧州連合（ＥＵ）、国際通貨基金（ＩＭＦ）は、ウクライナがロシアにたいしてこのような支払いを可能にするような経済支援を約束する。

ロシア‐ウクライナ間のガス交渉は、しかしながら、右の合意によって決して終止符を打ったわけでなかった。二〇一五年以降にこの問題が再燃するだろうことは目にみえていた。というのも、ウクライナの省エネ努力には限界があり、G７の支援能力も限られているうえに、ロシアは天然ガスを政治・外交手段に用いることをけっして諦めていないからだった。案の定、二〇一五年秋になると、再び二〇一六年三月末までの冬期用ガスの供給交渉がウクライナ－ロシア間ではじまり、ウクライナは、冬期分のロシア産ガスの購入資金を援助してくれるようＧ７諸国の財務省に訴えた。一言でいうと、従来の交渉もしくは紛争パターンの相変わらずの繰り返し以外の何物でもなかった。

## 石炭、原子力

次は、石炭。ウクライナは石炭の埋蔵量に恵まれている。ドネツ炭田の名は世界中に轟《とどろ》き、ウクライナ産石炭の三分の二は「ドンバス産」にほかならない。ところが、まさにそのように豊かな炭田を擁するウクライナ東部地域それ自体が、現在「戦場」地域となっているのだ。皮肉ないしは悲劇といわざるをえない。じっさい、石炭を産する鉱山（一五〇）の約半数以上（八三）が親ロ派集団の勢力下におかれ、混乱と荒廃の真っ只中にある。[59] 結果として、同地域での石炭採掘量は五〇―七〇％も減少した。加えて、ドネツ炭田と他地域の石炭火力発電所や工場を結ぶ鉄道、橋梁、その他が破壊されたり、封鎖されたりしているために、ウクライナ全体が完全な電力不足状態におちいることになった。[60]

さらに悪いことに、ウクライナの石炭火力発電所は老朽化しつつある。何とその四分の一までもが、建設以来すでに四〇年以上も経過した老朽設備なのである。結果として、かつて石炭の輸出国であったはずのウクライナが、今では米国、南アフリカ、オーストラリアなどの諸外国から石炭を輸入せねばならぬ状況に見舞われるようになった。[61] しかも現ウクライナは、その輸入に必要な財政的な力を欠いている。

ウクライナにとってガス、石炭に次いで三番目に重要なエネルギー源は、原子力である。ウクライナの電力の約四五％までもが原子力発電所で作り出される。ところが、この分野でもロシアが大きな役割を演じる。というのも、ウクライナは原発用核燃料の輸入をロシアに依存しているからだ。現に、ウクライナはロシアの国営企業「ロスアトム」下の子会社と二〇カ年契約を結んでいる。

目下ウクライナにとり不幸中の幸いは、ウクライナで現在稼働中の四つの原子力発電所すべてのロケーションが、政府軍と武装集団とのあいだの戦闘地域から外れていること。加えて、核燃料の売買は、純粋な商取引行為であること。つまり、供給者（ロシア）、購入者（ウクライナ）――これら双方の経済的な利益に適うがゆえにおこなわれるのだ。現に今までのところ、ロシア側がウクライナの原子力発電所への核燃料売却を停止すると脅しをかけるような事態は起こっていない[62]。他方、ウクライナは、クリミア併合、ドンバスでの紛争以後、原発分野でも協力先の多元化を求めてロシア離れし、今後は欧米諸国との連携を密にしてゆくだろうと予想される[63]。

## 長期戦が狙い

右にのべてきたことと関連して、ここで是非ともものべなければならない重要なことがある。それは、プーチン・ロシアがウクライナ向けに用いている一つの戦術にかんしてである。それは、「時間」の有効利用にほかならない。プーチンを、この点でもボリシェビキの始祖、レーニンの忠実な弟子とみなしえよう。レーニンは喝破した。「時を得る者がすべてを手に入れる（Выиграть время – значит выиграть все）[64]」。「時間」の有効利用戦術とは、具体的にいうと引き延ばし、焦《じ》らし、反覆……等々を指す。プーチンは、これらのテクニックの使用にことのほか秀でている。

プーチンは、ウクライナ危機、とりわけその東部での闘いを「長期戦（long game; lengthy struggle; prolonged conflict）」に持ちこもうとしている。このことは、誰の目にも疑いようもなく明らかといえよう。[65] 危機が長引けは長引くほど、状況はロシア側にそれだけ一層有利に働く。どうやらプーチンは、こう踏んでいる模様である。試みに新聞を開いてみよ。昨日の夕刊では、「ウクライナ政府軍が親ロ派武装集団に攻勢を仕掛け、損害をあたえた」と記していた。ところが今日の朝刊は、逆に「政府軍が親ロ派によって反撃を受け、損害をこうむった」と報じている。また、本日、停戦合意（たとえば「ミンスク合意Ⅰ」、「ミンスク合意Ⅱ」）が成立したとの報に接したかと思うと、翌日になると早やそのような協定が事実上破られたことを知る始末。このような一進一退の膠着ないしは泥沼状態に、われわれはいい加減うんざりしかけている。つまり、何事であれ性急に解決策を求めがちな西側の合理主義者たちをして、まさにそういう気分にさせる——これこそが、まさにプーチンが狙っている戦術といえよう。プーチン自身、このような意図を洩らすかのように、二〇一七年七月に、のべた。「ウクライナでの危機は、ウクライナ人たちが我慢できなくなるまでつづくだろう」。[67]

また、ウクライナ東部の戦闘、停戦、戦闘……の繰り返しに一喜一憂するあまり、ややもするとわれわれは、たとえばクリミア半島がロシアによって併合された事実を思い起こす余裕を失いがちとなる。人間は、直近の流動的な情勢展開のほうに気をとられる傾向があるからだ。そのような性向によって、クリミア併合という戦後の国際秩序を侵犯する大事件ですら、われわれの記憶のなかで風化をとげ、既成事実へと転じがちになる。同様に、マレーシア旅客機撃墜事件の原因究明作業もうやむやなものになろうとしている。

戦闘の長期化は、次のような効果ももたらす。すなわち、戦場となっているウクライナ東部地域がすっかり荒廃し、疲弊する一方であること。そうでなくとも経済的不振にあえいでいるウクライナにとっては、東部での「戦争状態」が続くことのコスト、その他の負担が重くのしかかってくる。ウクライナ経済は、今日時点で既に破産状態にある。こう評して、些《いささ》かも過言ではない[68]。ところが他方、戦場を提供していないロシア側は、そのような犠牲をほとんど支払わなくて済む。ロシア本土が全く手つかずで安泰なことは改めて付言するまでもない。

## ハイブリッド戦は大成功

以上のような意味で、ハイブリッド戦は、ウクライナ東部で見事に成功を収めつつある。私はこう考えて、ガレオッティ教授ではなく、日本の若きロシア軍事専門家、小泉悠氏の見方に賛同する。ガレオッティ教授は、プーチン流「ハイブリッド戦略」がクリミアで成功を収めた一方、ウクライナ東部では長期間におよぶ戦闘に巻き込まれたがゆえに失敗したかのように説く[69]。たしかに事実は、教授のいうとおりである。しかしながら、プーチンの戦略目標がクリミアとウクライナ東部では異なる点を、同教授は見落としている。

クリミアでは、ロシアへの領土併合が目的だった。ところがウクライナ東部では、領土の獲得がロシアの目標なのではない。私が既に説明したように、ウクライナ東部の騒乱を利用しキエフ中央政府に揺さぶりをかけて、政治的譲歩を引き出す――これこそが、主たる狙いにほかならない。そのような目的を達成するために、ウクライナ東部では紛争を長引かせて持久戦に持ち込むことをロシアは狙っている。このようにウクライナの両地域にたいするプーチンの思惑が異なっているならば、ウクライナ東部で「ハイブリッド戦争」が「完全に失敗した」とガレオッティ教授が決めつけるのは、「早計」(小泉悠[70])と評すべきだろう。むしろプーチン戦略は所期の目的を達成しつつある。このようにさえ見るべきだろう。

プーチンがとくに計算に入れ、味方にさえしようとしているのは、意外に単純な戦術とみなしうるかもしれない。毎年、確実にウクライナやヨーロッパが冬季シーズンを過ごさねばならないことにもとづく戦術だからである。冬季になると、エネルギー燃料資源の供給国、ロシアは、ロシアからその提供を受ける国、ウクライナやヨーロッパにたいして経済的、とりわけ心理的に有利ないし優位な立場にたつ。ウクライナやＥＵ諸国の人々は、二〇〇六年と二〇〇九年の厳寒期にプーチン政権がウクライナにたいして実際おこなった天然ガス供給の中止を未だに苦い思いで憶えている。そのような体験を二度と繰り返したくないと考えているにちがいない。

たとえば、さきにも引用した二〇一四年八月三十一日放映のテレビ番組で、プーチン大統領がのべた次の言葉は、このような事態を懸念するウクライナ人宛ての脅し以外の何物でもなかろう。「〔ウクライナにとり〕まず何よりも必要なことは、戦闘行為を止めて己のインフラストラクチャーを再建することではないか。つまり、〔暖房設備を含む〕インフラの修理をおこない、秋から冬へかけての時期に備えることが必要不可欠なのである[71]」。

## ポロシェンコの譲歩

以上延々とのべてきたプーチン大統領によるウクライナ向けのアメとムチ両用のハイブリッド作戦、加えて持久戦術。これらのタクティクスに見事乗じられたポロシェンコ大統領は、二〇一四年九月—十月、若干の譲歩をおこなう決意を固めざるをえなかった。「ドネツク、ルガンスク両州の特定地域に限り一定の自治権をあたえるのも止むなし」との判断である[72]。そのような趣旨の大統領提案を、ウクライナの最高会議《ラーダ》（議会）も認めた。

もっとも、右の法案の中身にかんしては数々の曖昧な点が存在するうえに、解釈の仕方についても変化が生じている模様である[73]。たとえば地理的な適用範囲が必ずしも明確でない。ドネツク州は、州都ドネツク、一八の地域、二七の都市から、そしてルガンスク州は、州都ルガンスク、一八の地域、一三の都市から構成されている。同法案は「地理的に反テロ作戦内に位置している地域」と記しているものの、具体的には右の一体どの部分がそれに当てはまるのか、定かでない。また、同法案の有効期間は「三年」とされているが、その解釈も一義的ではない。ウクライナ政府の高官のなかには、同法案が必ずしも丸三年間有効なのではなく、三年以内に終わりを告げると考える者がいる。他方ロシア側には、三年間が経過したあと法案が自動的に継続すると解釈する者もいる。

要するに、親ロ派武装集団とポロシェンコ政権とのあいだには大きな対立点が存在する。前者、そして背後にいるロシア側は、ウクライナ東部にほとんど独立国家並みの自治権をあたえよと要求している。他方、ウクライナ中央政府は一定限度の自治権をあたえることに同意してはいるものの、だからといってウクライナを「連邦化」することにまで賛成しているわけではない。[74] ましてや、親ロ派が一方的に宣言した「ドネツク人民共和国」や「ルガンスク人民共和国」の創設を公認したわけではない。

つまり、ウクライナ東部に与える〝特別な地位〟の中身についての対立は未だ解消されていないのだ。ポロシェンコ政権は最初、親ロ派武装集団が実効支配する地域に〝特別な地位〟をあたえるとの法律を定め、それにもとづいて同地域で独自の選挙を二〇一四年十二月七日に実施することを承認していた。ところが、親ロ派はそのような選挙を前倒しにして、十一月二日に強行した。ポロシェンコ政権は、法律違反の選挙の正当性を認めるわけにはいかないと主張し、ドネツク、ルガンスク両州に〝特別な地位〟をあたえようとした法律自体を取消した。[75] これにたいして両州の親ロ派の首長たちは、彼らがおこなった選挙の有効性を主張し、一歩も引かない姿勢をしめしている。さらに二〇一五年二月の「ミンスク合意Ⅱ」は、ウクライナ中央政府が年末までに憲法を改正し、両州に〝特別な地位〟をあたえることを義務づけた。だが、ポロシェンコ大統領は本書執筆時点でまだその義務を履行する気配をしめしていない(76)。

## バランス・シートは?

最後に、話の中心を少し変える。まず、プーチン大統領が右にのべてきたような対ウクライナ戦略を遂行する代償として、ロシア側が支払わねばならなくなった「コスト」について論ずる。関連して、プーチン政権のウクライナにたいする戦略がもたらすであろう、その他の効果も検討したい。さらに、非常にむずかしい問題とはいえ、ロシア-ウクライナ紛争の今後にかんしても若干の予測をおこなわない訳にいかないだろう。

二〇一三年末から今日までつづいている「ウクライナ危機」がロシアにもたらしたバランス・シート(損益勘定書)で最大のプラスは、クリミア半島の獲得にちがいない。クリミアは、一九五四年、ニキータ・フルシチョフ第一書記の一種の気まぐれによってロシアの手から失われてしまった。エリツィン元大統領は、政敵たるゴルバチョフ憎しのあまり、彼からソ連大統領の肩書を奪うことになるソ連邦解体に逡巡しなかった。そのことによって、ロシアのクリミア喪失がさらに確実なものになった。ところがそのようなクリミアが、突如としてロシアの手中へと舞い戻ってきたのだ。これは、圧倒的大多数のロシア人の自尊心を大いに満足させる、プーチンの大統領在職中の最大の「偉業」のひとつと評しうるだろう。

その後のプーチンは、みずからもクリミアに倣《なら》いたいと欲するウクライナ東部の一部勢力、すなわち親ロ派武装集団の野心を巧みに利用して、ウクライナに「連邦化」を押しつけようと躍起になった。ウクライナの連邦化を通じて、キエフ中央政府にたいするロシアの発言権や影響力を増大しようとするプーチン大統領のもくろみは、少なくとも部分的には功を奏しつつあるように見受けられる。

以上は、プーチン・ロシアが入手しようと欲し、かつ入手済みのものである。ところがその一方で、ロシアは数々の代償も支払わねばならなかった。まず、そのような「コスト」の最大のものは、米欧諸国との対立を深め、G７によって制裁を科せられたことである。説明しよう。

「ウクライナ危機」一般、具体的にいってロシアによるクリミアの併合、マレーシア航空ＭＨ―17機撃墜事件、ウクライナ東部での政治的・軍事的紛争――これら一連の事件は、単にロシアvsウクライナという二国間の抗争を超える規模の深刻な衝撃を惹き起こした。というのも、これらの諸ケースを通じてプーチン・ロシアがおこなっていることは、第二次大戦後の国際秩序の基本原則に真っ向から挑戦し、列強間の諸合意を侵犯する行為にほかならないからである。

第二次大戦終結の前後に各列強が合意したのは、〝領土不拡大〟、〝国境不可侵〟の原則である。人類はそれまで己の生活空間を拡大しようとして他人、他国のそれを武力で犯す誘惑に駆られ、それが原因で戦争を惹き起こすという愚かな行為を繰り返してきた。この事実についての厳粛な反省のうえに立って、「大西洋憲章」（一九四三年）は〝領土不拡大の原則〟に合意し、「カイロ宣言」、「ポツダム宣言」もこの原則を忠実に踏襲した。「国際連合憲章」も、「いかなる国の領土保全又は政治的独立を武力による威嚇又は武力の行使によって」侵犯することを禁じている（第二条［四］）。ソ連は、これら全ての条約や憲章に調印した。そればかりではなかった。ソ連は「ヘルシンキ宣言」（一九七五年）の最重要項目のひとつとして、「欧州における国境線の現状固定化」を書き込むことを自ら切望し、それを実現させることに成功した。

右のような戦後秩序を律する一連の基本合意を、二〇一四年三月にプーチンは一挙に踏みにじったのである。みずからはロシア連邦内で独立を望むチェチェン共和国の要求を武力で押さえ込む。他方、れっきとした国連加盟の独立主権国家、ウクライナの一部であるクリミア自治共和国を自国へと併合する。これは、「二重尺度」の使い分け以外の何物でもない。ともあれ、ロシアのクリミア併合行為にたいして米欧諸国がこぞって反発し、ロシアに猛省をうながし、原状回復を要求しているのは、とうぜん至極なことだといいえよう。

それにもかかわらず、しかしながら、米欧の対ロ措置は政治的・経済的な類いやレベルのものに止まっている。原状復帰を欲してもし軍事力を用いるならば、それはみずからをロシアと同水準へおとしめるばかりではない。米欧は北大西洋条約機構（NATO）の条文に反する行為に敢行することになる。NATOが定める集団安全保障（第五条）は、NATO加盟国だけに適用されると規定しており、ウクライナはNATOの加盟国でないからだ。

## ロシア異質論

このようにして米欧諸国がまずおこなったのは、ロシアを「主要八カ国」（G8）から事実上追放する措置だった。この重要性は、専門家によってすら十分な程度にまでは理解されていない嫌いがある。だがこれは、米欧諸国がその後躍起となって実施している、主に経済分野での対ロ制裁に比べて、より一層重要な意味を帯びる行為にほかならない。というのも、それは、米欧が現ロシアをもはや同一の価値観をもつ国とは認めないことをシンボリックに表わしているからだ。

元来、「先進七カ国」（G7）は、そのメンバーを共通の価値観（民主主義と市場経済）を信奉する国々のみに限る国際組織のはずだった。それにもかかわらず、G7はことさらロシアを招いて、G8なる新組織を創ることにした。それは、G7が次のような認識ならびに希望を抱いたからにほかならない。ゴルバチョフ、エリツィンという二人の政治指導者のもとに、旧ソ連／ロシアはついに共産主義イデオロギーや一党独裁制を放棄し、民主主義と市場経済へ移行する道を選んだ。結果としてロシアは、ほどなくG7諸国と変わらない体制の国へと変貌をとげてゆくだろう。だとするならば、G７はこのようなロシアを是非とも早めに仲間に加えて、その転換のプロセスを積極的に支援する努力を惜しんではならぬ、と。

そのような予測や見通しは、しかしながら、米欧諸国側の勝手な思い込みに基づく多分に希望的な観測にすぎない。このことが、次第に判明してきた。ゴルバチョフ、エリツィンの後を継いだプーチンは、二人の先輩指導者がおこなった民主化や市場経済化への萌芽を片っ端から摘み取り、根こそぎにさえしはじめたからだった。いや、プーチンは、自らがゴルバチョフ、エリツィンのアンチテーゼたることすら公言し、実践に移しさえしている。というのも、プーチン政権成立後、次のようなことが続々と起こっているからである。内政分野では「グラースノスチ」を否定し、言論や報道の自由も制限しようと試みる。地方分権化政策も逆転し、中央集権制支配を復活させた。民営化に歯止めを加え、エネルギー産業部門の再国有化を図った。外交分野では、ロシアは「ヨーロッパ共通の家」概念を否定し、欧米モデルとは異なる独自の道を歩むことを明らかにした。

このようにして、一部のロシア・ウオッチャーたちが唱える「ロシアは異質である」との見方が、残念ながら正鵠を射ていると思わざるをえない事態になってきた。「ロシア異質論」とは、欧米諸国からみてロシアが所詮「われわれとは異なる世界に住む」[77]、「かけ離れた存在である」[78]との見方を指す。プーチン大統領のウクライナに対する二〇一四年三月の言動をみて、従来「プーチンの理解者（Putin-Versteher）」[79]として知られたドイツのアンゲラ・メルケル首相がのべた次の言葉は、「ロシア異質論」を改めて強調する有名な言葉になった。「ジャングルの掟」を信じる「プーチンは、〔われわれとは〕別世界に住んでいる」[80]。つまり、異邦人である。

時間さえあたえるならば、ロシアも遅かれ早かれ米欧諸国と同一ないしは類似のタイプの道を歩むだろう──。われわれが一時期こう予想したのは、格別の根拠をもたない一種の希望的観測に過ぎなかった。と同時にそれは、米欧諸国こそが唯一普遍のモデルであるかのようにみなす、傲慢とさえいえる考え方にも依拠していた。一九九九年末に発表した自身の論文「世紀の変わり目のロシア」でのべているように、プーチンは二〇〇〇年の大統領就任当初から、ロシア文明のユニークな性格を強調し、ロシアが米欧モデルに追随する意図などまったく持ち合わせていなかったのだ。

## 原因でなく症状

実は、「ロシア異質論」は、ウクライナ危機が二〇一三―一四年に勃発する以前の時期からすでに唱えられていた。どんなに遅く見積っても、二〇〇八年夏にロシアが南オセチアやアブハジアをロシアの事実上の保護領にしたときに、米欧諸国では「ロシア異質論」はかまびすしく唱えられた[81]。厳密にいうと、その発生時期は何時だったのか。その問題を別にして、このような「ロシア異質論」の見方に従うならば、ウクライナ危機が米ロ対立の「原因」(cause) になったと説くよりも、それはすでに存在していた米ロ間の対立がウクライナ危機という「症状」(symptom) の形をとって激しく噴出した――むしろこのように捉えるほうが、より正確なものの見方なのかもしれない。ルキヤーノフものべる。「G8は形のうえではクリミアゆえに停止されたが、本質的なことをいえばロシアはすでに長いあいだ異質な分子 (чужеродный элемент) とみなされていたのだ[82]」(傍点、木村)。

ガレオッティ教授も、ルキヤーノフ同様の見方をおこなう。「クリミア、そして現在のウクライナ東部の危機は、ロ米関係にひじょうに深刻な挑戦を突きつけている[83]」。まずこうのべたあと、ガレオッティは自身の考えを披露する。「だが、私はこれは原因でなく、むしろ症状であるとみなす[84]」。教授の言わんとするところは明らかだろうが、重要なポイントなので念のために解説を加えよう。つまり、「ウクライナ危機」が発生したがゆえに、プーチン・ロシアが変質した。このような因果関係で物事を説明するやり方は、必ずしも適切ではない。事態の経過はむしろ真逆だからである。ロシアは、プーチンの登場以来大きく変わった。[85] その結果として、「ウクライナ危機」が発生した。むしろ、こう捉えるべきである。欧米諸国はこの因果関係を正しく理解していなかったがゆえに、数々の判断ミスを繰り返すことになった。今からでも遅くない。米欧諸国の指導者たちは、己が犯している間違いに気づくべきである。ガレオッティ教授はこのように忠告する。

さらに端的にいうならば、ロシアのプーチン大統領は米欧諸国の価値観を信奉していない。米欧諸国が持つ力も正当に評価していない。米欧諸国との関係改善に成功する場合、そのことによってロシアが入手できるだろう価値も重視していない——。米国の大統領をはじめとする政治指導者たちは、まず何よりもこのようなプーチンの認識に気づき、そのことを肝に銘じる必要がある。いいかえるならば、ロシアと米欧諸国間の新しい対立を見て、それを「すわ、新しい冷戦の開始か」と騒ぐ前に、米欧諸国にとって必要とされるのは、「プーチン主義」もしくは「プーチノクラシー」の本質をまずもって正しく理解することである。

# 第10章
# アジア太平洋

ルースキイ島（2012年 APEC サミット会場）への吊り橋（ウラジオストク）

ロシア人は、純ヨーロッパ的でないし、純アジア的でもない。

——ニコライ・ベルジャーエフ(1)

鳥が二つの翼を用いることによってのみ巧く飛べるように、ロシアはアジアとヨーロッパの両翼を用いる必要がある。

——ウラジーミル・プーチン(2)

雷鳴は轟《とどろ》くとも雨は降らず。

——中国共産党幹部(3)

## ロシアは、アジア太平洋パワーか

双頭の鷲――。ロシアの国章である。一方の頭はヨーロッパ（西）、他方はアジア（東）へ向いている。ロシアがヨーロッパとアジアの両大陸にまたがるユーラシア国家であることを象徴している。ロシアがロシアであるかぎり、この二面性は永久にのがれえない運命だろう。

ロシアは、ウラル山脈を境にしてヨーロッパ部分とアジア部分に二分される。アジア部分は、ロシア全国土面積の約三分の二を占める。この地域は、しかしながら、ロシア史において長らくのあいだ二次的な役割しか演じてこなかった。ロシアの政治、経済、文化などほとんどの活動は、主としてウラル山脈以西のヨーロッパ地域でおこなわれるのが通例だったからである。シベリアと極東から成るアジア部分は、ヨーロッパ・ロシアから遠く離れた辺境であり、僻地にほかならなかった。ヨーロッパ部分の諸活動を支える後背地、より直截にいえば原料供給地にすぎなかった。

ところが最近、世界の経済、その他の人的活動はヨーロッパからアジア（もしくはアジア太平洋）地域へと、次第に「軸足《ピボット》を移動させ」はじめた。今日、アジア太平洋地域が世界全体に占める割合は、人口で約四二％、国内総生産（GDP）で約五四％、貿易量で約四四％にものぼる。今後これらの比重は、さらに増大するだろう。アジア太平洋を「二十一世紀の地域」(4) とみなし、「二十一世紀はアジア太平洋の時代」と叫ぶスローガンが頻繁に聞かれるようになった。このような一般的潮流に乗り遅れまいとして、ロシアは己も「ユーラシア（Евразия; Eurasia）国家」であり、アジア太平洋のメンバーであることを強調しはじめた。

たしかに、地理、民族といったいわば先天的《アプリオリ》な観点に立つ場合、ロシアはアジア太平洋地域の正式メンバーになる資格（もしくは潜在的な能力）を十二分なまでに備えている。しかし現時点では、誰が判断してもロシアは未だアジア太平洋地域の「キー・プレイヤーなのではない」（ビクトル・ラーリン）[5]。それどころか、同地域の正式メンバーと呼ぶに価するのか、このことすら疑われる。ほかならぬロシア極東の住民たちが、そう自覚している。二〇一〇年に極東住民を対象に実施された世論調査は「あなたは、ロシアにアジア太平洋の列強としての地位を認めますか」と尋ねた。住民の五一％が「ダー（イエス）」と答えたが、三三％は「ニエット（ノー）」と回答した[6]。「ニエット」と答えた者にさらにその理由を聞いたところ、その内訳は以下の通りだった。「ロシア経済の存在感が希薄である」――三三％、「モスクワ（中央）の関心が欠如している」――一九％、「ロシアの外交政策が不適切である」――一七％、「ロシア文化はアジア文化と異なっている」――一三％、「同地域におけるロシアのイメージは否定的なそれに止まっている」――一二％[7]。

ロシア外交の専門家、ルキヤーノフも、ロシア極東の住民たちと似かよった認識を抱いている。二〇一一年十一月、有力紙『コメルサント』紙に書いた論文で、「〔残念ながら〕アジアにおけるロシアの存在感はほぼゼロに等しい[8]」と断言した。もう一人の専門家、トレーニンも同様の見方をしめす。彼は、ヒラリー・クリントン米国務長官（当時）が『フォーリン・ポリシー』誌（二〇一一年十一月号）に掲載した長大論文「アメリカの太平洋の世紀[9]」を読んで、驚いた。というのも、米国の「アジアへの軸足移行（pivot to Asia）」――今日では「リバランシング」と呼ぶ――を宣言した同論文で、クリントンは、米国はいうまでもなく、中国、日本、インド、韓国、インドネシアなどの国々について述べている一方で、ロシアにかんしては一言も言及していなかったからである。このように外部世界の厳しい認識を知って、トレーニンは次のようなコメントを付け加えざるをえなかった。「この地域（アジア太平洋）におけるロシアのリソースや役割はまだまだとるに足らない程度のものであり、周りの国々から無視されている[10]」。

このようにして、アジア太平洋地域におけるロシアの地位は、今日、次のように要約して差し支えないかもしれない。ロシアは、アジア太平洋地域において完全なアウトサイダーとはいえないものの、だからといってけっしてインサイダーなのではない。物理的には"in"なのかもしれないが、その実績や経験から判断すると"out"である、と。

たしかにプーチン大統領は、米国紙『ウォール・ストリート・ジャーナル』に寄稿した英文論文でロシアを次のように規定した。ロシアが二〇一二年九月にウラジオストクではじめて「アジア太平洋経済協力会議(APEC)」を主催する直前でのことだった。「ロシアは、長い間にわたってアジア太平洋地域の(of)固有の部分である」[11](傍点、木村)。しかしながら客観的には、ジェラルド・シーガル教授(当時、英ブリストル大学付属・現代国際戦略研究所)が三〇年前のソ連邦についてのべた言葉が、二〇一二年九月時点のロシアについても依然として当てはまると評さねばならない。一九八三年当時、シーガルは記した。「ソ連は、たしかにアジア太平洋における(*in*)パワーではある。だが、未だアジア太平洋の(*of*)パワーとはみなしえない」[12](傍点、木村)。

## 鍵は、極東が握る

では、ロシアは一体どうすれば「正真正銘(full-fledged)」のアジア太平洋パワーになりうるのか。そのために、ロシアがクリアせねばならない条件や取り組まねばならない課題とは、いったい何か。それは、数多く存在するに違いない。そのなかで最重要の「前提条件」[13]を唯一つだけ挙げよといわれるならば、次であるといって間違っていないだろう。ロシアが己のアジア部分、すなわち「ロシア極東」とシベリア、なかんずく「ロシア極東」地域を立派に発展させること。

「ロシア極東」——以下、単に極東と記す——は、ロシアのアジア部分のなかでも、アジア太平洋に最も近い地域であり、かつ基本的に大陸国家であるロシア連邦にとり東方での玄関口にほかならない。ロシア連邦とアジア太平洋地域の諸国家を結ぶ架け橋の役割を演じうる。いや、演じなければならない地理的な位置に身をおいている。はたして今後ロシアが真のアジア太平洋パワーになりうるのか、否か。極東は、この問いを左右する鍵を握っている。こう断言して、間違いなかろう。たとえばトレーニンは、次のように強調する。

「〔ロシア連邦の〕二十一世紀における領土の一体性ならびに民族の統一は、一体何に懸っているのか。それは、〔たとえば〕チェチェン共和国がロシア連邦に帰属するか否かなどに懸っているのではない。それは、モスクワ（中央）がはたして極東およびシベリアを次の意味での二重の統合に成功しうるか否かに懸っている。すなわち、極東がロシアのその他の地域と統合しうるか、そして極東が北東アジアにおける近隣諸国と統合しうるか。これら二つの地域との統合にほかならない(14)」。

改めて説明するまでもなく、これら二つの統合の過程や作用は互いに関連し合っており、一方が進めば他方も促進される。つまり極東・シベリア地域、すなわち「内的東方(15)」（吉岡明子、キャノン・グローバル戦略研究所研究員）は、ロシアのその他の地域（とりわけモスクワ中央）と密接に結びつくことによって、はじめてロシアのアジア太平洋への玄関としての役割を果たすことが可能になる。また、極東がそうなることを通じてはじめて、ロシア全体のアジア太平洋地域――「外的東方」（吉岡）――への真の参画が実現可能となろう。

## プーチン発言

二十一世紀は、アジア太平洋の時代――。ロシアがこの潮流に乗り遅れないようにするには、ロシアのアジア地域への玄関口である極東の経済的開発が何よりの必要不可先。このようにして、プーチン政権における「外的東方」への関心は主として「内的東方」への視線への延長線上に注がれる〔吉岡〕[16]。ロシアの「内的東方」であるシベリアや極東の経済的発展と、「外的東方」であるアジア太平洋への参画を互いに密接不可分なものとしてリンクさせる――。このような考え方は、プーチン期になってはじめて生まれ、漸進的に形成・発展してきた発想である[17]。このことを念頭におきながら、プーチンの関連発言を、以下二、三紹介することにしよう。

プーチン大統領は、はじめて大統領に就任した二〇〇〇年七月、ロシアにとりアジアが持つ一般的な重要性を、次のように強調した。見事な比喩として感心せざるをえない。「アジアは、ロシアにとりひじょうに重要である。あたかも鳥が二つの翼を用いることによってのみ巧く飛べるように、ロシアはアジアとヨーロッパの両翼を用いる必要がある」[18]。同月にプーチン政権が発表した『ロシア連邦の外交政策概念』はのべた。「ロシアが〔アジアという〕このダイナミックに発展中の地域に直接所属するための条件としては、シベリアや極東が経済的に浮揚をとげることが必要不可欠である」[19]。

逆に、ロシアがシベリアや極東を発展させることに成功しなければ、それは一体どのような結果をみちびくことになるのか。まず、ひょっとして極東それ自体がロシア人の手から失われかねない可能性すらなきにしもあらず。プーチン大統領がそのように警告した有名なフレーズを引用しよう。プーチン大統領が二〇〇〇年七月に訪問先の極東はブラゴベシェンスクでのべた発言である。「もしわれわれが近い将来極東の発展に向けての現実的な努力をおこなわなければ、数十年後〔のそこでは〕生粋のロシア人ですら日本語、中国語、朝鮮語をしゃべっていることだろう」[20]。

プーチン大統領は、二〇〇〇年十一月、ロシアがアジア太平洋国家であるべきだったにもかかわらず、従来そのような自覚が不十分だった事実を率直に認めて、今後は名実ともにそのような国家となるために懸命の努力を傾けねばならないことを、次のように力説した。「ロシアは、己をこれまで常にユーラシア国家とみなしてきた。われわれは、ロシアの国土の重要部分がアジアに位置している事実を忘れてはいなかった。しかし正直に告白すると、この優位性をわれわれが十分な程度にまで利用してきたとは言いがたい。〔今や、〕われわれはアジア太平洋地域の国々と協力して、言葉から実践へと乗り出し、経済的、政治的、その他の連携を深めるべき時期に差しかかっている。そうするためのあらゆる可能性が今日のロシアには備わっている」[21]。

プーチン大統領は、二〇〇五年十一月、「アジア太平洋経済協力会議（APEC）」開催にさいして発表した論文のなかで次のようにのべた。「われわれは、アジア太平洋地域の統合に積極的に参画する。そうすることによってはじめてロシアの発展が可能になり、成功を収めるだろう。つまり、この過程への建設的な参加――これこそが、われわれの戦略上の選択肢であり、かつ近い将来での最重要課題となる」[22]。逆にもしロシアがアジア太平洋の列強になりえないならば、どうだろう。それはひいてはロシア連邦全体の安全保障に重大なマイナスをもたらすことすらみちびきかねない。じじつ、プーチン大統領は、二〇〇六年、ロシア安全保障会議の席上で次のように警告した。「極東では、この地域の潜在的な可能性とその経済・社会分野での現況とのあいだの乖離が根強く存在している。このことは、アジア太平洋におけるわが国の政治的、経済的な地位、そして誇張でなくロシア全体の国家安全保障にとり深刻な脅威になる」[23]。

大統領に返り咲くことが決まった後の二〇一二年四月、プーチン首相（当時）は次のようにのべた。「われわれは、もちろん極東とシベリアの発展に格別の注意を支払わねばならない。これは、最も重要な地政学的課題である」[24]。同年十二月、クレムリンに復帰後初めての教書演説で、プーチン大統領は極東とアジア太平洋をリンクする考えを今までにない明快な形で次のように表明した。「二十一世紀のロシアが発展する方向は、極東に存在する。シベリアと極東はわれわれの巨大な潜在的能力である。世界で最もエネルギッシュかつダイナミックに発展しつつある〔この〕アジア太平洋地域において、ロシアが名誉ある地位を占めるという可能性である」[25]。同大統領は、翌二〇一三年十二月の教書演説では次のように断言するようにさえなった。「シベリアと極東の発展こそが、二十一世紀におけるわれわれの国家的優先事項にほかならない」[26]、と。

## 地理的特質

ロシアがアジア太平洋パワーになるためには、極東の開発が必要不可欠――。「外的東方」と「内的東方」をリンクさせ、後者の発展の必要性に発破《はっぱ》をかけようとして、ロシア政治の最高指導者たちは右に引用したような諸発言を繰り返す。ところが現実には、シベリア極東の開発は一向に進捗していない。なぜか？　その理由を探求し解明するのが、本章の残りの課題になる。その前に、極東がもつ特殊な性格について簡単に復習しておこう。一見迂遠なようにみえるものの、実は右の設問に答えるために不可欠かつ有益な準備作業のひとつになろう。

極東の特徴は、なによりもその地勢的な要因に求められる。極東とは、ロシア連邦のシベリアよりも東側に位置する広大な地域を指す。その面積は、六一六万九三〇〇平方キロメートル――以下、単にキロと記す――、すなわちロシア全体の約三六・四%を占め、日本の国土の約一七倍にも相当する広大な地域である。

極東の地理的特色の第一は、それがロシアのヨーロッパ部分から遠く離れていること。そもそも「ロシア極東」(Российский Дальний восток; the Russian Far East/ RFE)という言葉自体が、そのことをしめしている。すなわち、モスクワやサンクト・ペテルブルグに住む者たちの視点から見て、「東の果て」もしくは「遠い東」に位置していることから、そのように名づけられた。たとえば極東の代表都市ウラジオストクを一例にとってみると、首都モスクワから約九二〇〇キロも離れている。シベリア鉄道を用いると、モスクワ－ウラジオストク間の旅行には六—七日間を要する。

極東は、旧ソ連邦ロシアの首都やヨーロッパ部分から遠く離れている。まさにその理由で、シベリア同様、ある種の効用が認められた時期があった。たとえば帝政時代やスターリン時代には政治犯、その他の囚人を収用する恰好の流刑先として重宝された。また、まさしくヨーロッパ戦線から遠く離れているがために、米国による軍事的攻撃からの防衛、引いては米国に対する己の攻撃に貢献するべく軍産複合体の一つの中心地としての役割をになった。ところがこのような意味での極東の価値は、ソ連解体後になると失われてしまった。とりわけロシアが市場経済へ移行するとともに、かつて戦車や戦闘機を造っていた軍需工場は今や冷蔵庫やフライパンなど民需品の製造へ転換すること（いわゆる「民生転換」）を余儀なくされた。かつて軍産複合体の維持に必要だった、労働者を誘致するために採られていた賃金や年金を上積しようとするプレミアム、住宅、消費物資などの優先的な配給、等々の制度も廃止された。

一般的にいって、ソ連解体後のロシアは、道路や鉄道などのインフラストラクチャー（社会基盤）の未整備によって悩まされており、これはとりわけ極東地域で顕著かつ深刻な問題になっている。広大かつ極寒の地に住む住民たちは、たとえば航空機以外に適当な移動手段がない。これは、余分な交通費がかかることを意味する。しかも、劣悪かつ老朽化した小型飛行機を利用せねばならなくなり、現にしばしば「人災」事故が発生している。

極東は、逆にアジア諸国に近い。ロシアは、たとえば中国と地続きで接している。地理的な引越しがありえない以上、ロシアが中国の隣国である事情は変えようがない。このことを「運命」[27]と名づける専門家もいる（ゲオールギイ・クナーゼ元ロシア外務次官）。プーチン大統領も、次のように意味深長な言葉をのべている。「われわれ〔中ロ国民〕は、世界で最も長い共通の国境を有している。したがって、われわれはとうぜん善隣関係を維持すべきなのである」[28]。この地理的な要因は、後にふれるように、極東にとりプラス、マイナスの両方向に作用する。ロシアは、北朝鮮とのあいだでは一七・六キロの国境を共有している。

極東は、日本と地上で国境を接していないものの、極めて近い距離に位置している。たとえばウラジオストクやユジノサハリンスク（サハリンの首都）の空港を飛び立てば、日本の千歳、成田、新潟、富山空港などへはわずか約二時間半で到着する。サハリンの南端コルサコフ沖合で釣りに興じていたロシア人男性のボートが、気づいてみると北海道北端の稚内に流れ着いていた。このようなことすら、実際、起こったことがある。両地点はわずか四〇キロしか離れていないからである。

極東の次の地理的な特徴は、緯度が高く、北寄りで、そのほとんどが寒冷地に属すること。極東のなかでは最南端に位置し太平洋に面するウラジオストクですら、一月の平均気温（摂氏）はマイナス一四度で、けっして「暖かい」地域とはみなしがたい。同じ月のカナダのバンクーバーはプラス二・七度、サンフランシスコはプラス九・二度である[29]。このような寒さのゆえに、極東は、シベリア同様、ロシア人ですら必ずしも定住を希望する地域ではない。

## 人口がなぜ流出？

極東が現在、直面している最大の悩みは、何か？　この問いに答えるのは、それほどむずかしいことではない。人口流出だからである。

一般論から話をはじめると、ロシア連邦は、日本同様、少子化に苦しめられている。ソビエト型「社会主義」の時代、育児施設など働く女性のための設備が前もって十分ととのえられていなかったにもかかわらず、「男女は平等であり、女性は男性同様の労働に従事せよ」と説く「共産主義」イデオロギーが機械的に実施された。割を食ったソ連の婦人たちは、十分な世話ができない惧れのある二人目の子供をけっしてつくろうとしなかった。結果として、中国がスローガンとして掲げつつも必ずしも実践しえなかった「一人っ子政策」が、皮肉にもソ連邦で実現することになった。ちなみに、ロシア人女性の「合計特殊出生率（一生に産む子供の数）」は、二〇一六年現在、一・七六〇人である。(30)

たしかに、少子化は、日本を含め先進諸国に共通する傾向なのかもしれない。とはいえロシアでは、若干事情を異にする点もある。というのも、ソ連邦の解体、「共産主義」イデオロギーの敗北などによってショックを受けた人々、とりわけロシア男性は、アルコール、喫煙、麻薬、その他健康に良くない習慣や誘惑に抗しきれなくなった。二〇一七年九月にヴェロニカ・スクヴォルツォフ保健相が発表したところによると、ロシア連邦でアルコール中毒にかかっている者は一〇万人当たり六〇人であるのにたいし、ロシア極東では一二〇人と二倍の数字で、全国一となっている。(31)そのようなことからも、ロシア人男性は平均寿命が短い。ロシア人男性の平均寿命（六七・五歳）は、日本人男性（八〇・九八歳）のそれに比べて約一三歳も短い（二〇一七年）。(32)その理由が何であれ、ロシア連邦の人口は、一億四四三〇万人（世界第九位）で、一億二六八〇万人の日本（同、一〇位）とさほど変わらない。ちなみに中国の人口は、一三億三九七二万人（同、第一位）である。

以上記した一般的傾向のなかでも、極東は、シベリアと並んで人口減少がことに著しい地域である。その主な理由としては、さきにのべたことと部分的には重複するが次の諸点を指摘しうるだろう。(33)まず、もともと人間が住みたがらない寒冷地であること。また、ソビエト時代には国策としてシベリアや極東への移住を奨励するためにあたえられていた数々の優遇措置が、ソ連邦解体後に廃止されたこと。逆にシベリアや極東では、生活費が他の地域に比べて三〇―五〇％も高くつくこと。極東でウラジオストクと並ぶ中心都市のハバロフスクは、二〇一二年、モスクワすら抜いてロシアで生活費が最も高くつく都市になった。(34)

極東連邦管区の人口は、たとえばソ連解体時の一九九一年には約八〇四万人だった。香港（約一〇〇〇万人）の人口よりも少なかった。ところが、その後も減少しつづけ、二〇一二年の国勢調査によるとわずか六二六万人（ロシア全人口の四・五％）になった。年間八万人もの人間がロシアの西部や南部へと流出している勘定になる。ロシア連邦を構成する八つの連邦管区のなかで最も減少率が高い。今日、極東は、一平方キロ当りに僅か一人の人間が住む、世界最高の過疎地と化している。[35]

二〇一〇年におこなわれた世論調査によれば、極東地域のわずか三九％の住民だけが同地域に残ると答え、残りの六一％は「その他のロシアの地域」もしくは海外へ移住する用意があると回答した。[36]「その他のロシア地域」と答えた者は三三％で、その内訳はヨーロッパ・ロシア地域―一一％、モスクワ―七％、シベリア・その他の極東―五％だった。海外移住希望者は、二八％にものぼった。

極東と地続きで対峙する中国側の地域は、一時満州と呼ばれていた東北地方である。三省（黒龍江、吉林、遼寧省）に住む中国人を合計すると、約一億九〇〇〇万人。極東（ロシア）と東北三省（中国）間の人口格差は、何と一対一七にものぼる。もしロシア人の減少が現在のスピードでつづくと仮定するならば、極東はほどなくゴーストタウンと化すか、事実上、隣の中国の勢力圏へと組み込まれてゆく――いわゆる「中国化（Sinophilization）[37]」をとげる――可能性すら否めないだろう。

### 就職口がない

このようにして、極東問題の核心は、シベリアのそれと同様に、人口過疎化である――。これが、長年にわたってわれわれのあいだでの定説であった。ところが、二〇〇三年に刊行された一冊の書物、『シベリアの呪い』は、この常識的見解を完全にくつがえした。同書の著者であるフィオナ・ヒルとクリフォード・ガディ（ともに当時、米国ブルッキングス研究所の上級研究員）は、綿密な調査研究の結果にもとづいて、彼ら独自の見方を展開した。つまり、一言でいうと、シベリアや極東は、「人口の過疎化（*under*populated）でなく、じつは人口の過多（*over*populated）の問題に悩んでいるのだ」[38]（傍点およびイタリック、木村）、と。

彼ら二人の著者たちは自分たちのユニークな見方が正しいことを、次のような根拠にもとづいて証明した。カナダやアラスカでは、シベリアや極東に比べはるかに少ない数の人間しか住んでいない。だからといって、カナダ政府もアメリカ政府もそのことを全く問題にしていない。そのような事実よりも遥かに重要なことがある。それは、ロシア人がなぜシベリアや極東から、その他の地域へと流出しつつあるのか――その真の理由を直視する勇気をもつことである。この問いにたいして、ヒルとガディ自身は明快な答えを提示する。端的にいって、極東に住もうとする人々の生活を経済的に支える手段としての「就職口（jobs）」がないからだ、と。したがって、ヒル＆ガディによれば、極東地域に企業を興し「働き口」を作り出す――これこそが、極東問題解決のベストの対策になるはずである。働き口さえあれば、いったん移住した人々ですら戻ってくるだろう。そして、放っておいても人々は極東に定住しようとするだろう。彼らは元々生まれ育った土地に愛着をもち、そこで永住することを望んでいるからだ。

逆に、極東では過疎化こそが最大の問題であると誤解して、それ以外の地域から人間――できればスラブ系の人間――の移住を促進しようとするのは、ヒル＆ガディによれば見当違いも甚だしい間違った政策である。極東に適当な「就職口」がないことが分かれば、彼らもまた極東から遅かれ早かれ出てゆくことになるだろう。ビクトル・ラーリンも、二〇〇六年執筆の論文で記した。ラーリンは、ロシア科学アカデミー極東支部所属の極東諸民族歴史・考古学・民俗学研究所（ウラジオストク）の所長である。「旧ソ連邦構成共和国から何百万人というロシア人をロシアの太平洋岸地域に誘致してくれればよい――。広く喧伝されているこのアイディアには、何らの経済的根拠も認められない[39]」、と。

ヒル&ガディの主張が正しいことは、世論調査の結果によっても証明されている。たとえば政府系の「全ロ世論研究センター（ВЦИОМ: VTsIOM）」がおこなった調査は、次のように報告しているからだ。失業や低賃金のゆえに極東地方を去ると答えたロシア人のうちの「約六〇%」までもが答えている。「〔だが〕もし中国企業が極東で大規模かつ長期的な開発プロジェクトをはじめるならば、〔自分は翻意して〕極東にとどまるだろう」、と。ヒル&ガディが説くように、極東が生き残るためには何よりも雇用の創出こそが至上命題である――。これは、「コロンブスの卵」に似て、それがいったん指摘されたあととなるともはや誰一人疑いを差しはさみえない真実だとみなしえよう。

プーチン大統領も、今ではヒル&ガディの結論に賛成しているように見受けられる。既に二〇〇六年の安全保障会議で、同大統領は次のようにのべているからだ。「私がとくに強調したいのは、以下の事柄である。就労能力をもつ人間を極東に誘致し、同地域にとどまるように説得する。これこそが、まず何よりも先決課題であること。そのためには、巨大な経済プロジェクトを実現し、この地域に新しい働き口（рабочие места）を創り出すことが何よりも肝要である[40]」（傍点、木村）。

では、プーチン大統領は、右の考えにもとづく政策を画定し、実行に移しているのか。残念ながら、答えは「ノー」である。同大統領は、たとえば二〇一五年四月、ロシア極東連邦管区の遊休地を国民が希望すれば一人当たり一ヘクタール（約一万平方メートル）を一ルーブル、すなわち事実上無償で貸与するとの方針を発表した。対象は原野や森林で、主に農業に利用することを想定していた。もし五年間適正に用いたことを証明できる場合、その土地を無償で払い受けて自分自身の所有物とすることが認められる。ロシア極東での人口減少傾向に歯止めをかけ、同地域へのロシア人の移住を促進することが、その狙いにほかならない。それゆえ、ロシア人がこのようにして入手した土地を中国人などの外国人に貸与したり、転売することは認められない。

プーチン政権は、二〇一六年六月、この「目玉政策」を実行に移した。[41]ところが、ロシア一般、そして極東住民の反応は今ひとつだった。こう評さざるをえない。当然だろう。彼らは、次のような懸念を払拭し切れないからである。道路、水道、電気などのインフラストラクチャーが未整備の荒野の土地の所有者となっても、はたしてその土地を十分活用できるのだろうか。実績をあげるためには、まず自らも多額の投資をおこなう必要があろう。そのような余裕があるくらいなら、敢えてこのような冒険に乗り出す必要などそもそもなかろう、と。

## 原料供給地として軽視

極東は、シベリアと並んで、豊かな資源に恵まれている地域である。眠れる天然資源の宝庫。こう評してすら過言でなかろう。原油、天然ガス、石炭、非鉄金属、木材、海産物、等々。ただし、重大な但し書きがつく。そのほとんどが「眠れる」資源であること。永久凍土下に埋れているなどの事由で、それらの調査、発掘、運搬などのためには莫大な初期投資を必要とする。しかも、その努力が結局ペイするのか。保証のかぎりではない。そのような不安定要素が存在するために、ほとんど全てのロシア人がこれまでその開発に挑戦することに二の足を踏んできた。この事情に加えて、もうひとつ是非とも指摘せねばならない要因がある。端的にいって、モスクワ中央の間違った考えや不適切な政策である。以下、このことについて説明しよう。

モスクワは、旧ソ連時代、ソ連邦構成共和国をまるで己の植民地であるかのような目で眺めていた。残念ながら、これは周知の事実だった。つまり、モスクワはシベリア、極東に政治的・経済的な自治権を決してあたえようとはせずに、むしろこれらの地域をロシア中央の単なる原料供給地とみなし、ただ収奪さえすればよいと考えて、これらの地域自体の経済的発展や繁栄を二の次、三の次とみなした。たしかにその後、ソ連邦は解体した。だが、人間の意識は一夜で変わるものではない。中央は地方を搾取して一向に構わないという中央集権的な認識や政策は大きく変わることなく、クレムリンのエリートのあいだで今日にいたるも綿々と続いている。

たしかにエリツィン期には、大統領と議会とのあいだの権力闘争が熾烈をきわめた。そのために、両者は己の支持層を少しでも拡大しようとして、まるで競い合うかのようにして地方行政単位へ権力を譲渡した。しかしひとたびプーチンが大統領に就任するや否や、そのような傾向にはぴたりと終止符が打たれたばかりか、振子は再び中央集権化の方向に揺れることになった。そのことに伴って、シベリアや極東など地方の発言権はいちじるしく縮小させられた。このような傾向をさらに加速させた要素がある。それは、「プーチノクラシー」である。

「プーチノクラシー」(プーチン式統治)とは、一体なにか。ごく大まかにいって、それは、内政で「垂直権力」支配、外交で「主権民主主義」、経済では「(資源)レント・シェアリング(分配)・システム」の推進を目指す体制といえよう。「レント・システム」は、ロシアの豊かな自然資源をもっぱら国家の厳格な管理下におき、同資源の値上がりによって労せずして得られる「レント(余剰利益)」をプーチンおよび側近たちが分配しようともくろむ。そして、まさしくこのシステムの犠牲になっているのが、シベリア、極東、その他の資源をもつ地域にほかならない。この意味では、プーチンらの指導部は、ロシアを必ずしもヨーロッパとアジア部分から成る「ユーラシア国家」を実現しようと意図している訳ではない。端的にいえば、「アジア部分という植民地を擁するヨーロッパ国家」[42]をつくりあげようと考えている。このことを、サハリン州を例にとってもう少し詳しく説明してみよう。

## 雷鳴は轟くも雨は降らず(43)

サハリン州では、一大資源ブームが巻き起こった。サハリンの北東部沖合に広がる大陸棚地域に、豊かな石油や天然ガスの油田が続々と発見されたからである。現に、「サハリン1」、「サハリン2」……と名づけられる巨大な開発プロジェクトが、ロシアの独占国家企業体のガスプロム社やトランスネフチ社が主体となり、欧米メジャーなどと提携して、進行中である。そのようなロシア側企業のCEO（最高経営責任者）や幹部は、ほとんど例外なく「プーチンのお友だち（〝FOP〟）」だった。これらプロジェクトの収益の大部分はそのような〝FOP〟の手中に収められる。加えて、税金その他の名目や形式でモスクワ中央政府によって吸い上げられてしまう。

結果として、全利潤のほとんど七五％までもがモスクワへ運び去られてしまい、サハリン州が空前の資源開発ブームに見舞われたにもかかわらず、サハリン住民自身はその恩恵にほとんど浴していない。サハリン州の人口は増加するどころか、逆に減少している事実が、このことを証明している。すなわち、たとえば二〇〇二年の国勢調査で五四万六六九五人だった人口は、二〇一〇年には四九万七八九九人にまで減少した。

モスクワ中央には、はたして極東を発展させようとする真剣な意図が存在するのか。このような疑いを起こさせるもう一つの事実を、指摘する必要があろう。極東開発にかんしては華々しいスローガンを打ち上げる。だが、それは口頭での発表だけに止まり、必ずしもその構想を現実に裏づける措置が伴わない。したがって、成果らしい成果は一向にあがらない。それにもかかわらず、性懲りもなくまた新しい計画が発表された。「極東およびザバイカル地域の社会・経済発展プログラム」は、その好例といえよう。極東には九つの連邦構成主体（地方自治体）がある。「ザバイカル」とは、バイカル湖の向こうという意味で、イルクーツク州、ザバイカル地方、ブリヤート自治共和国の三つの地方自治体を指す。同プログラムは、これら合計して一二の地方自治体をその対象にする。問題は、次の点にある。われわれはこれまで一体何度この種の名称をつけた壮大な計画について聞かされてきたことか。一九九六年の発表以来今日にいたるまで、このようなプログラムの改訂版、再改訂版がほとんど毎年のように発表されてきた。[44]

しかし、それらは一種の打ち上げ花火に過ぎなかった。鳴りもの入りで発表されるものの、大抵の場合ほとんどそれだけに終わってしまう。プログラムを実施する具体的な措置、とりわけ予算措置がそれに伴うことなど、ついぞなかった。代って耳にするのは、モスクワから送られた資金が途中で雲散霧消してしまったといった類いのニュースばかり。そうこうするうちに、モスクワの指導者たちはまたもや新しいプログラムを発表する。結果として、それまでの計画に記された極東開発の青写真は「絵に描いた餅」[45]、あるいは「白昼夢」[46]に終わる――。このパターンの単なる繰り返しだった。プーチン政権による口頭発言と実際の行為のあいだには著しい乖離が存在する。少なくとも極東の住民たちは、こう考えるようになった。たとえばビクトル・ラーリン所長は率直にいう。「彼らの半数は、政府の声明が誠意のあるものと受けとっていない」[47]。〈約束はするが、実行するとは限らない〉。これをもって、「プーチノクラシー」一般にみられるパターンとすらみなして差し支えないのかもしれない。それゆえに、ロシアのインターネット利用者のあいだでは、ロシア大統領にたいして「偉大な約束者」とのニックネームを献上する者さえいる。[48] つまり、壮大なスキームを公表するものの、必ずしもその実現に努力し、フォローアップする指導者ではないという意味である。少なくとも本章が検討課題として掲げている極東開発にかんして、残念ながらそのような見方は当てはまるようである。そのことを証明する具体例を、以下、三つばかり紹介しよう。第一は極東開発公社の設立、第二は極東発展省の新設、第三はウラジオストクでのＡＰＥＣ主催である。

## 消えた「極東開発公社」構想

プーチン首相（当時）は、大統領復帰決定後の二〇一二年四月、下院宛て政府活動報告のなかで次のような予告をおこなった。「私は、東シベリア・極東の発展にかんする会社（корпорация）もしくは特別の機関（отдельный орган）を創設する」[49]（傍点、木村）、と。プーチン首相が念頭に抱いていた「会社」とは、「東シベリア・極東開発のための国策公社」にほかならなかった。ロシアの有力紙『コメルサント』は、二〇一二年四月二十日号で、その具体的内容が次のようなものであることをすっぱ抜いた[50]。以下、同記事にもとづいてこの「極東開発公社（корпорация развития Дальнего Востока）」の内容を紹介することにしよう[51]。

①目的。シベリア・極東の経済開発を促進するための投資を内外から誘致し、同地域の天然資源を有効的に活用すること。②範囲。一六の連邦行政単位。ロシア国土の六〇％をカバーする。③性格。大統領直属とする。④本部。ウラジオストクにおく。⑤措置。地下資源、森林、土地などにかんしてロシア連邦の規則を部分的には適用外にするなどの特別の恩恵をあたえる。分かりやすくいうと、メドベージェフ大統領（当時）がスコルコボＩＴセンターに進出しようとする内外企業にたいして約束した類いの「前例のない特権」や優遇措置をあたえる。同公社に関係する市民にたいしては通勤、引越し、住宅貸与などにかんして、そして外国人にたいしては市民権取得などにかんして特別な便宜をあたえる。⑥期限。二五年間。

右に要約したような「極東開発公社」の設立構想は、しかしながら、ロシア国内で早速以下のような批判を浴びる羽目になった。

まず、わざわざ国営公社を設立し、広大な極東地域にたいし強大な権限を与えるのは、必ずしも適当とはみなしがたいとの批判。それでは、「国家の中にもう一つの国家」(государство в государстве; a state within a state)[52]をつくるに似た無謀な試みだろう。それは、まるで「新しい極東共和国を創設するプロジェクト」ではないか、との批判すら加えられた[53]。極東共和国とは、ロシア革命後の内戦干渉戦の時期にシベリア出兵した日本軍との直接対決を避けようとして、ボリシェビキ政権がバイカル湖以東から太平洋岸までのロシア全域を対象として設立した一種の緩衝国家である。二年間(一九二〇年四月から二二年十一月)にわたって、存続した[54]。「極東開発公社」の提案をあたかも「新しい極東共和国」の創設とみなすことの適否を別にして、そのような「国の中の国」の設立は、「プーチノクラシー」にたいする危険な挑戦の萌芽となる危険性がある。プーチノクラシーは、「垂直権力」支配を貫徹させるとの名のもとに中央集権的権力の確立を譲りがたい主柱のひとつにしているからである。

次に、民営化の一般方針に逆行するのではないかとの批判。プーチンのお声がかりで創設されたエネルギーや兵器関連の「国策会社」は所期の目的を達したので、今後は徐々に民営化されるべし。これが、少なくとも「タンデム」政権時代にメドベージェフ大統領(当時)が打ち出した基本方針のはずだった[55]。

第三には、民間や諸外国からの投資意欲を減じることについての懸念。このように巨大な国策会社を全額ロシア政府の負担で創設する場合、はたしてそれは内外の投資家に向ってどのようなメッセージを発信する結果を招くだろうか。ロシア政府はもう既に十分な資金力をもっており、今後は必ずしも諸外国からの投資を必要としない。このような間違ったメッセージすら発信しかねない。たとえばアレクセイ・クドリンは、この種の懸念から同構想実施に反対するとの意見を表明した。クドリンは緊縮財政論者で、プーチン政権下で約一一年間にもわたってロシア財務相をつとめていた人物である。そのようなクドリンはのべた。「極東共和国プロジェクトは、民間投資意欲を減退させ、ロシアの投資環境を悪化させる[56]」、と。

ところが、である。必ずしも案ずるには及ばなかった。右にのべたような一連の懸念は、一時的な杞憂に終わったからだった。二〇一二年四月にロシアの関係者を良くも悪しくも大騒動に巻き込んだ「極東開発公社」構想は、同年五月にプーチンがクレムリンに正式に返り咲くと、まるで淡雪が溶けるように立ち消えになってしまった。「大山鳴動して鼠一匹」！

このことは、セルゲイ・ショイグがモスクワ州知事に突如として任命されたのと時を同じくして起こった。ショイグは、一九九一年から二〇年間も国家非常事態相をつとめていた人物である。プーチンによって「極東開発公社」設立の検討を指示されたあと、ショイグはその最も熱心な唱道者のひとりになった。そのような人間の配置転換は、あまりにも唐突のように思われた。ひょっとすると、「極東開発公社」構想を葬り去るために、この人事異動をおこなったのか。それとも、ショイグが偶々この時期にモスクワ州知事に移ることによって「極東開発公社」構想はその熱心な推進者を失い、その結果として同構想が死産に終わってしまったのか。一体どちらだったのか。真相は明らかでなかった。ちなみに、ショイグはその後モスクワ州知事の席をわずか半年間暖めただけで、二〇一二年十一月、プーチン大統領によって国防相に任命された。

## 極東発展省の創設

四年ぶりに名実ともにクレムリンに返り咲いたプーチン大統領は、二〇一二年五月二十一日、メドベージェフ首相下の新内閣の名簿を発表した。新味に乏しい顔ぶれ――。これが、全体としての印象だった。ところが、ロシア極東地域に関心を抱く人々からみる場合、そのなかで一点だけ注目すべき人事があった。それは、「極東発展省」（Министерство Российской Федерации по развитию Дальнего Востока; 略して Минвостокразвития России）が新設され、それに伴って極東発展相が任命されたことだった。「極東開発公社」の構想から一転して、今度は極東発展省の設立。これは、一体何を意味するのか。プーチン大統領は、ロシア極東の経済発展を重視し、真剣に考えている指導者。逆に極東開発にかんして何ら首尾一貫した定見を持ち合わさず、試行錯誤を繰り返すリーダー。一体これらどちらとみなすべき証左なのか。

「極東開発公社」であれ、極東発展省であれ、プーチン政権が、国家主導形式でシベリア・極東地域の経済開発を推進しようとしている。このことだけは、明らかになった。だが他方、両形式のあいだでは次のように大きく変わった点があった。まず、対象範囲が縮小された。「極東発展公社」がカバーすべき範囲は東シベリアおよび極東の一六の行政単位だった。ところが、極東発展省の場合は極東の九つの行政単位だけになる。面積でいうと、ロシア国土の約六〇%から三六%へと減少した。人口でいうと、ロシア全体のわずか四・三八%が住む地域である。次に、本部の所在地も変わった。極東公社が設立される場合本部はウラジオストクと予定されていたが、極東発展省のそれはハバロフスクにおかれることになった。

たしかにこれまでロシアの省庁のなかで一地域の発展だけをその主要任務とし、そのように名乗る省庁は存在しなかった。その意味で、極東発展省の創設は画期的な新軌軸であるかのように思われる。ところがその後の経緯を丹念にフォローしてみると、どうやらそれは早とちりの印象のようだった。

まず、独立の省を設立したからといって、モスクワが極東に大幅な自治裁量権をあたえることなど、およそありえないことである。また、初代の極東発展相に任命されたビクトル・イシャーエフも、そのような重責をになうに足るヘビー級の政治家ではなかった。(57) たしかに、イシャーエフは、極東地域では実力者だったのかもしれない。極東のハバロフスク地方の知事を一八年間にわたって務めた。極東ザバイカル地方の各地方・州から構成される「極東ザバイカル協会」議長も兼任していた。二〇〇九年以後は、極東連邦管区大統領全権代表にも任命された。

ちなみに、イシャーエフは一時、対中国強硬論者として知られていた。自らが知事を務めるハバロフスク地方が中国とのあいだで国境紛争を抱えていたからだった。そのこともあって、日本にたいしては友好的な態度をしめし、北方四島問題にかんしては一時、ロシアで数少ない対日返還論者となった様子だった。[58] 小泉純一郎首相（当時）が、二〇〇三年一月、モスクワ公式訪問の帰途わざわざハバロフスクへ立寄った目的は、明らかにつぎの点にあった。ロシア極東地域で日本のプレゼンスを誇示し、同地域の開発のためには日本の協力が必要不可欠であることをデモンストレーションすること。そして、日本にとり何よりも「強力な助っ人（мощний союзник）」[59]としてのイシャーエフ知事の客人となること。

ところが、プーチン大統領が中ロ間の国境線画定に踏み切って（二〇〇四年）以後、イシャーエフはモスクワ中央政権のアジア政策の忠実な支持者へと転じた。たとえば、メドベージェフ大統領（次いで首相）が二度にもわたって（二〇一〇年、二〇一二年）北方領土のなかの国後島への上陸を敢行したさい、イシャーエフは極東連邦管区全権代表としてメドベージェフに随行したばかりか、自らも四島のいずれも日本に譲らないとの中央政府の立場を繰り返した。このエピソードがしめしているように、イシャーエフはモスクワ中央の路線に対して堂々と反論を唱える見識や勇気をもつ大物政治家ではなかった。もっともそれだからこそ、新設の極東発展省を担当する初代大臣のポストに任命されたといえなくもないが。

ともあれ、二〇一二年五月に極東発展相に任命されたイシャーエフは、極東管区大統領全権代表と二つの職務を兼任することになった。だからといって、彼の権限がいちじるしく強化されたわけではなかった。それは、たとえばほぼ同じ頃北コーカス連邦管区全権代表に任命されたアレクサンドル・プロポーニンの権限と大差ない代物だった。端的にいうと、モスクワと当該地方との連絡係の役目に過ぎなかった。

## 首尾一貫した極東開発政策なし

新設の極東発展相の権限が、一体どのようなものだったのか。このことよりも、はるかに重要なことがある。それは、プーチン大統領自身が当初の考えを、その後大幅に修正したらしいことだった。すなわち、「極東発展省に関する規則」の修正案によって、同省ならびに同発展相の権限をいちじるしく縮小した。端的にいうと、同省には、あくまで「モスクワ中央政府の監督下で認められる枠内でのクレムリンの計画を遂行し、そのための諸活動を調整する機能[60]」だけが認められるようになった。

二〇一二年六月二十八日付の『コメルサント』紙は、「新設省の権限は縮小」「イシャーエフには極東をあたえない」などの見出しをつけた記事を掲載した[61]。既存の中央各省庁との権限争いの綱引きで、イシャーエフ新大臣が早くも敗北しつつある事実を伝えたのだった。ひとつには、新設の極東発展省によって己の既得権益が些かでも奪われることになってはならない。こう考える既存の各省が猛烈な運動を展開したことによってもたらされた結果だった。たとえば地域発展省、天然資源省、経済発展省、農業省、財務省などが、新設の極東発展省にあたえられる権限を少なくしようと躍起になったのである。『コメルサント』紙は、ガックリと肩を落して歩くイシャーエフ大臣の姿を見事にとらえた写真すら添付していた[62]。

二〇一三年八月末、プーチン大統領は、「二〇二五年までの極東とザバイカル地域の社会・経済発展国家プログラム」作成上の不手際の責任をとらせる形で、イシャーエフを解任した。イシャーエフが占めていた二つのポストは、今後二人の人間によって分割、担当されることになった。すなわち、極東連邦管区大統領全権代表には、ユーリイ・トルトネフが副首相兼任で任命された。彼は、それまでプーチンの側近で大統領補佐官をつとめていた人物。極東発展相には、実業家でもあるアレクサンドル・ガルシカが任命された。

しかも、これが物語の全てではなかった。極東発展省の創設から半年も経たない二〇一二年十一月末、プーチンは、同省が責任や仕事の分担ならびに遂行に「失敗した」ために、「極東開発公社のアイディアに戻る必要がある」[63]ことすら示唆した。クレムリンに返り咲いた後になってプーチンがのべたこの言葉は、実に興味深い。それ以前の時期でのモスクワ中央の極東政策ならびにそのパターンが繰り返されているからである。まず、モスクワ主導という基本方針が些かも変更されていないこと。次に、極東戦略がとことんまで考え抜かれた確固たるものでないこと。ラーリンも断言する。「ロシアには、明確かつ考え抜かれ、練り上げられた対東方政策など全く存在しないのだ」[64]。ボボ・ローの言葉を借りると、それは未だ「生煮えの(half-baked)」[65]スキームが早まって発表されては、そのあと撤回されるというお定まりのパターンの繰り返しなのである。

じっさい、極東開発公社、極東発展省――これら二つの構想間には、およそ首尾一貫性というものが全く見出されえない。たとえば、本部の所在地、統轄責任者、対象範囲などにかんして、そうである。前者から後者への転換過程でこれらの諸点を巡って何らの説明もなしに変更が加えられ、しかも誰一人としてそのことに表立って疑問を提起しようとしないのだ。

そのような意味で、ボボ・ローが二〇〇八年刊行の自著のなかで記した結論は、残念ながら今日なおそのままの形で当てはまるコメントと言わざるをえないだろう。プーチンは、エリツィン同様、「極東開発のための有効な戦略の実施に失敗を重ねている」[66]。

## APEC、初めて主催

華々しいスローガンを花火のように次から次へと打ち上げる、だがその後さして真剣なフォローアップをおこなおうとしない――。極東経済開発計画一般についてみられるこのパターンは、たとえばロシアが二〇一二年九月に自国で初めて主催したＡＰＥＣフォーラムについても該当するようである。説明しよう。

ＡＰＥＣは、「アジア太平洋経済協力（the *Asia-Pacific Economic* Cooperation）会議」の略称。一九八九年に、主として日本とオーストラリアが主導して設立した地域フォーラムである。アジア太平洋地域に位置する国々のあいだの経済協力を促進することが、その主な目的。現在、メンバーは二一カ国。ロシアは、設立から約一〇年後の一九九九年にＡＰＥＣへの加盟を果たし、二〇〇七年に議長国としてＡＰＥＣ首脳会議を主催したいとの意図を表明し、二〇一二年の開催権を勝ちとった。

ロシアは、ＡＰＥＣの会場としてモスクワやサンクト・ペテルブルグでなく、極東は沿海州の中心都市、ウラジオストクを選んだ。ウラジオストクの名称は、「東方（ボストーク）を征服せよ（ウラジ）」というロシア語のスローガンに由来する。街は坂が多く起伏に富んでおり、ソビエト時代の指導者ニキータ・フルシチョフが、一九五九年、『ソ連のサンフランシスコ』にしてみせる」と豪語した美しい都市である。ソ連四大艦隊の一つ、太平洋艦隊の主要基地だったために、長いあいだ軍事閉鎖都市だった。ソ連解体後の一九九二年一月にはじめて対外開放された。同地でのＡＰＥＣ開催をロシア極東を経済的に発展させる起爆剤とし、そのことを通じてロシアのアジア太平洋地域への参入を確実なものにしたい――。このようなプーチン大統領の意図は、誰の眼にも疑いえようもなく明らかといえよう。

同大統領がロシアの国家的威信をかけて誘致したＡＰＥＣは、予定通り二〇一二年九月二日から九日にかけての一週間、ウラジオストクで開催された。同首脳会議（サミット）は、最終日の二日間におこなわれた。では、ＡＰＥＣを自国で初めて主催することによって、ロシアは一体どのような成果を手に入れたのだろうか。その評価は、とうぜん見る者の視点や欲求水準の違いによって変わってくる。たとえば会議の開催それ自体に意義を認める者、必ずしもそれだけでは満足せずに実質的な成果を期待する者――彼らそれぞれの答えは、異なる。

まず、二日間開かれた首脳会議を見てみよう。ウラジオストクでのＡＰＥＣサミットは、正直いってアメリカ合衆国大統領のバラク・オバマが欠席したために、著しく精彩を欠くことになった。米国は、ＧＤＰ、その他の指標において世界第一位の経済大国であり、最近若干衰えつつあるとはいえども、依然として政治的に最強かつナンバー・ワンの列強であり、アジア地域における有力パワーの一つである。このことは間違いない。もしオバマ大統領がウラジオストクでのＡＰＥＣに参加していたならば、同大統領自身のカリスマ性ばかりでなく、彼が代表するアメリカ合衆国の発言権や存在感の大きさゆえに、同会議はそのことだけでも大きなニュース種になっていたことだろう。だが、同年十一月初めの米大統領選挙を前にして多忙であるとの理由（多分に口実）で、オバマ大統領はヒラリー・クリントン国務長官をして代理出席させるにとどめた。

オバマ大統領は、なぜＡＰＥＣサミット出席をキャンセルしたのだろうか。プーチンがメドベージェフによる大統領選への再出馬を許さず、みずから大統領に復帰したことにたいする失望や反感も、おそらく働いていたことだろう。加えて、次のような前もっての予想が作用したのかもしれなかった。ウラジオストクＡＰＥＣは所詮単なるお祭りにすぎず、ほとんど実質的な成果など期待しえない。わざわざ自らが太平洋を横断し、貴重な時間を費やしてまで出席に値する会合ではない。ともあれ、米大統領欠席という状況に直面したロシアは、ほとんど当然のごとく中国を最大限に優遇する（あるいは優遇するジェスチャーをしめす）ことにした。同サミットで議長をつとめたプーチン大統領は、たとえば発言のトップバッターとして中国の胡錦涛国家主席を指名した。

## またも打ち上げ花火に終わる?

ＡＰＥＣのロシアでの開催――。これは、プーチン大統領にとり己の威信を内外宛てに喧伝し、政権持続の絶好の道具立てのひとつにするための最重要イベントにほかならなかった。同大統領が同じく主催しようと欲した二〇一四年のソチ冬季五輪、二〇一八年のサッカー・ワールドカップに匹敵する国際的な晴れ舞台だった。己が重視して止まない劇場型政治の遂行のために、プーチン大統領は、わずか一週間のＡＰＥＣフォーラム、二日間の同サミットの主催にたいして莫大な予算を投じることを些かも逡巡しなかった。具体的に説明しよう。

プーチン政権は、ウラジオストクでのＡＰＥＣ主催のためのインフラストラクチャー整備に、ドル換算で約一八〇億ドル（一兆九八〇〇億円）を投じた。これは、かつてＡＰＥＣを主催するために各国が用いたどの予算に比べても桁外れに多い額だった。通常の国がオリンピックを主催するさいに投じる予算額すらはるかに超えていた。ＡＰＥＣを自国で主催するために、たとえばシンガポールは七八〇〇万ドル、オーストラリアは一億五〇〇〇万ドルしか用いなかった。(67)

ＡＰＥＣサミット会場になった、ウラジオストク沖合のルースキイ島と市内をつなぐ二つの架け橋――そのうち一つは、世界最長（三一〇〇メートル）の吊り橋――の建設のために、ロシアは一〇億ドルを投じた。二日間のサミット開催それ自体には一億九四〇〇万ドルを投じ、閉会式に花火を打ち上げるだけのために何と八五〇万ドルを用いた。このようなプーチン政権による国家予算の支出は全くバランスを失し、馬鹿げている。たとえば、ユリア・ラトゥイニナは、以下のように批判した。彼女は、独立系ラジオ局「モスクワのこだま」の司会者で、最近とみに反プーチン政権の発言を抑制しなくなり、二〇一七年には度々の脅迫に堪え切れず遂に家族とともにロシアを去った人物である。「政権の座に一二年間もの長きにわたって坐っていながら、指導者は自国民のためにモスクワからウラジオストクへ通じる、唯の一本の近代的な高速道路すら建設しようとしなかった」。その一方で、「外国からの訪問者を唯感嘆させるためだけのルースキイ島のインフラ整備には一〇億ドルも用いることを厭わないのだ」[68]。

自国でのAPEC開催にこれほどのまでの巨費を投じる。これは、ひとえにプーチン政権の存在感を誇示したいがための国際社会向けPR活動以外の何物でもない。ゲオールギイ・クナーゼも、こう批判した[69]。クナーゼは、エリツィン政権期にアジア担当の外務次官や駐韓大使をつとめ、現在ロシア科学アカデミー付属の「世界経済国際関係研究所」の上級研究員（日本政治専攻）である。いわく、「ウラジオストクAPECは、ロシアによる世界の指導者たちへの虚勢（блеф）の表明にすぎない。このハッタリ（блеф）のためにロシアが貴重なカネを用いたのは、誠に遺憾千万なことだった」。

諸列強に比べて遥かに遅れてアジア太平洋地域に参入しようとするロシアが、APEC開催のために巨額の予算を用いるのは、ある程度まで止むをえない。たしかに、このような同情論が成り立つかもしれない。だが、その場合であれ、次の問いは提起するに価する。では、ウラジオストクAPECは、はたしてその投資に見合う成果をあげえたのか。もし同APECを契機としてロシア一般、とりわけ極東地域のアジア太平洋諸国との経済交流が活発化したのならば、同会議は大成功と評しうるだろう。だが逆に、APEC開催がもし一回限りの線香花火に終わったのならば、それは壮大な浪費に過ぎなかったとの批判は甘受せねばならない。要するに、同会議の成功、不成功を決めるのは、モスクワ中央政府および極東のその後の行動次第ということになろう。

ウラジーミル・ペトロフスキー（RIAノーボスチ通信社北京副支局長）は、ウラジオストクAPEC終了後に書いた論文で記した。[70]「二〇一二年のAPECの結果は、今後の歳月が明らかにするだろう」。とりあえずこのような一般論をのべたあと、彼はより直截にのべる。「ロシア政府高官の一人がいうように、ウラジオストク会議が成功か否か――これを決めるのは、ひとえに今後シベリア・極東地方に外国直接投資がどのくらいの規模で投じられるかだろう」、と。

ドミートリイ・トレーニンがAPEC開催中に記した次の一文も、同じく正鵠を射たものと評さざるをえない。[71]「モスクワの〔アジア太平洋〕政策の成果が現われるのは、必ずしもウラジオストクでのサミット開催の期間中なのではない。真のテストは、同会議の幕が降り、すべての国からのゲストが帰路についた後にはじまるのだ」[72]。こうのべたあと、トレーニンは問題を提起する。[73]「地政学的に最大の挑戦を突きつけていると同時に、チャンスもまた提供しているこの地域〔＝ロシアの極東およびアジア太平洋〕にたいして、〔APEC〕会議終了後はたしてモスクワが依然として焦点を当てつづけているだろうか」。

みずからが提起した問いにたいして、トレーニン自身は悲観的に答える。というのも、彼は別の新聞に翌日付で書いた論文では、次のように記しているからだ。[74]「APECの宴《うたげ》が終わったあと、モスクワは直ちにウラジオストクのことなどすっかり忘れてしまい、己の関心をソチ五輪へと移してしまいそうである」。ロシア・ウオッチャーのもう一人も、いわゆる「APECの遺産」にかんしてトレーニンとほぼ変わらぬ悲観的なコメントをおこなう。「国際的なイベントの準備に多額の金を投じるものの、いったんショーが終わるとその金をあっさり捨ててしまう。ロシア人には、このような傾向が顕著である。今度のAPECプロジェクトも、どうやらその例外とはならないのではなかろうか」[75]。

# 第11章
# 中　国

プーチン大統領と習近平主席
（A・べリヤーコフ＆ O・マトベイチェフ『ロシアと中国』露文、2017年）

中ロ間の「東ルート」ガス・パイプライン協定は、ソ連／ロシア史上で最大規模の画期的契約である。

**――ウラジーミル・プーチン**(1)

主要な争点は〔ガス〕価格でなく、米国やヨーロッパ諸国に向って強力な友朋〔中国〕をもっていることをしめすことだった。

**――ボボ・ロー**(2)

中ロ間で結ばれた協定の文言が、そのままの形で忠実に履行されるかのように、われわれ外部の者が前提するのは禁物である。

**――マーク・アドマニス**(3)

二〇一四年、ロシアは中国向け天然ガス輸出にかんする二つの大型契約を締結した。これは、プーチン大統領によれば、「歴史上画期的なエネルギー合意」だった。たしかにそうのべて差し支えない理由があった。これらの協定は「今度こそは締結か」と騒がれながらも、何と一〇年間にもわたって成約へ漕ぎつけえなかった実にむずかしい契約だったからである。

そのような経緯に鑑みて、少なくとも三つの問いが提起される。(1)そもそも同協定の合意のために、なぜそれほどまでに長い時間がかかったのか。その争点は、何だったのか？　逆に二〇一四年になると、なぜその争点が解決され、合意に到達したのか。(2)ロシア、中国、どちらの当事者がより多くの譲歩をおこない、歩み寄ることになったのか。その点を含めて、二〇一四年に合意された協定は、はたしてどのような内容のものであり、われわれはどのように評価すべきなのか。(3)協定は、たしかに締結された。だが、二〇一四年に合意された内容が、その後忠実に実践される——。外部の者は、こう素直に受け取って差し支えないのだろうか。これら三つの問いに答えようと試みるのが、本章の目的である。ほぼ右に記した順序に従って検討してゆくことにしよう。

## 経済的相互補完性

ロシアと中国——これら両国間には、いわゆる「経済的な相互補完性」(экономическая взаимодополняемость; economic interdependence)」が存在する。一方が持たないものを他方が持ち、互いに補い合う関係である。じっさいロシアは、中国が持っていないか、不足しがちな次のようなものを有している。原油、天然ガス、木材などの自然資源。兵器も加えてよいかもしれない。逆に中国は、ロシア、とりわけ極東が持っていないか、不足しがちなものを有している。たとえば、ロシア製品に比べて若干品質が良く、しかも韓国や日本の製品に比べ安価な消費物資、食糧など。そして、労働力。中国人はロシア人に比べ手先が器用であるうえに、ロシア人が嫌う3K労働、たとえば森林伐採、建設、農業などの作業に従事することを厭わない。このようにして、ロシアは自国が豊かに所有する天然エネルギー資源を中国へ輸出し、代りに中国から生鮮食料品、加工された消費物資、工業製品などを輸入し、労働力を受け入れる。

中ロ貿易統計の数字が、この事実を証明する。すなわち、ロシアから中国への輸出のなかで、付加価値が加えられた製品はわずか一・三%でしかなく、石油、ガス、木材などの自然資源や原材料が圧倒的に大きな比率を占めている。逆に中国からロシアへの輸出品のなかでは、加工された産業機械、プラント類、消費物資が四〇%も占めている。これは実に大きな不均衡《アンバランス》で、およそ「対等」「互恵」の原則が支配しているとは評しがたい。中ロ間では、その昔の植民地と宗主国、[4] あるいは発展途上国と先進国とのあいだでみられた垂直的な国際貿易パターンに近い関係が支配している。[5] 極端にいうと、事実上の「植民地簒奪《さんだつ》型貿易」[6] にほかならない。

それはともかく、エネルギー資源の需給という観点から眺めるかぎり、ロシアと中国が経済的に密接な相互補完ないし依存の関係にあることは間違いない。つまり、ロシアは中国にできるだけ多くの資源を輸出し、外資（ドル、中国元）を稼ごうと試みる。中国は、地理的に遠い中東諸国からではなく、なるべく近接のロシアから資源をより多くより廉価に輸入したいと欲する。中国、日本などのアジア諸国は、中東から例えば原油を購入する場合、「アジア・プレミアム（割増金）」として一バレル当たり少なくとも一ドルを上乗せした価格を支払わねばならない。

加えて、中国は最近、エネルギーの主力ソース（源）を石炭からガスへと転換する必要性に迫られている。たしかに、現中国は電力発電所を動かす燃料源として八〇%、暖房の九二%を石炭に依存しており、[7] 少なくとも今後一〇年間は石炭を必要とするだろう。とはいえ、石炭は、環境汚染、その他の点から必ずしも望ましい資源とはみなしがたい。[8] 政府としては、一日も早く石炭依存体質から脱却し、「クリーンかつ環境にやさしい天然ガスへの転換」[9]を図りたいと志向している。「理想的なエネルギー・ミックス構想」[10]で中核的な役割を演じるのは、天然ガスだからである。「中国石油天然気集団公司（ＣＮＰＣ）」付属の経済学調査研究所のレポートによれば、北京政府は二〇一四年中に天然ガスの消費量を一一％にまで増大させることを目指している。[11]

右のように志向する中国政府は、当然のごとく天然エネルギー資源の入手ソースの多元化を欲する。中東などからの海上輸送路《シーレーン》は、紛争や封鎖のリスクを抱える諸国の周辺を通過せねばならない。加えて、マラッカ海峡は、米国の第七艦隊が支配しパトロールしてる地域である。したがって、さきにふれた経済的な損得計算ばかりでなく、「エネルギー安全保障」の観点からいっても、地理的に近隣地域であるロシア、中央アジア、東南アジア諸国から資源の供給を受けるようになるならば、それは中国にとって実に便利かつ有利になる。たとえば中東からの資源の運搬は約三週間かかる一方、東シベリア産の資源は約一周間で中国に届く。

## ロシア側の事情

ロシアに話を転じると、ロシアは世界第一位といって差し支えない資源大国である。原油、天然ガス、金、ダイアモンド、鉄鉱石などの埋蔵量は世界で一―二位。世界の埋蔵量で占める比率でいうと、たとえば原油―一三％、天然ガス―三四％、エネルギー資源全体―一二％。[12] エネルギー資源がロシアの輸出全体で占める割合は約六五％に達し、ロシア連邦の国庫歳入の約五〇％に当たる。ところが他方で、今日のロシアは資源販売先を多元化せねばならない必要性に直面している。ひとつには、これまでロシアの燃料資源の最大のお得意先だったヨーロッパ地域の国々がロシア産資源を以前ほどには必要としなくなりつつあるからである。なぜ、そのような傾向が生じつつあるのか？

まず一般的にいって、ヨーロッパ経済は低迷している。おそらく今後も飛躍的な発展や拡大は期待薄だろう。加えて、「欧州連合（EU）」諸国は、これまでロシア側による勝手気儘な資源供給法によって散々悩まされてきた。たとえばロシアによるウクライナへの気まぐれな天然ガス提供のとばっちりを受けざるをえなかった。ロシアは、ウクライナのガス料金支払の遅滞に業を煮やすあまり、これまで少なくとも三回（二〇〇六年一月、二〇〇九年一月、二〇一四年六月）ウクライナへの天然ガス供給を一定期間中止したからである。EU各国は平均すると、己のガス輸入の約三〇%以上をロシア一国に依存していた。しかも、そのほとんどをウクライナ領を通過するガス・パイプラインを通じて受け取る仕組みになっていた。そのために、もしロシアがガス・パイプラインの元栓を閉めると、EU諸国はほとんど自動的にロシアからのガスを受け取りえない状態におちいる。

このような苦い体験から教訓を汲みとって、EU諸国は資源供給源の多元化に努めるようになった。たとえばドイツなどは、ウクライナを経由せずにロシアからガスを直接ヨーロッパへ運ぶ「ノルド（北）・ストリーム」パイプライン構想の実現に熱心になった。また、風力、その他の非在来型エネルギー資源の開発にも熱意を注いでいる。同時に、ロシア以外のソースから資源を入手する方途も真剣に探るようになった。とりわけ、米国やカナダでシェール石油、シェールガスの開発・販売が普及するようになれば、少なくともアメリカ合衆国は自前のガスだけで自国の需要をまかなえることが可能になり、もはや中東（たとえば、カタール）産の液化天然ガス（LNG）を必要としなくなるだろう。結果として中東産の資源は米国から欧州市場へ振り向けられることになろう。

右のような諸事由から、EUのロシア資源にたいする依存度は今後減少してゆく。このように予想することは十分可能であり、その傾向は既にはじまっている。これまでのEU諸国は外部から輸入するガスの三八・七％までをもロシアに頼っていた。ところが、二〇一三年になるとその比率は一七・六％、すなわち半分以下にも減少した。[13] 加えて、欧州各国はロシアの国営ガス独占企業「ガスプロム」にたいして、ガス料金の値下げも要求しはじめた。

## 一〇年越しのガス・パイプライン交渉

本章の冒頭から強調しているように、ロ中両国間には密接な経済的相互補完関係が存在し、互いに他を必要とする。したがって、両国はまさにそのことを熟知しているがゆえに、相手にたいして強硬姿勢を貫きがたい。と同時に、相手側に向いタフな姿勢を厭わないことにもなる。たとえば、ロシア側は、中国がロシア産資源を他のどの国にも増して欲しているとみなして、その売却価格を釣上げようとする。少なくともEU向けのガス販売価格を国際的な標準価格とみなして、中国もそれに従うよう要求する。さもないと、EU諸国は中国にたいするロシアの割り引き価格を直ちに聞きつけて、己にたいしても同額の請求で十分なはずと主張するに違いないからである。

ところが、中国側も負けてはいない。もともと中国人は商売上手であり、タフ・ネゴシエターである。彼らは次のようなことすら示唆する。中国は、ロシアにとり特別な関係を持ち、他国とは異なる特別な地位を占める存在ではないか。たとえば、地理的に近接している。加えて、両国は「戦略的パートナーシップ」関係を結び、外交その他で共同歩調をとることが多く〝準同盟〟関係に近づきさえしている、[14] と。経済関係でいうと、ロシアのほうこそ中国市場を必要としているはずなので、中国が例えばロシアの資源採掘にまで協力する格別のいわれはない。[15]――以上のような理屈をのべて、中国は天然ガスの価格を「国際的なレベル」以下にする便宜にあずかってすら当然との態度をしめす。

ともあれ、ロシアと中国はともに相手側の思惑を予測するばかりか、己の弱味を相手側に利用されまいと細心の注意を払って、虚々実々の交渉を展開する。ロシアと中国が地理的に隣接国同士である事実は、たしかに両国間の経済交流を容易にする。他方で、それは相互間の猜疑心や警戒を強化する方向にも働く。一枚の硬貨の表裏である。動物でいうと、ロシアは「熊」、中国は「龍」に譬えられることが多いが、[16]天然ガス価格を巡る交渉で両者はそれぞれ「狐」と「狸」のあいだの化かし合いをつづける。両国間の天然ガスにかんする大型プロジェクトは既に二〇〇六年に思いつかれたものの、交渉は一向に妥結にいたらず、一〇年間近くの歳月が経過しようとしていた。そして、同交渉妥結の最大のネックはガス価格の決定。このことは、誰の目にも明らかだった。

ところが二〇一四年になると、本章冒頭でのべたように何と二つの超大型ガス・プロジェクトが両国間でバタバタと妥結したのだった。なぜか？ その理由を探る前に、まず、これら二つの合意内容をごく簡単に紹介しておく必要があろう。

第一の協定は、ロシア側によって〝シーラ・シベーリ（シベリアの力）〟と名づけられるプロジェクト。東シベリア産の天然ガスを中国へ向けて輸送するためのパイプラインを敷設する。全長四〇〇〇キロメートル。この後に紹介する予定のもうひとつのパイプライン・プロジェクトと区別するために、「東ルート」プロジェクトと略称される。パイプラインの敷設費用は、四二〇億ドル。二〇一四年九月から工事をはじめ、二〇一九年十二月から供給を開始する。年間、三八〇億$m^3$のガスを三〇年間にわたって供給する予定。最終的な予算は、何と四〇〇〇億ドルにも達する超大型契約である。プーチン大統領が二〇一四年五月二十―二十一日に上海を訪問したときに、以上を合意内容とする契約が遂に成立した。実際に調印したのは、ロシアの国営ガス企業「ガスプロム」と中国の国営企業CNPC。

次いで、第二の協定が同じくガスプロムとCNPCのトップ間で調印された。この合意は、プーチン大統領が同年十月にアジア太平洋経済協力会議（APEC）に出席するために北京を訪問した際に実現した。同協定の正式名称は、〝アルタイ・パイプライン〟プロジェクト。ロシアが西シベリア産の天然ガスをパイプラインによって中国の主として内陸部向けに輸出する。俗称「西ルート」と呼ばれる。中国はこれまでその沿海部の開発・成長に熱心であったが、今後は内陸部のそれへとシフトする必要に迫られている。その意味で「西ルート」のパイプラインの建設は、中国にとって「東ルート」同様に重要なプロジェクトといえるだろう。それはともかく、「西ルート」は、年間三〇〇億$m^3$のガスを、三〇年間にわたって中国へ供給する。パイプラインの建設費、一一〇―一四〇億ドルを含めると、総予算は三二五〇億ドルにものぼる。「東ルート」（総額、四〇〇〇億ドル）に次ぐ巨大プロジェクトとみなしえよう。

プーチン大統領は、これら二大プロジェクトの成約を歓迎した。たとえば「東ルート」プロジェクトについての契約が上海で遂に合意に達したとき、同大統領は次のようにのべた。「これは、ロシアのガス部門において実に画期的な事件（эпохальное событие）」であり、「ソ連邦、ロシア連邦の別を問わず、ガス部門の全歴史で最大規模の契約（самый большой контракт）」[17]である。もとより、プーチンによってなされたこの自画自讃の言辞には、中ロ間の結束をことさら対外的に誇示しようとする政治的な意図がこめられていた――。これらの問いが、とうぜん提起されるだろう。では、そのように重要な契約が、一〇年間近くにもわたって一体なぜ進展しなかったのか。そして二〇一四年になると、それら二つの巨大プロジェクトがなぜバタバタと成約した（もしくは、成約したかのように見せかけられることになった）のか。

## ウクライナ危機の勃発

中ロ間の二つの大型ガス・プロジェクトは、二〇一四年五月、十月に突如として相次いで成約した。その理由は、何だったのか。この答えを知るために、われわれは視野を拡大して二〇一四年に発生した国際政治上の大地殻変動に目を向ける必要があろう。二〇一四年三月十八日のロシアによるウクライナのクリミア併合を契機として、米ロ関係は抜き差しならぬ対立状態へと突入した。この状態を一体何と名づけるのか。未だに定説はない。「新冷戦」と呼ぶのは必ずしも適当でなかろう。その理由については後に詳しくのべることにして、ここでは、仮に「ミニ冷戦」、もしくは「冷たい平和（Cold Peace）」(18)と呼んでおこう。本書執筆中もつづいている「冷たい平和」は、ロシア、中国、そして中ロ関係に一体どのような影響をあたえたのか。

まず、ロシアは、具体的にいうと先進七カ国（G7）によって主要八カ国（G8）から事実上追放されたうえに、米国ばかりでなくEUからも制裁を科せられる羽目に陥った。そのためにロシアは、G7以外の国際的な諸組織に、これまで以上に依存する必要に迫られることになった。たとえば、主要二〇カ国・地域（G20）グループ、上海協力機構（SCO）、新興五大国（BRICS）などである。ロシアは、己の外交や経済の軸足をヨーロッパからアジアへ移動することを余儀なくされた。具体的にいうと、ロシアは中国へ益々接近せざるをえなくなった。というのも、中国は、まず、G20、SCO、BRICS組織のなかで中核を占める国だからである。たしかに、アジアにはもう一つ大国が存在する。改めていうまでもなく日本である。だが、この「日出る国」はG7の一員として、ロシアにたいして制裁――たとえ名目的な程度や類いのものであるにせよ――を科す立場にある。しかも、ロシアとのあいだに懸案の領土問題を抱えているために、たとえロシアが接近しようと欲しても、日本はその誘いに容易に乗ってこようとしない。こういった訳で、ロシアがもしヨーロッパから軸足をアジア方面へ移そうと欲する場合、中国が標的ないしパートナーのナンバー・ワンにならざるをえなくなるのだ。

「冷たい平和」状態は、中国にたいして一体どのような影響を及ぼしているのか。結論を先にのべると、中国は米欧－ロシア間の対立によって「漁夫の利」[19]を得ることになった数少ない国のひとつとみなしえよう。ロシアは、二〇一四年春のウクライナへの介入以来、G7と真っ向から対立することになった。その他の事情も加わって、当分このような状況はつづく気配がある。米ロ関係にかんしてはさらに悪化することすら予想される。だとすれば、中国は、当分、高みの見物を決め込み、ロシア、米欧の双方から言い寄られるのをただ待ちさえすればよい――このようにラッキーな立場に身をおいているとさえいいうるだろう。

中国は、経済力や軍事力からみて、既に超大国と評すべき存在なのかもしれない。とはいうものの、アメリカ合衆国と並び立ち、米国と伍角に国際政治を取り仕切りうるまでの実力を備えているわけではない。それぞれの同盟国を例にとるだけでも、このことは直ちに明らかになろう。米国は、EU諸国、カナダ、オーストラリア、日本、韓国など数多くの同盟国をもっている。だが、現中国は、かつてのソ連邦とは違い、己の周りに同盟国も「衛星」国も従えているわけではない。唯一それらしき存在だったかもしれない北朝鮮も、最近、中国との関係を微妙に転換しつつあるかのようである。かつて親中派として平壌と北京の橋渡し役を演じていた張成沢《チャンソンタク》（国防委員会副委員長）が、二〇一三年末、金正恩《キムジョンウン》政権によって処刑されたり、北朝鮮がミサイル発射実験を頻繁に繰り返したりするに伴い、中朝関係は若干ぎくしゃくしはじめた。中国、北朝鮮などと同様、数少ない「社会主義」国家に留まっていたキューバですら、最近、米国との国交正常化に踏み切った。以上要するに、中国は目下、ロシア同様、地球上に同盟国や友邦国と呼ばれるものを持たない大国――このようにみなして、差し支えなかろう。「孤独な一匹狼」とすら名づけうるかもしれない。

このような中国は、二〇一四年三月、ロシアがウクライナのクリミア自治共和国をロシア連邦へと強引に併合したとき、微妙な立場にたつことになった。二〇〇八年八月にロシアがジョージア領の南オセチア自治州とアブハジア自治共和国の独立を承認したときに比べてさえ、一層困難な状態に追い込まれた。というのも、中国は、自国内に北京政府からの分離独立を欲している地域を抱えているからである。新疆ウイグル自治区やチベット自治区である。もしも万一これらの地域が、クリミア自治共和国同様に住民投票を実施して、中国以外の外国への編入を要求しはじめたら、どうであろう。しかもそのような彼らの決議を認めてそれらの地域を自国領土として承認する強力な国家が現れたとしたら、北京政府は重大かつ深刻な状況に直面することになろう。

右のような懸念を有するからといって、しかしながら、中国はG7と歩調を合わせてロシアのクリミア編入を正面きって非難するわけにもいかない。このようなジレンマに遭遇した中国は、一体どうすればよいのか。国際連合の安全保障理事会は、二〇一四年三月二十七日にクリミア併合の廉でロシアを非難する決議を採択した。このとき中国は、G7による対ロ制裁は緊張をさらに高める惧れがあるとの理屈をのべて、棄権票を投じるという曖昧な態度を採ってその場を切り抜けた。

## 「東ルート」決着

ここで、中ロ間の大型ガス・プロジェクト交渉へ話を戻す。二〇一四年五月二十—二十一日、上海で「アジア信頼醸成措置会議[20]」が催された。プーチン大統領はロシアから大型代表団を率いて同会議に参加し、中国とのあいだで数多くの条約や協定に調印した。他のどの案件にかんする合意にもまして人々が注視したのは、次の一点だった。すなわち、中ロ間でこれまで一〇年間近くにもわたって懸案事項とされてきた天然ガス・プロジェクトが、はたして今度は合意に到達するのか、否か。諸般の情勢から判断して「今度こそは必ず締結される」との予測がなされる一方で、「今回もまた妥結はむずかしかろう」との噂もしきりだった。

たとえばアナトーリイ・ヤノフスキイは、楽観的な見通しを敢えて公表した。彼の役職〔ロシア・エネルギー省次官〕からいって、とうぜん至極の発言だったろう。というのも、プーチン政権の要人たちは、政治・外交上の観点から中国との天然ガス交渉を今回是非とも決着させたいと欲していたからである。ともあれ、ヤノフスキイは、すでにロシア代表国が上海へ向う一週間前の五月十二日に語った。中国とのガス交渉は「九八％まで完成した。私は、〔上海で〕交渉がスケジュール通りに完了することを望んでいる[21]」、と。だが、残りの二％とはガス価格をめぐる最後の詰めであり、まさにそれこそが協定の核心にほかならなかった。そして案の定、その最後の二％が暗礁に乗り上げ、プーチン大統領の出発直前になっても妥結の見通しは立っていなかった。「今回もガス協定の調印は見送り」。このように悲観的な言葉すら、人々の口にのぼりはじめた[22]。

ロシア代表国の上海到着後ですら悲観的な見通しのほうが依然として支配的だった。というのも、計二日間の滞在を予定していたプーチン大統領の上海訪問の第一日目である五月二十日が終了しようとする深夜になっても、人々は何らの朗報に接しえなかったからである。そのために、たとえばロイター通信は、次のような文章でその日の記事を締めくくらざるをえなかった。ロシアと中国は「依然としてガス価格をめぐる交渉を続行中である[23]」。『モスクワ・タイムズ』紙にいたっては、同じく二十日夜、アレクサンドル・バーニンによる早とちりの結論を活字にしてしまう有様だった。「プーチンは上海でも、待望された中ロ・ガス供定合意に到達しなかった[24]」。もっとも、同紙は翌朝一一時にはトーンをやや緩和する次のような記事も掲載して、バーニン記事を若干修正しようと試みたが。「〝中ロ間のガス合意は失敗〟。このような〔時期尚早の〕結論に飛びつかぬようにガスプロム社は警告している[25]」。

その間、中ロ両国のガス交渉当事者たちは、今度こそは何があっても合意に到達せねばならぬとの懸命な思いで交渉をつづけていた。そして遂にプーチン大統領の上海滞在の最後の日（五月二十一日）の午前四時になって、彼らはやっと合意に到達した。[26] 彼らの一人は、その努力や苦労が次のような類いのものだったと述懐している。「われわれは、相互に受け入れられる妥協を見つけようと実に長くかつむずかしい交渉をつづけた。それは、まるでレモンを絞り切るように苦しい作業だった」[27]。

では、肝心要のガス価格は、一体どうなったのか？　ロシアが中国向けに販売するガス価格は営業上の秘密とされ、今日にいたるも公表されていない。だが、おそらく、一〇〇〇$m^3$当たり三五〇ドルで決着したのではないか——。このように推測されている。必ずしも断定的に語りえないのは、次の事由にもとづく。まず、公式文書のどこを探しても、三五〇ドルという数字が記されていないからである。また、中ロどちらの側も、公的には三五〇ドルと断定しなかった。ところが他方、興味深い事実がある。たとえばロシア側の交渉責任者、兼合意文書の正式調印者であるアレクセイ・ミレル「ガスプロム」社長は、三五〇ドルの数字を示唆した。[28] アレクセイ・ウリュカエフ経済発展相、[29] アレクサンドル・ノヴァク・エネルギー相など、プーチン大統領によって任命された大臣たちも、同様だった。[30]

彼らは、一体なぜこのように廻りくどいことをしたのか。ひとつの理由は、もしロシア側が中国とのあいだで三五〇ドルで妥結したことを正式な形で発表するならば、それは数々の支障をもたらすからだった。まず何よりも、ロシアからガスを購入している中国以外の諸国はこぞって、自分たちにたいしても三五〇ドルの価格に統一するようロシア側に迫るに決まっている。さらに穿った意地悪い見方すら可能かもしれない。実は中ロ両国は、三五〇ドル以下の値段で妥結した。だが、もしそのことが外部に洩れると、ロシア側は困難な立場におちいる。そのことを懸念して、ロシアの関係者たちはあたかも三五〇ドルで妥結したかのように思わせる発言をおこなった。だが、そのことは示唆しただけに過ぎなかった。実際は三五〇ドル、もしくはそれ以下で妥結した場合ですら、そう公式発表したわけではなかった。このように弁解する道を残そうと、彼らは欲したのかもしれなかった。

## 政治的判断が決め手

二〇一四年五月二十一日にガスプロムとCNPCが合意したガス価格が、はたして現実にはいかほどだったのか。このことを別にして、中ロ両国は遂にガス協定に調印した。このこと自体は、間違いない事実だった。では、一〇年間近く難航していた同協定が、二〇一四年五月にはなぜ妥結しえたのか。こう尋ねられると、最終的には政治的判断が働いたから、と答えるのがおそらく正解だろう。

まず一般論として、次のように言えるだろう。己が所持する資源を外国へ販売する場合、ロシアにはその値段を均一のものにせねばならぬという法律上、道義上の制約がどこにも存在しないこと。したがって、ロシアは、己が諸外国へ販売する天然資源の価格を、単なる商業上の計算に政治的考慮を加味したうえで決定することができる。じっさい、これまでロシアは、己が豊富に所有するエネルギー資源を、単に経済上の利益を得るためばかりでなく、外交上の手段としても十二分に活用しようと試みるのが常だった。このことをしめす好例は、ロシアのウクライナへの天然ガスの販売価格の変遷だといえよう（「第9章　ハイブリッド戦争」三一八―二二頁参照）。もとより、中国との契約は三〇年間という長丁場におよぶガス供給協定である。いったん決定したあと、その内容や条件は少なくとも容易には変更不可能だろうから、慎重なうえにも慎重な態度で最終判断をくだす必要があった。

とはいうものの他方で、ロシアはみずからが二〇一四年三月に敢行したクリミア併合行為によって、米欧諸国とのあいだで「冷たい平和」状態へと突入していた。「〝西〟がダメになろうとも、われわれには〝東〟があるさ」。ロシアはこのようにうそぶく政治・外交上の必要に迫られていたにちがいない。そして、そのような要因こそが、二〇一四年五月時点でロシアをして中国との超大型ガス・プロジェクトの協定合意に遂に踏み切らせる最大の事由になったとの推測を可能にする。ボボ・ローが次のように記している見方などは、その典型例といえるだろう。「主要な争点は、もはやガスの価格、エネルギーの安全保障、新市場の開拓の必要性といった項目ではなくなった。〔その代りに〕プーチンにとってより重要な関心事になったのは、米国やヨーロッパ諸国に向って次のことを誇示する必要性だった。すなわち、ロシアは戦略的に独立した存在であり、どのような制裁にもたじろぐことのない強力な友朋をもっていることをしめすことだった。いい換えるならば、〔この際〕政治的な道具《ツール》としての考慮が決定的な役割を果たしたのだ[31]」。

じっさい、ガスプロムとCNPCがガス価格を巡って乗り上げたデッドロックは、中ロ両国首脳、とりわけプーチン・ロシア大統領の介入なしには、とうてい解決不可能だったろう（ボボ・ロー[32]）。もっとも、そのような政治指導部による上からの最終的な決定法にかんしては、ロシアのガスプロムばかりでなく、中国のCNCPにとってもハッピーでなかった模様であるが[33]。

## 対外的PRが狙い

以上のような内容ならびに経過を辿って遂に締結された、中ロ間の二つの天然ガス・プロジェクト――。これらを、われわれは一体どのように評価すべきだろうか？　すなわち、二〇一五年になって到達された「東ルート」および「西ルート」パイプラインの敷設合意が持つ意味である。この問いにまず一言で答えるならば、これらの二つの協定を過小評価するのはもちろんのこと、逆に過大評価することも、ともに禁物と言わねばならないだろう。その理由を、以下のべる。

これら中ロ間のガス協定は、既に示唆したように重大な政治的ＰＲ機能をになわされている。その機能は、実質的な商業上の意味をはるかに上まわる。このようにみなすべきだろう。

ちなみに、中ロ首脳たちが相手国を相互訪問するさいに調印する公式文書の数は膨大な数に達し、われわれ局外者を驚かすのが常である。たとえば二〇一四年五月二十―二十一日にプーチン大統領が上海を訪問したさいに、中ロ両国が二日間で調印した文書の数は、「四六」[34]件にものぼった。同年十月にモスクワで開催された第一九回定例首相会議の席上でロシアのメドベージェフ首相が、中国のカウンターパートである李《リー》克強《クオーチャン》首相とのあいだで調印した協定合意文書の数は、「三八」[35]件。また、同年十一月八日、中国主催の「アジア太平洋経済協力会議（ＡＰＥＣ）」に出席するために北京を訪問した際、プーチン大統領が習近平国家主席とのあいだで署名した文書の数は、「一七」[36]件だった。以上三つの会合で締結されたペーパー（文書）の数を合計するだけでも、中ロ両国は二〇一四年の一年間に少なくとも「一〇一」件のペーパーに調印した勘定になる。

およそ何事にかんしてであれ、公式文書の形にしておかないと安心しえない。そのくらい互いに相手側というものを信用していない。たしかにロシア‐中国間には、この種の疑念が払拭されることなく存在するからだろう。と同時に、次のような思惑が作用していることも忘れてはならない。すなわち、たとえどんなに些細な類いのものであれ、すべての合意をペーパーの形にし、そのことによって対外的なＰＲ用に総動員しようとする意図である。

ともあれ、中ロ間で結ばれた協定の数や内容にかんしては、右の一事がしめしているように、ややもすると「白髪三千丈」の諺を想起させんばかりの誇張癖が見出される。われわれ外部の者はその大袈裟な表現によって惑わされるあまり、実態を見る目をけっしておろそかにしてはならない。一般論として、まずこう言わねばならないだろう。というのも、中ロ間の「東ルート」ガス・パイプライン協定にかんしても、同様の注意が是非とも必要であるように思われるからである。プーチン大統領は、さきにも引用したように、同協定を「ソ連／ロシア史上、最大規模の画期的契約」と絶賛した。そうなのかもしれない。しかし、それは些か誇張され気味だろう。筆者がそう考える理由を記す。

## 過大評価は禁物

たとえば、「東ルート」経由の中国向けガス供給量、三八〇億$m^3$（年間）は、たしかに莫大な量だろう。とはいえ、仮にそれが合意どおり実現される場合ですら、ロシアがこれまでヨーロッパ向けに輸出してきた天然ガス、一六二〇億$m^3$（年間）に比べると、四分の一以下の量である。[37] それを「西ルート」経由のガス、三〇〇億$m^3$（年間）と合計しても、六八〇億$m^3$（年間）にすぎない。依然としてロシアがヨーロッパ向けに既に実施してきているガス供給量（二〇一三年）の半分以下である。[38] ロシアは、また、ウクライナ一国に向けて常に約四〇〇億$m^3$（年間）を輸出しており、[39]「東ルート」の三八〇億$m^3$（年間）は、それ以下のガス量である。

ロシアと中国は、両国が二〇一四年に結んだ二つの天然ガス協定を、過大なまでに画期的な契約と喧伝することに躍起になっている。とりわけロシア側にこのような意図が顕著といえよう。その動機は繰り返すまでもなく、次のように見せかけたいからであろう。ロシアと中国は外交的な連帯を密にし、結束している。経済的な観点からいうと、ロシアにはヨーロッパ以外にもアジア、とりわけ中国という巨大市場が存在するので、Ｇ７が科している経済制裁はロシアにとって格別の痛手とはならない。大型ガス協定の調印は、まさにこのような意図を外部世界へ向けて伝達する恰好の政治的メッセージの役割を果たす。だとするならば、

G7諸国が東西両ガス・ルート締結の意義や効果を過大評価することは、中ロ両国が狙っている宣伝キャンペーンの思う壺に見事はまることに等しいだろう。

以上のような政治・外交上の動機は、とりわけプーチン大統領個人に強かったように思われる。たとえばミレル社長をはじめガスプロム社の幹部たちにするならば、中国との天然ガス・プロジェクトについての合意はもっぱら商業的な損得の観点に立ってなされるべき筋合の事柄である。言い換えるならば、ロシアから中国へ手渡す天然ガスの価格を一〇〇〇㎥当たり三五〇ドルに決定することに、おそらく彼らは不満だったのではないか。というのも、もしそうすれば、その価格はいくら秘密裡に保とうとも何時かは外部に洩れる。すると、他の諸国（例えば、日本）が同額以上の支払いを拒否すること必定だろうからである。ところが、プーチン大統領は、違う。経済的計算に加えて、いやその上にさらに重要な要素としての政治的配慮をおかねばならない立場に立っていた。何度も繰り返すように、ウクライナ危機後のロシアにとっては、米国との「冷たい平和」、具体的にはG7がロシアに科している経済制裁に対抗することこそが、外交上最優先すべき喫緊の課題だったからである。

対中ガス交渉にかんしてはロシアの関係当事者間に意見の対立が存在した。このような仮説すら立てることさえ可能かもしれない。すなわち、ミレル社長らガスプロムの幹部たちは、一〇〇〇㎥当たり三五〇ドルで妥結することに反対だった。他方、プーチン大統領は、政治・外交的な観点から是が非でも決着が必要不可欠と考え、そのためには価格交渉を二次的関心事とすらみなした。もとより、プーチン直属の役人たちは、大統領の意向に従った。彼らの一部（例えばヤノフスキイ次官）が、中ロ間のガス協定が「九八％まで完成」との報道を意図的にリークしたのは、大統領の意を忖度《そんたく》しての行為だったにちがいない。そして、いわば当然のごとく最終的にはプーチン大統領の政治的な意向が優先し、中国との合意が成立した。

## 合意と実践は別

次にわれわれが検討すべきことは、右のように喧伝された二大巨大プロジェクトの実現可能性についてである。契約の合意と実践は別事であり、紙のうえで合意が達成されたからといって、協定の内容がその後忠実に履行される、と頭から前提したり、解釈したりするのは禁物だろう。というのも、とりわけ中ロ間の契約にかんしては、往々にして口頭やペーパーのうえでの約束は唯それだけのものに止まることが多いからだ。だから、われわれとしては飽くまでも実践の側面をより一層重視し、注目する必要が生じる。(40)

右のような一般的傾向に注意を喚起して、二〇一四年に中ロが合意した二つの天然ガス協定を眺めようとする米国のロシア・ウオッチャーたちがいる。たとえばマーク・アドマニスは、その好例といえよう。彼は当時、米国の財界誌『フォーチュン』のモスクワ支局長。アドマニスによれば、中ロ間で二〇一四年に締結されたガス協定の今後にかんして、楽観的な見方をおこなうのは禁物。これらの協定は将来何らかのトラブルに遭遇して、合意文書に記されたことが実行されないケースが起りうるかもしれない。なぜ、そのような不吉な予測をなさねばならないのか——。みずからこう問うて、アドマニスは次のように答えた。

ロシアも中国もともに、事実上「国家資本主義」を実践中の国である。そのようなタイプの国家間では、契約成立をもって合意内容が何時までも永久に存続しつづけると想定するのは、必ずしも適当とはいえない。たとえばロシア側の契約当事者、ガスプロムは、己がこれまで他国（ウクライナなど）向けにおこなってきたようなやり方で中国のCNPCに対処すればよいとすら考えているのかもしれない。たとえば、ガス価格の値上げ。もしCNPCがその要求に従わない場合、単に中国向け天然ガスの輸出を停止するだけ——ガスプロムは、こう考えがちなのである。他方、中国側もいったん己が合意した契約をその内容通りに実践するような国とみなされるべきでなかろう。CNPCは、たとえばロシアからのガス輸入にかんして己が過剰とみなす価格を支払っているとみなすや否や、ロシアをパートナーにすることを直ちにストップし、ガスの供給相手をいとも簡単に他国へと乗り替えようとするだろう(41)。

端的にいうと、ロシアや中国は己がいったん合意したからといって、合意内容を常に忠実に順守するとは限らず、極端な場合、契約自体をキャンセルさえするかもしれない。このような態度や行動様式こそが、アドマニスによれば「国家資本主義」型経済体制を実践中のロシアや中国の特徴とみなされる。換言すれば、それが「国家資本主義」の強さでもあり、同時に弱さでもあるのだ。ガスプロムやCNPCは、一方において、たしかに数々の利点に恵まれている。たとえば、株式総会や重役会議といった、大層時間がかかるうえにコンセンサスを得にくい手続きやプロセスを経ることなく、政治指導部や己がくだす決定をそのまま直ちに実行に移しうるメリットをもつ。だが他方、そのような法的手続きを省略しがちな「国家資本主義」型経済は、ともすれば決定にたいする責任感の欠如を伴い、長期間に及ぶ巨大プロジェクトの実践を不安定化させがちな欠陥をもつ。ともあれ、アドマニスは結論としてのべる。「国家資本主義体制を実施中のロシアと中国――これら両国間で結ばれた協定の文言が、そのままの形で忠実に履行されるのかのようにわれわれ外部の者が前提するのは、禁物だろう(42)」。

### 将来は不透明

中ロ間での二〇一四年における天然ガス・パイプラインの二大プロジェクトの順調な進展を危ぶまねばならない、さらに重要な理由がある。それは、「東ルート」「西ルート」がともに、二十一世紀半ばまでつづく実に長期間のプロジェクトであること。具体的にいうと、パイプラインの敷設作業は早くて二〇一四年末から着手され、実際のガス供給は二〇一八―一九年頃になって漸くはじまる。その後三〇年間の中ロ関係に一体なにが起こるか。誰一人シカと予想しうる者はいない。二〇一四年時点で合意された協定の諸項目が三〇年間の長きにもわたって一切変更されることなく順守され、実行に移される。はたしてこのような楽観的な予想をおこなって構わないのだろうか。アドマニスは、このような疑問も提起する。これらの規定は、五―一〇年くらいしか実行されないかもしれない。あるいは一五―二〇年間にもわたって実施されるかもしれない。いずれにかんしても、何人も確信をもって語りえないのではないか、と。

巨大天然ガス・プロジェクトの「東ルート」や「西ルート」の合意内容、とりわけその実践の具体的な方法をめぐって、中ロ両国が近い将来、異なる解釈を発生させる。結果として、紛争すら惹き起こす。そのような可能性が全くゼロとは、誰一人断言しえないだろう。たとえば次の諸点をめぐる見解の相違である。

まず、パイプライン敷設費の分担をめぐって争いが起こりそうである。「東ルート」の場合、その建設総額は七五〇億ドル（ひょっとすると、一五〇〇―二〇〇〇億ドル）もかかり、その分担内訳はロシア側―五五〇億ドル、中国側―二〇〇億ドルと伝えられている。[43] これは、どちら側にとっても莫大な先行投資額といわざるをえない。たとえばロシア側の分担額といわれる五五〇億ドルは、ロシアが二〇一四年二月開催のソチ冬季五輪のために投じた予算が五一〇億ドルだったことを思い起こすと、それがいかに巨額なものか想像できるだろう。中国側は、ロシア側から要請された一七〇億ドル分の前払いをすでに拒否したとも噂されている。

ロシアと中国は、必ずしも等分の投資を引き受けるわけではない。このことも、紛争の種を内蔵している。仮に同額の費用を分担するのならば、両国はともに完成した暁のパイプラインを最大限に活用して、膨大な先行投資を回収することに協力を惜しまないことになるだろう。ところが、ロシア側が中国側に比べてより多くの額の先行投資をおこなう訳だから、若干複雑な問題が生じる。次の意味で、ロシアは若干不利な立場にたつからである。ロシアは先行投資をより多く回収すべく躍起にならざるをえない。より少ない投資で済む中国は、そのようなロシアの意図を見すかして、ガス価格の値下げを要求するなどロシアに揺さぶりをかけたり、焦らしたりする誘惑に駆られるかもしれない。

## 原油価格が変動したら……

とにもかくにも、ガスの値段が最大の問題である。たしかに、ガス価格にかんし合意に達成したからこそ、二〇一四年に協定が調印の運びにいたったのであろう。しかし、仮に中ロ両国が一〇〇〇$m^3$当たり三五〇ドルの値段に合意したとみなす場合であれ、はたしてそれが不動の価格として固定されうるものなのか。つまり、中ロ間で売買されるガスの単価というものは、今後三〇年間もの長きにわたり一切変更されえないものなのか。もし変更を認めないのなら、それはあまりにも硬直した、現実離れした決定法と評さねばならないだろう。だからといって、それを国際価格の変動に従わせるのならば、価格問題の決定を事実上先送りにし、将来の争いを不可避にする契約ということになろう。

そしてじっさい、問題は既に発生中であるかのように思われる。というのも、二〇一四年七月に原油の国際的な価格の急落という重大な事態が発生し、本書執筆中の二〇一七年十月にいたるまで進行中だからである。二〇一四年六月の一バレル当たり一一五ドルをピークにして、約半年間に原油価格は半額以下の五〇ドルまで下落し、今日、四〇ドル台に低迷中である。改めて指摘するまでもなく、天然ガスの値段は原油のそれと連動している。だとすると、中ロ両国が二〇一四年五月に合意したガス価格三五〇ドルは、一体どうなるのか。ごく常識的に考えるならば、何らかの調整が必須となろう。もとより、両国が新しい値段の設定にすんなり合意できるのならば、何も問題はない。だがそうでないと、中ロ間ガス売買契約それ自体が再び振り出しに戻る危険性すらなきにしもあらず。このようなことすら予想せねばならなくなるだろう。

心配性のわれわれの危惧が、幸か不幸か的中することになった。というのも、二〇一五年三月になると、次のようなニュースがロシアのガスプロム周辺筋から流れてきたからである。(44) つまり、ロシアは、一四年に中国と合意済みの二つの天然ガス・パイプライン・プロジェクトを同時に進めることを見合わせることにした。取り敢えずそのうちの一方に力を注ぐことに決定した様子である、と。ロシア側は、政策変更の理由として、ガス価格と連動する原油価格の急落を表立っては指摘していない。それは分かり切ったこととして、われわれとしてはことさら言及し、検討する必要すらないだろう。そのことよりもさらに重要なことが改めて確認されたように思われる。二〇一四年の中ロ間のガス協定合意が、そもそも両国の政治・外交上の連携を対外的に誇示することを主目的とした行為だったこと。すなわち、両国が得意とする〝パカズーハ（見せかけ）〟目的のデモンストレーションだったこと。そのことを想起するならば、この巨大プロジェクトは最初から不自然かつ無理な要因を内蔵させていたと評さねばならないだろう。

## 東方シフトは、何時から?

中ロ関係を主題として取扱っている本章の後半部分を用いて、私が触れたいテーマがある。それは、ロシアの対中国政策との絡みで、英国のEU離脱（ブレグジット）について一言のべねばならぬ事柄である。「ブレグジット」そのものについては、丸一章（「第13章　ブレグジット」）を用いて詳しくのべる予定であるが、ここでは「ブレグジット」とロシアの「東方シフト」との関連について、私がおそらく通説とは異なる独自の見方をしていることを紹介せねばならない。

二〇一六年六月、イギリスはEU離脱を決定した。このとき、モスクワと北京は一体どのような関係にあったのか？　中ロ関係の目敏いウオッチャーならば、おそらく次の諸事実に気づいたことだろう。すなわち、ロシアのプーチン政権は、（1）東方への軸足《ピボット》移動が当初予期したように必ずしもスムーズに進展しないという現実に直面し、「失望・落胆させられていた」[45]こと。結果として、（2）プーチン政権は、いったん西欧から東方へシフトしたはずのロシア外交の方向を再び ヨーロッパへと少なくとも部分的に再転換せざるを得なくなったこと。そのために、（3）同政権は「欧州連合（ＥＵ）」との関係を重視するばかりか、ＥＵと連携さえして中国の西方への膨張に対抗しようとさえ考えるようになったこと。――結論を先にのべるならば、これが私の見方なのである。このような私の観察を、少し紙幅を割いて説明することにしよう。

〈二十一世紀は、中国の世紀である〉。このようなキャッチフレーズに従って、米欧諸国はまるで争うかのごとく自国の外交・経済交流の軸足を東方へ移動させようとした。いわゆる、「東方シフト（поворот на восток）」である。別の言葉でいうと、「中国中心主義（Sinocentrism）[46]」への動きである。プーチン・ロシアも、その例外ではなかった。この世界的潮流に乗り遅れまいと躍起になった。では正確にいうと、ロシアは一体いつ「東方シフト」を決めたのか。この問いにたいして、断定的に答えうる者はいない。或る者はロシアの東方シフトが二〇〇六年に始まったとのべ、他の或る者はグローバルな金融危機以降の二〇〇九年頃のことだという[47]。ロシアの国際事情通のなかでこの問題に最も大きな関心を寄せている、セルゲイ・カラガーノフは説く。「ロシアの『東方シフト』は、口頭では幾度となく宣言されたものの、実際に開始されたのは二〇一一―一二年[48]」頃ではないか、と。

より具体的にのべる者もいる。すなわち、或る者は、二〇一二年九月にロシアがウラジオストクではじめてアジア太平洋経済協力会議（ＡＰＥＣ）を主催した時をもって、ロシアが従来のヨーロッパ中心志向からアジア太平洋志向への転換をはじめたのだと説く[49]。また、別の或る者は、二〇一二年十二月十二日にロシア政府は公的に東方シフトをはじめたとみなす。プーチン大統領が同日の年次教書演説中で、次のようにのべたからである。「二十一世紀においてロシアの発展のベクトルは、東に存在する。シベリアと極東は、われわれの巨大なポテンシャル（潜在力）である。このことこそが、まさにエネルギッシュかつダイナミックに発展しつつある世界の地域としてのアジア太平洋において、ロシアが名誉ある地位を占める可能性にほかならない[50]」。

## クリミア併合がキッカケ

しかしながら、単なる口頭宣言ではなく、ロシアが現実に「東方シフト」を真剣に志向したのは、やはり二〇一四年三月以降とみるべきではなかろうか[51]。というのも、二〇一三年二月に発表された「ロシア連邦の外交政策概念」は未だ次のような文章を含んでいた。「ロシアは、ヨーロッパ文明の分かちがたい有機的な一部である[52]」。ところが、二〇一六年十一月発表の同「概念」では、この行《くだり》ならびにヨーロッパ重視の項目がすっぽり削除されたからである[53]。

つまり、二〇一四年三月にクリミア併合を敢行したプーチン政権にたいして、G7はロシアをG8から事実上追放したうえに、様々な形での経済制裁を科した。結果として、米欧−ロシア関係は「冷たい平和」もしくは「ミニ冷戦」とすら呼ばれるまでに悪化した。このような状況の発生によって、プーチン・ロシアはアジア太平洋地域、とりわけ中国に向けて以前にも増して熱い視線を送るようになった。このようにみなすべきでなかろうか。じっさい、ドミートリイ・メドベージェフ首相は、二〇一五年六月、このことを確認するかのように次のようにのべた。「われわれに科せられたあらゆる制裁のゆえに、われわれはアジア諸国とのあいだでより一層積極的に協力し合うように促されたのである[54]」。

ロシアの「東方シフト」が一体いつはじまったのか。この問いにたいして、われわれが一義的に答ええない一つの理由がある。それが単なるジェスチャーないし戦術に過ぎないとみなす見解が有力だからである。つまり端的にいうと、ロシアの「東方シフト」は本物でなく、飽くまでも便宜的な戦術にすぎないと説く。つまり、ロシアの「東方シフト」の動機や真剣度にかんしては、ロシア専門家のなかに二つの見方が存在する。一は、アジアへの軸足転換は必然的な時代の趨勢である。ロシアといえども、遅まきながらこの多極世界の到来という客観的な事態に対応しているのだと説く[55]。二は、「東方シフト」はロシアが伝統的に得意とするバランス外交の一例に過ぎない。すなわち、米国やヨーロッパを牽制するための梃子として、中国を含むアジア諸国への傾斜を深めるジェスチャーである。さして新味のあるアプローチでも、戦術でもない、と。

これらどちらの見方にも共通していることがある。それは、クレムリン現指導部による「東方シフト」が、確固たる原則にもとづくものでないこと[56]。つまり、それは外部環境の変化によって余儀なくされた対処法であって[57]、クレムリンによる主体的な判断にもとづく転換ではないこと[58]。別の言い方をすれば、ロシアの未練は未だ十分〝西〟に残されているとすら言いえよう。クレムリンは、〝西〟と〝東〟の双方を両天秤にかけて「いいとこどり（cherry-picking）[59]」しようとする——このような戦術を実施しようと試みているのだ。

## 中ロは、便宜的な枢軸

プーチン政権下での「東方シフト」の動機が一体何だったにせよ、〝東〟への軸足移行の主な対象国となったのは、中国だった。改めてのべるまでもないことだろう。アジア太平洋諸国の多く——とりわけ日本と韓国——は親米的な国であり、ロシアが接近しようにも何らかの限界に突き当たることが前もって十分予想される対象だからである。ところが他方、プーチン政権下での中国シフトは、ロシアが事前に期待したほどの成果をあげているようには見受けられない。なぜか。二つの理由が挙げられる。

第一は、中国経済が減速期に突入した事情。そのために、中国はもはやロシア産の天然エネルギー資源を以前ほどには必要としなくなった。加えて二〇一四年七月からは、国際原油価格が急落した。とうぜん、中国はロシア側の足元を見て、資源価格の大幅値引きを要求する。たとえば、主としてこれらの事情の変化のために、わずか半年前の二〇一四年五月、全世界に向けてあれほどまでに派手に喧伝された、大型天然ガス・パイプライン「シベリアの力」の建設プロジェクトは、少なくとも一時的に宙ぶらりん状態になってしまった。

中ロ間の全体の貿易量は、とうぜん減少した。中ロ貿易は、それまで目を見張るまでの勢いで増大してきた。二〇一三年に八八八億ドルだったのが、二〇一四年には九五三億ドルに達し、一〇〇〇億ドルの大台に乗るのはもはや時間の問題。二〇二〇年までには二〇〇〇億ドルにすら達するだろう。このような大風呂敷さえ囁かれた。じじつ、プーチン大統領は二〇一四年十月、訪ロ中の李克強首相に向って語った。「来年には、中ロ間の貿易総額のターゲットである一〇〇〇億ドルを達成できるだろう」[60]。ところが二〇一五年の中ロ貿易は六四二億ドルへと急落した。これは、わずか一年間で何と二七%も減少したことを意味する。もっとも、二〇一六年にはごく僅か増大し六九五億ドルになり[61]、二〇一五―一六年の「静かなる危機」の後二〇一七年には八〇〇億ドルまで回復した。このようにして、再び一〇〇〇億ドル、二〇〇〇億ドルの夢が語られるようになった。とはいえ、中国からロシアへの投資額は低迷した。じっさい、二〇一五年における中国からロシアへの投資額は五億六〇〇〇万ドルで、中国による外国投資額全体の〇・五%以下に過ぎなかった[62]。ウクライナ危機がはじまる前の二〇一三年の四〇億ドルに比べ急激な減少だった。――以上要するに、ロシアにとり中国が経済的な観点からみて、必ずしもＥＵに代替する確実な選択肢（alternative）[63]とはなりえないことが判明したのである。

第二は、ロシア、中国それぞれの政治的・外交的な思惑が見事に外れたことである。ロシアは二〇一四年三月のクリミア併合以来、米欧諸国との関係を悪化させたので、そのマイナスを中国との関係をより緊密化することによって補完しようともくろんだ。だが、成功を収めなかった。なぜか？　中国は、ロシアから必要なもの（たとえば、エネルギー資源、軍事テクノロジーなど）を既に入手済みであり、ロシアとの関係をさらに緊密化することによって、ロシア以上に重要な存在になりつつあるアメリカ合衆国との関係を損ねることを望まなかったからである。さらに思い切っていうならば、中国は、ロシアが二〇一四年春以来おちいった政治的・経済的な苦境を「利用」[64]して、己の国際的なバーゲニング・パワーを増大にすることに関心を抱き、ロシアそれ自体を支援することなど念頭になかったのである。

中ロ関係は、それぞれが飽くまで己の国益伸長を目指す「便宜的な枢軸（axis of convenience）[65]」に過ぎない――。このように説くボボ・ローの見方が正しいことが、「ウクライナ危機」を契機にして改めて実証されたのだった。ロシアの『独立新聞』経済副部長のアナスタシヤ・ベシカトーワも、ロー同様に記す。元々「モスクワと北京との戦略的な協力関係は、結婚でなく、恋愛遊戯に似かよっていた[66]」、と。

中ロ間では、最高首脳の相互訪問が儀礼化されている。ロシア側でいうと、プーチン大統領が隔年毎に中国を訪問し、そのあいだの年にはメドベージェフ首相が訪中する。このようにして、実際、プーチン大統領は、二〇一六年六月、北京訪問をおこなった。ところが、この公式訪問は内外の専門家たちによってほとんど注目されず仕舞いのうちに終了した。不可思議との感想を禁じえない。というのも、プーチン訪中は、六月二十五―二十七日に実施され、そのタイミングはまさに六月二十三日の英国の国民投票の結果、ＥＵ離脱（ブレグジット）が決定された直後の時期だったからである。

ブレグジットによって、EU諸国の結束にほころびが生じる。一方で、中ロ両国は経済や安全保障分野での連携を今後益々強化することになる——。このことが国際的に喧伝される絶好の機会になって、少しもおかしくないはずだった。ところが、そのような期待にもかかわらず、ロシア大統領の訪中はほとんど世間の注目を惹くことなく終了したのだった。このこと自体が、中ロ関係がかつてのユフォーリア（陶酔感）から急速に醒めつつある事実を如実に物語ってはいないだろうか。これを裏づける一つの事実がある。レバダ・センター実施のロシア一般市民に中ロ観を尋ねる世論調査である。二〇一六年六月二日発表の同調査結果によると、中国をロシアの鍵《キー》となる同盟国とみなすロシア市民の比率は二〇一五年半ばには四三%だったが、二〇一六年半ばには三四%へと減少した(67)。

## 「一帯一路」

ロシアが米欧諸国によって手痛い制裁措置を食《く》らっている肝心要の時期に、ロシアとのあいだで「戦略的パートナー関係」を結んでいるはずの中国が、ロシアを積極的に助けようとする気配をしめそうとしない。いや逆に、米欧・ロシア間の確執を己に有利に利用しようとさえ試みる——。このような北京のマキャベリスティックな思惑を知って、モスクワは大いに失望したに違いない。だが、北京のモスクワにたいする仕打ちは、それだけでは済まなかった。北京は既に、ユーラシア地域への拡張をくわだてている巨大経済構想を発表し、少なくとも結果的にはロシアを包囲しようとしていた。

中国の習近平国家主席は、二〇一三年九月七日、カザフスタンへの公式訪問中に首都アスタナで巨大経済圏構想「一帯一路」を提案した(68)。シルクロードの現代版と呼ばれる「一帯一路（*One Belt, One Road* / ＯＢＯＲ）」プロジェクトは、二つの柱からなる。まず陸路の「一帯」は、中国から中央アジア諸国を経てヨーロッパに至る「シルクロード経済ベルト（the *Silk Road Economic Belt* / ＳＲＥＢ）」。鉄道、道路、送電網などを整備する。次に海上の「一路」は、「二十一世紀海上シルクロード（the 21st Century Maritime Silk Road）」と名づけられ、中国から南シナ海やインド洋を経て、ヨーロッパへ達する。

もしこれら二つの柱からなる中国の「一帯一路」構想が実現するならば、ロシアは一体どういう状態になるのか。最悪のケースを想像すると、ロシアは、陸と海の両方で中国が事実上主導権を握る経済支配圏によって囲まれ、挟撃されることになるだろう。具体的にいうと、重要な商取引はロシアの頭越しにバイパスして決定され、実施に移される。これまでロシアの特権地域だった中央アジア諸国などでの権益が大いに侵蝕される羽目になるだろう。[69] ロシアのシベリア鉄道や北極海コースによる運送・運搬活動の重要性も、著しく減少するだろう。ロシア自身が地政学的に「袋の中の鼠」同然の立場へ追い込まれる危険にすら直面するかもしれない。

習近平主席が「一帯一路」構想を提唱したとき、プーチン指導部は呆然とし、立腹さえしたにちがいない。そのような驚きと腹立ちは、プーチン大統領が同種のアイディアを推進しようとする矢先のことだったために、さらに大きなものになった。というのも、既に「第8章　ＥＥＵ」で詳しく説明したように、プーチン首相（当時）は、二〇一一年十月、自身のペット・プロジェクト、「ユーラシア連合」のアイディアを既に発表済みだったからである。[70]

「ユーラシア連合」は、しばらく後になって「ユーラシア経済連合（ＥＥＵ）」と改名され、結局、新組織、ＥＥＵに加盟したのは、ロシアを除くと現時点では僅か四カ国に止まっている。すなわち、ベラルーシ、アルメニアのほかに、中央アジアからはカザフスタン、キルギスの二国のみである。中央アジアは、ロシアが依然として己の「勢力圏」とみなす地域である。中国はそのような地域に侵蝕を企て、ＥＥＵを吸収しようとさえしている。ともあれ、プーチン大統領は己のＥＥＵプロジェクトに真正面から対立し、挑戦する「一帯一路」構想の提唱によって、さぞかし虚を突かれ、いやがうえにも警戒心を高めたにちがいない。

## 「一帯一路」vs「ユーラシア経済連合」

ところが、二〇一四年三月のクリミア併合をきっかけにしてＧ７との関係を悪化させると、ロシアは中国シフトを強め、習近平提案のＯＢＯＲにたいする態度を軟化させることになった。すなわち、中国の構想はプーチンのＥＥＵ構想と単に両立できるばかりか、十分協力し合える。こう説くようになった。実際、プーチン大統領が二〇一五年五月に上海を公式訪問したさいに習主席とともに調印した共同声明は、ＥＥＵとＳＲＥＢの「連携」に協力することを謳《うた》った。同声明のタイトルは次のように銘打たれている。「ユーラシア経済連合とシルクロード経済ベルト建設の連携（сопряжение）に協力することについてのロシア連邦と中華人民共和国の共同声明」[71]（傍点、木村）。

プーチン大統領は、二〇一七年六月、同趣旨を次のように繰り返した。「われわれがなさねばならないことは、ユーラシア経済連合とシルクロードという中国イニシアチブを結合する（объединить）ことだ。これは可能だと確信する。というのも、われわれの目標は合致しているし、相互補完性をもつからである」[72]。このように（意図的に？）楽観的な考え方をするジェスチャーをしめす同大統領は、同年五月一四―十五日に北京で中国が「一帯一路」構想をテーマとして初めて開催した国際フォーラムにも参加した。

たしかに、これらの二構想は、事が最高にうまく運ぶ場合、両者間に一種の分業、あるいは「相互補完的な（взаимодополняющие）」関係（プーチン大統領）が成立するかもしれない。ひとつには、両構想は願望から成っている夢の大風呂敷だからである。したがって、観念上は両者をいくらでも連携させることは可能だろう。

ところが、その反面、同様の理由から両者を現実に「ドッキング」[73]させることは、なかなかむずかしい。というのも、双方は巨大経済圏構想という点では表面的な類似性をもつものの、丹念にその趣旨を見てみると、「根本的な矛盾」が存在するからだ。[74]というのも、「ユーラシア経済連合」は関税同盟を発展させるという「内向き」志向の地域的な統合プロジェクトである。それにたいして、中国の「一帯一路」は、中央アジア、ヨーロッパ諸国間の自由貿易市場というフレキシブルなネットワークづくりを目指す「外向き」志向の試みだからである。また地理的な方向としては、ロシアが南北に伸びる貿易ルートの拡大・強化を目指しているのに対して、中国プロジェクトは東西間のルート拡大を狙っているからである。[75]そして実際、「ロシアと中国それぞれの巨大経済構想を具体的に結合するための共同作業は未だ開始されていない」。[76]

いや、それどころか、ロシアの経済専門家のなかからは、中国の「一帯一路」構想がプーチン提案の「ユーラシア経済連合」を全く台無しにしてしまう結果を伴うことを心配する見解がなされている。たとえば、パーベル・ミナーキルが『エクスペルト』誌（二〇一七・五・十五日号）に発表した論文が、その好例である。ミナーキルは、ロシア科学アカデミー会員の経済学博士。同アカデミー付属の極東経済研究所（ハバロフスク）の所長を長年つとめている人物。

ミナーキルは、同論文で、中国の「一帯一路」経済構想がプーチン大統領提案の「ユーラシア経済連合」構想と真っ向から衝突するばかりか、後者を打ち負かす力にさえなろうとみなして、次のように警告する。[77]「一帯一路」は「侵略的な理念」にもとづき、「ロシアの利害と衝突する可能性」を否定しがたい政策である。それは、「ロシア主導の〝ユーラシア経済連合〟構想を完全には阻害しえないまでも、その発展に大きな困難をもたらす」。たとえば、「ロシアの中央アジア諸国にたいする政治的、経済的な影響力の低下を招来させる」。また、「ロシアのシベリア鉄道やバム鉄道を経由しての『ユーラシア・トランジット』計画を無意味なものにする」。それにもかかわらず、ミナーキルは懸念する。「ロシアには、そのように試みる中国に対抗し、競争するための現実的な力を持たないのだ」、と。

同じくロシア科学アカデミー付属のもう一つの研究機関、経済研究所（モスクワ）が作成した報告書も、ミナーキル博士とほぼ同様の見方を、次のように記している。「〝一帯一路〟構想は、〝ユーラシア経済連合〟プロジェクトに希望をあたえる類いのものでは全くない。両構想を結合しようと提案されているアイディアは、現時点で明らかに空転している。結果として、〝一帯一路〟が〝ユーラシア経済連合〟内部メンバー間の競争をいたずらに煽《あお》るばかりか、ヨーロッパの統合を浸食し、前者の構想が後者のそれを呑み込んでしまう可能性すら否定しえない」(78)。

## 中央アジアは草刈り場に

もしモスクワが北京による「一帯一路」構想の実現を許容するならば、ロシアは出口のない状態に追い込まれてしまう危険性なきにしもあらずだろう。というのも、モスクワはとりわけ中央アジアに対する己の既得権益をさらに浸食され、ひいてはヨーロッパへの通路の一つをふさがれる事態にもなりかねないからである。もし万一そうなれば、それはロシアのサバイバル（生き残り）にとって由々しき一大事になろう。

中央アジア――。この言葉で総括される地域は、かつてソ連邦を構成する五つの共和国だった。ソ連が明らかに己の「勢力圏」、いな「植民地」とすらみなす地域だった。俗な言葉でいえば、ソ連の「縄張り」ないし「裏庭」にほかならなかった。具体的には、キルギス（クルグスタン）、タジキスタン、ウズベキスタン、カザフスタン、トルクメニスタンの五共和国。ところが、ソ連解体後の一九九〇年代初め頃から、これらの中央アジア諸国にたいして、中国は果敢な攻勢をはじめた。己が天然資源を必要とする事情から止むをえない等の口実を用いて積極的に介入し、少なくとも結果的にロシアの権益を大幅に蚕食するようになった。

中央アジア諸国の側も、中国からの支援を積極的に受け入れ、中国との関係を深めるようになった。いたずらに手をこまねいているだけでは、これまでどおりロシアに搾取されつづけるだけと考えたからだった。二〇一四年、中国は中央アジア諸国との貿易高を五〇〇億ドル伸ばし、貿易パートナー、ナンバー・ワンの座に躍り出た。他方、ロシアのこれらの諸国との貿易高は一八〇億ドルに留まった。二〇一六年九月時点で、たとえば中国はカザフスタンのエネルギー部門の約二五％の権利を獲得し、トルクメニスタン産の天然ガスの主要な買い手の地位にまでのし上がった。[79]

最近の中国政府は単にこれだけでは決して満足せずに、中央アジアを越えてさらにヨーロッパへ通じる回廊すら己に確保する大構想を提唱するようになったのである。これこそが、さきからのべている「一帯一路」にほかならない。ルキヤーノフは、このことを北京による当然の動きとすらみなす。というのも、もしロシアが〝東〟方へ軸足を動かそうとするならば、中国が〝西〟方へ軸足を動かそうと試みて何らの不思議もないからだ。[80]ルキヤーノフは、中国がヨーロッパに関心を抱き、己の勢力を拡大しようとする主たる理由として、次の三点を指摘する。第一に、中国はアジア太平洋地域で米国という手強い相手と対立していること。第二に、中国は己の東部、すなわちアジア太平洋沿岸地域の目覚しい発展の影に隠れて、ややもすると等閑視されがちな自国の西部地域を発展させる必要性に迫られていること。第三に、中国はヨーロッパ市場へ直接進出し、EU諸国とのあいだでの交流を活発化させようと欲すること。[81]米国のロシア通、リチャード・ロウリーも近著『プーチン』（二〇一七年）で、全く同様のことを記している。いわく、「ロシアは〝東〟へ軸足を動かし、中国が〝西〟へ進行するならば、両国が中央アジアで衝突するのは当然といわねばならない[82]」。

# 第12章

# 中国リスク

プーチン大統領と安倍首相（2016年12月、山口県長門市大谷山荘）

ロ中間の貿易構造で好ましくない変化が生じている。

――**ウラジーミル・プーチン**(1)

ロシアは以前一貫して中国の兄貴分だったが、今や妹分になり下がった。

――**ユーリイ・タブロフスキイ**(2)

なぜ、極東イコール中国とみなすべきなのか。日本、韓国、そして米国こそが太平洋でわれわれの主要パートナーになりうるのに。

――**ウラジスラフ・イノゼムツェフ**(3)

## 拝借の思想

ロシアの極東地方は、"de" ではじまる三つの英語で表される状況に苦しんでいる。トレーニンの見方である。つまり、「人口の急減」(*de*population)、「工業化の遅れ」(*de*industrialization)、そして一般的な「凋落」(*de*gradation)である。[4] だとすれば、プーチン政権は極東の開発に成功していないどころか、失敗していると評さざるをえない。極東は発展するどころか、サバイバルの危機にすら直面している。存続するために必要な資金、科学技術、生活消費物質を自力で提供しえないでいるからだ。人口流出にかんしていうと、ロシア連邦を構成する八管区のなかで極東管区からの流出率は群を抜いて高い。ステフェーン・ブランクも、トレーニンとほぼ同様の見方をおこなう。ブランクは米陸軍大学教授で、ロシアのアジア政策を専門にしている人物。教授はのべる。[5]「ロシアは、極東の開発を自力、もしくは少なくとも己が主導するやり方――このどちらの方法によってもなしえず、見事に失敗している」。

では、一体どうすればよいのか。自力で物事をなしとげえないことが分かったとき、ロシアには往々にして訴えがちな伝統的なやり方がある。外部の力を借りてくる手法である。「他力本願」はもともと宗教上の用語であるが、これを借用してそのようなロシア式技法を「他力本願」方式と呼ぶことにしよう。

一般論として、他人の力に頼るからといって、それを必ずしも安直な方法と見なして軽蔑したり非難したりすべきではなかろう。どのような大国であっても、自力のみによって万事をまかないうるはずはないからだ。「比較優位」の原則に従い、みずからは最も得意とすることに専念し、その他は他国に思い切って任せる。このような分業方式は得策、かつ賢明なやり方ですらあるだろう。じっさい今日、厳密な意味での鎖国政策、自給自足制《オートノミー》を実施しようとしている国は、世界広しといえども北朝鮮以外には見当らない。

その正当化理由が何であるにせよ、プーチン政権は、とうてい自力に頼るだけでは開発不可能と判断するにいたったロシア極東地域へ外部の力を注入することに決した。この判断自体は、おそらく是認されるだろう。とはいえ、その場合でも重要な但し書きをつける必要がある。第一に、ロシアははたして、そのような対外的なパートナーとして最適の国を選ぶ努力を十分尽しているのか。第二に、そのような外部パートナーにたいする「依存」(dependence)の程度が危険水準に達しないようにするための注意を、プーチン政権は十分支払っているのだろうか。ハーバード大学教授、ロバート・ケイオハンとジョセフ・ナイの名前を不朽なものにした著書『権力と相互依存』は、説く。国家間の依存関係はたとえ「デリケート」(sensitive)なレベルに達しようとも、けっして一方が他方をして「脆弱な」(vulnerable)レベルへ落としてしまうのは禁物であり、避けるべきである、と。(6)

より具体的かつ率直にのべよう。ロシアが極東開発のパートナーとしていままでのところ事実上選んでいるのは、中国である。ブランクものべる。「この冷厳な事実を、ロシアの指導者たちは認めるようになった。〔だが〕このことは、彼らをして外部パワーを頼って当然とみなし、ロシア極東の中国依存を招来する結果をみちびいている」。(7)だとすれば、問わざるをえない。はたしてこれを正しい選択とみなしうるのか。仮にそれが正しい選択であるにせよ、モスクワは極東の対中依存度を「脆弱な」水準にまで落とさないようにするための注意を十分払っているといえるのか。これらの問いを検討するのが、本章の課題である。

ロシアは、己の極東地域を経済的に開発させるためのパートナーとして、中国を選んだ。この選択は、一見するかぎりごく自然な成り行きであり、不可避とさえいえよう。というのも、ロシア極東は、中国とのあいだに次の二つの重要な要因をもつからである。一は、「地理的な近接性」(географическая близость; geographical proximity)。

ロシアの対中国外交を規定する要因は無数に存在し、なかにはほとんど変わりようのない類いのものがある。プーチンであれ、メドベージェフであれ、一体誰がロシア外交を主導しようとも、さほど変わらないファクターである。そのような意味で、それらを中ロ関係の「与件」とみなして差し支えないだろう。地理的近接性は、そのような重要な与件の一つにほかならない。ロシア、中国のいずれかの国が別の土地へと引越さないかぎり、変わりえない要因だからである。

ロシアと中国は、地続きで国境を接する隣国同士であるために、人物の往来や物品の運搬が比較的容易、短時間、格安になる利点を持つ。第三国を経由しないで直接取引きできることのメリットも、大きい。というのも、後にのべるように、たとえば韓国とロシアは地続きで国境を接していない。そのために、韓国がロシアから資源を購入しようとする場合、北朝鮮を経由せねばならない。ソウルは平壌によって巨額の通過料の支払いを要求されたり、時として原油やガスを輸送するパイプラインの元栓を止められたりする危険すら覚悟せねばならないだろう。

中ロ関係を規定する第二の重要な要因は、「経済的な相互補完性」である。このことにかんしては、既に第11章「中国」(三六七―六九頁)で詳しくふれたので、ここではもはや繰り返さない。

以上のような中ロ間の地理的近接性や経済的補完性は、ロシアの極東地域と中国の東北三省(黒竜江省、吉林省、遼寧省)とのあいだでとりわけ顕著である。じっさい、両地域間でおこなわれている「国境貿易」の額は、中ロ貿易全体の約三分の一を占める。両地域の現時点の経済的状況から判断するかぎり、このような「国境貿易」は双方にとり当然かつ不可欠。このようにみなして間違っていないだろう。

## 中ロ貿易は、アンバランス

しかし、だからといって、われわれがここで分析をストップしてしまうならば、それは一方的かつ間違った結論すらみちびくことになろう。中国は、たしかロシアのパートナーとして右にふれたような数々の重要な利点を有する。だが同時に、弊害ないし危険な側面を併せもたないわけでもないからである。そのようなプラスとマイナスは一枚の硬貨の表裏と評しうるかもしれない。

まず、地理的な近接性を例にとって、このことを説明してみよう。地理的近接性は、たしかに「協力」関係を促進する。このことは、カナダと米国との関係をみれば容易に理解しうるだろう。ところが、地理的近接性は、逆に「対立」の方向にも働く。「協力」よりも「対立」の力のほうがより強力とさえみなすべきかもしれない。地理的に近接する国々は、同一の価値や対象を巡って争いがちだからである。たとえば、領土、領空、領海、排他的経済水域（EEZ）、漁業専管区域の画定などにかんする紛争である。また、不法越境者、難民、亡命者などヒトの動きのコントロール、環境汚染の防止など、デリケートかつ厄介な「問題」にかんする調整の作業を不可避にする。もし、これらの「問題」の処理法を誤る場合、国家関係それ自体をこじらせる危険すらなきにしもあらず。

「国境」が、人種、民族、言語、文化、慣習、歴史などを異にする諸国民を跨いで敷かれているケースでは、右の諸点を巡る紛争をさらに激化させたり、また別種の摩擦や衝突を発生させたかもしれない。たとえば何らかの理由や根拠を主張して、一方が国境線を越えて他方の領土に入っていこうとする誘惑に駆られるかもしれない。

じっさい、中国とロシアは極東地域で次のような対蹠《たいせき》的な状態にある。一方は溢れんばかりの人口を抱え、他方は広大な土地を埋めるに十分な人口を欠いている。そうした状況が国境という人工的な仕切りによって辛うじて分けられている。この現況を指して、中国は中ロ国境によって「その先端が切り詰められた（truncated）[8]」シチュエーションにおかれている。こう表現する者もいる。用語の適否はともかく、このように不自然ともいえる事態を矯正しようとして、中国人は放っておいてもロシア側へ膨張して行こうとする。とうぜんロシア側はそれを不当な人口圧力とみなして、反発し、抵抗する。しかも厄介なことに、現時点では両者間には経済的な格差が存在する。個人的な消費物資水準にかんする限り、中国人のほうがロシア人に比べて相対的に裕福といえるだろう。ロシア人のうっ屈した物質的劣等感は、ナショナリズムと相まって反中国感情をはぐくむかもしれない[9]。

たしかに、極東へやってくる中国人の大半は、いわゆる「チェルノキ（челноки）」——往復運動を繰り返す織機の「杼《ひ》」が原義——と綽名される「担《かつ》ぎ屋」である。彼らは、地理的に隣接する地域から廉価な生鮮食料品、消費物資、半加工製品をかついで、ロシアへ持ち込んでくる。が、商売上の必要にもとづいて中ロ間を往復しているに過ぎず、中国東北部に比べてさらに一層寒いロシア極東に定住する気は少ない。また、彼らの多くは、木材の伐採や建設作業に従事する出稼ぎ、もしくは「季節労働者（сезонные рабочие）」であり、仕事を終え次第中国に帰りたいと思うだろう。

## 招かざる客

しかし他方、極東にかなり長期間にわたって滞在しようと考える中国人も数多く存在する。たとえば農地に恵まれない黒龍江省など中国東北部の農民たちは、ロシア極東で発生中の休耕地をロシア人からレンタルして、農耕活動に従事する。彼らは本国から持ち込んだ種子や即効性のある化学肥料を使用して、土壌汚染の弊害など全く気にしないでロシア人が経営する農場の三倍もの収穫をあげる。隣接するロシア農場では、ソ連時代以来のソフォーズ（国営農場）やコルホーズ（集団農場）の伝統や意識が未だ残っているからなのか、ロシア人農民たちはウォッカを飲んで、仕事にさほど精を出そうとしない。中国人は地元のロシア人官憲らに賄賂を贈るなどして賃借する農地を次々に拡大し、短期間で己の稼ぎを増やそうと試みる。[10]

今日の極東は、どうやら中国人たちの旺盛な商業や生産活動なしにはもはや立ちゆかない様子である。ところが、国境を越えてくる中国の小売商人、労働者、農民たちはロシア人の役に立つ好ましいものばかりを運んでくるとは限らない。彼らの或る者は、極東にたとえば次のようなものを持ち込んで来る。環境汚染、順法精神の欠如、麻薬、売春、犯罪……等々。要するに、ポジティブ、ネガティブの両側面を含めて、極東地域における中国ならびに中国人の存在感は増大する一方——。こう結論して、差し支えないだろう。

もしこのような趨勢を放置しておくならば、極東は一体どのような状況を招くことになるだろうか。同地方はほどなく中国人たちによって席捲され、事実上中国の植民地と化すかもしれない。このような危機意識は、次のごとき順序で進行中のようである。まず、極東のロシア人住民自身のあいだでこの種の不安感が生まれた。次いで、中央における一部知識人や論壇のあいだでそのような危機意識が共有されはじめた。たとえば二〇一二年八月、週刊誌『論拠と事実』は、ロシア人の中国人にたいするアンビバレントな思いを次のように記した。[11]「極東はもはや中国なしには生き延びえないだろう。他方、極東は半ばロシアのものでなくなるだろう」。

そして、遂に一部の政治指導者のあいだにおいてすら、中国人による極東進出が孕む危険性について警告を発する者が現れた。たとえばメドベージェフ首相は、二〇一二年八月、ロシア政府高官たちとの会合で「中国人であると直接名指しこそしなかったもの[12]」、中国人を指していることが誰にも分かる形で語った。「ロシア極東は〔中央から〕遠く離れ、かつ僅かな数の人々しか住んでいない地域である。われわれは、極東と国境を接している国家およびその市民たちによる行き過ぎた膨張から自分たちを守る課題を遂行せねばならない」[13]〔傍点、木村〕。この発言は、ロシア人コメンテーターによれば、「ロシア人の多くが長年にわたって抱いていた思いを単に言葉に現わしたものにすぎなかった」[14]。とはいえ、それが遂に首相ポストにある人物によって発せられた。この点に画期的な意味が見出される、と。

## 中国の極東進出

次に、中ロ間に存在する「経済的補完性」が、ロシアに与えるプラス、マイナスについて説明しよう。中ロ間の貿易統計をみると、「第11章　中国」の箇所でものべたように直ちに次の事実が判明する。ロシアから中国への輸出品は、石油や木材などの自然エネルギー資源や原材料に偏《かたよ》っていること。それにたいして、中国からロシアへの輸出品は加工された工業製品や消費物資の類いが多いこと。つまり、中ロ間では機械その他、付加価値の高い製品が両国の輸出品全体に占める割合が異なっているのだ。プーチン大統領は、このようなアンバランスにたいする不満を率直に表明した。たとえば今から一〇年以上も前の二〇〇六年三月に訪中したさい胡錦涛国家主席〔当時〕を前にしての演説中で、同大統領はのべた。「ロ中間の貿易構造では好ましくない変化が発生している。ロシアから中国への輸出が原材料に偏っていることだ。昨年、中国からロシアへの機械設備の輸出がいちじるしく増加する一方で、ロシアから中国への機械設備への輸出は約半分へと減少した」[15]。

ロシアの最高指導者みずからがこのような不平をのべたにもかかわらず、事態はその後全く改善されていない。いや、却って悪化する一方である。すなわち、ロシアから中国への輸出品のなかで機械その他の工業製品が占める割合は益々低下し、逆に中国からロシアへの輸出では加工品の比率が増大している[16]。ウラジーミル・パラマノフ〔ウズベキスタンの国際間協力協会代表〕はこのような実情を指摘して、慨嘆した[17]。〔ウズベキスタン同様に〕ロシアもまた、中国との経済関係に決して満足していない」。というのも、「〈ロシアからは原材料、中国からは完成品〉。こういうパターンは、モスクワにとり屈辱以外の何物でもないからだ」。ところが、ドミートリイ・コスィリョフ〔ノーボス通信社・政治解説員〕は事態をより醒めた目で眺めて、次のようにコメントする。「誰が悪いわけでもない。われわれ〔ロシア側〕は、北京にたいして提供するものを何も持っていない。唯それだけのことなのだから[18]」。

ボボ・ローにいたっては、中ロ関係の解明に本格的に立ち向った大作『便宜的な枢軸』〔二〇〇八年〕のなかで、次のような結論をくだしさえしている。「中ロ間に経済的な相互補完性があるというのは、表向きの美辞麗句にすぎない。〔両国間の〕現実には、経済、貿易で大きなアンバランスや不平等が存在するのだ[19]」。

国家間に経済的相互補完性があるからといって、そのことに過度に依存することは危険である。ローが示唆し、現実におこなっているこの種の警告は、まさにさきに紹介したケイオハン＝ナイ著『権力と相互依存』の骨子にほかならない。また、もともと中国にとってもロシアにとっても、資源パートナーの多元化こそが最も望ましい展開のはずだった。つまり、中国はエネルギー資源の供給源として中東にたいする過大なまでの依存、そしてロシアはその需要先としてのヨーロッパにたいする過大な依存――これらの傾向を、是非とも矯正したいと望んでいたはずだった。それにもかかわらず、今や資源の需給関係にかんして互いに過度に依存しかねない事態を招いている。これは、どちらの国にとっても本来の希望に反する結果ではないか。

このように一般的にいいうる客観的な事情に加えて、中ロ間では相互不信という厄介な主観的要因を考慮する必要もあろう。ロシアは、いざというときには資源供給用パイプラインの「元栓を閉める」ことをまったく逡巡しない国である。これが、中国側のロシア・イメージないしロシア観である。じっさい、ロシアはこれまで幾度となく己の政治的・経済的目的を達成しようとするために、ウクライナやベラルーシにたいして天然ガスの元栓を閉めた前歴の持ち主である。そのようなロシアのやり方を熟知している中国は、考える。ロシア一国だけに資源供給を頼ることは、危険きわまりない。その代りに、カザフスタン、トルクメニスタンといった中央アジア諸国から石油やガスを入手する。すなわち、資源供給先を可能なかぎり多元化することが必要不可欠である、と。

逆にロシア側には、次のような対中不信感が存在する。ロシアがアジア地域でもっぱら中国へ向けて己の資源を輸出することになったら、どうだろう。ロシアは中国のまるで「近代化のための乳牛[20]」、もしくは「エネルギー供給国という召使[21]」、もしくは「原材料を提供するだけの付属物」（フョードル・ルキヤーノフ[22]）のような地位へおとしめられてしまう。そうなると、ロシアの国際的威信は著しく傷つけられるばかりでなく、純経済的な観点からいってもロシアにとり決してプラスとはならない。というのも、中国はロシア資源の顧客先ナンバー・ワンの地位を最大限に利用して、ロシア資源を安く買い叩くなどの行為を躊躇しなくなるからだ。じっさい、中国はたとえば「東シベリア・太平洋石油パイプライン（ESPO）」建設プロジェクトに多額の資金を提供する代りに、ロシアから破格の安値で原油を購入することに成功したではないか[23]。

## 驚異的な中国の伸長

ロシアは、長らくのあいだ中国にたいして〝師匠〟格、あるいは少なくとも〝兄貴《シニア・ブラザー》〟分の立場を保持してきた。少なくともソ連時代の約七〇年間、ロシアは共産主義を目指す運動の先駆者《ファースト・ランナー》として尊敬されるべき大先輩の地位を占めていた。だが、ソ連解体後のロシアは、共産主義イデオロギーを放棄し、市場経済体制への移行すら宣言したので、もはや中国にたいして〝先輩〟面《づら》をする格別の事由を失ってしまった。このようにして、ボリス・エリツィン大統領は、一九九六年、ロ中間で「戦略的パートナーシップ（стратегическое партнёрство; strategic partnership）」関係をむすぶことに合意した。プーチン大統領も、二〇〇一年、ロ中善隣交友協力条約をむすび、パートナーシップ関係の存続を確認した。「戦略的パートナーシップ」とは、少なくとも理論上はロ中間の「信頼、平等、協力」関係を前提にし、目指している。そして、以下のような具体的なメリットを両国にもたらした。

両国は、たとえば米欧諸国がややもするとロシア、中国にたいしておこないがちな「内政干渉」行為を互いに抑制する。結果として、両国はともに準権威主義的な政治支配体制の維持が可能になる。また、ロシアはチェチェン共和国、中国はチベット、新疆ウイグル自治区といった独立志向の地域や台湾問題を抱えている。これらのアキレス腱もしくは脆弱スポットを、米欧諸国は遠慮会釈もなく批判や攻撃の俎上に乗せるが、ロシアと中国は相手国が抱えているこの種の弱点を批判することを慎む。また、ごく最近まで中国はロシア製兵器を大量に購入する最大のお得意先として持ちつ持たれつの関係にあった。さらに、中ロ両国は、ともに米国の「単独一極主義」的な行動に異を唱え、国連安保理の決議にかんし大抵の場合、同一行動を採る。

ところが、「戦略的パートナーシップ」は、はじめから限界をもつ関係である。それは、「同盟（союз; альянс; alliance）」にはいたらない関係である。同盟は、多くの場合、価値観を同一にし、その価値観の侵害を図る外部諸国にたいして共闘するという意味で「積極的な」性格をもつ。たとえば、「北大西洋条約機構（NATO）」は、同条約の第五条で「締結国に対する武力攻撃を全締結国に対する攻撃とみなし集団的自衛権を行使する」と規定している。また、安保条約で結ばれている日米同盟は日本にたいする武力攻撃を米国は己にたいする攻撃とみなす。また、以前の「中ソ友好同盟相互援助条約」（一九五〇年）も、日本に対する共同防衛を謳っていた。

中ロが結んでいる「戦略的パートナーシップ」は、右に例示したような「同盟」関係とは異なり、主として米国による「単独一極」支配に反対することを目的にする「本質的にネガティブ（否定的）」[24]（マーチン・スミス）、もしくは「防衛的な」[25]（同）な関係に過ぎない。いいかえるならば、己の核心的利益を放棄してまで他国に同調したり、連帯を組んだりする積極的な関係の構築を志向していない。たとえば二〇〇八年夏、ロシアが南オセチアやアブハジアに軍事侵攻し、これらの地域を独立国家として承認したとき、中国は、一体どのような態度を採っただろうか。そのようなロシアの動きを追認しようとしなかったばかりか、中国主導の「上海協力機構（SCO）」はロシアを暗に批判しようとする態度すら示した。

中国にかんしていえば、ロシアとのあいだでかように便宜主義的な「戦略的パートナーシップ」関係を維持する一方で、全般的に目覚ましい発展をとげることが可能になった。とりわけ経済分野での中国の躍進は、目覚ましいものだった。たしかに、ロシアはたとえばプーチン単独政権下の二〇〇〇—〇八年に国内総生産（GDP）を年平均七％の割合で急成長させた。だが、それは主として、当時発生した原油バブル・ブームのお蔭による油価高騰という国際的な僥倖に因るものだった。ほぼ同時期の中国は、ロシアのような幸運に恵まれなかったにもかかわらず、毎年約一〇％の成長率をつづけた。

二〇〇八—一〇年の世界同時不況は、中ロ間の経済力の差異をまざまざと見せつけることになった。二〇〇九年、ロシア経済は、リーマン・ショックに発した世界同時不況の波をかぶって、GDP成長率を何とマイナス七・九％にまで急落させる羽目におちいった。ところが他方、中国は内需拡大政策などによって同経済危機を乗り越え、プラス八・五％の伸びすら記録したのだった。二〇一〇年、中国はGDP成長率をプラス一〇％へと復帰させ、GDP総額でも日本を追い越し、米国に次ぐ世界第二位の経済大国の地位へと躍り出た。他方、ロシアのGDPは一時期、世界第八位の座を占めたこともあったものの、二〇一四年七月の国際原油価格の急落以降は経済不況に見舞われ、二〇一七年現在では第一二位以下へと転落中である。中国のGDPは、ロシアのそれのほぼ四倍。ロシアの最大の貿易パートナーはEUであるが、国別でいうと中国が第一位である。ちなみに、第二位はドイツ、日本は第七位、韓国は第九位（二〇一六年）。

## ロシアはジュニア・パートナーへ

ロシアと中国の関係は逆転した――。世界のアジア問題専門家たちのなかでは、このようにのべる見解が日増しに有力になりつつある。[26] そのような見方を、二、三紹介しよう。

たとえば、ウラジーミル・シラペントフ。ロシアから米国への亡命者で、現在ミシガン州立大学教授としてロシア社会論について講義している。シラペントフは早くも二〇〇七年一月に発表した論文で予言した。「ロシアは、近い将来、北京のジュニア・パートナーになるだろう。そのような事態になった場合、ワシントンは〔中ロそれぞれにたいして〕一体どのように振る舞うべきなのか。今のうちから〔心の〕準備をしておくべきだろう」。[27] この予想はその後見事に適中した様子なので、シラペントフ教授の発言は今にして思えば誠に先見の明あるものだった。

アンドリュー・クチンズは、二〇一〇年刊行の自著で次のように記した。[28]「現代史、しかも平時において地理的に隣り合う二つの列強が、その力関係をこれほど短い期間中に見事に逆転させた。このような例を、少なくとも私個人は他に知らない。つまり、中国が台頭し、ロシアが衰退するというケースである」。

ブランク教授ものべる。今や「中国がロシアを必要とするよりも、ロシアのほうが中国をより一層必要とする関係へと変わりつつある」。[29] 結果として、ロシアは中国の「ジュニア・パートナー」[30] になった。ボボ・ローものべる。「〔したがって、〕ロシアと中国がまるで対等のパートナーであるかのようにみなすのは、もはや幻想といわねばならないだろう」[31]。ロシアの民族友好大学教授、ユーリイ・タブロフスキイは、二〇一一年九月開催の国際会議で次のように語ったといわれる。ロシアは「帝政時代からソ連時代を通じて一貫して中国の兄貴分だったが、今や妹の身分へとなり下がった」。

ロシア内外の少なからぬ数の専門家たちが右のような表現を用いて指摘しはじめたように、中ロ間の力関係には、現在、劇的な転換が起こりつつある。それにもかかわらず、両国の政治指導者はその事実を公には未だ認めるにいたっていない[32]。なぜだろうか。

まず、北京のリーダーたち。彼らは、現中国がGDPにかんして世界第二位の経済大国であることを公然と自慢するほど愚かではない。むしろ、自国を依然として発展途上国とすらみなそうとする。彼らが、東洋人として謙譲の美徳の持ち主だからなのではない。経済大国であることを自認するよりも、むしろそうしないほうが中国にはるかに多くの利益をもたらしてくれる。このことを冷徹に計算し、熟知しているからである。また、一人当たりのGDPでいうと中国はたしかに依然として貧しい。ロシアのそれの半分にも達せず、世界で未だ一二五位あたりを低迷している。

ともあれ、中国の指導者たちは次のように考える。ロシアにたいして、己が優位に立っている事実をわざわざ喧伝する必要はない。そのことをことさら見せつけてモスクワの指導者たちの気分を悪くさせるのは、むしろ愚策だろう。そのような決意を強固なものにする経済的な理由も存在する。中国は、いずれアメリカ合衆国と並んで世界の二大超大国になることを欲しているが、その野心を達成するためには、是非ともエネルギー資源、その他の原材料を安定的に確保して自国の経済発展を続行させることが肝要である。そのような野心を抱いている以上、資源大国の隣国、ロシアの心情を故意に損ねるのは必ずしも賢明な態度とはいえないだろう。

このような中国側の態度や戦術を、ロシア側は百も承知している。じじつ、ロシア人の専門家はのべる。[33]「中国人はひじょうに賢い。彼らは、依然としてロシアをまるで超大国とみなしているかのように振る舞う。内心では全くそう考えていないにもかかわらず、彼らはそのように見せかける」。この専門家は、そのことをしめす一例として上海協力機構（SCO）での中国によるロシアの遇し方を指摘する。「中国側は、ロシアがまるで〔中国と並んで〕SCOの共同議長であるかのように見せかける。現実にはそうでないにもかかわらず、中国人はロシアをそう遇するのだ」。

ロシアは、今や中国の「ジュニア・パートナー（младший партнер）」[34]である。この事実を、モスクワの指導者たちは、北京のリーダーたち以上に公然と承認するわけにはいかない。たとえ口が裂けても、そうしえない。万一公言すれば、それは、まず何よりも誇り高いロシア国民のプライドを傷つける。また、それは中国の立場をさらに有利にし、北京は益々増長してモスクワにたいする諸要求をエスカレートさせてくること、必定だろう。それは、さらにモスクワが対米欧諸国に向って従来かなり効果的に用いてきたところの「中国カード」の効用を減少させることもみちびくだろう。

## 「中国脅威」論

以上のべてきたことと関連して、ロシアの指導者が同じく公言しえないことが、もうひとつある。それは、「中国脅威（китайская угроза）」論である。中国脅威論は、ロシアが経験した「モンゴル・タタールの軛《くびき》（монголо-татарское иго）」の歴史や記憶と全く無関係とはいい切れないかもしれない。ロシアは十三世紀にチンギス・ハンの子孫に率いられたモンゴル軍に征服され、約二四〇年の長きにわたって彼らの支配下におかれるという屈辱や苦汁を嘗めた。モンゴル国家は、人民大衆にたいして無条件の服従を要求する。その専制は、まさにロシア人にとり「軛」と名づけられる以外呼びようのない苛酷な圧政だった。以来、ロシア人のあいだでは、アジア人種による支配を一種の「黄禍論（жёлтая опасность; yellow peril）」として恐れ、忌み嫌う心性が形成されたといってよいだろう。

今日、ロシアの安全保障にとり一体どの国が潜在的な脅威ナンバー・ワンなのか。具体的にいって、アメリカ合衆国なのか、それとも中華人民共和国なのか。これは、一概には答えられない難問だろう。攻撃の「意図」の有無を別にして、「能力」を問題にしよう。ロシア全土を一瞬にして破壊する能力をもっているのは、もちろん世界最大の核保有国、アメリカにほかならない。だが他方、ロシアと地続きで接しており、容易に攻撃可能な国はと尋ねるならば、それは中国になろう。

二〇一〇年発表の「ロシア連邦の軍事ドクトリン」は、「ロシア連邦およびその同盟国、同様に隣接する水域における外国の軍隊の展開（増強）[35]」を「主要な軍事的脅威」と規定している。佐々木孝博氏（前駐ロシア防衛駐在官、その後、統合幕僚監部）によれば、これは「米国やNATOを念頭においたものである一方、中ロ国境に展開する中国軍を考慮した[36]」表現であるとも解釈される。氏は、結論する。現ロシアは「米国を第一、中国を第二の脅威[37]」とみなしている、と。ロシア人の感情でいうと、「米国を憎み、中国を恐れる[38]」と言い換えてもよいかもしれない[39]。

関連して、次のこともつけ加えるべきだろう。つまり、たとえ軍事力を用いなくとも、じっさい用いるに等しい効果をあげるケースがしばしばあること。相手側に優位する経済力、人口その他の諸力を威嚇手段として駆使して、外国領土の或る部分を事実上己の支配下においてしまう手法である。かつての帝国主義時代に宗主国は植民地にたいして、これに類似したやり方を用いていた。ロシア極東でそのような手口が効力をもつ可能性があることを、トレーニンは次のように示唆した。「ロシアが仮にその東部の領土を『失う』場合、それは必ずしも中国人の『攻撃』によるやり方でないのかもしれない。その地域を発展させえない、ロシア人みずからの無力さに帰せられるかもしれない。（中略）このようなケースでは、国境線を必ずしも〔中国有利に〕変更する必要すらないだろう[40]」。

トレーニンが示唆している悪夢は、端的にいうと次のごときシナリオかもしれない。中国人が実施する「忍び足の膨張（ползучая экспансия）」によって、極東が徐々に中国の勢力圏内へと組み込まれてゆく。気がついてみると、いつの間にかこの地域が実際上「中国化（китайзация）」、あるいは「静かな植民地化（тихая колонизация）」を遂げるという結果を招いている[41]。

極東の住民たちがこのようなシナリオ進行を懸念していることは、世論調査の結果からも明らかである。極東地域で実施された調査は、住民たちに向って次のように尋ねた[42]。「あなたは、ロシアならびに太平洋に面する極東地域の安全保障にたいする脅威が、一体どこから来ると思いますか？」。この問いにたいする回答（複数回答、可）のうち、中国がらみのものが何と上位の一、二位を占めたのである。すなわち、「中国の経済力や軍事力の増強」―五五％、「隣接する諸国からの移民の数の増加」―五一％。ちなみに第三位以下は、次のような項目だった。「ロシア連邦政府による極東の利害にたいする配慮の欠如」―五〇％。「核兵器の拡散」―二五％。「日本との千島列島をめぐる紛争」―二四％。「アメリカの覇権主義」―二二％。「国際テロリズム」―一七％。「朝鮮半島をめぐる紛争」―一五％。同じく二〇一〇年実施の世論調査では、極東住民の五七％までもが「ロシアは極東を失うかもしれない」と回答した。「そのような脅威はない」とみなす者、二五％の二倍以上の数値をしめした[43]。

右の調査結果が示しているように、極東の住民たちは明らかに地続きの隣国、中国の圧力や攻撃を、己にとり最大の脅威源とみなしている。ところがモスクワの政治指導者たちは、この種の「中国脅威」論を夢にも口の端にのせないように努めている。なぜか。これは、先にふれたロシアが今や中国のジュニア・パートナーに化しつつある事実を、ロシアの指導者たちが公然と認めたがらない理由と、ほとんど同一と推測される。そして、指導者が抱くそのような懸念は十分理解しうるものである。とはいえ、「中国脅威」論を公然と認めるか否かの問題との関連で新しく提起するに価するのは、次の問いだろう。

すなわち、伸長しつつある中国の力に対処するためにロシアの指導者たちが現在採っている政策をはたして適切とみなしうるのだろうか。具体的に言い換えると、そもそも中国は、ロシアが極東、ひいてはアジア太平洋地域でスクラムを組んだり、密接に提携すべき最適の相手なのだろうか。同地域における他の諸国に比べて、はたしてベスト・パートナーとみなして差し支えないのだろうか。

## リスク分散の必要

中国は、ロシアにとり潜在的な脅威の源である。まさにそうであるがゆえに、ロシアにとり中国と緊密な関係を構築する以外の道は残されていない。ひょっとすると、こういったいわばネガティブな見地から、ロシアの対中提携論の主張を正当化しうるかもしれない。だが、そのような同一の前提に立ちつつも、真逆の考え方をすることもできるだろう。ロシアは、たとえば己にとり脅威度がより少ないと思われる諸国とのあいだで提携・協力し合う方途を模索する。そのようなやり方によって中国からロシアに加えられる脅威を緩和したり、減少したりする。このような発想である。

軍事的脅威という容易に起こりえないケースを離れて、ここでは極東を開発し、その発展を図るためのベスト・パートナーは、一体どの国なのか？　このような視点から、問題を考えてみよう。その場合、中国が唯一の選択肢である[44]——。クレムリンの指導者たちは、ややもすると頭からこう前提し、思い込んでいる節があるように見受けられる。だが、はたしてそれは正しい考え方だろうか。そう決めてかかる前に、次のような一連の問いを提起し、その答えを模索して然るべきではなかろうか。極東開発にかんしては、一体どの国が最も「信頼できるパートナー（надёжный партнёр）」（ビクトル・ラーリン[45]）なのか。もしそのような候補国がロシアが望むような反応をしめさない場合、その理由は一体どこにあるのか。ひょっとして消極的な反応の主因は、ロシア側に求められるべきでないのか。もしロシア側に責めが帰せられる場合、モスクワはその障害を取り除く努力をはたして十分おこなっているといえるのだろうか。

ロシアの専門家たちのなかには、右のような一連の問題を自ら提起し、かつそれに回答しようとする者が現れている。そのような人々の見解を、一、二、紹介してみよう。

たとえば高等経済学院のアレクセイ・マースロフ教授は、二〇一二年九月、日ロ学術専門家会議に出席中の日本人団員たちとの会合でのべた。ロシアがもっぱら中国とばかり協力して極東を開発しようとするのは、必ずしも適当な考え方と言いがたい。なぜならば、「そのような考えが実現する場合、それは極東でのロシアの政治的な自律性や独立性にとって必ずしも好ましいとはいえない影響をおよぼすからだ[46]」。同教授によると、中ロ間に存在する「経済上の圧倒的な格差から判断して、もし〔極東が〕中国資本や労働力を際限なしに受け入れてゆくならば、ロシアは極東にたいするコントロールを二〇五〇年頃までにすっかり失ってしまいかねないだろう。このことを実証する研究や分析は存在する[47]」、と。

また、アンドレイ・ボロダフスキイ。『ジャパン・タイムズ』紙にしばしば寄稿する世界経済・国際関係の専門家である。彼は、二〇一一年十一月に同紙に発表した論文中で、中国は現ロシアにとって必ずしも「良好なパートナーではない[48]」との判断をくだした。彼がそう考える主な根拠は、今や中国がシニア・パートナー、ロシアがジュニア・パートナーへと化しつつある事実である。同教授は次のような比喩すら用いる。中国とロシアは今や「馬主と馬との関係になってしまっている」[49]、と。

## 中国プラス

このようにして、今や、中国と並んで、あるいは中国に代って選択肢になりうる具体的な国名を挙げることすら躊躇しないロシア人専門家たちが、出現するにいたった。たとえばルキヤーノフは、二〇一一年十一月に発表した二つの論文のなかで主張した。まず『コメルサント』紙上論文では、中国の名こそ直接あげなかったとはいえ、誰の目にも中国を指していることが明らかに分かる形で、今後のロシアが中国ばかりに依存するのはけっして望ましいことでなく、ロシアは是非とも極東での提携パートナーを多元化する必要があることを、次のように力説した。「もしロシアが己の主権を脅かされることなく、シベリアや極東を発展させたいと欲するのならば、そのコンタクトを最大限に多元化することこそが、今日、最重要課題になろう[50]」。

中国以外にも、ロシアにとり適当な投資家になりうる国々が、存在する。ルキヤーノフは、もう一つの論文で具体的な国名をあげて強調した。「もしロシアがアジア地域で己の安定的な発展を確保したいと欲するのであれば、同地域への中国の投資の度合が、次の諸国からの投資によってバランスを保つように工夫して然るべきだろう。すなわち、米国、日本、韓国、シンガポール、ヨーロッパ、その他からの投資である[51]」。

極東の経済発達の観点からみて、ベスト・パートナーになりうるのは一体どの国か？　この重要な設問にたいして、高等経済学院教授のウラジスラフ・イノゼムツェフも、ルキヤーノフ同様に具体的な国名を挙げることに逡巡しない。「なぜ、極東イコール中国がパートナーであると考えるべきなのか[52]」。教授はこう問うたあと、記した。「日本、韓国、そして米国こそが、太平洋でわれわれの主要パートナーになりうる[53]」。

右の問いに関連して、われわれがここで是非とも思い出すべきことがあろう。それは、ブルッキングス研究所のヒル&ガディの指摘、すなわちシベリアや極東が必要としているものは、けっして労働力でなく「就職先（jobs）」であること（第10章、三四五―七頁）。彼ら両人の指摘が正しいとするならば、極東にとっての理想的な外国パートナーは、労働力があり余っている中国や北朝鮮とはならないだろう。廉い賃金で働く中国や北朝鮮の労働者は、むしろ極東でロシア人の就職口を奪う恐れがあるという理由で、最も望ましくないパートナーとすらみなすべきだろう。逆にロシアにとり最も望ましいのは、次のような諸国という理屈になる。すなわち、地元ロシアの原料や部品を用いるべしとの「ローカル・コンテンツ」などの要望に応えて、現実に地元産のそれらを用いるばかりでなく、一定数のロシア人労働者を雇用したり、地元企業へ投資しようとする諸国の企業である。中国人や中国企業はこういったことにはほとんど積極的な姿勢も関心も示そうとしない。

## 韓国は中国傾斜

中国一点張りのリスクを避けるためのベスト・パートナー候補は、具体的にどこの国なのか？　この問いにたいしてまず思いつくのは、大韓民国だろう。最近の韓国の経済的躍進は目覚ましい。GDPで世界第一五位。韓国は、地続きの国境線こそ共有していないものの、ロシアの隣国の一つである。現ロシアの貿易パートナーとしては、中国（第一位）、日本（第七位）に次いで、韓国は第九位の座を占める。ロシア極東にとっても、韓国は、中国、日本に次いで第三位の貿易パートナーである。とはいえ、問題なきにしもあらず。肝心の韓国側のロシア極東地方にたいする経済的関心がさほど高くないことである。

韓国の輸出拡大は、最近、主として中国向けの形で実現している。韓国から中国への輸出は、韓国の全輸出の約二五％を占める。逆に、中国からの輸入は、全輸入の二一％を占める。すなわち、韓国の輸出入のどちらにとっても中国は第一位を占める。韓中間の貿易高は、韓米間と韓日間の貿易の合計額すらをも上回る。韓国企業の中国東北三省にたいする関心は、ロシア極東にたいする関心に比べて遥かに大きい。たとえば投資額を例にとると、二〇一〇年において韓国による東北三省への投資が四六億ドルだったのにたいして、極東への投資はわずか六億ドルに過ぎなかった。また、東北三省に進出している韓国企業数が四五〇〇社であるのにたいして、極東へのそれはわずか六五社に過ぎない(54)。

右の数字がしめす両地域の差異に絶望するあまり、ここでモスクワの政治指導者が思考停止におちいるのは必ずしも望ましくない。なぜこのような格差が生じるのか。是非ともこの問いを提起し、その答えを追求すべきだろう。そして、その理由がロシア側の責任に帰せられる場合、ロシア側がその原因を矯正する努力を怠るようでは、韓ロ間貿易の拡大は望み薄となろう。

極東は、それが豊富に所蔵する天然エネルギー資源を韓国に向けて輸出できる。ところがロシアは、対中国とは異なり、韓国と国境を接しているわけではない。では、一体どのような手段や方法を用いて、ロシアは自国産の原油や天然ガスを韓国へ運び、販売すればよいのだろうか。

幸いロシアは、北朝鮮とは――わずか一七・六キロメートルとはいえ――国境を接している。そこで、ロシアから北朝鮮を経由して韓国へ至る天然ガス・パイプラインの建設というアイディアが生まれて、当然だろう。極東のウラジオストクから朝鮮半島を横断する全長一一〇〇キロのパイプラインのうちの七〇〇キロ分は、北朝鮮領内を通過することになる(55)。もしこのようなパイプラインが敷設されるならば、それは韓国、北朝鮮、ロシア三国すべてにメリットをもたらすに違いない。韓国は、年間七五〇万トンのＬＮＧ（液化天然ガス）を、海上輸送を通じて得ることに比べて約三〇％も廉い価格で、ロシア産のガスを入手可能になろう。[56] 北朝鮮は、自らロシア産のガスを手に入れるばかりでなく、膨大な額の通過料金を入手しうるチャンスに恵まれることになるだろう。ロシアきっての朝鮮専門家のゲオールギー・トロラーヤ（元外務省朝鮮部長）は、のべる。ロシアは、「北朝鮮を通過するパイプラインや鉄道を建設することによって、北東アジアのロジスティック（物流）協力に大きな役割を演じうることになるだろう。さもなければ中国によって完全に支配されることになるだろう[57]」。

## 克服すべき障害

同構想は、このようにロシア、韓国、北朝鮮すべてにとってプラスとなる「三方一両得」プロジェクトであるといえるだろう。したがって、これら関係三国は、実際このようなガス・パイプライン建設に異論を唱えないどころか、原則合意の見解すら表明している。それにもかかわらず、このアイディアは実現へ向けて動きだしていない。なぜか。理論上の困難に加えて、現実的な障害が存在するからである。

まず一般論として三カ国が当事者である場合、三者間での合意は二者間のそれに比べ俄然むずかしくなる。[58] 交渉学では、交渉当事者の数が二である場合は「二当事者間（bilateral）交渉」、交渉者数が三以上になる場合は「多数当事者間（multilateral）交渉[59]」とみなして、両者を厳格に峻別する。ゲーム理論も、同様に「二人ゲーム」と「三人以上ゲーム[60]」を厳密に区別する。

しかも、これら三カ国のうち韓国と北朝鮮は、政治、外交、その他の分野では真っ向から敵対する国家である。したがって両国は、右の朝鮮半島縦断パイプラインの建設が経済的には己にプラスをもたらすことが明々白々であるにもかかわらず、三者合同のテーブルに就こうとすらしない。ロシアの力も限られている。ロシアは、己が北朝鮮とのあいだで合意したことを韓国にたいして責任をもって保証しうる力を持ち合わせていない。さらに己が韓国とのあいだで合意したことを北朝鮮にたいし、責任をもって履行させる力も持っていない。

さらに極端なケースすら想定される。たとえば北朝鮮が、以下のような動きをしめす可能性を排除しえないだろう。この種のパイプラインが自国を経由することをいわば人質にとって、北朝鮮が韓国やロシアにたいし己の政治的・経済的、その他の要求を貫徹する手立てにする誘惑に駆られる。これまで諸列強がそのような手法に訴えた例は、珍しくない。たとえばロシアは、二〇〇六年、〇九年、ウクライナにたいし天然ガスの供給をストップした。立腹したウクライナは、ウクライナ領を通るロシアのパイプラインのガス栓を閉めて、ロシアからヨーロッパ諸国へ送られるべき筋合のガス輸送を妨害した。

この時のロシアやウクライナに似た行動を、北朝鮮はけっして採らないと断言しうる者は少ないだろう。そのような嫌疑をわれわれに抱かせる理由のひとつは、北朝鮮が次のような動きをしめしていることだ。すなわち、北朝鮮は己の領土内を通るロシア産のガスにたいして、通常の国際価格をはるかに上まわる破格のトランジット料金を要求している事実である。たとえばウクライナは、ロシア産のガス一〇〇〇m³分がEU諸国へ向う際に自国領土の一キロメートル通過する毎に、二ドルの通過料を受けとっている。この価格水準を適用すると、北朝鮮は年間一〇〇億m³分のトランジット料金として約一億ドルを優に入手できるはずである。[61] ところが、北朝鮮は実にどん欲な態度をしめし、年間三―五億ドルにものぼる膨大な通過料金を請求していると噂される。

## 日本、有力な選択肢

韓国と並んで、いや韓国以上にロシアの最適パートナーになりうる候補国は、おそらく日本だろう。つまり、ロシアが極東の経済開発を成功裡に推進し、ひいては名実ともにアジア太平洋パワーになる――この二重の課題を是非とも成就したい。もしモスクワがこのことを真摯に欲するのならば、中国や韓国よりも日本のほうが遥かに望ましいパートナーだろう。じっさい、国際情勢に通じたロシアの知識人のなかには、このように説く者が少なくない。そのような者の意見を、一、二紹介しよう。

まず、アレクセイ・アルバートフ。ロシアきっての安全保障専門家であるアルバートフは、実に早い段階から次のような持論を明らかにしている。ロシアの安全保障の見地から判断する場合、クレムリンが中国に過剰なまでに傾斜するのは危険千万とみなすべきである。その代りに、ロシアは日本にたいしてもっと友好的・宥和的な政策を採用して、偏ったバランスを是非とも修正する必要がある。このような彼の持論の延長線にある考えとして、アルバートフはすでに一九九八年時点でのべていた。[62]「シベリアと極東の安全保障の鍵は、この地域の諸列強、なかんずく日本とのあいだでバランスのとれた関係を発展させることにこそ存在する」。アルバートフは、二〇一一年七月五日放送の「ロシアの声」のなかでも、ロシアにとっての日本の重要性を次のように強調した。やや長い引用になるが、重要な内容を含んでいるので敢えてそのまま引くことにしよう。

「安全保障上の観点から判断して、ロシアにとり日本との関係はひじょうに重要である。なぜならば、日本は、アジア太平洋地域において増大しつつある中国の影響に釣り合う力を有する主要な国だからである。ロシアの天然資源の獲得、ロシアとの軍事的、政治的、その他の関係において、ただ中国のみが独占的な権利を持つべきではない。

この地域でロシアに存在する道は、唯一つ。すなわち、日本、韓国、米国をして、シベリアおよび極東開発にかんするロシアの政治的イニシアチブに引き込むために、是非とも国際関係の多様化をはかることだ。中国が対ロシア関係を独占しえないように、是非とも中国の競争相手をつくり出すことが肝要である。

とはいえ、日・韓・米の三カ国を比較する場合、韓国は日本に比べて経済的にはるかに小さな存在であり、米国は世界の他の地域で手一杯の状態。したがって、日本こそが、この地域でのロシアにとり主要な潜在的パートナーとして浮上してくる」[63]。

次に、ドミートリイ・トレーニン。トレーニンは二〇一〇年四月二十九日付の経済紙『ベドモスチ(報知)』紙上に発表した「ロシアの周辺に――東方のドイツ」と題する論文で、次のように主張した[64]。たしかに、中国は「近く日本を抜いて、世界第二位の経済大国になるだろう。ロ中間の貿易量も軽視しえない」。とはいえ、中国は「テクノロジーの水準が十分高い国とは言えない」うえに、「ロシアにとって地政学上深刻な挑戦国になりうる存在である」。他方、日本は「[ロシアに]地理的に近い」存在であるばかりではない。「その政治は十分予測可能である」うえに、日本の自衛隊の力は「ロシアの安全保障にとって軍事的、その他の脅威になりえない」。しかも、日本は他方「高度に発達した経済と現代テクノロジーの持ち主である」。右のような諸事由にもとづいて、トレーニンは結論する。「西方におけると同様に、東方でパートナーを必要としているロシアにとって、「〝東方におけるドイツ〟の役割を演じることができる、そして演じるにちがいない国は、日本を除いて他に存在しない」、と。

**表12–1　ロシアからみた中国と日本**

| | 中　　国 | 日　本 |
|---|---|---|
| **①地理** | 地続きで国境を接する | 海によって隔てられている |
| **②軍事** | 潜在的脅威 | ほとんど脅威なし |
| **③経済・通商** | 安価な商品 | 高価だが高品質な製品 |
| **④科学技術** | 中程度の発達 | 高度の発展 |
| **⑤外交** | 米国に対抗する「戦略パートナーシップ」 | 米国の忠実な同盟国 |
| **⑥領土紛争** | 一応解決済み | 未解決 |

## 対日関係の正常化が不可欠

トレーニンがのべている中国と日本の比較を、本書の筆者の言葉で要約すると、**図12―1**のようになる。念のため説明しよう。

①地理的な観点からいうと、両国はともにロシアの隣国とはいえ、中国がロシアと地続きである一方、日本はロシアと海で隔てられた存在である。②この点から見る場合、万一の場合中国のほうが日本に比べロシアに軍事攻撃を遥かに容易に加えやすいことになる。③経済・通商の観点からいうと、中国も日本もロシアとのあいだでは相互補完関係をもつ。日中両国はともにロシアの資源を輸入する一方で、ロシアへ製品を輸出しようと欲しているからである。たしかに、輸送・運搬の点からいえば、地続きの中国のほうが日本に比べて有利である。だが輸出品の質にかんしては、中国産に比べ日本産のほうが上質なので、ロシア人は次第に日本製品を欲するようになってゆくだろう。

④科学技術の分野においては、日本の水準は中国のそれをはるかに上回っている。したがって、ロシアがシベリアや極東の開発を欲するのならば、中国よりも日本の協力を得るほうがはるかに効果的だろう。⑤日本は、アメリカ合衆国の忠実な同盟国である。日本は米国の「核の傘」によって守られていることに満足して、みずから核武装しようとする野心を抱かない。したがっ

て、米ロ間で軍事的な衝突が発生する万が一の場合を除くならば、東京が軍事的な衝動に駆られるケースをモスクワは心配する必要はまったくない。他方、中ロ両国はたしかに「戦略的パートナーシップ」関係にあることを唱道しているとはいえ、現実には互いに相手を潜在的な脅威源とみなしている。⑥ロシアは中国とのあいだで領土問題を解決したことになっているが、将来の状況次第では中国が清の時代に帝政ロシアに奪われた領土を要求することを内心恐れている。一方モスクワは、東京とのあいだで未解決の「北方領土」問題を抱えている。

以上のようにロシアの観点からの中国と日本の比較をおこなったうえで、トレーニンは日本こそがシベリアや極東の開発の鍵を握っている国であるとみなして、次のように結論する。[65]「私見によれば、シベリアと極東の近代化のための主要パートナーとして、〔ロシアは〕是非とも日本をあてにすべきだろう。日本はこれらの地域で、ドイツや欧州連合（EU）がロシアの西部地域で果たした役割に似た機能を演じることができる。日本の財政状態、科学技術上のリーダーシップ、地政学的位置——これらは、ロシアの東方における〝近代化のためのパートナー〟に適した地位を東京にあたえる」[66]。トレーニンは、さらに次のようにさえのべる。「日本との関係を完全に正常化すれば、アジアにおけるロシアの地位を強化することに役立つだろう。ロシアが中国にたいする己の地位を強化しうること、改めて説くまでもない」[67]。

# 第13章

# ブレグジット

## 英国EU離脱の影響

メルケル独首相が大の犬嫌いと知りつつ、自分の愛犬でもてなす（!?）
プーチン大統領（『ガーディアン』2017.2.22 付）

ロシアは、単にヨーロッパに属するだけではなく、アジアにもまたがっている。ロシア人は、ヨーロッパ人であるだけではなく、アジア人でもある。

**——フョードル・ドストエフスキイ**[1]

わが国民は、極東や南方など一体どこに住んでいようとも、ヨーロッパ人なのである。

**——ウラジーミル・プーチン**[2]

〔何をさしおいても〕まず第一に、ロシアは、もちろん、最大のヨーロッパ国家である。

**——ウラジーミル・プーチン**[3]

## 「ヨーロッパ」の一部？

ロシア人は、鵺《ぬえ》のような存在である。ヨーロッパからは「お前はアジア人だ」といわれ、アジアへ行くと「お前はヨーロッパ人だ」と告げられる。結局どちらの世界にも完全に溶け込むことができない、中途半端な存在である。ドストエフスキイも『作家の日記』のなかで記す。「ヨーロッパではわれわれは韃靼人だったが、アジアではわれわれでもヨーロッパ人なのだ」。(4)

たしかに、ヨーロッパの定義や範囲を広くとる場合、ロシアをヨーロッパのなかに含めても決しておかしくないだろう。地理、歴史、文化などの観点からいって、ロシアはヨーロッパと密接に結びついている。また、ほかならぬロシア人がヨーロッパ文明に属することを切望してやまない。ゴルバチョフ大統領（当時）は、「ヨーロッパ共通の家」というスローガンを提唱した。(5) そのことによって彼は、ロシアのヨーロッパ文明への回帰を願い、統合の必要性を訴えたのである。

たしかに、ゴルバチョフはヨーロッパ志向が顕著な政治家だった。(6) たとえば主著『ペレストロイカと新思考』のなかで、彼は次のようにのべた。(7)「ロシアの歴史は偉大なヨーロッパ史の有機的な一部」であり、「ソ連邦の諸民族はヨーロッパ文明の正統な継承者である」。引き続いて、次のようにも記した。「〔東西〕陣営《ブロック》の〔イデオロギーその他の〕対立は不自然で、一時的な過去の遺産である」。「本質的には、統一ヨーロッパ文明のルーツは共通である」。そしてゴルバチョフは、「われわれはヨーロッパ人である」と結論した。

ちなみにいうと、『ペレストロイカと新思考』では、「ヨーロッパ」にかんする叙述にまるまる一章（二一頁）分の紙幅が用いられ、ゴルバチョフのキャッチフレーズ「ヨーロッパ共通の家」は何と一六回も連発されている。他方、同書は「アジア」地域にたいしてはわずか七頁しか割いておらず、しかもアジアを「第三世界」

の章のなかで取扱っている。[8] これは、ゴルバチョフが際立って欧州志向のロシア政治家だったことをしめす証左ではなかろうか。ともあれロシア／ソ連をヨーロッパの有機的な一部とみなすゴルバチョフにとって、東ヨーロッパと西ヨーロッパとの区別などは「不自然かつ一時的な」区別のようにすら思われたようだった。

ゴルバチョフほど派手なスローガンこそ唱えなかったものの、エリツィン大統領（当時）もロシアにとりヨーロッパが持つ重要性を十分認めていた。プーチン大統領もまた、同様である。

プーチンはロシアの「ヨーロッパ性」（Europeanness）を強調し、自身の公式伝記『第一人者から』（二〇〇〇年）のなかで次のようにのべる。「たしかに、ロシアは多様性に富む国だが、それでもわれわれは西ヨーロッパ文化の一部なのだ。じっさい、この点に〔こそ〕、われわれの価値が存在する。わが国民は、極東や南方など一体どこに住んでいようとも、ヨーロッパ人なのである」。[9] また二〇〇三年六月の訪英中には、次のようにも語った。「ロシアは、ヨーロッパ文化の一部であります。御列席の皆様のなかにこのことに疑問を呈する方は一人もいらっしゃらないと信じます。それどころか、ロシアなしにヨーロッパ文化は完全なものとはなりません。だとすれば、ロシアは何の疑いもなくヨーロッパの一部ということになりましょう」。[10] プーチンは、ロシアがヨーロッパへの統合を望んでいることも明らかにしている。たとえば二〇〇一年九月二十五日、ベルリンのドイツ国会で行なった演説で、ロシアはドイツとともに「統合されたグレーター・ヨーロッパ」（единая большая Европа）の構築に参画したいと宣言した。[11]

プーチンの盟友であり、彼に代って一時期ロシア大統領を務めたドミートリイ・メドベージェフも、大統領就任後の二〇〇八年六月、ロシアをヨーロッパの一部とみなす発言をおこなった。「ロシア連邦は、みずからをヨーロッパの一部と定義し、そのようなものとして認識している巨大なヨーロッパ国家である」。[12]

右に紹介したようなロシアの指導者たちの自己認識や願望は、しかしながら、ヨーロッパにおいて一体どの程度まで共感をもって受けとめられているのだろうか。肝心要のヨーロッパ諸国側にロシアをヨーロッパの国と認め、ロシアを仲間扱いしようとする気持がはたして存在するのだろうか。これは、提起するに値する問いとみなしえよう。たしかに、ロシアはヨーロッパ諸国とのあいだに地理、歴史、文化などの諸点で共通する側面をもつ。それらは、ロシアをヨーロッパ諸国にたいして親近感を抱かせ、両者の接近を容易にし、ひょっとすると統合にすら貢献する要因なのかもしれない。だが他方、ロシアとヨーロッパ諸国とのあいだには大きな差異も存在する。ごく一例を挙げるにとどめるにしても、価値観やゲームのルールにかんし、両者の考え方は大きく異なっている。

## ロシアは「西欧」ではない

一九八九年前後に旧「共産」圏諸国を直撃した激動から、すでに三〇年近くが経過しようとしている。とはいえ、その後、それらの諸国のすべてが自由化や民主化へ向けてのコースを順調に辿っているとは断言しえない。たしかに一部の国々は、民主化の「革命の波」（サミュエル・ハンチントン）[13]に乗り、右肩上がりの発展をとげてきているかもしれない。だが他方、一部の国々はそのような「波」（waves）に乗ろうともしなければ、乗ることにも失敗した。なかには、「波の揺れ戻し」（reverse waves）[14]に遭遇した国々もある。なぜ、そのような違いが生まれたのだろうか。その理由を検討することは別の論者に譲り、ここではそのような事実に注意を喚起することにとどめたい。

具体的な国名を挙げてごく大雑把にいうならば、次のような差異である。ポーランド、ハンガリー、チェコ、スロバキアなどの旧中欧諸国やバルト三国などは、比較的順調に民主化への道を歩んでいる。ウクライナ、ジョージアなどは「カラー革命」を起こし、その後に続こうと悪戦苦闘している。ところが、プーチン統治下のロシアは、一部の独立国家共同体（ＣＩＳ）諸国同様に、こと自由化と民主化にかんするかぎり、必ずしもスムーズな移行の道を辿っていない。米欧諸国の観点からみるならば、後退または逆行の傾向すらしめしている。

このような違いを念頭におくならば、ドナルド・ラムズフェルド米国務長官（当時）による次のような分類も全く意味なし、といえないのかもしれない。彼は、ヨーロッパを〝古いヨーロッパ〟と〝新しいヨーロッパ〟に分け、前者に属する諸国（フランス、ドイツ、イタリア、スペインなど）が親近感をいだくのは後者に属する諸国（旧東欧諸国）であって、必ずしもロシアではないとの差別的扱いをおこなった。[15]

アンドルー・ジャック（英紙『フィナンシャル・タイムズ』元モスクワ支局長）も、同様にロシアをヨーロッパの一国とみなすことに抵抗をしめす。「論理的にいうならば、ロシアにとり、ＥＵはもっとも身近なパートナーであるはずである」[16]（傍点、木村）。まずこうのべたあと、ジャックは率直に自身のロシア観を記す。「しかしながら、ＥＵ側からみる場合、ロシアは数多く存在する隣国のうちの一つの国として映るにすぎないケースが多い。とくにＥＵが東欧諸国へと拡大をとげたあとの時期になると、ロシアはＥＵにとりもはや二次的な優先権しかもたない存在になってしまった」[17]。

このように〝古いヨーロッパ〟からみる場合、〝新しいヨーロッパ〟に比べてロシアは、なぜ親近感を抱きえない存在とみなされるのだろうか？　現ドイツにおける最高のロシア通の一人、アレクサンドル・ラール（ドイツ外交政策学会ロシア・ＣＩＳプログラム部長）は、このデリケートな問いに答えようとするかのように語る。「クレムリンは、いったい何に頼ることが可能なのか？　ＥＵとのパートナーシップや同盟だろう。〔実は〕ロシアは、ヨーロッパに焦点を定めているのだ」[18]。こう記したあとにラールはのべる。「しかしながらヨーロッパ諸国の観点からいうならば、彼らはロシアとのパートナーシップなどまったく必要としていないのだ。というのも、ロシアには民主主義が欠如しているからである。ロシアは相互の利益を主張して他国にたいし協力関係を求める一方で、みずからは民主的価値または自由主義の理念を追求しようとする気配を一向に示そうとしない[19]」。

以上のべてきたことを、次のように要約しても構わないのかもしれない。ロシアは地理的にこそ広義のヨーロッパ地域に属してはいるものの、自由化や民主化を志向していないために、政治的には西側タイプの国とはみなされていない。自由民主主義の「家族」から完全に無縁とは断言し切れないものの、今日いまだにその正式な一員（member）と呼ぶにはほど遠い存在である[20]。換言してロシアは、いわば境界線上に位置している国ともみなしうるだろう。すなわち、ロシアは「ヨーロッパではあるが、西側ではない（European but not Western）[21]」。あるいは、ロシアは「西側でないヨーロッパ（non-Western Europe）[22]の国」である、と。このように定義するのが、最も適切なのかもしれない。

仮にロシアがヨーロッパへの統合を望んでいるにせよ、その願いは一方的な思い込みと評さざるをえないのかもしれない。ヨーロッパ諸国は、ロシアのそのような思いを必ずしも同程度の熱意をもって受けとめようとしていないからだ。男女関係に譬えるならば、ロシアとヨーロッパとの関係は相思相愛の仲ではなく、むしろヨーロッパにたいするロシアの片思い――。このようにすら評しうるかもしれない。

ヨーロッパ諸国側におけるどちらかというとクールなロシア観――このことを念頭におきながら、ヨーロッパにたいするプーチン外交の実態を、以下、検討することにしよう。

## 「人たらし」プーチン

プーチン政権の対ヨーロッパ外交の特徴は、なにか？　こう問われるならば、まずプーチンが主要諸国の首脳たちとのあいだで親密な個人的関係を構築することに、実に熱心である点だといえよう。プーチンは、そのような試みにひじょうに長けている。そのために、彼を、稀代の「人たらし」とすら名づける者もいる。[23]そして実際、彼はこの点でごく最近まで一定の成功も収めてきた。ブッシュJr.米大統領とのあいだですらも、初対面以来、それぞれが大統領職を辞任するまでの約七年間、個人的な関係は概して良好だった。もっとも、ブッシュの方も、そのまま放っておくと悪化傾向をしめしがちな米ロ関係にたいする一種の安全弁として、プーチンとの個人的関係を是非とも良好に保っておくことが必要とみなしていた節が感じられる。それはともかく、二〇〇一年六月、スロベニアの首都リュブリャーナではじめておこなわれた米ロ首脳会談の終了後にブッシュが洩らしたプーチン評は、誰もが決まって引用する有名な言葉になった。「私は、この男〔プーチン大統領〕の目をみた。〔すると〕彼の魂を感じることができた。私は、彼がストレートで信頼に足る人物だとおもった[24]」。このようにして、「ジョージ（ブッシュ）」、「ウラジ（プーチン）」とファースト・ネームで呼び合う親密な関係が生まれたのである。[25]

プーチンは、ヨーロッパとくに〝古いヨーロッパ〟主要国首脳たちとのあいだで、ブッシュ米大統領との関係以上に緊密な友好関係を構築した。プーチンがまず最初に接触した西側の首脳は、トニー・ブレア英首相だった。プーチンは、ブレアと同一世代に属する（ともに一九五二年生まれ）。だが年齢的な親近感だけが、プーチンがブレアに接近しようとした主な理由ではなかった。アメリカの第一の盟友国としてのイギリスを、アメリカから切り離すこと。その一方で、ブレアにブッシュへの「橋渡し[26]」を依頼すること。これらが、プーチンの主な狙いだったにちがいない。エリツィン元大統領によって彼の後継者に指名されたとき、プーチンが最初に面会した西側首脳はブレアだった（二〇〇〇年三月十一日、サンクト・ペテルブルグ）。また、正式に大統領に選ばれたあと、プーチンが最初に訪問した国はイギリスにほかならなかった（同年四月）。大統領就任後のイギリス公式訪問は二〇〇〇年十二月であるが、プーチンとブレアはそれ以前の約二年間にすでに九回も顔を合わせる仲になっていた[27]。

プーチンが米・英以上の成功を収めたのは、ドイツ、フランス、イタリアの各首脳とのあいだにおける緊密な関係の構築だった。

まず、ドイツ。ドイツ語に堪能なプーチンは、二〇〇一年九月のベルリン訪問のさい、ドイツ国会での演説をドイツ語でおこない、大喝采を浴びた。そして、ドイツ首相（当時）のゲルハルト・シュレーダーとのあいだで兄弟にも似た親しい関係を築くことに成功した。シュレーダーの誕生日には、プーチンがわざわざモスクワからベルリンに日帰りで祝いに駆けつける。シュレーダーも、同様のお返しをする。両首脳は、年間約一〇回前後も互いに顔を合わすほどまで親密になった[28]。シュレーダーは、プーチンの母校、サンクト・ペテルブルグ国立大学法学部から名誉博士号（法学）を受けた。ロシア人孤児二人を養子に貰い受けた。これは厳密にいうとロシアの法律に違反する行為で、プーチン大統領の側面援助を得てはじめて可能となったのだろう[29]。首相退任後のシュレーダーは、ロシアとドイツを海底で結ぶ「北ヨーロッパ・ガス・パイプライン」（NEGP、通称「ノルド（北）・ストリーム」）会社の会長に就任している。

シュレーダーのあとを襲ってドイツ首相のポストに就いたのは、アンゲラ・メルケルである。メルケルとプーチンは、通訳を介することなく意思疎通が可能。東独で幼少時代を過したメルケルにとってロシア語は母国語に近く、ドレスデンに駐留していたプーチンはドイツ語に堪能だからである。こうした事情は、メルケルとのあいだで個人的に親密な関係を構築したいと欲するプーチンに有利な方向に作用した。両首脳は、たとえば二〇〇六年の一年間に少なくとも五回は顔を合わせたという。

ジャック・シラク仏大統領やシルビオ・ベルルスコーニ伊首相（ともに当時）とも、プーチンは個人的に親密な関係を築くことに成功した。シラク大統領は、プーチン首相にレジオン・ドヌール一等勲章を贈った（二〇〇六年九月）。プーチンの二人の娘、マリア（愛称マーシャ）とカテリーナ（愛称カーチャ）は、イタリア半島西方のサルデーニャ島にあるベルルスコーニ所有の別荘で休暇を過ごすことが多い。

## 首脳間交流を重視

欧米首脳たちとの良好な関係の構築に、プーチンはなぜ、これほどまでの熱意を傾けるのか。それが純粋な個人的友情のみに発していると考えるのは、もとよりナイーブだろう。とうぜん、次のような政治的動機が働いているとみなすべきだろう。首脳個人間の緊密な関係は、国家間の関係を良好にすることに貢献する。国家関係がぎくしゃくしたり、険悪化したりすることを最小限度に止めることに役立つ。常日頃から首脳間の意思疎通をスムーズにしておくことは、有事のさいのホットライン使用にも勝る危機管理の要諦といえよう。

指導者間の親密な関係の結果として、ロシアとヨーロッパ各国とのあいだの国家関係が良好に保たれるならば、ひいてはロシアと北大西洋条約機構（NATO）、欧州連合（EU）といった多国間組織との関係の悪化を防ぐ安全弁の機能を果たすことにも役立つだろう。つまり、首脳間の良好な交際や間柄は、まず二国間《バイラテラル》、次いで多国間《マルチラテラル》の国家関係を円滑にすることに貢献する。[30] 二国間や多国間の関係が必ずしも良好でないときにこそ、首脳間の個人的な関係をより一層緊密に保つ必要がある。ヨーロッパの首脳たちもまた、同様の思惑や計算にもとづいてプーチンとつき合っているにちがいない。

ところが、プーチンの大統領就任時から数えると既に一七年以上の歳月が経過した。その間に、ブレア、シュレーダー、サルコジ、ブッシュJr.、ベルルスコーニといった欧米の政治家たちは、定められたそれぞれの任期を満了して政界から引退し、次々に姿を消していった。そのなかにあって、いわばプーチン唯一人が、今日、国際舞台に残っているのだ。すなわち、彼はロシア憲法上の規定（二期連続しては大統領をつとめえない）を巧みに利用して、一期間だけは愛弟子のメドベージェフと「タンデム（双頭）」政権を組む形にして実質上は権力の座に居坐り、合計すると何と一八年間にもおよぶ長期政権を維持しているのだ。

ちなみにのべると、『タイム』、『フォーブス』といった米国の著名誌は、毎年、「世界で最も大きな影響力をもつ人物」を選んでカバー・ストーリーを組んでいる。かつての欧米の大物指導者たちのほとんど全員が姿を消した今日、このようなメディアが厭が応でも毎年決まって採り上げねばならない有名政治家はプーチン一人になった――これは、とうぜん至極といえるだろう。それはともかく本題に戻ると、右に列挙したようなライバルたちが国際舞台から姿を消したことは、プーチンに必ずしもプラスばかりだったとは限らない。マイナスの一つは、プーチンが首脳間の個人関係に依存する〝プーチン式外交〟を続けることがむずかしくなってきたことだろう。

## 米欧間の分断

プーチンによる対ヨーロッパ外交の第二の特徴は、〝分断戦術〟である。これは、他国の首脳とのあいだで緊密な関係を持とうとするプーチンの第一の思惑とちょうど表裏一体の関係にある。すなわち、みずからは欧米諸国の首脳たちとのあいだで良好な個人的関係を築く。だが、そのような己の努力は、他国の首脳同士が互いに親密になったり、連帯し合ったりしては効果が減じる。こう考えて、プーチンは欧米諸国、とくに指導者のあいだに楔《くさび》を打ち込み、彼らの関係緊密化を妨害しようと試みるのだ。

「分断または離間」(divide et impera; divide and rule) の戦術は、おそらく人類の発生とともにはじまった古い知恵であり、かつボリシェビズムの教えの真髄でもある。レーニンは教えた。「われわれの政策は、帝国主義列強のあいだに存在する不和（рознь）を利用することにある」[31]。または、「共産主義の政策の実際的な任務は、敵の利用、すなわち敵を互いに対立させ、利用することにある」[32]。

分断戦術にかんするかぎり、プーチンはレーニンの忠実な弟子である。プーチンはこの戦術を己のヨーロッパ外交政策にフル活用しようとしている。すなわち、彼はまず米国とEU諸国を離間しようと試みる。ヨーロッパ諸国とアメリカとは、切っても切れない緊密な関係をもつ。米国への初期移民はほとんどヨーロッパ出身の人間たちからなっており、彼らはアメリカの国づくりに多大の貢献をなした。ヨーロッパ諸国と米国は人種、民族、文化、伝統、慣習などにおいて数々の共通性や類似点をもつ。なによりも重要な点は、民主主義ならびに自由市場経済の価値観、それを体現する政治、経済、社会的な体制（三権分立、言論・出版・結社の自由など）を共有していること。おそらくこれらの事情が存在するからであろう、東西陣営間の対立が終焉した今日においてすら、依然として「欧米」または「西側（the West）」という言葉が、さして疑念をいだくことなく用いられている。アメリカとヨーロッパは、分かり易い表現を用いるならば、「兄弟」もしくは「親戚」の関係にあるとみなしうるだろう。

ところが、ポスト冷戦期の国際社会では、アメリカはややもするとユニラテラリズム（単独一極主義）の衝動に駆られ、独断専行の外交に走りがちである。軍事力ではアメリカに比べるとはるかに劣勢なヨーロッパ諸国は、一体どうすればアメリカに対抗しうるのだろうか。ブッシュ前政権時代に「ネオコン」思想の代弁者の一人とみなされた政治評論家、ロバート・ケーガンによれば[33]、ヨーロッパ諸国は「法と正義」のスローガン、具体的には国連安保理決議の重要性に訴える以外、米国のユニラテラリズムに歯止めをかける有効な術をもたない。一部ヨーロッパ諸国のこのような考えや動きは、米欧間の分断を図ろうと狙うプーチン・ロシアに絶好のチャンスを提供する。

プーチン政権による米欧間の分断作戦が最大の成功を収めたのは、二〇〇三年三月、アングロ・サクソン諸国の米・英などが国連安保理の決議をまたずしてイラクにたいする武力攻撃をはじめたときだった。ドイツ、フランスなど一部の〝古いヨーロッパ〟諸国がこれに反発したことは、ロシアにとって願ってもない好機の到来にほかならなかった。ロシアは、米国のユニラテラリズムにたいして正面から楯突く仲間（独・仏）を得ることとなり、露・独・仏からなる「有志連合」を成立させた。

しかしほどなくして、プーチン政権による米欧分断政策は限界に突き当たり、機能しなくなった。ロシアがイラク問題をめぐって反米スクラムを組んだ独・仏の首脳たちが、姿勢を転換しはじめたからである。もともと国内受け狙いの動機にも促されておこなった反イラク武力攻撃のキャンペーンは、その目的を十分達成した。独・仏首脳たちはこう判断したのだろう。加えて、アメリカがおこなった宥和的なアプローチも効果を発揮した。イラク問題で米・英に反発した三カ国にたいするアメリカの対応は、コンドリーザ・ライス（当時、国家安全保障問題担当大統領補佐官）がのべたとされるつぎのひと言に要約される。「フランスを罰し、ドイツを無視し、ロシアを許す」。

ロシアが、その後、独・仏と同一陣営に立つことはついぞなかった。たとえば、二〇〇八年八月のロシアとジョージアの軍事衝突をめぐる反応にかんしても、独・仏やその他EU諸国は、ロシアの軍事侵攻の行き過ぎを批判する点で米・英と軌を全く一にしていた。また、二〇一四年三月のロシアによるクリミア併合についても同様で、EU諸国は米英同様に制裁を科しつづけてきている。たしかに、ウクライナやジョージアのNATO加盟問題をめぐっては米欧間に若干の温度差が存在する。すなわち、米国はどちらかというと加盟促進派であり、独・仏などは消極派である。もっとも、そのような独・仏といえども、ウクライナやジョージアが将来いずれかの時点で[34]ＮＡＴＯに加盟することについては原則賛成の立場をとっているが。

イランの核開発化にたいする制裁をめぐる対応も、もう一つの好例といえよう。ドイツは国連安保理の常任理事国である米・英・仏と協力して、これまで数度となく対イラン制裁決議を通過させてきた。他方、ロシアは、中国同様に、そのような決議、とりわけ自身が具体的な制裁措置をとることにかんして、消極的な姿勢をしめしてきている。さらに、もう一例を挙げることができる。北朝鮮は二〇〇六年以来ミサイル発射や核実験を敢行しているが、二〇一七年現在、それは米朝間の軍事衝突が危惧されるまでになってきた。このような状況でも、ロシアは他国同様、表向きでこそ反発をしめすものの、具体的な制裁手段を科す段となると、米欧諸国に協調的な姿勢をしめそうとしない[35]。

プーチン外交がヨーロッパ諸国相互間の分断を図ろうとする具体的なやり方にも、一つの特徴がみられる。すなわち、プーチンはＮＡＴＯやＥＵ全体を相手にすることをできるかぎり回避し、各加盟国と個別的な取引をおこなう方法を選ぼうとする[36]。ややむずかしい言葉で言い換えるならば、二国間主義《バイラテラリズム》にもとづいて各個撃破戦術を試み、けっして多国間《マルチラテラル》組織が団結・連帯を固めないように仕向けるのだ。一期目のプーチン政権で外相をつとめたイーゴリ・イワノフは、自身の回想録のなかで、同政権がとりわけヨーロッパではこの戦術に訴えることを意図した旨を、次のように正直に告白している。「ロシアのヨーロッパ政策の根本的な基礎のひとつは、〔ヨーロッパ〕大陸諸国との二国間関係（двусторонние отношения）の発展である。強調すべき主要なことは、ヨーロッパで紆余曲折を伴う嵐のような状況の展開にもかかわらず、〔ロシアの〕二国間協力〔政策〕はヨーロッパ地域の国際関係でつねに肯定的な安定要因の役割を果たしてきたのだ[37]」。このようにしてイワノフは結論する。「いまや二国間主義が、ロシアとＥＵ加盟諸国との関係で支配的なアプローチとなっている[38]」（傍点、木村）。

## 英国のEU離脱（ブレグジット）決定

〈待てば海路の日和あり〉。プーチンのヨーロッパ諸国分断政策は、思わぬ僥倖に恵まれることになった。二〇一六年六月二十三日、英国の国民投票で欧州連合（EU）からの離脱賛成派が多数を占め、勝利を収めたからだった。離脱反対派のデービッド・キャメロン首相は直ちに辞任し、代って保守党党首に選ばれたテリーザ・メイ新首相が、今後、離脱の実務を担当することになった。イギリスのEU離脱――英語では"*Britain*（英国）**exit**（退出）"、合体して"**Brexit**"、以下ではブレグジットと記す――が、プーチン・ロシアに及ぼす影響は、一体どのようなものなのだろうか？　本章後半は、このことについて論ずることにする。

英国は、過去数世紀にわたり、そして第二次大戦後の世界で国際政治の主要プレイヤーとしての役割を果たしてきた。アメリカの盟友として米国と対外的な行動を共にすることが多く、事実上一種のアングロ・サクソン支配と名づけられて差し支えない状態すら作り出した。たとえば二〇〇三年、国連安保理の決議なしに米国がイラクへの武力攻撃を敢行したとき、英国は躊躇することなく米国側に与した。その一方で、英国は、EUの主要メンバーの一員としてヨーロッパの政治、外交、安全保障、経済に大きな発言権を行使し、ヨーロッパに必ずしも直接的な足場をもたない米国のために貴重な代弁者としての役割を演じてきた。

このような英国が、EUを離脱することになったのだ。このことが持つ意味は計り知れないまでに大きい。それは、「政治的なツナミ」[39]と言ってすら誇張ではない大事件だった。それが、単に英国ばかりでなく、米国、そしてEUにとり歴史的な「分岐点」[40]を劃したことは間違いなかった。

まず第一に、ブレグジットは、大英帝国が国際場裡において長らく享受してきた政治、経済、社会上の特権的地位からの凋落が懸念される象徴的な事件だろう。第二に、それは、アメリカ合衆国の少なくとも欧州にたいする影響力の減少を意味する。米国は、もとよりこれまでヨーロッパ地域にたいして直接的な形で影響力を行使してきた。今後も、そうしようとするにちがいない。とはいえ、米国はEUの正式メンバー国ではないので、これまでは英国を介して欧州ならびにEUに間接的に影響力を行使することが多かった。その意味では、米国はブレグジットによって英国という貴重かつ有力なスポークスマン役を失うことになり、そのマイナスは決して過小評価すべきでなかろう。

右のような諸事由から、ブレグジットは、やや誇張していうならば、戦後の国際政治を長年にわたって牛耳ってきたアングロ・サクソン時代の終焉を告げる象徴的な事件なのかもしれない。一九八九年から九一年にかけて発生した「冷戦の終焉」やソ連邦の解体は、ロシアの力の衰退を物語る転換点だった。今度は、アングロ・サクソンの二大列強が少なくともヨーロッパ地域でかなりの程度にまで力を失うことになる――この意味で歴史的「岐路」[41]になるかもしれない。この第三の論点をもう少し詳しく検討してみよう。

## ロシアへの影響は?

繰り返すようであるが、冷戦終了後の国際世界で劣勢に立たされることになったのは、改めていうまでもなくソ連/ロシアだった。ゴルバチョフがはじめたペレストロイカ、グラースノスチ、新思考外交などの結果として、ソ連は、まず、東欧「衛星」圏を失った。次いで、気まぐれなエリツィン大統領がソ連邦解体を承認ないし促進さえしたために、それまでソ連邦を構成していた一五の共和国がバラバラな存在になって、それぞれ独自の道を歩みはじめた。バルト三国(エストニア、ラトビア、リトアニア)は、すでにNATOやEUに加盟した。ウクライナやジョージアまでもが、かつて純然たる西側陣営の機構とみなされたこれら両組織への参加を公然と希望するようになった。このような事態の展開に直面して、プーチン政権は広義でのヨーロッパへの政策の主目的を今日、次の点におかざるをえなくなった。まず、ウクライナやジョージアのEUやNATO加盟の可能性を何としてでも阻止すること。次いで、中東地域からの移民や経済困難などの問題を利用して、EU既参加諸国間の利害や見解の対立を煽り、「不和」を促進し、同組織の結束を弱めること。

右のような狙いを遂行しようともくろんでいたプーチン政権にとって、ブレグジットはこれ以上望むべくもないくらいの朗報だった。グローバルな舞台、そしてとりわけヨーロッパ地域でこれまでロシアの宿敵、アメリカ合衆国の尖兵役をになってきた英国が、今度EUから離脱する旨みずから進んで宣言してくれたからである。これは、ロシアにとりまるで「棚から牡丹餅」が落ちてきたかのような幸運にほかならなかった。

したがって、ブレグジットにかんし次のような等置法をおこなう見方が生まれて、少しもおかしくなかった。すなわち、米英にとってのマイナスは、即ちロシアにとってのプラスである、と。その好例ともいえる発言を、一、二、紹介しよう。たとえば、マクフォール教授は、早速、己のツイッターに次のように書き込み、マスコミ各紙に向っても同主旨を繰り返した。英国で六月二十三日に実施されたEU離脱の是非を問う国民投票の「敗者（loser）は、EU、英国、米国である。勝者（winner）は、プーチン大統領である。本日は、プーチン外交にとって栄誉ある勝利の日になった[42]」。キャメロン英首相（当時）も、ほぼ同主旨のコメントを口にした。すなわち、英国の国民投票の結果を知った「ロシアのプーチン大統領は、さぞかしハッピーだったに違いない[43]」、と。

少なくとも右に紹介した発言から判断するかぎり、マクフォール、キャメロンら米英のロシア・ウオッチャーや政治家たちは、ブレグジットをあたかも「ゼロ・サム・ゲーム式の観点[44]」で捉えようとしているかのように思える。すなわち、米・英のマイナス＝《イコール》ロシアのプラスである、と。しかし物事は、はたしてそのように「単純明快[45]」に割り切りうるものだろうか。ブレグジットは、米・英にとりたしかにマイナスであることは間違いないかもしれないが、だからといってそれはロシアにプラスのみをもたらす類いの決定だろうか。いや、ひょっとすると、それがロシアにあたえる効果は肯定的、否定的な両側面からなる「複合体《ミックス》（トーマス・グラハム[46]）」ではなかろうか。これが、私の疑問であり、同時に結論でもあるのだ。そのような見方（仮説）を裏づける理由を以下、記すことにしよう。

## 珍しく自制——その理由

まず、われわれが注目すべきことがある。それは、肝心要のロシアが英のEU離脱決定の報道に接したとき、必ずしも糠喜びの態度を表明しなかった事実だった。政敵の失点を知ると、直ちに歓喜の声をあげる。つまり、何事につけ物事を黒白法で見がちな傾向が著しいロシア指導部が、このときに限っては実に自己抑制が利いた慎重姿勢をしめしたのである。すなわち、他国がおこなうことに一喜一憂しないで、事態を冷静かつ注意深く見守ることにしよう。このようにさえ説く「公式的に中立な立場[47]」を表明したので、われわれは少なからず驚かされたのである。

まず、その範をしめしたのは、プーチン大統領自身だった。ブレグジット決定の翌日である六月二十四日、タシケント（ウズベキスタンの首都）に滞在中だった同大統領は内外マス・メディアの執拗な質問攻撃に遭って、次のような感想をのべた。「これは、大英帝国の国民によってなされた選択である。われわれは、この決定に干渉しなかったし、現在も干渉しようとしていない。将来、干渉することも考えていない[48]」。まずこうのべたあと、大統領はつづけた。「これは、もちろんグローバルな影響を及ぼす決定ではある。〔だが〕プラスとマイナスのどちらが大きいかは、もう少し事態を冷静にみてみないとよく分からない[49]」。

次は、セルゲイ・ラブロフ外相の発言。ロシア外交の基本的方向性について最高にして最終的な発言権を有するのは、改めて説くまでもなくロシア大統領である。そのようなプーチン大統領は、右のように珍しくまるで奥歯に物が挟まったかのような慎重なコメントをのべる姿勢に終始した。そのようなときに彼の忠実な部下であるラブロフが、およそ大統領と異なる独自の見解を発表しうるはずはない。案の定、ラブロフ外相は、同じく六月二十四日、英のEU離脱にかんして記者団から質問攻めに遭ったとき、事実上「ノー・コメント」にも等しい次のような発言をおこなった。「これは、英国民の問題である。国民投票の結果を御存知ならば、あなた方自身がその解釈をなさって頂きたい。私は何も知らないのだ(50)」。

ラブロフ外相がこのような態度なのだから、ロシア外務省の他の幹部たちの発言も推して知るべし。ボスの言葉をまるで鸚鵡《おうむ》返しのように繰り返すだけだった。たとえばロシア外務省報道官のマリヤ・ザハロワ女史は、外務省の公式声明が次のような中立のそれであると発表した。「EU離脱にかんする国民投票は、イギリスの国内問題である。われわれは同問題の決定過程に参加してもいなければ、関心も抱いていない(51)」。

では、プーチン大統領はなぜ、ブレグジットにかんしてこれほどまでに慎重な態度を採ろうとするのだろうか？　何かにつけ他国の国内事情にたいしあからさまな評価をおこなうロシアの日頃の行為から判断して、このこと自体が前代未聞、不可解千万との印象をあたえる。

ブレグジット問題は、純粋に「英国の内政事項」――。もとより、この公式説明をもしわれわれが額面通り受け入れるならば、それは愚かと批判されるかもしれない。とはいえ、この公式声明のなかにもひょっとして一抹の真実が含まれているのではないか。これが、私の推測であり、解釈なのである。つまり、英国のEU離脱がはたしてロシアにとり吉と出るのか、凶と出るのか。現時点で必ずしも定かではない。したがって、プーチンはじめロシアの指導部の面々は、このことにかんして時期尚早の発言をおこなうことを差し控え、少なくとも当分のあいだ事態を静観しよう。こう考えているのではなかろうか。

たしかに、一方における米欧諸国と他方におけるロシアとのあいだでゼロ・サム・ゲームの関係が発生するケースが、これまでは実に多かった。すなわち、米欧が負ければ、それはそっくりそのままロシアの勝ちにつながる。こむずかしいドイツ語を用いるならば、〝schadenfreude（他人の不幸を喜ぶ意地悪な心情）[52]〟。俗っぽい表現を用いるならば、〝他人の不幸は蜜の味〟！　このような観点からいうならば、「ヨーロッパ地域での米国の尖兵役[53]」としてのイギリスの力が弱まることイコール、ロシアの勝利のはずだった。ところが冷戦後の国際場裡では、このような単純な形でのゼロ・サム・ゲームは必ずしも妥当しなくなった。少なくとも以前のようにストレートな形のゲームではなくなった。なぜか？

たとえば、まず、従来の米ソ間の対立という二極構造図式が崩れて、中国という新しいパワー（ないしは脅威？）が出現した。加えて、欧州や日本も無視しえない大きな役割を演じるようになった。要するに、国際世界が多極構造化している。結果として、今日の国際関係は、冷戦期の二極時代が懐かしく感じられるほど複雑な展開や諸相を呈するようになってきた。また、少なくとも経済分野ではグローバル化が進行し、国家やブロック間に相互依存関係が進行中である。そのために、たとえば己の政治的ライバルを弱体化させることは、己の貴重な貿易パートナーを弱体化させてしまう結果をみちびくことさえ稀でなくなった。それならば、ロシアは自分の首を締めることになりかねない行為を避けるのが賢明ということになろう。

## ロシアにとってのプラス——米・英と対ロ制裁

右のような一般論に立つ場合、ブレグジットそれ自体、とりわけそれがＥＵに及ぼす影響にかんし、ロシアは未だ断定的な判断をくだしうる立場ではない。このことは、理解できるように思われる。しかし、このことは、ブレグジッドがロシアにもたらすであろう様々な影響を、われわれ外部の者が取り上げ、論じることを止めてよい口実にはならない。いやむしろ、このようなことを検討することは有益であるばかりか、必要な作業だろう。そういう訳で、われわれもまたブレグジットがロシアに与えるだろうインパクトを「プラス、マイナス」(プーチン大統領自身の言葉[54])の二つに分類し、そのそれぞれを冷静に吟味してみることにしよう。まず、プラスの側面からはじめる。

英国のEU離脱がロシアにもたらす第一のプラスは、先にもふれたようにアングロ・サクソン・パワーの減退といえよう。米・英両国は、現時点でロシア外交推進の前途に横たわる宿敵ナンバー・ワンであり、主要な障害物である。英国はヨーロッパにおける米国の利害の代行者の役割をつとめることが多い。イギリスがEUから離れることになれば、今後そのようなスポークスマン役を果たす国はもはや容易には現れないだろう。いずれにせよ、アングロ・サクソンの二大列強、米国と英国の発言権や影響力がヨーロッパ地域で減退する。これは、プーチン指導部にとり、願ったり適ったりのプラスに違いない。

ブレグジットがロシアにもたらす第二のプラスは、右にのべた第一点とも関連して、EUが対ロ制裁を緩和したり、解除したりする時期を速めることに資するのではないかと期待を高めること。EU諸国は、二〇一四年三月のロシアによるクリミア併合、それ以後のウクライナ東部への事実上の介入のゆえに、ロシアに経済制裁を科している。ところが、米英とは異なり、EUの大陸部分の諸国は、ロシアと地続きであり、物資の運送費が安くつくことも手伝って、伝統的にロシアとのあいだに密接な貿易・経済関係を有している。もとより、ロシアによる武力を背景にするウクライナ介入にたいしては強く抗議し、反対せねばならない。だが、対ロ制裁は「もろ刃の剣」でもある。米・英両国に比べて対ロ貿易量が圧倒的に多い独・仏・伊らのヨーロッパ諸国は、対ロ経済制裁の継続に息切れをきたしはじめている気配すら感じられる。

ＥＵは、少なくとも二〇一八年一月末まで対ロ制裁をつづけることを決定済みである。が、その後どのくらい長く対ロ制裁をつづけるのか、予想はむずかしい。というのも、対ロ制裁にかんしては、ＥＵ諸国、そしてそれぞれの国内においても賛否両論が存在するからだ。たとえばバルト三国やポーランドでは、制裁維持論が優勢といえよう。他方、スロバキア、ハンガリー、イタリア、オーストリア、ギリシャなどでは、制裁解除論が徐々に高まりつつある。[55] また、ドイツ国内では、メルケル首相が制裁維持派であるのにたいして、フランク＝ウォルター・シュタインマイヤー外相（当時、現大統領）[56]、シグマール・ガブリエル経済相、[57] そして実業界は、制裁解除論に傾きつつある。概していうならば、制裁賛成派のリーダーだった英国の離脱によって、ＥＵの対ロ制裁は弱まることはあっても、もはや強まることはないのではないか。だとすれば、離脱票を投じた一七四〇万人の英国民は、プーチンが希望してなし遂げえなかったことをわずか一日（六月二十三日）でなし遂げた――。このように言いうるかもしれない。[58]

### ロシアにとってのプラス――ＥＵ弱体化

ブレグジットがロシアにもたらすかもしれない第三番目のメリットは、ＥＵ弱体化の可能性である。なぜか。これは詳しく説明しないと、おそらく分かりづらい事柄だろう。そもそもＥＵは、プーチン大統領のペット・プロジェクト「ユーラシア経済連合（ＥＥＵ）」のライバル組織のはずだった。このことは、ＥＥＵがとり込もうとしているウクライナ、ジョージアがＥＵ加盟を希望しており、プーチン・ロシアがそれを力ずくでも阻止しようと懸命になった事実からも明らかだろう。

ＥＵは、仮に英国の離脱問題がない場合でも、近年、様々の難問に苦しめられるようになった。たとえばギリシャをはじめとして、国内的な経済危機に遭遇しているＥＵ加盟諸国にたいする救済策のあり方、とくにその経済支援の分担額。また、シリア、その他の中東ならびに北アフリカ地域諸国からの大量移民の流入にたいする対処法を巡っての諸問題……。難問は枚挙に暇がない。そもそも一体なぜＥＵを結成したのか、はたしてＥＵをこのままの形で維持すべきなのか――。ＥＵの存立自体に係わる根本的問題すらもが、提起されるようになった[59]。

右のような状況下では、ブレグジットが一つのきっかけもしくは引き金となって、現ＥＵ加盟国のなかで、次のような議論すら発生するかもしれない。たとえば、イギリス同様に、自国がＥＵに加盟することのメリット、デメリットを再検討し、ＥＵ離脱をも視野に入れる国民投票を実施すべきとの議論。もとより、英国の国民投票は、二方向に働く。一方において離脱反対派は、今回の英国の体験を他山の石として軽率な国民投票の実施を危険とみなす。他方で離脱賛成派は、逆の理屈を唱えるだろう。英国政府が実施したことを自国政府がおこないえないはずはない、と。現に、フランスの極右政党・国民戦線のマリーヌ・ルペン党首はフランスのＥＵ離脱、すなわち"Frexit"、オランダの人民主義者《ポピュリスト》たちはネザランド（オランダ）の離脱"Nexit"を唱えている[60]。やや極端な予想をおこなうならば、ブレグジットは今まで固く閉ざされていた「水門を開く」[61]きっかけになった。ＥＵ離脱の「ドミノ現象」[62]を発生させる危険性なきにしもあらず。こう警戒する声が聞かれて不思議はないといいうるだろう。

さらにいうと、次の点もロシアにとり大きなプラスに違いない。周知のごとく、ウクライナやジョージアは長年にわたりＥＵ加盟の意図を明確にしている。このような彼らの申請は、しかしながら、ブレグジットによってこれまで以上に棚上げされ凍結状態にすらおかれることとなろう。プーチン政権の主たる対外的宣伝機関のひとつ、英語テレビ・チャンネル「ＲＴ」の会長、ドミートリイ・キセリョフは、己の希望的観測も混入しつつも次のように語った。「ブレグジットは、ＥＵの歴史の転換点になるだろう。（中略）ＥＵのメンバー諸国の数は減りつつある。メンバーを拡大する問題などは、たとえ永久的にではないにしろ、おそらく今後長くのあいだ全く問題外となろう[63]」。

## 英国よりもドイツ

ところが他方、英国がEUから離脱するからといって、それが全てロシアにとり都合のよい方向にばかり働くとは限らない。ブレグジットによって、ロシアが思わぬマイナスをこうむるケースすらなきにしもあらずだろう。要するに、英国離脱がロシアに及ぼす影響はけっして単純明快なものでなく、かなり複雑な性格のものなのである。私個人がそう考える根拠を、以下、二、三列挙してみよう。

(1) まず、英国がEUから離脱するといっても、直ちにそれが起こるわけではない。離脱は、「二年」の時間をかけておこなわれる。もとより、ブレグジットの決定自体が、逆転することはない。とはいえ、その間に国際場裡、EU、ロシアでは恐らく多くのこと——不可測の事態も含めて——が、発生するだろう。したがって、ブレグジットがロシアにもたらすだろうポジティブ、ネガティブなインパクトを現時点で判断し、それらに一喜一憂するのはやや時機尚早な行為といえるかもしれない。

(2) 次に、そもそもEU内での政策決定にかんして、欧州大陸に属していない外様の英国の存在感や影響力が実際どれほどのものだったのか。このことを正確に考えてみることも必要だろう。とりわけEUの対ロ政策決定において、イギリスははたしてどの程度の発言力を持っていたのか。たとえばドイツに比べ、どちらの国の発言権のほうがより一層大きかったのか。というのも、EU加盟諸国のなかでロシアとの経済関係が最も緊密なのは、ドイツにほかならないからである。ドイツは帝政ロシア時代以来、ロシアの貿易パートナーとしては常に一～二位の立場を占めてきた。現時点で、対ロ・ビジネスに従事している企業数でいうと、ドイツは六五〇〇社で、フランスやイタリアの五—六〇〇社に比べて、少なくとも一〇倍以上である。イギリスは、わずか四〇〇社でしかない。(64) 少なくとも経済的観点に立つかぎり、EU内での対ロ問題にかんする発言権では、イギリスに比べ従来ドイツのほうがはるかに大きかった。こう言いうるのではなかろうか。

（3）対ロ制裁の問題を、具体的にとりあげてみよう。二〇一四年三月のロシアによるクリミア併合以来、EUはロシアに経済制裁を科している（六カ月毎で既に五回目の延長をおこなっている）。プーチン・ロシアにとって、米欧諸国による制裁は、国際的な原油価格の急落、ロシア通貨ルーブルの下落とともに現在、経済上、三大頭痛の種の一つになっている。その緩和、望むらくは全面的な解除を切望している。そのようなプーチン政権にとって、英国のEU離脱は明らかに朗報以外の何物でもなかろう。というのも、英国こそは、米国と並んで対ロ制裁の急先鋒だからである。ところが、ではブレグジットによって、EUの対ロ制裁は直ちに緩和されたり、停止されたりすることになるのだろうか。こう問われると、答えは必ずしもそうとは限らない。というのも、英国以外のEUメンバー諸国も、米・英ほどには熱心ではないにしろ、もとより対ロ制裁に賛意を表すればこそ制裁に加わっているからだ。次の諸点からもそのようにいえるだろう。

たとえば、ウクライナ問題を巡る「ミンスク合意（I、II）」の当事国は、元々独・仏・ロ・ウクライナであって、米・英ではない。さらに重要なことがある。ウクライナの親ロシア派勢力やロシアが「ミンスク合意」を忠実に順守する態度や実際の行動をしめさないかぎり、独・仏が自らの対ロ制裁を緩和する気配をしめそうとはしない事実である。EU首脳会議は、現に、二〇一八年一月三十一日まで対ロ制裁を延長することに合意した。これは、英国がEU離脱を決定したあとにおこなった決定だった。

ＥＵは、さらに二〇一七年十二月、同制裁を二〇一八年六月三〇日まで延長することを決めた。

### メルケルの発言力

ＥＵの実態をみてくると、次のように大胆な問いを提起することすら可能だろう。つまり、ＥＵの対ロ政策形成に主導権を行使しているのは、必ずしもアングロ・サクソン系の米国や英国なのではない。むしろ、ドイツなのではないか、と。現に、ドイツは「ＥＵの盟主」とすらみなされている。もとより、ドイツは一枚岩でない。たとえば対ロ貿易に従事している六五〇〇社の大多数は、制裁解除派に属しているに違いない。とはいえ、現ドイツ外交の最終決定論者は、一体誰か。こう改めて問うならば、それは対ロ貿易に従事している実業家たちではなく、政治指導部、とりわけそのトップ、アンゲラ・メルケル首相とみなさなければならないだろう。同宰相の対ロ・イメージやプーチン観の変遷について語る前に、彼女の出自や経歴をごく簡単に紹介しておこう。

メルケル首相は、旧東ドイツで教育を受け、ロシア語を自由自在に話す。ドイツ語に堪能なプーチン大統領との国際電話で、ドイツ、ロシア両国語を用いて、通訳抜きで直接話し合える語学力の持ち主である。そのことも手伝って、彼女はロシアと欧米諸国とのあいだで仲介者の役割を演じるケースすら少なくなかった。そのようなメルケル首相の対ロ観は、しかしながら、最近大きく変化した模様である。そのきっかけをやや面白おかしく語るならば、以下のごとし。同首相は大の犬嫌い。ところが、そのことを十分知りつつもプーチン大統領は、彼女が二〇〇七年にソチの大統領公邸を訪問した際、ラブラドール・レトリバー種の愛犬、コニー（愛称）をけしかけて、メルケル首相に向って吠えたてさせた。[65] 以来、独首相は反プーチン主義者になったという。

真面目な話に戻るならば、メルケル首相の対ロ観を変えたのは、飽くまでもプーチンの政策や手法にほかならなかった。メルケルは、まず、二〇一一年九月、プーチンがメドベージェフに代って大統領ポストに復帰すると知って、失望した。メルケルは、メドベージェフの登場によってロシアがようやく近代化への道を歩みはじめたと思っていたからである。彼女は、オバマ米大統領（当時）を含む米欧の指導者たち、そして多くのロシア国民と同様、期待を裏切られ、プーチンによってだまされたとさえ受けとった。[66] 二〇一四年三月のクリミア併合は、メルケル首相にさらなるショックをあたえた。併合直後にオバマ米大統領との電話会談やドイツ連邦議会での答弁中で語ったとされる同首相による次のプーチン評は、全世界に喧伝される有名な科白になった。「プーチンは、もはや〔われわれとは〕別の世界に住んでいるようだ。彼は、ジャングルの掟《おきて》に従う異質な存在である」。ちなみに、二〇一五年、メルケル首相は米誌『タイム』によって「世界で最も影響力のある一〇〇人の一人」に選ばれた。[67]

このようなメルケルを宰相に戴くドイツは、英国離脱後のＥＵのなかでおそらくこれまで以上に大きな指導力を発揮してゆくのではなかろうか。[68] そのような予想は、ブレグジット決定直後に明らかになりさえした。たとえばブレグジットの報が入るや、ドイツのシュタインマイヤー外相（当時）は、ＥＵ創立メンバーをベルリンに早速招集して、対応を協議した。本来ならば、ドイツと同じく創設メンバーで当時ＥＵ閣僚会議の議長国をつとめるオランダこそが、アムステルダムでこの種の会議を主宰するのが筋だったろう。それにもかかわらず、ドイツは主導権をとり、自国で同会議を主宰した。そのようなドイツのイニシアチブに対して、その他のＥＵ諸国は何ら異議を唱えなかった。

ドイツは、ＥＵ統合の熱心な主唱者である。対照的に、英国は従来ＥＵの共通通貨ユーロすら採用しようとせずにポンドの維持に固執し、自国をＥＵから一定の距離をおこうとする態度を採ってきた。このようにややもするとＥＵとの同一化を忌避しがちな英国が、ＥＵを離脱した。この動きは、ＥＵ全体、少なくともドイツにたいしては必ずしも大きな打撃とはならないのかもしれない。むしろブレグジット後にドイツは、ＥＵ統合化を益々熱心に推進しようと試みるかもしれない。[69] もしそうなれば、それは、ＥＵの弱体化や分裂を希望するロシアの意向に必ずしも添う動きとはいえなくなろう。たとえば、ドイツの有力週刊誌『ツァイト』の政治編集長、ヨッヘン・ビットナーは記す。「メルケル首相はＥＵの統一こそが自由主義の諸価値の要塞、すなわちロシアにたいする政治的、経済的な防波堤であると信じている」[70]。

二〇一七年五月、トランプが初の欧州訪問をおこなった際、米国の新大統領は北大西洋条約の第五条を順守するとは必ずしも断言しなかった。[71] このような様子をみて、トランプ下の米国、もはや恃《たの》むに足らずと痛感したのかもしれない。メルケル首相は、実際のべた。「他国に完全に頼ることができた時代は、ある程度終わりをつげた。(中略)われわれ欧州は、みずからの運命を自分たちの手に握らねばならない[72]」、と。

## ロシアはＥＵを必要

そろそろこの辺りで、私は最も重要な問いを提起せねばならない。すなわち、はたして現ロシアはＥＵの衰退を本気で望んでいるのだろうか？　この問いにたいする私個人の答えは、「イエス・アンド・ノー」という煮え切らないものである。ＥＵが二〇一四年三月のクリミア併合以来科している経済制裁にロシアが強く反発していることは、改めて言うまでもない。だからといって、しかしながら、現プーチン政権がＥＵの政治的弱体化以上のこと、たとえばＥＵの解体までを望んでいる――私は、このようにはとうてい思いえないのである。[73] その理由は、以下のごとし。

まず、ロシア経済が、ＥＵ経済と密接不可分ともいえる相互依存関係にあること。ロシアからみて、ＥＵは経済パートナー、ナンバー・ワンなのである。アンドレイ・グロムイコ（ロシア科学アカデミー付属の欧州研究所所長）も、断言して止まない。「ＥＵは、ロシアにとり最大の経済パートナーである」[74]、と。ちなみに、同所長は、ソ連時代の外相、アンドレイ・グロムイコの孫である。逆にＥＵ側からみると、ロシアは第四位の重要性を占める貿易相手。ロシアは、ＥＵにたいして化石燃料資源を輸出している。ロシアからＥＵへの輸出品の八五―九〇％までもが、同資源である[75]。ロシアの原油の八八％、天然ガスの七〇％がヨーロッパへ輸出されている。ヨーロッパ側からいうと、それが輸入する天然ガスのうち四四・五％、原油のうち三三・〇五％までもがロシアからである[76]。逆にＥＵは、鉄道車輌、航空機、各種機械設備などをロシアへ輸出している。その全輸出の六五％までをも占める[77]。

以上の数字をまとめるならば、ＥＵは、二〇一六年現在、ロシアの外国貿易高の四二・八％までをも占める重要パートナーなのである。これにアメリカとの貿易高四・三％も加えると、ロシアの貿易活動の半分近くまでもが、米欧諸国とのあいだでおこなわれていることになる（二〇一六年）[78]。他方、アジア太平洋諸国との貿易高はたしかに拡大傾向にあるとはいうものの、現時点では未だ三〇・〇％（二〇一六年）に止まっている[79]。ビジネスの世界では、売り手と買い手のどちらが優位とは、一概に断言しえない。天然ガスの売買にかんしていうならば、売り手のロシアは買い手のＥＵ諸国を必要としている。とくにＥＵ諸国は通常、中国よりも若干高値でロシア産のガスを購入してくれる。

右にのべたような、ロシアがヨーロッパ諸国とのあいだで有する緊密な経済的補完関係の存在のゆえに、経済評論家のなかには「ヨーロッパがくしゃみをすれば、ロシアは風邪を引く」[80]と評する者がいるくらいである。その譬えの適否は別にして、現ロシアはＥＵの脆弱化にたいして必ずしも「乾杯する気にはとうていなりえない」[81]といっても、差し支えないのではなかろうか。

ＥＵは、ロシアにとり重要な存在である。このことは、単に経済上の観点から見てそうなのではない。プーチン・ロシアには、ヨーロッパ諸国との関係を決してなおざりにしたり、冷却化させたりしてはならない、政治・外交上の理由も有している。現ロシアは、ウクライナ、シリアを巡る紛争などによって、米国とのあいだでは「すわ、ミニ冷戦の到来か」と噂されるまでに厳しい状況に見舞われている。だからといって、しかしプーチン大統領は、宿敵アメリカとの関係の改善を目指し、米国向けにみずから率先してオリーブの葉を投げかける（和平の手を差しのべる）わけにはゆくまい。だとするならば、次善の策の一つとして、アングロ・サクソン両国に比べて必ずしも厳しい対ロ対決姿勢をとろうとしていないＥＵ諸国――。これらとの関係を悪化させることは、ロシアにとり決して賢明な外交政策とはならないだろう。

## 蕩児、ヨーロッパへ帰る

プーチン大統領は、先に説明したように、米欧諸国にたいする反発からアジア太平洋、とりわけ中国へ軸足を移そうと欲した（「第10章　アジア太平洋」、「第11章　中国」参照）。二〇一四年三月のクリミア併合以来Ｇ７諸国がロシアに科した制裁は、クレムリンのそのような意図をさらに強めた。ところが、中国側は、これまた既に説明した様々な諸事由からロシアのそのような期待に十分こたええず、またこたえるつもりもなかった。いや、ウクライナ危機をきっかけに発生した米ロ間の「ミニ冷戦」を、己の国際的な発言権を増大させる絶好の機会として利用しようとさえもくろんだ。

北京政府の思惑やもくろみ次第にかかわらず、「中国頼むに足らず」との結論に達したプーチン大統領は、ヨーロッパへ――少なくとも部分的に――回帰しようと思い直しているのではなかろうか。これが、少なくとも私の印象なのである。そして、そのようなプーチン大統領の方針転換に最も大きな影響をあたえているのは、習主席提唱の巨大経済圏構想「一帯一路」に違いあるまい。プーチン大統領は、己のペット・プロジェクト「ユーラシア経済連合（EEU）」を実現させる夢を抱き、そのために少々の犠牲を払うことなどまったく厭おうとしていない（「第8章　EEU参照」）。ところがEEUの前途には、「一帯一路」スキームが横たわる。そして、同構想にたいしてロシアはとうてい独力では対抗しえない。プーチンはこう悟ったのではなかろうか。では、ロシアははたしてどうすればよいのか。

もともとプーチンのEEU構想は、EUに対抗することを目的の一つとして提案されたはずだった。だが同時に、その名称「ユーラシア経済連合（EEU）」からも容易に想像できるように、意識するとしないとにかかわらず「欧州連合（EU）」を「モデル視」[82]していたことも、明らかだった。だとすれば、ここで思い切って大胆な発想転換をおこなうことすら可能かつ必要になろう。すなわち、EEUはもはやEUと敵対することを断念し、むしろEUを味方に引き入れ、EUと連携し、その力を借りる。そのことによって、中国の膨張を抑える手立てとする。

じっさい、ロシアのプーチン大統領は、最近、このような発想の転換をひそかにおこないつつあるのではないか。私にそう思わせるのは、ロシアが二〇一六年六月十六―十八日に開催した「サンクト・ペテルブルグ国際経済フォーラム（SPIEF）」でのプーチン発言である。大統領は、会議の席上、EUが有するロシアにとっての重要性を次のようにまで持ち上げ、強調したからである[83]。少々長くなるが、重要な内容を含んでいるので、そのまま引用することにしよう。

「われわれ〔ロシアとEU〕の関係にはあらゆる類いの周知の諸問題が存在している。それにもかかわらず、EUは、ロシアの鍵《キー》となる主要貿易・経済パートナーである。EU加盟諸国は、われわれ〔ロシア〕に地理的に最も近い隣国であり、われわれは、わが隣人すなわちヨーロッパ諸国、ヨーロッパ経済に発生しつつあることにたいして決して無関心ではありえない」。まずこうのべたあと、大統領はつづけた。「〔だから〕われわれは、ロシア＝ヨーロッパ関係にたいする信頼に立ち戻り、われわれの協力の水準を回復することが不可欠である」(傍点、木村)。プーチンは次のようにすら結論した。「私が提唱する大ユーラシア (большая Евразия; Greater Eurasia) プロジェクトにヨーロッパが参加する道が開かれているばかりではない。この種の協力は互恵的なものになりさえするだろう」、と。しかもプーチン大統領は、この「総合的なユーラシア貿易・経済パートナーシップ」にＥＵのみならず、中国の参加も期待している模様なのである。

## ＥＥＵとＥＵの連携？

もとより、右のようなプーチン大統領の言葉をそっくりそのまま額面通りに受けとることは、ややナイーブであり危険かもしれない。というのも、大統領が同会議で差し当たって狙った課題は、ＥＵの対ロ経済制裁を緩和させることがその第一番の目的だった。そのために、大統領はＥＵ諸国からの参加者たちにたいして可能なかぎりのリップ・サービスをおこなうことに努めたからである。じっさい、同大統領はＳＰＩＥＦの本会議の前後や合間を縫ってＥＵの要人たちとの会合を精力的におこなって、制裁解除の必要性を陰に陽に訴えた。たとえば、次のような人々である。ジャン＝クロード・ユンケル欧州委員会委員長 (前ルクセンブルク首相)、メルケル独首相、フランソワ・オランド仏大統領 (当時)、ニコラ・サルコジ前仏大統領、マッテオ・レンツィ伊首相……等々。

但し、私の右のような推測とほぼ同様の見方をしている有力な人物が、少なくとも一人いる。ジョージ・ソロスである。ハンガリー生まれのユダヤ系大富豪。「ソロス財団」理事長として、ロシア情勢に並々ならぬ関心を抱き、かつ一家言も持つことで知られるロシア通である。そのようなソロスはのべる。「プーチンが『大ユーラシア』構想を提唱する理由は、一体何だろうか。増大する一方の中国の影響力に〔ロシアが〕対抗するためには、〔ロシア一国の力だけではもはや決して十分でなく〕ヨーロッパという巨大貿易ブロックの形成を必要とすると考えるからに違いない[84]」。

EEUとEUを統合する――。これは、奇想天外かつ突拍子もない発想かもしれない。しかしながら、少なくとも理論的には十分ありうるアイディアではなかろうか。もしロシアとEUの指導者たちが経済的側面のみに注目するならば、両組織の両立は十分可能だろう。というのも、EU側は、エネルギー資源、原材料、ある程度にまで習熟した労働力を必要としており、EEUはこれらをEUに提供できる代りに、己の経済近代化のための投資と先進技術をEUから獲得したいと欲しているからだ。

ところが、誰しもが思いつくこの種の政経分離策は、現実には起こりえない。ひとつには、経済と政治・安全保障は互いに分かち難くリンクしているからである。二〇〇八年のロシア軍によるジョージアへの軍事侵攻、二〇一四年三月以来のクリミア併合やウクライナ東部へのロシアの介入行為が、このことを裏書きしている。つまり一言でいうならば、ロシア側は是非ともEUと協調し、経済分野での「大ユーラシア」を形成したくさえ思っている。他方でしかし、ロシアは安全保障・軍事分野で他の国家の主権や領土を侵犯することに些かも逡巡しないタイプの国家なのだ。

したがって、EEUとEUの協力・連携シナリオは、少なくとも今日、ほとんど考えられない選択肢だろう[85]。とはいえ、将来EUの対ロ制裁の緩和に伴って、そのような道が開かれてくる可能性なきにしもあらず――。もしプーチン大統領らロシアの指導者たちが、EUにたいしてそのような希望を持っているとするならば、彼らがブレグジットのニュースに接したとき、一概に「乾杯をあげる気分にならなかった」理由が、少しは分かるような気がしてくる。ロシア指導部は、ブレグジットを機にEU諸国が抱きはじめたEUの存続や将来性にかんする危機意識に自らが巧みに乗じることによって、それをＥＥＵとＥＵとの関係強化の契機として活用できないかと思案した。このようなことが、十分想定されるからである。[86]

## 欧州分断の新しい可能性

二〇一六―一七年になると、プーチンを指導者に仰ぐロシアにとって、ひょっとすると米欧諸国を分断しうるかもしれないチャンスがめぐってきた。そのような事情の発生の事由は、ロシアと米欧諸国の双方に存在する。

まずロシアでは、クレムリンに返り咲いたプーチン大統領が、ロシア版「保守主義（консервативзм）」を唱道するようになった。それは、元々トマス・ホッブズ、ジョン・ロックら欧米の思想家が説いた意味での「保守主義（conservatism）」とは明らかに異なっていた。というのも、欧米流の保守主義は、何よりも個人の確立をその前提にしているからである。それにたいして、プーチン版「保守主義」は、単にロシア特有の価値観や伝統を固守しようともくろむ、一種の国家主義の発想にもとづいている。端的にいうと、後者は人類普遍の自由主義や個人主義の原理を否定しようとする反欧米的思想とすらみなしうるだろう。[87] とはいえ、プーチン版「保守主義」は、一部の西欧諸国での物質主義、拝金主義、フェミニズム、ＬＧＢＴ（レズビアン、ゲイ、バイセクシュアル、トランス・ジェンダー）、無国籍文化の横行などに警鐘を鳴らす。そのために、単にロシアばかりでなく世界各国で、一部知識人や大衆の共鳴を獲得しやすい側面をもつ。

次いで米国では、オバマ前大統領の対ロ制裁を批判して止まなかったドナルド・トランプが当選し、ホワイト・ハウス入りを果たした。オバマ前大統領に比べると、トランプはロシアにたいし宥和的な立場を採ることを厭わない政治家である。すなわち、ロシアにたいし制裁を科すことよりも、イスラム系移民の流入を防止したり、「イスラム国（ＩＳ）」との闘いを重視し、ロシアと協力してこれらの難問に取り組んだりするほうが一層賢明とすらみなす。しかも、米欧諸国のなかには次のように考える人々が多くなりつつある。クリミアの併合やシリアで化学兵器が使用されたか否かなどは、今日明日の己の生活に直接関係しない遠い世界での出来事である。それに比して、イスラム圏諸国からの大量移民の流入といった彼らにとってより直接かつ深刻な問題が、後回しにされ忘れがちになるのは遺憾である。

右に関連して、思い切って大胆かつ単純化してのべるならば、ヨーロッパの指導者たちは、現在、次の二つの問題に頭を悩まされているといえるだろう。[88] 一は、「東方」問題。すなわち、プーチン・ロシアが、ソ連解体でいったん喪ったはずの旧ソ連構成諸国の或るもの（たとえば、ジョージア）を、己が依然として「特殊権益をもつ地帯」とみなして、武力介入することすら厭わない傾向。この行為を懲らしめるためには、ロシアにたいし無条件に抗議し、制裁を科す必要があろう。さもないと、〈武力で国境線を変更するべからず〉と約束した第二次世界大戦後の国際政治上の基本原則が反古にされてしまう危険がある。二は、「南方」問題。何か有効な手を打たないかぎり、ヨーロッパ諸国は、イスラム圏諸国から続々と押し寄せてくる移民を食い止めえない。そして、彼らの流入と全く関係ないと断言し切れないテロリズムの発生を、根絶しえない事態をみちびくだろう。

右の二つの問題を比べる場合、「東方」問題はどちらかといえば原理・原則に関わる抽象的な課題である。それにたいして、「南方」問題は「今、ここにある危機」と評しえよう。これら二つの問題にたいしては、もとより同時並行的に闘う――これが正解のはずである。とはいえ、資力やエネルギーの点からいってそれが困難な様相を呈する場合、一体どうすればよいのか。ヨーロッパの指導者たちの関心がややもすると前者から後者へと移行するのも止むをえない。こう評さざるをえないのではなかろうか。

# 第14章
# 中　東(1)

新旧イラン大統領（左：アフマディネジャド前大統領、右：ロハニ現大統領）

ロシアは、けっして西側の家具の一部なのではない。

——**ドミートリイ・トレーニン**(1)

ロシアは、アメリカとも、アメリカの最悪の敵の一つ、イランとも仲良くしつづける。

——**セルゲイ・ストロカン**(2)

ロシアとイランの関係は、便宜結婚のそれである。

——**ニコライ・スルコフ**(3)

## 定義、特徴、重要性

「中東」とは、いったいどの地域を指すのか？　この問いに正確に答えることは、意外にむずかしい。まず、中東（Middle East）は、近東（Near East）と極東（Far East）との中間に位置する地域という意味だろう。ヨーロッパに近い東方の諸国は、イギリスからみて近東と呼ばれた。十九世紀以降オスマン帝国が支配していた地域である。具体的には、バルカン諸国、トルコ、シリア、アフリカ北東部などを指す。そして、そのような近東よりもさらに東方の国々が中東と呼ばれた。具体的には、イラク、イラン、アフガニスタンなど。とはいえ、近東と中東とが厳密に区別されているわけではないようである。たとえばシリアは、近東、中東どちらの地域に入れればよいのか、かならずしも定かではない。要するに、中東の地理的範囲は、紙の上に一線を引くような形で厳格に特定しえず、漠然としか表現しようのない、ヨーロッパからみた地理的概念なのである。[4]このような事情にも鑑み、本章では、近東と中東を合わせた地域として「中東」という言葉を用いることにしよう。

中東は、次のような特徴、したがってロシアにとっての重要性をもつ。

第一に、中東は地政学上の要衝《ようしょう》であり、アジアとヨーロッパ、アフリカを繋ぐ架け橋である。カネ、モノ、ヒト、情報の交叉点といえよう。ロシア人は、地中海、紅海、インド洋へ出ようとするさい、中東地域を通過せねばならない。そのような中東地域に属する国々とのあいだで、はたして友好的な関係を維持できるか、否か。このことは、ロシアにとって死活の重要性をもつ。

第二に、中東はエネルギー資源に恵まれている。石油、天然ガスなど化石燃料の宝庫である。米国がシェールガスやシェール石油で第一位に踊り出るごく最近までのあいだ、明らかにそうだった。世界全体の原油確認埋蔵量の約七〇%が、この地域に集中していた。個別的にいうと、原油生産量にかんしてはサウジアラビアが世界第一位。天然ガスの埋蔵量では、イラン—第二位、カタール—第三位、サウジアラビア—第四位、アラブ首長国連邦—第五位。天然ガス生産量ではイラン—第三位、カタール—第四位。ロシアも負けてはいない。たとえば原油の生産量では第二位、天然ガスの埋蔵量、生産量では第二位。このことは、何を意味するのか。ロシアは中東の多く国々とのあいだで、エネルギー資源大国としての利害を共通にする。互いに協力すれば、多くの利益が得られる。パートナーとなりうるかもしれない。だが、もし逆に反目するならば、ロシアと中東諸国は互いに強力な競争者となる可能性を否定しえない。

第三に、宗教の多様性。中東は、ユダヤ教、キリスト教、イスラム教など、世界の主要な宗教の発祥の地である。これらの宗教のメッカ（聖地）が存在する中東地域には熱心な信者が密集して居住し、それぞれの宗教にもとづく生活を営んでいる。とりわけ同地域ではイスラム教徒が圧倒的な数をしめている。ロシア連邦内にも、約一五〇〇—二〇〇〇万人と推定される数のイスラム教徒が存在する。たとえば、チェチェン共和国では、イスラム教の過激派たちがロシア連邦からの分離独立を唱えて、テロ活動に訴えることすら辞さない。このことからも、ロシアにとりイスラム教信者の多い中東諸国とのつき合いはデリケートかつ細心の注意をもっておこなうべき事柄になる。

第四に、中東は宗教、民族、社会、政治など、どの観点からみてきわめて不安定な地域である。そのことも、ロシアにとり重要な意味をもつ。宗教的には、たとえばイスラム教徒のなかでのシーア派vsスンニ派の確執。民族的には、たとえばアラブ諸国と並んで、非アラブ諸国（イラン、トルコ、イスラエル、アフガニスタンなど）が存在する。中東ではほとんどの国が多民族国家であり、民族と国家が必ずしも一致しない。たとえばクルド人は複数の国にまたがって居住し、彼らの民族的権利を抑え込もうとするイラク、シリア、トルコ、イラン政府と対立している。

これらの対立、またはその他の事由のために、中東は単なる紛争に止まらず、流血の惨事すら多発させる地域となっている。じっさい、たとえば次のような事件が近年、かつ現在も発生中である。たとえば、イスラエル－アラブ戦争、ソ連軍のアフガニスタン侵攻、イラン－イラク戦争、湾岸戦争、米英らによるイラク武力攻撃、シリア内戦……等々。中東地域が種々様々な不安定要因をほとんど慢性的な形でかかえていることは、ロシアにたいしてチャンスと危険の両方を提供する。もしロシアが巧くたちまわるならば、たしかに仲介者としての役割を演じることなどによって己の国際的発言力を増大させ、存在感を高めることに役立つかもしれない。だがそのようなことをあまり調子に乗ってやり過ぎると、たとえば欧米諸国との関係を悪化させる危険、その他のマイナスを招きかねない。(5) 最初に結論をのべるならば、プーチン政権の対中東外交とは、これら二つをバランスさせようとする危険な綱渡り外交と評しえよう。

## 「二大陣営論」

中東地域にたいするプーチン外交の特色は、何なのか？　それは、歴代政権の対中東外交を忠実に継承しているだけなのか？　それとも新機軸を打ち出し、過去の路線からの大胆な転換を図ろうとするものなのか？　もし転換しているとしたら、いったい何をどのように、そしてどの程度にまで変化させているか？　これらの問いに答えるためには、若干歴史を遡って、プーチン政権以前の時期でのソ連やロシアの中東外交をごく簡単に復習する必要があろう。

フルシチョフ以降のソビエト政権は、国際世界をみる基本的なコンセプトとして「第三世界」論を展開した。(6) 本章ならびに次章で扱う中東地域は、まさにそのような「第三世界」の典型例だったといえる。(7) では、「第三世界」(the Third World) とは、いったい何か? ごく荒っぽくいうと、マルクス、レーニン、スターリンは、ものごとを二項対立の形でとらえようとした。あれかこれか、味方に非ずんば敵とみなす考え方である。黒と白とのあいだの中間に位置する「灰色地域《グレー・ゾーン》」の存在を認めようとしなかった。マルクスはブルジョワジーとプロレタリアートとのあいだの階級対立、レーニンは資本主義と社会主義とのあいだの闘争が不可避と説いた。スターリンも、東西二大陣営はけっして和解しえないという[8]「二大陣営論」(two-camp theory)[9] を唱え、第三世界の存在を否定した。ましてや、プロレタリアートと民族ブルジョワジーが連合戦線を形成する可能性を認めなかった。

ところがフルシチョフは、マルクス、レーニン、スターリンの厳格な二項対立の思考を若干緩和し、修正しようと試みた。[10] フルシチョフは、まず、「第一世界」と呼ばれる「西」側陣営と、「第二世界」と呼ばれる「東」側陣営とのあいだの戦争不可避論を否定し、これら二大陣営が平和共存すべきであると主張した。フルシチョフは、次いでスターリン流の二分法を否定して、世界を三分割し、「第三世界」論または「平和地帯(зон мира)[11]」論を唱えた。すなわち、次のような主張である。まず、世界の現状を冷静に眺めるならば、「第一世界」と「第二世界」との中間に、「第三世界(*tiers monde*)[12]」と名づけられるグループの国々が存在する。政治的には「非同盟」または「中立」の立場をとり、経済的には後進国または発展途上国の国々である。[13] 具体的にいうと、少なからぬ数のアジア、アフリカ、ラテン・アメリカ、中東地域の国々が、この「第三世界」に属する。[14]

フルシチョフ流の「第三世界」論は、次いでのべる。たしかに、これらの国々は社会主義国でもなければ、社会主義を志向していないかもしれない。とはいえ、「第三世界」の国々の民族解放運動のなかには、反帝国主義、反資本主義の契機が十分な程度にまで含まれている。それらを巧く善導すれば、将来社会主義へ向う可能性が存在する。したがって「第三世界」、すなわちグレー・ゾーンの存在を否定したり、その可能性を軽視したりすることは、重大な戦術的誤りを犯す。これら「第三世界」諸国が秘めるそのような萌芽を、社会主義陣営の盟主を任じるソ連邦は、積極的に支援し、育成する使命と責務をもつべきである、と。[15]

## フルシチョフの「第三世界」外交

右のような考え方にもとづき、フルシチョフ期のソ連は、たとえばインド、バングラデシュ、キューバ、エジプトなどへの支援にかんして、当時のソ連の経済状態から考えると身分不相応と疑われるまでの「大盤振る舞い[16]」の経済的支援すらおこなった。アスワン・ダム建設にたいする巨額（一億ドル）の資金援助は[17]、その好例である。「第三世界」の盟主を気取ったガマル・ナセル大統領下のエジプトが当時推進していたプロジェクトだった。

もとより、西側陣営の領袖を任じるアメリカも、ソ連に負けじと膨大な額の経済的・軍事的、その他の援助を「第三世界」諸国に注ぎ込んだ。その結果、中東をはじめとする「第三世界」は、東西陣営間の「代理（proxy）戦争」、少なくとも草刈り場の様相を呈した。ナセルやネルーなど「第三世界」の指導者たちは、米ソを巧みに手玉にとり、米ソを互いに競わせることによって、己のバーゲニング・パワーを強め、みずからも国際政治上のキャスティング・ボートを握ろうとすら試みた。じっさい、彼らは、己が帰属・代表する国家の国際的な地位や実力をはるかに超える影響力や名声（虚名？）すらも獲得した。

ところが、ゴルバチョフ、エリツィン両政権期となると、「第三世界」一般、そしてその代表格だった中東地域は、ソ連／ロシアの外交優先リストで順位を著しく低下させることになった。その理由は容易に想像されるであろう、たとえば、以下のような一連の事件が発生したからである。まず、冷戦におけるソ連の事実上の敗北。ソ連邦の解体とグローバルな大国の地位からの転落。これらは、さらに次のような事態をみちびいた。イデオロギーの観点からは、共産主義または社会主義思想の説得力や信憑性の喪失。結果として、フルシチョフ流「第三世界」論も衰退した。代って、新生ロシアにとって対米関係の改善が政治・外交の優先課題になり、[18] 中東などの「第三世界」でアメリカとのあいだでことさらことを構えようとはしなくなった。[19] 経済的には、ソ連／ロシア自体が混乱と困窮の真只中へと投げ込まれたために、中東など「第三世界」諸国にたいし寛大な支援をあたえる立場や状態ではなくなった。

右のように要約される諸事情によって、中東は、他の「第三世界」地域や諸国同様に、ゴルバチョフ外交、エリツィン外交の主要な関心領域からはずれることになった。極端にいうならば、周辺的《ペリフェラル》な関心事へと転落したのだ。ゴルバチョフ政権がおこなったアフガニスタンからのソビエト軍の撤退は、このような変化を反映していたといえるだろう。

## 中東重視の理由——経済・宗教

プーチン時代——とりわけ「プーチン2.0」——になると、ロシアは中東に再び関心を向けはじめた。プーチン大統領とその側近たちは考える。ゴルバチョフ、エリツィン両政権期での中東軽視の態度や政策は必ずしも適当とは評しがたかった。ロシアは、中東にたいしもっと積極的な関心を注ぐべきである、と。では、何がロシア指導者の考え方をそのように転換させたのだろうか？　別の言い方をするならば、プーチン現政権は、中東地域でいったい何を達成しようと狙っているのか？　主として次の四つの目的ないしは理由が考えられる。

まず第一は、経済的動機。端的にいうと、物質的利益の追求にほかならない。プーチン政権の開始とほぼ時を同じくして顕著となった中東情勢の不安定化、中国やインドの台頭、その他によってエネルギーの国際的価格が高騰した。ロシアと中東地域の多くの国々は、世界で有数の燃料資源大国。もしロシアがそのような中東諸国と相互に協力、提携し、共同戦線を組むならば、どうだろう。彼らが現在享受している利益を入手しつづけうるばかりか、さらに増大させうるかもしれない。ロシアは、中東諸国とのあいだでもつ共通利害を最大限に利用すべし。プーチン大統領は、たとえばイランやカタールからガスにかんしても「ＯＰＥＣ（石油輸出国機構）」に似た組織を結成しようと提案をうけたとき、そのような考えを少なくとも直ちには拒否しなかった。現実にはそのようなカルテル組織化の可能性が極めて少なかったことを承知する一方で、エネルギー供給国同士の連帯や結束の必要性を認識していたからだった。

プーチン政権は、中東諸国がロシア製兵器の有力な市場であることも十分承知している。兵器はエネルギーと並んで、プーチン政権にとり実に貴重な外貨の収入源にほかならない。中東は、地球上で最も不安定で戦火が絶えない地域。極端にいうと、「死の（武器）商人」の暗躍を可能にする地域でもある。しかも、中東諸国の或るものはアメリカ、ＥＵ諸国、イスラエルなどと政治的に対立しているために、米欧製の兵器を入手しにくい立場や状況下におかれている。あるいは、米欧製の兵器購入をみずから拒否している。このような事情は、ロシア製兵器の販売先拡大に躍起になっているプーチン政権にとって、決して見逃しえない絶好のチャンスを提供する。じっさい、プーチン政権は、これらの諸国にたいしてロシア製の兵器、防衛システム、弾薬、スペア部品等を売却することに熱心になっている。そればかりか、将兵の訓練や指導を引き受けることすら拒否しない。たとえばサダム・フセイン統治下のイラク軍は即ロシア軍と評されるまでに、ロシア軍をそっくりそのまま模倣した複製品《レプリカ》、もしくは縮小版《ミニアチュア》だった。イラク軍兵器の約半分は、ロシア製だった。

プーチン政権の中東重視の第二の理由は、イスラム教徒の支持をとりつけること。プーチンは、チェチェン共和国の分離独立運動を粉砕することを事実上、己の選挙スローガンに掲げて、大統領ポストを獲ちとった人物である。別の言葉でいうと、チェチェン共和国におけるイスラム過激派勢力を一掃することが、プーチン政権の重要な存在理由《レゾン・デートル》のひとつだった。ところが、同過激派を追いつめる無差別攻撃作戦の遂行過程において、プーチン政権は何十万人という無辜《むこ》のチェチェン市民を巻き込み、殺戮の犠牲にさえ供する結果をもたらした。チェチェン共和国にたいするこのような強引な手法は、ロシア国内に居住するイスラム教の穏健な信者はもちろんのこと、中東諸国のイスラム教徒たちのあいだで反感を招きはしないか。こういった懸念がけっして現実のものとならないように、プーチン政権は細心の注意を払わねばならない。そのような理由からも、同政権は中東諸国の為政者や一般市民にたいして宥和外交を実施する必要性が生まれる。

## 中東重視の理由——政治・外交

第三の理由は、政治・外交上の利益の追求。中東地域では、米政権のユニラテラリズム（単独一極主義）にたいする反発が急速に高まりつつある。そのような気分や雰囲気を、何とかしてロシア外交に有利な形で利用しえないものか。そのためには、米政権に向って断乎たる対決姿勢をとる——。これこそが、ロシア内外でプーチン政権の存在感をしめす絶好のデモンストレーションとして役立つのではなかろうか。

改めて想起するまでもなく、冷戦後長らくのあいだロシア国民のあいだで心理的な不満が鬱積し、フラストレーションが蓄積されていた。ベルリンの壁の崩壊をきっかけにして中・東欧の「衛星」圏を失い、ソ連邦も解体を余儀なくされた。それやこれやの結果として、ソ連邦／ロシア連邦はそれまで米国と並び立っていた超大国の地位から単なる一列強へと転落せざるをえなかった。ところが、一九九八年夏の金融危機をどん底にして、幸いロシア経済は若干上向きへと転じた。原油価格の国際的な高騰によって、少なくとも二〇

○八年のリーマン・ショックまでの一〇年間にエネルギー供給国としてのロシアは未曾有の好況にすら恵まれるようになった。

好調な経済の波に乗って、ロシア人は徐々に自信を回復しはじめた。それにもかかわらず――ロシア人の多くは考える――己の政治的な発言力は国際社会、とくに米国によって未だ十分な程度にまで認知されるにいたっていない。国際社会におけるロシアの影響力はもっと大きなものとして評価されて然るべきではないか。ロシアは、米欧諸国と一線を画し、必ずしも共同歩調をとらず、独立独歩の道を歩む国である。このことが、もっと広く知られて当然ではないか――。トレーニンものべる。「ロシアは、けっして西側の家具《ファーニチャー》の一部ではないのだ[20]」。英『エコノミスト』誌の解説によれば、この発言はもはや「ロシアが西側の操り人形《パペット》でない[21]」ことをしめす自己主張の表明にほかならない。このようなプーチン政権の意図や決意は、口頭で唱えるだけでは決して十分でなかろう。実際の行動によって目に見える形で裏づけられることによってはじめて、ロシア国民や全世界を納得させうる。

プーチン政権は、イラク、イラン、シリア、その他の中東地域でことさらのように米欧諸国と異なる行動をとる。そのことによってたとえ米欧諸国と衝突し、対米関係を損なう結果を少々招こうとも止むをえない。そのようなコストを甘んじて受け入れる。米欧諸国とは一味も二味も異なる独自外交を実施しつつあるとの評判によって得られるプラスのほうが、ロシアにとりははるかに重要だからである。少なくともロシア人一般のプライドは満たされ、充足感が得られる。

プーチン政権の中東外交の第四の狙いは、欧米と中東諸国とのあいだで仲介者としてのキャスティング・ボートを握ること。それによって己の発言力や影響力を増大させ、ロシアの存在感をしめすことが可能になるからである。そういえば、中東は伝統的にロシアがブローカー（仲立ち周旋人）の役割を買って出ることを好み、かつ得意とする地域だといえよう。湾岸戦争時（一九九〇—九一年）には、アラブ通を自称するエフゲーニイ・プリマコフがゴルバチョフ大統領の特使としてサダム・フセインの許に二度も通った。[22] プリマコフは、二〇〇三年二月、今度はプーチン大統領の特使としてもバグダッドを訪問した。[23] プーチン大統領自身も、二〇〇五年、〇七年と二度にわたり、中東への公式訪問を敢行した。プーチン大統領は、中東諸国の指導者たちをクレムリン内へ招き入れ、もてなすことにことのほか熱心な態度をしめす。米国がテロリスト・グループとみなして弾劾して止まないハマスの幹部すら、その例外ではない。

——以上の叙述をもって、中東一般についての「総論」を終わりにしたい。以下の「各論」においては、中東の主要諸国を三つばかり選んでプーチン外交の実際を具体的に検討することにしよう。同政権のイラクにたいする外交については、筆者は別の書物でくわしくふれているので、[24] ここではイラク以外の国々、すなわち、イラン（本章）、シリア、トルコ（次章）の三カ国をとりあげることにする。

## イランにたいする危険な綱渡り

イランは、イラク、北朝鮮とともに、ジョージ・W・ブッシュJr.米大統領が「悪の枢軸（axis of evil）」と名づけ、非難弾劾してやまない対象国だった。たしかに、イランは、北朝鮮同様、もし何もしないでそのまま放っておくならば、ほぼ確実に核兵器開発への道を歩んでゆく懸念が十分存在する国である。そのために、プーチン大統領はジレンマに遭遇する。ロシアは、一方で「核不拡散条約（NPT）」体制の維持を欲し、イランが核兵器保有国になることを望まない。だからといって他方、ロシアはイランを冷淡に突き放したり、ましてや米欧諸国と共同歩調をとり経済制裁措置を科したりする訳にはいかない。なぜか？

ロシアはイランとのあいだで、まず、密接な経済関係を保持している。イランの全輸入額の約一〇%は、ロシアからのそれである。イランはとりわけロシア製兵器の大事な顧客で、中国、インドに次いで世界第三位（約七〇億ドル）を占める。そのなかには、一〇億ドルにのぼる地対空ミサイル・システムTor―M1の売却契約も含まれている。同システムは、爆撃機や巡航ミサイルを低空で撃ち落すことができる。さらにロシアは、二〇一六年四月、同システムの改良型S―300をイランに売却する用意があることを示唆した。[25] もしこれが実行に移されるならば、米国またはイスラエル軍が万一イランを攻撃する場合、実に強力な対抗手段に遭遇せねばならないことになる。[26]

ロシアは、イランにたいし原子炉建設計画も請け負っている。たとえばイラン南西部のブシェールに軽水炉型の原子力発電所を建設するという契約（約一〇億ドル）である。そのほかにも、ロシアは、イランとのあいだで二〜六基の原発を建設する契約（総額にして四〇―一〇〇億ドル）を受注済み。ところが、まさにこれらの原子力発電所こそが、米欧諸国とイランとのあいだの確執の元凶の一つなのだ。たしかにイラン側は、次のように弁明する。「イランは、NPTの加盟国であり、国際原子力機関（IAEA）の管理下にある。そのようなイランは、〝原子力の平和利用の権利〟をもつはずである」、と。

しかしながら、軽水炉型原子力発電所によって製造される原子力は、単に平和目的ばかりでなく、核兵器の開発をみちびく軍事目的のためにも利用されるだろう。[27] 原子力発電所から排出される使用済み核燃料棒を再処理することによって、核兵器の原料となるプルトニウムの抽出が可能だからである。原発がもつ汎用性（dual use）のゆえに、米欧諸国は、イランが核兵器開発の意図を隠しているとの疑念を抱かざるをえない。このような疑惑は、次の事情に鑑みて当然とすら評しうるだろう。

第一に、イランはエネルギー大国である。その原油埋蔵量は世界第四位、生産量は第五位。天然ガス埋蔵量は第二位、生産量は第三位。このことから判断するかぎり、ことさら巨額の資金を投入してまでイランが原子力開発に熱心になる格別の理由はないはずである。第二に、イランは、これまでＩＡＥＡ決議に度々違反してきた前科の持ち主である。イランは、じっさい二〇〇三年に発覚するまで二〇年近くにもわたって、ＩＡＥＡ憲章第一二条が規定する「保障措置（核査察）協定」に違反する行為を隠していた。その後も、ＩＡＥＡ合意に違反する行為をしばしば繰り返した。たとえば、イラン中部のナタンツにあるウラン濃縮施設では核兵器開発に転用可能な高濃縮ウラン、そしてウラン濃縮に用いる遠心分離機が発見された。もし同施設の遠心分離機でウランを処理したのならば、それは明らかにＩＡＥＡ協定の違反行為に当たる。

第三に、イラン指導部自体が、米欧諸国の懸念を払拭するどころか、逆にその疑念を深める発言をおこなっている。たとえばマフムード・アフマディネジャド前大統領は、二〇〇七年四月九日、ナタンツ施設を訪問したさい、イランが核燃料を「実験規模から産業規模段階で生産する国の仲間入りを果たした」[28]と、誇らしげに宣言した。

## ケーキを食べ、かつ残す

ロシア側のジレンマに話を戻す。もしプーチン政権が米欧側の主張に同調して、イランで原発を建設する作業を中止するならば、ロシアは巨大なビジネス・チャンスを失うことになろう。だからといって、ロシアは米欧諸国の主張に逆らうわけにもいかない。もしイランが核武装すれば、それはＮＰＴ体制の維持を欲するロシアの基本的な立場に反する。米欧諸国と対立することも、ロシアにとり決して得策ではなかろう。米英軍による対イラク戦争開始のさいは、幸い独・仏も国連安保理決議なしの武力攻撃に反対の立場をとったので、ロシアの孤立化は回避された。だが対イラン制裁となると、事情は異なる。英・仏・独は、イランに制裁を科す安保理決議案の採択ならびに実施に一致団結して賛成する側に回っているからだ。

米国との関係を悪化させることなく、イランとの関係も良好に保つ――。一言でいうならば、このような二股外交の追求こそが、どうやらプーチン政権のイラン政策の眼目のようである。セルゲイ・ストロカン（『コメルサント』紙の政治評論員）は、プーチンの対イラン外交がまさにこのような二兎を追うものであるとみなす。「ロシアは、米国に向い次のことを分からせようとする。ロシアは、これまで通り二つの椅子に坐りつづける。すなわち、アメリカとも、アメリカの最悪の敵の一つ〔イラン〕とも仲良くしつづける」[29]、と。

じっさい、プーチン政権は時としては米欧諸国側に立ってイランを叱責する。そうかと思うと、早や次の瞬間にはイラン側に同情して、米欧の提案を行き過ぎと批判する。ロシアは、イランにたいしこのように「ケース・バイ・ケース」[30]の煮え切らない旗色不鮮明の態度をとる。トレーニンの言葉を借りるならば、「モスクワにとって、テヘラン（シリアの首都）は友人でもなければ、さりとて敵でもない」[31]。単なる「経済上の顧客にすぎない」[32]。イランとは、「両者の利害が一致すれば協力し合うという、いわば状況次第の関係にある」[33]。

ニコライ・スルコフ助教授（モスクワ国際関係大学）の言葉を借用すれば、イランとロシアの関係は一種の「便宜結婚」[34]のそれである。イランは、ロシアの武器や核技術を必要とする。ところがロシアは経済上の算盤をはじくならば、「イランに比べてヨーロッパ諸国のほうがはるかに重要なパートナーなので、それら西側諸国との関係を悪化させてまでイランを擁護する気持はない」（スルコフ）[35]。ストロカンは、別の論文中で記す。このような理由で、「過去一〇年間のイランの行動は、ロシア外交を一再ならずデリケートかつ曖昧な立場に立たせることになった」[36]、と。プーチン政権による、このようなイランにたいする二股膏薬のバランス外交の具体例を、以下、一、二、紹介することにしよう。

アフマディネジャドが、二〇〇五年八月、大統領に就任した。イランが〝原子力の平和利用〟の「権利」をもつことを大義名分に掲げ、じっさいイランの核兵器保有を目指す――。同大統領は、この点にかんして強硬派かつ確信犯の様子だった。だとすると、プーチン政権の立場は益々むずかしいものとならざるをえない。[37]

案の定、アフマディネジャド大統領は、八月上旬、ウラン濃縮の前段階にあたる転換作業を再開した。新大統領のそのような決定をもって、EU三カ国（英、仏、独）は彼らがそれ以前の段階でイランに提示していた包括提案を、同大統領が明らかに拒否したと解釈した。彼らは、対イラン警告決議案をIAEAの定例理事会に上程すべき時期が到来したとみなした。同決議案は、イランの対応次第ではイランの核問題を正式に国連安保理へ付託する可能性を明らかにしていた。ところがそのようなことになると、ロシアは大変困った立場に追い込まれる。ロシアは国連安保理の常任理事国であるので、たしかに理屈のうえでは拒否権を発動できるかもしれない。だからといって、しかしロシアとてそう簡単に拒否権を頻発するわけにはいかない。

プーチン政権は、なんとかしてイランと欧米諸国とのあいだを架橋する道はないかと思案した挙句の果てに、次のような妥協案を思いついた。ロシアはイランにたいして核燃料を売却するが、イランはすべての使用済み核燃料をロシアへ返却し、その再処理をロシアの手にゆだねる。もしくは、イラン国内でウラン濃縮工程の前段階であるウラン転換作業をおこなうことを認める一方で、ウラン濃縮作業それ自体はロシアでおこなう。米欧諸国はこのような「国外搬出案」を支持したが、イランはあくまで自国内での濃縮実施、とりわけ「小規模なウラン濃縮研究活動」の権利を主張して譲らなかった。

この「小規模なウラン濃縮研究活動」にかんしても、ロシアと米欧諸国とのあいだには考え方の相異がある。ロシア側は、次のような理由からこのような活動を許しても差し支えないと考える。まず一般論として、米欧諸国はイランの核開発の能力やプログラムを過大評価しがちである。イランは、国内世論の手前もあり、研究開発のための小規模な濃縮の実施を欲しているに過ぎない。イランの面子《メンツ》を重んじ、小規模濃縮を認めることと交換の形でより大規模な濃縮をイランに手控えさせることのほうが、賢明だろう、と。ところが米欧諸国は、イランにたいしそのような「研究活動」ですら認めるのは禁物と考える。まず、一体どこまでの活動を「研究活動」とみなすのか。線引きはきわめてむずかしい。いったん遠心分離機の研究や実験を認めるならば、イランはおそらく核兵器すら生産する誘惑に駆られ、次第に遠心分離機の数をなし崩し的に増やしてゆくにちがいない。そして結局、核兵器生産に直結する技術をマスターするにいたるだろう。

## 対イラン制裁

右に記したようなロシアと米欧諸国とのあいだの論議をよそに、事態は二〇〇六年に急展開を遂げた。イランが、同年一月、ウラン濃縮関連の「研究開発活動」の再開を決定したからである。そのようなアフマディネジャド政権の強硬姿勢を目のあたりにして、さすがのプーチン政権もイラン擁護の立場を若干なりとも修正せざるをえなくなった。プーチン大統領自身、一月十六日の記者会見で語った。「ロシア、ドイツ、わがヨーロッパのパートナー諸国、そしてアメリカ合衆国は、イラン問題にかんしてひじょうに近いポジション(очень близкие позиции)に立つ」[38]、と。二月四日、IAEA緊急理事会は、遂にイランの核問題を安保理に付託する決議を採択し、ロシアは、中国とともに同決議に賛成する側に回った。イラン側は反発し、ウラン濃縮を再開する意図を正式に表明し、IAEA宛てにその旨通告した。そのようなイランの行為によって、「イラン向けのウラン濃縮をロシア国内で実施する」打開案を模索してきたロシアの面子は大いに失われることになった。

国連安保理は、二〇〇六年七月、遂にイランにたいして制裁を加える決意を固めた。イランにたいしウラン濃縮関連活動などの停止を義務づけ、もしイランがその義務に従わない場合、各国は経済制裁の発動を検討するという内容のものだった。英・仏・独がロシアによる若干の修正要求に応じる譲歩をおこなったために、プーチン政権としてはもはやこれ以上決議案に反対しえない立場へと追い込まれた。イランは依然として同決議に従うことを拒否したために、安保理は、同年十二月、全会一致で対イラン制裁決議案を採択した。

二〇〇七年になると、ロシアとイランとの関係はさらにぎくしゃくすることになった。ブシェール原子力発電所の建設は、両国間協力のいわば「象徴的存在」(39)である。ところが、その建設費の支払い問題をめぐって両国の言い分に対立が生じたのである。ブシェール原発の建設工事は従来もしばしば中止を余儀なくされ、すでに当初の予定から七年間も遅れていた。二〇〇七年四月時点で九二％の工事が完成し(40)、二〇〇八年三月の稼動が目前に迫ったその矢先に、一部建設費の支払い遅延問題が浮上した。

じっさい、イラン側は、二〇〇七年一月以降、ブシェール原発の建設費の支払いを滞らせていた。二〇〇六年の最後の四半期までに、ロシア側は当然うけとる支払い額の六〇％分しか受けとっていない(41)。ロシア側はこのような不満をのべて、核燃料の供給を見合わせることにした。このために、同原発の建設作業は「早くても二〇〇八年夏―秋頃」までさらに遅延することとなった(42)。結局、二〇〇七年十二月、ロシアはブシェール原発の核燃料搬入をはじめた(43)。ブッシュJr.大統領も、「そのことによって、イラン自身がウラン濃縮の方法を習得する必要がなくなる(44)」という負け惜しみの発言をおこなって、ロシアによる搬入決定を渋々ながら容認した。

ロシア‐イラン間でこのような不協和音が囁かれるようになった二〇〇七年三月、安保理はイランにたいし制裁を拡大する決議を採択した。同決議にたいしてモスクワも、北京同様、賛成票を投じた。アフマディネジャド大統領は、安保理による度々の制裁決議の強化に直面しても「イラン国民は一インチも譲らず、イランの核プログラムは只の一瞬たりとも停止しない(45)」との強気の姿勢を表明した。じじつ、先にもふれたように、二〇〇七年四月、同大統領はイランの核開発が実験段階からいよいよ産業段階に入ったとすら公表した[46]。

## 制裁解除

以上のべてきたことからも明らかなように、アフマディネジャド大統領は、在任中（二〇〇五―二〇一三年）にイランの核開発を推進しようと試みた。安保理は、そのような核開発の核兵器への転用可能性を嫌い、イランに対する経済制裁措置を数回にもわたって実施した。そして実際、制裁は効力を発揮した。イランは主な収入源である原油を輸出して、それに関連する金融活動に従事することがむずかしくなったために、国の経済活動全体を停滞させる結果を招き、国民の不満を高めた。そのようなアフマディネジャドが任期満了によって退陣したあと、イラン大統領に当選したのはハッサン・ロハニ師だった。穏健派と目されるロハニ師は選挙戦の最中から、イラン外交をこのような孤立状態から脱却させ、むしろ対外世界との宥和政策に転じて国力増強を図ることが必要と訴えていた。

大統領当選後、ロハニ師が公約どおりに実践した現実路線が功を奏して、イランは、二〇一五年七月、「P5＋1」とのあいだで核合意（「包括的共同行動計画」）に調印する運びになった。「P5＋1」とは、安保理常任理事国の五カ国（米、英、仏、露、中）にドイツを加えた、計六カ国からなるイラン核関連を巡る交渉チームの略称である。そのような「P5＋1」との最終合意によって、イランは己の核開発活動を次の水準にまで縮小せねばならぬことになった。たとえば、①ウラン濃縮に用いる遠心分離機の数を三分の一へと減らす。②製造する濃縮ウランを原発用の濃縮度の低いものだけに制限する。③イランの核関連施設のすべてをＩＡＥＡの査察下におく、等々。④これら核開発計画の縮小と引き換えに、欧米諸国は、二〇一六年一月十六日、それまでイランにたいして科してきた原油禁輸などの制裁を解除すると発表した。

もっとも、米国の立場は、若干異なった。イランには、核問題に加えて国際テロリズムの一部を支援しているとの疑惑も存在する。こう主張して、オバマ前政権は、米国独自の制裁をつづけた。また、イランは、二〇一七年一月末になると、弾道ミサイル発射実験を敢行したり、中東各地でテロ行為を支援したりしているとの嫌疑もかけられるようになった。イランのこのような行為にたいして、トランプ現政権は二〇一五年の「イラン核合意」を、米国がこれまで交わした合意のうち「最悪で一方的な取引」とみなす一方、対イラン経済制裁を再開する判断は米議会にゆだねた。

このように米国が不満感を抱き全面的に賛意を表していないことがしめしているように、たしかに「P5＋1」―イラン間の「核合意」は、米欧諸国、ロシア、イランのいずれをも完全には満足させる類いのものではなかった。それは、明らかに妥協の産物である。仮にそうだとしても、取引に到達したことそれ自体は矢張りプラスと評価すべきではなかろうか。イランの核開発問題がさらにエスカレートする危険性がひとまず回避されえたからである。また、米ロが、この問題を巡ってこれ以上対立しないという消極的な意味においても、成果を挙げたといえるだろう。(47) ロハニ師は、二〇一七年五月、大統領選で再選（任期四年）され、「核合意」を含む己の国際協調路線を継続するとの意志を改めて表明した。

# 第15章

# 中　東(2)

米海軍駆逐艦からシリアの空軍基地へ向けて発射されたトマホーク
（2017年4月7日）

賢明な君主は、機会あるごとに、ことさら敵を作り、それを討ち滅ぼし以って自分の名誉を高めるようにしなければならぬ。

——マキャベリ(1)

サーベルで威嚇するときはガチャガチャと音がでるが、抜くときには音がしないものだ。

——トム・クランシー(2)

中東で戦争をはじめるのは非常にやさしいが、戦争を止めることは遥かにむずかしい。

——エドワード・ウォーカー(3)

## ロシアは、なぜアサド政権に肩入れするのか

「アラブの春」と呼ばれる人民反乱に触発された「民主化」の波が、二〇一〇年末頃から中東・北アフリカの諸国（チュニジア、エジプト、リビアなど）で起こった。これらの動きにも触発されて、シリアでも二〇一一年一月頃から民衆デモが頻発するようになった。政権側の強圧的な統治に反発する諸勢力が各地で跋扈《ばっこ》し、蜂起すら企てるようになった。その結果、シリアは内戦状態に突入し、その後七年を経た今日においても完全に終息したとは断言しえない。

政府側は、バッシャール・アサド大統領が先代のハーフェズ・アサド大統領から引き継いだ強権支配を実施し、ロシアのプーチン政権から支援を受けている。反政府側は、約一〇グループからなり、互いに協力し合わないどころか、対立さえする複雑な様相をしめしている。反体制派の主要グループとは、たとえば以下のような集団である。アル・カーイダ系の武装組織「レバント征服戦線」（旧ヌスラ戦線）。国内穏健派のイスラム組織「ムスリム同盟国」。シリア軍から離脱したスンニ派の兵士、市民義勇兵からなり、米欧、トルコから非公式に支援を受けている「自由シリア軍」。

なかでも特筆に価するのは、「イスラム国」（*Islamic State*――以下ＩＳと略称）。と名乗る勢力。スンニ派系のイスラム教徒過激派組織である。米軍がイラクを占領して、シーア派系政権を誕生させ、かつシリアが「アラブの春」をきっかけとして内乱状態に突入したのを機に、イラクのスンニ派系ＩＳはシリア国内へ活動拠点を移し、瞬く間に勢力を拡大した。日本人ジャーナリスト・後藤健二氏、湯川遙菜氏を殺害したことによっても、残虐性が知られている。

アサド政権による反対派ならびに国民にたいする弾圧行為を見かねるあまり、国際連合はシリア内戦への

武力介入を決議した。ところがこのような国連の動きにたいして、当初ロシアのプーチン大統領は反対を唱え、シリアへの武力介入に同意しようとしなかった。なぜか？　理由は、必ずしも単純ではない。まず、ロシアがシリアとのあいだでもつ経済的・軍事的に密接な利害関係。たしかに、シリア政府軍が使用中の兵器の約半分はロシア製である。とはいえロシアからみると、それはロシア兵器輸出全体のわずか五％であり、シリアはロシアにとって一三〜一四番目くらいの得意先に過ぎない。しかも、シリアはその代金支払いを怠りがちなので、ロシアはこれまで借款供与を余儀なくされることが多かった。また、ロシア海軍がシリアの港湾都市、タルトゥースを地中海における唯一の軍事基地として利用していることも、たしかである。しかしながら、タルトゥースの港湾設備はさほど大きくないうえに、ロシア海軍は同港を常時かつ頻繁に使用しているわけでもない。むしろロシアがタルトゥース基地を使用する主要な理由は、国威発揚や対米牽制という象徴的な利益とすらみなしうる。

　では、プーチン大統領は、なぜ、米欧諸国がシリアへ武力介入することに反対したのか。私個人は、軍事的・経済的な理由よりも政治的・外交的・心理的な事由がより大きいのではないかと考える。プーチン大統領は、何度も繰り返すように、下からの反乱にたいして深刻なトラウマ（心的外傷）を抱いている人物である。このような嫌悪感は、ロシア国内に存在する次のような社会的、民族的事情によってさらに強化される。たとえば、ロシア連邦ではロシア系住民の人口が減少する一方で、多産系のイスラム系住民の人口比率が上昇中である。じじつ、モスクワはヨーロッパで最もイスラム住民が多い——一五〇—二〇〇万人[4]——都市になっている。同大統領がチェチェン共和国での分離独立運動を力ずくで抑え込んだために、イスラム過激派は北カフカス地方へ逃亡し、彼らの活動範囲を却って拡大させるという皮肉も生まれている。

　このような理由から、プーチン大統領は疑心暗鬼に悩むようにさえなった。ロシアもまたイラク、リビア、シリアのような内戦状態に陥り、それに乗じようとする米国が反政府諸勢力を陰に陽に支援し、挙げ句の果てには同大統領をして「レジーム・チェンジ（体制転換）」へと追い込む危険が存在するのではないか、と。このような懸念について、セルゲイ・ラブロフ外相は、二〇一七年七月、次のようにのべた。「われわれは、バッシャール・アサドを支持しない。単にイラクで起こったことを繰り返すことに断乎として反対しているだけだ。イラクで独裁者（サダム・フセイン）を、リビアでカダフィを除去したような流血を伴う方法に反対しているに過ぎない[5]」。

本書の少しあとで詳しくふれるように、ロシアは、二〇一五年九月三十日にシリアへの空爆をはじめ、アサド政権側に北部の要衝、アレッポを奪回させるなどの手助けをした。この作戦を指揮したロシア国防相、セルゲイ・ショイグは、二〇一七年二月、ロシアがシリアへ軍事介入を決断するにいたった理由を明らかにした。同国防相の言葉は、右に引用済みのロシア外相のそれと同じく、シリア介入が飽くまでも自国ロシアにとってのプラス、マイナスという冷徹な計算のうえに立って決せられたことを、次のように説明した。「ロシアによるシリア介入は、『カラー革命』のチェーン（鎖）を断ち切るという地政学上の課題を解決することに貢献した[6]」、と。

## オバマのオウンゴールを利用

二〇一五年九月末にシリア空爆をはじめる以前の時期に、プーチン大統領はシリアのアサド政権と米欧諸国との仲介役を買って出て、大成功を収めた。外交上のホームランとすら評してよい。すなわち、同大統領は、国際社会の頭痛の種にほかならなかったシリア内政問題に、一つの妥協案を提示し、関係各国をとりあえずホッと安堵させることに成功したからである。シリアのアサド政権をして同政権が保有する化学兵器の申告・廃棄を表明させる。そして半年以内に完全放棄も実施させる——。プーチン大統領が提案したこの枠組に、シリアを含む欧米諸国は合意した。

右のような外交的イニシアチブをとることによって、プーチン大統領は少なくとも次の三つの成果を入手した。一は、米国によるシリアへの軍事力行使を阻止することに成功したこと。これは、何よりもロシアのためだった。二〇一一年十二月末から翌年にかけて、モスクワなどロシアの大都市で発生した反政府集会やデモは、遂にロシアでも人民反乱の危険が迫りつつあるかのような兆候をしめした。このような懸念は、米欧諸国によるシリア干渉にたいするプーチン大統領の最大の反対事由だった。ところが、このことが次第に国際社会に知れ渡ってくるにつれて、同大統領の立場は苦しくなりかけていた。まさにそのような時に、同大統領は他の誰一人思いつかない起死回生の妙案を思いついたのだった。すなわち、アサド政権には化学兵器を放棄させる。その代りに、米国などの諸外国をしてシリア内政への武力干渉を思いとどまらせる。このような取引を思いつき、しかもそのような提案を関係各国をして受け入れさせることに成功したのだった。

オバマ米大統領は、それまでシリア内戦への不介入という基本的な政策をとっていた。だが、もしアサド政権が内戦で化学兵器を使用するならば、それは「レッドライン（越えてはならない一線）」を踏み越えるルール違反となる。その場合、米国は、好むと好まざるとにかかわらず、シリア内戦への武力介入を決意せざるをえなくなるだろう。オバマは、事実、このように明言していた。

プーチン提案は、手品とさえ評しうる巧妙な類いのものだった。というのも、彼は国際社会の関心を転換することに見事に成功したからだった。これまで議論の中心だったのは、アサド大統領による反体制派弾圧にたいする米国などの軍事力行使の是非を巡る問題だった。ところが、プーチン大統領の提案によって、人々の関心がアサド政権による化学兵器廃棄の問題へと移行させてしまったからだった。

プーチン大統領の外交的イニシアチブが第二になしとげたことは、シリアの化学兵器拡散の防止に成功したこと。アサド政権による化学兵器の所持・管理体制が必ずしも万全でなく、その一部が例えばアル・カーイダ、チェチェン過激派勢力の手に落ちる可能性がゼロとは誰一人断言しえなかった。もし万が一そうなれば、それはプーチン・ロシアにとっても他人事ではない。たとえば、次のような事態すら起こりうるだろう。

ロシアは、翌二〇一四年二月に冬季五輪をソチで主催する予定になっていた。しかも、チェチェン過激派をはじめとするイスラム系テロリスト・グループは、当時、次のように公言して憚《はばか》らなかった。五輪を妨害し、プーチン大統領の面子《メンツ》を傷つけるチャンスの到来を虎視眈々と狙っている、と。じっさい、そのようなグループは五輪開始の二カ月前の二〇一三年十二月に、ロシア共和国のヴォルゴグラードの鉄道駅で自爆テロを決行し、少なくとも一五人のロシア人を殺戮した。この種の集団の手にシリア政府の化学兵器が渡る――これは、クレムリンにとっても悪夢以外の何物でもなかったろう。というのも、五輪会場のソチは、シリアの首都ダマスカスから僅か一〇〇〇キロメートルしか離れていないからである。

本書、その他で私が繰り返し指摘しているように、現ロシアは「衰退の道をゆるやかに、だが確実に辿っている」国である。ところが、そのような国、ロシアが何とシリア問題の主導権を握り、久々に己の存在観を国際的に誇示するヒットを放った。このことによって人々は驚かされた。プーチン大統領支持の青年組織「ナーシ（われら）」にいたっては、同大統領が二〇一三年年度のノーベル平和賞の最適候補者にふさわしいとさえみなして、大はしゃぎする始末だった。米誌『タイム』（二〇一三・九・一六号）は、早速プーチン大統領をカバー・ストーリーに採り上げた。これは、同大統領にとっては最盛期二〇〇七年十二月に次ぐ二度目の快挙だった。[7] 米財界誌『フォーブス』（二〇一三・一〇・三〇号）も、世界で「最も影響力のある人物」としてプーチンを選んだ。[8]

## 勝利をもたらす小さな戦争

二〇一五年九月三十日――。ロシアは、突如シリアへの空爆をはじめて、全世界をアッと驚かせた。というのも、ロシアは未だウクライナ東部への軍事介入をおこなっている最中のことだったからである。二正面作戦の遂行――。これは、あらゆる兵法が禁じ手として厳に戒める軍事作戦の要諦中の要諦ではないか。実は、そのことも手伝って、プーチン政権は長らくのあいだロシアによるシリアへの武力介入の可能性を否定しつづけていた。そうだったにもかかわらず、同政権は前言をいとも簡単に翻《ひるがえ》して、シリアへの軍事介入を敢行したのだった。同政権は、一体なぜそのように「せっかちな」(ミハイル・ズガーリ)[9]行為に出ることに決したのだろうか? 複数の事由が考えられる。[10]

まず、ロシア自身は、次のように説明した。空爆は、「イスラム国(IS)」という過激派テロリストだけを標的にした軍事行為である。つまり、ロシアは米欧諸国と同じことをおこなっているに過ぎない、と。ところがこの理屈は、必ずしも十分な説得力をもたない。というのも、ロシア空軍はISを攻撃対象とすると称しながら、現実にはアサド政権に反対するIS以外の諸グループに向けても爆弾を投下させたからだった。

いや端的にいうならば、ロシア軍のシリア介入は、もっぱらアサド政府を防衛しようとする動機にもとづいていた。すなわち、プーチン政権は次のことを狙っていた。アサド政府にたいして、少なくとも兵力建直しの「息抜き期間」をあたえ、同政権の梃子入れを図り、その存在を確保する。[11] というのも、ロシアにとって、アサド政府はシリアでの特権的な軍事基地、その他数々の便宜を提供し、経済的な利益も供与してくれる貴重な存在だからである。

米欧諸国の専門家たちは、さらに穿った見方をおこなう。プーチン政権がシリア空爆を決意した動機は、シリアの「レジーム・チェンジ」の萌芽を摘みとろうとする目的にもとづく。まかり間違っても、シリアが外部勢力、すなわち米欧諸国によってそそのかされて、「アラブの春」のような事態を招くことがないよう配慮する必要がある。また、アメリカ合衆国が国際場裡で「単独一極主義」をほしいままにしようとする傾向を、プーチン大統領は阻止しようとも欲した。なおも穿った見方は、説く。米国の中東支配に真正面から挑戦することを通じて、ロシアの中東地域における発言力を増大させ、存在感を誇示しようともくろんだのだ。それればかりではなかった、ロシアの欲しいもの（たとえば、ウクライナのクリミア併合の承認やG7による制裁の緩和）を得るための取引材料として、シリア介入を利用しようとすら欲している。

右にのべた見方は、おそらくそのすべてがプーチン大統領をしてシリア介入に踏み切らせた動機もしくは事由に違いない。そのことを十分認めたうえで、さらにもう一つの重要な事由があることを付け加えよう。それというのも、現ロシアはウクライナ東部にたいしても事実上、軍事介入の最中だからである。その紛争が解決しないあいだに、もう一つ新しい戦闘行為をはじめる。これは、さきにも示唆したように「二正面戦争」の愚を犯すことにも等しい。たとえば経済的な観点からみる場合、ウクライナでの戦費負担に加えて、さらに一日当たり二三〇〇—四〇〇〇万ドルもの経費が増える。(12) とはいえ、シリア空爆がそのような経済的出費をはるかに上まわる政治的プラスをプーチン大統領個人にもたらしてくれる可能性も否定できない。この事由を見逃してはならないだろう。説明しよう。

二〇一五年九月時点で、ウクライナ東部での政府軍vs親ロ派勢力の戦闘は一種の膠着《こうちゃく》状態におちいっていた。ところが、そのような状態を招来させてポロシェンコ政府を揺さぶることこそが、まさにプーチン大統領の狙いである。このことについては、既に説明した。とはいえ、そのことを十分理解した場合でも、この長期戦略には、一つ欠陥がある。それは、ウクライナでの戦局が何時まで経っても親ロ派の圧倒的な勝利をもたらさないがために、ロシア国民の関心が日々の経済的困窮の方向に向いがちなことである。そして、彼らの不満や批判がやがてはプーチン政権に向けられる危険性がゼロとは断言し切れないことだった。二〇一四年七月の国際的な油価の暴落、それに伴って起こったルーブル安、G7による制裁。いわゆる経済上の〝三重苦〟から、ロシア国民の関心を外部へ逸らすためには、是非共もう一工夫が必要になる。

つまり、アンドレイ・コレスニコフが鋭く指摘するように、〝ノボ・ロシア〟構想の「代替物[13]」になるものが必要になるのだ。端的にいうと、「勝利をみちびく小さな戦争[14]」である。これこそが、プーチン大統領が二〇一五年九月三十日にシリアを空爆することを決定した主要事由だったのだ。「ロシア国民の人気を博し、期待を高めるためのショーは、是非ともつづけられねばならない」（コレスニコフ[15]）からである。次から次へと分かりやすい目にみえる敵を作り出して、それらにたいする劇的な闘い、すなわち「見世物」（ブライアン・ホワイト[16]）へロシア民衆の目を集中させる。このようなプーチン流の手法を、ストローブ・タルボット（米ブルッキングス研究所所長）は、「奇術師のトリック[17]」と名づける。より直截にいうならば、これは明らかにポピュリズム（大衆迎合主義）に訴えて、己のサバイバルを図ろうとする手法以外の何物でもない。

## 冷蔵庫 vs テレビの闘い

「内外の敵[18]」を設定し、それと闘いのために国民の連帯をうながす——。すっかりプーチンの常套手段と化したこの戦術は、少なくともこれまでのところ大成功を収め、プーチン人気の上昇、支持基盤の強化に貢献している。なぜ、そうなのか。コレスニコフは、その理由として、次の諸点を指摘する[19]。

まず、ロシア独自の伝統にもとづく国民感情が作用している。ロシア人は、天然国境に恵まれない平坦な土地に住いしていることもあり、歴史上しばしば外敵の侵入を体験し、今日なお「被包囲意識」を抱いている。彼らは祖国存亡の危機に遭遇するや、大同団結し、それがたとえどのような困難であれ辛抱強く忍ぼうとする。敗北寸前にまで追い詰められようとも、類い稀なる忍耐心を発揮して形勢を挽回し、遂にナポレオンやヒトラーの包囲網を打破し、勝利を克ちとった輝かしい過去を誇りにしている。冷戦に事実上敗北し、ソ連邦を解体させた今日、大多数のロシア国民はこのような過去の栄光を再び体験し、是非とも自信を回復したいと切望している。そして、逆に為政者側からいうと、このようなロシア国民のメンタリティーを熟知しているがゆえに、己の失政や国内的困難から被治者大衆の目を逸らすために「勝利をもたらす小さな戦争」という手段に性懲りもなく訴えつづけようとする。日露戦争（一九〇四―五年）も、「ロシア帝政末期の失政から国民の目を逸らさんがためのそのような戦争」（ヴャチェスラフ・プレーベ内相）[20]の典型例だった。

たしかに、ウクライナに加えてシリアにまで介入する「二正面作戦」を遂行するならば、大抵のロシア人家庭の「冷蔵庫」事情はさらに一層厳しくなるだろう。ところがロシア人は、これを必ずしも耐えがたい苦痛とは思わない。なぜならば戦争とはいっても、コレスニコフによれば、それは大抵のロシア国民にとって茶の間のテレビに映しだされるバーチャル（仮想）な体験でしかないからだ。プーチン政権は三大主要テレビをすべて国有化し、その他の弱小テレビ局も己の厳しい報道管制下においている。結果として、ロシアのテレビ局はロシア政府に都合の良いニュースしか報道しない。ロシア軍は「短期間に終わるはずの」「無血の」防衛戦争を止むなく実施中なのであり、しかも「勝利に次ぐ勝利を収めている」。このように伝える番組を朝から晩まで垂れ流している。つまり、いわゆる「冷蔵庫vsテレビの闘い」において後者が前者を圧倒しているのだ。

カナダの「プーチン研究グループ」がまとめた報告書（二〇一七年）も、記す。「今日、〔ロシアの〕テレビは、ひょっとしてドーピングもしくは精神興奮剤のような作用を果たしているのではないか」。なぜならば、「〔ロシア」国家はまるで強力な力を有しているかのような錯覚を人工的に作り出す。テレビが演ずるそのような役割のお蔭で、ロシアが実際には史上最悪とも評すべき経済的危機に直面しているにもかかわらず、プーチンは最高の支持率を維持しているからである」[21]。

「戦争とは、他の手段による政治の延長である」。本書でも何度も引用するクラウゼヴィッツの言葉である。自宅のリビング・ルーム（茶の間）という安全圏に身をおいて、ロシア軍の諸外国への進軍に拍手喝采を送っているロシア人。コレスニコフは、彼らにたいしてクラウゼヴィッツの言葉をもじって辛辣なコメントすら加える。多くのロシア人にとって「戦争とは、他の手段によるツーリズムの延長にすぎない」。

## 完全な外国に対する砲撃

コレスニコフが結論として指摘していることによって、私が抱く疑問が遂に解消したように思える。プーチン支持率は、一体どのような時に絶頂に達するのか――この問いにコレスニコフは見事な回答をあたえているからである。私は長らくのあいだ、ロシアにおける次のような世論調査の結果に解《げ》せない思いを抱いていた。すなわち、ロシアのクリミア併合によってプーチン大統領の支持率は併合前の六一％から八六％にまで急上昇をとげた。その理由は、分かる。ところが、プーチン人気が八九・九％という史上最高にまで到達したのは、シリア空爆の直後期だった。このような差は、一体どうして発生したのか。かつて自国に属していたクリミアの領土を遂に奪還したことよりも、全く外国領であるシリアを空爆した行為のほうが、ロシア国民大衆からより多くの拍手喝采を獲得する――。その理由が、私には合点がいかなかったのである。

私が抱くこの疑問に答えるかのように、コレスニコフは記す。ジョージアやウクライナなど旧ソ連邦構成国は、ロシア人の多くが未だに己の「勢力圏」ないし「裏庭」とみなしがちな地域である。そのような現「独立国家共同体（ＣＩＳ）」諸国での軍事的・外交的勝利は、ロシア人にとっては当然至極のこと。ところが、シリアは違う。一〇〇％外国である。そのような領土に自国軍隊を展開してはじめて、プーチン・ロシアは帝政もしくはソ連時代の輝かしい栄光へと立ち戻りえた――ロシア人は、この種の感慨にひたりうるのだ。そのことを通じて、冷戦ないしソ連解体以来ひそかに抱いてきた劣等感を克服できる、と。トレーニンも、同様の趣旨を記す。このようにしてはじめて「ロシアは、ポスト・ソビエトのスペース（空間）の外部における偉大なパワーとしての地位を確認しえたのだった」[22]（傍点、木村）。

## 長期介入のマイナス

ロシア人であるコレスニコフやトレーニンの説明によって、私の当初の疑問は氷解した。しかしながら、そのこととは別の問いが、直ちに提起される。今後もしシリア内戦への関与が長期化するならば、少々話は変わってくるのではないか。というのも、ロシアがシリア空爆をはじめて以来すでに二年もの歳月が経った。しかも、ロシア軍は脇役でなく、「主役」[23]の機能さえ演じている。たとえばマハムート・アザ（アレッポで反政府勢力側が経営していた病院でセラピストとして働いていた人物）は、ロシアがシリア内戦で果たしつつある絶大な役割について、次のような証言をおこなった。「ロシアの空爆――。これは、何よりも多くのダメージ、恐怖、死者、亡骸《なきがら》、要するに全てを生み出した」[24]。プーチン・ロシアによる長引く介入の有効性にたいし、一つの疑問符を投げかける事件が起こった。二〇一六年十二月二十五日、ロシアのツポレフTu―154機が、ソチ離陸後しばらくして黒海に墜落した事故である。墜落原因は一体何だったのか。テロの可能性は少なく、機器の不具合など技術的な類いのものだったか、あるいは操縦ミスだったのか、不明である。死亡した搭乗者九二名全員はロシアの民間人で、たとえば「アレクサンドロフ楽団」の六四名からなる合唱団員が含まれていた。彼らは、シリア空軍基地で新年を祝うロシア軍兵士の慰問を目的とする旅行へ向う矢先だった[25]。

戦争をはじめるのは容易だが、戦争を終えるのは必ずしもそうとは限らない。ソ連によるアフガニスタン介入、米国によるベトナム戦争など、そのことを証明する実例にはこと欠かない。ロシア軍もシリアから出来るだけ早く撤退しなければ、同じ轍を踏む過ちを繰り返しかねない。たとえば外交専門家のウラジーミル・フローロフは、ロシアのシリア介入にかんして次のように警告する。「一般的にいって、紛争から脱却するのは、そこへ介入することに比べてより一層むずかしい。戦争からは遅かれ早かれ身を引かねばならないはず。だとすれば、マイナスがプラスを上回る以前に退却するのが、賢明かつベターな方法だろう。時の経過をともにマイナス、とりわけ人的なコストは増大する一方だからである[26]」。

フローロフが示唆していることを、具体的に敷衍《ふえん》するならば、ロシアがシリアへの軍事介入を長期的につづける場合、プーチン政権は少なくとも次の三種類のマイナス効果を覚悟せねばならない。一は、経済的コスト。ロシア軍のシリア参戦は年間、ロシア紙によれば一一億ドル、英誌『エコノミスト』によれば一〇―二〇億ドルの出費をロシア国庫財政に強いる[27]。二は、アサド政府軍が化学兵器を使用したと、トランプ米政権が疑っていること。しかも、そのようなアサド政権の後ろ盾になって支援しているのは、ロシアにほかならない、と。だとすれば、トランプ政権は、プーチン政権とのあいだで「リセット」外交を推進する意欲をさらに減退させるだろう。三は、プーチン政権が、シーア派のアサド政権を支援することによって、ロシア国内で多数を占めるスンニ派の反発を招く危険を増大させるかもしれないこと[28]。

## 撤退の潮時?

右のようなコスト面にたいする危惧を、はたしてどのくらい勘案したのか。そのことを別にして、プーチン大統領は、まず二〇一六年十二月三十日、シリア全土での停戦合意の発効を公表した。この合意には、注目すべき点が少なくとも一つあった。それは、アサド政権側と反体制派側のあいだの停戦合意を斡旋しようとした主体である。つまり、これまではこの種の合意形成を主導してきたはずのオバマ米政権が完全に無視される一方で、合意の仲介役を果たそうとしたのはロシア、トルコ、イランの三カ国だった。これは、ことシリア内戦にかんするかぎり、プーチン・ロシアが発言の指導権を握る一方で、米国が影響力を減少させつつある事実を反映していた。国際問題の専門家によるやや難解な表現をするならば、それは「中東の地政学におけるパラダイム・シフトを見事な程度にまで証明していた」(29)。すなわち、「中東地域における不可欠なパワー・ブローカー役として、新しく、ロシア・トルコ・イランの三カ国からなる枢軸が形成され、それが米国の役割に取って代ろうとしている現実」(30)である。

この動きは、おそらく米大統領の交代と全く無関係ではなかったろう。つまり二〇一六年十二月といえば、米国ではオバマがレイムダック化する一方、トランプは未だ正式にはホワイト・ハウスの主になっていない。いわば端境期を狙ってのプーチンによる外交攻勢だった。すなわち、去りゆくオバマ現大統領には、シリア問題にもはや嘴《くちばし》をはさむことを許さない。他方、二〇一七年一月に大統領ポスト就任のトランプにたいしては、右の停戦合意を既成事実として認める以外の余地を認めない。アメリカ政治の事実上の「空白期」を最大限に利用しようとする意図が透けて見えていた。

それればかりではなかった。プーチンは同時に、ロシア軍自体のシリア内戦への介入を中止する時機を見計らいはじめた。シリアにこれ以上長くかかずらわっていると、ロシアは米国によるイラクやアフガニスタンへの長期介入に似た過ちを犯す危険性なきにしもあらず。とりわけウクライナとシリアで二正面作戦を長期間つづける羽目におちいりかねない。幸い、ショイグ国防相がコメントしたように、シリアでは中東や北アフリカ諸国が経験せねばならなかったような「カラー革命」勃発の可能性をどうやら回避した様子だった。[31]

二〇一七年一月六日、ロシア軍参謀総長、ゲラシーモフは、ロシア空母「アドミラル・クズネツォフ」、巡洋艦「ピョートル大帝」が、「シリアでの使命を完遂し」、撤退をはじめたと発表した。[32] 両艦のシリア派遣は四カ月間（二〇一六年十月十五日から二〇一七年二月九日）におよび、一億七〇〇〇万ドルの費用がかかったと見積られている。[33] ショイグ国防相によれば、シリアでの戦闘には四八〇〇人以上の兵士が参加し、そのうちの一四〇〇人が勲章を得た。

## シリア関与のジレンマ

そうこうするうちに、二〇一七年四月六日、トランプ政権は、地中海のシリア沖に展開・待機中だったイージス艦から巡航ミサイル「トマホーク」五九発をシリアのシャイラート空軍基地にむけて撃ち込んだ。アサド政権下のシリア政府軍は四月四日、シリア北西部のイドリブ県ハン・シェイフーン市で反体制派にたいして化学兵器（サリンのような猛毒ガス）を使用した。こう断定したうえでのトランプ政権による懲罰行為だった。国連人権理事会のシリア独立人権委員会は、同年にシリア政府軍がサリンを使ったと断定する報告書を発表した。アサド大統領はサリン使用の事実を否定し、米国の空爆を主権国家にたいする国際法違反の侵略行為とみなした。アサド政権の後ろ盾のロシアは、シリア政府の主張を支持した。ところが、である。プーチン政権は、二〇一七年四月十一―十二日には、レックス・ティラーソン米国務長官の訪ロを予定通り受け入れた。このようにクレムリンの首尾一貫しない言動から、一体どのようなことを読みとるべきなのか。具体的にいうと、プーチン政権は米国によるシリア空爆にどのくらい憤慨しているのか。これらの問いに答えるためには、まずトランプ政権側の考えを正確に知っておく必要があろう。

米軍は、たしかにシリア政府の空軍設備を破壊したが、空爆は極めて限定的な性格のものだった。たとえば、米軍が攻撃の事前通告をおこなったために、ロシア側の人的被害はゼロに等しかった。ロシアがシリアに提供しているはずの最新鋭の地対空ミサイルS―400やS―300は、巡航ミサイル、トマホークを迎撃できる能力を有しているはずだった。が、ロシア側もシリア側も、なぜかそれを使用しなかった[34]、あるいは使用しようとしたが、効力をもたなかった[35]。

空爆は「一回限り[36]」の「最小限[37]」程度で、アサド政権にたいする「象徴的な[38]」懲罰の意味をもつものに過ぎなかった。つまり、空爆は政治的・外交的な機能を狙っていた。第一に、米国内に向けて、トランプ政権がオバマ前政権とは異なり、アサド大統領による化学兵器使用にかんして毅然とした措置を執る姿勢をしめすことを目的にしていた。第二に、核兵器開発をエスカレートさせる一方の北朝鮮、それを阻止することに不熱心な習近平・中国をも併せて牽制しようともくろんでいた。

プーチン大統領は、たしかに米国の空爆をシリアの「主権を犯す侵略」とみなし、次のような皮肉すら口にした。結局、大量破壊兵器の保有が証明されないままに終わった「二〇〇三年のイラクでの出来事を思い起こさざるをえない[39]」、と。しかし、もしプーチン政権がトランプ政権によるシリア空軍基地攻撃に本気で激怒したのならば、口頭だけでなく行動においても抗議の意志を表わすべきだったろう。たとえば、米国務長官の訪ロのキャンセル。にもかかわらず、プーチン大統領はティラーソン長官の訪ロを受け入れたばかりか、みずからも格下である米国務長官と二時間にもわたる会談をおこなった。しかも、大統領は「ほとんどユニークな[40]」行動様式すらしめした。すなわち、会合に何時ものごとく遅刻せず定刻に到着したのだった！　以上のようなロシア側の反応から、次のように大胆な推測も成り立つだろう。シリア内戦への関与の是非や方法を巡って、ロシア指導部には二つの考え方が存在し、現在そのどちらが優勢とは必ずしも断言しえない、と。

一つ目は、シリア内戦からそろそろ手を引くべき時機が到来しているとの見方。プーチン大統領は、経済的〝三重苦〟からロシア国民の目を逸らす狙いで、シリア空爆をはじめた。ところが、「勝利をもたらす小さな戦争」にあまり長くかかずらわっていると、泥沼状態におちいる危険がある。単に所期の目的を達成しないばかりか、逆効果すらみちびく惧れすらなきにしもあらず。ロシアの独立系の世論調査機関「レバダ・センター」が二〇一七年九月に発表した結果によれば、ロシア世論の約半分がシリアからの撤退を支持するようになった。正確には、ロシアの介入作戦停止―四九％、継続―三〇％、意見なし―二一％。[41] このようなことから、クレムリンは真剣に「出口戦略」を模索しはじめたのだった。

二つ目の考えは、アサド大統領側の思惑に配慮するもの。どうやら同大統領はシリア第二の都市アレッポの奪還だけでは満足できず、この機に乗じて反体制諸勢力の息の根を完全に止め、己の安泰を確実にしたいとの誘惑に駆られている様子だった。この推測が当てはまる場合、アサド大統領がロシア側から事前の承諾を得ることなく、イドリブ県でサリン攻撃を独断で敢行した可能性すら否定しえなくなるだろう。[42] だとすれば、プーチンはアサドによってこけにされたことにも等しく、かつて二〇一三年にシリアの化学兵器保有問題を巡って仲介者役を買って出た面目も丸つぶれになろう。

おそらくティラーソン長官は、ロシア指導部内に右にのべたような二つの考え方があることに気付いていたからであろう。二〇一七年四月十一日、「ロシアは、シリアと米国のどちらと組むのか選ばねばならない」[43] と迫った。ところが、プーチンの観点に立つならば、これら両国よりもさらに重要なメッセージの発信相手が存在する。ほかならぬ自国民である。というのも、プーチンは、二〇一八年三月十八日にロシア大統領選挙を控えているからである。たしかに、プーチンの人気と支持率は盤石には違いない。とはいえ、現ロシアでは経済上の〝三重苦〟が解消される目途がつかない一方、地方でのデモ、地下鉄テロなど不穏な動きも続出している。そのために、プーチン大統領は米国の言いなりになって、ロシア国民から弱腰と見られることを何にも増して警戒せねばならぬ立場に置かれている。彼が法令を改正してまで、二〇一八年三月十八日というクリミア併合の四周年記念日に、大統領選挙を実施することをわざわざ決定した理由も、用心深い彼のこのような懸念が存在していた。要するに、プーチン政権は、シリア問題では「進むも地獄、退くも地獄」――。深刻なジレンマに直面していた。

## 和平プロセスでの狙い

次期大統領選挙までに、シリアへの軍事関与に是非とも決着をつけておく必要がある。プーチン大統領は、おそらくこう決心したに違いない。このようにして、同大統領は、二〇一七年十二月十一日、シリアのラタキア県にあるロシア軍のヘメイミーム空軍基地を予告なしに訪問し、「ロシア軍はＩＳ掃討の任務に成功したので撤退をはじめる」と発表した。

戦争は始めるのはやさしいが、終えるのはむずかしい。理由のひとつは、既得権益を喪うことを惧れる諸勢力が発生しているからだろう。勝利を収めた側は、己が苦労して獲得した軍事的成功を是非とも政治的な得点へ結びつけたいとの野心に駆られがちである。とくにプーチンをはじめとするロシアの政治指導者は、戦争と外交を区別せず、両者を国家目標の達成手段とみなすクラウゼヴィッツ流思考の持ち主にほかならない。

じっさい、プーチン大統領は、今や活発な中東外交を展開し、シリア和平交渉の立役者の役割を演じようと懸命になっている。つまり、プーチン政権は「イスラム国」を壊滅させ、アサド政権を存続させるという所期の目的を達成した。ところが、それだけでは決して満足できず、その勝利を足場にしてさらなる成果を入手しようとする欲望の度合を膨らましつつあるように見受けられる。

ともあれ、プーチン政権が現在狙っているものを箇条書きにしてみると、以下のようなものになろう。（1）シリアからロシア軍を撤退させる。だが、一挙にそう踏み切るのではなく、漸進的にそのようにつとめる。（2）ロシアは、シリアでの政治的・経済的、その他の既得権益を維持するばかりでなく、それを拡大させて当然と考える。たとえばロシアはシリアのタルトゥース海軍基地やヘメイミーム空軍基地を今後ほぼ無制限かつ半永久的に使用する――まず四九年間、さらに二五年間へと延長する――権利を取得する。（3）他方、ＩＳが壊滅した以上、米軍はシリアに残留する必要性はなく、速やかに撤収することを要求する。（4）ロシア主導でシリア和平をおこなう。現にロシアは、トルコ、イランと語らって「アスタナ合意」その他をまとめるなど和平交渉をはじめている。（5）もしトランプ米政権がシリア和平を巡る条件、手続、交渉過程などにかんし、己の主張を提案し、その実施を欲するのならば、同政権はその代りロシアにたいし何らかの譲歩姿勢をしめす必要があろう。たとえば、ウクライナ紛争を理由に米国がロシアに科している経済制裁の解除ないし緩和。ちなみに、それらは、北朝鮮問題を巡ってトランプ政権がロシアに要求中の諸協力の代償として、プーチン政権が暗黙裡に付けている条件と変わらない。

ところが、プーチンがこのように推進しようともくろむ意図に対する米国の反対や抵抗を別にして、シリア和平プロセスの前途にかんしては一般的に様々な障害が待ち構えている。それらのハードルを、箇条書きにしてみると――。

（1）シリア国内での化学兵器の存否や使用の事実を巡る見解の相違ならびに対立。この点にかんして、米国や国連安保理は肯定的、アサド政権やロシアは否定的である。（2）クルド人グループに対する評価の違い。米国、ロシアは、クルド人からなる「シリア民生軍」（ＳＤＦ）がＩＳ駆逐に貢献した役割が大きかったと評価する。他方、トルコは、自国内で独立を目指す「クルド労働者党」（ＲＫＫ）がＳＤＦと提携して、勢力拡大を企てる可能性を危惧し、ＳＤＦのシリア和平プロセスへの参加を認めようとしない。（３）シリアが新憲法を制定する必要性にかんしては関係各国の見解は一致している一方、新国名に「アラブ」という文字を使用しつづけるか否かについては、意見は異なる。これまでどおり「シリア・アラブ共和国」と名乗るならば、非アラブ民族で、今度のＩＳ壊滅に功績著しかったクルド人たちは反発するに違いない。（４）アサド大統領の去就にかんしても、和平交渉参加グループ間で見解は一致していない。

右の一連の難問の解決作業でプーチンの手腕が大いに問われることになろう。というのは、シリアでのこれ迄の成功はプーチン大統領にとり比較的安易な作業だった。というのも、米国のオバマ前大統領もトランプ大統領も、「米国第一主義」の基本的立場からシリア問題に真剣に関わり合う意欲が希薄だったからである。相手側がみせるどんなに小さな間隙であれ、それを直ちに利用せよ――こう説いたレーニンの教えを、プーチン大統領はまさにシリア紛争でこそ実に巧みに実行し、成果を収めたのだった。

ところが、今後のシリアには、数百万人以上にも上る難民のシリア帰還を受け入れ、約七年間の戦闘で荒廃した国内を復興させるという気の遠くなるような大事業が待ち構えている。このような作業の際、力を発揮するのは、端的にいって経済力だろう。国際通貨基金（ＩＭＦ）は、復興には約二二六〇億ドルが必要と見積もる。そうなると、自ら経済的苦境にあるロシアやイランの出番はとたんに少なくなり、おのずから米国、ＥＵ、そして日本の発言権が増大することになろう。

いずれにせよ、シリア和平は、シリアへの軍事介入を遥かに上回る困難かつ長期にわたるプロセスになる。壊すことは容易だろうが、作るのはその数十倍にも及ぶ困難が伴う。だからといって、しかしながら、われわれはそのことにうんざりするあまり、復興のプロセスから目を逸らすことは厳に禁物なのである。

## トルコとの微妙な関係

本章後半部で、私はトルコについて紙幅を用いたい。というのも、トルコは、中東地域でロシアが決して軽視しえない国家であるうえに、たとえばこれまで前半部分で取扱ったロシアのシリア政策に大いに関わってくる存在だからである。

まず、ロシアにとって、トルコとは一体どのような国なのか。両国は、地理的に近接する大国同士である。両国間の経済的補完関係も、ひじょうに緊密である。一例をあげるだけにとどめるにしても、いわゆる「トルコ・ストリーム」敷設構想が進捗中である。すなわち、ロシアの豊かな天然ガスを黒海の海底を通してエネルギー資源に恵まれないトルコへ運ぶ。さらに地中海を経由してギリシャ、その他の南欧諸国へ供給する——。このような目的をになうパイプライン網の建設計画である。もしこの計画が実現すれば、ロシアはウクライナを迂回して南欧諸国へガスを供給することが可能になる。それを可能にする中継地点としての位置を占めるトルコは、資源運送のハブとしての重要な役割を演じることになろう。

ロシアとトルコは、国境を直接接してはいない。だが、黒海の通航権やカフカス地方の支配権をめぐり、また中東地域の覇権を求めて、これまで何度となく互いに激しく闘った宿敵・ライバル関係にある。じっさい、両国は、約二四〇年間のあいだに何と一二回、すなわち約二〇年間に一度という頻度で戦火を交えた(44)。十九世紀の露土戦争、クリミア戦争は、そのなかで最も知られたものに過ぎない。このような歴史に由来する両国間の不信感は、今日まだ両国民の記憶に根強く残っている。

現在、トルコは、ロシアが敵視してやまない西側の軍事組織、北大西洋条約機構(NATO)に加わっている。だが同時に、NATO加盟国、二九カ国のなかで最も親ロ的な国とみなしうる。米欧諸国が二〇一四年三月以来の「ウクライナ危機」を巡って、ロシアに制裁を科すことにしたとき、トルコがしめした煮え切らない態度は興味深い。というのも、トルコはロシアのクリミア併合を決して容認しようとしない一方で、対ロ制裁に加わろうとしない唯一のNATO加盟国となったからだった。

ロシアとトルコは、最近、友好関係を深めつつあった。このようにみなして差し支えない両国間に、もし深刻な対立点が存在するとしたら、その一つはシリアにたいする姿勢や立場の違いだった。まず、ロシアはシーア派のアサド政権、トルコはスンニ派の反アサド諸勢力を支持している。この基本的な対立に加えて、ロシアとトルコはシリア国内や周辺に居住する少数民族にたいする政策も異にする。ロシアは、たとえばシリア国内の少数民族クルド人を潜在的な同盟者とみなし支援している。ところが、トルコ大統領にとってクルド勢力は「テロリスト集団」にほかならず、その勢力伸長は許しがたい。米軍からも武器支援を受けているクルド人主体の民兵組織、「人民防衛部隊（YPG）」が、もしシリア国内で支配地域を増やすならば、どうであろう。それは、トルコ国内でトルコからの分離・独立を目指す武装組織、「クルド労働者党（PKK）」の勢力拡大へと繋がりかねない。このようにクルド問題は、ロシアとトルコ関係改善を阻害する深刻な障害物になっている。

トルコは、他方、シリア国内におけるトルクメンを支持している。トルクメンは、トルコ語を話すトルコ系の少数民族で、その武装勢力はシリア国内で反体制派諸勢力と協力して、アサド政権打倒の闘いを遂行中である。ということは、アサド政権を支持するロシア側にとり、トルクメン武装勢力は敵ということになる。現に、ロシアは反体制派の「イスラム国（IS）」を空爆すると称して、シリアのトルクメン人居住地域へも爆弾を投下した。

## ロシア機撃墜事件

トルコとシリアを分かつ国境線は、ひじょうに入り組んだ複雑なものである。そのような地理的な事情によって、ロシア軍機はトルコの領空を数秒間侵犯するだけで、シリアへの飛行距離ならびに時間を随分短縮することが可能になる。じっさい、ロシア軍の戦闘爆撃機Su—24は、シリアを空爆するさいにこの誘惑に駆られ、シリア‐トルコ間の領空をこれまで度々侵犯していた。それは、わずか「一七秒[45]」間だけの侵犯に過ぎなかった。とはいっても、それがトルコの主権を侵害する行為であることは間違いない事実だった。トルコ政府は、ロシア爆撃機にとり常習犯の行為に化しつつあった領空侵犯にたいして再々苦情を申し入れていたが、ロシア側は一向に聞き入れる姿勢をしめさなかった。遂にしびれを切らしたのだろう、Su—24機にたいして「五分間に一〇回[46]」もの警告を発したあと、トルコ空軍のF—16は空対空ミサイルを発射し、ロシア機を撃墜した。二〇一五年十一月二十四日の未明の事件で、結果としてロシア人パイロット一人が死亡した。

トルコ空軍によるロシア機の撃墜——。この情報に接したプーチン大統領は、驚愕かつ激怒した。大統領は、エモーショナルな言葉を発し、それはこの事件にかんして以後きまって引用される有名な科白にさえなった。すなわち、これまで反テロリズム闘争遂行にかんしてはロシアがすっかり同盟国と信じ込んでいたトルコが一瞬にして「テロリストの共犯者（пособники терроризма）となり、われわれを背後から刺した（нам нанесли удар в спину）[47]」（傍点、木村）、と。ちなみに、この発言を耳にして或るクレムリン・ウオッチャーは、次のようなコメントをのべた。最近のプーチン大統領は不必要なまでに苛立ち、怒りっぽくなっている。カラガーノフも次のようにコメントした。「トルコは、たしかにわれわれを背中から突き刺したかもしれない。（中略）とはいえ、われわれの反応も大いに情緒的で、けっして理性的なものとは評しがたかった。結果として〔トルコとのあいだで〕〝第二のクリミア戦争〟を引き起こす危険さえ生まれた[48]」、と。

## 両指導者、互いに譲らず

プーチン大統領は、トルコ大統領のレジェップ・エルドアンに向い、ロシア機撃墜にたいする公的な謝罪を要求した。ところが、エルドアン大統領もまた強情な指導者である。ロシア大統領の要求を拒絶し、謝罪する気配をまったくしめさなかった。両指導者の性格、そして置かれている立場は、彼らを一層頑固なものにする方向に作用した。そのような意味でも、ここで両人の類似性を比較対照してもけっして無駄ではなかろう。

プーチンとエルドアンは、以下の諸点で驚くほど似かよっている。極端にいうと、両人はまるで「双生児[49]」ではないか、こう疑いたいくらいである（図15─1参照）。年齢は二歳違いで、同世代に属する。プーチンが六十五歳、エルドアンは六十三歳。ともに働き盛りとみなしうる。両人は、かつて自国が大国として君臨した時代へのノスタルジアを捨て切れない人物。それぞれソ連邦、オスマン帝国にたいする郷愁の念である。前者はツァー、後者はサルタンを己が理想とする指導者像とみなしているようである。政治指導者としては当然だろうが、二人とも強烈なナショナリストである。
仮にナショナリストであったとしても、同時に民主主義の信奉者になりうるかもしれない。ところが、プーチンとエルドアンが実施しているのは権威主義的な政治体制であり、とうてい純粋な民主主義とみなせる類いの内政ではない。たとえば両人はともに国民にたいして言論、集会、結社等の民主主義的諸権利を保障しようとせず、マス・メディアや国内の反対派を抑圧しつづけている。それにもかかわらず、両指導者の人気は国内でひじょうに高く、議会内でも多数派の支持を獲得し、長期政権維持に成功している。首相在任中を

**表15–1　プーチンとエルドアンの類似性**

| | **プーチン**<br>（ウラジーミル・ウラジーミロビッチ）<br>1952.10.7生まれ | **エルドアン**<br>（レジェップ・タイイップ）<br>1954.2.26生まれ |
|---|---|---|
| **①背景**<br>（過去の栄光へのノスタルジア強し） | ソ連邦 | オスマン帝国 |
| **②理想とする地位** | ツァー（帝政君主） | サルタン（皇帝） |
| **③政治的主張** | ナショナリズム | |
| **④政治体制** | 大統領に権力集中<br>権威主義 | |
| **⑤国内政治の実際** | 三権分立の形骸化<br>反対派、マス・メディアの弾圧 | |
| **⑥支持率** | 高い | |
| **⑦国内での権力基盤** | 議会で多数派、安定 | |
| **⑧長期政権** | 2000年から18年間大統領<br>（一時、首相）<br>2024年までの可能性あり | 2003年から15年間大統領<br>（一時、首相）<br>2029年までの可能性あり |
| **⑨外交政策の基本政策** | 「外敵」を設定し、外部の「陰謀」と闘う姿勢をアピール<br>内政から目を逸らし己の権力の維持＆サバイバルをもくろむ | |
| **⑩対外的な言動** | 弱気な姿勢を示さない<br>（妥協しない、退却しない、謝罪しない） | |

含めると、プーチン大統領は既に一八年、エルドアン大統領は一五年も権力の座を独占中である。

プーチンとエルドアンの外交政策も似かよっている。内政、とりわけ経済的困難から被治者大衆の目を逸らし、己の権力維持ならびにサバイバルを図ろうとして、「外敵」を設定し、外部勢力、たとえば米国が企てる「陰謀」に対して果敢な闘いを挑む姿勢を誇示する。両指導者ともに弱気をしめすことを禁物とみなし、つねに強気の対外姿勢をとりつづける。したがって、トルコによるロシア機撃墜事件にかんして、両者はともに「妥協せず」「退却せず」「謝罪せず」の三原則（ブルガリアの政治学者、イワン・クラフツェフ[50]）を頑なまでに固執した。

これらを考慮すると、プーチンとエルドアンが似た者同士であることは通常ならばポジティブに作用し、両指導者を協力させることに資するのかもしれない。ところが、いったん歯車が狂ってしまうと、両人間の性格、その他の点での類似性の存在が却って妥協をむずかしくしたり、対立をさらに増幅させることになりかねない。じっさい、ロシア機撃墜事件に端を発して、まるで「ジェット・コースターに乗ったかのように[51]」急速に悪化したロシア‐トルコ関係は、このことを実証しているかのようだった。

## ロシアによる制裁措置

プーチン、エルドアンが自己主張に熱心な準独裁者タイプの指導者であることが分かったとして、では二〇一五年十一月二十四日のロシア機撃墜事件にかんする限り、一体どちら側に正当性が認められるのか？　厳密な法律論からいうと、トルコ側の主張が正当と評さざるをえない。ところが他方、トルコ側の処置がはたして政治的に賢明な行為だったのか。この観点からは、トルコ側の判断に疑問が付されるかもしれない。

両国の言い分を離れて第三者の見方に立つ場合、ロシア側の主張にたいしては一つ重大な嫌疑がかけられるだろう。それは、ロシアが「二重尺度」を採用しているのではないかとの疑いである。つまり、もしトルコの軍用機がロシアの領空を侵犯したと仮定する場合、ロシア側は一体どのような措置をとっていただろうか。おそらくトルコ側と全く同様のことをおこなっていたに違いない。われわれをしてそう疑わせるロシアの行動様式を一、二思い出してみよう。

一は、一九八三年九月一日未明に起こった、ソ連空軍による大韓航空機の撃墜事件である。民間機ＫＡＬ００７便がサハリン領空に迷い込んだ（？）とき、すでに「第5章　特徴」（一八三―四頁）で詳しく説明したように、アンドロポフ政権は、同機を直ちに撃墜した。韓国をはじめ乗客乗員が属するどの国にたいしても、同政権は謝罪しなかった。

二は、二〇一四年七月十七日に起こった、同じく民間機、マレーシア航空機の撃墜事件。MH―17便がウクライナのドネツク州の上空で地対空ミサイルによって射ち落とされ、乗客乗員全員（二九八名）が死亡した。狙い討ちの行為自体は、ウクライナ東南部を拠点にしてウクライナ中央政府に抵抗する、親ロシア派集団がおこなった可能性が大きいとみられている。だが、彼らによって用いられた攻撃手段が、ロシア製の地対空ミサイル「ブーク（Бук; Buk）」だったことは、ほぼ間違いなかった。「ブーク」が一体どのような経路を辿って親ロ派の手に渡ったのかは、必ずしも明らかではない。ともあれ、このMH―17機撃墜事件発生にかんしてロシアに非があることを、プーチン政権は一切認めようとしない。最も多くの犠牲者（乗客の約三分の二を出したオランダ、その他の各国、そして国連安保理はこぞってロシアを批判した。だが、そのような声は、プーチン政権による完全否認という厚い壁によって遮られた。むしろ、同機はウクライナ政府軍によって射ち落されたのではないか――。ロシア側関係者は、このようにすら主張している。

話をトルコによるロシア機撃墜事件に戻すと、激怒したプーチン大統領はエルドアン大統領にたいし公式の謝罪方を要求した。そのような要求を貫徹させようとして、プーチン大統領はトルコにたいして数々の制裁措置を科すことを決定し、実行に移した。まず、ロシアからトルコへのエネルギー資源の輸出禁止。トルコは、天然ガスの約六割をロシアからの輸入に依存している。次いで、ロシア人観光客のトルコへの渡航禁止。さらに、ロシア国内の建設業などに従事するトルコ人労働者の制限、禁止、追放……等々。これら一連の制裁によって、トルコ側は少なく見積っても約九〇億ドルの損失をこうむることになった。

もとより、制裁は、ロシアにとっても「もろ刃の剣」の機能を果たす。というのも、トルコはロシアにとって第六位の貿易パートナーだからである。ロシア―トルコ間の貿易高は約三〇〇億ドルで、両国政府はこれを約三倍の一〇〇〇億ドルへと増大させたいとすら考えていた。「もろ刃の剣」となる一例として、トルコからロシアへの農産物の輸入制限を採り上げてみよう。プーチン政権は、トルコ産農産物の品質検査を強化した。これは、事実上の輸入制限措置に等しく、トルコにたいする厭がらせ行為以外の何物でもなかった。結果として、農産物をロシアへ輸出して生計を立てていたトルコの業者たちは、とうぜん深刻な打撃をこうむった。ところが他方、ロシアの消費者たちもまた、トルコから新鮮な野菜や果実類が入ってこないことによって不便をかこつことになった。

ロシア人のトルコへの渡航制限措置も、「もろ刃の剣」の役割を演じる。ロシア人は、大の旅行好きである。寒冷地に住いしていることもあり、夏のバケーションを海外で過ごすことを唯一の楽しみとして、日々貯蓄に励んでいる。ごく一部のオリガルヒや特権階級にとって第一の海外旅行先は欧米諸国だろうが、ロシアの中産階級にとり最も人気が高いスポットは、トルコとエジプトの二国にほかならない。これら両国は欧米諸国が持つ魅力に比べると若干見劣りするとはいえ、大概のロシア人にとっては自国とは異なる快適なサービスを受けて外国旅行気分を満喫できるうえに、費用のほうは欧米諸国に比べ格安で済む。このような理由で、たとえば二〇一四年には、四四〇万人のロシア人がトルコへ出掛けた。

ところが、トルコによるロシア機撃墜の約一カ月前の二〇一五年十月三十一日、もう一つの航空機事故が起こった。ロシアのチャーター機がエジプト北東部のシナイ半島で墜落し、二二四名の乗客全員が死亡した事件である。この事件の発生を受けて、ロシア政府はロシア－エジプト間の航空機の運行を停止させる措置をとった。そのために、ロシア人はエジプト方面へ観光旅行に出掛ける手立てを失った。では、「その代りにトルコへ」——こう思った矢先に、トルコ軍によるロシア機撃墜事件が発生し、その煽《あお》りを食ってロシア人はエジプトにつづいてトルコへの旅行も自粛せねばならない羽目に追い込まれた訳である。一般のロシア人にとり、これはダブル・パンチに等しい打撃だった。

ともあれ、二〇一六年時点で、トルコへのロシア人旅行客は前年度に比べ九一・八二%も減少した。(52) ロシア人ツーリストたちは大いに失望したが、彼らがトルコに落とすドル箱収入源を失ったトルコにとってさらに大きな痛手になった。というのも、ツーリズムこそは、トルコ経済活動のなかで一五%のウエイトを占める重要部門だからである。(53)

## ロシア国民はおとなしく忖度

プーチン大統領は、ロシア機撃墜の挙に敢えて出た憎っくきトルコを罰しようとして、右に例示したようなあらゆる手立てに訴えた。ところが、そのような彼も、さすがに軍事的手段を用いることだけは思いとどまった。というのも、トルコはＮＡＴＯのメンバー国だからである。ロシアが万一トルコに軍事介入を加えるならば、その行為は次のように規定する北大西洋条約機構の第五条項に該当する羽目にすらなりかねない。「ＮＡＴＯは締結国に対する武力攻撃を全締結国に対する武力行為とみなし」、「集団的自衛権を行使して攻撃を受けた締結国を援助することに同意する」。

プーチン政権が実施した対トルコ制裁によって割《わり》を食ったのは、対象国たる当のトルコを除くと、ロシアの一般国民だった。そうであるにもかかわらず、彼らは指導者の方針に従順かつ忠実に従った。このような態度は、おそらくロシア国民が長年のあいだに教え込まれた生活の知恵であり、かつ習慣でもあるのだろう。政権担当者によってウクライナこそが外敵であると告げられればそれに従い、次いでトルコがロシアの「新しいエネミー・ナンバー・ワン」(54) と教えられればそれに忠実に従う。独立系世論研究機関「レバダ・センター」による次のような調査結果が、このことを証明している。

「あなたは、ロシアにとって最も敵対的な国は、一体どこだと思いますか」。「レバダ・センター」がこう尋ねる恒例のアンケート調査（複数回答、可）で常に第一位の栄誉に輝く(!?)のは、アメリカ合衆国である。[55]すなわち、二〇一五年―七三％、二〇一六年―七二％、二〇一七年―六九％。その理由については、改めて説明するまでもなかろう。ところが問題は、第二位がウクライナであること。正直いって、このことには驚かされる。ウクライナは、ロシア、ベラルーシと同じくスラブ系三カ国の一つ。ロシアとは歴史的な繋がりが密接で、いうなれば兄弟国の関係にある存在ではないか。じっさい、スラブ系三カ国のもう一つであるベラルーシは、「最も友好的な国」のナンバー・ワンに選ばれている。ところがウクライナのほうは、今や紛れもなく「最も敵対的な国」の第二位へと昇格(!?)を遂げているのだ。すなわち、二〇一五年―三七％、二〇一六年―四八％、二〇一七年―五〇％。すなわちロシア人の約半数までもが、ウクライナを敵対国とみなしている。

さらに、驚きはつづく。「レバダ・センター」実施の二〇一六年調査で「最も敵対的な国」の第三位を占めたのは、なんとトルコだったからだ。正確にいうと、二〇一五年十一月のトルコ政府によるロシア軍用機Su―24撃墜事件の前後で、ロシア国民のトルコ観は劇的なまで変化した。すなわち、同撃墜事件が起こる以前の二〇一五年にトルコを「最も敵対的な国」と答えたロシア人は、全回答者のうちわずか一％に過ぎなかった。ところが二〇一六年になると、二九％、すなわち約三〇倍へと跳ね上がったのだ。もとより、ロシア国民は、プーチン大統領と同様に、トルコ政府によるロシア機撃墜に憤激したに違いない。とはいえ、われわれは次のような感想をいだくことを禁じえないのである。ロシア国民は、指導部の意向や路線が奈辺にあるかを素早く斟酌して、それに己の言動を合わせる。世論調査においても、政権担当者がまさに望んでいるかのように回答する。これは、長年のあいだに培われたロシア人の生活の知恵なのだろうか。さはさりながら、そのような忖度はあまりにも見え見えなので、われわれ外部の者はやや薄気味が悪い感じすら抱くのである。

## エルドアンの屈伏？

プーチンとエルドアンのあいだには、もう一つ重要な共通点がある。それは、両人がともに〝ゾルレン（かくあるべし）〟と同時に、〝ザイン（現在あるもの）〟を尊重するきわめてプラグマチックな政治家であること。いいかえれば、現実世界の「力の相関関係」を観察し、その冷厳な事実を直視して、己がとるべき次の行動を決定しがちな傾向である。さて、そのような観点から二〇一六年半ばの時点でのロシアとトルコの「力の相関関係」を冷静に比較し、双方の持ち駒を比較考量するならば、一体どうなるか。明らかに、ロシアの力がトルコの力を上回っていた。

このような「現実政治（real politics）[56]」の観点に立ち戻ったエルドアン大統領は、二〇一六年六月二十七日、プーチン大統領宛てに「謝罪」文を発送した。同書簡は記していた。「撃墜は、偶発的なものだった」。とはいえ、「亡くなったロシア人パイロットの遺族の方々にたいしては深い哀悼の意を表し、お詫び申しあげる」[57]。「トルコにとりロシアは友人であり、戦略的パートナーである。トルコは、ロシアとの関係悪化をまったく望んでいない[58]」、と。これは、たしかにトルコ大統領にとり国際的な面子すら失いかねない屈辱的な行為だった。とはいえ、トルコの経済的な損失をこれ以上食い止めるためには、同大統領がどうしても採らざるをえない「一歩後退、二歩前進」の戦術なのであった。案の定、この謝罪書簡の公表後、トルコ通貨リラの対ドル交換比率は直ちに一ドル＝二・九四三〇リラから二・九三三〇リラへと急上昇した[59]。

もっとも厳密にいうと、エルドアン書簡の読み方は必ずしも一義的とは限らない。ウクライナ大統領のポロシェンコは、周知のごとく、プーチン政権によるウクライナ介入に強く反対している反ロ一点張りの政治家であるので、同大統領によるロシア関連の発言は、それがはたして何であれ、かなり割り引いて聞きおく必要があろう。そのことを頭におくにせよ、ポロシェンコ大統領によれば、彼に向ってエルドアン大統領は次のように洩らしたという。「この謝罪は単に死亡した家族にたいして哀悼の気持を表明したにすぎず、ロシア政府にたいするものではまったくない[60]」。

ロシアで独自の見解を表明することで有名なストロカン（『コメルサント』紙の政治評論員）は、右のエピソードを紹介したあと、次のような己の考えをのべる[61]。一般的にいって、国際政治における「謝罪」の文言や仕方はひじょうにデリケートな問題である。もし過大に謝ると、自国民のナショナリズムを逆なでし、彼らの反発を覚悟せねばならない。だからといって謝罪の念を出し惜しみにすると、相手側を満足させることに失敗し、元も子もない。ストロカンは、オバマ大統領が二〇一六年八月に広島を訪問したものの、米国の原爆投下行為にたいしては一言も謝罪しなかったことを、例に引いた。そして、とくに国際政治の舞台では己の「面子を維持（сохранить лицо）[62]」しつつ、且つ相手側に遺憾の意を伝えるという曲芸にも似たバランスをとる技術が必要不可欠、とのべている。

では、ロシア側はどうだったのか。トルコは、ＮＡＴＯ加盟国のなかで最も親ロ的な国である。そのような国を少しでも己の側に引きつけて、米欧の結束を乱すことに役立たせる――。これこそが、ロシアの対トルコ戦略の要諦のはずだった。そのような狙いがトルコ側によるロシア軍用機撃墜によって危うく頓挫しそうになった。ところが、そのような不測（?）の事態発生によって崩されかけたようにみえる己の長期戦略へ再び立ち戻りうる貴重な「第二のチャンス[63]」が、トルコ側の「謝罪」書簡によって曲がりなりにもあたえられた。もしこの機会を見逃すならば、それはロシアにとり実に愚かな政治的行為となろう。

エルドアン書簡は単にパイロットの遺族ばかりでなく、ロシア政府にたいしても公的に謝罪しようとしている——。こう説くのは、たしかに少々強引な解釈だったかもしれない。だが、プーチン大統領自身は、無理にでもそう解釈しようと決心した。そのように受けとることによって、同大統領はロシアによる対トルコ制裁を段階的、部分的に解除してゆく口実にしようと考えた。クレムリンは、そのような制裁解除の第一弾として、ロシア人ツーリストのトルコへの渡航禁止措置を緩和した。すると三日後には、トルコはロシア人にとり再び海外渡航先の第一位へと返り咲いた(64)。

そうこうするうちに、トルコではまた次々に二、三の重要事件が起こった。まず二〇一六年七月十五—十六日、クーデター未遂事件が発生した。トルコ国軍の一部がエルドアン政権にたいしクーデターを引き起こそうとしたのである。ところがエルドアン大統領が素早く対応したために、そのような試みは忽ち鎮圧された。米欧諸国はクーデターの試み自体を批判する一方で、エルドアン大統領が同事件を利用してトルコ国民一般の人権を締めつける動きを加速するのではないかと懸念した。そのような危惧も作用して、エルドアン政権をさほど積極的に援助する様子をしめさなかった。エルドアン大統領は、己がまさに存亡の危機に直面しているにもかかわらず、米欧諸国がそのような中途半端な協力しか提供しようとしなかったことにたいして、大いに不満をいだいた。それだけではない。エルドアン大統領は、クーデター派の背後にはフェトフッラー・ギュレン師がいるとみなして、米国にたいし同師の身柄引き渡しを要求した。ギュレン師は、トルコの穏健派イスラム組織の指導者である。トルコ内外で活発な活動を展開し、宗教を政治に利用した廉で一九九九年に二度逮捕され、米国(ペンシルベニア)へ亡命している。

## プーチンの巧妙な手口

このような米国の対応とは対照的に極めて分かり易い行動をとったのは、ロシアだった。トルコでクーデター発生の報に接するやいなや、プーチン大統領は即座にエルドアン大統領に直接電話をかけて、ロシアは断乎として大統領側に立つとの立場を表明した。ひとつには、プーチン大統領自身がクーデターや革命の嫌悪主義者だからなのかもしれない。つまり、彼は一般的にいって「クーデター首謀者や反体制の異端者たちを嫌い、彼らを情容赦なく弾圧することにまったく躊躇しない指導者[65]」なのである。

このクーデター鎮圧後の二〇一六年八月九日、エルドアン大統領はロシアへの公式訪問を敢行した。エルドアン大統領は米国を牽制し、ワシントンから譲歩を引き出す手口として、これ見よがしの対ロ接近行為を故意に実行してみせようとしたのだろう。その狙いはともかくとして、同大統領はプーチン大統領と友好的な会談をおこない、緊密な両国関係をアピールした。会談場所になったサンクト・ペテルブルグでは、当時、次のようなジョークが囁かれた。「サルタンとツァーとの会談[66]」と陰口をたたかれたトルコとロシアの最高権力者間の会合で、「プーチンは自分の背中に刺された剣を抜き取り、感謝の意をこめてエルドアンの手へと戻した[67]」。

そのような小話はさておき、エルドアン大統領自身は、自らの訪ロによって「ロシア−トルコ関係に〝新しいページ〟が開かれた[68]」とすら明言した。もっとも、同大統領の発言は政治家のそれに過ぎず、そのことによってロシア−トルコ関係の将来を楽観視することは禁物だろう。たとえばアンドレイ・コレスニコフは、次のようにさえ予想する。「ロシアとトルコの関係は、歴史的にひじょうに複雑で込み入っており、両国がロシア機撃墜事件以前の段階へと戻るためにはまだ相当長い時間がかかるだろう[69]」。別の専門家は、さらにシニカルな見方をおこなう。「サンクト・ペテルブルグでの首脳会談――。これは、プーチン、とりわけエルドアンが西側に向って自分がNATOやEU以外の選択肢を持っていることを誇示してみせる政治的なショーに過ぎず、実際には互いに何も確約しない会合だった[70]」。

さらに、別の専門家は強調する。「トルコは、結局のところ、これまで数十年にわたり経済、貿易、安全保障などほとんど全ての分野で、ヨーロッパ・大西洋共同体・西側と結びついてきた」[71]。したがって、「ロシアが、そのような絆を断ち切ってまでトルコを己の側に就かせようとしても、その試みは容易には成功しないだろう」[72]。加えてロシアとトルコは、改めて繰り返すまでもなくアサド政権、クルド問題、等々にかんし対立する立場にたっている。この点から考えるだけでも、両国が完全な和解を達成する可能性はほとんど考えられない。したがって、「もし両国関係が二〇一五年十一月のロシア機撃墜事件前の状態に立ち戻りうるのならば、それだけでも御の字と評さねばならないだろう」[73]。

その後、トルコではまた厄介な出来事が起こった。首都アンカラで二〇一六年十二月十九日、駐トルコ・ロシア大使が暗殺されるという前代未聞の大事件が発生したのである。しかも、容疑者はトルコの現役（但し、当日は非番）警察官で、「アレッポを忘れるな！」と叫び、みずからは駆けつけた警官隊によって射殺された。アレッポは、同月はじめにアサド政権がロシアの支援によって反体制派を壊滅させえたシリア第二の都市である。容疑者は、ロシアに反感を抱いて犯行に及んだ可能性がある。もしそうならば、最高指導者間の和解は可能であれ、民間レベルでの相互不信の念は極めて根強いことを、改めて思い起こさせる事件だったといえよう。プーチン大統領は、トルコの警察官による同犯行を「間違いなくロシア–トルコ関係の正常化を阻害することを狙った挑発行為にほかならない」[74]とのべた。同大統領は、米国亡命中のギュレン師の一派が企てた事件であるとの見方すらしめした。つまり、ロシア–トルコ間の最近の関係改善傾向にくさびを打ち込もうとするオバマ政権の意向が、事件の背後にあることを示唆したとも解釈しうる発言だった。

要するに、ロシアは、二〇一七年八月時点でトルコとの関係を著しく改善することに成功した。次のような事例から判断して、そのように言いうるだろう[75]。まず、ロシアは、トルコ産の農産物にたいする輸入制限措置をほぼ完全に全廃した。次いで、ロシアのガス独占事業体「ガスプロム」は、地中海で「トルコ・ストリーム」パイプライン建設を再開した。また、ロシアはトルコにたいして最新型防空ミサイルS—400を売却することに成功した模様である。同システムが二〇一八年中にも納入されるならば、トルコは、NATO加盟二九カ国のなかでロシア製の防空システムを導入する最初の例になろう。さらにロシアは、トルコ、イランと語って、国連主導のジュネーブでのシリア和平協議とは別に、カザフスタンの首都アスタナで独自のシリア和平協議を進め、アサド政権と反体制派にたいし「安全地帯」の創設などを提案している。

# 第16章
# オバマ

プーチン大統領とオバマ前大統領（2012年、G20サミット、メキシコ）

はじめは改善、次いで停滞、最後にはどん底——これが、米ロ関係がたどるパターンである。

——ニコラス・グボスドフ(1)

プーチンは相対的に弱い国に出現した強い指導者であるのに対して、オバマは相対的に強い国に現れた弱い指導者である。

——デービッド・レムニック、他(2)

「冷戦が再来した」と説く見方は、有効でない。

——ドミートリイ・トレーニン(3)

## リセット――曖昧な概念

二〇〇八年夏――。ロシアによるジョージア侵攻によって、ロシアと米国の関係は、「あわや新冷戦のはじまりか」と危惧されるまで悪化した。だが幸いなことに、二〇〇九年一月、米国ではバラク・オバマが新大統領に就任し、両国関係を「リセット（再構築）」すると宣言して以降、米ロ関係は若干改善した。だが、それは飽くまで一時的、部分的な修復に過ぎず、八年間つづいたオバマ政権の末期になると、米ロ関係は再び「ミニ冷戦の再来」といわれるまでに落ち込んだ。オバマ政権二期（二〇〇九―二〇一七年）のあいだに、米ロ関係はなぜそのようなコースをたどったのか？　そのような変化にたいして、プーチン政権ははたしてどの程度にまで責任を負うのか？　本章は、これらの問題を取扱う。

「リセット（reset）」――これは、曖昧かつ「誤解を招きやすい」[4]概念である。オバマ米政権は、もともと「リセット」に「限定的」[5]な意味しかあたえていなかった。ところがロシア側は、おそらく意図的にその意味を己に都合が良いように拡大解釈しようと試みた。ともに当然の行為だったのかもしれない。ちなみに、このコンセプトを巡る米ロ間の思惑の違いは、次に紹介する興味深いエピソードの背後にも潜んでいるように思われる。

第一期オバマ政権の国務長官、ヒラリー・クリントンは二〇〇九年三月、ジュネーブで、己のロシア側でのカウンターパート、ラブロフ外相にたいして贈り物を手渡した。外相が早速その小箱を開いてみると赤いボタンが入っており、そのボタンにはロシア語で〝перегрузка〟と記されていた。ラブロフは即座にロシア語が「間違っている」とのべた[6]。というのも、英語の「リセット」に該当する正しいロシア語は〝перезагрузка〟だったからである。クリントン長官は「単に翻訳の間違いに過ぎない」と笑って、その場をつくろおうとした。

だが、この微妙なやりとりには一抹の真理が含まれていた。というのも、米国務長官が用いたロシア語"перегрузка"は「詰め込み過ぎ」という意味であり、それは明らかにオバマ政権が意図したこととは異なっていたからである。

オバマ政権が「リセット」というスローガンを提唱することによってプーチン政権に向って提案かつ要求しようとしたのは、アメリカ側が次のような具体的目的を達成するうえでのロシア側からの協調姿勢だった。すなわち、核兵器の削減、グローバルな核非拡散体制を維持するためにイランに加える圧力の強化、米軍のアフガニスタンへの安全な往来にたいする協力。そしてこれらにかんする限り、オバマ政権の米ロ「リセット」外交はある程度まで初期の目的を達成し、成功を収めたと評しうるだろう。しかしながら、オバマの「リセット」外交はロシア側に過大な期待をあたえ、失望させる結果を招いた。主な理由は、次の二つだった。一は、「リセット」概念が多義的な解釈を許す曖昧なコンセプトだったために、ロシア側が過大なまでの期待をかけたこと。右に紹介した「詰め込み過ぎ」を意味する"перегрузка"が誤って用いられたことが、そのことを象徴的に物語っていた。二は、「リセット」外交が提起されたタイミングや状況が必ずしも良くなかったために、ロシア側にさらなる誤解を招いたことだった。後者について、まず説明しよう。

## ロシア側の誤解(?)

オバマ大統領の前任者、ジョージ・W・ブッシュJr.は、政権の最終年である二〇〇八年の夏、ロシア軍がジョージアに軍事介入するという深刻な事態に直面した。ブッシュJr.政権はとうぜんメドベージェフ-プーチン「タンデム」政権を厳しく非難し、それにたいしてロシア側は反発した。結果として、米ロ関係はどん底に落ちた。それから間もない二〇〇九年一月に発足したオバマ政権は、ロシアに向って「リセット」外交の推進を提唱した。このような経緯やタイミングのゆえに、ロシア側には次のように解釈する危険性が十分存在した。すなわち、オバマ新大統領による「リセット」外交の提唱は、それまでのブッシュ前政権の対ロ外交路線を大幅に修正しようとする意図表明にほかならない。具体的にいうと、ロシアによるジョージア侵略を、ロシアが旧ソ連構成諸国にたいして持つ特殊権益にもとづく正当な行為である。オバマ政権が事実上こうみなすメッセージである。それればかりではない。「リセット」外交の提唱それ自体は、オバマ米政権がその脆弱な体質ゆえに余儀なくされた対ロ宥和政策である、と。

もとより、右のようなクレムリン側における「リセット」外交の解釈は、オバマ政権の意図を正確に理解したものではなかった。とりわけ、アメリカ合衆国や己の政権が脆弱であるがゆえに、オバマ大統領がロシアにたいし「リセット」外交の採用を決意せざるをえなくなった——。ロシア側がこう解釈するのは、事実誤認もいいところだった。というのも、少なくとも政権就任直後の二〇〇九年初め、オバマ大統領個人はアメリカ国民から絶大なる支持を得ており、本人も自信満々、意気揚々としてホワイト・ハウス入りしたはずだったからである。しかもオバマは、米国が世界で唯一のグローバル・パワーであると認識し、ロシアを必ずしもそのような米国と対等な存在とみなしていなかった。さらにいうと、ロシアは単なる「リージョナル（地域的）なパワー」に過ぎず、己がグローバルに推進するアメリカ外交の一「手段」として利用すればよい——。このようにすら認識していた。[7]

プーチン政権がもしオバマ大統領に反発したとしたら、おそらくその主因は、「リセット」外交それ自体の提案ではなく、実は同政権がこのようなオバマ個人の思い上がった態度を直感的に察知したからだったのではなかろうか。トレーニンによる次のコメントは、そのような見方を示唆しているようにも読める。「米国は、リセットの初期段階においてロシアから欲しかったものを獲得するやいなや、もはやロシアを二度と重視しようとしなかった。これこそが、結局リセットが失敗した理由であると言えよう[8]。要するに、「リセット」のロシア語訳のエピソードが象徴的に物語っているように、米ロ両政権は最初から「間違ったボタン」[9]を押した。こう結論しえるかもしれない。

## オバマの誤解（?）

バラク・オバマは、米国大統領を二期八年間つとめた。一期目の四年間は、メドベージェフ大統領の在任期間（二〇〇八年五月―二〇一二年五月）とほぼ重なる。二期目の四年間は、クレムリンに返り咲いたプーチン大統領の三期目（二〇一二年五月～二〇一八年五月）の時期と重なった。

「タンデム」政権の四年間は、ロシア憲法の規定からいうと、メドベージェフ大統領の権限はプーチン首相のそれよりも大きいはずだった。また、大統領が「外交」、首相が「内政」を担当する建前のはずだった。しかし、実態は異なった。「タンデム」政権でメドベージェフは単に形だけの大統領に過ぎず、本来大統領の権限であるはずの外交政策の決定にかんしてすらプーチン首相の指示を仰がねばならなかった。というのも、メドベージェフにとり、プーチンは十三歳も年長の大先輩であるばかりか、ペテルブルグ市役所時代からの上司であり、己を大統領職に選んでくれた恩人だったからである。

ところが、オバマ大統領は、ロシア憲法上の文言を重んじ、飽くまでもメドベージェフ大統領がロシア外交の主要責任者であるはずとの建前に従って、己の対ロ行動を遂行しようと欲した。すなわち、米国大統領としての彼は、いかにも法曹家出身らしく次のように考えて――もしくは、そう考えているふりをして――、行動した。メドベージェフ、プーチンの過去の関係や経緯《いきさつ》については一切関知しない。承知しているのは、ロシア憲法の規定である。それによれば、現時点でメドベージェフがロシアの大統領であり、プーチンは首相に過ぎない。このような建前に従い、オバマ大統領は、たとえばモスクワ訪問時に先ずメドベージェフ大統領を表敬するばかりか、彼とのあいだで最も重要なことを協議しようとした。

ロシア政治では「制度」やポストでなく、「人間」こそが重要である。このことを、オバマ大統領は知らないか、知らない振りを装ったのである。このアメリカ流の形式主義ないしは法律万能癖が、プーチンのオバマ嫌いをさらに促進したようだった。たとえばプーチンの外交問題顧問、ユーリイ・ウシャコフは、案の定、不満を表明した。[10] オバマ大統領は、なぜプーチン首相ともっと頻繁に面会しようとしないのか、と。米側の高官ですら、その必要性を認めた。ところが少なくとも「タンデム」期において、オバマ–プーチン間の会合が格別アレンジされることは、事実上ごく稀にしか起こらなかった。[11]

オバマから見る場合、これら二人のロシア指導者間にはもう一つ重要な違いがあった。それは、イデオロギー上の差異だった。メドベージェフとプーチンの政治思想はともに「レント（余剰利益）・シェアリング（共有）・システム」の維持を固執し、同体制の転換に反対するという点では、全く同一である。だがメドベージェフは、飽くまで括弧つきとはいえ、次の点にかんし若干「リベラル」な思考の持ち主だった。すなわち、このままの状態をつづけるかぎり、ロシア経済は資源依存型経済から永遠に脱却しえず、ジリ貧状態におちいってしまう。そうならないようにするには、どうすべきなのか。メドベージェフは答える。ロシアは米欧先進諸国から科学技術上のイノベーションを積極的に導入して、経済効率化に努める。そのことを通じて、エネルギー資源の切り売り以外の方途を探る。一言でいうと、ロシア経済の多元化もしくは近代化を図る。これが必要不可欠、と。

ところが、若い大統領によるこのような改革意図はほとんど適えられないままに、メドベージェフは任期終了を迎えることになった。なぜか？　その理由は数多く挙げられるが、現文脈では次の点を指摘すれば十分だろう。メドベージェフが優柔不断かつ中途半端な指導者で、経済改革であれ、外交・安保政策であれ、結局はプーチンのそれに徹底的には対抗する強い意志をもたないばかりか、プーチンに迎合する政策を採りがちなこと。その一例をしめそう。

メドベージェフは、「シロビキ」(KGB、軍関係者など“力《シーラ》”の諸官庁に勤務している者)でなく、「シビリキ(市民派)」出身者だったこともあって、彼はややもするとロシア内外でひ弱な政治家とみられがちだった。穏健「リベラル」な法曹家出身の事務屋《クラーク》に過ぎず、所詮「シロビキ」閥プーチンの操り人形、もしくは傀儡である。さらにいうならば、メドベージェフはプーチンが再登板するまでの時間稼ぎのショート・リリーフ(中継ぎ)にすぎない、と。このような噂を気にしていたメドベージェフは、己がそのような柔《やわ》な若造ではないことを証明してみせたい、という変な意地があった。

そのための時機は、意外なほど早く到来した。大統領就任から未だ三カ月も経たない二〇〇八年八月七日に、ジョージア政府軍が南オセチア自治州に攻撃をしかけるという事件が突発したのだ。かような危機存亡のときにあたり、メドベージェフは次のようなメッセージをロシア国民ばかりでなく、全世界宛てに発信する必要があると考えた。自分は、プーチン同様に果敢に行動し、機敏な対応措置をとりうる強い指導者にほかならない。言い換えるならば、メドベージェフ(──ロシア語では「熊」を意味する「メドベージ」に由来する名称──)を名乗る自分は、けっして「ペーパー・ベア」ではない、と。はたしてメドベージェフの思惑が一体何だったのか。この推測を別にして、新大統領は、単に南オセチアばかりでなく、ジョージア本土の奥地深くまでロシア軍に進軍を命じた。この決断は、袴田茂樹教授(現新潟県立大学、ロシア政治専攻)の卓抜な比喩によれば、大統領就任直後のメドベージェフがプーチンと変わらぬ対外的強硬論者としての権威を確立するために避けえない「通過儀礼」[12]なのであった。

## 軍備管理の進展

オバマ大統領が打ち出した「リセット」外交路線は、しかしながら、全く効果があがらなかったわけではない。たとえば軍縮・軍備管理の分野では一定の成果をもたらした。米ロ両国がともにそのことに多大の関心を抱き、その作業に熱心に取り組んだからである。

核兵器にかんする軍拡ならびに軍備管理――これは、もともとオバマ政権の外交政策のなかで「ナンバー・ワンの課題」（ロバート・レグボルト）[13]だった。ほかならぬオバマ自身が、大統領選キャンペーンの最中からそうであると宣言していた。晴れて大統領当選後の二〇〇九年四月、オバマはプラハで「核兵器のない世界」構築のスローガンを高らかに唱道した。オバマ大統領は、そのための具体的方策をまだとっていないにもかかわらず、いわば「前払い《アドバンス》」[14]の形で、早くも同年末ノーベル平和賞を受賞した。同大統領は、ロシアとのあいだで軍備削減政策を大胆に推進するためには、その必要不可欠の条件として米ロ関係を是非とも「リセット」せねばならないと考えたのだろう。すなわち、軍備管理交渉の推進こそがオバマ政権の一大目標であり、そのゴールを達成しようとして「リセット」外交をはじめた。このように言ってさえ、大きくは間違っていなかった。

当時のロシア側には、米国同様、いやそれ以上に軍縮交渉に熱心とならざるをえない理由があった。まず、ロシアは二〇〇八―〇九年のリーマン・ショックの影響を他のどの国にも増してまともにこうむり、深刻な経済不況に見舞われている最中だった。つまり、当時のロシアは、仮に米国とのあいだで軍拡競争をつづけようと欲しても、そのための国家予算を見出しえない状態にあった。加えて、逆にもしロシアが超大国たる米国とのあいだで対等の立場にたって、軍備管理交渉をおこなっている姿を全世界にしめすならばどうであろう。そのこと自体がロシアの国際的地位を大いに高めることに貢献するに違いない。

オバマが二〇〇九年一月に大統領に就任したとき、米ロ間の軍縮・軍備管理交渉はすっかり行き詰っていた。前ブッシュJr.政権が積み残した条約の改訂や交渉が山積み状態になっていた。たとえば一九九一年に両国が合意した「第一次戦略兵器削減条約（ＳＴＡＲＴ―Ⅰ）」は、二〇〇九年十二月に有効期限が切れる時期を迎えることになっていた。それにもかかわらず、前ブッシュJr.大統領は、プーチン大統領とのあいだでＳＴＡＲＴ―Ⅰに代る新条約を締結することなくホワイト・ハウスを去ってしまった。

大統領就任後のオバマは、メドベージェフ大統領とのあいだで精力的な交渉をおこない、二〇一〇年四月にはＳＴＡＲＴ―Ⅱの締結に漕ぎつけた。これは、「リセット」外交が結実した「最初の」[15]具体例であり、偉業とすらみなして差し支えない成果だった。この新ＳＴＡＲＴによって、ロシアと米国はそれまで配備可能だった二二〇〇発の戦略核弾頭をそれぞれ一五五〇発以下に削減することに合意した。（ついでにいうと、二〇一七年一月のトランプ政権成立時において、実際、米国は一三六七発まで配備数を減らした。他方、ロシアはまだ一七九六発を配備している）。オバマ政権は、同時にロシアとのあいだで核弾頭の運搬手段の制限にかんしても合意に到底した。すなわち、戦略核兵器の三本柱と称される大陸間弾道ミサイル（ＩＣＢＭ）、潜水艦発射弾道ミサイル（ＳＬＢＭ）、戦略爆撃機――これらの配備数を、七〇〇基／機（予備を含めると、八〇〇基／機）まで削減するとの合意である。

## ＭＤ配備問題

ところが他方、米ロ両国が戦術核兵器の削減交渉で合意する可能性は極めて小さかった。なぜか。ロシアは、通常兵器の分野でＮＡＴＯ側に比べて劣勢である。というのも、これらは、核兵器に比べて製造にヒト、モノ、カネが余計にかかるからである。そのために、一般論として、ロシアは核兵器を自国防衛の要としている。そのようなロシアは、右にのべたように、オバマ米政権とのあいだでＳＴＡＲＴ―Ⅱを締結し、戦略核兵器の削減に同意した。戦略（もしくは長距離）核兵器は、米ロ本土間の射程距離をもち、直接相手国を攻撃できる。しかし、そのうえ更に戦術核兵器の削減にまで応じることは、ロシアにとり出来ない相談だった。というのも、米ロ間には、地政学的に大きな差異が存在するからである。米国は仮装敵国から大洋で隔たれているのに対し、ロシアはそのような国々と国境で接しているために、戦術（もしくは短距離）核兵器によって本土が容易に攻撃される脆弱性を持つ。

米ロ間で「ミサイル防衛（Missile Defense／ＭＤ）」問題も、そう簡単には解決しなかった。ミサイル防衛とは、弾道弾ミサイルを飛翔中に迎撃するための防禦システムを指す。前ブッシュJr.政権は、二〇〇二年に弾道弾迎撃ミサイル（ＡＢＭ）制限条約から脱退したうえに、二〇〇七年になるとポーランドに一〇基の弾道弾迎撃ミサイル、チェコ共和国に弾道弾迎撃レーダーを配備しようともくろんだ。そのために、米ロ間ではＭＤ問題が大きな確執の種になった。ロシア側は、説く。米国がイランなどの核武装に備えるつもりだと主張するのならば、ポーランドやチェコ共和国などロシアを射程距離におく地域にＭＤ装置を配備する必要などまったくない。やはりロシアを射程においていればこそ、米国はＭＤ装置を中欧諸国に配備しようと欲するのだろう、と。

米ロのＭＤ計画を阻止しようとして、ロシア側は様々の対抗措置や脅しを加えている。メドベージェフ大統領は、二〇〇八年十一月五日、大統領就任後初の教書演説で、カリーニングラード州へ「イスカンデル」を配備する意向を明らかにした。[16] カリーニングラード（旧ケーニヒスベルク）は、哲学者イマニュエル・カントの生誕地として知られ、かつてドイツ領だった。ところが、第二次大戦の勝利の結果、ソ連が獲得し、自らの領土にした。地理的にはリトアニアとポーランドに挟まれた飛び地であり、文字通りＮＡＴＯの喉元に刺さったトゲのような要衝の機能を果たしている。「イスカンデル」とは、核弾頭を搭載可能な、本来短距離の移動式弾道地対地ミサイルである。ところが改良して射程距離を長くすると、射程三〇〇―五〇〇キロメートルの中距離核ミサイルになりうる。そのような「イスカンデル」をカリーニングラードに配備しようとするロシアのアイディアは、米国製ＭＤの中・東欧配備に対抗せんがためのロシア側の措置にほかならない。

ロシアは、米国のポーランドやチェコ共和国へのＭＤ配備にたいしなぜこのように頑《かたく》なまでに反発するのか。それがロシアの安全保障を脅かすからだとは思いえない。主な理由は、むしろ心理的・政治的な次元のものだろう。つまり、もし米国による中欧へのＭＤ配備を認めるならば、それはロシアの大国としての地位と威厳を損なう。プーチンはこう懸念しているからである。米国の或る研究者が次のようにのべるのは、正鵠を射た見方のように思われる。「欧州での安全保障をめぐるロシアの政策は、以下のようなものとして捉えるべきだろう。すなわち、プーチンは、グローバルな地位を得ることを切望する。ところが他方、西側はそのようなプーチン外交の意図を打ち崩そうと欲する。プーチンは、そのような西側の試みにさらに反応する。このようないわば心理的戦争の結果にほかならない(17)」。

## プーチン、オバマのケミストリー

二〇一二年五月、ロシアではメドベージェフに代ってプーチンが名実ともに最高指導者に復帰した。この人事によって、米ロ間の「リセット」は終わりを告げた――。やや大胆かもしれないが、こう結論して差し支えないだろう。そもそもオバマが二〇〇九年一月の大統領就任早々に「リセット」外交を提唱したわけは、一体何だったのか？　前任者ブッシュJr.政権末に米ロ関係が悪化していた状態にたいする懸念が、その大きな理由だった。加えて、メドベージェフ大統領（一九六五年生まれ）が自分（一九六一年生まれ）同様に若い指導者であり、前任者プーチン（一九五二年生まれ）に比べて――「相対的」との限定句付きとはいえ――「リベラル」色が感じられる。したがって、米ロ関係を「リセット」する政策を打ち出すことによって、ロシア国内政治において穏健「改革派」、メドベージェフの権力基盤や威信を増大させることにも資する。元々この点に淡い期待を寄せればこその「リセット」アプローチだったのだろう。

ところが、右にのべたほとんどすべてはオバマ大統領側の単なる希望的観測に過ぎない。このことが、ほどなく判明した。というのも、「タンデム」政権内で実力を握っているのは、繰り返しのべているように、一にも二にもプーチン首相であって、けっしてメドベージェフ大統領ではないからだった。このような制約が存在したにもかかわらず、オバマ流「リセット」外交は、ある程度の成果を産んだ。たとえば、さきに言及したように、軍縮・軍備管理分野における二、三の合意がその好例だった。ひとつには、オバマ－メドベージェフ間の人間的なケミストリー（相性）が良かったのかもしれない(18)。ところが、オバマ－プーチンはケミストリーが全く合わず、たとえばプーチンは最初からオバマを毛嫌いした気配すら感じられる。この点をことのほか強調するのは、ミハイル・ズガーリである。ズガーリは、ロシアの有力紙『コメルサント』に勤め、独立系テレビ局「ドーシ（雨）」の局長も歴任したロシア通。彼は近著『オール・ザ・クレムリン・メン――ウラジーミル・プーチン宮廷の内部』（二〇一六年）で、次のように記す(19)。

まず、誰しものべる一般論を、ズガーリも繰り返す。すなわち、クレムリンは、民主党よりも共和党のトップがホワイト・ハウスの主《あるじ》になることを好む、と。その理由は、明らかだろう。民主党は、己のイデオロギー上の立場を固執するあまり、ロシアでの民主主義の諸権利の制限や抑圧を問題視し、そのことでロシアを内政干渉一歩手前になるまで徹底的に批判しようとする。ところが共和党は、クレムリンに向ってそのようなことを求めても所詮ないものねだりであり、むしろロシアとのあいだでは、ひょっとして何か両国の国益や思惑が一致し、妥協しうる点がありはしないか――。このように思案し、模索する現実的アプローチを採る。たとえばブッシュJr.大統領は反共の闘士としてつとに知られた人物だった。ところが、プーチンはそのようなブッシュをさほど嫌っていなかった風に見受けられる。というのも、ブッシュは自分の反ロ的な立場を一向に隠そうとせずに、ロシアを痛烈に攻撃する一方、決して二枚舌だけは使わなかったからである。プーチンをはじめとするロシア人たちはそのようなブッシュの率直さを好み、なかには敬意を払う者すら少なくなかった。

ところがオバマは、そのようなブッシュJr.とは全く違ったタイプの人間である。少なくともプーチンの目にそう映った。すなわち、オバマは、「一見するところソフトに見えるものの、実は頑固な人物。イデオロギー色が強く、プラグラマティズムに欠ける政治家である」[20]、と。なかでも、ロシア人が最も嫌ったのは、次の点だった。オバマ大統領はあたかもロシア人の自由意志を尊重するかのように振る舞う。だが、その理由は、オバマがロシア側の意図を必ずしも重視しているからではなかった。骨の髄まで米国中心主義者であるオバマにとり、ロシアなどは大して重要な存在であるようにはみなさなかった。彼は、ロシアを米国と対等の超大国とは決して認めようとはせずに、単なる「地域的列強《リージョナル・パワー》」のひとつとみなした。[21]このようなオバマのロシアを見下した態度を、ロシア人は直観的に感じとったのだった。多くのロシア人は、彼に比べ政治的手腕が遥かに上手のプーチン大統領によって、オバマが結局翻弄される運命にある脆弱な政治家とみなし、軽蔑さえした。

## 「米国の陰謀」論

ちなみに、プーチンとオバマを比べて次のように見る者もいる。すなわち、前者は「相対的に弱い国に出現した強い指導者」であるのに対して、後者は「相対的に強い国に現れた弱いリーダー」である、と。オバマ大統領の次の証言は、このことを部分的に裏づけている。「プーチンは、米ロ首脳会談のすべての会合で極端なまでに礼儀正しかった。彼が他の指導者たちにしたのと異なり、プーチンは唯の一度として私を二時間も待たせるような非礼なことをしなかった」[22]。なぜか。オバマは引き続いて、その答えをのべる。「プーチンは、〔ロシアの〕米国との関係をアメリカ人が想像している以上に重要とみなしているからだ」[23]。オバマは、このようにして結論する。「プーチンは、ロシアの世界での全般的な地位が著しく減退したことを理解しているがゆえに、米国と対等であり、米国と協同し合っているかのように見せかけることを強く望んだ」[24]。

しかし、先に紹介したズガーリのような見方にたいする反論も存在する。つまり、オバマ政権とくにその末期における米ロ関係の悪化の事由をひとえにオバマ、プーチンという二人の指導者のケミストリーの不一致といった人間的な要素に帰そうとする解釈は、必ずしも適当とはいいがたい。こう説くのは、マイケル・マクフォールである。彼は、新生ロシアの民主化に大きな期待をかけ、そのことにかんする著作を数多く発表したロシア研究者だった。彼はオバマ大統領に乞われてワシントン入りし、まず同大統領の特別顧問（ロシア問題担当）に就任し、次いで駐ロ米国大使を務めた。このような経歴のマクフォールは、次のようにのべる。

「米国とロシアとの二国関係、例えばその悪化は、ホワイト・ハウスやクレムリンに一体どのような人間が坐っているかといったことによって、決定される類いのものではない。むしろ、客観的なロシア情勢の緊迫化の結果として決定されると考えるべきである」[25]。すなわち、ロシア国民は二〇一一年十二月の下院選挙を巡る不正に我慢し切れず、それに抗議せんがために街頭に繰り出し、集会やデモをはじめた。このような動きをみて、プーチン首相（当時）は、下からの人民反乱による「レジーム・チェンジ」の波が遂にロシアにも押し寄せたと危惧した。というのも、プーチンは、本書で何度も繰り返しているように、生涯数々の「下からの人民反乱」を直接・間接に目撃したり、仄聞《そくぶん》したりして、正真正銘の「革命嫌悪主義者」と化していたからだった。

しかも、プーチン式思考の特徴は、マクフォールによれば、プーチンが次のように考える点にある。ロシアの国民は、本来ひじょうに臆病な存在であり、自由を求める運動を「自発的、独立的にはじめるはずはない」[26]。彼らがそのように大胆な行動に出る「ほとんどの場合は、彼らが外部諸勢力によって唆《そそのか》されている」[27]。端的にいって、背後で「米国の陰謀」[28]がなされている時である、と。ちなみに、マクフォールが二〇一七年の論文中で展開した右のような見方は、彼自身が駐ロシア大使として在任（二〇一二―一四年）中に遭遇した次のような体験にもとづいて形成されたように思われる。マクフォールは、ロシア国民の一部が反政府運動を展開中だった二〇一二年一月にモスクワに赴任した。そして、プーチン首相（当時）は、これら反政府運動の背後に紛れもなく米国の直接・間接的な支持や支援があるに違いないと疑った。そのような折に米国大使としてモスクワに着任したマクフォールは実に悪いめぐり合わせに出逢った外交官だったといえるかもしれない。

## アルバートフの見方

ところが、マクフォール本人は確信犯だった。己の信念をみずからの職務に反映させることを逡巡《しゅんじゅん》しないタイプの研究者だった。じじつ、彼は駐ロ米国大使として勤務を開始した二日目には、早やプーチン政権反対の諸グループとの会合を開いた。案の定、そのようなマクフォール大使は、プーチン政権の忠実なスポークスマン役を果たしていたロシアのテレビ局すべてによってこっぴどく批判される羽目になった。同大使はプーチン政権によって冷遇されるばかりでなく、ことある毎にいじめの対象とされ、袋叩きに遭う羽目になった。挙げ句の果てに二〇一四年二月、同大使はまるでロシア当局によって国外追放処分に処せられたかのように、ほうほうの体《てい》でモスクワから退散せねばならなくなった。マクフォール大使の在勤期間はわずか二年だった。

幸い、マクフォールは古巣、スタンフォード大学の教授に復職しえた。だが、クレムリン当局によって「ペルソナ・ノン・グラータ（外交的に受け入れられない好ましからざる人物）」に指定され、ロシアへの入国ビザの取得すらむずかしくなった。ロシア当局は、その理由として、同教授が依然として「米ロ関係を破壊する諸活動を積極的に支援し、ロシアに不当な圧力をかけるキャンペーンに従事している」[29]と説明している。

たしかに、マクフォール大使の見解は、学者としての彼の信念にもとづくやや極端な類いのものだったのかもしれない。とはいえ、オバマ政権期における米ロ関係の悪化を、オバマ大統領やマクフォール大使（ともに当時）の個人的な見解や性格上の特殊性に求めるのは必ずしも正しくない。むしろ、同政権期に次々に起こった事件のほうがより一層重要な要因だったろう。こう説くのは、アレクセイ・アルバートフである。彼は、次のようにのべる。オバマ大統領の対ロ外交政策を「彼の個人的な資質から」説明しようとするのは必ずしも適当な見方とはいえない。というのも、同大統領の対ロ行動様式は大抵の場合、「アメリカの国益に従うプラグマチックなもの[30]」だったからである。

「リセット」外交の提唱によって好スタートを切ったかに見えるオバマ政権期の米ロ関係は、その最終段階では「新冷戦の始まりか？」[31]と噂される事態にまで悪化した。そもそも一体何がこのような展開を招来させたのだろうか？　この問いにたいして、アルバートフは答える。実は「不運にも一連の諸事件が相次いで起こったからである。それらのマイナスが積み重なり、蓄積されたことの結果として、米ロ関係がミニ冷戦に近い状況におちいったのだ」[32]。アルバートフがのべる「一連の諸事件」とは、以下の出来事である。「アラブの春」（二〇一〇年―一三年）、NATO軍による対リビア作戦（二〇一一年）、ロシア下院選（二〇一一年十二月四日）、同選挙の実施過程で発生した不正疑惑にたいしてロシア国民が怒りを爆発させるにいたった抗議集会やデモ[33]。そして極めつけは、括弧付きのそれとはいえ「近代主義者」だったメドベージェフに代って、強硬派のプーチンの大統領復帰（二〇一二年五月八日）。これらの事件の結果として、米ロ二国間の関係では「協力（Cooperation）」よりも「対立（Confrontation）」の要因がより一層強くなった。そのような経緯、すなわちアルバートフのいう「一連の諸事件」のいくつかをもう少し詳しく検討してみよう。

## 一連の諸事件の発生

なかでも、プーチンのクレムリン復帰はオバマ提唱の「リセット」外交の実践に決定的な影響をあたえた。プーチンは、二〇一二年五月八日、大統領ポストに就任し、名実ともにロシア内外政策の最高決定者になった。プーチン大統領は、早速、カナダで開催予定の主要国（G8）サミット、同会議を利用しての米国はキャンプ・デービッドでのプーチン＝オバマ間の首脳会談をともにキャンセルすると発表した。次期内閣の組閣人事で、同大統領は、多忙を極める。これが、表向きの理由だった。もっとも、そのような口実を信じる者は少なかった。閣僚人事は本来メドベージェフ首相の所管事項のはずであるうえに、G8サミットへの出席は前もって決定済み事項だったからである。端的にいうと、これはプーチン大統領がそう簡単にオバマ大統領と会いたくない――このことを告げるメッセージにほかならなかった。

オバマ大統領も負けてはいない、すぐさましっぺ返しをおこなった。二〇一二年九月の「アジア太平洋経済協力会議（ＡＰＥＣ）」（於ウラジオストク）への不参加を通告したからである。同会議は、ロシアがＡＰＥＣ加盟後に初めて自国で主催し、プーチン大統領が己の威信を賭けた一大イベントにほかならなかった。米国大統領再選を前に多忙――これが、オバマの欠席理由だった。だが、十一月八日に実施される大統領選には未だ二カ月ものキャンペーン期間がのこされていたことから判断して、それが単なる口実に過ぎないことは明らかだった。より一層重要な理由が、米ロ両大統領の面会を妨げていたとみなすべきだろう。すなわち、仮に早々と米ロ首脳会談を開催しようとも、次のような一連の諸問題を巡る米ロ間の懸隔がとうてい埋められるようには予想しえなかったからである。ＭＤシステムの欧州配備、アフガニスタン、イラン、シリア、北朝鮮にかんする立場の相違……等々。

たしかに、プーチンがクレムリンに返り咲いた直後の二〇一二年六月、米国議会は、ロシアにたいし宥和的な決定をおこなったかのように見えた。というのも、米ロ間で長年のあいだ懸案事項だった「ジャクソン＝バニク修正条項」の破棄に踏み切ったからである。旧ソ連は国内のユダヤ人たちがイスラエル、その他の海外へ出国することを認めようとしなかった。同「条項」はそのことに抗議して、ソ連に貿易上の制裁を科すことを目的とする法律だった。ところがその後、ソ連は解体し、ロシアのユダヤ人たちも思い思いの国々へ移住することができるようになった。結果として、ジャクソン＝バニク法は有名無実の存在と化していた。そこで、米国議会は大変遅まきながらも、同法の破棄を正式に決定したのだった。

ところが、である。米国議会はそれから六カ月も経たない二〇一二年十二月、まるでジャクソン＝バニク法に代えるかのようにして「セルゲイ・マグニツキイ法」を採択した。セルゲイ・マグニツキイは、ロシア人弁護士で、ロシアで政府高官数名を公金横領の疑いで追求中に逆に脱税容疑で逮捕され、拘置所で拷問された挙げ句の果てに獄死した人物（当時、三十七歳）である。これを重大な人権侵害行為とみなして、同氏の名前を冠した米国の法律は、マグニツキイの獄死事件に関与したと思われる十数名のロシア人官吏にたいして、米国入国ビザ（査証）の発行を拒否し、彼らのアメリカ国内の資産も凍結することに決めた。[34]

すると、プーチン政権も負けていない。米国議会によって「マグニツキイ法」が採択された二〇一二年、プーチン自身が次のようにのべた。「明らかに私は善良なクリスチャンではないらしい。片方の頬を打たれたら、もう一方の頬も差し出して打たれよ。〔聖書は〕こう教える。ところが、私は明らかに未だ道徳的にその域に達していないようだ。というのも、私は次のように考えるからである。殴られたら仕返しをすることを躊躇するべからず。さもなければ、殴られつづけるだろう[35]」。

そして実際、プーチン・ロシアは、「マグニツキイ法」にたいする報復ないしは対抗措置と明らかに分かる形をとって、「ディーマ・ヤーコブレフ法」を採択した。ドミートリイ（愛称、ディーマ）・ヤーコブレフは、米国人に養子として貰われたあと、アメリカ人養父が九時間も車中に放置したために熱中症で死亡したとされるロシア少年の名前である。同法の採択によって、米国人は今後ロシア人の子弟と養子縁組をおこなう——それまでは、六万件くらいあった——ことが、その後、一切認められないことになった。

## スノーデンの亡命

「セルゲイ・マグニツキイ法」採択から約一年後の二〇一三年六月、米ロ関係はさらに悪化することになった。いわゆる「スノーデン亡命事件」が発生したからである。エドワード・スノーデンは、米国の国家安全保障局（ＮＳＡ）の職員をつとめていた人物。米政府の機密情報収集活動を暴露した廉で、米国内にとどまりえなくなり、中南米諸国（おそらくキューバ）へ亡命しようとした。米政府は、ロシアのシェレメチェボ国際空港で足止めを食ったスノーデン容疑者の身柄を引き渡すようロシア政府に要求した。ところがプーチン大統領は、スノーデン容疑者が「ロシア領土では何らの罪も犯していない」という理由で、ワシントンの要求をつっぱねた。

ロシア政府は、結局スノーデンにたいし、一時的とはいえロシアへ事実上亡命することを認めた。プーチン政権によるそのような決定に抗議しようとして、オバマ大統領は二〇一三年九月に開催予定だった米ロ首脳会談をキャンセルした。他方、プーチン大統領は、ロシア政府が採った行動を適切なものとして正当化した。同大統領は、たとえば翌二〇一四年五月、サンクト・ペテルブルグ開催の国際経済会議での演説中にのべた。「スノーデン氏は、自分が人権運動のために闘っていると信じ、かつ人権運動に生涯を捧げている人物である。ロシアは、そのような闘士を国外追放するような非道《ひど》い国ではない」。二〇一四年八月になると、ロシア政府はスノーデンにたいして単に一時的ではなく、少なくとも三年間ロシアに滞在してよいとの権利を与えた。その期間は、二〇一七年一月さらに二年間延長された。少なくともスノーデン自身は、そうツイッターに書き込んだ[36]。

プーチン大統領は、スノーデン擁護の映画制作者、米国のオリバー・ストーン監督とのインタビュー中で、二〇一五年七月、スノーデンを依然としてかばう次のような発言をおこなった。「彼〔スノーデン〕は、アメリカの国益を裏切っていない。スノーデンは情報をいかなる国にも洩らしていない[37]」。こうのべた後プーチンは、だからといって、自分がスノーデンの行動を一〇〇％支持する訳でないことも示唆した。「彼が職場に不満を抱いているのならば、彼は単に辞職すべきだった。それで全てだった[38]」。こうのべることによって、ロシアの大統領は、一九九一年夏のクーデター未遂事件が発生したときに、クーデターに抗議して「自分が真っ先におこなったのはＫＧＢへの辞表の提出だった」事実を、再び世間に思い起こさせようとした。[39]

スノーデン事件は、米ロ関係にどのような影響を及ぼしたのか？　たとえばアンゲラ・ステント教授は、自著『パートナーシップの限界――二十一世紀の米ロ関係』（改訂版、二〇一四年）で、まずプーチン政権の処置について自らの感想をのべる。[40]「プーチン政権は、スノーデン本人が当初、希望したとおり、ラテン・アメリカ諸国のいずれかへの亡命の道を講じてやることができたのではなかろうか」。「それにもかかわらず、同政権はスノーデンをロシア国内に止めおき、彼をして反米チャンピオンの闘士としての役割を演じさせる結果を招いた」。

ステント教授は、引き続いてスノーデン事件が米ロ関係の展開に及ぼした意味にかんして、自身の見方を記す。プーチン政権によるスノーデンの処理法に同政権の対米外交の特徴がよく現われている。端的にいうと、プーチン外交は、スノーデンを事実上ロシアへ亡命させることによって得られる短期的な利益に目がくらんだ。結果として、米ロ関係の悪化という高価な代償を支払わねばならないことになった。米ロ関係を長期的な視点から判断する場合、はたしてこのような措置は賢明な選択だったのか。疑問符が付される、と。

たしかに、スノーデン事件は、オバマ大統領が唱えた米ロ関係の「リセット」外交が頓挫しつつあることを如実に物語っていた。だが、リセットの終焉をみちびいたのは、アルバートフが説くように、単にスノーデン事件ばかりではなく「一連の諸事件」が相次いで起こったからだった。そのことをしめすために、たとえばメドベージェフ首相が二〇一七年一月に記した一文を引用してみよう。メドベージェフによれば、オバマ政権下の八年間で、米ロ関係は次のようなプラス、マイナスの両方を記録した。[41]「一方において、ロシアと米国は協力して数多くの国際問題を解決させることに成功した。たとえば、核兵器削減条約の調印、イランの核開発計画の解決、シリアの化学兵器廃棄の達成……等々」。「ところが他方で、オバマ政権の末期近くになると、米ロ関係は完全に破綻するにいたった」。というのも、「米国は、諸外国の内政への様々な介入行為を止めようとしなかったからである」。たとえば「イラク、アラブの春、ウクライナ、シリアへの干渉行為は、単なるその一例にすぎない」。

オバマ政権の「リセット」外交の挫折に駄目押しを加え、その終焉を決定づける、「藁《わら》一本」の役割を果たした事件がある。それは、一体何だったのか。改めてのべるまでもないだろう。二〇一三年末に起こり、今日にいたるも未だ解決をみない「ウクライナ危機」にほかならない。これこそが、「リセット」外交の柩に致命的かつ「最終的な釘[42]」を打ち込んだ元凶である。もっとも、ウクライナ危機について私は既に二章（第4章　EEU、第5章　ハイブリッド戦争）も用いているので、ここで改めて語る必要はなかろう。

## オバマ、最後の置き土産

オバマ大統領は退任直前の二〇一六年十二月二十八日、大胆な対ロ外交政策を下し、全世界をアッと驚かせた。優柔不断で、宥和的な対ロ外交の推進者――。同大統領のこのような評判を一挙に突き崩すかのような諸措置だった。オバマは、まず、二〇一六年十一月七日に実施された米大統領選挙のキャンペーン中に、ロシアが民主党候補クリントン陣営にサイバー攻撃を加えたと批判する米政府の公式報告書を発表した。同レポートは記す。プーチン大統領みずからが関与して、ロシアはクリントン候補に対しコンピューターによる不正なアクセスや介入操作を仕掛け、メールを流出させるなどのハッカー行為を実施させた、と。次いで、オバマ大統領は、そのようなことをおこなったロシア政府にたいする報復処分として、以下の措置を命じた。米国滞在中のロシア外交官、計三五名の国外退去、ならびに米国内でのロシア人外交官や家族のための二つの慰安施設（ニューヨークとメリーランド）の閉鎖。

ロシア政府がクリントン陣営にたいしサイバー攻撃をおこなった――。このことは、ほぼ間違いない事実のようである。米国では、CIA（中央情報局）、FBI（連邦捜査局）、NSAが、三大情報機関とされる。これら全てがこの件にかんし客観的な証拠をつかみ、ロシア政府が関与したと断定した。そのために、クリントンのライバル候補として選挙戦を闘ったトランプ現大統領ですら、渋々ながらもその事実を認めざるをえなかった。もっとも、ロシア側によるそのようなハッキング行為によって、はたしてクリントンが現実にどの程度の不利益をこうむったのか――これは、ことの性質上、誰もはっきり断定しえない類いの問いだろう。たとえばトランプ大統領の報道官、ショーン・スパイサー（当時）は、彼の立場からは当然のごとく主張した。「ロシアがアメリカの大統領選挙に現実に影響をあたえたという証拠は、ゼロである」[43]、と。

オバマ前大統領は、なぜ、この時期におよんでかように強硬な対ロ制裁措置を採ることに踏み切ったのだろうか？　その動機は、一体何だったのか？　私には、次の三つがその主な理由だったように思われる[44]。

一は、単にクリントンばかりでなく、民主党の面子を救おうとする目的。ヒラリーは、オバマ政権第Ⅰ期の国務長官をつとめ、オバマ大統領の盟友であるばかりか、彼の後継者になる予定の民主党候補にほかならなかった。まさにそのような人物がトランプ候補と選挙戦を闘い、有力といわれながらも無惨な敗北を強いられた。ロシア政府は、トランプ候補にたいする支持を陰に陽に表明し、あまつさえクリントン陣営にたいしサイバー攻撃まで加えた。このうっ憤を何らかの形で晴らしたい。オバマ大統領の心中にこのような思いが潜んでいたとしてもおかしくなかろう。

二は、トランプとプーチンの今後の関係に水を差そうとする深慮遠謀。トランプは選挙キャンペーン中（そして大統領当選後ですら）、前職大統領たるオバマを公然とけなすばかりか、こともあろうに自国の大統領に比べロシア大統領の手腕のほうを上位に置きさえする自身の評価を繰り返した。このことにたいして、オバマ大統領はさぞかし腸《はらわた》が煮えくり返るほどの怒りをおぼえたに違いない。

この種の下種《げす》の勘ぐりを別にして、去りゆく米大統領はホワイト・ハウスの次期住人にたいして次のような心からの忠告をあたえようとしたのかもしれなかった。自分は米ロ関係の「リセット」をスローガンに掲げて対ロシアに臨もうとした。ところが、それを軟弱な外交姿勢のあらわれと誤解したプーチン大統領によって散々翻弄され、利用される結果をみちびいた。二度あることは、三度ある。トランプ次期大統領も、みずからのプーチンにたいする甘い評価や対ロ宥和姿勢を改めねばならないことになるだろう。修正の時期は早ければ早いに越したことはない――。このような自戒や反省の念を籠めて、ひょっとするとオバマは己の後継者トランプに向い、真剣な警告をあたえようと思ったのかもしれなかった。

三は、シリア情勢との関連。オバマ大統領が対ロ制裁を発表したタイミングは、ロシアによる一方的ともいえるシリア停戦合意と奇しくも時期を同じくしていた。すなわち、二〇一六年十二月二十九日、プーチン大統領はイランとトルコの首脳とともにカザフスタンの首都アスタナで三者会談をおこない、シリア全土での停戦に同意する文書(「アスタナ合意」)を交換し合った。同日、オバマ大統領はロシア外交官の追放を含む制裁処置を発表した。これら二つの行為は、はたしてまったくの偶然だったのだろうか。改めて思い起こすまでもなく、シリア問題にかんしオバマ大統領は、プーチン大統領の思うがままに翻弄されつづけてきた。二〇一三年に合意した化学兵器撤廃と交換にしてのアサド政権の延命は、その一例に過ぎない。二〇一六年の「アスタナ合意」にかんしても、オバマ米大統領は蚊屋の外におかれ、事前の相談にあずからなかった。オバマ大統領とて、人の子である。このような扱いにたいする不快感もある程度作用して、対ロ制裁の発動を決意した。こう推測しても、必ずしも穿ち過ぎの見方とはならないかもしれない。

ともあれ、オバマは、大統領退任後の二〇一七年二月におこなったインタビュー中において、珍しく歯に衣着せぬ言葉で己のロシア観を披露した。いわく。オバマの考えによれば、ロシアには二十一世紀に生き残ってゆくためになすべき数々の目標や課題がある筈である。たとえばロシア経済の多元化、近隣諸国との友好関係の推進。ウクライナ紛争やイランの核開発などの諸問題にかんしても、もっと米欧諸国と積極的に協力する姿勢を検討すべきだろう。これらを一言で要約するならば、「ロシアの近代化」の課題にほかならない。それにもかかわらず、プーチン・ロシアは、それらの任務に真剣に向い合って、その解決に努力を傾けようとはしていない。いや、それどころか、その機会を故意に見送りさえしている。なぜか。

右の問いにたいしオバマ大統領自身は明快な答えをもっている模様である。というのも、同インタビュー中で、米大統領は、これらの責任をロシアの最高政治指導者、プーチンその人の責任に帰しているからである。いわく。「私には、プーチン氏の精神分析をおこなうつもりはない。とはいえ、彼は己の片足をソビエトの過去に突っ込んだままの人間だとみなす。彼は、ＫＧＢの運営を担当する責任者だった。これが彼の思想形成の原点であり、彼の体験でもあった。彼には、すべての問題を冷戦というレンズを通して見る傾向が否めない。これが、私の感想である」(45)。

## 「リセット」は必ず破綻する

最後に、オバマ政権の八年間（二〇〇九―二〇一六）を振り返って、それを総括する作業を試みてみよう。同政権は当初、対ロ関係を改善しようと欲し、「リセット」外交を提唱した。そのような努力は軍縮・軍備管理の分野などである程度の成果をあげた。だが一般的にいうと、「リセット」外交はモメンタム（勢い）を維持することに成功しなかった。米ロ関係の悪化を防止しえなかったばかりか、最終的にはウクライナやシリアを巡る危機によって頓挫した。結果として「すわ新冷戦のはじまりか？」と評されるまでの状態におちいった。

私がここで注目し、強調したいことがある。それは、右のように要約されるオバマ政権下の米ロ関係の変遷が、同政権をもって嚆矢《こうし》とするわけでないことである。つまり、〈最初は改善、次いで停滞、最後にはどん底〉――このパターン[46]は、民主党、共和党政権の区別なく、ほとんど常といってよいほど看取される米ロ関係に定番のサイクルなのである。少なくとも、ジョージ・H・W・ブッシュSr.以来、そうなのである。ここでは紙幅の都合で二代だけ遡って、ビル・クリントン、ジョージ・W・ブッシュJr.両政権期にもこのパターンが明らかに看取されることを実証してみよう。

政権就任当時のビル・クリントン（――以下、クリントン）大統領は、エリツィン政権を支援することを己の至上命令とすらみなした。[47]というのも、エリツィンは、ゴルバチョフ前ソ連大統領とのライバル意識にも触発されて、ソ連邦の解体、次いでロシアの民主化ならびに市場経済への移行を真剣に模索している人物のような印象をあたえたからだった。もしそのような「レジーム・チェンジ」が実施されるならば、米欧諸国ならびに全世界にとって、これ以上望みえないほどのプラスをもたらす。こう考えたクリントンは、エリツィンとのあいだで互いに「ビル－ボリス」と呼び合う親密な関係を構築しようともくろんだ。加えて、米国側にとって都合が良かったのは、エリツィン政権の発足当初の外務大臣が親欧米派のアンドレイ・コーズィレフであることだった。コーズィレフは、たとえば一九九二年、次のような己の認識を公言してはばからぬ親米派の人物だった。「もし米国の支援が得られなければ、われわれはお仕舞いだ」。[48]

ところが、当時のソ連、次いでロシアでは依然として対米強硬派の発言権のほうが強かった。そのような事情も作用して、国内政治基盤が脆弱どころかゼロに近かったコーズィレフ外相が推進しようと試みた親欧米路線は批判され、彼自身も更迭される憂き目に遭ってしまった。代って外相に就任したのは、何とコーズィレフと全く対照的な対米観の持ち主、プリマコフだった。プリマコフは、さきにも説明したように、米国の「ユニラテラリズム（単独一極主義）」に対抗する「多極主義」の提唱者としてあまりにも有名な人物だった。案の定、プリマコフ外相時代の米ロ関係は、ＮＡＴＯの東方拡大、コソボ戦争などを巡って鋭く対立するようになった。

## 米ロ関係には明らかにパターンあり

ブッシュJr.政権でも、同様だった。すなわち、同政権の二期八年もまた、明らかに米ロ関係の〈アップ（上昇）＆ダウン（下降）〉のパターンを辿った。大統領就任後しばらくのあいだブッシュJr.は、プーチン大統領と首脳会議をおこなおうとしなかった。だが何時までもそうするわけにもいかず、スロベニアの首都リュブリャーナで第一回目の会合をおこなうことになった。ロシア大統領と面談するや否や、坊ちゃん育ちのブッシュ大統領は忽ち「人たらし」[49]として有名なプーチンの術中におちいり、めろめろ状態にされてしまった。会談直後にブッシュ大統領が語った次の言葉は、あまりにも良く知られている。「私は、プーチンの目のなかに魂を感じとった」[50]。

二〇〇一年九月十一日に発生したニューヨークの世界貿易センター攻撃事件は、米ロ関係を空前絶後と評して過言でないほど友好的な高水準へと押し上げることに貢献した。[51]その後の約二年間は、クリントン政権初期の米ロ協調関係を上回る蜜月関係をもたらした。たとえば、プーチン大統領自身、二〇〇一年十一月に米国を訪問したさいブッシュ大統領との共同記者会見の席上で次のようにさえ語った。「今日、われわれは、米ロ共同活動のあらゆる分野で解決策を求める用意がある。われわれは、冷戦の遺産を一挙に精算し、長期的な戦略パートナーシップ時代へと突入するつもりである」[52]。このようにして、米ロ関係は二〇〇二年五月にピークに達した。両国は、「戦略的攻撃兵器削減条約（ＳＯＲＴ）」に調印した。「ＮＡＴＯ－ロシア理事会」の新設にも合意した。

ところが、である。二〇〇三年以降になると、米ロ関係は次第に陰りをしめすという、何時ものパターンを辿りはじめた。次のような一連の出来事が相次いで発生し、そのことを実証した。まず、二〇〇三年三月、米・英などがイラクへの軍事侵攻をはじめたところ、ロシアは独・仏と提携して「有志連合」を結成、米・英に真正面から反対する立場を鮮明にした。次いで二〇〇三年九月、ロシアの北カフカス地方のベスランの小・中学校でチェチェン系過激派集団によるテロ事件が発生した。プーチン大統領は、多数の犠牲者――いたいけな児童を含む――が出ることを顧みず、学校への襲撃を命じた。それればかりではなかった。プーチン大統領は同事件を口実に用い、「弱い者は打たれる」との持論をのべて、ロシア政治の中央集権化を図る諸方策を打ち出した。

さらに二〇〇三年から二〇〇五年にかけて、「独立国家共同体（ＣＩＳ）」のメンバー諸国で相次いで「カラー革命」が勃発した。すなわち、ジョージアで「バラ革命」、ウクライナで「オレンジ革命」、キルギスタンで「チューリップ革命」が起こった。プーチン大統領は、「レジーム・チェンジ」をもくろむこれらの人民反乱の背後には、外部勢力、すなわち米国の直接的・間接的支援が存在するとみなした。

右のような諸事件による米ロ関係の悪化を決定的なものにしたのは、二〇〇七－〇八年におけるロシア側の動きだった。まず、〇七年三月、ミュンヘンで開催された国際会議の席上でプーチン大統領がのべた米国の「単独一極主義」外交にたいする批判は、かつてないほど痛烈な程度や内容のものだった。また、〇八年八月、ロシアはジョージア本土深くに侵攻するばかりか、それまでジョージア領だった南オセチア自治州とアブハジア自治共和国の独立を承認し、世界をアッと驚かせた。このようにして、ブッシュJr.政権（八年間）

の米ロ関係は、「最高の地点（二〇〇一―二年）から最低の地点（二〇〇八年）へと転落した」（ロバート・レグボルト）。[53]

――以上概略したパターン、すなわち政権就任当初に米ロ関係は若干の「協力」の要素を強くするものの、やがては決まって「対立」のファクターを増大させ、そして最後には「冷戦状態」に近い状態にまで悪化する――。これは、必ずしも単にオバマ政権だけに見られる「上昇・下降（high and low; up and down; rise and fall; boom and bust）」のサイクル[54]ではない。むしろ、米ロ関係がほとんど必然的にたどるコースのように思われる。

## 新冷戦の到来か？

ただし、ここで一つ大きな但し書きをつけ加える必要がある。冷戦後の米ロ関係が冷戦もどきの状態に悪化すると簡単にのべるものの、厳密にいうとそれがソ連時代の冷戦とは異なることである。

この区別を際立たせるために、次のような命名をおこなってみよう。すなわち、第二次世界大戦の終了前後からはじまり、一九八九―九一年頃になって漸く終了した二十世紀の米ソ両陣営間の対立を、便宜上仮に「元祖・冷戦（the old Cold War）」[55]、もしくは「冷戦1.0」と名づけよう。それにたいして、ロシアによる二〇〇八年のジョージア侵攻や二〇一四年のクリミア併合などによって悪化したロシアと米欧諸国との対立を、「新冷戦（a new Cold War）」、もしくは「冷戦2.0」と呼ぶことにしよう。念のために断っておくが、後者をそう呼ぶことにしたからといって、必ずしもそれが冷戦であることを認める訳ではない。飽くまで両者を便宜上区別するための命名にすぎない。

まず、注目すべきことがある。それは、欧米のロシア・ウオッチャーの或る者が、すでにロシアによるジョージア侵攻前に「新冷戦」の到来にかんして十二分に警戒していた事実である。[56] エドワード・ルーカスは、その代表的な人物の一人といえよう。英週刊誌『エコノミスト』の元モスクワ特派員、現在、論説委員。彼は、二〇〇八年にずばり『新冷戦』との題名を冠した書物を出版した[57]。カナダの『グローブ・アンド・メール』紙のモスクワ支局長、マーク・マッキノンも、前年の二〇〇七年に全く同名の書名『新冷戦』の著作を出版済みだった[58]。プーチン政権が二〇一四年にクリミア併合を敢行したとき、ルーカスは自慢げに「〔だから、〕私はそう言っていただろう[59]」と語った。

しかしながら、私個人は、「冷戦1.0」といわゆる「冷戦2.0」的状況とのあいだに存在する大きな差異を軽視したり、無視したりするのは禁物と考える。これら二つの「冷戦」のあいだには、たとえば以下にのべるような違いがあるからだ。

まず、「冷戦2.0」では、イデオロギー上の対立がきわめて希薄となるか、ほとんど解消されている[60]。かつての「冷戦1.0」期での東西両陣営間の対立は、思想上に存在する大きな差異から判断して、ほとんど解消不可能とさえいえる類いのものだった。というのも、西側陣営は民主主義や資本主義を唱える一方、東側陣営は共産主義もしくは社会主義の実現を標榜して一歩も譲らなかったからである。たしかに、プーチニズムは「主権民主主義」を唱え、事実上「国家資本主義」を実施している。とはいえ、それはロシア独自の特殊性にもとづくからだと説明し、他国にたいしロシア同様の体制を採ることを強制していない。現代世界は、もはや民主主義vs共産主義、自由主義vs社会主義といったイデオロギー的対立ではなく、むしろやや荒っぽくいうとサミュエル・ハンチントンが説く「文明の衝突」段階に入っているとさえ見るべきだろう。

第二に、プーチン・ロシアは、スターリン下のソ連とは違って、己と外部世界を「鉄のカーテン[61]」で遮断しようとしているわけではない。その点で、たとえば北朝鮮とは異なる。否《いな》、それどころか、ロシアは米欧諸国とのあいだに密接な相互依存関係を構築しようとさえしている。すなわち、経済上の「比較優位の原則」

にしたがい、自国が豊富に貯蔵し、生産する天然エネルギー資源を海外へ輸出し、それによって得た外貨で欧米諸国から先進的な科学技術を購入したり、外国資本を積極的にロシアへ導入したりすることを欲している。その点でも、ロシアは、ほぼ完全に外界との関係を遮断して自給自足経済《オータルキー》を実施中の北朝鮮とは事情を全く異にする。ちなみに、まさにそれだからこそ現ロシアは、ウクライナ危機を契機として米欧諸国によって科せられることになった経済制裁の解除を切望しているのだ。

プーチン政権は、ロシア国民にたいし原則として外界との交流を禁じていない。すなわち、ロシア国民は、インターネットを通じて外国の情報に接することも、自由に海外旅行することも、海外移住することすら可能である。さらにいうと、ロシアは、たとえば国際テロリズムという共通の敵と闘うために米欧諸国と協力し合おうとさえしている。

第三に、「冷戦2.0」期のロシアは同盟国を持たないという点で、「冷戦1.0」のソ連と大きく異なる。それゆえ、プーチン・ロシアは自分自身の陣営を構成して、米国陣営に対抗する能力を欠如している。かつてのソ連は、「ワルシャワ条約機構」や「コメコン（経済相互援助機構）」といった組織を有していた。東欧諸国に加えて、さらに「社会主義」を目指す一部の発展途上国を己の味方や傘下に率いてさえいた。ところが、これらの陣営やグループが完全に解体・喪失した今日、ロシアがメンバーとして参加しているのは、たとえば次のような国際組織である。「上海協力機構（SCO）」、「BRICS（ブラジル、ロシア、インド、中国、南アフリカ）」、「G20（主要二〇カ国・地域）」。これらは中国主導か、そうでないにしろロシアの必ずしも言いなりになる組織ではない。たとえば、二〇一四年三月のロシアによるクリミア併合に抗議して、国際連合がロシア批判決議をおこなったとき、それに反対票を投じたのは、北朝鮮、アルメニア、ジンバブエを含む僅か十一カ国でしかなかった。

他方、米欧諸国は、NATO、EU、その他のブロックを解消せず、今日なお維持しているばかりか、それらの組織内へかつての東側陣営諸国をメンバーとして取り込んでいる。仮に現時点で米ロの力関係が対等であるとみなす場合でも、米国、ロシアがそれぞれ率いるブロックの力量差は歴然と言わねばならないだろう。そのような力関係をみるかぎり、「冷戦2.0」状態を「冷戦1.0」に近いものとみなすことは適当とはいえない。

# 第17章
# トランプ

プーチン大統領とトランプ大統領（2017年、APEC サミット、ベトナム）

私は、非常に高値を狙う。そして自分が求めているものを入手するためには押して、押して、押しまくる。

——ドナルド・トランプ(1)

われわれは急がず、待つ。

——ウラジーミル・プーチン(2)

物事は「蛸型」でなく、「スパゲッティ型」で発生する。

——ロバート・アントン・ウィルソン(3)

## 米大統領選——二重の勝利

二〇一六年十一月七日——。米大統領選でトランプ候補の当選が判明したとき、ロシアは歓喜の声をあげた。たとえば「ＲＴ」編集局長シモニヤンは、さきにも引用したように、自身のツイッターに次のような言葉を記した。「私は喜びを隠しえない、自分の車に米星条旗を掲げてモスクワ中を走り回りたい」。

選挙結果は、たしかにロシアにとり二重、三重の喜びだった。まず、ヒラリー・クリントン（以下、クリントン）が、世界最強の国、アメリカの最高指導者とならなかった事実。このことだけでも、プーチン大統領にとり大歓迎すべき慶事だった。プーチン大統領が世界中で最も嫌う人間は、クリントン——。こういって、些かも過言でないからである。本書で何度も繰り返しのべているように、プーチンが何にも増して嫌悪するのは下からの人民反乱であり、彼はそのような「カラー革命」が米欧諸国、とりわけ米国務省によって焚きつけられてはじめて起こると固く信じていた。二〇一二年末にモスクワ、その他ロシアの大都市で展開された「プーチンなきロシア！」を叫ぶデモの背後では、クリントン国務長官下の米国務省による直接・間接の支援がなされている——。プーチンは、この種の「陰謀論」の信奉者だった。

じっさいヒラリーは、国務長官を辞任した後におこなった自らの大統領キャンペーン中で、たとえばプーチン大統領によるクリミア併合行為を糾弾してのべた。「このようなプーチンのやり方は、一九三〇年代にチェコスロバキア領内のズデーテン地方に住むドイツ人を、『同胞保護』を口実に用いて同地を併合したヒトラーの手法を思い起こさせる」[4]、と。この発言を聞いたプーチン大統領は、直ちにクリントン候補を名指しで批判した。「ミセス・クリントンの発言はけっして優雅なものとは評しかねる。人間が礼儀作法の一定の限界をこえるのは、彼らの強さではなく、弱さを露呈している」[5]。このようにして、米国の著名なジャーナリスト、ファリード・ザカリアは、端的にのべた。「プーチンは、なぜトランプを好むのか。答えは、彼が必ずしもトランプを好んでいるからでなく、むしろクリントンを憎んでいるからである」[6]。

ザカリア発言は、ひとつのことを誇張しようとするあまり、もうひとつのことを過小評価している。それは、トランプの勝利がプーチン政権にとり願ってもない好都合だったことだ。トランプは、プーチンが大嫌いなクリントンを打ち負かしてくれただけではなかった。ロシアにとり望みうるベストの米国大統領のようにさえ映った。トランプは、まず、不動産業で財をなした商売人にほかならず、経済的な損得で物事の良し悪しを判断し、妥協や「取引（deal）」を当然視する人物であること。したがって彼は、民主党系の歴代大統領が決まって問題視する、ロシアでの民主主義諸原則（言論・出版・集会・結社の自由、人権の尊重、三権分立の実施など）の不備をさほど厳しく追及したり批判したりしようとしないだろう[7]。

トランプ候補は、加えて、選挙キャンペーン中の発言とはいえ、ロシアにとり実に都合のよい外交政策を提唱したり、示唆したりしていた。大統領当選の暁には、たとえばプーチンによるクリミア併合行為を罰しようとして前オバマ政権が科した対ロ制裁を緩和する。シリア問題では、「ＩＳ」の掃討を第一の優先事項とみなし、アサド大統領の退陣を必ずしも要求しない。ＮＡＴＯを「時代遅れの組織」とみなし、その有用性に疑問符をつける。さらに、米ロ両首脳が一堂に会し、新しい勢力圏の分配に合意する「ヤルタⅡ」の開催すらをも示唆した。挙句の果てにトランプ候補は、プーチンを偉大な指導者と褒め讃える二、三の発言さえおこなった。もとより、それはオバマ大統領を批判することを主たる狙いとしていた。とはいえ、そのためにロシアの大統領をわざわざ引き合いに出して彼と比べる必要はなかったろう。

以上のべた二重の意味で、米大統領選の結果はプーチン政権にとってこれ以上望みえない朗報だったといえる。つまり繰り返すと、まずロシアにとって最悪の選択肢であるクリントン候補の当選を阻止した。これだけでも既に大きな成果だったのに、それに加えて、ロシアからみてこれ以上望ましい候補者はないと思われるトランプが、当選してくれた。さらにいうと、喜びは、ロシア側の次の事情によってさらに大きなものになった。というのも、二〇一五年七月に原油価格の下落がはじまり、それがルーブル安をみちびいたうえに、G7諸国が科した経済制裁がその頃からボディ・ブローのように利きはじめていたからである。まさにそのような時に、米国ではトランプ候補が登場した。これは、プーチン・ロシアにとってまるで「救いの神」（ミハイル・フッシマン）(8)が現れたかのように映ったのだった。

## トランプのジレンマ

前章末でのべたオバマ大統領が任期満了の直前におこなった対ロ制裁、すなわちロシア外交官三五名の米国からの追放措置――。これは、野卑な表現を用いるならば「いたちの最後っ屁《ぺ》」にも似た米ロ関係にかんするオバマの置き土産だった(9)。この処置にかんして米国とロシアは、当然のごとく真っ向から対立する評価をおこなった。米国有力紙『ニューヨーク・タイムズ』（二〇一六・一二・三〇）は、「オバマ大統領、遂にロシアを処罰」（傍点、木村）と題する社説を掲げ、米大統領が遅まきながらおこなった対ロ制裁措置を、次のように高く評価した。「ロシアは米国のコンピューターにたいしてハッカー攻撃を加え、二〇一六年の米大統領戦に深甚なる影響をあたえた。この疑いようもない事実に直面し、オバマ大統領はロシアに制裁を科することに決した。これは、間違いなく正当な反応である。それらの措置は遅きに失した感さえある行為であり、未だ十分な程度のものですらない(10)」。

他方、ロシア側は激しく反発した。ロシアの国際通で、日頃は必ずしもクレムリン当局の立場に全面的に与するとは限らない人々たちですら、この件にかんしては激しく反応した。たとえば、政治学者エブゲーニイ・ミンチェンコはのべた。「アメリカ人の一部は、大統領選挙の結果からみずからの失敗の教訓をくみとるべきなのに、彼らの敗北をむしろクレムリンになすりつけようとしている」[11]。ルキヤーノフも、日頃の冷静な彼とはまるで別人になったかのように語気荒く、オバマの措置を次のように批判した。米大統領は二期八年の任期をまさに終えようとする最終段階になって「彼の本性をさらけ出し、明らかに冷戦期を思い起こさせる措置をとった」[12]、と。

オバマ制裁にかんし米ロ両国の立場はこのように真っ向から対立しており、はたしてどちらの言い分が正しいのか、一見すると判断しがたいくらいである。そのことよりも、ここで差し当たって緊急に論じなければならぬのは、次の問題だろう。二〇一七年一月二十日にホワイト・ハウスの主になったトランプ大統領は、彼が引き継ぐことになったこの「負の遺産」にはたしてどのように対処したのか。

トランプはクリントン候補を打ち破って、米大統領ポストを勝ちとった人物である。そのようなトランプは、ロシアがクリントンにたいしサイバー攻撃を加えた事実を、みずから率先して認めるわけにはいかないだろう。だからといって、それを完全に否定するわけにもいかない。まず前章でものべたように、CIA、FBI、NSAといった米国の三大情報機関がその事実を認めている。したがって、もしトランプ大統領がロシアによる同攻撃の事実それ自体を否定するならば、それはとりも直さず自国の情報機関――それらは、すべて、今や、彼の配下である――が提出している報告書の信憑性を疑うことにも等しくなろう。さらに、オバマ前大統領による対ロ制裁を全面的に支持している共和党の重鎮、たとえばジョン・マケイン上院軍事委員会議長らを一挙に敵に回し、政権運営を困難にする結果すらみちびきかねない。とはいえ他方、トランプ新大統領がもしオバマ前大統領がくだした決定を撤回しなければ、「プーチン・ロシアとの関係を改善する」との選挙公約を反古にすることにもなろう。

要するに、トランプは就任早々深刻なジレンマに直面したことになる。これこそは、去りゆく民主党のオバマ大統領が後任のトランプ共和党大統領に仕掛けた罠にほかならない。このように説く意地悪な見方すら存在した。現に、ロシアのプーチン大統領の側近たちは、それに近い解釈をおこなった。たとえばプーチン大統領報道官、ペスコフは、オバマ大統領がこの対ロ制裁を発表した翌日の（二〇一六年）十二月三十日、直ちに次のようにコメントした。「オバマはロ米関係を完全に破壊し、トランプの外交政策上の計画をくつがえそうと試みている」[13]。結局、トランプ新大統領は、民主党陣営にたいしてなされたサイバー攻撃の背後にロシアが存在し、関わっていることを渋々ながら認めざるをえなくなった。もっとも、彼は同時に、ロシアだけでなく、大概の国々は他国にたいしサイバー攻撃を仕掛けるのが常であると付言したが。

## 報復措置を採らず

ロシアがクリントン陣営にたいしてサイバー攻撃を加えた——。この事実が暴露されることによって、プーチン大統領は実際どの程度傷ついたのだろうか。まず、イワン・ツベトコフ（サンクト・ペテルブルグ国立大学準教授）は、冗談とも皮肉ともとれる次のようなコメントをのべた。すなわち、アメリカ人がロシア人のハッキング能力を過大評価してくれたことにたいして、ロシア人としての彼は礼をのべたいくらいの気持である、と。「米国人たちがこのハッキング・スキャンダルを騒ぎたてればたてるほど、ロシア人のあいだでのプーチン支持率がより一層高まる——このような皮肉な結果すら生まれるだろう。というのも、おらがプーチン大統領はこのようなハイテク分野においてすら超大国アメリカを見事に打ち負かしてくれた。ロシア人は、こう自慢できるからである」[14]。

『ノーボエ・ブレーミヤ（新時代）』編集長のエフゲニア・アルバッツ女史も、ほぼ同様にこのハッカー事件によってプーチンの名声が傷つくどころか、逆に高まったのではないかと、次のように推測する。「プーチンは、必ずしもこの作戦を全面的に秘密に保つ意図はまったくなかった。いや、彼がそれを実行したことを可能なかぎり公《おおやけ》にしようとすら欲した。もしそうすれば、ロシア側は次の事実を全世界に知らしめうるからだ。つまり、ロシアは君たちの家の中に自由自在に入り込み、やりたいことを、それがはたして何であれ実行に移しうる能力を持っている国である」(15)。

オバマ前米大統領による対ロ制裁措置にたいして、では、ロシア政府は公的にどのような反応をおこなったのか。このことを、時計の針を少し巻き戻して見てみよう。まず、ラブロフ外相は、普段通りの「悪玉」役を演じようとした。オバマ米大統領の対ロ処分を知るや否や早速テレビ出演し、外相はのべた。ロシア側も同じく三五名の米国外交官を追放処分にし、彼らの家族がモスクワ郊外の別荘を利用する権利を剥奪するつもりである、と。そこまでがドラマの第一幕であり、つづく第二幕でプーチン大統領がお出ましになり、同外相が発表した報復措置を若干緩和する発言をおこなう。これが、何時もの役割分担のはずだった。ところが今度の「善玉」は、事前に誰一人も前もって想像しえなかった寛大な方策をとると公表したので、全世界は驚嘆した。すなわち、プーチン大統領は次のようにのべる大人の対応ぶりをしめしたからだった。「われわれは、たしかに米国にたいし対抗措置をとる権利をもつ。だが、われわれはそうすることによって無責任きわまる『台所外交《キッチン》』のレベルにまで身を貶《おとし》めたくない(16)」。

プーチン大統領は、このような高邁な立場を宣言し、具体的にはロシア在留の米外交官とその家族にたいして次のような寛大な措置を講じると宣言した。「われわれは、米国の外交官、家族、子供たちが何時も通りに休暇をとる場所〔モスクワ郊外の別荘〕で新年の休暇を過ごす権利を妨げたくない。加えて、すべての米外交官の子供たちが新年やクリスマスの行事を楽しく祝えるようにクレムリン内へご招待申し上げたい(17)」。

他方、プーチン大統領は、当時レイムダック化しつつあったオバマ前大統領ではなく、飽くまでもトランプ新大統領とのあいだでロ米外交関係を取り仕切る意図を付言することを忘れなかった。「われわれは、今後ドナルド・トランプ米大統領がとるだろう政策にもとづいて、ロ米関係を改善させるための更なる措置を講じることにしよう[18]」。

## プーチンの巧みな反応?

改めて想起するまでもなく、これまでのロシア外交は一言でいうと〈眼には眼を、歯には歯を〉の報復外交をその特色としていた。たとえば、前章でもふれたように二〇一二年に米国議会が「マグニツキイ法」を通過させたとき、ロシアは早速「ディーマ・ヤーコブレフ法」を採択した。また、G7がクリミア併合に抗議してロシアに経済制裁を科したとき、ロシアは欧米諸国からの食料品輸入を禁止するとの報復措置をとった。ところが、今度は違った。プーチン大統領はこの種の不毛な報復合戦をおこなう意図がなく、米国にたいしいわば非対称的な措置をとると宣言したからだった。ルキヤーノフは、ロシア大統領の英断を絶賛してのべた。「これは、ひじょうに賢明な動きである。そうすることによってオバマを何よりも強く侮辱することに役立つ[19]」。

たしかに次のような意味においても、これは巧妙なジェスチャーだった。つまり、プーチン大統領は、レイムダック化したオバマ大統領をもはや交渉の「まともな相手」とみなさない。代りにトランプ新大統領だけを正当な交渉当事者と認める、との意志表示と解釈されるからだった。同時に「トランプの方もまたそのようなクレムリンの意向に十分応えてくれる[20]」ことを期待し、トランプ政権の対ロ外交を前もって牽制しようとする狙いも込められていた。一石二鳥以上の効果を達成しようとしていた。

外交評論家のウラジーミル・フロローフはのべる。このようにして「トランプは、今や困った立場におかれることになった。というのも、彼は自ら意図することなくロシアの〝エージェント〟役をになう立場に追い込まれてしまったからだった。トランプが今後何をなすにしても、それはプーチンが米大統領選にトランプにあたえた恩恵の返礼と解釈される羽目になった」[21]。しかも、案の定トランプは、このようなクレムリンの期待に応えるかのような発言をおこなった。たとえば二〇一六年十二月三十日、プーチン大統領が米国にたいし報復措置をとることを当面見合わせたことを発表したとき、トランプはそのような対抗を歓迎する旨、自身のツイッターに書き込んだ。「これは、〔プーチンによる〕素晴らしい動きだ。彼はひじょうに賢い人間である。私は、このことをよく承知している」[22]。トランプは、さらに次のようにさえのべた。「米国は、もっと大きな問題に関心を寄せるべき時期に差しかかっているのだろう」。

しかしながら、このようなトランプの反応は軽率かつ時期尚早の糠喜びに過ぎなかった。というのも、事態は、必ずしもトランプ大統領個人が考えたり、望んだりするほど単純なものでないことが、ほどなく判明したからである。このことについて、次に話を進めねばならない。

## 両指導者の類似性

プーチン政権は、疑いなくトランプの大統領当選を望んだ。そのような結果を欲してクレムリンは、クリントン陣営にたいするサイバー攻撃を実施した。だからといって、しかしながら、ロシアが米大統領選に介入したがゆえにトランプが勝利した。このように説くのは、短絡し過ぎるだろう。それは何もかもをクレムリンの陰謀に帰すとともに、ロシアの力を過大評価する過ちを犯すことになる。

トランプの当選は、実に数多くの要素や理由に起因する複雑な現象である。小説家、ロバート・アントン・

ウィルソンの卓抜な譬えを借用するならば、ふつう、物事は「蛸型《たこ》」でなく、「スパゲッティ型」で展開する[23]。すなわち、物事はたとえばクレムリン中枢による指揮命令下に秩序だって動いてゆくのではない。むしろ、物事は一体何が原因で、何が結果なのか分からないくらい複雑に絡まり合った形で、もしくはどこが切れ目か、それとも単なるシワに過ぎないのか、とくと分からぬ形で展開するのだ。これが、通常のプロセスというものだろう。このような見方からするならば、トランプの当選は大多数のロシア人にとり予想外の事件ですらあった（もっとも、それは彼らには嬉しい誤算だったが）。その点で、世界中のほとんどの人々の驚きとさして変わらなかった。こういうべきだろう。

それはともかくとして、ロシア公式メディアはトランプの当選に喝采を送り、米国に発生した新しい政治状況をユーフォリア（陶酔感）溢れるトーンで報道しはじめた。ところがプーチン大統領自身は、案に相違して「用心深い楽観論[24]」の立場をとった。ロシアのメディアもほどなくこのことを察知し、当初の手放し歓迎ムードを抑制するようになった。

改めていうまでもなくアメリカ合衆国は、ロシアの最高指導者としての長期的・戦略的な観点からみて常にナンバー・ワンのライバル大国である。このような事情は、米国のトップの座にはたして誰が坐ろうと、まったく変わらない。それにもかかわらず、少なからぬ数の人々は、もっぱら米国の最高指導者のプロフィールや特徴に目を奪われるあまり、彼（もしくは、彼女――以下、同じ）が演じうる役割を過大評価しがちである。それればかりではない。ややもすると、彼の思想、性格、流儀を己にとり都合の良い風に解釈する一方で、具合の悪い側面には目を閉ざしがちとなる。一言でいうと、「いいとこどり[25]」をする傾向がある。私がそのような懸念を抱く例を、以下、一、二指摘しよう。

プーチンとトランプ――。この二人の個人的気質や性格に着目する場合、両人はまるで双生児ではないかと思わせるまでに似かよっていることに気づく。[26] 両人の「ケミストリー（chemistry; химия）が一致する」（ニーナ・イリイナ[27]）といわれる理由でもある。

プーチンとトランプはともに、たとえばマッチョかつ男性的な性格の持ち主である。[28] また、両人は、権威主義的・垂直的な統治法を好む点でも共通している。すなわち、この二人は、側近、議会、マス・メディアの役割を事実上軽視し、独断で大統領令をくだす決定スタイルを好む……等々。両大統領間にこのような共通点が存在することは、たしかに両者間の理解や協力を促進するポジティブな方向へと働くだろう。ところが他方、彼らの類似性が両人をして反発させるネガティブな側面を見逃してはならない。むしろ、ここではこの後者の側面に注目しよう。

プーチンとトランプは、その人生観に著しい共通性が存在する。すなわち、両人は、たとえば「ジャングルの掟《おきて》」（アンゲラ・メルケル）を信奉している点で、軌を一にする。すなわち、弱肉強食の世界で生き残りかつ成功するためには、強くなる以外に道はない。なぜならば、「弱い者は打たれる（слабых – бьют）」（プーチン[29]）からである。逆に、強ければ勝ち、勝てば官軍になる。そのためには「手段を選んではならず、ありとあらゆる方途に訴えて」当然ということになる。

もし右のような見方が間違っていないならば、それは一体何を意味するのか。そのような世界観や人生哲学、それにもとづくプーチンの手法や戦術は、たとえばオバマ大統領を相手にするときには、たしかに効力を発揮するかもしれない。というのも、民主党大統領としてのオバマは、民主主義の基本的価値にこだわり、その手続きを遵奉する点で、プーチンとは人生観を全く異にする人物だからである。ところがほぼ同様の世界観を抱き、類似の交渉戦術を駆使するトランプ大統領相手にたいしては、プーチン式手法はさほど効力を発揮しえないかもしれない。

## 表17–1　プーチンとトランプ：比較

### 1　類似点

| | プーチン<br>（1952年10月7日生まれ） | トランプ<br>（1946年6月14日生まれ） |
|---|---|---|
| **経歴や性格** | 自力で伸し上がってきた「セルフ・メイド」の人間<br>マッチョ（男性的）な性格<br>独立独歩、自信過剰 | 左にほぼ同じ |
| **人生観や政治思想** | 「弱肉強食」の「ジャングルの掟」の信奉者<br>強い指導者を尊敬し、弱い指導者を軽蔑<br>ゴルバチョフ元大統領のアンチ・テーゼを目指す | 左にほぼ同じ<br><br><br>オバマ前大統領のアンチ・テーゼを目指す |
| **スローガン** | 「ロシアを再び強国に」<br>(Make Russia Strong Again) | 「アメリカを再び強国に」<br>(Make America Strong Again) |
| **行動様式** | 予測不可能性<br>衝動的即興性 | 左にほぼ同じ |
| **国内政治** | 準権威主義体制<br>垂直統治方式を好む<br>三権分立性、議会、メディアの軽視、大統領令の頻発、等 | 左にほぼ同じ |

### 2　相違点

| | プーチン | トランプ |
|---|---|---|
| **性格、その他** | 自己抑制力に富む<br>注意深い状況判断にもとづく言動<br><br>個人＆家族生活について秘密主義 | 自己抑制力を欠如<br>緻密な計算をおこなうことなく、直感にもとづく衝動的な言動<br>個人＆家族生活をオープンにするばかりかPRに用いる |
| **政治的才能や経験** | KGB出身者<br>上司に気に入られる「人たらし」としての才能および努力<br>18年間もロシアの最高指導者として君臨、今や競争者は皆無 | 財界出身<br>政治的経験の欠如<br><br>共和党員としても政治家としても経験ゼロ、米国大統領としても僅か半年の経験 |
| **優先権** | 「政治」的考慮を、「経済」的損得計算の上におく | 「政治」すら、「経済」上の損得計算や商業的取引の観点から判断する |
| **対外政策** | チャンスさえあれば対外的膨張 | アメリカ第一主義にもとづく「モンロー主義」 |

## 機会主義《オポチュニズム》

次に、言動がまったく予測不可能であること。ロシアとアメリカの現大統領は、この点でも軌を一にしている。近年のプーチン大統領は、政権初期とは異なり、クリミアの併合、シリア空爆といった予想外の行動によって西側諸国を出し抜き、全世界を仰天させつづけている。ところが、この予測不可能性という点で、米トランプ新大統領は少しも負けていない[30]。同大統領はいわば「ブラック・ボックス」[31]と綽名され、一体何を考えているのか、誰にも分からないタイプの人間である。およそ次の瞬間に何を仕出かすか、皆目見当がつかない。「予測不可能性、衝動的、発作的な即興劇」[32]——これらは、トランプの代名詞にさえなっている。

『グローバル・アフェアーズにおけるロシア』誌の編集長、ルキヤーノフは、実に勉強家であると感じざるをえない。彼は、トランプが三〇年近くも前におこなったインタビュー記事にさえ目を通し、トランプ自身が、予測不可能な言動こそが己の特徴であると自認していることに、気付いている。すなわち、一九九〇年刊の米誌『プレイボーイ』は、当時すでに成功しつつあった不動産王、トランプに向って尋ねた。「あなたは商取引をおこなうにさいして前もってマスタープランを作成してから臨むのか、それとも場当たりで臨むのか?」この問いにたいして、トランプは明確に答えた。「私は、周りの人々が想像する以上に即興で行動する(improvisational)人間なんだ[33]」。

当時のトランプは政治的には無名に近く、ことさら奇をてらう必要などまったくなかった。こう考えて、ルキヤーノフは次のように推測し、忠告する。米国の新大統領、トランプの行動様式は前もって練りに練った熟慮の結果とは到底評しがたい。むしろ、それは出たとこ勝負のそれと評しうる「試行錯誤のレジューム(режим проб и ошибок)[34]」である、と。

もしトランプの言動が、ルキヤーノフが警告するように場当たり的な即興劇のそれだとするならば、プーチンのほうが、米国新大統領の行動様式によって、より一層振り回される可能性があることになるのではないか。ガレオッティ教授は、そのような事態を卓抜かつユーモラスな比喩を用いて次のように語る。(35)「ロシア人は、現在、大暴れする巨象と同じ部屋に閉じ込められたような状態と譬えることができる。この巨象が他の人間どもを踏みつけるのを見る分には、けっして悪い気はしない。ところが、その同じ象はロシア人も容易に踏みつけるかもしれない。ロシア人はこのことを承知し、トランプを懸念しはじめている」。

ちなみにいうと、オバマ前米国大統領のロシアにたいする政策や行動様式は、プーチン政権にとって極めて透明性が高く、予測可能な類いのものだった。(36)もしヒラリー・クリントンが二〇一六年十一月の米大統領選で勝利を収めていたならば、彼女の下でのホワイト・ハウスの政策や言動についてもほぼ同様のことが当てはまっただろう。つまり、クリントン政権の対ロ政策の中身は、トランプ政権のそれに比べておそらくより一層厳しいものになっていたに違いない。だが、それは概《おおむ》ね前オバマ政権の政策の継続であるという意味で、ロシアにとり予測可能、かつやり易い類いのものだったろう。ミハイル・ロストフスキイも、『モスコフスキイ・コムソモーレッツ』(二〇一六・一一・九)紙上で次のように記した。「然り。ヒラリー・クリントンは、予測可能な政治家である。クリントンの対ロシア政策は、たしかに停滞、ステレオタイプ、偏見に満ちたものだった。だが少なくともそのようなものとして十分な予測可能性(предсказуемость)が存在した。それは、もとより対立もしくは墓場へとみちびく予想可能性だったといえるが」(37)。

ところが、トランプ大統領の場合、事情は真逆と評さざるをえない。同大統領はロシアにたいして宥和政策、いや、ひょっとすると強硬政策を採るかもしれない。いずれの場合にも共通しているのは、その内容、程度、手法が前もってまったく読めないことである。もし予測可能性という観点からいって、クリントン、トランプ間にこのような違いが存在するならば、プーチン大統領にとって、はたしてどちらのほうがホワイト・ハウスの主として望ましかったのか。単純には答えられない問題になるかもしれない。[38]

## 「親ロ派」、総くずれ

トランプ政権発生後未だ一カ月経つか経たないうちに、米ロ関係は、じっさい予想を遥かに超える展開をとげはじめた。というのも、以下にのべるような「ロシア疑惑」が次々に暴露されるような事態になったからである。まず、マイケル・フリン（トランプ大統領補佐官、国家安全保障問題担当）らが、駐米ロシア大使に向い貴重な国家情報ばかりでなく、新政権の意向を洩らしていた事実が発覚した。たとえば米国の有力紙『ワシントン・ポスト』（二〇一七年二月九日付）は報じた。フリンは、就任前にセルゲイ・キスリャク駐米ロシア大使（当時）と複数回にわたって電話等で接触し、次のような密約をおこなった可能性がある（いわゆる「密約疑惑」）。すなわち、フリンは示唆した。オバマ大統領が二〇一六年十二月二十八日に実施したロシア外交官追放措置にたいして、プーチン政権は過度に反応する必要はない。というのも、明けて二〇一七年一月二十日にトランプ政権が発足しさえすれば、オバマ前政権がおこなったそのような対ロ制裁を見直す可能性が十分存在するからだ[39]、と。

今になって思い起こすならば、ロシア側がフリンからおそらくこのような情報を得ておればこそ、プーチン大統領は、ふつうでは考えられない類いの寛大な反応を、当時しめしたのだろう。すなわち同大統領は、さきにふれたように十二月二十九日、ラブロフ外相が前日の二十八日に表明済みの対抗措置を、自らは採らない、と全世界に向けて発表した。わずか二四時間以内に発生したプーチン政権による対米政策の大転換――。これは、当然、ホワイト・ハウスを驚愕させるだけでは済まなかった。一体なぜ、プーチン大統領はこのように寛大な対応をおこなうことに決したのか。改めて振り返れば、同大統領は次期トランプ政権から何らかの密約を得たからに相違ない——。われわれは、当時、こう疑って然るべきだった。だが、これはすべて後知恵に属することだった。

それにしても、フリンは実に脇が甘い。そのことだけでも、国家安全保障問題担当の大統領補佐官ポストにふさわしくない人物と評さねばならないだろう。FBIなど米国の情報機関は、常日頃から駐米ロシア大使の通信を監視し、彼の会話をすべて傍受するばかりか、その録音記録を保存し、常に解析可能な状態においている。フリン補佐官は、このような初歩的なことにすら気づかず、キスリャク大使との電話で重要な情報を洩らしていたのだ。

ともあれ、米国の法律は、民間人が政府の外交問題で外国政府と交渉することを禁じている。就任前のフリンの行動は、このように規定している法律に抵触する恐れのある行為だった。[40] フリンは、二〇一七年二月十三日、大統領補佐官ポストからの辞職を願い出た。[41] 彼はトランプ大統領、そして彼が「不完全な情報を与えて自らの潔白を証明しようとした言葉を信じた」マイク・ペンス副大統領にたいして「謝罪の意を表明した」。フリンが二〇一五年にロシアの政府系テレビ局「RT」から多額の講演料を受けとっていた事実も、判明した。フリンは元アメリカ陸軍中将であり、米国の法律は、退役した軍高官が外国政府から報酬を得ることを禁じている。彼は、同年十二月、虚偽の供述をした罪を認め、訴追された。

米大統領選挙キャンペーンの最中にロシア側と接触していた——。トランプ陣営の側近や同政権の重要ポストを占める人物のなかで、このような容疑がかけられたのは単にフリンばかりだけではなかった。ジェフ・セッションズ司法長官も、キスリャク大使と少なくとも二度接触しながら、自身の人事承認にかんする上院公聴会でそのことを隠していた事実が明らかにされた。司法長官は、CIA、NSAを監督する最高責任者にほかならない。また、次の事実も判明した。ジャレッド・クシュナーは、トランプ大統領の娘婿かつ大統領上級顧問である。そのような彼は、オバマからトランプへの政権移行チームの「中枢幹部」として、フリンにロシア大使と接触するよう指示した。それればかりか、彼本人もトランプ政権発足前の二〇一六年十二月にキスリャク大使と会談したさい、政権移行チームとロシアのあいだに秘密回線ルートを設置することを提案した。クシュナーは、ロシア政府系「対外経済銀行（ВЭБ：ＶＥＢ）」の総裁、セルゲイ・ゴルコフ（ロシアの外国諜報サービス・アカデミー卒）とも秘密裡に面会していた。(42) ＶＥＢはクレムリンと密接不可分の関係をもつ国営銀行で、米国による対ロ経済制裁の対象とされている機関の一つである。

## 「ミニ・リセット」、早くも挫折

トランプは、機を見るに敏感で、変わり身も速い。いや、むしろ無原則とすら評するべきか。大統領就任後に自らの側近のなかの親ロ派たちの幾人かが批判されはじめるとみるや、彼らを斬り捨てることに些かも躊躇しなかった。しかも、彼らの代りに対ロ強硬派の人物を任命することもためらわなかった。その典型例として、大統領補佐官（国家安保問題担当）フリンの後任にハーバート・マクマスター現役陸軍中将を任命したケースが挙げられよう。マクマスターは誰にたいしても直言することを恐れぬ軍人で、ロシア問題にかんしては強硬派であり、ＮＡＴＯ支持者として有名な人物である。

トランプ大統領は、また、ホワイト・ハウス内の安全保障会議の欧州・ロシア部長のポストにフィオナ・ヒルを任命した。(43) ヒルは英国生まれで、現在は英・米の二重国籍をもつ女性。ロシア語を完全にマスターし、ハーバード大学でロシア政治を専攻し、Ph.D.（博士号）を取得した。クリフォード・G・ガディとの共著『シベリアの呪い』（二〇〇三年）(44) と『ミスター・プーチン』（二〇一五年）(45) は、ロシアについて関心をもつ者が真っ先に読むべき必読書の二冊になっている。プーチンをKGB出身の「ケース・オフィサー（工作者）」とみなすヒル女史のロシアにたいする見方は、ことのほか厳しい。彼女がロシア問題の主要アドバイザーのポストを占めているかぎり、たとえばロシアのウクライナ介入によってはじまった米国の対ロ制裁が容易に解除されるチャンスは少ないように思われる。

このようにして、トランプ政権発足後未だ一カ月も経たないうちに、米ロ関係は「リセット」ムードに満ちていた発足前から状況を一転させ、複雑かつ不透明な様相を呈しはじめた。首都ワシントンDCでは、ロシアの駐米大使キスリャクをロシアのナンバー・ワン「スパイ」[46]とみなす不穏な雰囲気すら醸成された。キスリャクはモスクワに呼び戻され、上院議員に任命された。後任には、アナトーリイ・アントノフ外務次官が任命された。

他方、トランプ大統領は、「クレムリンの忠実な従僕[47]」、もしくは「プーチン大統領の操り人形[48]」という就任前に付せられたニックネームを返上するようになった。もっとも、懲りないトランプ大統領は、二〇一七年五月、少なくとも二つの軽率な行動を仕出かした。一は、ジェームズ・コウミー連邦捜査局（FBI）長官（当時）の更迭。コウミー元長官は、二〇一六年の米大統領選中にクリントン陣営にたいしてトランプ陣営が共謀してサイバー攻撃を図った疑惑（いわゆる「共謀疑惑」）の捜査を指揮していた人物だった。そのことを嫌ったトランプ大統領は同長官に再三中止方を指示したものの、功を奏しなかった（いわゆる「司法妨害疑惑」）。これらが、コウミー長官解任の背後事由とのもっぱらの憶測である。二は、ロシア側にたいしてトランプ大統領自身が機密情報を洩らした疑い（「密約疑惑」）。大統領は、二〇一七年五月十日、ロシアのラブロフ外相をホワイト・ハウスに招き、はじめて会談をおこなった。その際、同大統領は米国の協力国（イスラエル）から提供されたシリア国内での「イスラム国（IS）」のテロ計画等についての情報を同外相に伝えていたことが、明らかになった。

このようにして米司法省は、トランプ政権とロシアを巡る一連の疑惑（「共謀疑惑」、「司法妨害疑惑」、「密約疑惑」）を捜査し、真相を解明するために、政権から独立して強い権限をもつ特別検察官の任命に踏み切った。こうした事態は、ニクソン大統領を巡るウォーター・ゲート事件以来のことだった。特別検察官に任命されたのは、FBI長官を一二年もの長きにわたってつとめた捜査のベテランで、硬骨漢として世評の高いロバート・ミュラーだった。ミュラー指揮下の捜査結果次第では、トランプ大統領自身が弾劾訴追の対象となりかねない不穏な状況すら生まれている。トランプは「これではまるで中世の魔女狩りを思い起こさせる」との不満を繰り返した。米メディアのなかには、トランプ大統領を巡る一連のロシア関連スキャンダルを、かつてリチャード・ニクソン大統領を辞任に追い込んだ「ウォーター・ゲート」事件になぞらえて、「ロシア・ゲート」と呼ぶ見出しすらごく普通のことになった。

## モスクワ、暫し静観の構え

右にのべたような米国での事態の急展開にたいするモスクワの反応は、では一体どうだったのか？ プーチン大統領報道官ペスコフは、トランプ政権の人事構成の変化について論評することを極力回避しているように見受けられる。たとえばフリン大統領補佐官、彼に代るマクマスター補佐官の就任。このような人事は、飽くまでも「米国の国内問題に過ぎない」(49)との立場をとった。しかし他方、ペスコフ以外の側近たちは「失望の念」（パーベル・フェリゲンガウエル(50)）を隠していないばかりか、米国の対ロ政策に現れはじめた変化を次のようにも批判している。トランプ大統領による一連の人事は、同大統領が推進するはずだった米ロ関係の正常化への努力に水を差し、それを逆転させようとするアメリカ国内に巣喰う反ロ諸勢力の圧力に屈する行為にほかならない[51]、と。

たとえばコンスタンチン・コサチョフ（ロシア上院の国際問題委員会委員長）は、米議会、とりわけ共和党の「タカ派たち[52]」や軍部のなかに巣喰う「被害妄想《パラノイヤ》[53]」にとり憑《つ》かれた「ロシア嫌い[54]」傾向を、正面きって批判することに些かも逡巡しない。ラブロフ外相も、トランプ政権下の米国で「マッカーシズム時代を想起させる魔女狩り[55]」、もしくは反ロ諸勢力にもとづく「陰謀[56]」がはじまったとさえみなす。

ルキヤーノフは、次のような推測をおこなう。たしかに大統領選キャンペーン中でこそ、トランプは対ロ関係を改善するつもりであると公言していた。だが当選後になると、そのような彼の意図はワシントンのエリートたちによる猛烈な巻き返しに出遭って、後退せざるをえなくなった。キスリャク駐米ロシア大使と接触を保っていたトランプ側近たちは、次から次へと弾劾される憂き目に遭った。少なくとも結果として、トランプ新大統領は、己の親ロ的なアプローチをトーン・ダウンするばかりか、あまつさえ「取り下げるにいたった[57]」。もちろん、これは同大統領が「対ロ改善方針を最終的に断念したことを意味しない」のかもしれない。とはいえ、機会にさえ恵まれれば、彼が直ちに「対ロ接近を再開することを、必ずしも意味していない[58]」、と。

右に引用したようなコサチョフ、ラブロフ、ルキヤーノフらの指摘がはたしてどの程度まで客観的な根拠にもとづく事実認識や評価といえるのか。このことを別にして、トランプ大統領自身のロシアにかんする言葉遣い《レトリック》や態度が「突然、様変わりをとげた[59]」（イワン・ツベトコフ）結果として、米ロ関係が「深刻な後退[60]」を余儀なくされた。――このことだけは、どうやら間違いない事実といえよう。少なくともトランプ政権の側から対ロ関係の打開を求めて積極的な動きを起こすようなことは、当分のあいだないだろう。プーチン政権側は、このようなトランプ政権の変節ぶり（？）に驚くと同時に、そこから貴重かつ苦い教訓を学びとって、みずから関係改善に率先して動こうとはしないだろう[61]。

要するに、クレムリンは、当分のあいだ事態を「静観する[62]」構えのように見受けられる[63]。二〇一七年五月十日、ラブロフ外相はホワイト・ハウスを訪れ、初めてトランプ大統領と会談した。このとき、ペスコフ報道官はコメントした。「米ロの雪解けについて語るのは、未だ時期尚早である[64]」。五月三十一日、プーチン大統領自身ものべた。「米国には、ひきつづき反ロ・カードを用いようとしている者たちがいる。これが、われわれが〝急がず（не спешим）〟〝待つ用意がある（готовы ждать）〟ことにした理由にほかならない[65]」、と。

## トランプの軍拡路線

米ロ関係は、一体なぜこのような事態になってしまったのだろうか？　とりわけ「ミニ・リセット」への期待は、なぜかくも急激に萎《しぼ》んでしまったのか？　主要な理由として、次の三つを指摘できる。

一は、トランプ新大統領の基本政策と関係している。トランプの政治的モットーを一言でのべると、それは強い米国の再構築といえよう。じっさい選挙戦中も当選後も、トランプは口を開く度毎に「アメリカを再び偉大にしよう（Make America Great Again）」と叫びつづけている。ちなみに、プーチン大統領も、ロシアにかんして英語に翻訳すると全く同一のスローガンを掲げている。すなわち、「ロシアを再び偉大にしよう（Make Russia Great Again）[66]」、と。トランプは、一体どのようにしてアメリカを強大にしようともくろむのか。ありとあらゆる手立てに訴える。おそらく、これがその答えだろう。とはいえ、そのためのソフト・パワー、ハード・パワーのなかから敢えて最も重要なものを唯ひとつだけ挙げよといわれるならば、結局のところはハード・パワー中のハード・パワーたる軍事力と答えるのではなかろうか。

プーチン大統領も、同様の考え方をしているように思われる。じっさいプーチンは、現ロシアが直面している経済上の「三重苦」にもかかわらず、軍事力の整備や強化を諦めようとしない。ロシアは、二〇一四年、国防費にGDPの四・五%を用いた。米国の三・五%、中国の二・一%をはるかに上回る比率だった。[67] ちなみに、NATO加盟の二九カ国は、GDPの少なくとも二%を国防費に当てねばならぬことを約束し合ってはいるものの、実際その目標値を達成しているのは、米国、英国、ギリシャ、ポーランド、エストニアのわずか五カ国にとどまっている。そのようなNATO加盟国に要請されている二%の二倍以上に当たる四・五%を、ロシアは国防予算に投じているのだ。[68]

ところが、問題がある。ロシアの国内総生産(GDP)が、他国に比べさほど大きくない事情である。それは、ほぼインドネシア、メキシコなみのGDPである。二〇一七年一月現在、第一位の米国のGDPを九とすれば、第一二位のロシアのそれは一でしかない[69](カリフォルニアの二分の一!)。そのようなロシアが、仮にGDPの四・五%を国防費に割くことにしても、GDPというパイ自体がそれほど大きくないのであるからして、軍事予算の絶対額はそれほど大きなものになりえない。

米国に話を戻すと、トランプは「並ぶもののない力は最も確かな防衛手段となる」との立場を明らかにしている(二〇一七年十二月発表の「国家安全保障戦略」)。そして実際、大統領に就任した直後の二〇一七年二月、二〇一八年会計年度の国防予算を、前年度に比べ五四〇億ドル増額すると発表した。もしそれが実現すれば、アメリカの軍事予算は史上最高の六〇三〇億ドルに達する。世界全体の国防予算の約四〇%を占め、もとより世界第一位の額である。ちなみに、第二位—中国、第三位—英国、第四位—インド、第五位—サウジアラビアにつづき、ロシアは第六位である。[70]

ロシアの国防費は、絶対量でいうと米国のそれの約一〇分の一。[71] トランプ政権が二〇一八年度用の軍事予算として増額する五四〇億ドル分は、ロシアの国防予算の全額(五八九億ドル)にほぼ等しい[72](九八%)。

トランプ新政権による軍事力増強は、かつてレーガン政権が推進した類似の政策を思い起こさせる。「強いアメリカ」を標榜したロナルド・レーガンは、一九八三年に「戦略防衛イニシアチブ（ＳＤＩ）」――「スター・ウォーズ計画」と綽名された――構想を発表し、ソ連邦にたいし果敢な軍拡競争を挑んだ。アンドロポフ政権は事実上この挑戦に敗れ、ゴルバチョフによる「ペレストロイカ（立て直し）」政策の採用を必要とする遠因のひとつになったといえるだろう。レーガン大統領を己の師と仰いでいることを隠そうとしない現トランプ大統領は、ひょっとするとレーガンと似かよった対ロ戦略を採用し、ロシアを破産に追い込もうと狙っているのではないだろうか。

このような問いをさておき、右に紹介した数字の類いから改めて分かることがある。それは、トランプもプーチンもともに自国を軍事大国にしようと欲する点で共通点が認められるものの、それを実現するために利用可能な具体的な手立てになると、彼我の差があまりにも大きい事実である。さらに重要なこともあろう。それは、「世界の警察官」の役割を放棄すると宣言したオバマ前米政権期においてこそ、たしかにプーチンはロシアの国際的な大国の地位回復にある程度成功したかもしれない[73]。ところが、今度は「アメリカを再び偉大にする」とのスローガンを看板に掲げるトランプ下の米国を相手にして、プーチン大統領ははたしてその成果を維持可能なものにしうるのだろうか。疑問視せざるをえない。

### 価値観の対立

トランプ下の米国とプーチン下のロシアのあいだで〝リセット〟の実現はむずかしく、期待薄でさえある。残念ながら、われわれがこう予想せざるをえない二つ目の理由がある。それは、両国間に横たわる価値観の対立である。たしかに、冷戦の終焉、ソ連邦の解体、ゴルバチョフ政権下のペレストロイカ、エリツィン政権下の「改革」などによって、ロシアは民主主義および市場経済への移行の道を歩みはじめたはずだった。ところが、プーチン下のロシアは、米欧型の国家発展モデルを必ずしも普遍的なそれとみなそうとはせずに、同コースを猿真似する意図などさらさらないと公言している。その代りに、飽くまでもロシア型モデルを追求する意向を明らかにしている。なぜか？

プーチンは、本書で繰り返しのべているように、次のように考えるからにほかならない。ロシアは、独自の民族、言語、文化、宗教をもつ社会であり、国家である。したがって、これら土着の諸要因を尊重する政治、経済体制を目指して当然、と。国際情報通のルキヤーノフですら、次のように記す。「ロシアとアメリカには共通点が少ない。われわれは異なる世界ビジョン、違った優先権や基本的価値観をもち、そして国家も社会も全く異なった路線で発展してきたのだ」(74)。

二〇一二年五月にクレムリンの主に復帰したプーチンは、何と驚くなかれ「保守主義」を「プーチノクラシー」の正式イデオロギーとして採択する旨、宣言した。ロシア固有の価値や伝統を尊重し、必ずしも新しいものが善いとはかぎらないとの態度表明にほかならない。たとえば、敬虔なロシア正教の教えにもとづく家族主義を擁護し、行き過ぎたフェミニズムやＬＧＢＴのロシアへの侵入を阻止する必要があると説く(75)。ちなみに、二〇一四年二月のソチ五輪開会式にＧ７の全首脳——但し、安倍晋三首相を除く——が欠席した背景には、ＬＧＢＴなどにかんするロシアと米欧諸国間の価値観の違いが存在した。

対外関係に目を転じると、ここでもロシアは独自の世界観や考え方を保持しており、それは米欧諸国ばかりでなく、国際社会によって普遍的とみなされている諸原則と必ずしも同一ではない。一例を挙げると、プーチンは、多くのロシア人同様に次のように考える。自国の領土と国民を守るためにロシアは「緩衝地帯《バッファー・ゾーン》」を持つ必要がある、と。ロシアは地政学上自然国境に恵まれることの少ない土地空間であり、じっさい度々外敵による侵略によって苦しめられた。その経験も手伝って、他国民が容易に理解しがたい「被包囲意識」を抱いていることが、ロシア人が緩衝地帯をもつことを正当化する事由になっている。

だからといって、己と外敵とのあいだに緩衝地帯を持つことは、少なくとも現代世界ではもはや許されるはずがない。その訳についてはさきに詳しくのべたので(一六〇―一頁)、ここではその主要な理由の二つを要約するに止める。まず、もしロシアにそのようなことを許すならば、世界の他の国も同様のことを欲し、地球上にいくら土地があっても足りなくなろう。また、いったん緩衝地帯を保持することを認められた国は、そのバッファーゾーンを保持するためにさらなる緩衝地帯を求める衝動に駆られがちとなろう。

そうであるにもかかわらず、かつてソ連邦がソ連邦構成国や東欧「衛星」圏諸国をモスクワのバッファーゾーンと見なしていた時代の帝国主義的思考を、ロシアは未だ完全には払拭し切れていない模様である。じっさい、メドベージェフ大統領(当時)は、二〇〇八年八月、ロシアが「特殊権益地域」を持つことを正当化し、ロシア軍をジョージア奥深くに侵入させ、かつ南オセチアやアブハジアのジョージアからの独立を承認した。

プーチン外交が「二重尺度」を採用していることも、明らかだろう。たとえば米国の「単独一極主義」外交を厳しく批判する一方で、みずからはロシアの独自性を主張する。「主権民主主義」を掲げて米国によるロシア内政への介入を排除する一方で、みずからは他国(ジョージア、ウクライナなど)へ干渉することを厭わない。また、内外の民間活動団体(NGO)を米国がロシアへ送り込もうとする危険な「エージェント」とみなして、ロシア内政への干渉を拒否する一方で、みずからは米国大統領選の特定候補にサイバー攻撃を加えるなど、米国政治に介入することを逡巡しない。

## プーチンのサバイバル作戦

トランプが、大統領候補期、そして政権就任直後におそらく意図していたであろう米ロ関係の〝リセット〟は、見事に破綻した。現時点でこのように判断せざるをえない第三番目の理由は、プーチン・ロシアが内外政治でしめしている行動様式である。このことについても、本書全体で既に詳細にのべた。ここでは、そのポイントだけを要約するにとどめる。

プーチンは、革命嫌悪主義者である。チェキストとしての教育や訓練の結果そう仕向けられたと同様に、彼が直接・間接に遭遇したり目撃したりした数多くの民衆蜂起の経験によって、彼は反革命主義者にすらなった。なかでも他ならぬ彼のお膝元のロシアで二〇一一年末から一二年はじめにかけて発生した反政府デモは、「遂に来るべきものがロシアにも上陸したか」との思いをプーチンに抱かせたに違いない。たしかに、二〇一二年三月、プーチンは過半数を超える得票を得て大統領ポストへと返り咲くことができた。しかしその後のプーチンは、もっぱら己の政治的サバイバル（生き残り）を第一義とみなし、それに役立つと思われる内外政策を最優先することに懸命になっている。

米国のハロルド・ラスウェル教授（イェール大学、政治学者）は、フロイト、アドラー、ユングの心理学から影響を受けながら、自著『精神病理学と政治』のなかで、政治的人間にかんする独自の理論を打ち立てた。ラスウェルがつくった基本的図式は、次のようなものだった。[76]

$$p \} d \} r = P$$

故猪木正道教授（京都大学、政治学）による平易な解説に従って、この図式を説明してみよう。[77] pは、私的な動機（private motives）。dは、これを、公的な目標に転位すること（displacement）。rは、公的利益の名による私的動機の合理化（rationalization）。Pは、政治的人間。「}」の記号は、転化を意味する。p（私的動機）をもつ点にかんするかぎり、政治的人間も、非政治的人間も少しも変わらない。ところが、ラスウェルによれば、政治的人間の特徴は、私的動機を公的利益の名のもとに正当化するところにある。

世界的に高名な政治学者も意外に平凡なことしか語らない。ラスウェルの理論にはじめて接したときの、私の正直な感想だった。若気の至りだった。この定式ほど、私が本書で扱っているロシアの政治指導者、ウラジーミル・プーチンの手法を見事に証明している理論は他にない――今日では、私はこう確信するようになっている。というのも、「プーチン2.0」での内外政策Pの多くは、プーチンの私的動機p（政治的サバイバル）を正当化しようとする目的以外の何物でもないからである。プーチンは、ラスウェルが説く「政治的人間」の最たる者とみなしえよう。

そのようなプーチンが再任後にまずおこなったのは、内外の種類別を問わずNGO（非政府組織）やNPO（非営利組織）を弾圧することだった。というのも、プーチンは次のように考えるからである。ロシアの国民大衆は、元来大人しく忍耐強いばかりか、臆病かつ意気地なしとさえみなしてよい存在。本来そのような彼らが反政府運動へと立ち上がるのは、外部、とりわけ米欧諸国から唆され、精神的・物質的な支援を受けるからにほかならない。彼らの一部――NGOやNPO――は、そのような外部勢力の「エージェント（手先ないしスパイ）」になり、ロシア政府の転覆を図ろうと試みる。したがって、ロシアで人民反乱を防止する最良の方法は単純明快になる。ロシア国民と外部勢力とのコンタクトを断ち、両者間の連携・協力を阻止すること。

己の政治的サバイバルを何よりの至上命令とするようになったプーチンが次に熱心になったのは、ナショナリズムや愛国心のアピールである。第一期（二〇〇〇―〇四年）、第二期（〇四―〇八年）とは異なり、第三期目（二〇一二―一八年）のプーチン政権は、もはやオイル・ブームという僥倖に恵まれている訳ではない。いや、それどころか、二〇一四年七月以来今日まで、プーチン政権は経済的〝三重苦〟に苦しめられている。原油価格の急落、ルーブル安、G7制裁にほかならない。この苦境からロシア国民の目を逸らすためには、対外的に派手な打ち上げ花火を打ち上げるのが一番である。こう考えたプーチン政権は、クリミア併合に引きつづいて、ウクライナ東部への事実上の軍事侵略、そしてシリアへの空爆をはじめた。

「勝利をもたらす小さな戦争」戦術は、見事に成功を収め、プーチン大統領の人気は一躍八〇％台に跳ね上がった。ロシア国民は、空腹を抱えつつも、国営化されたテレビ局が連日、洪水のように垂れ流すロシア軍勝利のニュースに喝采を送った。彼らは、国際場裡で久々にロシアの存在感を高揚してくれた「おらがプーチン大統領」に手を叩いたのである。

アメリカの権威をおとしめ、米国流の「単独一極主義」的行動様式に打撃を与えるのに役立ちさえするならば、たとえ少々手荒で不正な手法であってもそれは止むをえない。プーチン政権が二〇一六年の大統領選キャンペーンの最中にクリントン陣営に向けてサイバー攻撃を仕掛けたのは、その好例だった。はたしてそれがどの程度の効果をあげたのか。このことを別にして、ロシアがハッカー行為をおこなったこと自体は、どうやら間違いない事実のようである。ロシア側は、必ずしも明確には否定していない。ロシアは、なぜ否定しないのか。大概のロシア国民が次のようにすら考えるからだろう。

他国の選挙への干渉。これは、程度の差こそあれ、どの国でもおこなっていることではないか。もしロシアが二〇一六年の米大統領選挙キャンペーンに実施したサイバー攻撃が何らかの効果を収めたのならば、それは天晴れと賞讃に値する。というのも、ハッキングは高度な科学技術能力を要する作業であり、そのような分野で「ロシアはアメリカを出し抜いてくれた」ことにもなるからだ。ロシア大衆による事態のこのような受け止め方を熟知しているプーチン大統領は、己の政権が米大統領選に介入したことを完全には否定しようとしない。それどころか、その事実が全世界に知れ渡ることをひそかに望んでさえいるのかも知れない。

## 「リセット」の終焉

トランプ政権による〝ミニ・リセット〟の実施にたいする期待を葬った真因は、一体何だったのか？　この詮索を別にして、二〇一七年四月、米ロ関係をさらに悪化させる事態が起こった。アサド政権が四月四日、猛毒サリンとみられる化学兵器を使用したと疑われる事件が、発覚したからだった。[78]シリア反政府軍が支配するシリア北西部イドリブ県で、少なくとも八六名の一般市民——その多くは児童——が命を落とした。

かつてオバマ前大統領は、アサド政権による化学兵器使用（二〇一三年）の嫌疑にかんして実に手ぬるい措置をとった——。米大統領選キャンペーン中から、トランプ候補はこう批判しつづけていた。そのような立場からも、前任者同様の態度でみずからが済ますわけにはいかない。トランプ新大統領は、おそらくこう考えたのだろう。じっさい、トランプは、翌四月五日、アサド政府が「越えてはならない一線（レッドライン）を幾つも越えた」[79]ので、「私の立場は大きく変わった」[80]と宣言した。同大統領は、八日、地中海のシリア沖に展開中のイージス艦から巡航ミサイル「トマホーク」をシリア政府軍のシャイラート空軍基地に向けて発射するよう命じた。

但し、このとき注目すべきことが伴った。それは、シリア情勢の変化が米ロ関係におよぼす悪影響を最小限に止めるための「損害制限（damage limitation）」努力を、米国、ロシアがともにおこなった事実である。米側は、ロシア側にたいしシリア空軍基地への爆撃を前もって通告し、ロシア側も爆撃後にレックス・ティラーソン国務長官の訪ロを予定通り受け入れた。もっともだからといって、シリア政府によるサリン使用疑惑を巡って発生した米国とアサド政権、その後ろ盾となっているロシアとの関係悪化が、米ロによるこれらの抑制努力によって緩和されるはずはなかった。じっさい、モスクワでロシアの指導者たちとの会談を終えた後の記者会見の席上で、ティラーソン長官は語った。「現在、米ロ関係は低い状態にあり、両国間の信頼は最低水準と評さねばならない[81]」、と。

四月十二日、国際連合の安全保障理事会は、シリア軍による化学兵器使用の疑惑で、アサド政府を非難する制裁決議案を採択しようとした。日頃ロシアと歩調を合わせることが多い中国ですら、このとき米英仏主導の同案に拒否権を発動せず、単に棄権する側に回った。ところが、ロシアは予想どおり拒否権を行使したために、結局同案は廃案になった。

ついでにいうならば、国連安保理での北朝鮮問題を巡る決議にかんしても、ロシアと中国は態度を若干異にするようになった。アサド政府軍によるシリアでの化学兵器使用疑惑が起こった丁度二〇一七年四月、金正恩下の北朝鮮は弾道ミサイルの発射実験を頻繁に実施中であり、その後も一向に中止する気配をしめさなかった。そのような北朝鮮の行為は国際連合が従来おこなってきた制裁決議に明らかに違反する。同安保理はこう判断して、北朝鮮非難の声明文を作成した。中国ですらその文案に同意したにもかかわらず、ロシアは反発し、飽くまでも「対話を通じて政治的解決を探るべし」と主張して譲らなかった。原案を作成した米国の国連大使、ニッキー・ヘイリーは、「ロシアだけが〔何時ものごとく〕異議を唱えている」と不快感をしめす一方で、結局ロシアが提案する「対話」の文言を同声明に挿入することを余儀なくされた。

プーチン政権がとっている右のような一連の具体的行動から判断するかぎり、同政権がトランプ政権とのあいだで真剣に米ロ関係改善の道を探っているようには、とうてい判断しがたい。トランプ新政権は、おそらくオバマ前政権開始時の「〝リセット〟以上(more than a "reset")[82]」の対ロ宥和外交を展開するのではないか。

トランプが選挙キャンペーン中にしきりに匂わせていた言辞から判断して、このように期待する者がいて少しもおかしくなかった。ところがそのような期待は、トランプ政権が発足して一〇〇日も経たないうちに、ほぼ確実に潰えさった様子だった。

いや、より正確にいうと「トランプ政権のロシアとのハネムーンは、それがはじまるまえに既に終わりを告げていた」（ドミートリイ・スースロフ・ヴァルダイ討論グループ・プログラム委員長）[83]とすらみなすべきかもしれない。その理由は、すでに示唆したように多岐にわたる。そのようにみなされはじめた矢先の二〇一七年四月に、シリア政府の化学兵器使用疑惑、そして米軍によるシリア空軍基地攻撃が起こったのだ。これは、譬えていうと、米ロ関係が辛うじて耐えていた馬車の重荷の上に加えられた「最後の藁一本」の機能を果たした、と言えるかもしれない。

米軍によるシリア空軍基地攻撃の報に接したとき、シモニヤン「ＲＴ」編集局長は己のツイッターに記した。「友人たちよ、われわれにはたしかに〔友好の〕チャンスが訪れた。だが、そのチャンスは見せかけでしかなくアッという間に消え去った。もとより、そのことにわれわれは何の責任もないのだが[84]」。

## 熊の穴籠り

以上要約したように、米大統領選でのトランプ候補の当選という、ロシアが望みうる最上のことが起こった直後、皮肉なことに、ロシアにとり不利な事件が相次いで起こり、結果として米ロ関係は悪化した。プーチン大統領自身が、この事実を率直に認めている。たとえば二〇一七年六月、サンクト・ペテルブルグで開催中の国際経済会議の席上で、同大統領は語った。「現在、われわれ〔米ロ〕の関係は、〝冷戦〟終結以来、最低の水準にまで落ちている[85]」。こういう時には、すべからく穴籠もりを決め込み、じたばたしないに限る。

これが、クマに譬えられることの多いロシアの反応であり、また実際プーチン大統領のとりあえずの反応ないしは態度であるように見受けられる。というのも、トランプ外交の基本方針そのものはロシアにとりそれほど悪いもののようには思えないからである。ロシア側の一部が依然として抱いているそのような楽観論の根拠は、一体何だろうか？

まずトランプが「アメリカ第一主義」を唱え、かつ経済的損得の算盤をはじく商売人であること。たとえば、ロシア紙『モスコフスキイ・コムソモーレッツ』は記す。「トランプは、おそらく優秀な会社経営者だろうが、いかなる意味でも大統領の器ではない[86]」。ともあれ、そのような商売人をトップに戴くアメリカ合衆国が、およそ経済的に得となるはずがない「世界の警察官」役を自ら積極的に買って出ることは、もはや起こらないのではなかろうか。事実、トランプ新大統領は、米国が環太平洋経済連携協定（TPP）に参加せず、地域温暖化対策の国際的枠組である「パリ協定」からも脱退する意図を明確にした。また、NATO加盟国の多くが、たとえば国内総生産（GDP）の二％以上を国防費に投ずべしとの合意を順守していないとの不満を改めて表明した。これらによって、トランプ大統領はNATO加盟国間に不協和音を生じさせている。

このようなトランプの言動をみれば、ロシア側に必ずしも焦る必要なし。プーチンは、こう事態を楽観視しようと試みる気配さえうかがえる。たとえば二〇一七年五月二十九日、仏『フィガロ』紙とのインタビュー中で、プーチン大統領はロシア側がひたすら待ちの姿勢を構える意向を明らかにした。「われわれは決して急がない。待つ用意がある。いつかはロ米関係の正常化が起こることを強く期待し、希望している[87]」。

いや、「プーチンは、トランプ下の米国の現状を見て、ほくそ笑みさえしているのだ」。このように警告する者すら存在する。たとえば、オバマ前政権期の駐ロ大使、マクフォールである。彼は、さきにもふれたようにクレムリンによって「ペルソナ・ノン・グラータ」扱いを受けている人間なので、彼のプーチン評はある程度割り引いて聞く必要があろう。それはともかく、マクフォールは主張する。「最近目立つようになってきたNATOやG7内での見解の相違は、プーチンを喜ばしている。たとえばトランプとメルケルは、NATO、貿易、気候変動などの諸問題を巡って見解の差を露《あら》わにしている。メルケルは、米国を今後もはや信頼しうるパートナーとみなさないのではないか(88)」。このように観察した後、マクフォールは次のように極端な見方さえおこなう。だから、たとえば「トランプ新大統領の欧州初訪問〔二〇一七年五月〕は、プーチン・ロシア大統領の耳には誠に心地よい音楽のようにさえ響いたにちがいない(89)」、と。

## アメーバ式行動様式

当分、大人しく構える。もとより、これは全く何もせずに唯単に手をこまねいていることを決して意味しない。相手方が少しでも隙をみせるや否や、攻勢に出ることを些かも妨げるものではない。レーニンも語った。「力の勝っている敵に打ち勝つためには、たとえどんなに小さいものであろうとも、敵のあいだに存在する《ひび》(трещины)を利用することが肝要である(90)」。プーチン大統領は、こう教えたレーニンの忠実な生徒とみなしうるだろう。

たとえばプーチン大統領は、シリアへの積極的な介入でロシアの国際的な存在感を誇示し、なぜ一挙にグローバルな発言権を獲得することに成功したのか。米国のオバマ前大統領がシリア問題で犯した「オウンゴール」の過ちや、トランプ現大統領が唱える「米国第一」政策にロシア大統領側が巧みに乗じた果敢な攻勢にほかならなかった。

北朝鮮を巡る国際関係の変化を活用しようとするプーチン大統領の動きも、同様の好例になりうる。説明しよう。弾道ミサイル発射をつづける北朝鮮は、最近、己の最大の保護者、中国との関係を若干ぎくしゃくさせる傾向をしめした。すると、中朝関係に生まれたかのようにみえるこの微妙な〝ひび〟割れに早速着目して、モスクワは平壌への接近をはじめたのである。

プーチン大統領は、一時期、北朝鮮にたいする関心を減少させたかのようだった。たとえばロ朝間の貿易高は、年間一億ドルにまで落ち込んだ。平壌が支払い能力を持たないからである。仕方なくプーチンは、二〇一二年、北朝鮮がそれまで累積させていた一一〇億ドルの借金のうち九〇％までをも棒引きし、残りの一〇％も北朝鮮のインフラストラクチャー整備計画への投資にあてることにした。金正恩《キムジョンウン》・朝鮮労働党委員長はロシアの寛大な措置に感謝し、たとえば二〇一七年の正月には中国に先駆けてロシア宛に年頭の挨拶を送ったくらいだった。

プーチンによる地道かつ巧妙な「種蒔き」行為は、チャンスが到来すると思わぬ収穫をもたらす。というのも、金正恩登場後しばらくすると、平壌はそれまで盤石とみられていた北京との関係を微妙な程度とはいえ若干冷却化させはじめたからだった。まずわれわれをしてそのような疑いを抱かせたのは、二〇一五年十二月の張成沢《チャンソンテク》の粛清だった。彼は、それまで中朝間の橋渡し役をつとめていると噂されていた人物だった。次いで、二〇一七年二月に、金正恩の異母兄、金正男《キムジョンナム》がマレーシアの空港で暗殺された。また、二〇一七年四月、トランプ大統領は訪米中の習近平《シージンピン》国家主席との会食の最中にシリア空軍基地への米軍攻撃を敢行させ、北京と平壌にたいして米国が時と場合によっては武力行使に訴えるケースがあるとのメッセージを伝えた。このとき、習主席はトランプ大統領の決定に敢えて異を唱えることなく、巡航ミサイルの発射を事実上、黙認した。ひょっとすると、後世の歴史家はこの瞬間をもって、ロシアや北朝鮮を犠牲にしても、北京が米中関係の安定化を選んだ歴史的転換点とみなすかもしれない。

それはともかくとして、中朝間には隙間風が微《かす》かに吹きはじめた――この気配を敏感にキャッチしたプーチン・ロシアは、早速、北朝鮮へ再接近すべしと思い直したように見受けられる。ロシアは、たとえば極東のウラジオストクと北朝鮮北東部の経済特区・羅先《ラソン》の羅津港とのあいだに定期航路を開設することに決めた。「万景峰《マンギョンボン》号」と名づけられる船舶は二隻あり、同航路に用いられるのは旧型のそれである。新型の「万景峰92」は、北朝鮮のテポドン発射にたいする制裁措置の一環として、日本政府が二〇〇六年以降に元山‐新潟間の運行を禁止したことで、一躍有名になった。

新旧の違いこそあれ、同じく「万景峰」と名乗る船を、ロシアはウラジオストクへ入港させる。これは、新潟への入港を禁じた日本政府の横面を張って面子を失わせることにも等しいモスクワの行為といえなくなかろう。「万景峰号（旧型）」によって、ロシアから北朝鮮へ向けて農業機械、消費物資、ガソリン、ジェット燃料などの石油製品、そしてひょっとするとミサイル関連部品すら運ばれることになるかもしれない。北朝鮮からは、ロシア極東で森林伐採や建築現場などで「3K」とみなされる苛酷な作業に従事する出稼ぎ労働者も運ばれるだろう。そのような労働者は、二〇一六年時点で三万人以上と推定[91]されるが、国連安保理による二〇一七年十二月末の追加制裁決議で一年以内に北朝鮮へ送還せねばならなくなった。

今日、米国は日本、韓国ばかりでなく、中国すらをも巻き込んで北朝鮮にたいする軍事的・経済的圧力を強化し、よって平壌の核ミサイル実験を停止させようと必死に試みている。まさにそのような時に当たって、ロシアは北朝鮮に接近を企てようと試みるのだ。ロ朝間での万景峰号の航路開設に象徴される、文字通り〝助け舟[92]〟の提供――。これこそは、他国の動静を注意深く狙い、〝ひび〟割れを見つけるや否や直ちに己の権益の拡大を図ろうともくろむ、プーチン流の抜け駆け戦法の典型とみなしうるだろう。少なくとも対北朝鮮制裁の「抜け穴[93]」をつくり、自身が漁夫の利を得ようとする行ないである。英語の諺でいうと、文字通り「泥水に乗じて魚を獲る（fish in muddy waters）」手法にたとえられる行為である。

——以上のべてきたことから、プーチン外交の一つの特色が明らかになるのではないか。プーチン外交には、必ずしも確固たる原則、方針、ましてや長期的な戦略は存在しない。むしろ、時々の国際情勢、とりわけ「力の相関関係」の変化を注意深く観察し、そこに生まれる隙間や「力の空白」を利用して自国ロシアの影響力の伸長につとめ、ひいてはプーチン自身のサバイバルに資そうと試みる。要するに、すぐれて機会主義的・便宜主義的戦術にもとづき、まるで伸縮自在なアメーバにも譬えられる行動様式である、と。

# おわりに

“今年の人物（パーソン・オブ・ザ・イヤー）”に選ばれた
プーチン大統領（『タイム』2007.12.31号）

最近、政治指導者たちは、みずからの国における消費者からの要求、その他の国内需要を満足させる対外政策を実施する傾向を益々しめしつつある。

――カレビィ・ホールスティ(1)

われわれは、外交上の諸目的にたいして内政上の諸目的が優位することを認めなければならない。

――ウラジーミル・プーチン(2)

暴君は、国民が指導者を求めるようになることを欲して、戦争を引き起こそうとする。

――プラトン(3)

## 内政と外交は、リンク

外交は、必ずしも内政の延長ではない。本書の冒頭（「はじめに」）で、私はこう記した。ところが、その後の各章でプーチン外交を具体的に検討したあとの現時点になると、私はこの前言をやや修正せざるをえなくなった。もとより、外交はロシア内政のそっくりそのままの延長ではない。しかしながら、それは内政とまったく無関係なのでもない。いや、両者は互いに「密接不可分なまでに関連し合っている（reciprocal）」どころか、「切り離しえない（inseparable）」関係でさえある。[4] どの国のそれであれ、「国内的利害と対外的目標とのあいだの関係はダイナミックなものであり、チャンス（機会）や能力次第によって変化する」[5]（ヴェルノン・アスパチュリアン。ペンシルベニア州立大学、ロシア外交専攻）。なぜか？　私がこのように考え直すにいたった理由は、複数、存在する。

第一に、仮に理論的には内政と外交の二分野に区別できるにしても、それらは現実には同一の国民、とりわけ指導者がおこなう政治的な営為にほかならないこと。だから、その決定者たる政治指導者はほぼ同一のファクターによって影響を受ける。たとえば、己が所属し、生まれ育った国家や社会の地理、歴史、民族、宗教、文化、そして国際環境である。[6]

第二に、内政と外交は相互に無関係ではありえない。これら二つの政治的行為は互いに協調し合うかと思えば、互いに対立もする。[7] 一例を挙げよう。どのように豊かな国家においても、その人的・物的資源は有限で一定だろう。だとすれば、それらをはたして国内的発展、あるいは対外的膨張——一体どちらの国家目標達成のために用いるべきなのか。端的なスローガンでいうと、「バターなのか、大砲なのか」。両者間に競合関係が生じるだろう。たとえば戦後日本は、人的・物的資源をもっぱら経済復興に集中的に用いて、自国の防衛や安全保障を米国にゆだねる基本方針を選んだ。世界の諸国のなかでは、そのような戦後日本型の発展モデルの真逆の道を選ぼうとする国も存在する。たとえば北朝鮮は、国民生活を犠牲にして対外的冒険主義を敢行する方針を採用している。

内政と外交は、己の目的を達成せんがために他を利用しようとも試みる。つまり、内政は、しばしば外交目標を促進するための手段の役割を演じる。かと思えば逆に、もっぱら内政目標を達成するために外交が利用されるケースもある。後者の最近の例として、トランプ米政権が実践しようとしている「アメリカ第一主義」外交が紹介に価するだろう。

ドナルド・トランプが大統領就任前から唱えている「アメリカ第一（"America First"）主義」。これは、分かりやすくいうと、アメリカの外交政策の原則のひとつに立ち返ろうとする主張にほかならない。〝孤立主義〟（〝モンロー主義〟）の伝統への回帰とさえみなしうるだろう。アメリカはもはや「世界の警察官」を目指さない。その代りに、自国そのものを豊かな存在にすることに専念する。このようなスローガンは、ある程度まで米国民の共感を獲得するに違いない。というのも、最近少なからぬ数のアメリカ人が次のような思いを抱きはじめているように見受けられるからである。米国が「世界の警察官」役を引き受けているのを良いことにして、アメリカの同盟諸国の多くは本来共同して分担すべきはずの防衛負担を怠り、己の経済的繁栄に専念している。それればかりか、それらの諸国の多くは米国市場に侵入を試み、米国民から職場を奪い、米国経済に赤字を生じさせる元凶にさえなっている。

## トランプも国内志向

ところが、である。ホワイト・ハウスの主となって以後のトランプ大統領は、選挙キャンペーン中にしきりに主張していた頃のような公約を、必ずしも忠実に実行しているようには見受けられない。世界を取り巻く厳しく苛酷でさえある国際状況が、トランプ政権をして「アメリカ第一主義」スローガンのみにもとづく政策や措置を採用したり、専念したりすることを許さないからである。だからといってしかし、トランプ政権は、国際場裡での己の言動がアメリカ国民によってはたしてどのように受けとめられるのか――このことを唯の一瞬たりといえども忘れることは許されない。すでにのべたことと重複することを厭わずに、このことをしめす一例を挙げよう。

二〇一七年四月、トランプ大統領は「トマホーク」をシリア空軍基地に撃ち込むことを命じた。同空爆によって、トランプ大統領が達成しようともくろんだ狙いは、もちろん、複数存在した。アサド政府軍がシリア南部のイドリブ県で化学兵器を用いた嫌疑にたいして懲罰を加える。もちろん、これが主要目的だった。だがそれ以外にも、それに勝るとも劣らぬ重要な隠された狙いが存在した。米国内の有権者たちに向い、次のようなメッセージを送ろうとする意図である。シリアの内紛問題にかんして前オバマ政権がしめしがちだった優柔不断な姿勢を、もはやトランプ政権は採らない。もしアサド政権が反対諸勢力にたいして化学兵器使用という「レッドライン」を越える行為をしめす場合、トランプ政権は直ちに軍事行動を含む毅然とした措置をとる。このメッセージの伝達にほかならなかった。

シリア空軍基地攻撃の一例は、現文脈に関連する実に重要なことをしめしている。それは、アサド政権による化学兵器使用の情報に接したとき、トランプ大統領の主たる関心事が必ずしも対外的な成果をあげることには向けられていなかった。むしろ、国内目的の達成だった。表面的な観察をおこなうかぎりでは、トランプは、今後もしばしば「アメリカ第一主義」のスローガンに反するかのような積極的な外交行動様式に打って出るかもしれない。ところが、そのような場合ですら注意深く観察してみる必要があろう。そうすれば、飽くまでも己の政権維持という内政目的達成のために、米大統領が外交を利用しようとしている――このことが、判明するだろう。(8) すなわち、トランプ大統領がシリア空軍基地砲撃を命じたときも、彼の念頭にもっぱら存在したのは必ずしもシリアやロシアがこの砲撃をどう受けとめ、どう反応するかの問題ではなかった。むしろ、米国民が大統領の毅然たる対応にはたして拍手喝采を送り、歓迎してくれるか否か――このことのほうに、より一層多くの関心を寄せていた。

## 二次元ゲーム

トランプ大統領が二〇一七年四月に敢行したシリア空軍基地攻撃には、もう一つ極立った特徴がみられた。それは、同大統領がアサド政権にたいし武力行使を辞さない毅然たるジェスチャーをしめす一方、ロシアのプーチン政権をいたずらに刺激しないよう細心の注意を払ったことだった。そして、そのようなトランプ大統領のメッセージはプーチン政権にも十分に伝わった模様である。同政権は米国によるシリア空爆を口頭でこそ国際法違反と厳しく批判する一方、ティラーソン米国務長官のモスクワ訪問を予定通り受け入れたからだった。シリア空爆は、トランプ政権による主としてアメリカ国内向けの政治的デモンストレーションに過ぎない。プーチン政権の側も、このような意図を十分理解していたのだった。

政治とは、不可能を可能にする一種の芸術。このビスマルクの至言(9)がとくに当てはまるのが、とりわけ外交である。というのも、自国の利益の貫徹を欲して一歩も引こうとしない自国民と、同様のことを要求する他国民を同時に満足させねばならないという難題をになっているからだ。本来両立するはずのないこれらの要請に応えるのは、至難の業である。一方を立てれば、他方はとうぜん不満を抱く。下手をすれば、国際交渉は「もろ刃の(double-edged)(10) 剣」にすらなりかねない。決してそうならないように、「二つのレベルのゲーム（two-level game）[11]」を巧みに遂行せねばならぬ。すなわち、相手国との対外的（external）ゲーム。自国民相手の対内的（internal）ゲーム。これら二つをなんとか両立させることが不可欠かつ肝要なのである。外交は、このようにヤヌス（前後に二つの顔をもつ神）に仕えることが宿命づけられている人間の営為にほかならない。

　トランプ米大統領もまた、対ロシア外交でヤヌスの神に仕えようと努力しているのだろう——。しかしながら、このようにトランプを好意的に解釈する見方は、米国でもロシアでも少数派のそれのようである。だが、たとえばルキヤーノフは、次のように説く。トランプの主たる関心は、飽くまでも内政とみるべきである。極端にいうと、米国民におもねってまでも彼らの支持を獲得することである。そのために、同大統領は外交を内政に従属させることにすら些かも躊躇しない。つまり、トランプが唱える「アメリカ第一主義」とは、米国をして国際舞台から一歩退《しりぞ》き、国内問題に主なエネルギーや資力を集中させる——。このようなことを目的とする「孤立主義」とみるだけでは、必ずしも十分ではない。というのも、ルキヤーノフはさらに一歩進んでトランプ外交を次のようにみなすからだ。トランプは「国際問題を手段として用いることによって、アメリカ国内でトランプ政権に都合の良い雰囲気や世論を形成しようともくろんでいる」[12]。プーチン大統領自身も、ルキヤーノフとほぼ同様に、最近の米ロ二国間の関係悪化の主因をアメリカ合衆国の国内事情に帰した。彼は立場上、さすがにオバマとかトランプといった具体的な名前こそ挙げなかったものの、米国の「ある勢力」との言葉を用いて、二〇一七年十月、次のようにのべた。「米国の国内的な諸問題を解決するために、米ロ関係を利用している特定の勢力が存在する」[13]。

　本書の主なテーマは、アメリカ外交でなく、ロシア外交である。したがって、ここでルキヤーノフやプーチン大統領によるトランプ外交の見方が当を得たものであるか、否か——このことよりも、むしろ私は次の問いを提起せねばならない。すなわち、右のように説くロシア側の見方が、実はプーチン政権の内外政策についてもそっくりそのまま該当するのではないか――この問いである。既に文中でのべたことの重複を厭わずに、以下この点について説明して本書の結びに代えることにしよう。

## 外交が内政に奉仕

まず、一般論からはじめる。フリードリッヒ・エンゲルスは、一八九〇年に発表した「ロシア帝政《ツァーリズム》の外交政策」と題する論文で次のようにのべた。「ロシアは、ヨーロッパとアジアで覇権を求め、その隣国を服従させようとする。そのようなロシアの膨張主義は、ロシアの内政が権威主義的・抑圧的な性格を帯びていることによって、さらに一層顕著なものになる」[14]、と。つまりエンゲルスは、帝政ロシアの内政、すなわちその「権威主義的、抑圧的な性格」と、その外交、「覇権主義的、膨張主義的な傾向」――これら二つが密接に関連し合っている事実を強調したのである。エンゲルスが今から一二〇年前に指摘したロシア帝政期における内政と外交のリンケージ（連関）――。これは、今日のプーチン政権期においても当てはまるのではないか。そうだとすれば、その事実に現代のわれわれは改めて驚かされると同時に、是非ともその訳を探る必要が生じるだろう。

まず、事実の確認からはじめよう。プーチノクラシーは、一体どのような国内政治を実施中なのか。ツァーリズムほどではないにしろ、十分権威主義的統治と評さねばならない。同統治下では、たとえば次のような民主主義の原理や権利が著しく制限されている。すなわち、三権分立、地方自治といった民主主義の諸原則。そして集会・結社・言論・報道・出版の自由、等々といった基本的人権。プーチンおよび彼の側近たちは、「レント・シェアリング・システム」によってロシアの富を独占している。ロシア人口の僅か一〇%でしかない特権階層が、己の手中にロシア全体の富の八七%を独占的に収めている。[15] 経済改革、ましてや政治改革は、「レント・システム」の基盤を掘りくずす元凶とみなされ、まったく推進されようとしない。したがって、科学技術上のイノベーションは発生せず、一般国民の経済的・物質的生活水準は低いままに止まっている。遂にロシア人の平均賃金は中国人のそれより低くなったとすら報告されている。

内政と外交は密接に関連し合っているばかりではない。往々にして、前者に後者は従属させられ、犠牲にさえ供されがちである。これは、帝政ロシアばかりでなく、ソビエト期を貫く一本の赤い糸だった。たとえば、「コミンテルン（第三インターナショナル）」の変貌の歴史は、そのことを物語る好例となろう。コミンテルンは、本来、「世界の労働者よ、団結せよ！」と叫んだマルクスのスローガンを実現するために作られた組織のはずだった。ところが、スターリンは次第に次のように説くようになった。ソ連邦は、歴史上はじめて社会主義革命に成功した始祖の国であり、かつ国際共産主義運動の中核的存在にほかならない。したがって、そのようなソ連を帝国主義的諸列強の攻勢から防衛すること――これこそは、コミンテルンの第一の使命とみなされるべきである、と。国際的な共産主義運動の推進よりも、ソ連の国益擁護をより一層重視する。これは、ブレジネフが唱えた「制限主権論」にも連なる考え方だった。東欧「衛星」圏は、ソ連を防衛するために不可欠な緩衝地域なのであり、まかり間違ってもソ連からの離脱は許されない。こう主張してブレジネフ政権は、実際チェコスロバキアなどに軍事介入をおこなった。

要するに、内政を外交に従属させることは、ソビエト時代には当たり前のことだったのだ。西側でのソビエト外交ウオッチャーの一人、シドニー・プロス教授（ジョージ・ワシントン大学）は、記した。「外部（abroad）の資本主義列強の脅威を強調することによってロシア国内（at home）の独裁的な権威の存続を正当化することは、ソビエト指導者たちが訴える常套的手口だった」[16]、と。私がここで強調したいのは、次のことである。プーチン現ロシア大統領は、ソビエト期の指導者たちがかつて用いた手法を忠実に継承し、それを実行している人物であること。既に本文中でのべたこととの重複を厭わずに、そのことを説明しよう。

## 国内困難から目を逸らす

ロシア国民が国内での抑圧や困窮に不満をつのらせて、万が一にも政治的な抗議運動に立ち上がらないようにするための一工夫として、プーチン大統領はその時々に役立つ「外敵」を設定する。彼らの陰謀にそそのかされて、ロシアの安全保障を決して損なわないように、国民は一致団結して闘うことが必要不可欠であると説く。プーチンがそのような「贖罪《しょくざい》の山羊」ないし「外敵」として祭り上げてきた攻撃の具体的な標的を、念のために繰り返すと、まず、チェチェン過激派勢力。次いで、「反逆オリガルヒ」。次いで、ジョージア、ウクライナ。

これまた念のために繰り返すと、為政者の国内統治上、最も効果的な対外的冒険は、「勝利をもたらす小さな戦争」にほかならない。裏返していうと、「敗北を嚥するかもしれない大規模戦争」ではない。「外敵」との闘いに敗れてしまうならば元も子もない。そればかりか、最悪のケースでは国内改革を促す触媒にすらなりかねない。実際、ロシア史はそのような事例に事欠かない。[17] ロシアがスウェーデンとの戦いに敗れたことが、ピョートル大帝をして諸改革を開始させる一因になった。ロシアのクリミア戦争における敗北がアレクサンドル二世をして農奴解放を含む一連の改革を招くことになった。帝政ロシアの日露戦争の敗北も、二月革命の発生とは決して無関係ではなかった。――以上はすべて、対外的冒険の失敗がロシアの国内政治に深甚なマイナスの影響をあたえた好例といえよう。

本論に戻り、プーチン政権が今日「外敵」の最たるものとみなすことに逡巡しない存在――それは、アメリカ合衆国である。米国こそは、右に列挙したほとんどすべての敵の背後で彼らを煽動し、物質的支援をあたえ、ロシアで「カラー革命」もどきの人民反乱を起こさせようともくろむ元凶にほかならない――。プーチン政権は、こう明言してはばからない。

クレムリン首脳によるロシア国民にたいする右のような説得あるいは洗脳工作は、目下のところ大成功している模様である。ロシアの三大国営テレビ局は、ロシア軍がウクライナやシリアで勝利に次ぐ勝利を収めているとのニュースを、朝から晩まで垂れ流している。その効果もあって、ロシアの三大世論研究機関、すなわち「全ロ世論研究センター(ВЦИОМ; VTsIOM)」、「世論基金(ФОМ; FOM)」、「レバダ・センター」のすべてのアンケート調査結果がしめしているように、現ロシア人のあいだで最も嫌われている国はアメリカ合衆国となっている。[18] たとえば、レバダ・センターが二〇一七年六月に実施した調査は「ロシアにとり最も敵対的な国はどの国だと思いますか」と尋ねた。複数回答可能のこのアンケートで第一位は、米国(六九%)で、第二位のウクライナ、ドイツ(ともに五〇%)を大きく引離した。[19]

右にのべてきたことを、以下のように要約しうるかもしれない。プーチン大統領やラブロフ外相は、機会ある毎に米欧諸国がロシアにあたえている軍事的脅威について声高に叫ぶ。だからといって、しかしながら、ロシアが米欧諸国による攻撃にさらされていると、彼らは本当に思っているわけではない。たしかに、NATOはロシアの国境近くまで防衛ラインを拡大させようとしているかもしれない。しかしそれは、ロシアのウクライナへのさらなる軍事攻勢を阻止しようとするための防衛的措置に過ぎない。ロシアがウクライナ介入を中止さえするならば、おそらくNATOもみずからの防衛力を敢えて増強しようとは考えないだろう。改めてのべるまでもなく、ロシアは米国と並ぶ核の超大国。そのようなロシアに対して軍事的攻撃を加えたり、無謀な戦いを挑んだりするような国が存在するとは考えがたい。仮に米国やNATOが万一そのようなことを敢えて試みるならば、それは第三次世界大戦の勃発を招き、みずからも共倒れになるばかりか、人類の破滅さえみちびく暴挙になろう。

## 国際的アクロバットは何時まで?

プーチン大統領がロシア国民に向い、「外敵」の脅威に備え愛国心を高揚せよと説くとき、彼の発言の背後にロシアが実際、「外敵」の攻撃にさらされているという認識が存在するようには思いがたい。したがって、それは主として国内聴衆向けの政治的発言とみなすべきだろう。すなわち、米欧列強は情報・宣伝、その他のソフト・パワーを駆使してロシア国民を煽動し、そのことを通じてロシアで「レジーム・チェンジ」をみちびく「カラー革命」を起こさせようともくろんでいる。クレムリンがおこなっているのは、このような危険を察知し、前もってその芽を摘もうとする意図にもとづく防衛的措置にほかならない。このように説いて、プーチン大統領は、次から次へと対外的な強硬政策や冒険的行動に打って出ているのだといえよう。

たしかに、そのようなアクロバット(曲芸)を継続することによって、ロシアの国際的な存在感は増大し、国民は暫しのあいだ己の空腹を忘れうるかもしれない。とはいえ、はたしてプーチン政権はいつ頃までそのような綱渡りをつづけうるのだろうか。というのも、現ロシアが抱える国内諸問題は、いずれもそのような対外的冒険によって一時的に目をくらまされようとも、根本的には解決されえない深刻な類いのものばかりだからだ。たとえば、プーチノクラシーの政治的・経済的基盤をなす「レント・シェアリング・システム」そのものが、二〇一五年夏以来の原油価格の下落によってもはや機能不全になりかけている。また、現ロシアは、政治、経済、社会、文化などほとんどの分野で、ブレジネフ末期の「停滞」に似た閉塞状態におちいっている。このことを敏感に受けとめはじめたロシアの若者たち、とくにそのうちの「ベスト・アンド・ブライテスト」層は海外移住を実行に移し、その規模は今や十月革命以後、最大に達しようとしている。

右のような趨勢にストップをかけるためにプーチン政権がなすべきことは、はたして経済分野での手直しだけで十分なのだろうか。いや、是非とも政治分野の改革にまで踏み込むことが必要不可欠となろう。それにもかかわらず、プーチン大統領側には政治改革を実施する意図や勇気が全く見受けられない。もし万一それを実施すれば、「レント・システム」、その他「プーチノクラシー」の基盤それ自体が危殆に瀕しかねない危険が存在するからである——。こう懸念してプーチン政権は、経済分野においてすら改革の名に値する改革に手をつけようとしないだろう。

## 国内改革が先決

このようにして、たとえば西側の経済学者、ジョージ・フリードマンは、二〇一七年二月発表の報告書で次のようにのべる。「ロシア連邦は直ちに崩壊する危険に直面しているわけではないものの、統計上の数字がしめすところによれば実に深刻な弱点を抱えている」[20]。まずこう記したあと、フリードマンは現文脈で重要な次のような結論を示唆する。現ロシアにとって「重要なことは、国内(at home)でおこなわれる必要がある。モスクワが現在注意を集中すべきは、国内にほかならない」[21](傍点、木村)。ロシア人専門家のなかにも、プーチン大統領が国際問題ではなく、むしろ国内における諸問題を直視し、その解決に真剣に立ち向うべきである——こう説く者が、際立って多くなってきた。そのような声を、以下二、三、紹介することによって、私自身の見方を代弁させることにしよう。

たとえば、「経済・政治改革センター」の所長をつとめるニコライ・ミローノフ。以前、彼はプーチンの業績を称賛するロシア知識人の一人だった。すなわち、二〇一二年にクレムリンに正式に大統領として復帰後、プーチンが国際場裡でロシアの存在感を誇示し、発言権を増大させた事実を率直に認めるのにミローノフはやぶさかでなかった。ところが二〇一七年になると、そのようなミローノフですら問いかけるようになった。その後のロシアは一体どうなったのか。現状は、以下のような有様である。[22]「ロシア国民の生活水準は著しく低下し、汚職が益々はびこり、特権的階級のエリートやオリガルヒが顔を利かせ、政府と社会との溝は拡大する一方ではないか」。

右のような基本的な観察をおこなったうえで、ミローノフは次のように提言する。「国際舞台（international arena）ではすべてが巧く進行している。〔したがって、〕何かをなさねばならないのは、国内（at home）なのである」。したがって、「プーチンは、残りの任期中において是非とも外交（foreign policy）から内政上の（domestic）挑戦へと視点を転ずるべきである。もし彼が国内改革（domestic reform）を遂行しなければ、プーチンは優秀なリーダーとしてのイメージを損ねてしまう結果を招くだろう」（傍点すべて、木村）。

ルキヤーノフも、ミローノフとほぼ同様の見方をおこなう。「もしわが国の指導部が〔ロシア〕国内で（at home）直面している挑戦に注目しないならば、外交（foreign policy）上の成果が国内（domestic）状況を改善することを決して期待すべきではない」[23]（傍点すべて、木村）と。ルキヤーノフによる右の言葉は、具体的には、二〇一二年クレムリンに復帰して以来、プーチンが実施している基本路線にたいする痛烈な批判である。こう解釈して差し支えないだろう。というのも、対外的に派手な行動を誇示することによって、ロシア国民の目を国内的困窮から逸らそうともくろむ傾向は、二〇一四年のウクライナ危機、一五年のシリア空爆以来、益々顕著になってきたように見受けられるからである。ルキヤーノフの発言は、そのような代替ないし代償行為を認めるわけにはいかない、と宣言しているように解釈できる。

トレーニンもまた、二〇一七年発表の著作や論文のなかで同様の見方をおこなう。現ロシアが直面しているのは外交的な問題ではなく、むしろ国内の課題にほかならない、と。これは、本書筆者の私が全面的に同感せざるをえない結論になる。そういうわけで、以下彼の一文を引いて本章の結びに代えることにしよう。

「西側にとって現ロシアの挑戦は、外交政策問題（foreign policy issue）なのかもしれない。ところが、西側との対抗中のロシアが直面している挑戦は、圧倒的に国内問題（domestic issue）なのである。つまり、モスクワにとっての本当の戦場はウクライナでもなければ、シリアなのでもない。実は、ロシア〔国内〕それ自体（Russia itself）なのだ」[24]（傍点、木村）。同時期に別の場所（米ハーバード大学でのセミナー）でおこなった発言のなかで、トレーニンは、同様の趣旨を——但し、さらに具体的かつ直截に——次のようにのべる。「ロシアにとっての問題は、西側が科している制裁なのではない。それは、いわばケーキのうえに乗っているアイスクリームのような表面的なものに過ぎない。では真の問題は、一体何なのか。こう問われるならば、ロシアのエリートたちが実効性のある経済発展モデルを一向に提起しえていない事実であると言わねばならない。〔その点で、〕不幸なことにわが国が現在有しているエリートは、ロシア史全体を見渡しても最悪の品質だと評さねばならなくなる」[25]。

# 謝辞

はなはだ不完全な内容の本書ではあるが、それでも私は実に多くの方々の御協力や御好意なしにはけっして執筆も刊行もなしえなかった。まず、執筆に当たり貴重な資料を教示したり、じっさい提供したりしてくださった方々。とくに、袴田茂樹（新潟県立大学教授）、伊東孝之（早稲田大学名誉教授）、名越健郎（拓殖大学教授）、常盤伸（『東京新聞』前モスクワ支局長、現外信部デスク）、ヤコフ・ジンベルグ（国士舘大学教授）、土山實男（青山学院大学教授）、吉岡明子（キャノン・グローバル戦略研究所研究員）の諸氏。次に、榊原幸一（国立長寿医療研究センター・コーディネーター）、同じく大学同窓生の今岡稔、そして松村直治（国際社会貢献センター・アドバイザー）の三氏は、私の全原稿を読み、日本語表現の不備を指摘してくださった。安達晃史君（神戸大学大学院・後期博士課程）は、図表作成に協力をおしまなかった。そして、私の手書きの汚い原稿を入力してくれた人々。すなわち、主婦の武岡幸子さん、宮下朗子さん、それらすべてを総合し、入力作業を繰り返した木村典子。もとより、以上のような協力にもかかわらず、内容上の誤りや不適切な表現がある場合、その責任がひとえに私にあること改めて付言するまでもない。

出版事情厳しき折にもかかわらず、本書の刊行を快く引き受けてくださった藤原書店の英断には、心から感激した。同社社長の藤原良雄氏は常日頃、「出版の価値があると判断したものは、採算を度外視してでも刊行する」と、われわれ研究者たちにとって誠に心強い態度を表明しておられる。その有難いお言葉に、私は今回も、全面的に甘えることになった。編集出版の実務一切を担当してくださった倉田直樹氏には、筆舌に尽くせない献身的なご協力を頂戴した。

以上の方々、そして紙幅の関係で一々お名前を出さないものの、本書の執筆・出版にかんし数々の御教示やお心遣いを賜った人々にたいして、こころからの感謝の気持を表したい。

二〇一七年十月

木村　汎

# プーチン関連年表（一九八五―二〇一七）

※上段・ゴシック体はプーチンの動きを、下段・ゴシック体はロシア関連の動きを示す

| 年 | プーチンの動きとロシア内政・対外政策 | 世界の動き |
|---|---|---|
| 一九八五 | 3月　ゴルバチョフ政権発足<br>**8月　東独ドレスデンのソ連領事館に派遣され、九〇年1月まで駐在** | 1月　米レーガン政権（二期目）開始<br>9月　プラザ合意 |
| 一九八六 | 4月　ゴルバチョフ、ペレストロイカを提唱<br>4月26日　チェルノブイリ原子力発電所事故発生、これを機にグラースノスチを推進<br>7月　ゴルバチョフ、ウラジオストクでアフガニスタン撤退と中ソ関係改善を弁明<br>10月　レイキャビク（アイスランド）でレーガン＝ゴルバチョフ会談 | 7月　第三次中曽根康弘内閣、開始 |
| 一九八七 | ペレストロイカ、グラースノスチなどの民主化が浸透<br>12月　レーガン＝ゴルバチョフ、中距離核戦力（I.N.F）全廃条約に調印 | 11月　大韓航空機爆破事件発生 |
| 一九八八 | 2月　ナゴルノ・カラバフ問題を巡って、アゼルバイジャンとアルメニア間に紛争が噴出<br>4月14日　ソ連、アフガニスタンから撤退に合意（ジュネーブ合意） | 8月20日　イラン・イラク戦争の停戦協定発効 |
| 一九八九 | 2月　ソ連軍、アフガニスタン撤退完了<br>**10月　東独ホーネッカー体制の崩壊を目撃**<br>**12月　ドレスデンで民衆蜂起に直面**<br>12月　マルタ島で米ソ首脳会談、冷戦終結宣言 | 1月　米ブッシュSr.政権、発足<br>6月　北京で天安門事件が起きる<br>11月　ベルリンの壁、崩壊<br>12月　ルーマニアのチャウシェスク政権崩壊 |

| 年 | プーチンの動きとロシア内政・対外政策 | 世界の動き |
| --- | --- | --- |
| 一九九〇 | **1月　ドレスデンから帰国**<br>3月15日　ゴルバチョフ、ソ連初代大統領就任<br>**5月　ソプチャーク（レニングラード市議会議長）、プーチンに顧問就任を依頼**<br>9月　ソ連と韓国が国交樹立 | 10月　東西ドイツ再統一 |
| 一九九一 | 7月　ワルシャワ条約機構解体、米ソ、第一次戦略兵器削減条約（ＳＴＡＲＴⅠ）に調印<br>7月10日　エリツィン、ロシア共和国大統領就任<br>**8月　ＫＧＢに辞表を提出**<br>8月19日　「クーデター未遂事件」発生<br>**8月28日—　ペテルブルグ市役所・対外関係委員会議長として働く**<br>9月　ソ連、バルト三国の独立承認<br>12月8日　独立国家共同体（ＣＩＳ）創設宣言（ベロヴェージ合意）<br>12月25日　ソ連崩壊、ゴルバチョフ大統領辞任 | 6月　スロベニアとクロアチア、ユーゴスラビアより独立宣言<br>11月　宮沢喜一、首相就任 |
| 一九九二 | エリツィン政権、価格自由化実施<br>**ペテルブルグ市役所副市長**<br>6月　ロシア、国際通貨基金（ＩＭＦ）に加盟 | 2月　マーストリヒト条約（欧州連合条約）調印<br>4月　ユーゴスラビア社会主義連邦共和国が解体 |
| 一九九三 | 1月　米ロが第二次戦略兵器削減条約（ＳＴＡＲＴⅡ）に調印<br>9月21日　エリツィン大統領、ロシア議会を解散<br>10月4日　エリツィン大統領、最高会議ビル砲撃<br>12月12日　大統領の権限を強化する新憲法（「エリツィン憲法」）、国民投票で過半数獲得。 | 1月　ビル・クリントン、米大統領に就任<br>3月　江沢民、中国国家主席に就任<br>11月　マーストリヒト条約の発効により欧州連合（ＥＵ）が発足 |
| 一九九四 | **3月　ペテルブルグ市役所第一副市長**<br>12月　第一次チェチェン戦争、勃発 | 4月　羽田孜、首相就任<br>5月　ネルソン・マンデラが南アフリカ共和国大統領に就任 |

| | | |
|---|---|---|
| 一九九五 | 12月17日　国家会議の選挙で、ロシア共産党が躍進 | 1月　世界貿易機関（WTO）、発足<br>7月　ベトナム、ASEANに正式加盟 |
| 一九九六 | **6月　ソプチャーク市長落選に伴い、市役所を退職**<br>7月3日　エリツィン、第二次投票で大統領に再選<br>**8月　モスクワに移り、ロシア大統領府総務局次長として勤務開始** | 1月　橋本龍太郎、首相就任 |
| 一九九七 | **3月26日　大統領府副長官兼管理局長へ昇進** | 1月　米クリントン政権（二期目）開始<br>**5月　ロシアはNATOと基本文書調印、常設の合同理事会の設置など合意** |
| 一九九八 | 4月24日　チェルノムイルジンが首相を解任され、キリエンコが首相就任<br>**5月25日　大統領府第一副長官へ昇進**<br>**7月24日　連邦保安庁長官に任命される**<br>8月　アジア通貨危機、ロシアへ伝播<br>8月23日　キリエンコ首相が解任され、プリマコフが首相就任 | 7月　小渕恵三、首相就任<br>10月　ドイツ社会民主党のシュレーダー政権発足 |
| 一九九九 | **3月29日　安全保障会議書記を兼任**<br>5月12日　プリマコフ首相が解任され、ステパーシンが首相就任<br>**8月9日　エリツィン大統領によって、首相代行に任命される**<br>**8月16日　首相に任命される**<br>8〜9月　モスクワなど各地でアパート爆破事件が相次ぐ<br>9月23日　第二次チェチェン戦争、開始<br>**12月28日　「世紀の境目にあるロシア」論文を発表**<br>**12月31日　エリツィン大統領辞任にともない、大統領代行就任** | 3月　中欧三カ国（ポーランド、チェコ、ハンガリー）が、NATO加盟<br>3月　NATO軍、ユーゴスラビアを空爆 |
| 二〇〇〇 | **3月26日　ロシア大統領に当選**<br>**5月7日　ロシア連邦第二代大統領に就任** | 4月　森喜朗、首相就任<br>10月　ユーゴスラビアのミロシェヴィッチ政権が崩壊 |

| 年 | プーチンの動きとロシア内政・対外政策 | 世界の動き |
|---|---|---|
| 二〇〇〇 | **7月26日　オリガルヒと会談し、政治への不介入を要求**<br>8月12日　原子力潜水艦「クルスク」号、沈没 | |
| 二〇〇一 | **3月　セルゲイ・イワノフを国防相に任命**<br>**9月　「九・一一」事件発生を機に、反テロ闘争で米国との協力を表明**<br>**12月　第一回目の「大統領のロシア国民とのテレビ対話」に出演**<br>12月　与党「統一」と「祖国・全ロシア」が統合して「統一ロシア」が成立 | 1月　米ジョージ・ブッシュJr.政権発足<br>4月　小泉純一郎、首相就任<br>9月　米で同時多発テロ（九・一一）発生<br>10月　米軍、アフガニスタン侵攻開始 |
| 二〇〇二 | 10月23日　チェチェン武装勢力、モスクワ劇場を占拠 | **5月　米ロ首脳、戦略核削減条約に調印**<br>**6月　ロシアのG8加盟承認**<br>9月　小泉首相、平壌訪問 |
| 二〇〇三 | 10月25日　「ユーコス」社長ホドルコフスキイ、逮捕 | 3月　イラク戦争開始<br>11月　グルジアで「バラ革命」<br>12月　米軍、サダム・フセイン（イラク元大統領）を拘束 |
| 二〇〇四 | **2月24日　カシヤーノフ内閣を総辞職させる**<br>**3月5日　フラトコフを新首相に指名**<br>**3月14日　大統領に再選**<br>9月1日　北オセチア共和国、ベスランで学校占拠事件発生 | 1月　グルジア大統領選で、ミヘイル・サアカシュビリが圧勝<br>3月　バルト三国などがNATOに加盟<br>11月　ウクライナで「オレンジ革命」はじまる |
| 二〇〇五 | **4月25日　ソ連崩壊を「二十世紀における地政学上の大惨事」と呼ぶ**<br>**12月　ヨーロッパ柔道連盟名誉会長に就任** | 1月　米ジョージ・ブッシュJr.政権、二期目を開始<br>3月　翌年にかけて、キルギスで「チューリップ革命」<br>11月　アンゲラ・メルケルがドイツ首相に就任 |

| | | |
|---|---|---|
| 二〇〇六 | 7月 ロシア、初の議長国としてG8サミット主催（サンクト・ペテルブルグ）<br>10月7日 アンナ・ポリトコフスカヤ記者、暗殺される<br>11月24日 アレクサンドル・リトビネンコ（元連邦保安局職員）、ロンドンで毒殺される | **1月 ロシア、ウクライナへの天然ガス供給を停止**<br>9月 安倍晋三、首相就任<br>12月 サダム・フセイン元イラク大統領の死刑執行 |
| 二〇〇七 | **2月 セルジュコフを国防相に任命**<br>4月23日 エリツィン死去<br>**7月 国際オリンピック委員会（IOC）で熱弁をふるい、二〇一四年冬季五輪をロシア（ソチ）へ招致することに成功**<br>**12月10日 メドベージェフを次期大統領に推薦** | 5月 仏大統領選でニコラ・サルコジが当選<br>9月 福田康夫、首相就任 |
| 二〇〇八 | **1月 米『タイム』誌の「今年の人」に選ばれる**<br>**2月 世界経済危機の兆候にもかかわらず「ロシアは静かな湾である」と発言**<br>**5月7―8日 メドベージェフが大統領、プーチンが首相に就任（「タンデム（双頭）政権」の開始）**<br>**8月7―16日 北京五輪参加中にジョージアの南オセチア攻撃を知り、急遽ロシアへ帰国し、対ジョージア「五日間戦争」を指揮**<br>12月 メドベージェフ大統領、ロシア憲法を改正して、大統領任期を六年へと延長 | 7月 原油価格が一バレル一四七・二七ドルをピークに、急落しはじめる<br>9月 リーマン・ショック、世界同時不況<br>9月 麻生太郎、首相就任 |
| 二〇〇九 | 9月10日 メドベージェフ大統領、ロシアの近代化の必要を訴える「ロシアよ、前進せよ！」論文を発表<br>**9月14日 次期大統領選出馬可能性を示唆** | 1月 米オバマ政権発足<br>1月 クロアチアとアルバニアがNATOに加盟し、NATOは二八カ国体制へ<br>4月 オバマ米大統領、プラハで「核兵器のない世界を追求する」と声明<br>9月 鳩山由紀夫が首相就任、民主党政権が発足 |

| 年 | プーチンの動きとロシア内政・対外政策 | 世界の動き |
| --- | --- | --- |
| 二〇一〇 | 3月　モスクワで地下鉄爆破テロ事件、発生 | 6月　菅直人、首相就任 |
| 二〇一一 | 2月　政権与党「統一ロシア」、ナヴァーリヌイに「詐欺師と泥棒の党」と呼ばれる<br>**5月　「統一ロシア」会合で「全ロシア国民戦線」の立ち上げを発表**<br>**9月24日　メドベージェフとの公職ポスト交換を発表**<br>**10月4日　『イズベスチヤ』紙上で「ユーラシア連合」構想を発表**<br>12月4日　下院選挙<br>12月5日　下院選の不正に抗議する反対政府集会・デモ、はじまる | 1月　チュニジアで「ジャスミン革命」が起こる<br>1月　中国の二〇一〇年度ＧＤＰが日本を抜き、世界第二位に<br>3月　東日本大震災が発生<br>5月　米軍、アル・カーイダ最高指導者、ウサマ・ビンラディンを殺害<br>9月　野田佳彦、首相就任<br>12月　北朝鮮の金正日死去 |
| 二〇一二 | **3月4日　大統領選で勝利**<br>**5月7日　三期目のロシア大統領に就任**<br>6〜7月　反対派を抑圧する一連の法改正を次々に実施<br>8月　「マリア様、プーチンを追い出して」と歌った三人のロシア女性バンド「プッシー・ライオット」に、懲役二年の判決<br>**11月　ショイグを国防相に任命** | 4月　金正恩が正式に北朝鮮の最高指導者へ<br>5月　サルコジに代って、フランソワ・オランドがフランス大統領に就任<br>**8月　ＷＴＯ（世界貿易機関）、ロシアの加盟を承認**<br>12月　安倍晋三政権、発足 |
| 二〇一三 | 6月　米ＣＩＡ（中央情報局）職員、スノーデンがロシアへ一時的亡命<br>9月8日　モスクワ市長選で、ソビャーニン現職が当選、ナヴァーリヌイも善戦（二位）<br>**9月12日　『ニューヨーク・タイムズ』紙で、米国の「例外主義」を批判**<br>**12月12日　年次教書演説で、「保守主義」宣言**<br>12月18日　ホドルコフスキイ元「ユーコス」社長、恩赦措置で釈放 | 1月　米オバマ政権（二期目）開始<br>3月　習近平が中国国家主席に就任<br>9月　習近平国家主席「一帯一路」構想を発表<br>**9月　米ロ外相会談で、シリアに化学兵器を全廃させることに合意**<br>11月　ウクライナのヤヌコビッチ大統領、ＥＵとの連合協定の締結を見送る |

| | | |
|---|---|---|
| 二〇一四 | 2月7〜23日　ソチで冬季五輪開催<br>2月23日　側近三人とクリミア併合を秘かに決定<br>3月18日　クリミア自治共和国のロシア連邦への併合条約に署名<br>7月17日　マレーシア航空旅客撃墜落事件について、「ウクライナ東・南部で戦闘が再燃しなければ、事件は起きなかった」と、ウクライナ政府を批判<br>9〜10月　マス・メディア法を改正<br>12月　ガスパイプライン「南ストリーム」計画を中止し、代ってトルコとのガス協力を提案<br>12月4日　年次教書演説で「米欧諸国はクリミア併合がなくても別の口実を考案したに違いない」と非難<br>12月19日　内外記者会見で、「経済的困難から脱するために二年間は必要」と言及 | 2月　ウクライナのヤヌコビッチ政権崩壊<br>3月　G7、ロシアをG8から追放<br>5月　ペトロ・ポロシェンコがウクライナ大統領に当選<br>6月　シリアで過激組織「イスラム国」（IS）が「国家」の樹立を宣言<br>7月17日　ウクライナ上空でマレーシア航空機が撃墜され、二八九名死亡<br>8月　米国を中心とする有志連合国が、イラクに展開するISにたいして空爆開始 |
| 二〇一五 | 1月1日　「ユーラシア経済連合」発足<br>2月27日　野党指導者ボリス・ネムツォフ、射殺される<br>3月15日　ロシア・テレビのドキュメンタリー番組で「米欧などの反対に備えて核兵器の準備を指示していた」と発言<br>5月20—21日　公式訪中し、中ロ間で天然ガス供給に関する大型契約に合意<br>10月　シリア空爆後、プーチン支持率が八九・九％のピークに達する<br>12月17日　内外記者会見で、「経済危機のピークを超えた」と発言 | 1月7日　イスラム過激派、仏の政治週刊紙「シャルリー・エブド」本社を襲撃<br>5月20—21日　プーチン大統領が公式訪中<br>7月1日　米国とキューバ、国交回復を正式合意<br>9月30日　ロシア軍がシリアで空爆開始<br>11月　ミャンマー総選挙で、アウン・サン・スー・チー率いる野党が大勝<br>11月　世界反ドーピング機構（WADA）が、ロシアの国家ぐるみのドーピング違反を指摘する報告書を発表<br>11月24日　トルコ、ロシア軍用機を撃墜 |

| 年 | プーチンの動きとロシア内政・対外政策 | 世界の動き |
|---|---|---|
| 二〇一六 | 4月　国家親衛隊の創設を発表<br>6月15—16日　サンクト・ペテルブルグで開催の国際経済フォーラムでEU、欧州の指導者たちと会談し、ロシアにとってのEUの重要性を力説<br>6月24日　英国のEU離脱はロシアにとってプラスとマイナスであると控え目な評価<br>6月27日　トルコのエルドアン大統領からロシア爆撃機の撃墜事件にたいする謝罪書簡を獲得することに成功<br>9月2—3日　ウラジオストクで東方経済フォーラムを主催<br>12月15—16日　山口県長門市を訪問し、安倍首相と会談 | 3月　オバマ大統領、キューバ訪問<br>5月　日本の伊勢志摩でG7サミット開催<br>6月24日　英、国民投票でEU離脱を決定<br>7月　トルコで軍の一部によるクーデターが発生後、鎮圧される<br>7月18日　世界反ドーピング機構(WADA)、二〇一四年ソチ冬季五輪でロシアがドーピング不正をおこなっていたと認定<br>11月8日　米大統領選でトランプが勝利<br>12月28日　米オバマ政権、ロシア外交官（三五人）の国外退去処分を発表 |
| 二〇一七 | 5月29日　仏紙とのインタビューで「ロ米関係の正常化の時機を辛抱強く待つ」と発言<br>6月2日　国際政治フォーラムで「ロ米関係が最低の水準にまで落ちた」と発言<br>7月7日　ドイツでのG20会合で、トランプと初顔合わせ<br>10月6日　二〇〇〇年に故金正日北朝鮮総書記と会談した際、「原爆保有」を知ったと告白(北朝鮮が原爆保有を宣言したのは、二〇〇五年)<br>12月6日　次期大統領選へ出馬表明<br>12月11日　シリアでのIS掃討作戦が完了したとみなし、ロシア軍撤退を発表 | 1月20日　米トランプ政権発足<br>2月16日　フリン大統領補佐官、キスリャク駐米ロシア大使との制裁緩和密約報道を受け辞任<br>4月6日　米軍、巡航ミサイルでシリア空港を砲撃<br>4月6—7日　トランプ大統領と習近平国家主席、首脳会談<br>5月7日　フランス大統領選でマリー・ルペンが敗れ、エマニュエル・マクロンが当選<br>5月17日　ロシア、北朝鮮との間で貨客船「万景峰」号を用いての定期航路運行開始<br>5月19日　イラン大統領選で穏健派のロハニが再選 |

2015-#80 (2015. 4. 21), #16.

(69) Larisa Epatko and Luura Santhanam, "Once a superpower, how strong is Russia now?" in *JRL*, 2017-#13 (2017. 1. 16), #6.

(70) Kira Egorova, Nikolai Litovkin, "Russia drops out of world's top 5 defense spenders for 1st time in 30 years," in *JRL*, 2016-#230 (2016. 12. 15), #19.

(71) Danielle Ryan, "So much for the Russian threat: Putin slashes defense spending while Trump plans massive buildup," in *JRL*, 2017-#54 (2017. 3. 20), #11.

(72) Alex Emmons, "Trump's proposed increase in U. S. Defense spending would be 80 percent of Russia's entire military budget," in *JRL*, 2017-#42 (2017. 2. 28), #20.

(73) Mikhail Fishman and Matthew Kupfer, "Putin to stress Superpower status in presidential campaign," *MT*, 2017. 3. 23.

(74) Федор Лукьянов, "Наказ из Москвы," *РГ*, 2016.11.9.

(75) Richael Sakwa, *Putin Redux: Power and Contradiction in Contemporary Russia* (London: Routledge, 2014), pp. 47, 75, 170.

(76) Harold Lasswell, *Psychopathology and Politics* (Chicago: University of Chicago Press, 1986), pp. 74-76.

(77) 猪木正道『政治学新講』有信堂、1956年、89-90頁。

(78) "Chlorine, not Sarin, was used in the Khan Sheikhun incident," in *JRL*, 2017-#80 (2017.4.25), #28.

(79) Nikolas K. Gvosdev, "The Syria Strike: Are the United States and Russia on a collision course? How Russia sees Donald Trump's cruise missile strike?" *The National Interest* (2017. 4. 7) から再引用。

(80)『北海道新聞（夕刊）』2017.4.6、2017.4.7から再引用。

(81)『北海道新聞（夕刊）』2017.4.13。Mary Dejevsky, "Don't believe Trump when he says relations with Russia are at an 'all-time low' — the truth in Moscow is different," *The Independent* (UK), 2017.4.13.

(82) Kenneth Rapoza, "In Russia, Rex Tillerson talks 'reset' and Moody gives 26 upgrades," in *JRL*, 2017-#38 (2017. 2. 22), #17.

(83) Dmitry Suslov, "Does anti-Trump hysteria in Washington leave any space for Russian U.S. cooperation?" in *JRL*, 2017-#64 (2017.4.3), #14.

(84) Matthew Bodner, "Why Russia tore up the Syria Airspace Safety Agreement," *MT*, 2017.4.7; Kevin Rothrock, "Following U.S. airstrikes against Syria, Trump's Russian fans run for the door," *MT*, 2017.4.7 より再引用。

(85) ロシア大統領ホームページ 2017.6.2. <http://kremlin.ru/events/president/transcripts/54665>（アクセス 2017.6.14）

(86) "Провалившееся государство: как новые санкции США отразятся на России," *МК*, 2017.7.26.

(87) ロシア大統領ホームページ 2017.5.31. <http://kremlin.ru/events/president/transcripts/54638>（アクセス 2017.6.2）

(88) Mark Hensch, "Ex-Russia ambassador: 'The Russians are laughing' at US," in *JRL*, 2017-

#102 (2017.5.31), #22.

(89) Ibid.

(90) Ленин, *Полное Собрание Сочинений* (пятое издание), Том 41, p. 55; 大月書店邦訳、第31巻、58頁。

(91) Sergei Golunov, "Does North Korea have a place in Russia's 'Turn to the East'?" in *Russian Foreign Policy after Crimea: How to Understand and Address It* (Institute for European, Russian, and Eurasian Studies, GWU, 2017), p. 137.

(92)『読売新聞』2017.4.21。

(93)『北海道新聞』2017.5.3。

## おわりに

(1) Kalevi J. Holsti, *International Politics: Framework for Analysis* (Third Edition) (Englewood Cliffs, NJ: Prentice Hall, Inc., 1977), p. 404.

(2) Владимир Путин, « Открытое письмо » избирателям, *Известия*, 2000.2.25.

(3) Antony Jay, *The Oxford Dictionary of Political Quotations* (Oxford: Oxford University Press, 2001), p. 291.

(4) Sidney I. Pluss, "Studying the Domestic Determinants of Soviet Foreign Policy," in Erick P. Hoffmann and Frederick J. Fleron, Jr., eds., *The Conduct of Soviet Foreign Policy* (Chicago, Il: Aldine-Atherton, Inc., 1971), p. 80.

(5) Vernon V. Aspaturian, "Soviet Foreign Policy," in Roy C. Macrodos. ed., *Foreign Policy in World Politics* (Sixth edition) (Englewood Cliffs, NJ: Prentice Hall, Inc., 1985), p. 220.

(6) Holsti, *International Politics*, p. 384.

(7) Donaldson and Nogee, *The Foreign Policy of Russia* (Third Edition), p. 122.

(8) Fyodor Lukyanov, "Here's why U.S.–Russia military conflict over Syria is looking more and more likely to repair his abysmal approval rating, Trump is likely to further intervene in Syria, prompting a dangerous Russian response." in *JRL*, 2017-#75 (2017. 4. 17), #1.

(9) Freeman, Jr., *The Diplomat's Dictionary*, p. 222; Jay, *The Oxford Dictionary of Political Quotations*, p. 41.

(10) Evans, Jacobson, Putnam, eds., *Double-edged Diplomacy*, p. 15.

(11) Ibid.

(12) Lukyanov, "Here's why U.S.–Russia military conflict over Syria is looking more and more likely...."

(13) ロシア大統領ホームページ 2017.10.4. <http://kremlin.ru/events/president/transcripts/55767>(アクセス 2017.10.13)

(14) Karl Marx and Friedrick Engels, *Collected Works* (Moscow: Partizdat, 1936), Vol. XVI, Part. II, pp. 3-40.

(15) "Unequal Russia: is anger stirring in the global capital of inequality?" *The Guardian*, 2017. 4. 25.

(16) Pluss, "Studying the Domestic Determinant of Soviet Foreign Policy," p. 77.

(17) "Domestic Conjectures, the Russian State, and the World Outside, 1700-2006," in Legvold,

ed., *Russian Foreign Policy in the Twenty-First Century and the Shadow of the Past*, p. 167.

(18) Trenin, *Should We Fear Russia?* p. 80.

(19) "Russians still see US & Ukraine as main foes, poll shows," in *JRL*, 2017-# 106 (2017. 6. 5), # 23.

(20) Kenneth Rapoza, "This is Russia's Biggest Problem," in *JRL*, 2017-#84 (2017.5.2), #6. から再引用。

(21) Ibid.

(22) "Why is Mr. Putin? West can't figure out Russian President," in *JRL*, 2017-#88 (2017. 5. 8), #8.

(23) Ibid.

(24) Trenin, *Should We Fear Russia?*, pp. 120-21.

(25) Dmitri Trenin and Alexander R. Vershbow, "Perspectives on Russia" (2017.4.12) <http://carnegie.ru/2017/04/12/perspectives-on-russia-pub-68693>

6月1日　トランプ、地球温暖化対策「パリ協定」から離脱表明
6月5日　モンテネグロ、NATOに加盟し、NATOは二九カ国体制へ
7月25―27日　米国議会、イラン、ロシア、北朝鮮にたいする制裁強化法案を可決
7月28日　ロシア外務省、米外交官数を四五五名へ大幅削減するよう要求
12月5日　国際オリンピック委員会(IOC)、ロシア選手団を平昌五輪から除外
12月6日　トランプ、エルサレムをイスラエルの首都と宣言

(2017. 3. 2), #28.

(44) Hill and Gaddy, *The Siberian Curse*.

(45) Hill and Gaddy, *Mr. Putin*; フィオナ・ヒル、クリフォード・G・ガディ『プーチンの世界――「皇帝」になった工作員』濱野大道・千葉敏生訳、新潮社、2016年。

(46) Matthen Bodner, "Consummate Diplomat or Intelligence Mastermind: The Russian at the heart of Trump scandals," *MT*, 2017.3.2.

(47) Norman Solomon, "The Risk of bating Trump on Russia," in *JRL*, 2017-#42 (2017. 2. 28), #28.

(48) Nikolas K. Gvosdev, "On Russia, Trump needs breathing room," in *JRL*, 2017-#44 (2017. 3. 2), #3.

(49) Pavel Felgenhauer, "Moscow sees anti-Russian forces on the rise in US following Flynn's ouster," *EDM*, 2017. 2. 16から再引用。

(50) Ibid.

(51) Ibid.

(52) Nikolai Shevchenko, "Is McMaster's appointment as national security advisor bad news for Moscow?" in *JRL*, 2017-#39 (2017. 2. 23), #23から再引用。

(53) "Top Russian officials call Flynn resignation 'Russophobic paranoia'," *MT*, 2017. 2. 14.

(54) Ibid.

(55) "'Like McCarthyism': Lavrov slams US 'witch hunt-like' scrutiny of Russian ambassador's contacts," in *JRL*, 2017-#45 (2017. 3. 3), #5; "Russian Foreign Minister calls Washington's Russian Scandal a 'Witch Hunt'," in *MT*, 2017. 3. 3.

(56) Bill Neely, "Russia compiles psychological dossier on Trump for Putin." <http://www.nbcnews.com/news/world/russia-compiles-psychological-dossier-trump-putin-n723196>（アクセス 2017.02.26）

(57) Лукьянов, "Асимметричный клинч."

(58) Ibid.

(59) Ivan Tsvetkov, "After Flynn's dismissal, Russia starts to doubt Trump," in *JRL*, 2017-#36 (2017. 2. 20), #18.

(60) Felgenhauer, "Moscow sees anti-Russian forces on the rise in US following Flynn's ouster."

(61) Pavel Felgenhauer, "Kremlin learning to navigate Washington's new unpredictability," *EDM*, Vol. 14, Issue 3 (2017.01.19).

(62) Andrey Sushentsov, "Russian perception of the Trump Administration and the Future of U.S.–Russian Relations," in *JRL*, 2017-#45 (2017. 3. 3), #1.

(63) Gvosdev, "On Russia, Trump needs breathing room."

(64) "Talk of U.S.-Russia Thaw Premature, says Kremlin spokesman," *MT*, 2017.5.11.

(65) ロシア大統領ホームページ 2017.5.31. <http://kremlin.ru/events/president/transcripts/54638>（アクセス 2017.6.2）

(66) Toal, *Near Abroad*, p. 280.

(67) Charles Clover, "Russia: A return to arms," *FT*, 2013. 10. 1.

(68) Aleksei Lossan, "Russia third in world in military spending, according to report," in *JRL*,

(21) Carroll, "Putin's Masterstroke of Non retaliation," から再引用。

(22) Ibid. から再引用。

(23) Jesse Walker, "Is the Trump-Russia story an octopus or spaghetti?" *Los Angeles Times*, 2017. 3. 24から再引用。

(24) Fred Weir, "The Trump presidency: How will it affect ties to Putin's Russia?", *CSM*, 2016.11.10.

(25) "Russians will pay a high price for obsessions with US and Trump, Shevtsova says," in *JRL*, 2017-#27 (2017. 2. 6), #21.

(26) プーチンとトランプとのあいだに存在する類似性にかんしては、多くの論者が指摘している。一例として、次を参照。Susan B. Glasser, "Our Putin: Don't worry too much about whether Trump and the Russian leader are working together; worry about what they have in common," *NYT*, 2017. 2. 18.

(27) Нина Ильина, "« Химия » есть, но шансы мизерные – эксперты США и России о первой встрече Путина и Трампа," *Ведомости*, 2017.7.7.

(28) Александр Лукьянов, "Эксперт: Трамп и Путин смогут подружиться. У них обоих образ мачо," *КП*, 2016.11.9.

(29) ロシア大統領ホームページ 2004. 9.4. <http://kremlin.ru/events/president/transcripts/22589> (アクセス 2017.8.12)

(30) Andrew S. Weiss, "Putin the Improviser," *WSJ*, 2015.2.20.

(31) Chris Weafer, "What does a Trump presidency mean for Russia?" in *JRL*, 2016-#209 (2016.11.10), #10.

(32) <http://www.playboy.com/articles/playboy-interview-donald-trump-1990> (アクセス 2017.3.13)

(33) Ibid.

(34) Федор Лукьянов, "Асимметричный клинч," *Газета.ru*, 2017.3.9.

(35) "Russia's meddling gets more credit than it deserves (excerpt)," in *JRL*, 2017-#148 (2017.8.7), #22から再引用。

(36) Victor Davis Hanson, "The Russian Farce," *National Review*, 2017. 3. 28. <http://www.nationalreview.com/article/446148/russian-farce-trump-collusion-hysteria-diverts-attention-surveillance-scandal>

(37) Михаил Ростовский, "Америка, ты одурела: что означает триумф Трампа," *МК*, 2016.11.9.

(38) Ivan Tsvetkov, "Why Russia has no reason to celebrate a Trump presidency yet," in *JRL*, 2016-#210 (2016. 11. 11), #13.

(39) Greg Miller, Adam Entous and Ellen Nakashima, "National security adviser Flynn discussed sanctions with Russian ambassador despite denials, officials say," *WP*, 2017. 2. 9.

(40)『読売新聞』2017.2.14。

(41) Greg Miller and Philip Rucker, "Michael Flynn resigns as national security adviser," *WP*, 2017. 2. 14.

(42) Evelyn N Farkas, "Jared Kushner's not-so-secret channel to Putin," *NYT*, 2017.6.8.

(43) John Hudson, "Trump tops Putin critic for senior White House Position," in *JRL*, 2017-#44

(59) Legvold, *Return to Cold War*, p. 15から再引用。

(60) Trenin, *Should We Fear Russia?* p. 2.

(61) Ibid.

## 第17章　トランプ

(1) Donald J. Trump, *Trump: The Art of the Deal* (London: Arrow Books, 1987), p. 45.

(2) ロシア大統領ホームページ 2017.5.31. <http://kremlin.ru/events/president/ transcripts/54638>（アクセス 2017.6.2）

(3) Jesse Walker, "Is the Trump-Russia story an octopus or spaghetti?" *Los Angeles Times*, 2017. 3. 24から再引用。

(4) Philip Rucker, "Hillary Clinton says Putin's actions are like 'what Hitler did back in the '30s'," *WP*, 2014.3.5; Jennifer Monagham, "Putin: Hillary Clinton is a weak woman," *MT*, 2014.6.5.

(5) ロシア大統領ホームページ2014. 6. 4. <http://kremlin.ru/events/president/transcripts/45832>（アクセス 2017.8.10）このプーチン発言についてのヒラリー・クリントンのコメントとしては、彼女の近著を参照。Hillary Roadham Clinton, *What Happened* (New York: Simon & Schuster, 2017), p. 327.

(6) Nicole Gaouette, "Fareed Zakaria on the most powerful man in the world," in *JRL*, 2017-#49 (2017. 3. 8), #20から再引用。

(7) Michael McFaul, "The real winner of the House Intelligence Committee hearing on Russia," *WP*, 2017. 3. 24.

(8) Mikhail Fishman, "Why Tramp's victory has closed Russia's road to change," *MT*, 2016. 11. 9.

(9) "Editorial: President Obama punishes Russia, at last," *NYT*, 2016. 12. 30.

(10) Ibid.

(11) Pavel Koshkin and Anastasia Krasnopolskaya, "Top 5 events in U.S.-Russia relations in 2016 that intensified confrontation," in *JRL*, 2016-#239 (2016. 12. 29), #31から再引用。

(12) Fyodor Lukyanov, "Explosion of Russian diplomats is an act of cold war," *Valdai Discussion Club Paper*, 2016. 12. 30.

(13) Nick Wadhams and Justin Sink, "Trump has tough choice after Obama sanctions on Russia hack," in *JRL*, 2016-#240 (2016. 12. 30), #14.

(14) Koshkin and Krasnopolskaya, "Top 5 events in U.S.-Russian relations in 2016 that intensified confrontation" から再引用。

(15) Osnos, Remnick, and Yaffa, "Active Measures," p. 42から再引用。

(16) ロシア大統領ホームページ2016. 12. 30. <http://kremlin.ru/events/president/transcripts/53678>（アクセス 2017.1.4）

(17) Ibid.

(18) Ibid.

(19) Olber Carroll, "Putin's Masterstroke of Non retaliation," in *JRL*, 2016-#241 (2016. 12. 31), #3から再引用。

(20) David E. Sanger, Eric Schmitt and Michael R. Gorder, "Trump gets an opening from Russia, but path is risky," *NYT*, 2016. 12. 31.

集英社、2015年。

(35) "Putin's unprecedented five years: Russia walks its own path in world politics," *TASS* 2017.3.4から再引用。

(36)『読売新聞』2017.1.19。

(37) Oliver Stone, *The Putin Interviews* (New York, NY: Hot Books, 2017), p. 54.

(38) Ibid.

(39) "Putin to filmmaker Oliver Stone: Snowden no traitor, but should have resigned," in *JRL*, 2017-#104 (2017.6.2), #8.

(40) Stent, *The Limits of Partnership*, p. 271.

(41) "Russian PM Medvedev criticizes 'Short-sighed' Obama administration," in *JRL*, 2017-#17 (2017.1.21), #1.

(42) Meyer, *The New Tsar*, p. 441.

(43) Melanie Zanona, "Spicer: 'Zero evidence' Russia influenced election," in *JRL*, 2017-#2 (2017. 1. 3), #21.

(44) Danielle Ryan, "Three reasons for Obama's new Russia sanctions that have nothing to do with 'hacking'," in *JRL*, 2016-#241 (2016.12.31), #15.

(45) "Full Transcript Of BuzzFeed News' Interview With President Barack Obama," *BuzzFeed News*, 2015.2.11. <https://www.buzzfeed.com/buzzfeednews/full-transcript-of-buzzfeed-news-interview-with-president?utm_term=.nq4gAKGQL#.teL8aLjvY>（アクセス 2017.8.9）

(46) Gvosdov, "The growing danger of military conflict with Russia"; Robert Legvold, *Return to Cold War* (Maiden, MA: Polity Press, 2016), p. 12.

(47) Legvold, *Return to the Cold War*, p. 93.

(48) Talbott, *The Russian Hard*, p. 41から再引用。

(49) 木村『プーチン――人間的考察』317-49頁参照。

(50) Bob Woodward, *Bush at War* (New York: Simon of Schuster, 2016). p. 119; ボブ・ウッドワード『ブッシュの戦争』伏見威蕃訳、日本経済新聞社、2003年、158-59頁。Talbott, *The Russian Hand*, p. 405 も参照。

(51) 詳しくは、木村・佐瀬編著『プーチンの変貌？』参照。

(52) "Speech by President V. V. Putin in response to questions by journalists at the Joint Press Conference with U.S. President George Bush (2001.11.13)".

(53) Legvold, *Return to Cold War*, p. 105.

(54) このような見方にたいして、オバマ政権後半期で発生したロシアとの「新冷戦」とみまがう状態は、クリントン、ブッシュ Jr. 政権が対ロシア関係で体験した「サイクル」とは「質的に異なる」と説く見方も存在する。Legvold, *Return to Cold War*, p. 12.

(55) Edward Lucas, *The New Cold War: Putin's Russia and the Threat to the West* (London: Palgrave MacMillan, 2008), pp. 3, 5-6, 213.

(56) Legvold, *Return to Cold War*, p. 14.

(57) Lucas, *The New Cold War*.

(58) Mark MacKinnon, *The New Cold War: Revolutions, Rigged Elections and Pipeline Politics in the Former Soviet Union* (New York: Caroll & Grab Publishers, 2007).

(9) Stent, *The Limits of Partnership*, p. 211.
(10) Ibid., p. 216.
(11) Ibid. p. 217.
(12) 袴田茂樹「グルジア紛争後の新たな国際関係と日露関係」『アジア時報』通巻440号、2008年10月号、61頁。
(13) Legvold, *Return to Cold War*, p. 106.
(14) Дарья Зорилэ, Александр Братерский, "Президент завышенных ожиданий," *Газета.ru*, 2017.1.18.
(15) Stent, *The Limits of Partnership*, pp. 244, 225.
(16) ロシア大統領ホームページ 2008.11.5. <http://kremlin.ru/events/president/transcripts/1968>（アクセス 2017.8.6）
(17) Donaldson, Nogee, and Nadkarvi, *The Foreign Pdicy of Russia*, p. 406から再引用。
(18) Eugene Rumer, Richard Sokolsky, Paul Stronski, and Andre S. Weiss, "Illusions vs Reality: Twenty-Five Years of U.S. Policy toward Russia, Ukraine, and Eurasia," Carnegie Endowment for International Peace Paper (February 2017), p. 10.
(19) Mikhail Zygar, *All the Kremlin's Men: Inside the Court of Vladimir Putin* (New York: Public Affairs, 2016), pp. 169-70.
(20) Ibid., p. 169.
(21) Richard Sakwa, *Russia against the Rest: The Post-Cold War Crisis of World Order* (Cambridge, UK: Cambridge University Press, 2017), p. 324.
(22) Jeffrey Goldberg, "The Obama Doctrine," *The Atlantic*, April 2016, p. 87から再引用。
(23) Ibid. から再引用。
(24) Ibid. から再引用。
(25) Michael McFaul, "How Trump can play nice with Russia, without selling out America," in *JRL*, 2017-#5 (2017.1.7), #26.
(26) Ibid.
(27) Ibid.
(28) Ibid.
(29) Pavel Koshkin and Anastasia Krasnopolskaya, "Top 5 evonts in US-Rusia relations in 2016 that intensified confrontation," in *JRL*, 2016-#239 (2016.12.29), #31.
(30) Oleg Yegorov, "Deconstructing Obama's failure with Russia: What went wrong?" in *JRL*, 2017-#17 (2017.1.21), #13.
(31) Ibid.
(32) Ibid.
(33) Ibid.
(34)「セルゲイ・マグニツキイ法」の成立経緯にかんしては、同法成立に尽力したビル・ブラウダーが執筆した次の書物が詳しい。ブラウダーは、投資ファンド家、エミルタージュ・キャピトル・マネジメント CEO、米国出身で、現在英国在住。Bill Browder, *Red Notice: How I Became Putin's No. 1 Enemy* (London: Bantam Press, 2015); ビル・ブラウダー『国際指名手配――私はプーチンに追われている』山田美明・笹森みわ・石垣賀子訳、

(58) "Erdogan apologizes to Putin over death of Russian pilot-Kremlin," in *JRL*, 2016-#118 (2016.6.27), #28.
(59) Ibid.
(60) Сергей Строкань, "Что таит Эрдоган: В извинениях президента Турции обнаружили стилистические нюансы," *Коммерсантъ*, 2016.6.28.
(61) Ibid.
(62) Ibid.
(63) Pavel Felgenhauer, "Russia and Turkey mend fences as US-Russian relations nosedive," *EDM*, 2016.6.30.
(64) "Turkey top Russian holiday spot three days after tour ban lifted," *MT*, 2016.7.4.
(65) Thomas Grove, "Turkey's Erdogan patches up relations with Putin," *WSJ*, 2016.8.10.
(66) Ola Cichowlas, "My dear friend Vladimir Erdogan with Putin," *MT*, 2016.8.9.
(67) "Putin-Erdogan bromance amuses Russian Internet," *MT*, 2016.8.9 から再引用。
(68) "Putin and Erdogan meet to restore ties after jet shot down," *WSJ*, 2016.8.9; Grove, "Turkey's Erdogan patches up relations with Putin." から再引用。
(69) Grove, "Turkey's Erdogan patches up relations with Putin." から再引用。
(70) Ibid. から再引用。Vladimir Dumesh and Ben Aris, "Erdogan quick to normalize relations with Russia and send a stark message to his western allies," in *JRL*, 2016-#147 (2016.8.10), #15. も参照。
(71) Amanda Paul, "Russia-Turkey: Rapprochement, although a limited one," in *JRL*, 2017-#87 (2017.5.5), #19.
(72) Ibid.
(73) Orhan Gafarli, "Are Russia and Turkey mending fences?" *EDM*, Vol. 13, Issue 193 (2016.12.8).
(74) ロシア大統領ホームページ 2016.12.19. <http://kremlin.ru/events/president/transcripts/53500>（アクセス 2016.12.22）
(75) Orhan Gafarli, "Growing Military and Regional Cooperation inaugurates New Era in Russian-Turkish relations," *EDM*, 2017.8.2.

## 第16章　オバマ

(1) Nikolas K. Gvosdov, " The growing danger of military conflict with Russia," *The National Interest*, 2016.10.11.
(2) Osnos, Remnick, and Yaffa, "Active Measures," p. 44.
(3) Trenin, *Should We Fear Russia?*, p. 2.
(4) Lo, *Russia and the New World Disorder*, p. 171.
(5) Ibid.
(6) Stent, *The Limits of Partnership*, p. 211から引用。
(7) Ibid., p. 258.
(8) Pavel Koshkin, "What kind of Russia should the West fear?" in *JRL*, 2017-#10 (2017.1.11), #3 から再引用。

(2017.1.4), #16から再引用。

(32) "Russian war fleet heads home after 'completing Syria Mission'," *MT*, 2017.1.6.

(33) Matthew Bodner, "Moscow's $170-million Syrian Cruise," *MT*, 2017.2.7.

(34) Павел Фельгенгауэр, "Крылатый пиар над Сирией," *Нов.Газ.*, 2017.4.10.

(35) Александр Гольц, "Тест на безумие," *HB*, 2017.4.17.

(36) Vladimir Frolov, "Russia has backed itself into a corner in Syria," *MT*, 2017.4.7; Arexey Khlebnikov, "Will U.S. attack on Syria be a Game-Changer?" in *JRL*, 2017-#69 (2017.4.10), p. 13.

(37) Gilbert Doctorow, "Russia' s Disdain for Tillerson and Trump," in *JRL*, 2017-#71 (2017.4.12), #21.

(38) Frolov, "Russia has backed itself into a corner in Syria,"; Khlebnikov, "Will U.S. attack on Syria be a Game-Changer?"

(39) ロシア大統領ホームページ 2017.4.11. <http://kremlin.ru/events/president/transcripts/54267>（アクセス 2017.4.13）

(40) Mary Dejevsky, "Don't believe Trump when he says relations with Russia are at an 'all-time low' – the truth in Moscow is different," *The Independen*t, 2017.4.13.

(41) "Almost half of Russians think Syrian Campaign Should end — Poll," *MT*, 2017.9.5.

(42) Oleg Yegorov, "Chemical strike in Syria: Who is behind it and what might happen next?" in *JRL*, 2017-#67 (2017.4.6), #18.

(43) Gilbert Doctorow, "Putin meets with Tillerson: What does it mean?" in *JRL*, 2017-#73 (2017.4.13), #10.

(44) "With whom did Russia fight most after?" in *JRL*, 2017-#4 (2017.1.4), #16.

(45) Paul Robinson, "Double Standards," in *JRL*, 2015-#230 (201511.26), #7.

(46) Thomas Grove, "Jet Downing exposes limits of Russian Force in Syria," *WSJ*, 2015.11.25.

(47) ロシア大統領ホームページ 2015.11.24. <http://kremlin.ru/events/president/transcripts/50775>（アクセス 2016.12.9）

(48) "Interview with Russian political analyst Sergei Karaganov: The Four reasons why Russian intervened in Syria," in *JRL*, 2016-#44 (2016.3.3), #22.

(49) Neil MacFarquhar, "Discord between Turkey and Russia is fueled by leaders' similarities," *NYT*, 2015.11.30.

(50) MacFarquhar, "Discord between Turkey and Russia is fueled by leaders' similarities."

(51) Dmitri Trenin, "Demands on Russian Foreign Policy and its Drivers: Looking out Five Years," *Carnegie Moscow Center*, 2017.8.10.

(52) "Russian Tourism to Turkey falls 90%," *MT*, 2016.6.28.

(53) "The Turkish pivot toward Russia," in *JRL*, 2016-#14 (2016.7.31), #18.

(54) MacFarquhar, "Discord between Turkey and Russia is fueled by leaders' similarities."

(55) "Russians list US, Ukraine & Turkey as country's main enemies in last poll," in *JRL*, 2016-#101 (2016.6.2), #5.

(56) "The Turkish pivot toward Russia."

(57) "Turkish President apologizes for downing Russian Bomber," *MT*, 2016.6.27.

(3) Edward W. Walker, "The growing risks of Russia's military intervention in Syria," *MT*, 2017.5.19.

(4) "Fiona Hill on Russia: Insights and Recommendations," in *JRL*, 2017-#158 (2017.8.15), #26.

(5) ロシア連邦外務省ホームページ 2017.7.13. <http://www.mid.ru/ru/foreign_policy/news/-/asset_publisher/cKNonkJE02Bw/content/id/2814020>（アクセス 2017.8.31）

(6) Osnos, Remmick, and Yaffa, "Active Measures," p. 48から再引用。

(7) *Time*, 2013.9.46, pp. 16-23.

(8) *Forbes,* 2013.10.30.

(9) Joshua Yaffa, "The U.S. Media's murky coverage of Putin and Trump," in *JRL*, 2017-#129 (2017.7.7), #7から再引用。

(10) Raymond Smith, "U.S.-Russian relations are in disarray, with talk of a New Cold War pervasive," in *JRL*, 2016-#227 (2016.12.7), #24.

(11) "What is Putin really up to in Syria? 14 top Putinologists weigh in," in *JRL*, 2015-#195 (2015.10.7), #22.

(12) "Russia's low-cost Syria campaign," *Economist*, 2015.10.30.

(13) Andrei Kolesnikov, "Putin's crooked road to Damascus," *Carnegie Moscow Center Paper*, 2015.9.30.

(14) "What is Putin really up to in Syria?"

(15) Kolesnikov, "Putin's crooked road to Damascus."

(16) Brian Whitmore, "Putin's next spectacle," in *JRL*, 2017-#21 (2017.6.28), #13.

(17)『日本経済新聞』2015.11.2。

(18) Pavel K. Baev, "What drives Moscow's military administration?" *CH*, Vol. 115, No. 783 (October 2016), p. 256.

(19) Andrei Kolesnikov, "Do Russians want war?" *Carnegie Moscow Center Paper*, 2016.6.14.

(20) "Prominent Russians: Vyacheslav Plehve," *RT_Russiapedia* <http://russiapedia.rt.com/prominent-russians/politics-and-society/vyacheslav-plehve/>（アクセス 2017.9.20）

(21) *Russian World-Views: Domestic Power Play and Foreign Behaviour* (Canadian Security Intelligence Service, 2017), p. 20.

(22) Dmitri Trenin, "A Five-year Outlook for Russian foreign policy: Demands, Drivers, and Influences," in *JRL*, 2016-#56 (2016.3.22), #27.

(23) "The Price of War," *MT*, 2016.12.21.

(24) Peter Ford, "Will the US and Russia dance or duel?" *CSM*, 2017.3.4 から再引用。

(25) Andrei Sinitsyn and Nikolai Epple, "Noncombat losses in ill-defined War," in *MT*, 2016.12.26.

(26) Ibid. から再引用。

(27) John C. K. Daly, "Opposition Party's Report on Russia's Syria Campaign costs dismissed by government, "*EDM*, 2017.7.31; " Russia's low-cost Syria campaign, " *Economist*, 2015.10.30.

(28) Walker, "The growing risks of Russia's military intervention in Syria."

(29) Vladimir Frolov, "The New Axis: Russia, Turkey and Iran take over Syria," *MT*, 2016.12.30.

(30) Ibid.

(31) Nikolai Litovkin, "Why Russia will partially withdraw from Syria in 2017," in *JRL*, 2017-#3

(24) 木村汎「9・11以後の米ロ関係」『海外事情』第50巻、第12号（2002年12月号）、2-23頁。同「ロシアと米国との関係」木村汎・佐瀬昌盛編著『プーチンの変貌？――9・11以後のロシア』勉誠出版、2003年、3-27頁。同「プーチン外交の漂流」木村汎・朱建栄編著『イラク戦争の衝撃――変わる米・欧・中・ロ関係と日本』勉誠出版、2003年、50-73頁。

(25) Jim Heintz, "Russia Denies Planning Missiles for Iran," in *JRL,* 2007-#264 (2007.12.28), #50.

(26) Nikolay Kozhanov, "Russian-Iranian Dialogue after 2012: Turning a New Page?" *RAD*, No. 192 (2016.11.10), p. 3.

(27) Christopher de Bellaigue, "Iran," *Foreign Policy* (May/June, 2005), p. 18.

(28) "Iran enters industrial stages in nuclear fuel production," *RIA Novosti*, 2007.4.9.

(29) Строкань, "'Ось зля' прошла через Москву."

(30) Kozhanov, "Russian-Iranian Dialogue after 2012." p. 4.

(31) Dmitry Trenin, "Teheran is neither Friend nor Foe of Moscow," *MT*, 2012.2.16.

(32) Ibid.

(33) Dmitry Trenin, "Syria in Crisis: Fateful Triangle," *Carnegie Middle East Center Paper*, 2017.3.14.

(34) Nikolay Surkov, "Russia won't support Iran in its face-off with Saudi Arabia," in *JRL*, 2016-#10 (2016.1.18), #24.

(35) Ibid.

(36) Sergei Strokan, "What's at Stake," *Kommersant*, 2004.6.30.

(37) Roy Takeyh and Nikolas K. Gvosdev, "Why Rice's Moscow visit failed," *MT*, 2005.10.20.

(38) ロシア大統領ホームページ 2006.1.16. <http://kremlin.ru/events/president/transcripts/23388>（アクセス 2017.7.26）

(39) "Russian energy minister says all done to complete Bushehr NPP," *RIA Novosti*, 2009.11.30.

(40) "Iran's Bushehr NPP to go on line before Mar.2008 — official," *RIA Novosti*, 2007.4.10.

(41) "Russian urges Iran adopt intl. banking standards for Bushehr NPP," *RIA Novosti*, 2007.4.11.

(42) Guy Faulconbridge, "Russia delays Iran nuclear plant to 2008," *Reuters*, 2007.7.25; Stephen Boykewich, "Russian construction of Iran nuclear plant in 'crisis'," *AFP*, 2007.7.2; Kaveh L Afrasiabi, "A new crisis in Russia-Iran relations," *Asia Times*, 2007.7.28.

(43) "Russia starts nuclear deliveries to Iran," *AFP*, 2007.12.17.

(44) "Bush supports Russia sending enriched uranium to Iran," *Reuters*, 2007.12.17.

(45) "Iran has right to possess nuclear power-president," *RIA Novosti*, 2007.4.16.

(46) "Iran enters industrial stage in nuclear fuel production."

(47) Rolf Mowatt-Larsson, "The strategic balance: A new US-Russian zero sum game," in *JRL*, 2016-#194 (2016.10.19), #2.

### 第15章　中　東 (2)

(1) Niccolò Machiavelli, *The Prince* (London: Penguin Books, 1961), p. 117; マキアヴェッリ『君主論』黒田正利訳、岩波文庫、1935年、206頁。

(2) トム・クランシー『レッド・オクトーバーを追え』下巻、井坂清訳、文春文庫、1985年、282頁。

(6) 木村汎「ソ連と第三世界――その認識と政策の変遷」『第三世界と国際政治（尾上正男教授喜寿記念論文集）』晃洋書房、1983年、67-92頁。

(7) Nikolai N. Petrov and Alvin Z. Rubinstein, *Russian Foreign Policy From Empire to Nation-State* (New York: Longman, 1997), p. 237.

(8) Galla Golan, *Soviet Politics in the Middle East: From World War II to Gorbachev* (Cambridge: Cambridge University Press, 1990), p. 9.

(9) *The Soviet Union and the Third World: A Watershed in Great Power Policy?* (Report to the Committee on International Relations, House of Representative, by Senior Congressional Research Service, Library of Congress) (Washington, DC: Government Printing Office, 1977), p. 18.

(10) Alvin Z. Rubinstein, *Moscow's Third World Strategy* (Princeton, NJ: Princeton University Press, 1988), pp. 65-66.

(11) Ibid.; Carol R. Saivetz and Sylvia Woodby, *Soviet-Third World Relations* (Boulder, CO: Westview Press, 1985), p. 8; Margot Light, *The Soviet Theory of International Relations* (Brighton, Sussex: Wheatshelf Books, 1988), p. 230.

(12) 西川潤「第三世界」川田侃・大畠英樹『国際政治経済辞典（改訂版）』東京書籍、2003年、461頁。Lawrence Ziring and C. I. Engene Kim, *The Asian Political Dictionary* (Santa Barbara, CA: ABC-Clio, Inc., 1985), p. 40.

(13) Andrzej Korbonski and Francis Fukuyama, *The Soviet Union and the Third World: The Last Three Decades* (Ithaca: Cornell University Press, 1987), p. 67.

(14) Edward A. Kolodziej and Roger E. Kanet, eds., *The Limits of Soviet Power in the Developing World* (London: Macmillan, 1989), p. 58.

(15) *XX сьезд коммунистической партии Советского Союза: стенографический отчет* (Москва: Госполитиздат, 1956), p. 22.

(16) *Khrushchev Remembers* (New York: Little, Brown & Company, Ltd., 1970), pp. 440-441;『フルシチョフ回想録』タイムライフブックス編集部訳、タイム・ライフ・インターナショナル、1972年、446頁。

(17) Golan, *Soviet policies in the Middle East*, p. 54; Robert O. Freedman, *Soviet Policy Toward the Middle East Since 1970* (New York: Praeger, 1975), p. 14; Saivetz and Woodby, *Soviet-Third World Relations*, p. 142; Adam B. Ulam, *Expansion and Coexistence: Soviet Foreign Policy 1917-73* (2nd ed.), (New York: Holt, Rinehardt and Winston, Inc., 1974), pp. 561, 587, 622; アダム・B・ウラム『膨脹と共存――ソヴエト外交史3』鈴木博信訳、サイマル出版会、1979年、587、718-90頁。

(18) Duncan and Ekedahl, *Moscow and the Third World under Gorbachev*. p. 71.

(19) Ibid., pp. 67, 71.

(20) "Great powers in the Middle East," *Economist*, 2006.4.22, p. 47から再引用。

(21) Ibid.

(22) Primakov, *Russian Crossroads*, pp. 47-51, 58-63; 鈴木訳、71-74頁。

(23) Yevgeny M. Primakov, *A World Challenged: Fighting Terrorism in the Twenty-First Century* (Washington, DC: Brookings Institution Press, 2004), pp. 91-92.

(66) Hill and Gaddy, *Mr. Putin*, p. 325.
(67) *Time*, 2015.4.27-5.4, p. 66.
(68) Suslov, "Germany's unipolar Moment in the EU."
(69) Ibid.
(70) Jochen Bitner, "Angela Merkel, Russia's Next Target," *NYT*, 2017.1.2.
(71) "Merkel: Europe can no longer rely on US and Britain," *DW* News 2017.5.28 <http://www.dw.com/en/merkel-europe-can-no-longer-rely-on-us-and-britain/a-39018097>（アクセス 2017.8.12）
(72) Ibid.
(73) *FT*, 2016.6.3.
(74)『読売新聞』2016.7.1。
(75) Andrey Movchan, "Worst Friends, Best Enemies: Trade Between the EU and Russia," *Carnegie Moscow Center Paper*, 2016.6.20.
(76) Nikolas K. Gvosdev and Christopher Marsh, *Russian Foreign Policy: Interests, Victors, and Sectors* (Los Angels, CA: SAGE, 2014), p. 252.
(77) Movchan, "Worst Friends, Best Enemies."
(78)『ロシア政策動向』アジアプレス、第36巻、第6号、No. 803、2017.3.15号、2、5、6頁。
(79) 同右。
(80) Mark Adomanis, "Russia's political elite seems thrilled by Brexit but it shouldn't be," in *JRL*, 2016-#118 (2016.6.27), #7.
(81) Mary Dejevsky, "Vladimir Putin is not ready to toast Brexit," *FT*, 2016.6.25.
(82) Ibid.
(83) ロシア大統領ホームページ 2016.6.17 <http://kremlin.ru/events/president/transcripts/52178>（アクセス 2016.6.19）
(84) Aris, "Is Brexit a victory for Russia" から再引用。
(85) Vyacheslav Sutyrin, "Russia's European integration dreams could be fading," in *JRL*, 2016-#167 (2016.11.7), p. 33.
(86) Kathrin Hille, "Still mourning their own empire, Russians delight at Brexit," *FT*, 2016.7.5.
(87) 詳しくは、木村『プーチン――内政的考察』63-74頁参照。
(88) Max Fisher, "French Election hints at European shift toward Russia," *NYT*, 2016.11.30.

## 第14章　中　東（1）

(1) "Great powers in the Middle East: Russia is not a piece of furniture," *Economist*, 2006.4.22, p. 7から再引用。
(2) Сергей Строкань, "'Ось зла' прошла через Москву," *Коммерсантъ*, 2002.4.6.
(3) Nikolay Surkov, "Russia won't support Iran in its face-off with Saudi Arabia," in *JRL*, 2016-#10 (2016.1.18), #24.
(4) 丸山直起「中東」川田侃・大畠英樹編『国際政治経済辞典（改訂版）』東京書籍、2003年、510頁、立山良司「中東」猪口孝他編『政治学辞典（縮刷版）』弘文堂、2004年、744-45頁。
(5) W. Raymond Duncan and Carolyn McGiffert Ekedahl, *Moscow and The Third Word* (Boulder, CO: Westview Press, 1990), p. 67.

昌己「英の EU 離脱の衝撃」『海外事情』第64巻9号（2016年9月号）、115頁。

(40) Suslov, "Germany's unipolar moment in the EU."

(41) Geffrey Sachs, "The Meaning of Brexit," in *JRL*, 2016-#118 (2016.6.27), #33.

(42) "Ex-US envoy in Russia calls Putin winner following Brexit referendum," in *JRL*, 2016-#117 (2016.6.24), #15; Michael McFaul, "How Brexit is a win for Putin," *WP*, 2016.6.25;『読売新聞』2016.6.26。

(43) "Keep calm and carry on: Why Kremlin saying cool amid Brexit fuss," in *JRL*, 2016-#121 (2016.6.30), #20.

(44) Thomas E.Graham, "Brexit is a mixed bag for Russia," in *JRL*, 2016-#126 (2006.7.7), #3.

(45) Ibid.

(46) Ibid.

(47) Ruslan Kostyuk, "How the Russian political elite view Brexit," in *JRL*, 2016-#121 (2016.6.30), #21; Andrei Zolotov and Pavel Koshkin, "Brexit: Implications *for Russia, Europe and the World," in JRL*, 2016-#118 (2016.6.27), #1.

(48) ロシア大統領ホームページ2016.6.24. <http://kremlin.ru/events/president/transcripts/52264>（アクセス 2016.6.28）

(49) Ibid.

(50) "Lavrov on 'Putin won in Brexit' words by Foreign Office: 'I can't comment on clinical cases'," in *JRL*, 2016-#118 (2016.6.27), #2.

(51) ロシア連邦外務省ホームページ2016.6.24. <http://www.mid.ru/ru/foreign_policy/news/-/asset_publisher/cKNonkJE02Bw/content/id/2330415>（アクセス 2016.7.30).

(52) Alexander Baunov, "A multipolar Europe: Why Russia likes Brexit," *Carnegie Moscow Center Paper*, 2016.6.28.

(53) M.K.Bhadrakumar, "Brexit; Russia's comfort level rises. US loses Eurasian plot." *Asia Times*, 2016.6.27.

(54) 前掲、注（48）ロシア大統領ホームページ、2016.6.24.

(55) Noah Barkin, "Cracks emerge in the European consensus on Russia," in *JRL*, 2016-#114 (2016.6.21), #22.

(56) Ibid.

(57) "Ex-NATO Chief condemns Russian-German trade talks," *MT*, 2016.9.22.

(58) Andrew Poxall, "Why Putin Loves Brexit," *NYT*, 2016.7.14.

(59) Ben Aris, "Is Brexit a victory for Putin?" in *JRL*, 2016-#118 (2016.6.27), #5.

(60) "Vain Hopes: How Brexit is destroying Ukraine's EU accession dream," in *JRL*, 2016-#153 (2016.8.19), #16.

(61) Ibid.

(62) Ibid.

(63) "An aggravating absence," *Economist*, 2016.7.2, p. 20 から再引用。

(64) Aris, "Is Brexit a victory for Putin?"

(65) Stefan Kornelius, *Angela Merkel: The Chancellor and her World* (London: Alma Books, 2013), pp. 181-82.

<http://wrap.warwick.ac.uk/1009/1/WRAP_Browning_0674383-060709-popc_browningfinal.pdf> 2008, p. 9.

(21) Nikolas K. Gvosdev, "Russia: 'European But Not Western?'," *Orbis* (Winter, 2007), pp. 1, 135.

(22) Andrey S. Makarychev, "Russia Between 'Old' and 'New' Europe", in *PONARS Policy Memo* 333 (November 2004) in *JRL*, No. 9036 (2005.1.26), #7.

(23) 木村『プーチン――人間的考察』317-349頁、参照。

(24) Peter Truscott, *Putin's Progress: A Biography of Russia's Enigmatic President, Vladimir Putin* (London: Simon & Shuster, 2004), p. 275; Jack, *Inside Putin's Russia*, p. 257; Talbott, *The Russian Hand*, p. 405; Shevtsova, *Putin's Russia*, p. 203.

(25) Jack, *Inside Putin's Russia*, p. 405.

(26) Truscott, *Putin's Progress*, p. 138; Jack, *Inside Putin's Russia*, p. 271.

(27) Dale R. Herspring and Peter Rutland, "Putin and Russian Foreign Policy," in Herspring, ed. *Putin's Russia: Past Imperfect, Future Uncertain* (Second edition) (Lanham Maryland: Rowman & Littlefield, 2005), p. 279.

(28) Carl Schreck, "Gifts and Gerhard on Putin's Birthday," *MT*, 2005.10.1, p. 1.

(29) Edward Lucas, *The New Cold War: Putin's Russia and the Threat to the West* (London: Palgrave Macmillan, 2008), p. 169; "Adopting a Russian orphan is tough: I've done it twice. Gerhard Schroder has amazed Germany by adopting an infant girl," *Sunday Times* (UK), 2004.8.24.

(30) Shevtsova, *Putin's Russia*, p. 320.

(31) В. И. Ленин, *Полное Собрание Сочинений* (издание пятое), Том 36, p. 168.

(32) В. И. Ленин, *Полное Собрание Сочинений* (издание пятое), Том 42, p. 61; 大月書店邦訳、第31巻、450頁。

(33) Robert Kegan, *Of Paradise and Power: America and Europe in the New World Order* (New York: Alfred A. Knopf, 2003), pp. 39-40; ロバート・ケーガン『ネオコンの論理――アメリカ新保守主義の世界戦略』山岡洋一訳、光文社、2003年、54-55頁。

(34) "Merkel visits Ukraine, encouraging its NATO ambitions," RIA Novosti, 2007.7.21.

(35) 木村汎「ロシアの朝鮮半島政策――なぜ、発言力を失ったのか」木村・袴田編著『アジアに接近するロシア』228-239頁。

(36) Angela Stent, "Reluctant Europeans: Three Centuries of Russian Ambivalence Toward the West," in Robert Legvold, ed., *Russian Foreign Policy in the 21st Century: The Shadow of the Past* (New York: Columbia University Press, 2007), p. 426.

(37) Игорь Иванов, *Новая российская дипломатия: Десять лет внешней политики страны* (Москва: Олма-пресс, 2002), p. 211; Igor S. Ivanov, *The New Russian Diplomacy* (Washington, DC: Brookings Institution Press, 2002), p. 95.

(38) Sabine Fisher, "The EU and Russia: Stumbling from Summit to Summit," *RAD*, No. 26 (2007.9.4), p. 12.

(39) Dmitry Suslov, "Germany's unipolar moment in the EU. What does it mean for Russia?" *Valdai Discussion Club Paper*, 2016.7.8. 気象上のたとえを用いるならば、Brexit の影響は、英国にとり台風（hurricane）であり、EU にとり嵐（storm)」であると称される。児玉

(66) Тренин, “Вокруг России.”

(67) Dmitri Trenin and Yuval Weber, *Russia's Pacific Future: Solving the South Kuril Islands Dispute* (Moscow: Carnegie Moscow Center, 2012), p. 9.

### 第13章　ブレグジット——英国 EU 離脱の影響

(1) Ф. М. Достоевский, *Полное собрание сочинений* (Том 27): *Дневник писателя* (Ленинград: Издательство « Наука », 1984), p. 33;『ドストエフスキイ全集（19）作家の日記（Ⅲ）』川端香男里訳、新潮社、1980年、423頁。

(2) Путин, *От первого лица*, pp. 155-56; *First Person*, p. 169;『プーチン、自らを語る』211頁。

(3) ロシア大統領ホームページ2005.4.25. <http://kremlin.ru/events/president/transcripts/22931>（アクセス 2016.7.12）

(4) Достоевский, *Полное собрание сочинений* (Том 27): *Дневник писателя*, pp. 36-37; 米川正夫訳『ドフトエフスキー全集』第15巻、「作家の日記（下）」河出書房新社、1970年、500頁。

(5) 木村汎『総決算　ゴルバチョフの外交』弘文堂、1992年、48頁。

(6) 同右。

(7) М. С. Горбачев, *Перестройка и новое мышление для нашей страны и для всего мира* (Москва: Издательство политической литературы, 1987), pp. 200, 203.

(8) Ibid., pp. 187-93.

(9) 注（2）と同じ。

(10) ロシア大統領ホームページ 2003.6.25. <http://kremlin.ru/events/president/transcripts/22037>（アクセス 2017.7.19）

(11) ロシア大統領ホームページ 2001.9.25. <http://kremlin.ru/events/president/transcripts/21340>（アクセス 2017.7.19）

(12) ロシア大統領ホームページ 2008.6.25. <http://kremlin.ru/events/president/transcripts/542>（アクセス 2017.7.19）

(13) Samuel P. Huntington, *The Third Wave: Democratization in the Late Twentieth Century* (Norman, OK: University of Oklahoma Press, 1993); S・P・ハンチントン『第三の波——20世紀後半の民主化』坪郷實・中道寿一・藪野祐三訳、三嶺書房、1995年。

(14) 同右。

(15)「古いヨーロッパ」「新しいヨーロッパ」は、ラムズフェルドが、2003年1月23日ワシントンで外国人記者を前にしておこなった演説中でのべた分類である。John W. Dietrich, ed., *The George W. Bush Foreign Policy Reader: Speeches with Commentary* (New York: M. E. Sharpe, 2005), pp. 185-86.

(16) Jack, *Inside Putin's Russia*, p. 281.

(17) Ibid.

(18) Alexander Rahr, “To Europe or Saudiarabia,” *Profil* (2005.5.16) in *JRL*, No. 9152 (2005.5.18), #12から再引用。

(19) Ibid.

(20) Christopher Browning, “Reassessing Putin's Project: Reflections on IR theory and the West,”

(39) 佐々木「露中の軍事的関係」139頁。

(40) Trenin, *Post-imperium*, p. 190; 河東・湯浅・小泉訳、189頁。

(41) 木村「極東ロシアにおける中国の『膨張』」96頁。

(42) Ларин и Парина, *Окружающая мир глазами дальневосточиков*, p. 80.

(43) Ibid.

(44) たとえばロイ・メドベージェフは、次のように考えているようである。「今後10年間、中国は、ロシアにとりヨーロッパの次のベスト・パートナーになりうる」、と。Медведев, *Подъём Китая* p. 263.

(45) Ларин, *Тихоокеанская Россия в контексте внешней политики и международных отношений в АТР в начале XXI века*, p. 73.

(46) 常盤伸「ロシア極東開発に中国の影」『東京新聞（夕刊）』2012.10.10。

(47) 同上。

(48) Andrey Borodaevsky, "Historic choices for Russia," *Japan Times*, 2011.11.18.

(49) Ibid.

(50) Александр Габуев, "В Азии Россия почти не представлена," *Коммерсантъ*, 2011.11.29.

(51) Fyodor Lukyanov, "Russian quest for place in Asia," in *JRL*, 2011-#205 (2011.11.14). #24.

(52) Владислав Иноземцев, "Далеко идуший Восток," *Коммерсантъ*, 2011.11.19.

(53) Ibid.

(54) Courtney Weaver, "Vladivostok: San Francisco (but better)," *FT*, 2012.6.3.

(55) Khristina Narizhnaya, "Kim endorces Trans-Korean Pipeline," *MT*, 2011.8.25.

(56) "Korea Pipeline sees Progress," *MT*, 2011.9.12.

(57) Georgy Toloraya, "Can a Russia-China Axis help find a Solution to Problems on the Korean Peninsula?" *38 North*, 2017.6.8.

(58) Howard Raiffa, *The Art and Science of Negotiations* (Cambridge, Mass: The Belknap Press, Harvard University Press, 1982), p. 11; Dennis J. D. Sandole and Hugo van der Merwe, eds., *Conflict Resolutions Theory and Practice: Integration and Application* (Manchester: Manchester University Press, 1993), pp. 248-250.

(59) I. William Zartman, ed., *International Multilateral Negotiations* (San Francisco, CA.: Jossey-Bass Publishers, 1994) 参照。

(60) ウィリアム・パウンドストーン『囚人のジレンマ――フォン・ノイマンとゲームの理論』松浦俊輔他訳、青土社、1995年、73-89頁。

(61) Stephen Blank, "Kim Jong Il's excellent adventure in Siberia," *EDM*, Vol. 8, Issue 166 (2011.9.12).

(62) 木村汎『遠い隣国――ロシアと日本』世界思想社、2002年、595、673-4頁参照。

(63)「日本は対中バランスとして重要――国際安保センター長」『ロシア政策動向』ラジオプレス社、第30巻、第15号（No. 656）、(2011年7月31日発行)、21頁。

(64) Дмитрий Тренин, "Вокруг России: Германия на востоке," *Ведомости*, No. 77 (2595), 2010.4.29. <http://www.vedomosti.ru/newspaper/article/2010/04/29/232910>（アクセス2010.10.20）

(65) Дмитрий Тренин, "Азиатский вектор в стратегий Москвы," *Нез.Газ*, 2003.10.27.

(16) 名越健郎「蜜月過ぎて下り坂に入った中露関係」『フォーサイト』新潮社、2007年12月、70頁。

(17) "Russia and China boost energy ties," *The Sakhalin Times*, 2008.7.17から再引用。

(18) Дмитрий Косырев, "Территориальная ясность на Амуре," *РИА Новости*, 2008.7.21.

(19) Lo, *Axis of Convenience*, p. 85.

(20) Lo, *Russia and the New World Disorder*, p. 145.

(21) Erica S. Downs, "Sino-Russian energy relations: An uncertain courtship," in Bellacqua, ed., *The Future of China-Russian Relations*, p. 160.

(22) Fyodor Lykyanov, "Russia must exploit its Pivot East," *MT*, 2015.6.26.

(23) 名越健郎「東シベリア輸送管、中国が日本に勝利」『東亜』(東京・霞山会) 2009年4月号、2頁。

(24) Martin A. Smith, *Power in the Changing Global Order* (Cambridge, UK: Policy Press, 2012), p. 137.

(25) Ibid., p. 136.

(26) Marcin Kaczmarski, "Domestic Sources of China Policy," *PPC*, Vol. 59, No. 2 (March – April, 2012), p. 5; Stephen Kotkin, "The Unbalanced Triangle: What Chinese-Russian Relations Mean for the United States," *FA* (September-October 2009), p. 134; James Ballacqua, "Introduction," in Ballacqua, ed., *The Future of China-Russia Relations*, p. 8; Linda Jakobson, *China's Energy and Security Relations with Russia: Hopes, Frustrations and Uncertainties* (Stockholm: Stockholm International Peace Research Institute, 2011), p. 41.

(27) Vladimir Shlapentokh, "China in the Russian mind today: Ambivalence and Defeatism," *Europe-Asia Studies*, Vol. 59 (2007), No. 1, p. 1-21.

(28) Andrew C. Kuchins, "US-Russia Relations: Constraints of Mismatched Strategy Outlooks," in Anders Åslund, Sergei Guriev, and Andrew C. Kuchines, eds., *Russia After the Global Economic Crisis* (Washington, D.C.: Peterson Institute for International Economics, 2010), p. 245.

(29) Blank, *Toward a new Chinese order in Asia*, p. 4.

(30) Stephen Blank, "Myth and Reality in Russia's Asian policy," *EDM*, 2015.6.19.

(31) Lo, *Axis of Convenience*, p. 89.

(32) 石郷岡健「プーチン新政権の東アジア政策」『国際問題』No. 613, 2012年7・8月(合併号、電子版)、48頁。

(33) Ben Judah, Jana·Kobzova and Nicu Popescu, *Dealing with a Post-BRIC Russia* (London: The European Council on Foreign Relations, 2011), p. 37.

(34) Виктор Ларин, *Тихоокеанская Россия в контексте внешней политики и международных отношений в АТР в начале XXI века* (Владивосток: Институт истории, археологии и этнографии народов Дальнего Востока, 2011), p. 71.

(35) *Военная доктрина Российской Федерации 2011* (Москва: Рид Групп, 2011), p. 9.

(36) 佐々木孝博「露中の軍事的関係——露中合同演習を中心に」『ディフェンス』第50号、2012年、139頁。

(37) 同上。

(38) 北野幸伯『中国・ロシア同盟がアメリカを滅ぼす日』草思社、2007年、290頁。

(79) Vita Spivak, "A New Great Game in Russia's Backyard," *Carnegie Moscow Center Paper*, 2016.9.10, p. 1.

(80) Fyodor Lukyanov, "Russia must exploit its pivot East," *MT*, 2015.6.26.

(81) Ibid.

(82) Richard Lourie, *Putin: His Downfall and Russia's Coming Crash* (New York: St. Martin's Press, 2017), p. 127.

## 第12章　中国リスク

(1) ロシア大統領ホームページ 2006.3.22. <http://kremlin.ru/events/president/transcripts/23498>（アクセス 2017.6.28）

(2) 名越健郎『独裁者プーチン』文春新書、2012年、207頁から再引用。

(3) Владислав Иноземцев, "Далеко идуший Восток," *Коммерсантъ*, 2011.11.19.

(4) Dmitri Trenin, "Putin must secure Russia's Far East," <http://www.carnegie.ru/en/print/72210-print.htm>（アクセス 2005.05.02）

(5) Stephen Blank, *Toward a New Chinese Order in Asia: Russia's Failure* (The National Bureau of Asian Research, Special Report), #26 (March 2011), p. 16.

(6) Robert O. Keohane & Joseph S. Nye, *Power and Interdependence: World Politics in Transition* (Boston: Little, Brown and Company, 1977), pp. 12-13.

(7) Blank, *Toward a New Chinese Order in Asia*, p. 16.

(8) Mikhail Alexseev, "Chinese migration in the Russian Far East: Security threats and incentives for cooperation in Primorskii Krai," in Judith Thornton and Charles E. Ziegler, eds., *Russia's Far East: A Region at Risk* (Seattle, WA: University of Washington Press, 2002), p. 324.

(9) かつてブレジネフ時代に反体制知識人として有名だったロイ・メドベージェフは、今日、本稿筆者のような見方に与しない。いわゆる「中国脅威論」に反駁して、彼は記す。「(ロシアの) 中国への近接性は脅威の源ではなく、ロシアにとって長所なのである」、と。Рой Медведев, *Подьём Китая: Что такое социализм по-китайски?* (Москва: Астрель, 2012), p. 260.

(10)『読売新聞』2012.3.19。名越健郎「中国に実効支配されるロシア極東」『Foresight』（電子版）2012.8.7。名越「中露蜜月の幻想」『海外事情』80巻、9号（2011年9月号）、12-112頁。名越「新プーチン政権の極東開発戦略」『海外事情』80巻、10号（2012年10月号）、96頁。名越「中国に飲み込まれるロシア――偽りの中露蜜月関係」『世界と日本』内外ニュース社、No. 1217（2012年10月1日号）、6-9頁。

(11) Анна Ульянова, "Китайские рынки, мафиози и гастарбайтеры: что ждет российский Дальний Восток?" *АиФ*, 2012.8.8.

(12) Natasha Doff, "Russia's Far East dilemma," *MN*, 2012.8.20.

(13) ロシア首相ホームページ、2012.8.9. <http://government.ru/news/4639/>（アクセス 2017.6.29）

(14) Doff, "Russia's Far East dilemma."

(15) 大統領ホームページ2006.3.22. <http://kremlin.ru/events/president/transcripts/23498>（アクセス 2017.6.28）

2016.7.3.

(58) Lo, Russia and the New World Disorder, p. xvii.

(59) Ibid, p. 167.

(60) ロシア大統領ホームページ 2014.10.14. <http://kremlin.ru/events/president/news/46783>（アクセス 2016.10.3）

(61) Zi Yang, "Yuan the key to expansion of Sino-Russian economic ties," *Asia Times*, 2017.6.25.

(62) Bhodrakumar, "Russia-China entente."

(63) Gabuev, "Russia and China."

(64) Ibid.

(65) Lo, *Axis of Convenience*, pp. 3-5, 53-55.

(66) Анастасия Башкатова, "После неудачного флирта с Китаем Россия повернулась к Европе," *Нез. Газ.*, 2016.6.17.

(67) Pavel K. Baev, "Russia's 'Pivot' to China is Reduced to High-Level Bonhomie," *EDM*, 2016.6.27.

(68) 中国外務省ホームページ 2013.9.8. Xi Jinping, "Promote Friendship Between Our People and Work Together to Build a Bright Future," <http://www.fmprc.gov.cn/mfa_eng/wjdt_665385/zyjh_665391/t1078088.shtml>（アクセス 2016.11.20）

(69) Alexander Gabuev, "Imagined Integration: How Russia can maintain its influence in Central Asia," *Carnegie Moscow Center Paper*, 2016.7.1.

(70) 木村汎「ユーラシア連合とウクライナ」『海外事情』2014年6月号、2-27頁。

(71) ロシア大統領ホームページ 2015.5.8. <http://kremlin.ru/supplement/4971>（アクセス 2016.9.12）

(72) ロシア大統領ホームページ 2017.6.15. <http://kremlin.ru/events/president/transcripts/54794>（アクセス 2017.6.17）

(73) Li Lifan, "The Challengers facing Russian- Chinese efforts to 'Dock' the Eurasian Economic Union (EEU) and One Belt, One Road (OBOR)," *rad*, No. 183 (2016.5.3), p. 8.

(74) International Crisis Group, "Central Asia's Silk Road Rivalries," in *JRL*, 2017-#146 (2017.7.28), #25.

(75) Irina Kobrinskaya, "Is Russia coming to terms with China's 'Silk Road'?" in *Russian Foreign Policy after in Crimea: Understand and Address it* (Washington, DC: Institute for European, Russian, and Eurasian Studies, The George Washington University, 2017), p. 125.

(76) Paul Goble, "Moscow edges away from support for China's Silk Road project," *Window on Eurasia New Series*, 2015.1.20; Алина Терехова, "Москва дистанцируется от Киайского проекта нового шелкового пути," *Нез. Газ.*, 2015.1.20.

(77) Павел Минакил, "Низко висящие фрукты," *Эксперт*, No. 20, 2017.5.15, p. 31. 袴田茂樹訳「『一帯一路』はロシアにとって脅威（専門家の見解）」『安保研報告』2017.6.30、28-29頁。

(78) Анастасия Башкатова, "Евразийский союз становится китайским," *Нез. Газ.*, 2017.7.14; 袴田茂樹訳「『ユーラシア経済連合』は中国のものに——ロシア科学アカデミー報告の結論」『安保研報告』2017.7.29、19頁。

html> から再引用。
(31) Lo, *Russia and the New World Disorder*, p. 142.
(32) Ibid., p. 9.
(33) Ibid., p. 249.
(34) Petrovsky, “Vladimir Putin in Shanghai.”
(35) *The Voice of Russia*, 2014.10.19. <http://Japanese.ruvr.ru/2014_10_19/278892906l>
(36) “Energy, US at Core of Sino-Russian Partnership: Experts,” in *JRL*, 2014-#235 (2014.11.11), #38.
(37) Ivan Nechepurenko, “China Favored to Win US-Russian Showdown,” *MT*, 2014.11.12.
(38) レオニード・ホメリキ「中国へ西と東からガス供給」2014年11月12日。<http://jp.rbth.con/business/2014/12/51053.html>
(39) Mark Admanis, “The Russian-China gas deal matters but its ultimate significance is unclear,” in *JRL*, 2014-#113 (2014.5.22), #34.
(40) この点は本書著者である私の持論であるが、そのような私に向いボボ・ローもことさらのように口頭で強調した（2015.3.7）。
(41) Admanis, “The Russian-China gas deal matters but its ultimate significance is unclear.”
(42) Ibid.
(43) Lo, *Russia and the New World Disorder,* p. 268.
(44) “Russia could postpone building Gas Pipe to China, Sources Say,” *MT*, 2015.3.18.
(45) Alexander Gabuev, “Russia and China: Little Brother or Big Sister?”, *Carnegie Moscow Center Paper* (2016.7.5).
(46) Lo, *Russia and the New World Disorder*, pp. 137-38.
(47) Alexander Gabuev, Greg Shtraks, “China’s One Belt, One Road Initiative and the Sino-Russian Entente,” *Carnegie Moscow Center Paper* (2016.8.9), p. 3.
(48) Sergei Karaganov, “From the pivot to the East to Greater Eurasia,” in *JRL*, 2017-#77 (2017.4.20), #26.
(49) Ibid.
(50) ロシア大統領ホームページ 2012.12.12. <http://kremlin.ru/events/president/transcripts/17118>（アクセス 2017.7.10）
(51) Ibid.
(52) *Концепция внешней политики Российской Федерации*, 2013.2.18 の項目56。<http://www.mid.ru/foreign_policy/official_documents/-/asset_publisher/CptICkB6BZ29/content/id/122186>（アクセス 2017.7.10）
(53) *Концепция внешней политики Российской Федерации*, 2016.12.1. <http://www.mid.ru/foreign_policy/news/-/asset_publisher/cKNonkJE02Bw/content/id/2542248>（アクセス 2017.7.10）
(54) “Medvedev Thanks West for giving Russia reason to pivot to Asia,” *MT*, 2015.6.11から再引用。
(55) Yuexin Rachel Lin, “Is Russia a European or an Asian country?” *Valdai Discussion Club Paper*, 2016.12.22.
(56) Lo, *Russia and the New World Disorder*, p. xvii.
(57) M.K.Bhodrakumar, “Russia-China entente: Lofty rhetoric, shitty discourse,” *Asia Times*,

(9) “Gasprom to sign monumental gas deal with China,” in *JRL*, 2014-#100 (2014.5.19), #42.

(10) Parson, “China’s big bargaining chip against Gazprom.”

(11) “Russia: Historic 30-yr gas deal with China set to be signed next week,” in *JRL*, 2014-#106 (2014.5.13), #48.

(12) ロシア大統領ホームページ 2011.4.25. <http://kremlin.ru/events/president/transcripts/11079>（アクセス 2017.7.8）

(13) “Russia-China gas deal requires Moscow’s reconciliation with US, EU,” in *JRL*, 2014-#235 (2014.11.11), #40.

(14) 名越「プーチンの『向中一辺倒』外交」90頁。

(15) Владислав Иноземцев, “Недра - китайцам? Российские нефтегазовые месторождения готовы продать,” *АиФ*, No. 11, 2015.3.12.

(16) 例えば、アレクサンドル・ルーキン（モスクワ国際関係大学教授、中ロ関係専攻）の次の著書のタイトルが、その好例。Alexander Lukin, *The Bear Watches The Dragon: Russia's Perception of China and the Evolution of Russian-Chinese Relations since the Eighteen Century* (Armonk, NY: M. E. Sharpe, 2003), p.415.

(17) ロシア大統領ホームページ 2014.5.21. <http://kremlin.ru/events/president/transcripts/21064>（アクセス 2017.7.8）

(18) Mark Galeotti, “Russia wants ‘Hot Peace,’ not War,” in *JRL*, 2014-#196 (2014.9.6), #25; Richard Sakwa, *Frontline Ukraine: Crisis in the Borderlands* (London: L.B. Tauris, 2015), p. xii, 5, 234-37.

(19) 名越「プーチンの『向中一辺倒』外交」101、102頁。

(20) 正式の英語名は、the *C*onference on *I*nteraction and *C*onfidence Building Measure in *A*sia; 略して CICA。

(21) “Russia: Historic 30-yr gas deal with China set to be signed next week,” in *JRL*, 2014-#106 (2014.5.13, #48).

(22) “Gasprom warns against ‘jumping to conclusions’ on Russia-China gas deal failure,” *MT*, 2014.5.21.

(23) “Russia, China still haggling on gas price as Putin arrives in Beijing,” *MT*, 2014.5.20; Alexei Anishchuk and Fayen Wong, “Putin yet to seal gas deal on China visit, wins support on Ukraine,” in *JRL*, 2014-#11 (2014.5.20), #39.

(24) Alexander Panin, “Long-awaited Russia-China gas supply dead eludes Putin in Shanghai,” *MT*. 2014.5.20.

(25) “Gasprom warns against ‘jumping to conclusions’ on Russia-China gas deal failure.”

(26) “China and Russia sign Gazprom Supply Agreement,” *MT*, 2014.5.21.

(27) Vladimir Petrovsky, “Vladimir Putin in Shanghai: Russia is turning East,” *Valdai Discussion Paper*. <http://valdaiclub.com/asia/69045/print_edition/>（アクセス 2014.5.23）

(28) “Газпром и CNPC подписали контракт на поставку газа в Китай,” *Рииновости*, 2014.5.21. <http://ria.ru/economy/20140521/1008690487.html>

(29) “Russian gas price for China to equal $350-Ulyukaev.” *Itar-Tass*, 2014.5.22.

(30) アンナ・クチマ「中国向けのガス料金はいくら」, <http:/jp.rbth.com/business/2014/07/03/48971.

in *JRL*, 2012-#75 (2012.4.24), #24.

(57) Олег Сапожков, "Виктору Ишаеву недодали Востока," *Коммерсантъ*, 2012.6.28.

(58) *Нез. Газ.*, 2003.1.13.

(59) Ibid.

(60) Сапожков, "Виктору Ишаеву недодали Востока."

(61) Ibid.

(62) Ibid.

(63) ロシア大統領ホームページ 2012.11.29. <http://kremlin.ru/transcripts/16990>（アクセス 2012.12.5）。次も参照のこと。Маргарита Лютова, Евгения Письменная, Наталья Костенко, "Президент и правительство разошлись во взглядах на методы развития Дальнего Востока," *Ведомости*, 2012.11.30.

(64) *Нов. Газ.*, (во Владивостоке), 2012.10.18, p. 10から再引用。

(65) Lo, *Axis of Convenience*, p. 67.

(66) Ibid.

(67) Yulia Latynina, "Putin's bridge to nowhere," *MT*, 2012.9.12.

(68) Ibid.

(69) Сергей Строкань, "Осеннее обострение," *Коммерсантъ*, 2012.9.17 から再引用。

(70) Vladimir Petrovsky, "APEC-2012: results promising but not immediate." <http://valdaiclub.com/asia/48880.html>（アクセス 2012.9.18）

(71) Dmitri Trenin, "Russia's Stake in Asia-Pacific," *China Daily*, 2012.9.6.

(72) Ibid.

(73) Ibid.

(74) Dmitri Trenin, "Russian Can Pivot to the Pacific, Too," *The Globalist*, 2012.9.7.

(75) Natasha Doff, "Building Bridges," *MT*, 2012.9.10.

## 第11章　中　国

(1) ロシア大統領ホームページ 2014.5.21. <http://kremlin.ru/events/president/transcripts/21064>（アクセス 2017.7.8）

(2) Lo, *Russia and the New World Disorder*, p. 211.

(3) Mark Admanis, "The Russian-China gas deal matters but its ultimate significance is unclear," in *JRL*, 2014-#113 (2014.5.22), #34.

(4) Kevin Ryan, "Russo-Chinese Defense Relations: The View from Moscow," in James Bellacqua, ed., *The Future of China–Russian Relations* (Lexington, KY: The University Press of Kentucky, 2010), p. 193.

(5) 堀江典生「北東アジアのなかの中ロ経済」大津定美・松野周治・堀江典生編著『中ロ経済論——国境地域から見る北東アジアの新展開』ミネルヴァ書房、2010年、17頁。

(6) 名越健郎「プーチンの『向中一辺倒』外交」『海外事情』第63巻9号（2015年3月号）、93頁。

(7) Joe Parson, "China's big bargaining chip against Gazprom," *MT*, 2014.5.18.

(8) Steve LeVine, "China and Russia Seem genuinely close to a game-changing natural gas deal," in *JRL*, 2014-#6 (2014.1.8), #21.

(29) Fiona Hill and Clifford Gaddy, *The Siberian Curse: How Communist Planners Left Russia Out in the Cold* (Washington, D.C.: The Brookings Institute Press, 2003), p. 207.

(30) *Демоскон Weekly*, No. 731-732 (2017.6.5-18) <http://www.demoscope.ru/weekly/ssp/rus_tfr.php>（アクセス 2017.6.25）

(31) "Young men are dying of alcoholism in Russia's Far East," *MT*, 2017.9.6.

(32) "Russian life expectancy reaches a record 72.5 years," in *JRL*, 2017-#175 (2017.9.12), #1.

(33) Hill and Gaddy, *The Siberian Curse*, p. 93.

(34) "Khabarovsk tops Moscow as most Expensive city," *MT*, 2012.12.17.

(35) Tamara Tyoyakova, "The Russian Far East: Isolation or Integration?" *PPC*, Vol. 54, No. 2 (March/April 2007), p. 61.

(36) Ларин и Ларина, *Окружающая мир глазами дальневосточиков*, p. 90.

(37) Andrei P. Tsygankov, *Russian Foreign Policy* (Paris: IFRI, Russie NEI-Visions), p. 5.

(38) Hill and Gaddy, *The Siberian Curse*, pp. 200-201.

(39) Bobo Lo, *Axis of Convenience: Moscow, Beijing, and the New Geopolitics* (Washington, DC: Brookings Institution Press, 2008), p. 66から再引用。

(40) 前出、注（29）と同じ。ロシア大統領ホームページ、2006.12.20.

(41) "Russians given free land in country; Far East," *MT*, 2016.5.2.

(42) Marlène Laruelle, *Russian Eurasianism: An Ideology of Empire* (Baltimore, MD: The Johns Hopkins University Press, 2008), p. 3.

(43) たとえばロシア極東地域においては歴史が残した中ロ間の「相互不信感などが実に根強いために、首脳たちの上からの号令ぐらいでは事態が容易に改善しない」ことを評した中国共産党幹部の言葉。『北海道新聞』2012.8.18から再引用。

(44) 堀内賢志「ロシアの地域政策と『極東ザバイカルプログラム』の再改訂」大津定実・韓福相・横田高明編集『北東アジアにおける経済連携の進展』日本評論社、2010年、44-56頁。堀内、斉藤大輔、浜野剛編著『ロシア極東ハンドブック』東洋書店、2012年、13頁。

(45) 望月喜市『ロシア極東と日ロ経済』東洋書店、2001年、35頁。

(46) 名越健郎「新プーチン政権の極東開発戦略」『海外事情』2012年10月号、95頁。

(47) Ларин и Ларина, *Окружающая мир глазами дальневосточиков*, p. 85.

(48) Vladimir Ryzhkov, "Putin's Do-Nothing Speech," *MT*, 2012.12.14.

(49) 前出注（25）に同じ、ロシア大統領ホームページ、2005.11.17.

(50) Кирилл Мельников, Александр Гудков, Александр Панченко, "Вся власть в Сибири," *Коммерсантъ*, 2012.4.20.

(51)「日ロ研究会」（2012.6.13、於東京）での吉岡明子（当時、「ユーラシア21研究所」取締役）の口頭報告を参考にした。

(52) Мельников, Гудков, Панченко, "Вся власть в Сибири".

(53) Anna Arutunyan, "Russia to create 'parallel government' in Far East," *MN*, 2012.4.20.

(54) 上田秀明『極東共和国の興亡』アイペックスプレス、1990年、196頁。

(55) 木村『メドベージェフ vs プーチン』351-54頁。

(56) "Kudrin opposes draft legislation on development of Siberia, Far East," (*Interfax* 2012.4.24),

к разработке стратегии России в АТР в первой половине XXI века," *Тихоокеанская Россия в системе международных отношений и обеспечения безопасности в Азиатско-Тихоокеанском регионе: опыт последних лет и грядущие перспективы* (Владивосток: ИИАЭ ДВО РАН, 2012), p. 17.

(6) Виктор Ларин и Лилия Ларина, *Окружающая мир глазами дальневосточиков: эволюция взглядов и представлений на рубеже XX-XXI веков* (Владивосток: Дальнаука, 2011), p. 90.

(7) Ibid.

(8) Александр Габуев, "В Азии Россия почти не представлена" (Фёдор Лукьянов インタビュー) *Коммерсантъ*, 2011.11.29.

(9) Hillary Clinton, "America's Pacific Century," *Foreign Policy* (November 19, 2012).

(10) Dmitri Trenin, "Resetting the Reset," in *JRL*, 2012-#195 (November 6, 2012), #31.

(11) Vladimir Putin, "An Asia-Pacific Growth Agenda," *WSJ*, 2012.9.6.

(12) Gerald Segal, *The USSR in East Asia* (London: Heineman, 1983), p. 1.

(13) Stephen Blank, *Toward a New Chinese Order in Asia: Russia's Failure* (The National Bureau of Asian Research, Special Report), #26 (March 2011), p. 3.

(14) Dmitri Trenin, "Russia's Asia Policy under Vladimir Putin, 2001-5," in Gilbert Rozman, Kazuhiko Togo and Joseph P. Ferguson, eds., *Russia Strategic Thought toward Asia* (New York: Palgrave/ Macmillan, 2006), p. 131.

(15)「内的東方」、「外的東方」なる卓抜な表現は、吉岡明子氏の造語である。吉岡明子「ロシアの東方シフトと ASEAN」『海外事情』2017年1月号、50頁。

(16) 吉岡「ロシアの東方シフトと ASEAN」52頁。

(17) 吉岡「ロシアの東方シフトと ASEAN」151-52頁。

(18) Kuchins, "Russian Perspectives on China," から再引用。

(19) "Концепция внешней политики Российской Федерации," *Нез. Газ.*, 2000.7.11.

(20) ロシア大統領ホームページ 2000.7.21 <http://kremlin.ru/events/president/transcripts/21494>（アクセス 2017.6.23）

(21) Владимир Путин, "Россия: новые восточные перспективы," *Нез. Газ.,* 2000.11.14.

(22) ロシア大統領ホームページ 2005.11.17. <http://kremlin.ru/events/president/transcripts/23275>（アクセス 2017.6.24）

(23) ロシア大統領ホームページ 2006.12.20. <http://kremlin.ru/events/president/transcripts/23965>（アクセス 2017.6.25）

(24) ロシア首相ホームページ 2012.4.11. <http://premier.gov.ru/events/news/18671/>（アクセス 2012.4.22）

(25) ロシア大統領ホームページ 2012.12.12. <http://kremlin.ru/events/president/transcripts/17118>（アクセス 2017.7.10）

(26) ロシア大統領ホームページ 2013.12.12. <http://kremlin.ru/events/president/transcripts/19825>（アクセス 2017.6.24）

(27) Ben Judah, Jana Kobzova, and Nicu Popescu, *Dealing with a Post-BRIC Russia* (London: European Council on Foreign Relations, 2011), p. 33.

(28) Oliver Stone, *The Putin Interviews* (New York: Skyhorse Publishing, Inc., 2017), p. 90.

*E-International Relations*, 2015.4.16.

(70) 小泉『軍事大国ロシア』193頁。

(71) "Путин призвал немедленно прекратить военные действия на Украине."

(72) "Poroshenko signs Law granting Limited Self Rule in Eastern Ukraine," *MT*, 2014.10.17.

(73) Vladimir Socur, "Ukraine grants more power to Localities in Russian – Controlled Territory (Part One)," *EDM*, 2014.9.19.

(74) "Poroshenko: No Federalization in Ukraine Considered, Only local Councils' extended Powers," in *JRL*, 2014-#203 (2014.9.29), #2.

(75) "Ukraine's Parliament to Vote on Bill Changing 'Special Status' for Donbass," *MT*, 2014.11.4.

(76) "Poroshenko: Draft constitutional amendments do not foresee special status for Russian-occupied Donetsk, Luhansk," in *JRL*, 2015-#173 (2015.9.2), #32.

(77) Wright Miller, *Russians as People* (New York: E. P. Dulton, 1961), pp. 9-10.

(78) Arkady Moshers, "Reaffirming the Benefits of Russia's European Choice," *RGA*, Vol. 3, No. 3 (July-September, 2005), pp. 86-97.

(79) Elizabeth Pond, "Russia vs the West: the consequences of Putin's invasion of Ukraine," *The New Stateman* (UK), March 5, 2015.

(80) Lynnley Browning, "What really keeps Vladimir Putin up at night," in *JRL*, 2014-#60 (2014.3.18), #26から再引用。このメルケル発言は、「オフ・ザ・レコード」の会合でなされたものであり、公的な証拠はないが、独首相がそのような発言をおこなったことは、ほぼ間違いないとドイツ、米国の有力紙はみなしている。Hill and Gaddy, *Mr. Putin*, pp. 264, 274. Stefan Wagstyl, Kathrin Hille, Peter Spiegel, "Merkel accuses Russia of adopting 'law of the jungle' in Ukraine," *FT*, 2014.3.13; *NYT*, 2014.3.3.

(81) 木村『メドベージェフ vs プーチン』93、106頁。

(82) Федор Лукьянов, "Мир без правил: Сделать 'двадцатку' политической," *РГ*, 2014.11.12.

(83) Mark Galeotti, "Russia wants Hot Peace, Not War," in *JRL*, 2014-#196 (2014.9.6), #25.

(84) Ibid.

(85) ロシア改革派のウラジスラフ・イノゼムツェフ（高等経済学院教授）も、ガレオティ教授同様に、「ロシアの逆転」が起こったことに、われわれの注意を喚起する。だが、イノゼムツェフは、それがプーチンの第四期政権の2012-14年になって発生したと説く。Vladislav Inozemtsev, "Russia is on a Road to nowhere," *MT*, 2014.9.29.

## 第10章　アジア太平洋

(1) Nikorai Berdyaev, *The Russian Idea* (New York: Lindisfarne Press, 1992), p. 20. ニコライ・バルジャエフ『ロシア思想史』田口貞夫訳、創文社、1958年、4頁。

(2) Andrew Kuchins, "Russian Perspectives on China: Strategic Ambivalence," in James Bellacqua, ed., *The Future of China-Russia Relations* (Lexington, Kentucky: The University Press of Kentucky, 2010), p. 35から再引用。

(3)『北海道新聞』2012年8月18日付から再引用。

(4) Сергей Строкань, "Страна восходящего Востока," *Коммерсантъ*, 2012.9.25.

(5) Виктор Ларин, "Вектры желаемого и пределы возможного: некоторые замечания

Policy Memo," in *JRL*, 2016-#195 (2016.10.22), #13.

(43) "War, not peace," *Economist*, 2014.8.30, p. 29から再引用。

(44) Michael Rühle & Julijus Grubliauskas, *Energy as a Tool of Hybrid Warfare* (Rome: NATO Defense College, April 2015), pp. 1-7.

(45) Adam Stulberg, "Natural gas diplomacy and the Ukraine Crisis," *openDemocracy*, 2014.9.26.

(46) "Russia poses a triple threat to Ukraine's energy supplies," *Stratfor*, 2014.9.18.

(47) Oleg Varfolomeyev, "Ukraine not ready for winter without Russian Gas," *EDM*, 2014.9.29.

(48) "Solution in Sight in Ukraine – Russia gas dispute," *MT*, 2014.9.26.

(49) Michael Birnbaum, "Russia's Gazprom and Ukraine are in a Gas dispute as Winter approaches," *WP*, 2014.9.28.

(50) George Soros, "Wake up, Europe," *New York Review of Books*, 2014.11.20.

(51)「ウクライナは『寒さ』に対して暖房費を払うことになる」、Sputnik (2015.8.14) <http:jp.sputniknews.com/life/20150814/741445.html>

(52) Varfolomeyev, "Ukraine not ready for winter without Russian gas."

(53) "Gazprom accuses Poland, Hungary, Slovakia of rerouting Russian gas to Ukraine," in *JRL*, 2014-#207 (2014.10.3), #16.

(54) "The 'Cheap EU Gas for Ukraine' Myth debunked: Kiev pays $75 mln more in Q2," in *JRL*, 2015-#163 (2015.8.19), #15.

(55) Viktor Katona, "Will Ukraine freeze this winter," in *JRL*, 2016-#238 (2016.12.28), #13.

(56) "Gazprom chief warns of disruptions to Europe's supply of Russian gas," *MT*, 2014.9.28.

(57) "Russia hopes to solve Ukraine gas dispute this Week," *MT*, 2014.9.30.

(58) "Ukraine and Russia sign EU-Brokered gas supply deal," *MT*, 2014.10.31.

(59) John C. K. Daly, "Conflict forces Coal-rich Ukraine to import more Coal to ease shortfalls," *EDM*, 2014.10.31.

(60) Ibid; "Russia poses a triple threat to Ukraine's energy supplies."

(61) James W. Carden, "Putin's Power Play: Why Russia Holds most of the cards in the Ukraine Crisis and why the situation might go from bad to worse," *The National Interest*, 2014.10.21; Daly, "Conflict forces Coal-rich Ukraine to import more Coal to ease shortfalls."

(62) "Russia poses a triple threat to Ukraine's energy supplies."

(63) Olga Kosharnaya, "The Ukrainian Nuclear Energy Partnership with Russia: The End of Era of Cooperation," *RAD*, 2016.11.30, pp. 6-9.

(64) Ленин, *Полное собрание сочинений*, Том 44, pp. 49-50.

(65) "The long game: The sad reality is that Vladimir Putin is winning in Ukraine. The West must steel itself for a lengthy struggle," *Economist*, 2014.9.6, p. 13.

(66) Paul Goble, "Putin's strategy in Ukraine – Sow panic, Provoke, Invade and then Repeat the Process," in *JRL*, 2014-#226 (2014.11.3), #26.

(67) *Tass.ru*, 2017.7.15. 伊東孝之（早稲田大学名誉教授）の教示による。

(68) Bryan MacDonald, "Ukraine is broke – and winter is coming...," in *JRL*, 2014-#202 (2014.9.25).

(69) Mark Galeotti, "'Hybrid War' and 'Little Green Men': How it works, and how it doesn't,"

2015-#109 (2015.5.29), #23.

(19) Mark Galeotti, "Russia want Hot Peace, not War," in *JRL*, 2014-#196 (2014.9.6), #25.

(20) Peter Rutland, "Putin holds all the cards in Ukraine," *MT*, 2014.9.30.

(21) Kenneth Rapoza, "Ukraine's President says it again: Country will absolutely join NATO, fight Russia," in *JRL*, 2017-#164 (2017.8.28), #23.

(22) 木村汎「ユーラシア連合とウクライナ」『海外事情』第62巻6号（2014年6月号）、2-27頁参照。

(23) Maksym Bugriy, "Debates on Finlandization for Ukraine," *EDM*, 2015.8.12.

(24) "Путин призвал немедленно прекратить военные действия на Украине," *Итар-Тасс*, 2014.8.31.

(25) "Putin's talk of Statehood for East Ukraine puts Pressure on Kiev," *MT*, 2014.9.2.

(26) "Kremlin rows back from Putin's talk of 'Statehood' for southeast Ukraine," *Interfax*, 2014.8.31.

(27) Fedor Lukyanov, "The Provincial Union," in *JRL*, 2011-#182 (2011.10.10.), #35.

(28) 袴田茂樹教授（新潟県立大学）の投稿・紹介による。「プーチンがウクライナ東南部の国家体制に言及、報道官は修正」（『イタル・タス』2014.8.31）、『安保研報告』（東京・安全保障問題研究会）2014.9.29号、21頁。

(29) "От редакции: Гибридная война подменяет мир," *Ведомости*, 2014.9.3; Pavel K. Baev, "Russia Gears up for a New spasm in the Hybrid War," *EDM*, 2014.9.29.

(30) Roger McDermott, "Does Russia's 'Hybrid War' really exist?" *EDM*, 2015.6.3.

(31) Agnia Grigas, *Beyond Crimea: The New Russian Empire* (New Haven, CT: Yale University Press, 2016), p. 54.

(32) Герасимов, "Ценность науки в предвидении,"; Валерий Герасимов, "Генеральный штаб и оборона страны," *Военно-промышленный курьер*, 2014.2.5.

(33) Rutland, "Putin holds all the cards in Ukraine."

(34) *Конституция Российской Федерации: Энциклопедический Словарь*, p. 286; 森下『現代ロシア憲法体制の展開』383頁。

(35) Andrew Wilson, *Ukraine Crisis* (New Haven, CT: Yale University Press, 2014), p. 129. ; その他の数字にかんしては、次を参照。J. L. Black and Michael Johns, eds., *The Return of Cold War: Ukraine, the West and Russia* (London: Routledge, 2017), p.178.

(36) Emile Simpson, "It's not a Russian Invasion of Ukraine we should worried about," *Foreign Policy*, 2014.5.30.

(37) Sherr, *Hard Diplomacy and Soft Coercion*, p. 13.

(38) Wilson, *Ukraine Crisis*, p. 129.

(39) Ibid; "Editorial: A Cease-Fire in Ukraine," *NYT*, 2014.9.6; "Reversal of fortune," *Economist*, 2014.9.6, p. 21.

(40) "Russia's Border with Ukraine 'completely porous' NATO general Says," *MT*, 2014.11.4.

(41) "6,000 soldiers of Russians regular army fight in Donbas — Ukraine's General Staff," in *JRL*, 2016-#166 (2016.9.6), #25.; Black and Johns, eds., *The Return of the Cold War*, p. 178.

(42) Samuel Charap, "Russia's use of Military force as a Foreign Policy tool: Is there a Logic?

Soviet space, MGIMO Professor Says," in *JRL*, 2014-#34 (2014.2.18), #42.

(96) Pavel Koshkin, "Why post-Soviet integration will be a lot harder than the Kremlin thought," in *JRL*, 2017-#31 (2017.2.10), #27.

(97) Koshkin, "Why post-Soviet integration will be a lot harder than the Kremlin thought."

(98) ロシア語では、« Ростом с Ивана, а умом с болвана »; Аникина, ред., *Русские пословицы и поговорки*, p. 273; 吉岡『ロシア語ことわざ集』111-12頁。

(99) Dmitri Trenin, "Russia reemerges as great power through new union," *Global Times*, 2014.2.16.

## 第9章　ハイブリッド戦争――ロシア vs ウクライナの闘い

(1) Лев Н. Толстой, *Война и мир* (Москва: « Художественная литература », 1983), Том III, p. 60, 220; レフ・トルストイ『戦争と平和』(3) 米川正夫訳、岩波文庫、78、328頁。

(2) Kalb, *Imperial Gamble*, p. 11から再引用。

(3) Ibid., p. 160.

(4) ロシア大統領ホームページ 2014.4.17. <http://kremlin.ru/events/president/transcripts/20796>（アクセス 2017.9.15）

(5) Петр Акопов, "Зачем нужна Новороссия?" *Взгляд*, 2014.9.25.

(6) Vladimir Socor, "Ukraine grants more powers to localities in Russian – Controlled Territory (Part two)," *EDM*, Vol. 11, Issue 165, 2014.9.19.

(7) "More Donbas residents want to remain in the Ukrainian state than separate Concorde Capital," *JRL*, 2014-#210 (2014.10.8), #13.

(8) "Видео Крым: Путь на Родину"; "Film 'Crimea: Road to the motherland' — Putin text," in *JRL*, 2015-#55 (2015.3.18), #2.

(9) Paul Kennedy, *The Rise and Fall of the Great Powers: Economic Change and Military Conflict from 1500 to 2000* (New York: Random House, 1987), pp. 11, 56, 352, 515; ポール・ケネディ『大国の興亡』(下巻) 鈴木主税訳、草思社、122、347頁。

(10) Ben Judah, "How the Russian leader used the Ukraine crisis to consolidate his dictatorship," in *JRL*, 2014-#219 (2014.10.21), #34.

(11) Ibid.

(12) Josh Cohen, "Golden Opportunity to invade Ukraine," *MT*, 2014.5.5.

(13) Michael Bohm, "4 reasons why Putin's Crimea grab will backfire," *MT*, 2014.3.28.

(14) John C. K. Daly, "Opposition Party's Report on Russia's Syria Campaign costs dismissed by government," *EDM*, 2017.7.31; "Russia's low-cost Syria campaign," *Economist*, 2015.10.30.

(15) "Fiona Hill on Russia: Insights and Recommendations," in *JRL*, 2017-#158 (2017.8.15), #26.

(16) "Russia to give Nicaragua $10 million in aid," *RIA Novosti*, 2010.6.3; International Crisis Group, "South Ossetia: The Burden of Recognition," *Europe Report*, No. 265 (2010.6.7), p. 9; "Try telling Tibilisi that you can't buy me Love," *MT*, 2012.2.6.

(17) Pavel Felgenhauer, "The Russian-Ukrainian Conflict could be escalating," *EDM*, Vol. 14, Issue96 (2017.7.20).

(18) Andrei Kolesnikov, "Why the Kremlin is shutting down the Novorossiya Project," in *JRL*,

(72) Zbigniew Brzezinski, "The Premature Partnership," *Foreign Affairs*, Vol. 73, No. 2 (March-April, 1994), p. 80.

(73) Samuel P. Huntington, *The Third Wave: Democratization in the Late Twentieth Century* (Norman, OK: University of Oklahoma Press, 1993); S・P・ハンチントン『第三の波——20世紀後半の民主化』坪郷實・中道寿一・藪野祐三訳、三嶺書房、1995年。

(74) Erica Marat, "Putin Attempts to Reinvent the Customs Union as a Eurasian Bloc," *EDM,* Vol. 8, Issue 184 (2011.10.6).

(75) Gerard Total, *Near Abroad: Putin, the West, and the Contest over Ukraine and the Caucasus* (Oxford UK: Oxford University Press, 2017), p. 211.

(76) Hill & Gaddy, *Mr. Putin* (new and expanded), p. 359.

(77) Samuel Charap, Timothy J. Colton, *Everyone Loses: The Ukraine Crisis and Ruinous Contest for Post-Soviet Eurasia* (London: Routledge, 2017), p. 117から再引用。

(78) Robert W. Ortung, "Russia and the Ukraine-EU Association Agreement," *RAD*, No. 142 (2014.2.6), pp. 2-3.

(79) 名越健郎「騒乱ウクライナの地政学」『報告』第48号、拓殖大学海外事情研究、2014年3月31日、129頁。

(80) Total, *Near Abroad*, p. 214.

(81) Lo, *Russia and the New World Order*, p. 129.

(82) "Видео Крым: Путь на Родину."

(83) Ibid.

(84) Steven Lee Myers, "Russia's move into Ukraine said to be born in shadows," *NYT*, 2014.3.7; Myers, *The New Tsar*, p. 461.

(85) Andrei Kolesnikov, "Russian Ideology after Crimea," *Carnegie Moscow Center Paper* (2015.9.22), p. 18.

(86) Dan Peleschuk, "Does Putin really want to resurrect the Soviet Union," in *JRL*, 2014-#135 (2014.6.18), #47.

(87) Robert Service, "Putin's czarist folly," *NYT*, 2014.4.7.

(88) Ibid.

(89) Marvin Kalb, *Imperial Gamble: Putin, Ukraine, and the New Cold War* (Washington, DC: Brookings Institution Press, 2015), p. 160.

(90) Strobe Talbott, "Preface" in Ronald D. Asmus, *A Little War that Shook the World: Georgia, Russia, and the Future of the West* (New York: Palgrave/ Macmillan, 2010), p. 18; Talbott, "What Putin is up to and why he may have overplayed his hand," *The Atlantic* (May 2, 2017), p. 10.

(91) Lo, *Russia and the New World Order*, p. 260から再引用。

(92) Pavel Salin, "Spiritual values to comment the Eurasian Union," *Russia in Global Affairs* (2013.10.26) から再引用。

(93) David Lane, "Eurasian Integration: A Viable New Regionalism?" *RAD*, No. 146 (2014.4.7), p. 7.

(94) Ibid.

(95) Paul Goble, "Window on Eurasia: Moscow faces Five growing Obstacles to integrating Post-

(44) Александра Самарина, "Равнение – на СССР," *Нез. Газ.*, 2011.11.17から再引用。

(45) Dan Peleschuk, "A Union of our Own: Putin Presents vision for Eurasian Union, but its intentions remain Unclear," *RP*, 2011. 3.10.

(46) Ibid.

(47) John Thornhill, "Fear Vladimir Putin's weakness not his strength," *FT*, 2015.8.18.

(48) Pavel Felgenhauer, "Putin Prioritizes Rebuilding the Lost Empire," *EDM* (Vol. 8, Issue 184), 2011. 10.6.

(49) "Eurasian Economic Union is wake-up call for US," in *JRL*, 2014-#121 (2014.5.30), #34.

(50) Vladislav Inozemtsev, "Dry Shot: Vladimir Putin's project of the Eurasian Union is a PR stunt," in *JRL*, 2011-#186 (2011.10.14), #31.

(51) Vladislav Inozemtsev, "Keeping Russia from turning back," *WP*, 2011.11.7 から再引用。

(52) Ibid.

(53) Lilia Shevtsova, "Eurasian Union: Myth, Imitation or the Real Thing?" *Eurasia Outlook* (Carnegie Moscow Center, 2013.8.6).

(54) Ibid.

(55) Ibid.

(56) Inozemtsev, "Dry Shot."

(57) ロシア連邦首相ホームページ2011.10.19. <http://archieve.premier.gov.ru/events/news/16786/>(アクセス 2014.3.3).

(58) С. Ю. Кашкин, А. О. Четвериков, *Право Евразийского Экономического Союза: Учебник* (Москва: « Проспект », 2017), p. 26.

(59) Ibid.

(60) Ibid., pp. 26, 52.

(61) Ibid., pp. 26, 27.

(62) Greg Forbes, "Armenia and the EEU: the point of no return for Yerevan," *openDemocracy*, 2014.5.16.

(63) Anna Yalovkina, "Krygyztan joins the Customs Union, and business finds itself in stand-by mode," *openDemocracy*, 2015.6.23.

(64) Andrei Grozin, "What can Kyrgyzstan expect from EAEU membership?" *Valdai Club Discussion paper*, 2015.6.18; "Eurasian Economic Union: Recent trend and prospects," in *JRL*, 2017-#120 (2017.6.27), #10.

(65) Leon Neyfakh, "Putin's long game? Meet the Eurasian Union," *Boston Globe*, 2014.3.9.

(66) Fyodor Lukyanov, "The Provincial Union," in *JRL*, 2011-#182 (2011.10.10), #35.

(67) Ibid.

(68) Shumylo-Tapiola, *The Eurasian Customs Union*, p. 23.

(69) Vladimir Radyuhin, "Why Russia needs Crimea," in *JRL*, 2014-#59 (2014.3.17), #41.

(70) Dan Peleschuk, "Getting the Priorities Straight: Is Putin Shifting his Foreign Policy Focus to Russia's Near Abroad?" *RP*, 2012.5.21.

(71) Vladimir Socor, "Putin's Eurasian Manifesto charts Russia's Return to Great Power status," *EDM* (Vol. 8, Issue 185), 2011.10.7.

Belgium: Carnegie Europe, 2012), p. 17.

（21）ロシア大統領ホームページ 2013.9.19. <http://kremlin.ru/transcripts/19243>（アクセス 2013.9.25）

（22）Elizabeth Piper, "Analysis: Russia's Neighbors balk at Putin's 'big idea'," in *JRL*, 2011-#233 (2011.12.28), #28から再引用。

（23）Shumylo-Tapiola, *The Eurasian Customs Union*, pp. 5-6.

（24）Andrey Kortunov, "Russia and the West: What does'Equality' means?," in *JRL*, 2016-#203 (2016.11.1), #1.

（25）Lo, *Russia and the New World Disorder*, p. 211.

（26）Gennady Chufrin, "A Difficult Road to Eurasian Economic Integration," *RAD*, No. 12 (2012.4.20), p. 6.

（27）Arkady Moshes, "Lukashenko as Machiavelli," in *JRL*, 2014-#8 (2011.1.10), #50.

（28）Alexander Golts, "Lukashenko exploits Putin's weakness," *MT*, 2013.10.1.

（29）Dmitry Polikanov, "How serious is the row between Russia and Belarus?" in *JRL*, 2017-#31 (2017.2.10), #18.

（30）Charles Clover, *Blank Wind, White Snow: The Rise of Russia's New Nationalism* (New Haven, CT: Yale University Press, 2016), p. 317; チャールズ・クローヴァー『ユーラシアニズム――ロシア新ナショナリズムの台頭』越智道雄訳、NHK 出版、2016年、505頁。

（31）Pavel Koshkin, "Why post-Soviet integration will be a lot harder than the Kremlin thought," in *JRL*, 2017-#31 (2017.2.20), #17.

（32）Grigory Ioffe, "Belarusian Foreign Policy: In search of economic growth opportunities," *EDM*, Vol. 14, Issue 70 (2017.5.23).

（33）Nikolay Pakhomov, "Why Belarus can't afford to be the New Ukraine," *The National Interest*, 2017.2.22.

（34）"Belarus sign up to Russian-led Customs Union and $1bn credit," *MT*, 2017.4.14.

（35）Artyom Shraibman, "The Far-Reaching Consequences of Belarus's Conflict with Russia," *Carnegie Moscow Center Paper* (2017.2.8).

（36）Lyudmila Alexandra, "Putin's plan for Eurasian Union meets with doubts in CIS countries," in *JRL*, 2011-#180 (2011.10.6), #32.

（37）Birgit Bauer, "Crisis in Crimea: Will Kazakhstan be Next?" *EDM* (Vol. 11, Issue 48), 2014.3.13.

（38）Ibid.

（39）Ibid.

（40）Marlène Laruelle, *Russian Eurasianism: An Ideology of Empire* (Baltimore, MD: The Johns Hopkins University Press, 2008), pp. 108-11, 141-43.

（41）"Russian nationalist commentator backs Putin's vision of Eurasian Integration," in *JRL*, 2011-#181 (2011.10.7), #23.

（42）Clover, *Blank Wind, White Snow*, p. 330; 越智訳、524頁。

（43）"Commentary by Fedor Lukyanov: 'the Provincial Union'," in *JRL*, 2011-#182 (2011.10.10), #35.

(84) Ibid.

(85) Светлана Ходько, "Россия в поисках образа," *Нез.Газ*, 2009.6.17から再引用。

(86) Lebedev et al., "Russia profile weekly experts panel: Buying Influence."

## 第8章　EEU（ユーラシア経済連合）

(1) Andrey Kortunov, "In reading Putin, don't mistake nostalgia for ambition," in *JRL*, 2016-#179 (2016.9.28), #1.

(2) Zbigniew Brzezinski, *The Grand Chessboard: American Primacy and its Geostrategic Imperatives* (New York: Basic Books, 1997), pp. 68, 92, 113; Z・ブレジンスキー『ブレジンスキーの世界はこう動く』山岡洋一訳、日本経済新聞社、1998年、68、127-8、155頁。

(3) Edward N. Luttwak, *Strategy: The Logic of War and Peace* (Cambridge, MA: The Belknap Press of Harvard University Press, 1987), p. 223.

(4) ロシア大統領ホームページ 2005.4.25. <http://kremlin.ru/events/president/transcripts/22931>（アクセス 2016.7.12）

(5) ロシア大統領ホームページ 2017.7.21. <http://kremlin.ru/events/president/transcripts/55114>（アクセス 2017.7.27）

(6) ロシア語は、"Перестань о том тужить, чему нельзя пособить." В. П. Аникина, ред., *Русские пословицы и поговорки*, (Москва: « Художественная литература », 1988), p. 252. 吉岡正敞編著『ロシア語ことわざ集』駿河台出版社、1986年、99頁。または、〈荷車から落ちたものは、なくなったもの〉(Что с возу упало, то и пропало). Аникина, ред., *Русские пословицы и поговорки*, p. 329; 八島編著『ロシア語明言・名句・ことわざ辞典』288頁。

(7) ロシア大統領ホームページ 2000.2.9. <http://kremlin.ru/events/president/transcripts/24370>（アクセス 2017.6.10）

(8) Tai Adelaja, "Happy New Mini-USSR: Russia is recreating the Soviet Union, One little step at a time," *RP*, 2012.4.1.

(9) *Известия*, 2011.10.4.

(10) Sergey Datsyuk, "Ukraine's European Illusions," *Россия в глобальной политике* (2013.12.27) <http://eng.globalaffairs.ru/number/Ukraines-European-Illusions-16289>（アクセス 2014.4.26）

(11) 木村汎『現代ロシア国家論――プーチン型外交とは何か』中公叢書、2009年、202頁。

(12) Фёдор Лукьянов, "Цена вопроса," *Коммерсантъ*, 2008.6.6.

(13) *Итар-Тасс, РИА Новости*, 2005.5.22-23.

(14) *Times* (London), 2006.5.24.

(15) Александр Колесниченко, "Постсоветского пространства не существует," *НИ*, 2012.6.8.

(16) Fyodor Lykyanov, "The Eurasian Union — a reiterated priority," in *JRL*, 2011-#230 (2011.12.23), #22.

(17) Игорь Юргенс, "Бюджет иждивенческих настроений," *Нез. Газ.*, 2011.11.24.

(18) Jeffrey Mankoff, "What a Eurasian Union means for Washington," *The National Interest*, 2012.4.19.

(19) "Minister Khristenko Resigns," *MT*, 2012.2.2.

(20) Olga Shumylo-Tapiola, *The Eurasian Customs Union: Friend or Foe of the EU*? (Brussels,

(58) "'KGB & billion dollars a year' fuel RT success, US not keeping up — politician," in *JRL*, 2017-#143 (2017.7.25), #5.

(59) Ellen Mickiewicz, "New info re RT," in *JRL*, 2017-#67 (2017.4.6), #11.

(60) Jill Dougherty, "How the Media became one of Putin's most powerful weapons," in *JRL*, 2015-#80 (2015.4.22), #15.

(61) Ibid., p. 21から再引用。

(62) Peter Conradi, *Who Lost Russia? How the World Entered a New Cold War* (London: Oneworld Publications, 2017), p. 283.

(63) Marcy Wheeler, "The declassified Russian Hack Report," 2017.1.6. <www.emptyuheel.net>

(64) "Margarita Simonyan responds to Clapper's accusations," in *JRL*, 2017-#7 (2017.1.8), #21; "An Open Letter to the CIA from the Head of RT, Margarita Simonyan," in *JRL*, 2017-#8 (2017.1.9), #11.

(65) Matthew Bodner, "Why Russia Tore up the Syria airspace safety agreement," *MT*, 2016.4.7.

(66) Ben Nimmo, "Anatomy of an info-war: How Russia's propaganda machine works, and how to counter it," in *JRL*, 2016-#152 (2016.8.18), #23.

(67) Simon Shuster, "Putin's on-air army," *Time*, 2015.3.16, p. 20.

(68) Ibid. から再引用。

(69) Ibid. から再引用。

(70) "Putin congratulates State Media after Europe passes Resolution against Russian'Hybrid war'," *MT*, 2016.11.23.

(71) Ibid.

(72) Ibid.

(73) Dmitry Kamyshev, Nina Ilyina, "Russia's new Foreign Policy Concept will be like old one," in *JRL*, 2016-#226 (2016.12.5), #6.

(74) Aleg Galstyan and Sergei Melkonyan, "Inside Russia's New Foreign Policy Master Plan," in *JRL*, 2017-#4 (2017.1.4), #12.

(75) Концепция внешней политики Российской Федерации, <http://www.mid.ru/foreign_policy/news/-/asset_publisher/cKNonkJE02Bw/content/id/2542248>（アクセス 2017.3.13）

(76) Galstyan and Melkonyan, "Inside Russia's New Foreign Policy Master Plan."

(77) Ibid. から再引用。

(78) Ibid. から再引用。

(79) 名越健郎「ソチ五輪の地政学」『海外事情』62巻2号、2014年2月号、107頁。

(80) Борис Немцов и Леонид Мартынюк, *Зимняя олимпиада в суботропикак* (Москва, 2013.5.27).

(81) Bruce Stokes, "Russia, Putin held in low regard around the world," *Pew Research Center*, 2015.8.5.

(82) Jim Kovpak, "Mission Failed: Russia's already lost its own information war," in *JRL*, 2015-#157 (2015.8.13), #19.

(83) Fyodor Lukyanov, "Why Russia's soft power is too soft," *Valdai Discussion Club paper*, 2013.2.7.

（アクセス 2017.6.8）

(30) *Доктрина информационной безопасности Российской федерации* (2000.9.9), p. 9.

(31) Ibid.

(32) 鈴木康雄「新生ロシア政権とメディア支配」渡辺光一編『マスメディアと国際政治』南窓社、2006年、177-99頁。

(33) Osnos, Remnick, and Yaffa, "Active Measures," p. 47.

(34) "TV still most popular, trusted news source in Russia- poll," in *JRL*, 2016-#150 (2016. 8. 15), #9.

(35) Carl Schreck and Francesca Mereu, "Millhouse Linked to Kommersant," *MT*, 2006.6.7.

(36) Ibid.

(37) Ibid.

(38) 2017 World Press Freedom Index <https://freedomhouse.org/report/table-country-scores-fotp-2017>（アクセス 2017.11.15）

(39) Freedom House 75 Years Championing Democracy <https://freedomhouse.org/print/49210>（アクセス 2017.11.15）

(40) Ibid.

(41) "Why Russia needs Press Freedom (Address by Gavin K. O'Reilly, President, World Association of Newspapers, at the Opening Ceremony of the 59th World Newspaper Congress & 13th World Editors Forum, Moscow, 5th June 2006)." <http://www.moscow2006.com/eng/news/congress/1372/>

(42) Hill & Gaddy, *Mr. Putin* (new and expanded), p. 350から再引用。

(43) Osnos, Remnick, and Yaffa, "Active Measures" から再引用。

(44) Joshua Yaffa, "Dmitry Kiselev is redefining the art of propaganda." *The New Republic*, 2014.7.14, p. 29.

(45) Ibid.

(46) Ibid.

(47) Ibid.

(48) Neil MacFarquhar, "A powerful Russian weapon: The Spread of False stories," *NYT*, 2016.8.29から再引用。

(49) Ibid から再引用。

(50) Yaffa, "Dmitry Kiselev is redefining the art of propaganda."

(51) Ibid.

(52) Ibid.

(53) Ola Cichowlas, "America? We love those guys: Russian Propaganda U-turns on the U.S.," *MT*, 2014.11.14.

(54) Ibid.

(55) Ibid.

(56) Gabrielle Tetrault-Farber, "Putin shuts state news agency RIA Novosti," *MT*, 2013.12.10.

(57) Leonid Bershidsky, "How Russian Propaganda really works in the West," in *JRL*, 2016-#223 (2016.11.30), #7.

(7) Brown, *The Gorbachev Factor*, p. 247; 小泉・角田訳、477-8頁。

(8) Christopher Dickey, John Barry and Owen Matthews, "The Realist Resurgence: Russia is weaker than it looks, which is why NATO's soft-power strategy can still prevail," *Newsweek*, 2008.10.20, p. 45.

(9) Oleg Yegorov, "Russia ranks among top 30 countries worldwide in terms of soft power," in *JRL*, 2016-#109 (2016.6.16), #24.

(10) 楊海英「若者のSNS人気が致命傷？　旧ソ連圏でロシア文字衰退」『ニューズウィーク 日本語版』2017年8月1日号、13頁。

(11) Andrey Kortunov, "Is Russian losing its status as an international language?" in *JRL*, 2016-#222 (2016.11.29), #24.

(12) "Russia debuts on 'Soft Power' top 30 rankings," *MT*, 2016.6.14.

(13) Федор Лукьянов, "Цена вопроса," *Коммерсантъ*, 2008.10.20.

(14) "Public Relations Firm Ketchum Distances itself from Russian foreign policy," *MT*, 2014.3.12.

(15) Angus Roxburgh, *The Strong man: Vladimir Putin and the Struggle for Russia* (London: L. B. Tauris, 2012), p. 191.

(16) "Public Relations Firm Ketchum Distances itself from Russian foreign policy."

(17) Екатерина Григорьева, Дарья Кокоулина, Евгений Умеренков, "Как американцы пиарили бренд 'Россия'," *Известия*, 2006.8.1; Nabi Abdullaev, "Moscow tackles its Cold War image," *MT*, 2006.8.11.

(18) Jason Corcoran, "Russia hires Goldman as Corporate Broker to boost Image," in *JRL*, 2013-#24 (2013.2.5), #26.

(19)『北海道新聞』2008.11.4、5。

(20) *Коммерсантъ*, 2013.1.16.

(21) Anna Sorokina, "Americcan Center to close in Moscow," in *JRL*, 2015-#181 (2015.9.17), #17.

(22) Владимир Путин, "Россия и меняющийся мир," *MH*, 2012.2.27.

(23) Alexander Sergunin, *Explaining Russian Foreign Policy Behavior: Theory and Practice* (Stuttgart, Germany: ibidem-Verlag, 2016), p. 47.

(24) Jeanne L. Wilson, "Soft Power: A Comparison of Discourse and Practice in Russia and China," *Europe-Asia Studies*, Vol. 67, No. 8 (October 2015), p. 1189.

(25) Sherr, *Hard Diplomacy and Soft Coercion*, p. 15.

(26) Sergunin, *Explaining Russian Foreign Policy Behavie*r, pp. 47, 57; Natalia Burlinova, "Russian soft power is just like Western soft power, but with a twist," in *JRL*, 2015-#68 (2015.4.7), #20.

(27) Владимир Путин, *Концепция внешней политики Российской Федерации*. <http://www.mid.ru/brp_4.nsf/newsline/6D84DDEDEDBF7DA644257B160051BF7F>（アクセス 2014.01.18）

(28) ロシア大統領ホームページ 2013.2.11. <http://kremlin.ru/events/president/transcripts/17490>（アクセス 2017.6.3）

(29) ロシア大統領ホームページ 2000.7.8 <http://kremlin.ru/events/president/transcripts/21480>

(41) “Russia's Sukhoi delivers new batch of Su-30 fighters to Malaysia,” *RIA Novosti*, 2008.3.3.
(42) Buszynski, “Russia and Southeast Asia,” p. 188; ブシンスキー、安野・湯浅訳、241-53、259-61頁。
(43) “Malaysia gets 4 Su-30s,” *MT,* 2008.3.4.
(44) “Indonesia expects 3 new Russian Flanker fighters by October,” *RIA Novosti*, 2008.4.10.
(45) Paul Sonne, “The Rostec chief discuss the effects of defense spending, oil prices and sanctions,” *WSJ*, 2016.3.11.
(46) Jim Heintz, “Russia denies planning Missiles for Iran,” *JRL*, 2007-#264 (2007.12.28), #50.
(47) ロシア大統領ホームページ 2007.10.31. <http://kremlin.ru/events/president/transcripts/24629>（アクセス 2017.6.8）
(48) Ibid.
(49) Ibid; Natalia Portyakoba et al., “A Dry Remnant: U.S.-Russian strategic partnership is over,” in *JRL*, 2006-#178 (2006.8.7), #10.
(50) “U.S. sanctions against Russian companies unrelated to WMD-Ivanov,” *RIA Novosti*, 2006.8.7.
(51) “U.S, sanctions related to Russian arms deals with Venezuela,” *RIA Novosti*, 2006.8.5.
(52) “Venezuela may spend $5 bln on Russian arms in next decade,” *RIA Novosti*, 2008.7.23.
(53) *SIPRI Yearbook 2016*, pp. 503, 547, 577.
(54) Pavel Felgenhauer, “Russia procures Western Technology, while struggling to manufacture modern weapon,” *EDM*, Vol. 7, Issue 185 (2010.10.14).
(55) 小泉悠『軍事大国ロシア――新たな世界戦略と行動原理』作品社、2016年、250頁。
(56) Pavel K. Baev, “Russia's Entanglement in Syria: A Protracted, Extreme Stress Factor for the Russian Navy,” *PONARS Eurasia Policy Memo*, No. 494 (November 2017), p. 2.
(57) Matthew Bodner, “How the Soviet Union wrecked Russia's military-industrial complex,” *MT*, 2015.6.10.
(58) 小泉『軍事大国ロシア』342頁。

## 第7章　ソフト・パワー

(1) 傍点、原文どおり。Ленин, *Полное собрание сочинений* (издание пятое), Том 7, p. 14; 大月書店邦訳、第6巻、241頁。
(2) 傍点、原文どおり。Joseph S. Nye, Jr., *The Powers to Lead* (Oxford, UK: Oxford University Press, 2008), p. 14; ジョセフ・S・ナイ『リーダー・パワー』北沢格訳、日本経済新聞社、2008年、70頁。
(3) Andrei Lebedev et al., “Russia Profile weekly experts panel: Buying Influence,” in *JRL*, 2007-#20 (2007.1.28), #43.
(4) Joseph S. Nye, Jr., *Soft Power: The Means to Success in World Politics* (New York: Public Affairs, 2004), pp. 5-6; ジョセフ・S・ナイ『ソフト・パワー――21世紀国際政治を制する見えざる力』山岡洋一訳、日本経済新聞社、2004年、26-27頁。
(5) Joseph S. Nye, “The Strength of Soft Power,” *MT* (2009.2.28), p. 10.
(6) *Нез.Газ.*, 2004.11.4.

(19) “Analytical centre releases details of Russian loses in 2008 Georgia war,” in *JRL*, 2010-#147 (2010.8.5), #32; Nabi Abdullaev, “Defense Ministry vague on War’s toll,” *MT*, 2010.8.9.

(20) 松本『カラシニコフ』2頁 ; “90% of Kalashnikov rifles on world market knockoff – Izmash CEO,” *RIA Novosti*, 2006.4.15.

(21) Paul Holtom, “The beginning of the end for deliveries of Russian major conventional weapons to China,” *RIA Novosti*, 2008.3.31; “Russian-Chinese military relations at a low points,” *RIA Novosti*, 2008.5.27.

(22) 山添『国際兵器市場とロシア』43-44、47頁。

(23) Alexander Gabuev, “Friends with Benefits? Russian-Chinese Relations after the Ukraine Crisis,” *Carnegie Moscow Center Paper* (2016.6.29), p. 14.

(24) “China copies SU-27 fighters, may compete with Russia – paper,” *RIA Novosti*, 2008.2.21; “China copies obsolete Russian fighter,” *RIA Novosti*, 2008.4.25.

(25) 平和・安全保障研究所編『中国をめぐる兵器技術移転の諸問題』1998年、55-56頁。

(26) Pavel Felgengauer, “An Uneasy Partnership: Sino-Russian Defense Cooperation and Arms Sale,” in Pierre and rennin, eds., *Russia in the World Arms Trade*, p. 100.

(27) Nikita Petrov, “Russia-Chinese military relations at a low point,” *RIA Novosti*, 2008.5.27.

(28) Vassily Kashin, “Why is China buying Russian Fighter Jets?” *Carnegie Moscow Center Paper*, 2016.2.9.

(29) Vassily Kashin, “Selling S-400 to China: A New Front in the Cold War?” *Carnegie Moscow Center Paper*, 2015.4.27.

(30) *SIPRI Yearbook 2015*, pp. 416, 419.

(31) “India to buy $7 billion worth of Russian weapons,” *MT*, 2015.12.21; *SIPRI Yearbook 2016*, p. 571.

(32) Сергей Строкань, “Дело с концом: Партнерство России и Индии дало трещину,” *Коммерсантъ*, 2007.11.13.

(33) Евгений Безека, “Индия готовит революцию на рынке вооружений,” *РИА Новости*, 2008.2.15.

(34) “India-Russia aircraft career deal on the rocks,” *Daily Times* (Site Edition), 2008.2.24; Bappa Majumdar, “India uneasy about defense deal delay,” *MT*, 2008.2.29, p. 7.

(35) Илья Крамник, “Реинкарнация ‘Чакры’,” *РИА Новости*, 2008.7.1. <http://www.rian.ru/analytics/20080701/112720868.html>

(36) (IISS) *The Military Balance 2008* (London: Routledge, 2008), p. 210.

(37) *SIPRI Yearbook 2016*, pp. 569-70.

(38) Leszek Buszynski, “Russia and Southeast Asia,” in Hiroshi Kimura, ed., *Russia’s Shift toward Asia* (Tokyo: The Sasakawa Peace Foundation, 2007), p. 193; レシェク・ブシンスキー、「ロシアと東南アジア」安野正士・湯浅剛訳、木村汎・袴田茂樹編著『アジアに接近するロシア――その実態と意味』北海道大学出版会、2007年、257頁。

(39) Alexander A. Sergounin and Sergey V. Subbotin, *Russian Arms Transfers to East Asia in the 1990s* (SIPRI Research Report No. 15) (Oxford: Oxford University Press, 1999), p. 105.

(40) Ibid., p. 94.

F. Remington, “What to make of the Putin fun club?” in *JRL*, 2016-#4 (2016.1.8), #18; George Solos, “Putin is no Ally against ISIS,” in *JRL*, 2016-#31 (2016.2.12), #29.

(57) “Putin’s Russia: Down but not Out, Part 1 with Maria Lipman, Sergei Guriev, and Daniel Treisman,” in *JRL*, 2016-#74 (2016.4.19), #3 から再引用。

(58) Leon Aron, “Putin’s tactical pause: Russia’s president weighs three options in Ukraine,” in *JRL*, 2014-#153 (2014.7.11), #17.

(59) Kolesnikov, “The Russian Regime in 2015: All tactics, No strategy.”

(60) Mark Adomanis, “The Year in Review,” in *JRL*, 2015-#3 (2015.1.6), #5.

## 第6章　武器輸出

(1) Mikhail I. Gerasev and Viktor M. Surikov, “The Crisis in the Russian Defense Industry: Implications for Arms Exports,” in Andrew J. Pierre and Dmitri V. Trenin, eds., *Russia in the World Arms Trade* (Washington, DC: Carnegie Endowment for International Peace, 1997), pp. 20-21.

(2) 松本仁一『カラシニコフ』朝日新聞社、2004年、2頁。

(3) Dmitri V. Trenin with Andrew J. Pierre, “Arms Trade Rivalry in the Future of Russian-American Relations,” in Pierre and Trenin, eds., *Russia in the World Arms Trade*, p. 122.

(4) この二分類にかんして、次の文献から貴重な啓示をうけた。宮内一雄「ロシアの兵器移動と地域安全保障に及ぼす影響」『防衛研究所紀要』第2巻第1号（1997年6月）、72-88頁。Ian Anthony, ed., *Russia and the Arms Trade* (Oxford: Oxford University Press, 1998), pp. 5, 99, 112, 196.

(5) Anthony, ed., *Russia and the Arms Trade*, p. 5.

(6) 岡倉古志郎『死の商人（改訂版）』岩波新書、1962)、11-13頁。

(7) *Известия*, 2006.6.10.

(8) Константин Лантратов, Александра Грицкова, “Российское оружие дало большую отдачу: Продажи военной техники принесли более $7 млрд.”, *Коммерсантъ*, 2007.12.25.

(9) “Russia arms exports to exceed $8.5 bln in 2008,” *RIA Novosti*, 2008.08.05.

(10) *SIPRI Yearbook 2016*, p. 567.

(11) Ibid.

(12) “Arms Trade — a major cause of suffering,” <http://www.globalissues.org/Geopolitics/ArmsTrade/BigBusiness.asp/>

(13) *SIPRI Yearbook 2016,* p. 567.

(14) 山添博史『国際兵器市場とロシア』東洋書店、2014年、23頁。

(15) Stephen J. Cimbala, ed., *The Russian Military into the Twenty-First Century* (London: Frank Cass, 2001), p. 68.

(16) “Russian military hardware exports top $6 bln in 2005 – Putin,” *RIA Novosti*, 2006.3.31.

(17) ロシア司令官、アレクサンドル・ポストニコフによれば、ロシア軍の兵器のわずか12％のみが近代的なものであり、残りは時代遅れの品質だった。“Most Russian Army Weapons Obsolete – Commander,” in *JRL*, 2010-#138 (2010.7.22), #21.

(18) ストックホルム国際平和研究所（SIPRI）（2008年）による概算。

(35) Shevtsova, *Putin's Russia*, p. 399.
(36) Carl Schmitt, *Der Begriff des Politischen* (Hamburg: Hanseatische Verlagsanstalt, 1932), p. 71; Carl Schmitt, *The Concept of the Political* (expanded edition) (Chicago: The University of Chicago Press, 2007), p. 49; C・シュミット『政治的なものの概念』田中浩・原田武雄訳、未來社、1970、55頁。
(37) シュミット『政治的なものの概念』での田中・原田氏の解説、同邦訳書、121頁。
(38) 丸山眞男『政治の世界、他十篇』岩波文庫、2014年、81頁。
(39) "Russian energy: After Sakhalin: What does Shell's capitalism to Gazprom mean for the Russian energy industry?" *Economist*, 2006.12.16-22.
(40) Ibid.
(41) ロシア大統領ホームページ 2006.5.13. <http://kremlin.ru/events/president/news/35535>(アクセス 2017.5.24)
(42) Luke Harding, *Mafia State: How one reporter became an enemy of the brutal new Russia* (London: Guardianbooks, 2011), pp. 22-23.
(43) Станислав Белковский и Владимир Голышев, *Бизнес Владимира Путина* (Екатеринбург: Ультра культура, 2006), pp. 73-81.
(44) Dmitri Trenin and Yuval Weber, *Russia's Pacific Future: Solving the South Kuril Islands Dispute* (Moscow: Carnegie Moscow Center, 2012), p. 15.
(45) Dmitri Trenin, "Both Empires lose from the treacherous Tussle," *FT*, 2014.4.16.
(46) 名越健郎「騒乱ウクライナの地政学」『報告』第48号、拓殖大学海外事情研究所、2014年3月31日、125-26頁。
(47) プーチンがブッシュに本当にこのようにのべたかどうかにかんして、次を参照。Gordon M. Hahn, "Did Putin really tell Bush 'Ukraine is not even a State'?" in *JRL*, 2015-#106 (2015.5.28), #19.
(48) *Time,* 2009.5.25; Stent, *The Limits of Partnership*, p. 168; Marvin Kalb, *Imperial Gamble: Putin, Ukraine, and the New Cold War* (Washington, DC: Brooking Institution Press, 2015), p. 7 から再引用。
(49) Susan B. Glasser, "Putin on the Couch," in *JRL*, 2015-#195 (2015.10.7), #2 から再引用。
(50) Alena V. Ledeneva, *How Russia Really Works: The Informal Practices That Shaped Post-Soviet Politics and Business* (Ithaka, NY: Cornell University Press, 2006), pp. 58-59.
(51) Oxana Shevel, "The Battle for Historical Memory in Postrevolutionary Ukraine," *CH*, Vol. 115, No. 783 (October 2016), p. 258から再引用。
(52) Andreas Umland, "Ukraine's understandable but senseless hope for NATO membership," in *JRL*, 2016-#67 (2016.4.7), #41.
(53) "Poll: 56% of Ukrainians support joining EU and 44% support NATO membership today," in *JRL*, 2016-#103, 2016.6.7, #32.
(54) Robert Service, "Putin's Czarist Folly," *NYT*, 2014.4.7.
(55) Trenin, *Should We Fear Russia?*, p. 88.
(56) たとえば、トーマス・レミングトン教授(米エモリー大学、ロシア政治専攻)、ジョージ・ソロス(「オープン・ソサエティー」財団理事)らが、その好例である。Thomas

(11) Harold Nicolson, *The Congress of Vienna: A Study in Allied Unity: 1812-1822* (New York: Harcourt, Brace and Company, 1946), p. 60.

(12) Churchill, *The Second World War*, p. 135から再引用。

(13) Edwin O. Reischauer, *The Japanese* (Tokyo: Charles E. Tutle, 1978), pp. 135-37; ライシャワー『ザ・ジャパニーズ』國弘正雄訳、文芸春秋、1979年、239-41頁。

(14) Валерий Герасимов, "Ценность науки в предвидении," *Военно-промышленный курьер*, 2013.2.27.

(15) Emile Simpson, "It's not a Russian Invasion of Ukraine we should worried about," *Foreign Policy*, 2014.5.30.

(16) Владимир И. Ленин, *Полное собрание сочинений* (издание пятое), (Москва: Госуполиздат, 1965-70), Том 7, p. 14; 大月書店邦訳、第六巻、241頁。

(17) Paul Goble, "Stalin invented Hybrid War, not Vladimir Putin, Archival Record Shows," in *JRL*, 2014-#229 (2014.11.4), #17.

(18) 宮城音弥『性格』岩波新書、1960年、116頁。

(19) Sergei Aleksashenko, "Fighting Putin with Judo, not Chess," *MT*, 2014.5.12.

(20) Michael Crowley & Simon Shuster, "Premier, President, Czar," *Time*, 2014.5.19, p. 31.

(21) Fyodor Lukyanov, "Global Aikido: Russia's asymmetrical response to the Ukraine crisis," *National Interest*, 2014.10.6.

(22) Leon Aron, "Putin's tactical pause: Russia's president weighs three options in Ukraine," in *JRL*, 2014-#153 (2014.7.11), #17.

(23) Mark Adomanis, "The Year in Review," in *JRL*, 2015-#3 (2015.1.6), #5.

(24)『朝日新聞』2008.10.8。

(25)『読売新聞』2014.4.27。

(26) Eyal Levinter, "Chess Grandmaster Garry Kasparov fights the World Dictator's," in *JRL*, 2016-#133 (2016.7.15), #19から再引用。

(27) Thomas L. Friedman, "Playing Hockey with Putin," *MT*, 2014.4.8.

(28) ロシア大統領ホームページ 2014.3.18 <http://news.kremlin.ru/transcript/20603/print>（アクセス 2014.3.21）

(29) 同右。

(30) Alexander Dallin, *Black Box* (Berkeley, CA: University of California Press, 1985); アレクサンダー・ダリン『消えたブラック・ボックス——大韓航空機撃墜の謎に迫る』青木日出雄訳、サンケイ出版、1985年。

(31) *Правда*, 1983.9.10.

(32) セイモア・M・ハーシュ『目標は撃墜された——大韓航空機事件の真実』篠田豊訳、文芸春秋社、1986年、343頁。

(33) 袴田茂樹氏による『独立新聞』(2015.7.21) の紹介・翻訳、『安保研報告』(東京・安全保障問題研究会) 2015年7月号、14頁。

(34) В. П. Аникина, ред., *Русские пословицы и поговорки*, (Москва: « Художественная литература », 1988), p. 104; 八島雅彦編著『ロシア語名言・名句・ことわざ辞典』東洋書店、2011年、103頁。

(31) Brown, *The Gorbachev Factor*, p. 271; 小泉・角田訳、75頁。

(32) Ivan Nechepurenko, "Gorbachev on Russia and Ukraine: 'We are one people' (Exclusive)," *MT*, 2014.11.21.

(33) ロシア大統領ホームページ 2014.3.18. <http://kremlin.ru/events/president/news/20603>（アクセス 2017.3.31）

(34) Paul Goble, "Free Russia Forum outlines what a Post-Putin Russia must do to rejoin civilized world," in *JRL*, 2017-#140 (2017.7.21), #12.

(35) Daniel Kennedy, "How Russia's opposition learned to stop worrying and love crimes," *New Democracy*, 2015.3.31.

(36) Алексей Навальный, "Развёрнутая позиция по Украине и Крыму," 2014.3.12. <http://navalny.livejournal.com/914090.html>（アクセス 2015.8.17）; Alexay A. Navalny, "How to punish Putin," *NYT*, 2014.3.20.

(37) Samul Charap and Timothy J. Colton, *Everyone Loses: The Ukraine Crisis and the Ruimous Contest for Post-Soviet Eurasia* (London: The International Institute for Strategic Studies, 2017), p. 129.

(38) Constantine Pleshakov, *The Crimean Nexus: Putin's War and the Clash of Civilizations* (New Haven, CT: Yale University Press, 2017), p. 63.

(39) "Проблемы жителей Крыма," *Совет при Президенте РФ по развитию гражданского общества и правам человека*, 2014.4.21 <http://old.president-sovet.ru/structure/gruppa_po_migratsionnoy_politike/materialy/problemy_zhiteley_kryma.php>（アクセス 2017.6.19）

(40) *От первого лица*, p. 160; *First Person,* p. 178;『プーチン、自らを語る』221頁。

## 第5章　特　徴

(1) Winston S. Churchill, *The Second World War: The Gathering Storm* (Boston: Houghton Mifflin Company, 1948), p. 135から再引用。

(2) Fyodor Lykyanov, "Global Aikido: Russia's asymmetrical response to the Ukraine crisis," *National Interest*, 2014.10.6.

(3) Andrey Kolesnikov, "The Russian Regime in 2015: All tactics, No strategy," *Carnegie Moscow Center Paper*, 2015.9.9, p. 1.

(4) Вера Гуревич, *Воспоминания о будущем президенте* (Москва: "Международные отношения," 2001), p. 10.

(5) *От первого лица*, p. 19; *First Person*, p. 18;『プーチン、自らを語る』31頁。

(6) Alex Mintz & Karl DeRouten, Jr., *Understanding Foreign Policy Decision Making* (Cambridge, UK: Cambridge University Press, 2010), pp. 11-17.

(7) Alexander Pumpyansky, "On KGBism and Pragmatism: Why did he take with him from the intelligence service?" *New Times* (April 2002), p. 10.

(8) Ibid.

(9) *От первого лица*, p. 175; *First Person*, p. 194;『プーチン、自らを語る』239頁。

(10) レーニン「マルクス主義の漫画および帝国主義的経済主義について」(1916年)。『レーニンの言葉』芳賀書店、1974年、226頁。

(9) Путин, « Россия на рубеже тысячелетий »
(10) 木村汎「プーチン外交の漂流」木村・朱建栄編『イラク戦争の衝撃——変わる米・欧・中関係と日本』勉誠出版、2003年、50-73頁。
(11) Stent, *The Limits of Partnership*, p. 69から再引用。
(12) 同右から再引用。
(13) パブロフスキーはのべる。「プーチンは革命を憎む。彼は生まれつき反革命主義者なのである」。Shawn Walker, "Ukraine and Crimea: What is Putin thinking?" *The Guardian*, 2014.3.23から再引用。
(14) Richard Sakwa, *The Crisis of Russian Democracy: The Dual State: Factionalism and the Medvedev Succession* (Cambridge, UK: Cmbridge University Press, 2011), p. 361.
(15) ロシア大統領ホームページ2014.3.18. <http://kremlin.ru/events/president/transcripts/20603>（アクセス 2017.3.31）
(16) Steven Lee Myers, *The New Tsar: The Rise and Reign of Vladimir Putin* (New York: Alfred A. Knopf, 2015), p. 397から再引用。
(17) 詳しくは、木村汎『プーチン——人間的考察』藤原書店、2015年、188-94頁、参照。
(18) *От первого лица*, p. 65; *First Person*, p. 72;『プーチン、自らを語る』95頁。
(19) 詳しくは、木村汎『メドベージェフ vs プーチン——ロシアの近代化は可能か』藤原書店、2012年、73-79頁参照。
(20) Independent International Fact-Finding Mission on the Conflict in Georgia, *Report* (3vols) (Brussels: Council of the European Union, 2009.9.30), Vol. 1, p. 18.
(21) ロシア大統領ホームページ2008.9.12. <http://kremlin.ru/events/president/transcripts/1383>（アクセス 2017.5.21）
(22) ロシア大統領ホームページ2008.8.31. <http://kremlin.ru/events/president/transcripts/1276>（アクセス 2017.5.21）
(23) Фёдор Лукьянов, "Эксперимент с эффектом пружины," *Газета.ru*, 2005.5.19.
(24)『政治学辞典』平凡社、1954年、775頁。Graham Evans & Jeffrey Newnham, *The Penguin Dictionary Relations* (London: Penguin Books, 1998), p. 509; Iain Mclean and Alistair McMillan, *The Concise Oxford Dictionary of Politics* (Oxford: Oxford University Press, 2003), p. 507.
(25) Strove Talbott, *The Russian Hand: A Memoir of Presidential Diplomacy* (New York: Random House, 2002), p. 365.
(26) "Why Georgia-Russia conflict is significant for U.S.," in *JRL*, 2008-#147 (2008.8.12), #7.
(27) Dmitri Trenin, *Post-imperium: A Eurasian Story* (Washington, DC: Carnegie Endowment for International Peace, 2011), p. 14.; ドミートリイ・トレーニン『ロシア新戦略——ユーラシアの大変動を読み解く』河東哲夫・湯浅剛・小泉悠沢、作品社、2012年、37頁。
(28) Дмитрий Фурман, "Неуправляемый корабль," *Нез. Газ.*, 2008.9.10.
(29) Independent International Fact-Finding Mission on the Conflict in Georgia, *Report*, Vol. 1, p. 36.
(30) William Taubman, *Khrushchev*: *The Man and His Era* (New York: W.W.Norton of Company, 2003), p. 59.

（アクセス 2017.9.1.）

(57) ロシア大統領ホームページ2014.7.15 <http://kremlin.ru/events/president/transcripts/46218>（アクセス 2016.11.26）

(58) "« Слушают тех, чей голос звучит громко »: на НТВ − интервью Владимира Путина," *НТВ*, 2016.12.04, <http://www.ntv.ru/novosti/1728496/>（アクセス 2016.12.25）

(59) Lo, *Russia and the New World Disorder*, p. 45; Igor Torbakov, "What does Russia want?" *Deutsche Gesellschaft für Auswärtige Politik (DGAP) Analyse*, Mai 2011 No. 1 (2011.5.11), p. 9. <https://dgap.org/de/article/getFullPDF/17753>

(60) Путин, "Россия на рубеже тысячелетий," <http://www.pravitelstvo.gov.ru/government/minister/article-vvpl.html>（アクセス 2000.1.5）

(61) Ibid.

(62) Ibid.

(63) Евгений Гонтмахер, "Переход на личности: Идеология vs. политика," *Ведомости*, No. 42 (2312), 2009.3.11.

(64) *Суверенная демократия: от идей к доктрине* (Москва: Издательство « Европа », 2007); Владислав Сурков, *Тексты* 97-07 (Москва: Издательство « Европа », 2008); pp. 9-27, 109-73; Алексей Семенов, *Сурков и его пропаганда: Феномен главного идеолога Кремля* (Москва: Книжный мир, 2014), pp. 79-92; Зоя Светова, "Политтехнолог всея Руси: Владислав Сурков – человек с тысячью лиц," *НВ*, No. 8. 2011.3.7.

(65) ロシア大統領ホームページ2005.4.25. <http://kremlin.ru/events/president/transcripts/22931>（アクセス 2016.7.12）

(66) Vladimir V. Putin, "A Plea for Caution from Russia," *NYT*, 2013.9.11.

(67) Leon Aron, "*Why* Putin says Russia is Exceptional," *The WSJ*, 2014.5.31.

(68) Ibid.

(69) Lo, *Russia and the New World Disorder*, p. 76.

## 第4章　論　理（2）

(1) Stent, *The Limits of Partnership*, p. 69から再引用。

(2) Myers, *The New Tsar*, p. 397から再引用。

(3) ロシア大統領ホームページ 2008.9.12 <http://kremlin.ru/events/president/news/1385>（アクセス 2017.5.21）

(4) Condoleezza Rice, *No Higher Honor: A Memoir of My Years in Washington* (New York: Crown Publishers, 2011), p. 75.

(5) 木村汎「ロシアと米国との関係」木村汎・佐瀬昌盛編著『プーチンの変貌？』勉誠出版、2000年、11-13頁。

(6) "Russia backs US reprisal strikes but unwilling to take part," in *JRL,* No. 5443 (2001.9.14), #1; *НИ*, 2004.4.8.

(7) Robert Legvold, "A wise reach: Crafting a U.S.-Relation alliance," *The National Interest*, winter 2002/03, p. 21.

(8) Donaldson and Nogee, *The Foreign Policy of Russia* (Second edition), p. 333.

Chatham House, 2013), pp. 25-26; Bobo Lo, *Russia and the New World Disorder* (London: Chatham House, 2015), p. 226.

(35) Sherr, *Hard Diplomacy and Soft Coercion*, p. 26.

(36) Ibid.

(37) Ibid.

(38) 望月哲男「ロシアの空間イメージによせて」松里公孝編『ユーラシア——帝国の大陸』(『講座スラブ・ユーラシア学3』) 講談社、2008年、139-40頁。

(39) Louis J Samelson, *Soviet and Chinese Negotiating Behavior: The Western View* (Beverly Hills, CA: Sage Publications, 1976), p. 24.

(40) レーニンは、「包囲された要塞」という概念を、1918年8月22日付『プラウダ』に書いた「アメリカ労働者への手紙」のなかではじめて用いた。В. И. Ленин, *Полное Собрание Сочинений* (издание пятое), Том 37 (Москва: Издательство политической литературы, 1967), p. 57; 日本共産党中央委員会レーニン選集編集委員会『レーニン10巻選集』第八巻、大月書店、1970年、315頁。

(41) George Kennan, "The Sources of Soviet Conduct," *Foreign Affairs*, July 1947, p. 569.

(42) Kyong-wook Shim, "Russia's Security Debate in 2000. Super power vs. Great power," in Satu P. Limaye and Yasuhiro Matsuda, eds., *Domestic Departments and Security Policy-Making in East Asia* (Tokyo: National Institute for Defense Studies, 2000), pp. 53-60.

(43) "Russia now World's Third-Largest military spender," *MT*, 2017.4.24.

(44) Charles Clover, "Russia: A return to arms," *FT*, 2013.10.1.

(45) Alexei Lossan, "Russia third in world in military spending, according to report," in *JRL*, 2015-#80 (2015.4.21), #16.

(46) Dmitri Trenin and Alexander R. Vershbow, "Perspectives on Russia," in *JRL*, 2017-#75 (2017.4.17), #27でのトレーニン発言。

(47) Stockholm International Peace Research Institute (SIPRI), *SIPRI Yearbook 2016: Armaments, Disarmament and International Security* (Oxford: Oxford University Press, 2017), p. 610.

(48) Путин, *Прямая речь* (Том 1), pp. 190-91.

(49) Trenin and Vershbow, "Perspectives on Russia" でのトレーニン発言。

(50) Andrei Kozyriev, "The lagging Partnership," *FA* (May-June 1994), pp. 59-71.

(51) Yevgeny M. Primakov, *A World Challenged: Fighting Terrorism in the Twenty-First Century* (Washington DC: The Nixon Center and Brookings Institution Press, 2004), pp. 94-101.

(52) Lo, *Russia and the New World Disorder*, pp. 7, 49, 208.

(53) Leon Aron, "The Foreign Policy Doctrine of Postcommunist Russia and its Domestic Context," in Michael Mandelbaum, ed., *The New Russian Foreign Policy* (New York: Council on Foreign Relations, 1998), p. 33.

(54) Lilia Shevtsova, *Lonely Power: Why Russia has Failed to Become the West and the West Is Weary of Russia* (Washington, DC: Carnegie Endowment for International Peace, 2010).

(55) Jeffrey Mankoff, *Russian Foreign Policy: The Return of Great Power Politics* (New York: Rowman & Littlefield Publishers, Inc., 2009), p. 78.

(56) ロシア大統領ホームページ2007.2.10. <http://kremlin.ru/events/president/transcripts/24034>

(11) Ibid.

(12) Karaganov and Bordachev, "Toward a new Euro-Atlantic security architecture," p. 6.

(13) Oleg Yegorov, "Poles apart: Can the decisions between Russia and the West be bridged?" in *JRL*, 2016-#228 (2016.12.9), #2から再引用。

(14) 佐瀬昌盛「ドイツ統一と『2＋2』交渉」『防衛大学紀要（社会科学篇）』第75号、防衛大学校、1957年9月、53頁。Horst Teltschik, *329 Tage: Innenansichten der Einigung* (Berlin: Siedler, 1991), pp. 314, 326; ホルスト・テルチク『歴史を変えた329日――ドイツ統一の舞台裏』三輪晴啓・宗宮好和監訳、日本放送出版協会、1992年、364、418頁。Archie Brown, *The Gorbachev Factor* (Oxford, UK: Oxford University Press, 1996), p. 246; アーチー・ブラウン『ゴルバチョフ・ファクター』小泉直美・角田安正訳、藤原書店、2008年、478頁。

(15) Angela E. Stent, *Russia and Germany Reborn: Unification, the Soviet Collapse, and the New Europe* (Princeton, NJ: Princeton University Press, 1999), p. 225.

(16) George F. Kennan, "The Dangers of Expansive Realism," *The National Interest*. No. 51, spring 1998), p. 118.

(17) Angela E. Stent, *The Limits of Partnership: U.S.-Russian Relations in the Twenty-First Century* (Princeton, NJ: Princeton University Press, 2014), p. 37.

(18) ロシア大統領ホームページ 2017.5.31 <http://kremlin.ru/events/president/transcripts/54638>（アクセス 2017.6.2）

(19) *The Putin Interviews: Oliver Stone Interviews Vladimir Putin* (New York: Skyhorse Publishing, Inc., 2017), p. 40.

(20) Trenin, *Should We Fear Russia?*, p. 12.

(21) 土山實男『安全保障の国際政治学――焦りと傲り』（第二版）有斐閣、2014年、300-301頁。

(22) John J. Mearsheimer, "Back to the Future: Instability in Europe after the Cold War," *International Security*, Vol. 15, No. 1, 1990, p. 52.

(23) 土山『安全保障の国際政治学』301頁。

(24) George F. Kennan, "A Fateful error," *NYT*, 1997.2.5.; 次も参照。Kennan, "The Dangers of Expansive Realism," p. 118.

(25) Jack F. Matlock, Jr., *Autopsy on an Empire: The American Ambassador's Account of the Collapse of the Soviet Union* (New York: Random House, 1995), pp. 382-89.

(26)『東京新聞』2016年12月28日から再引用。

(27) Trenin, *Should We Fear Russia?* p. 8.

(28) 佐瀬昌盛『NATO――21世紀からの世界戦略』文春新書、1999年、18-19頁。

(29) 佐瀬昌盛「ロシアとNATOとの関係」木村汎・佐瀬昌盛編『プーチンの変貌？――9・11以降のロシア』勉誠出版、2003年、66頁。

(30) J. L. Black, *Russia Faces NATO Expansion*: Bearing Gift or Bearing Arms? (New York: Rowman & Littlefield Publishing, Inc., 2000), pp. 52-54.

(31) Kortunov, "Russia and the West."

(32) Trenin, *Should We Fear Russia?*, p. 8.

(33) Stent, *The Limits of Partnership*, p. 77.

(34) James Sherr, *Hard Diplomacy and Soft Coercion: Russia's Influence Abroad* (London:

Harper Collins Publishers, 2004), p. 357.

(47) Midgley and Hutchins, *Abramovich*, p. 3.

(48) Дмитрий Медведев, "Любая власть вызывает сомнения," *Огонёк*, No. 24 (2006.6.12-18), p. 1.

(49) David E. Hoffman, *The Oligarchs: Wealth and Power in the New Russia* (New York: Public Affairs, 2002), pp. 475-76.

(50) Олег Савицкий "Суверенная демократия без суверена," *Особая буква*, 2013.8.16.

(51) Ben Aris, "Meet the stoligarchs, Putin's pals who control a fifth of the Russian economy," in *JRL*, 2016-#129 (2016.7.11), #3.

(52) Anna Tretyak, "Forbes ranks Russia's wealthiest titans of business," in *JRL*, 2017-#78 (2017.4.21), #17.

(53) Julia Joffe, "Vladimir Putin might fall, We Should consider what happens next," *New Republic*, 2014.8.6.

(54) Anders Aslund, *Russia's Capitalistic Revolution: Why Market Reform Succeeded and Democracy Failed* (Washington, DC: Peterson Institute for International Economics, 2007), p. 243.

## 第3章　論　理（1）

(1) Brian MacDonald, "Putin & Trump finally meet: Here's why Russia and America can't get along," in *JRL*, 2017-#128 (2017.7.6), #10.

(2) Fiona Hill and Clifford G. Gaddy, *Mr. Putin: Operative in Kremlin* (Washington, DC: Brookings Institution Press, 2013). Updated and expanded in paperback in 2015, p. 385.

(3) Sergei Karaganov and Timofei Bordachev, "Toward a new Euro-Atlantic security architecture," *Report of the Russian Experts for the Valdai Discussion Club Conference* (London: December 8-10, 2009), p. 6.

(4) Anddrey Kortunov, "Russia and the West: What does 'quality' means?" in *JRL*, 2016-#203 (2016.11.1), #1.

(5)「冷戦は、なぜ終わったのか」。この問いにたいする諸説については、たとえば次を参照。松岡完・広瀬佳一・竹中佳彦『冷戦史――その起源・展開・終焉と日本』同文館、2003年、258-62頁。

(6) "Two-Thirds of Russians believe USSR would have won WWII without Allied help," *MT*, 2017.6.22.

(7) Dmitri Trenin, *Should We Fear Russia?* (Malden, MA: Polity Press, 2016), pp. 6-7.

(8) Pavel Koshkin, "What kind of Russia should the West fear?" in *JRL*, 2017-#10 (2017.1.11), #3から再引用。

(9) Trenin, *Should We Fear Russia?* p. 10, ロバート・ゲーツ『イラク・アフガン戦争の真実――ゲーツ元国防長官回顧録』井口耕二・熊谷玲美・寺町朋子訳、朝日新聞出版、2015年、157頁。

(10) Fyodor Lukyanov, "Putin's Foreign Policy: The Quest to restore Russia's rightful place," *RGA*, 2016.5.4.

(30) Lilia Shevtsova, *Putin's Russia* (Revised and Expanded edition) (Washington, DC: Carnegie Endowment for International Peace, 2005), p. 161; *НИ*, 2004.1.26.

(31) Andrew Jack, *Inside Putin's Russia* (London: Granta Books, 2004), p. 318.

(32) *От первого лица*, p. 73; *The First Person*, p. 81;『プーチン、自らを語る』164頁。

(33) ロシア大統領ホームページ 2014.3.18 <http://kremlin.ru/events/president/news/20603>（アクセス 2017.3.31）

(34) Robert H. Donaldson and Joseph L. Nogee, *The Foreign Policy of Russia: Changing Systems, Enduring Interests* (Third edition) (Armonk, NY: M. E. Sharpe, 2005), p. 166.

(35) "Poisoning Relations: The Sushi may be a red hearing, but the case is serious," *The Times*, 2006.11.24.

(36) George F. Kennan, *Russia, the Atom and the West* (Westport, CO: Greenwood Press, 1958), pp. 21-22; ジョージ・ケナン『ロシア・原子・西方』長谷川才次訳、時事新書、1958年、38-39頁。

(37) Sir Harold Nicolson, *Diplomacy* (Oxford: Oxford University Press, 1963), pp. 1, 3; H・ニコルソン『外交』斎藤真・深谷満雄訳、東京大学出版会、1968年、1、4頁。

(38) *Коммерсанть*, 2006.6.16.

(39) Sean P. Roberts, *Putin's United Russia Party* (London: Routledge, 2012), p. 122.

(40) ロシア大統領ホームページ 2006.1.31. <http://kremlin.ru/events/president/transcripts/23412>（アクセス 2017.8.28）

(41) Marshall I. Goldman, *The Piratization of Russia: Russian Reform Goes Away* (London: Routledge, 2003); マーシャル・I・ゴールドマン『強奪されたロシア経済』鈴木博信訳、日本放送出版協会、2003年。

(42) 塩原俊彦『ロシアの「新興財閥」』東洋書店、2001年。

(43) Pavel Klebnikov, *Godfather of the Kremlin: Boris Berezovsky and the Looting of Russia* (New York: Harcourt, Inc., 2000);（ロシア語訳）Павел Хлебников, *Крестный отец Кремля Борис Березовский или История разграбления России* (Москва: Издательство « Детектив-Пресс », 2002).

(44) 中澤孝之『オルガルヒ（政商）——ロシアを牛耳る163人』東洋書店、2002年。David E. Hoffman, *The Oligarchs: Wealth and Power in the New Russia* (New York: Public Affairs, 2002); Chrystia Freeland, *Sale of the Century: The Inside Story of the Second Fussian Revolution* (London: Little, Brown and Company, 2000); クリスチャー・フリードランド『世紀の売却』角田安正訳、新評論社、2003年。ちなみに、今日『フォーブス』誌の億万長者リストに載るようなロシアのスーパーリッチは、「クレムリン・オリガルヒ」と呼ばれるべきというのが、マーシャル・ゴールドマン教授（元ハーバード大デーヴィス・ロシア・センター副所長）の見方である。Marshall I. Goldman, "Kremlin Capitalism," *MT*, 2006.9.22, p. 8.

(45) 中澤孝之『オリガルヒ（政商）——ロシアを牛耳る163人』東洋書店、2002年、259頁。"Oligarchs may merge with bureaucrats to win over in Russia — pundit," in *JRL*, 2005.9.21, No. 250, #19; Richard Sakwa, *The Quality of Freedom: Khodorkovsky, Putin, and the Yukos Affairs* (Oxford: Oxford University Press, 2007), pp. 78-96も参照。

(46) Dominic Midgley and Chris Hutchins, *Abramovich: The billionaire from nowhere* (London:

(8) Yelena Malysheva, "Live longer! Putin calls for improving life expectancy," in *JRL*, 2017-#58 (2017.3.24), #4.
(9) Mark Galeotti, "Putin's incredible shrinking circle: Ivanov's departure leaves few voices able to speak truth to Putin," in *JRL*, 2016-#152 (2016.8.18), #11.
(10) "Putin's personal moves: dancing in the darks," *Economist*, 2016.8.20, p. 38.
(11) Tatyana Stanovaya, "Putin's new personnel policy," *Carnegie Moscow Center Paper*, 2016.8.16.
(12) Nikolay Petrov, "What does Russia's decline look like?" *Russia in Decline*, EDM, The Jamestown Foundation, 2016.7.6, p. 5.
(13) Mikhail Fishman, Daria Latvinova, "Why Putin fired chief of Staff and longtime ally," *MT*, 2016.8.12から再引用。
(14) Neil MacFaquhar, "Putin dismisses Sergei Ivanov, a longtime ally, as chief of staff," *NYT*, 2016.8.12.
(15) Richard Sakwa, *Russian Politics and Society* (second edition) (London: Routledge, 1996), p. 281.
(16) "Kremlin to change foreign policy," *CDI Russia Weekly*, #297 (2004.3.12), RW3-12-03, #4.
(17) Ibid.
(18) Dmitri Trenin, "Russia's Foreign and Security policy Under Putin," Carnegie Moscow Center, 2005.6.24. <http://www.carnegie.ru/en/pubs/media/72804.htm>
(19) Susan B. Glasser, "Minister. No," *Foreign Policy* (May – June 2013), p. 56.
(20) Ibid.
(21) Ibid. から再引用。
(22) Mark Galeotti, "We all need to worry about Russia's incredible shrinking foreign policy," in *JRL*, 2017-#37 (2017.2.21), #17.
(23) 小松摂郎訳編『マルクスのことば』社会思想社、1966年、172頁。
(24) マルクス・レーニン主義とテロリズムとの関係については、Alexander Dallin and George Breslauer, *Political Terror in Communist Systems* (Stanford, CA: Stanford University Press, 1970) 参照。
(25) 旧ソ連時代の政軍関係についての筆者の見方については、次を参照。木村汎「ソ連の戦略的『意図』の規定要因」衛藤瀋吉他編著『日本の安全・世界の平和』原書房、1980年、85-87頁。
(26) Anatol Lieven, *Chechnya: Tombstone of Russian Power* (New Haven: Yale University Press, 1998), p. 88; Dmitri V. Trenin, Aleksei V. Malashenko, *Russia's Restless Frontier: The Chechnya Factor in Post-Soviet Russia* (Washington, D.C.: Carnegie Endowment for International Peace, 2004), p. 108.
(27) 木村汎「チェチェン紛争――繰り返す悲劇」『ブリタニカ国際年鑑』ブリタニカ・ジャパン、2005年、410-13頁。
(28) 木村汎『プーチン主義とは何か』角川書店、2000年、71-79頁。
(29) 木村汎「泥沼にのめり込むプーチン大統領――悲劇の連鎖、チェチェン問題の実相」『時事トップ・コンフィデンシャル』(2004.9.10)、4-6頁。

1994), pp. 266-69.

(63) Костиков, *Роман с Президентом*, p. 84. スペクターは記す。「エリツィンは、自分だけが脚光を浴びねばならないと考える」。Michael Specter, "My Boris," *The NYT Magazine* (1998.7.26), p. 27.

(64) Леонид М. Млечин, "Кто толкает министра Козырева в отставку?" *НВ*, No. [2484] (October 1993), p. 8.

(65) Steven Erlander, "Reform School," *The N Y T Magazine* (November 29, 1992), p. 40.

(66) Peter Reddaway & Dmitri Glinski, *The Tragedy of Russia's Reform: Market Bolshevism Against Democracy* (Washington, DC: United States Institute of Peace Press, 2001), p. 604; Lilia Shevtsova, *Yeltsin's Russia: Challenges and Constraints* (Washington D.C.: Carnegie Endowment for International Peace, 1997), p. 44.

(67) Sarah E. Mendelson, *Changing Course: Idea, Politics, and the Soviet Withdrawal from Afghanistan* (Princeton, NJ: Princeton University Press, 1998), p. 130.

(68) Ibid; Scott A. Bruckner, "Policy Research Center in Russia: Tottering toward an Uncertain Future," *NIRA Review* (Tokyo: National Institute for Research Advancement, 1996) (Summer 1996), pp. 31, 130も参照。

(69) Larrabee and Karasik, *Foreign and Security Policy Decisionmaking Under Yeltsin*, pp. 29, 37.

(70) Shevtsova, *Yeltsin's Russia: Challenges and Constraints*, pp. 42, 44.

(71) Oded Evan, *Mezhunarodniki: An Assessment of Professional Expertise in the Making of Soviet Foreign Poicy* (Ramat Gan: Turtledove Publishing, 1979); English, *Russia and the Idea of the West*, pp. 100-07, 147-53.

(72) "Russian scientists demonstrate over 'privatization of research'," *YAHOO News*, 2006.5.25.

(73) 河東哲夫「袋小路のロシア・リベラル派」『ユーラシア・ウォッチ』第89号(2006.6.2)、1頁。

(74) Нодари Симония, "Россия свой шаг к компромиссу по 'северным территориям' сделала. Теперь очередь за Японцами," *Известия*, 2005.1.12.

## 第2章　装　置

(1) 2008年2月20日、訪ロ中の「安全保障問題研究会」(東京)との会議における木村の質問にたいするヤブリンスキイの回答。

(2) Бабаева, "Пирамида одиночества."

(3) Tatyana Stanovaya, "The lonely business in ruling Russia: How Putin makes his staff decision," *MT*, 2016.8.16.

(4) Thomas F. Remington, *Politics in Russia* (7th ed.) (New York: Longman, 2012), p. 63.

(5) Allison Quinn, "Son of Putin's chief of staff drowns in United Arab Emirates," *MT*, 2014.11.5.

(6) Ирина Макроусова, *Друзья Путина: новая бизнес-элита России* (Москва: Эксмо, 2011).

(7) Marshall 1. Goldman, *Petrostate: Putin, and the New Russia* (Oxford: Oxford University Press, 2008), pp. 96.139, 192, 200; マーシャル・I・ゴールドマン『石油国家ロシア——知られざる資源強国の歴史と今後』鈴木博信訳、日本経済新聞出版社、2010年、154、220、304、316頁。

Lapidus, ed., *The New Russia: Troubled Transformation* (Boulder, CO: Westview Press, 1995), p. 9.

(50) Stephen F. Larrabee and Theodore W. Karasik, *Foreign and Security Policy Decisionmaking Under Yeltsin* (Santa Monica, CA: RAND, 1997), p. 35.

(51) *РГ*, 1992.9.10.

(52) コーズィレフ外相は、明確にのべた。「この旅行（エリツィン大統領の訪日）の件にかんして、公式の投票はなされなかった」。*МН*. 1992.9.20, p. 6. ユーリイ・ペトロフ（大統領府長官）も、「安全保障会議は、大統領下の諮問会議である。最終決定権は、つねに大統領にある」とのべた。*Известия,* 1992.9.11.

(53) Борис Ельцин, *Записки президента* (Москва: огонёк, 1994), p. 186. ビャチェスラフ・コスチコフも、記している。「大統領が自分自身の意志で（самостоятельно）訪日のキャンセルをおこなったことは、明らかである」。Вячеслав В. Костиков, *Роман с президентом: Записки пресс-секретария* (Москва: Вагриус, 1997), p. 107. アレクセイ・プシコフ（『モスクワ・ニューズ』副編集長）も、記している。「この最後の決定が大統領自身の決定だったことには、一点の疑いもない」。Алексей Пушков, "Уроки отменённого визита," *МН*, No. 38, 1992.9.20, p. 5.

(54) Mikhail E. Bezrukov, "International Mechanisms of Russian Foreign Policy," in Leon Aron and Kenneth M. Jensen, eds., *The Emergence of Russian Foreign Policy* (Washington, D.C.: United States Institute of Peace Press, 1944), p. 74; Malcolm, "Foreign Policy Making," p. 117.

(55) 木村『ボリス・エリツィン』185-6頁。

(56) Борис Ельцин, *Президентский марафон* (Москва: Издательство АСТ, 2000), pp. 71-72; ボリス・エリツィン『ボリス・エリツィン最後の証言』網屋慎哉・桃井健司訳、NCコミュニケーションズ、2004年、122頁。

(57) Ibid., p. 77; 網屋・桃井、前掲訳、129頁。

(58) "Видео Крым: Путь на Родину," <https://russia.tv/brand/show/brand_id/59195>（アクセス2017.11.25）

(59) アンダース・アスルンド「意外に底堅い？　プーチノミクス」『ニューズウィーク日本版』2016年12月20日号、34頁。

(60) Archie Brown, *The Gorbachev Factor* (Oxford: Oxford University Press, 1997), p. 213. アーチー・ブラウン『ゴルバチョフ・ファクター』小泉直美・角田安正訳、藤原書店、2008年、191頁以下。

(61) Pavel Palazchenko, *My Years with Gorbachev and Shevardnadze: The Memoirs of a Soviet Interpreter* (University Park, PM: The Pennsylvania State University Press, 1997), p. 94.

(62) バート・イングリッシュ教授（ジョーンズ・ホプキンス大）は、ゴルバチョフの「ブレーン・トラスト」（頭脳集団）、すなわち「ゴルバチョフ・チーム」に、さらに次の者を加える。ゲオールギイ・アルバートフ、エフゲーニイ・ベリーホフ、プリマコフ、ロアリド・サグデェエフからなる「四人組」。Robert D. English, *Russia and the Idea of the West: Gorbachev, Intellectuals, and the End of the Cold War* (New York: Columbia University Press, 2000), pp. 185, 201, 213-14; Roald Z. Sagdeev, *The Making of a Soviet Scientist: My Adventures in Nuclear Fusion and Space From Stalin to Star Wars* (NY: John Wiley & Sons,

(21) *НИ*, 2004.4.8.

(22) Andrew Jack, *Inside Putin's Russia: Can There Be Reform Without Democracy?* (London: Granta Books, 2004), p. 257.

(23) Ibid., p. 258.

(24) "Russia backs US reprisal strikes but unwilling to take part," *AFP*, in *JRL*, No. 5443 (2001.9.14), #2.

(25) 本書筆者も含む訪ロ団一行との会談（2008.3.20）中における、木村の質問にたいするヤブリンスキイの回答。

(26) 同右。

(27) Бабаева, "Пирамида одиночества."

(28) Ibid.

(29) "Строится унитарное государство с военной бюрократией," *Нез.Газ.*, 2004.9.14.

(30) Ibid.

(31) Lo, *Vladimir Putin and the Evolution of Russian Foreign Policy*, p. 3.

(32) Ibid., p. 43.

(33) Ibid., p. 3.

(34) Ibid., p. 43.

(35) Osnos, Remnick, and Yaffa, "Active Measures" から再引用。

(36) "Концепция внешней политики Российской Федерации," *Нез. Газ.*, 2000.7.11.

(37) ロシア大統領ホームページ 2004.5.26 <http://kremlin.ru/events/president/transcripts/22494>（アクセス 2017.8.20）

(38) В. В. Путин, "Россия на рубеже тысячелетий," <http://www.pravitelstvo.gov.ru/government/minister/article-vvpl.html>（アクセス 2000.1.5）

(39) Ibid.

(40) Osnos, Remnick, and Yaffa, "Active Measures," p. 48.

(41) Carl von Clausewitz, *On War* (Baltimore, MD: Penguin Books, 1968), p. 119; クラウゼヴィッツ『戦争論』上巻、篠田英雄訳、岩波文庫、1968年、58頁；加藤秀次郎『クラウゼヴィッツ語録』一藝社、2017年、30頁。

(42) Nathan Leites, *A Study of Bolshevism* (Glencoe, IL: Free Press, 1953), pp. 9-19, 51-7; Raymond L. Garthoff, "Mutual Deterrence, Party and Strategic Arms Limitation in Soviet Policy," in Derek Leebarvt, ed., *Soviet Military Thinking* (London: Allen & Union, 1981), pp. 93-97.

(43) Arthur Upham Pope, *Maxim Litvinoff* (New York: L. B. Fischer, 1943), p. 100.

(44) Ibid.

(45) Robert V. Daniels, *Russia's Transformation: Snapshots of a Crumbling System* (Lanham, MO: Rowman & Littlefield, 1998), p. 166; *MN*, 1992.6.19も参照。

(46) *Известия*, 1992.9.11.

(47) Malcolm, Pravda, Allison and Light, *Internal Factors in Russian Foreign policy*, p. 117.

(48) 木村汎『ボリス・エリツィン——ロシア政治家の軌跡』丸善ライブラリー、1997年。

(49) Lilia Shevtsova, "Russia's Post-Communist Politics: Revolution or Community?" in Gail W.

## 第1章　主　体

（1）“Строится унитарное государство с военной бюрократией,” *Нез. Газ.*, 2004.9.14.

（2）Evan Osnos, David Remnick, and Joshua Yaffa, “Active Measures: What lay behind Russia’s interference in the 2016 election — and what lies ahead?” *The New Yorker*, 2017.3.6, p. 46.

（3）Bobo Lo, *Vladimir Putin and the Evolution of Russian Foreign Policy* (Oxford: Blackwell, 2003, pp. 3, 43.

（4）森下敏男『現代ロシア憲法体制の展開』信山社、2001年、196-200頁。

（5）*Конституция Российской Федерации: Энциколопедический словарь* (Москва: Научное Издательстово « Большая Российская Энциклопедия », 1995), pp. 265-302.

（6）*Конституция Российской Федерации*, pp. 265-302; 森下、前掲、382-85頁。

（7）Neil Malcolm, “Foreign Policy Making,” in Malcolm, Alex Pravda, Roy Allison and Margot Light, eds., *Internal Factors in Russian Foreign Policy* (New York: Oxford University Press, 1996), p. 107.

（8）Леонид Радзиховский, “Полет мысли,” *ЕЖ*, 2009.12.16.

（9）“Строится унитарное государство с военной бюрократией,” *Нез. Газ.*, 2004.9.14.

（10）*От первого лица: разговоры с Владимиром Путиным* (Москва: Вагриус, 2000), pp. 167-68; *First Person: An Astonishingly Frank Self-Portrait by Russian’s President Vladimir Putin* (New York: Public Affairs, 2000), p. 186; N・ヴォルクヤン、N・チマコフ、A・コレスニコフ『プーチン、自らを語る』高橋則明訳、扶桑社、2000年、230頁。

（11）Mikolay Petrov, Maria Lipman, and Henry E. Hale, *Over-Managed Democracy in Russia; Implications of Hybrid Regime* (Carnegie Papers, No. 106) (Feb. 2010), pp. 2-5.

（12）Ibid.

（13）Thane Gustafson, *Wheel of Fortune: The Battle for Oil and Power* (Cambridge, MA: The Belknep Press of Harvard University Press, 2017), p. 393.

（14）木村汎「ゴルバチョフ側近の一部は、四島返還に賛成していた」『海外事情』（拓殖大学海外事情研究所）、第64巻6号、2016年6月号、119-34頁。

（15）「安全保障問題研究会」（東京）の訪ロ代表団とのプリマコフ（当時、商工会議所会頭）の会談（2008.3.17）中における木村の質問にたいするプリマコフの回答。

（16）次も、参照。Yevgeny Primakov, translated by Felix Rosenthal, *Russian Crossroads toward the New Millennium* (New Haven: Yale University Press, 2004), p. 269; エフゲニー・プリマコフ『クレムリンの5000日——プリマコフ政治外交秘録』鈴木康雄訳、NTT 出版、2002、261頁。

（17）Lo, *Vladimir Putin and the Evolution of Russian Foreign Policy*, pp. 42-50; Sergei Karaganov, “Russia’s road to isolation,” *Daily Times* (Pakistan), 2005.3.12.

（18）たとえば、シェフツォーバは、キャンベラ（オーストラリア）での木村のインタビュー（2002.7.28）中で、彼女の息子（野党「ヤーブロコ」のメンバー）ですら、当時プーチン大統領によって意見を求められることがあると語った。

（19）Светлана Бабаева, “Пирамида одиночества: Путин взвалил на себя ношу, которую тяжело нести одному,” *МН*, 2006.9.6.

（20）Ibid.

# 注

凡例：出版物の略称は以下の通りである。

**（英文）**

| | |
|---|---|
| *CH* | Current History |
| *CSM* | Christian Science Monitor |
| *EDM* | Eurasia Daily Monitor <http://www.jamestown,org/> |
| *EGE* | Eurasian Geography and Economics |
| *FA* | Foreign Affairs |
| *FT* | Financial Times |
| *JRL* | Johnson's Russia List |
| *MN* | Moscow News |
| *MT* | Moscow Times |
| *NY* | New Yorker |
| *NYT* | New York Times |
| *PPC* | Problems of Post-Communism |
| *RAD* | Russian Analytical Digest |
| *RGA* | Russia in Global Affairs |
| *RFE/RL* | Radio Free Europe/ Radio Liberty |
| *RP* | Russia Profile (RussiaProfile.org) |
| *RT* | Russia Today |
| *WSJ* | Wall Street Journal |
| *WP* | Washington Post |

**（露文）**

| | |
|---|---|
| *АиФ* | Аргументы и факты |
| *ВН* | Время новостей |
| *ЕЖ* | Ежедневный журнал |
| *КВ* | Коммерсанть власть |
| *КЗ* | Красная звезда |
| *КП* | Комсомольская правда |
| *МК* | Московский комсомолец |
| *МН* | Московские новости |
| *Нез. Газ.* | Независимая газета |
| *Нов. Газ.* | Новая газета |
| *НВ* | Новое время |
| *НИ* | Новые известия |
| *ПДВ* | Проблемы Дальнего Востока |
| *РГ* | Российская газета |

## はじめに

（1）Seweryn Bialer, ed., *The Domestic Context of Soviet Foreign Policy* (Boulder, CO: Westview Press, 1981), p. 341.

（2）Владимир Путин, *Прямая речь* (Москва: Издательский дом « звонница-мг », 2016), Том 1, p. 56.

（3）Joseph L. Nogee and Judson Mitchell, *Russian Politics: The Struggle for a New Order* (Boston, MT: Allyn and Bacon, 1997), p. 155.

（4）Robert Jervis, *Perception and Misperception in International Politics* (Princeton, NJ: Princeton University Press, 1976), p. 22.

（5）Peter B. Evans, Harold K. Jacobson, Robert D. Putnam, eds., *Double-Edged Diplomacy: International Bargaining and Domestic Politics* (Berkeley, CA: University of California Press, 1993).

（6）Ibid., p. 15.

ロシア機撃墜事件　40, 182, 510-9, 521-2
ロシア極東　33, 35, 190, 336-7, 341, 344, 347, 354-6, 359, 404, 407-8, 417, 422-3, 594
ロシア・ゲート（ロシア疑惑）　43, 574, 578
ロシア自由民主党　105-6
ロシア–ジョージア紛争　54, 157-8, 211, 227-8, 309, 443, 527, 529, 554
「ロシアの世界」　75, 255
「ロシア連邦とNATO間の相互協力および安全保障にかんする基本文書」　122, 126
「ロシア連邦の外交政策概念」　339
「ロシア連邦の軍事ドクトリン」　417
「ロシアを再び強国に」　571
ロスアトム　322
ロスオボロンエクスポルト　209-10, 224
ロステフノロギイ　210-1

## ワ

悪い警官　54-5
ワールド・カップ（W杯）　277, 280

## マ


マイダン（広場）革命　31, 152, 195, 293, 295
魔女狩り　578-9
麻薬取締国家委員会　210
マレーシア航空 MH-17 機撃墜事件　328, 514
マロ・ロシア（小ロシア）　310
万景峰号　594

「ミスター・ニエット」　91
『ミスター・プーチン』　576
ミストラル艦　228-9
密約疑惑　574, 577-8
緑の小人　165
南オセチア自治州　127, 138, 157-8, 182, 309, 331, 376, 413, 532, 553, 584
ミニ・ソ連　31, 268, 270, 276-8, 285, 299, 301
ミニ・リセット　43, 576, 580, 588
ミニ冷戦　374, 390, 460, 527, 542
ミュンヘン演説　133
ミンスク合意　323, 326, 455

メドベージェフ
　――、「ペーパー・ベア」　532
面子の維持　519

モスクワのこだま　244, 361
元栓を閉める　370, 410
もろ刃の剣　93, 241, 248, 451, 514-5, 602
モンゴル・タタールの軛　416


## ヤ


ヤーブロコ　57, 105
ヤルタⅡ　562

ユーラシア経済共同体　273
ユーラシア連合　31, 198, 268-70, 274-8, 281-93, 297, 300, 395

良い警官　54-5
予測不可能性　571-3
「ヨーロッパ共通の家」　330, 433


## ラ


ライト・ビーム（光線）作戦　156

リア（RIA）・ノーボスチ通信社　216, 248-50, 252, 362
利害圏　159
リージョナル（地域）・パワー　38
リセット（再構築）　41-3, 500, 527-30, 533-4, 536-7, 541-2, 546-7, 549-50, 576-77, 580, 582, 585, 588-9
リバランシング　336
領土不拡大の原則　181, 328
領土保全　101, 181, 328

ルースキイ・ミール（ロシアの世界）　239

冷戦の再来　41, 332, 460, 526-7, 542, 550, 554
冷戦の終焉　206, 446, 582
冷蔵庫 vs テレビの闘い　496-7
レジーム・チェンジ（体制転換）　127, 150-1, 154, 157, 233, 491, 495, 540, 551, 553, 608
レッドライン（越えてはならない一線）　492, 588, 601
レバダ・センター　118, 154, 394, 504, 516-7, 607
レント・シェアリング・システム　349, 531, 604, 608-9
連邦会議（ロシア下院）　105

ロシア
　――人の順法精神　184, 408
　――の「裏庭」　35, 144, 148, 224, 398, 498
　――の憲法　47-8, 52, 59, 106, 258, 315, 441, 530
　――の独自性　24, 136, 138, 584
　――の「柔らかな下腹部」　148
　――の例外性　138
ロシア異質論　329-31

二次元ゲーム　602
二重尺度　138, 157, 182, 310, 328, 513, 584
二正面作戦　494, 497, 501
西ルート　373, 380, 382, 385-6
二大陣営論　471-2

『ネムツォフ・レポート』　316

ノボ・ロシア　305-13, 496
ノーボスチ通信社　248-9
ノルド（北）・ストリーム（北ヨーロッパ・ガス・パイプライン）　111, 370, 439

## ハ

灰色地域　472-3
ハイブリッド戦争　26, 30, 32, 175-6, 203, 234, 249, 254, 303, 313-7, 324, 379, 547
パカズーハ（見せかけ）　388
バターか、大砲か　599
バーター取引　212, 220-2, 225-6
ハッカー攻撃　547, 563, 565, 587
バッファーゾーン（緩衝地帯）　39, 160-1, 278, 280, 312, 583-4, 605
ハード・パワー　26, 29, 232-4, 237, 259, 315, 580
バム鉄道（バイカル・アムール鉄道、第二シベリア鉄道）　287, 397
バラ革命　151, 553

比較優位の原則　403, 555
東ルート　366, 372-3, 376, 380, 382, 385-6
ピーテルツィ　97, 99
非同盟　217, 472
被包囲意識　128-9, 496, 584
ピュー・リサーチ・センター　262-3

ブーク　514
ブシェール原子力発電所　479, 484
二人ゲーム　424
プーチニズム（プーチン主義）　46, 48-9, 138, 170, 332, 456, 555
プーチノクラシー（プーチン統治）　17, 19, 23, 27, 48-50, 58-9, 81, 84-5, 106, 109, 136, 197, 203, 233, 263, 332, 349, 351, 353, 435, 583, 604, 608-9
プーチン
「――2.0」　474, 586
――、革命嫌悪主義者　39, 151-2, 156, 490, 521, 540, 561, 585
――、サバイバル欲　27, 59, 61, 100, 189, 256, 258, 277, 496, 512, 585-6, 595
――式マジック　60-1, 186-7, 496
――、戦術家　198-9
――、戦略家　198-9
――、「台所外交」発言　566
――とオバマ、ケミストリー　41, 536-7, 539
――の金庫番　112
――の手口　520-1
――版「保守主義」　464
――、「弱い者は打たれる」発言　553, 570
プリバチザーチヤ（民営化）　107-8, 186, 330, 353
プリフバチザーツィア（略奪化）　107
古いヨーロッパ　436, 438, 443
分断戦術　441-5, 464

兵器のライセンス生産　214, 220
ベスト・アンド・ブライテスト　70, 235, 608
ベスラン学校占拠事件　103, 105, 246, 553
ヘルシンキ宣言　166, 181, 328
ペルソナ・ノン・グラータ　541, 592
ベルリンの壁　151, 172, 295, 476
便宜結婚　468, 481
便宜的な枢軸　391, 393, 410

保守主義　249, 464, 583
ポチョムキン村　260, 262-3
北方領土問題　27, 35, 51, 53-5, 91, 101, 104, 356, 429
ホーネッカー政権　172
ポピュリズム（大衆迎合主義）　496
ホワイト・ハウス（ベールイ・ドーム）　47

295-6, 361, 363, 386, 493, 583
ソフト・パワー　26, 29, 61, 231-7, 239-41, 256-7, 260, 263, 302, 580, 608
損害制限　588
忖度　18, 261, 383, 516, 518

## タ

第一次チェチェン戦争　67, 95
第一世界　472
『第一人者から』　49, 99, 154, 156, 166, 171, 173, 434
大韓航空機撃墜事件　183-4, 513
第五世代の戦闘機　215-7
第五列　153, 157, 251
第三世界　24, 37, 204, 433, 471-4
大勢順応主義者　251-2
大西洋憲章　181, 328
大統領府　22, 68, 73, 79-81, 85, 87, 99, 136, 151, 210, 295
第二次チェチェン戦争　96
第二世界　472
第四世代の戦闘機　214-5
多極主義　25, 38, 131-4, 138, 146, 552
多極世界　128, 131, 391
蛸型　560, 569
ダマンスキイ島（珍宝島）　34, 213
「他力本願」方式　190, 248, 403
タルトゥース　40, 490, 506
タンデム（双頭）政権　48, 53, 157, 353, 441, 528, 530-1, 537
弾道弾迎撃ミサイル（ABM）制限条約　535

チェー・カー　67, 98, 185
チェキスト　67-8, 93, 97-104, 155-6, 185, 585
チェス型行動様式　178-9, 191
チェチェン共和国　34, 95, 147, 182, 186, 259, 309, 328, 338, 412, 470, 475-6, 490
チェルノキ　407
近い外国　30, 32, 159-60
力の相関関係　26, 100, 171, 173, 518, 595
地対空ミサイル S-300　214, 216-7, 220, 223, 479, 503
地対空ミサイル S-400　216-7, 503, 523
知的共同体　21, 71
知的専門家集団　69, 72, 74
チャイナ・プラス・ワン　35
チャイナ・リスク　35
中国化　345, 418
中国脅威論　35, 416, 419
中国中心主義　32, 389
チューリップ革命　151, 553
超大統領制　23, 48
地理的な近接性　289, 404-6

冷たい平和　374-5, 380, 383, 390
強い国家権力　60-1, 106, 241-2
強い指導者　61, 100, 145, 526, 532, 539, 571

「停滞」　83, 117, 241, 608
ディーマ・ヤーコブレフ法　544, 567
「敵・味方」　27
出口戦略　504

統一経済空間　274
統一ロシア　23, 105-6
東方シフト　32, 388-91
「東方におけるドイツ」　427
特殊権益地域　25, 159-61, 166, 584
土地と発展の交換取引　190
ドーピング　260-1, 497
トマホーク　487, 502-3, 588, 601
友・敵　185
トルコ
　――、クーデター未遂事件　520-1
　――、ロシア大使暗殺事件　522
トルコ・ストリーム　41, 508, 523
トロイの木馬　153
ドローン　203, 228

## ナ

内的東方　338-9, 341
ならず者国家　29, 223

二国間主義　444
「西側でないヨーロッパ」　437

国家資本主義　205, 384-5, 555
国境不可侵の原則　181, 328
孤独なパワー　132
コメコン（経済相互援助機構）　556
固有の領土　101, 163

## サ

サイバー攻撃　102, 139, 253, 547-8, 564-5, 568, 577, 584, 587
三人以上ゲーム　424

シーア派　470, 489, 500, 509
シェール石油　370, 469
シェールガス　370, 469
自給自足経済　556
自警団　32, 165, 316
静かな植民地化　418
下からの人民反乱　150-1, 156, 540, 561, 585
自他共栄　180
「シニア・パートナー」　34, 402, 411, 415, 420
死の商人　205, 475
忍び足の膨張　418
シビリアン・コントロール（文民統制）　22, 94, 97, 203
シビリキ（文民派）　73, 93, 295, 532
シベリア横断鉄道　287, 341, 395, 397
『シベリアの呪い』　345, 576
司法妨害疑惑　577-8
ジャクソン＝バニク法　543
ジャングルの掟　177, 330, 457, 570-1
柔道型行動様式　26, 177-9, 191
主権民主主義　24, 136-8, 349, 555, 584
シュタージ　154-5
「ジュニア・パートナー」　35, 414, 416, 419, 421
小規模なウラン濃縮研究活動　482
情報安全保障ドクトリン　242
勝利をもたらす小さな戦争　494, 497, 504, 587, 606
ジョージア　23, 25, 27, 54, 76, 96, 101, 127, 138, 151, 157-9, 161, 166, 182, 186, 211-2, 227-8, 237, 272-4, 278, 309, 376, 435, 443, 446-7, 452-3, 463, 465, 498, 527-9, 532, 553-4, 584, 606
「シーラ・シベーリ（シベリアの力）」　372
シリアからの撤退　500, 502, 504-6
シリア内戦　40, 308, 471, 489, 492, 499, 501, 503-4
シロビキ（武力担当省庁関係者、武闘派）　21, 64, 73, 93, 100, 210, 532
人口の過疎化　345-6
新冷戦（冷戦 2.0）　297, 374, 527, 542, 550, 554-55

スパゲッティ型　560, 569
スマート・パワー　232
スンニ派　470, 489, 500, 509

制限主権論　605
『精神病理学と政治』（ラスウェル）　585
生存圏　160
制度化　48, 55
勢力圏　116, 151, 159-60, 278, 345, 395, 398, 418, 498, 562
「世界で最も大きな影響力をもつ人物」　441, 457, 597
世界の警察官　137, 582, 591, 600
セミヤー（ファミリー）　70-1, 80, 87, 100, 108
セルゲイ・マグニツキイ法　543-4, 567
ゼロ・サム・ゲーム　32, 447, 450
世論基金　607
戦争不可避論　472
善玉　22, 55, 92, 566
戦略核弾頭　147, 534
戦略攻撃能力削減条約（SORT もしくは「モスクワ条約」）　147, 553
戦略的パートナーシップ　213, 371, 412-3, 429
全ロ世論研究センター　347, 607

「相対的に強い国に現れた弱いリーダー」　539
「相対的に弱い国に出現した強い指導者」　526, 539
ソチ冬季五輪　68, 191, 238, 256-61, 277,

610

英国の離脱（ブレグジット） 36-7, 388, 393-4, 431, 445-55, 457-8, 463
エルドアン書簡 40, 183, 518-9

黄禍論 417
欧州評議会 127
オバマ
——、対ロ制裁 43, 112, 464, 548-9, 562-6, 574, 576
オリガルヒ（新興寡占財閥） 23, 79, 107-11, 186, 243-4, 248, 259, 515, 606, 610
忠誠—— 109-10
徴集—— 110-1
反抗—— 109
オレンジ革命 151, 195, 291, 294-5, 553

## カ

海外移住ブーム 236
外国エージェント 156-7, 584, 586
外的東方 338-9, 341
化学兵器 42, 296, 465, 491-3, 500, 502-4, 506, 546, 549, 588-90, 601
革命の波 435
過剰膨張 306-7
ガスプロム 75, 111, 244, 246, 320, 350, 371, 373, 377-80, 383-5, 388, 523
鷲鳥狩り 244
カラー革命 39, 41, 101, 150-1, 153-4, 156, 272-3, 295, 435, 491, 502, 553, 561, 607-8
カラシニコフ自動小銃 201-2, 204, 212, 224
カリーニングラード州 535-6
関税同盟 274, 283-4, 293, 298, 397
元祖・冷戦（冷戦 1.0） 554-7
管理民主主義 49
過剰な—— 49

機会主義外交 42-3
北朝鮮 32, 43, 94, 132, 146, 149, 206, 230, 247, 343, 375, 403, 405, 422-5, 444, 478, 503, 506, 543, 555-6, 589, 592-4, 600
逆流 319
「9・11」同時多発テロ 25, 56-7, 143-50
共謀疑惑 577-8
「極東およびザバイカル地域の社会・経済発展プログラム」 33, 350-1
極東開発公社 351-5, 358
極東発展省 33, 352, 354-8
極東連邦管区大統領全権代表 355, 357
近代化のための乳牛 411

クリミア自治共和国 138, 164, 182, 294, 306, 328, 376
「クリミア、祖国への道」 295
クリミアの併合 21, 27, 43, 68, 93, 115, 139, 162-4, 166, 175, 177, 182, 186, 191-4, 196, 198-9, 229, 237, 272, 294-8, 303, 305, 307-8, 312, 322-4, 328-9, 374, 376, 379, 390, 393, 396, 443, 451, 455, 457-8, 460, 463, 465, 495, 498, 505, 509, 554-6, 561-2, 567, 572, 587
クルド人 470, 506-7, 509
クルド勢力 509
クルド問題 509, 522
「グレーター・ヨーロッパ（大欧州）」 434, 462-3
『グローバル・アフェアーズにおけるロシア』 115, 572

経済“三重苦” 187, 261, 496, 504, 581, 587
経済制裁 39, 186, 188, 197, 206, 224, 261, 382-3, 390, 451-2, 455-6, 458, 462, 478, 483, 485, 506, 520, 556, 563, 567, 576
経済的相互補完関係 34, 367, 371, 405, 409-10
ケッチャム社 238, 248
研究所勤務者 74
原子力の平和利用 479, 481
『権力と相互依存』 404, 410
「権力の垂直」支配 48-50, 106, 136, 349, 353

公正ロシア 106
国際問題専門家 33, 74, 119
国家安全保障戦略 581
国家会議（ロシア下院） 105

——の東方拡大　120-3, 126-8, 235, 552
NGO（非政府組織）　49, 101, 153-4, 156, 247, 584, 586
NPO（非営利組織）　586
NPT（核不拡散条約）　478-80
NSA（国家安全保障局）　253-4, 548, 564, 575
NTV（独立テレビ）　186, 244-5
OPEC（石油輸出国機構）　475
ORT（ロシア公共テレビ、現・第1チャンネル）　143, 186, 244-5, 249, 313
P5＋1（安保理常任理事国の5カ国にドイツを加えたイランの核交渉チーム）　485-6
PKK（クルド労働者党）　507, 509
RD250（旧ソ連製エンジン）　230
RT（*R*ussia *T*oday を改編したテレビ局）　29, 231, 248-56, 453, 561, 575, 590
RTR（ロシア・テレビ）　186, 245-6
SCO（上海協力機構）　25, 45, 135, 269, 273, 277, 374, 413, 416, 556
SDI（戦略防衛イニシアチブ、スター・ウォーズ計画）　117, 582
SIPRI（ストックホルム国際平和研究所）　131, 213, 217, 219
SPIEF（サンクト・ペテルブルグ国際経済フォーラム）　461-2
START Ⅰ（第一次戦略兵器削減条約）　534
START Ⅱ（第二次戦略兵器削減条約）　534-5
Su-24（戦闘爆撃機）　182, 211-2, 510, 517
Su-27（戦闘爆撃機）　212, 214-5, 220, 222
SVR（対外情報庁）　64, 68-7, 98-9
VEB（対外経済銀行）　81, 576
WADA（世界ドーピング機関）　260-1
WTO（ワルシャワ条約機構）　25, 121, 124-6, 166, 556
WTO（世界貿易機関）　127
YPG（人民防衛部隊）　509

## ア

悪玉　22, 55, 92, 566
悪の枢軸（axis of evil）　149, 478
アクラⅡ型原子力潜水艦（チャクラ）　219
アサド政府　40, 494, 500, 588-9, 601
アジア・プレミアム（割増金）　368
アジア太平洋パワー　33, 335, 337-8, 341, 426
アジアへの軸足移動　32-3, 335-6, 389, 391
アスタナ　40, 394, 506, 523, 549
新しいヨーロッパ　436
「アドミラル・ゴルシコフ（ヴィクラマーディティヤ）」　218
アブハジア自治共和国　138, 157, 182, 309, 376, 553
アメリカ第一主義　571, 591, 600-1, 603
「アメリカを再び強国に」　571
アラブの春　39, 41, 151, 154, 156, 489, 495, 542, 547
ありとあらゆるもの　175, 232-3
アル・カーイダ　144, 150, 489, 493
アルタイ・パイプライン　373
アレクサンドロフ楽団　499
アレッポ　491, 499, 504, 522
安全保障会議　21, 47, 62-8, 87, 93, 99, 102, 108, 295, 340, 347
安全保障会議書記　63, 66-7, 87, 99, 102, 108, 295

イスカンデル　535-6
『イズベスチヤ』　76, 233, 243, 245-6, 268, 274, 283, 286, 288, 290
一極主義　25, 34, 38, 41, 128-35, 146, 148, 256, 412, 442, 476, 495, 552-3, 584, 587
一帯一路　35, 37, 394-9, 461
イドリブ県　502, 504, 588, 601
妹分　402, 415
イラン
　——、核合意　485-6
イランに対する経済制裁　444, 480, 483-6

ヴァルダイ会議　159, 276
ウクライナ
　——、「サンドイッチ国家」　192
　——、「引き裂かれた国」　191
ウクライナ危機　175-9, 197-9, 211, 216, 228-30, 298, 313, 323, 327-8, 331-2, 374, 383, 392-3, 460, 506, 509, 547, 550, 556,

# 事項索引

本文（はじめに、第1～17章、おわりに）に登場する主要な事項を対象とした。

## A-Z


AA（連合協定）　194-5, 292-3
APEC（アジア太平洋経済協力会議）　277, 333, 337, 340, 352, 358-63, 373, 381, 389, 543, 559
BRICS（新興五大国）　25, 134-5, 300, 374, 556
CIA（中央情報局）　153, 253, 548, 564, 575
CIS（独立国家共同体）　30, 101, 108, 135, 151, 159-61, 166, 186, 194, 270-5, 278, 283, 299, 301, 309, 436, 498-9, 553
CNPC（中国石油天然気集団公司）　369, 373, 379-80, 384-5
COCOM（対共産圏輸出統制委員会）　28, 205
CSTO（集団安全保障条約機構）　135, 273
EEU（ユーラシア経済連合）　25, 28, 31, 35-7, 135, 194-6, 265-6, 276, 280-1, 288-90, 292, 297-8, 300-1, 312, 395-8, 452, 461-4, 547
――とEUの連携　462-3
ESPO（東シベリア・太平洋石油パイプライン）　411
EU（欧州連合）　31, 36-7, 111, 127, 147, 158, 161, 179, 194-6, 226, 234-5, 250, 254, 267-9, 273, 275, 277-8, 280, 287, 289, 290-3, 296-8, 300, 312, 317, 320, 325, 370-1, 374-5, 388-9, 392-4, 399, 414, 425, 429, 436, 440, 442-64, 475, 482, 507, 521, 557
FBI（連邦捜査局）　253, 548, 564, 575, 577-8
FOP（「プーチンのお友だち」）　82-5, 209, 350
FPS（国境警備庁）　98, 101
FSB（連邦保安庁）　64, 68, 73, 81, 98-9, 101-3, 210, 261, 295
FSO（連邦警護庁）　68, 98
G20（主要二〇カ国・地域）　25, 135, 374, 525, 556
G7（先進七カ国）　32, 127, 147-8, 229, 254, 260, 289, 321, 328-30, 374-6, 382-3, 390, 396, 460, 495-6, 563, 567, 583, 587, 592
G8（主要八カ国）　32, 127, 147-8, 238, 329, 331, 374, 390, 542
GUAM（ジョージア、ウクライナ、アゼルバイジャン、モルドバ）　274
IAEA（国際原子力機関）　479-80, 482-3, 485
IISS（国際戦略研究所）　230, 337
IMEMO（世界経済国際関係研究所）　75-6, 362
IMF（国際通貨基金）　127, 283, 320, 507
IOC（国際オリンピック委員会）　257, 261
IS（イスラム国）　465, 489, 494, 505-7, 509, 562, 577
KGB（ソ連国家保安委員会）　21-2, 26, 67, 72-3, 79, 81-3, 93, 97-104, 133, 150-1, 154, 156, 171-2, 180, 184-5, 209, 227, 532, 546, 550, 571, 577
LGBT（レズビアン、ゲイ、バイセクシュアル、トランス・ジェンダー）　464, 583
MD（ミサイル防衛）　212, 224, 534-6, 543
MGIMO（モスクワ国際関係大学）　85, 90, 481
NATO（北大西洋条約機構）　25, 36, 41, 43, 51-2, 120-8, 130, 192, 196-7, 228, 234-5, 267-9, 273, 278, 297-8, 310, 312, 329, 412, 417, 440, 443-4, 446-7, 508-9, 516, 519, 521, 523-4, 536, 542, 552-3, 557, 562, 576, 581, 591-2, 607
――の第五条項　516

ロストフスキイ，ミハイル　573
ロック，ジョン　464
ロックスバフ，アングス　238
ローテンベルク，アルカージイ　111-2
ローテンベルク，ボリス　111-2
ロハニ，ハッサン　39, 467, 485-6
ロボフ，オレグ　66
ローマ法王　168

## ワ

ワイノ，アントン　83, 85-6

ミローノフ，ニコライ　609-10
ミンチェンコ，エブゲーニイ　563

ムトコ，ビタリー　261
ムロフ，エフゲーニイ　83

メイ，テリーザ　254, 445
メドベージェフ，ドミートリイ　48, 53-5, 68, 73, 80-1, 93, 106, 110, 142, 159-61, 237, 249, 267-70, 277, 288, 292, 295, 352-4, 356, 360, 381, 390, 393, 405, 408, 434, 441, 457, 528, 530-2, 534-7, 542, 546, 584
メドベージェフ，ワジム　70
メルケル，アンゲラ　72, 254, 304, 330, 431, 439, 452, 456-8, 462, 570, 592

モロトフ，ヴャチェスラフ　239

## ヤ

ヤクーニン，ウラジーミル　83
ヤーコブレフ，アレクサンドル　69, 167
ヤーコブレフ，ディーマ　544, 567
谷内正太郎　67
ヤヌコビッチ，ビクトル　31, 152, 192, 194-5, 291-6, 307, 320
ヤノフスキイ，アナトーリイ　377, 383
ヤブリンスキイ，グリゴーリイ　57-8, 78, 105, 167

湯川遙菜　489
ユーシチェンコ，ビクトル　192, 291
ユマシェフ，ワレンチン　71
ユルゲンス，イーゴリ　275, 285
ユング，カール・グスタフ　585
ユンケル，ジャン=クロード　462

吉岡明子　338-9
ヨッフェ，グリゴーリイ　280
ヨッフェ，ジュリア　111

## ラ

ライス，コンドリーザ　91, 143, 145, 443
ラスウェル，ハロルド　585-6
ラトゥイニナ，ユリア　361
ラブロフ，セルゲイ　21-2, 55, 68, 76-7, 87, 90-3, 239, 295, 449, 491, 527, 566, 574, 577, 579-80, 607
ラムズフェルド，ドナルド　436
ラーリン，ビクトル　336, 346, 351, 358, 420
ラール，アレクサンドル　436

李克強　381, 392
リップマン，マーシャ　46, 59
リトヴィノフ，マキシム　62-3, 174, 177
リトビネンコ，アレクサンドル　102, 237

ルィプキン，イワン　66
ルカシェンコ，アレクサンドル　265, 279-81
ルーカス，エドワード　554-5
ルキヤーノフ，フョードル　115, 119-20, 141, 168, 178, 237, 263-4, 273, 284, 291, 317, 331, 336, 399, 411, 421, 564, 567, 572-3, 579, 583, 603, 610
ルーキン，ウラジーミル　74
ルシコフ，ユーリイ　67
ルシャイロ，ウラジーミル　66-7
ルスト，マチアス　95
ルトランド，ピーター　311
ルトワック，エドワード　266
ルペン，マリーヌ　453

レーガン，ロナルド　117, 582
レグボルト，ロバート　144-5, 533, 554
レーニン，ウラジーミル　28, 62, 94, 98, 129, 173-5, 232-3, 313, 322, 442, 472, 507, 592
レベジ，アレクサンドル　66-7
レーベジェフ，アンドレイ　232
レムニック，デービッド　526
レンツィ，マッテオ　462

ロー，ボボ　46, 59, 128, 278, 358, 366, 380, 393, 410, 414
ロウリー，リチャード　399
ロゴージン，ドミートリイ　105

ブッシュ Sr.，ジョージ・H・W　42, 121, 551
ブラウン，アーチー　69, 235
フラトコフ，ミハイル　99, 210
プラトン　598
ブランク，ステフェーン　403-4, 414
フリステェンコ，ビクトル　275
フリードマン，ジョージ　609
フリードマン，トーマス　180-1
プリマコフ，エフゲーニイ　21, 50-2, 67, 70, 72, 76, 87, 102, 113, 131-4, 478, 552
フリン，マイケル　574-6, 578
フルシチョフ，ニキータ　37, 162, 213, 296, 327, 359, 471-4
フルシチョフ，ニーナ　162
フルマン，ドミートリイ　161
フルリョーフ，アナトーリイ　212
ブレア，トニー　438-40
ブレジネフ，レオニード　76, 83-4, 117, 136, 161, 241, 257, 605, 608
ブレジンスキー，ズビグネフ　266, 291
プレーベ，ヴャチェスラフ　497
フロイト，ジークムント　188, 585
プロス，シドニー　605
プロポーニン，アレクサンドル　356
フローロフ，ウラジーミル　500, 568

ヘイリー，ニッキー　589
ベイル，ジョーン　150
ベシカトーワ，アナスタシヤ　393
ペスコフ，ドミートリイ　313, 565, 578, 580
ペトロフ，ニキータ　84, 216
ペトロフスキー，ウラジーミル　362
ベリャーエフ，アンドレイ　83
ベルコフスキイ，スタニスラフ　84, 189
ベルジャーエフ，ニコライ　334
ベルルスコーニ，シルビオ　439-40
ペレシューク，ダン　285
ベレゾフスキイ，ボリス　23, 71, 108-10, 244
ペンス，マイク　575

ポチョムキン，ゴリゴーリイ　260, 262-3
ホッブズ，トマス　464
ホドルコフスキイ，ミハイル　80, 109, 259
ホーネッカー，エーリッヒ　26, 151, 156, 172, 295
ホフマン，デービッド　110
ポメランツェフ，ピーター　255-6
ボルジュジャ，ニコライ　66-7, 102
ホールスティ，カレビィ　598
ボルトニコフ，アレクサンドル　68, 93, 295
ポロシェンコ，ペトロ　192-3, 195, 311, 317, 325-6, 495, 518-9
ボロジン，ウラジーミル　246
ボロダフスキイ，アンドレイ　420-1
ホワイト，ブライアン　496

## マ

マキャベリ，ニッコロ　280, 394, 488
マクドナルド，ブライアン　114
マグニツキイ，セルゲイ　543-4
マクフォール，マイケル　160, 178, 447, 539-41, 591-2
マクマスター，ハーバート　576, 578
マケイン，ジョン　133, 564
マースロフ，アレクセイ　420
マッキノン，マーク　555
松本仁一　202
マドゥロ，ニコラス　225
マトロック Jr.，ジャック　124
マドンナ　258
マハティール，モハマド　221
マラシェンコ，アレクセイ　275
マルクス，カール　94, 188, 472, 605
マルゲロフ，ミハイル　264
マルコフ，セルゲイ　75
マルコム，ネイル　48
丸山眞男　185

ミアシャイマー，ジョージ　123
ミグラニヤン，アンドラニク　74
ミッチェル，ジュドソン　16
ミナーキル，パーベル　397-8
ミュラー，ロバート　578
ミレル，アレクセイ　378, 383
ミロニューク，スベトラーナ　249

チェルネンコ，コンスタンチン　117
チェルノムイルジン，ビクトル　70, 223
チトレンコ，ライーサ　162
チャベス，フーゴ　224-5
張成沢　375, 593
チュバイス，アナトーリイ　70, 108

ツベトコフ，イワン　565, 579

ティムチェンコ，ゲンナージイ　23, 111-2
ティモシェンコ，ユーリヤ　291
ティラーソン，レックス　502-4, 588-9, 602
テフト，ジョン　239

ドゥーギン，アレクサンドル　284
ドストエフスキイ，フョードル　432-3
トハチェフスキイ，ミハイル　94
ドブルイニン，アナトーリイ　70
トランプ，ドナルド　41-3, 197, 252-3, 308, 458, 464, 486, 500-3, 506-7, 534, 548-9, 559-82, 585, 588-93, 600-3
トルストイ，レフ　304
トルトネフ，ユーリイ　357
トレーズマン，ダニエル　199
トレチャコフ，ビタリー　246
トレーニン，ドミートリイ　87, 115, 118-9, 122, 125, 141, 161, 190-1, 198, 202, 302, 336, 338, 363, 403, 418, 427-9, 468, 477, 481, 499, 526, 529, 610-1
トロラーヤ，ゲオールギー　424

## ナ

ナイ，ジョゼフ　29, 232, 234, 240, 404, 410
ナヴァーリヌイ，アレクセイ　163-4, 250-1
名越健郎　192
ナザルバエフ，ヌルスルタン　265, 282, 284
ナセル，ガマル　473
ナポレオン，ボナパルト　128, 497

ニクソン，リチャード　578
ニコノフ，ヴャチェスラフ　75, 239
ニコルソン，ハロルド　104, 174

ネグロポンテ，ジョン　90
ネムツォフ，ボリス　57, 70, 105, 163, 316
ネルー，ジャワハルラール　473

ノヴァク，アレクサンドル　378
ノッジ，ジョセフ　16

## ハ

袴田茂樹　184, 532
橋本龍太郎　51
ハズブラートフ，ルスラン　70
パットナム，ロバート　18
パトルシェフ，ニコライ　66-8, 73, 93, 99, 210, 295
バニク，チャールズ　543
バーニン，アレクサンドル　377
ババエワ，スベトラーナ　56, 58, 78
パブロフスキイ，グレプ　75, 152
パラマノフ，ウラジーミル　410
ハン，チンギス　416
ハンチントン，サミュエル　291, 435, 555
パンフィーロフ，オレグ　246

ビアラー，セベリン　16
ピオントコフスキイ，アンドレイ　46, 58, 163
ビスマルク，オットー・フォン　602
ビットナー，ヨッヘン　458
ヒトラー，アドルフ　128, 251, 268, 497, 561
ピュロス王　297
ピョートル大帝　48, 129, 227, 502, 606
ヒル，フィオナ　114, 308, 345-7, 422, 576-7
ビンラディン，ウサマ　144

胡錦涛　360, 409
フェリゲンガウエル，パーベル　286, 578
フセイン，サダム　149, 475, 478, 491
プーチン，カテリーナ　440
プーチン，マリア　440
フッシマン，ミハイル　563
ブッシュ Jr.，ジョージ・W　23, 25, 38, 41-2, 91, 107, 119, 143, 148, 150, 192, 224, 438, 440, 478, 484, 528, 534-6, 538, 551-3

ゴルバチョフ，ミハイル　21, 26, 38, 50-2, 61, 69-70, 74, 76, 94-5, 100, 117, 121-2, 145, 162, 170, 172, 213, 243, 245, 249, 327, 329-30, 433-4, 446, 473-4, 478, 551, 571, 582
コレスニコフ，アンドレイ　168, 199, 296, 496-9, 521

## サ

サアカシェビリ，ミヘイル　158
ザカリア，ファリード　562
サクワ，リチャード　152
佐々木孝博　417
ザハルチェンコ，アレクサンドル　310
ザハロワ，マリヤ　449
サービス，ロバート　198, 297
サルコジ，ニコラ　440, 462

習近平　35, 37, 365, 381, 394-6, 461, 503, 593
シェフツォーワ，リリヤ　97, 132, 184, 286-7
シェール，ジェームズ　128, 315
シェワルナゼ，エドアルド　50, 69
シーガル，ジェラルド　337
シモニア，ノダリ　76
シモニヤン，マルガリータ　231, 253-4, 561, 590
ジャクソン，ヘンリー　543
ジヤチェンコ，タチヤーナ　71, 108
ジャック，アンドルー　436
シャフナザーロフ，ゲオルギイ　69
シャポシニコフ，エフゲーニイ　66
シャロフ，ラフ　246
ジュガーノフ，ゲンナージイ　66, 105, 108
ジューコフ，ゲオールギイ　94
シュタインマイヤー，フランク＝ウォルター　452, 457
シュマッハー，エルンスト・F　302
シュミット，カール　185
シュレーダー，ゲルハルト　72, 439-40
シュワルナゼ，エドアルド　21, 50, 69
ショイグ，セルゲイ　68, 93, 295, 354, 491, 501-2
シラク，ジャック　439-40
シラペントフ，ウラジーミル　414
ジリノフスキイ，ウラジーミル　105

ズガーリ，ミハイル　494, 537, 539
スクヴォルツォフ，ヴェロニカ　344
スコーコフ，ユーリイ　66
スースロフ，ミハイル　136, 590
スタノーバヤ，タチヤーナ　78, 84
スターリン，ヨシフ　62, 94, 168, 174, 187, 233, 249-50, 268, 271, 342, 472, 555, 605
スティング　258
ステパーシン，セルゲイ　70, 102
ステント，アンゲラ　122, 546
ストロカン，セルゲイ　468, 481, 519
ストーン，オリバー　122, 545
スノーデン，エドワード　544-6
スパイサー，ショーン　548
スリコフ，ビクトル　202
スルコフ，ウラジスラフ　93, 136-7, 468, 481

セーチン，イーゴリ　73, 99, 210
セッションズ，ジェフ　575
セルグーニン，アレクサンドル　240
セルゲーエフ，イーゴリ　95
セルジュコフ，アナトーリイ　211, 227-8

ソコーロフ，セルゲイ　94
ソビャーニン，セルゲイ　80-1
ソボロフ，ワレンチン　66
ソルジェニーツィン，アレクサンドル　164
ソロス，ジョージ　154, 462

## タ

タグリヴィーニ，ハイディ　158
タブロフスキイ，ユーリイ　402, 415
タルボット，ストローブ　297, 496

チェメゾフ，セルゲイ　209-11
チェルケソフ，ビクトル　73, 99, 210
チェルニャーエフ，アナトーリイ　69

## カ


ガイダル，エゴール　70
カスパロフ，ガリ　163, 180
カーター，ジミー　207-8, 291
カダフィ，ムアマル　151, 491
カチカエバ，アンナ　246
ガディ，クリフォード　114, 345-7, 422, 576
嘉納治五郎　180
ガブリエル，シグマール　452
カラガーノフ，セルゲイ　74, 113-5, 120-1, 389, 510
カラシニコフ，ミハイル　201-2, 204, 212, 224
ガルシカ，アレクサンドル　357
カルブ，マービン　297, 304
ガレオッティ，マーク　93, 311, 324, 331-2, 573
河東哲夫　75
カント，イマニュエル　535

キスリャク，セルゲイ　574-7, 579
キセリョフ，ドミートリイ　29, 249-52, 453
キッシンジャー，ヘンリー　99
金正恩　375, 589, 593
金正男　593
キャメロン，デービッド　445, 447
ギュレン，フェトフッラー　520, 522
キリエンコ，セルゲイ　70

クシュナー，ジャレッド　576
グシンスキイ，ウラジーミル　109-10, 244
グスタフスン，サネ　49
クチンズ，アンドリュー　194, 414
クドリン，アレクセイ　73, 353
クナーゼ，ゲオールギイ　342, 362
グボスドフ，ニコラス　526
クラウゼヴィッツ，カール・フォン　26, 62-3, 173-4, 177, 498, 505
グラチョフ，パーベル　95
グラッサー，スーザン　90
グラハム，トーマス　448
クラフツェフ，イワン　512
クランシー，トム　488
クリュチコフ，ウラジーミル　98-9, 102
クリントン，ヒラリー　139, 153, 252, 336, 360, 527, 547-8, 561-2, 564-5, 568, 573, 577, 587
クリントン，ビル　42, 221, 223, 551-2
グレーヴィッチ，ヴェーラ　170
グレフ，ゲルマン　73, 246
グロムイコ，アンドレイ（ロシア科学アカデミー付属欧州研究所所長）　459
グロムイコ，アンドレイ（旧ソ連外相）　90-1, 459
クワシニン，アナトーリイ　95-6

ケイオハン，ロバート　404, 410
ケーガン，ロバート　442
ゲーツ，ロバート　119
ゲッペルス，ヨーゼフ　251
ケナン，ジョージ・F　122-4, 129
ケネディ，ポール　307
ゲラシーモフ，ヴァレーリイ　32, 175-6, 249, 314, 502
ゲラセフ，ミハイル　202
ケリー，ジョン　254

ゴア，アル　223
小泉純一郎　356
小泉悠　324
コウミー，ジェームズ　577
ココーシン，アンドレイ　66-7
コザク，ドミトリー　73
コサチョフ，コンスタンチン　579
コスィリョフ，ドミートリイ　410
コーズィレフ，アンドレイ　51, 72, 86-7, 131-2, 551
コスチコフ，ビャチェスラフ　70
後藤健二　489
コール，ヘルムート　121
ゴルコフ，セルゲイ　576
コルジャコフ，アレクサンドル　71
ゴルディエフスキー，オルグ　102
コルトゥーノフ，アレクサンドル　94, 183
コルトゥーノフ，アンドレイ　266, 278
ゴールドマン，マーシャル　82, 238
コールトン，ティモシー　165

# 人名索引

本文（はじめに、第1～17章、おわりに）に登場する主要な登場人物を対象とした（ただし、頻出するウラジーミル・プーチン本人は除く）。


## ア

アコポフ，ピョートル　305, 308, 310-1
アザ，マハムート　499
アサド，バッシャール　38, 40, 42, 489, 491-4, 500-7, 509, 522-3, 549, 562, 588-9, 601-2
アサド，ハーフェズ　489
アスパチュリアン，ヴェルノン　599
アデナウアー，コンラート　173
アドマニス，マーク　179, 199, 366, 384-6
アドラー，アルフレッド　585
アフマディネジャド，マフムード　39, 467, 480-5
アブラモビッチ，ローマン　110, 246
安倍晋三　67, 401, 583
アルバッツ，エフゲニア　565
アルバートフ，アレクセイ　115, 426, 540-2, 546
アレクサシェンコ，セルゲイ　177-8, 199
アレクサンドル二世　606
アロン，レオン　138, 178-9, 199
アントノフ，アナトーリイ　577
アンドロポフ，ユーリイ　99, 117, 183-4, 513, 582

イシャーエフ，ビクトル　355-7
猪木正道　585
イノゼムツェフ，ウラジスラフ　163, 287-8, 402, 421
イラリオーノフ，アンドレイ　163
イリイナ，ニーナ　570
イワノフ，アレクサンドル　81
イワノフ，イーゴリ　56-7, 66, 70, 84, 87, 142, 144, 149, 444
イワノフ，セルゲイ　22, 56-7, 66, 68, 73, 81-5, 93, 95, 99, 102, 144, 210-1, 224, 295
イワノフ，ビクトル　83

ヴァルニッヒ，マティアス　155
ウィルソン，ジャンヌ・L　240
ウィルソン，ロバート・アントン　560, 568
ウォーカー，エドワード　488
ヴォローシン，アレクサンドル　80
ウシャコフ，ユーリイ　531
ウスマノフ，アリシェル　246
ウリュカエフ，アレクセイ　378

エアハルト，ルードヴィヒ　173
エカテリーナ女帝　48, 260
エリツィン，ボリス　21, 23, 26, 38, 47, 50-2, 61, 63, 65-7, 69-72, 74, 80, 82, 86-7, 95, 98, 100, 102, 107-9, 117, 126-7, 131, 133, 145, 170, 178, 186, 213, 223, 237-8, 241, 296, 327, 329-30, 349, 358, 362, 412, 434, 438, 446, 473-4, 551, 582
エルドアン，レジェップ　40, 183, 511-4, 518-21
エンゲルス，フリードリッヒ　604

オガルコフ，ニコライ　183
オノ，ヨーコ　258
オバマ，バラク　41-3, 112, 119, 137, 179, 197, 260, 296, 360, 457, 464, 486, 491-2, 501, 503, 507, 519, 522, 525-31, 533-9, 541-3, 545-51, 554, 562-7, 570-1, 573-4, 576, 582, 588-9, 591-2, 601, 603
オライリー，ゲイビン　248
オランド，フランソワ　260, 462
オレシキン，ドミートリイ　125, 277

## 著者紹介


木村 汎（きむら・ひろし）

1936年生まれ。京都大学法学部卒。米コロンビア大学 Ph.D. 取得。北海道大学スラブ研究センター教授、国際日本文化研究センター教授、拓殖大学海外事情研究所教授を経て、現在、北海道大学および国際日本文化研究センター名誉教授。専攻はソ連／ロシア研究。主な著書として、『ソ連式交渉術』（講談社）、『総決算　ゴルバチョフ外交』（弘文堂）、『ボリス・エリツィン』（丸善ライブラリー）、『プーチン主義とは何か』（角川 one テーマ 21）、『遠い隣国』（世界思想社）、『新版　日露国境交渉史』（角川選書）、『プーチンのエネルギー戦略』（北星堂）、『現代ロシア国家論――プーチン型外交』（中央公論叢書）、『メドベージェフ vs プーチン――ロシアの近代化は可能か』『プーチン――人間的考察』『プーチン――内政的考察』（藤原書店）、『プーチンとロシア人』（産経新聞出版）など多数。2016年、第32回正論大賞受賞。



**プーチン　外交的考察《がいこうてきこうさつ》**

2018年3月10日　初版第1刷発行©

著　者　木　村　　汎

発行者　藤　原　良　雄

発行所　株式会社　藤　原　書　店

〒162–0041　東京都新宿区早稲田鶴巻町523
電　話　03（5272）0301
ＦＡＸ　03（5272）0450
振　替　00160‐4‐17013
info@fujiwara-shoten.co.jp

印刷・製本　中央精版印刷

落丁本・乱丁本はお取替えいたします
定価はカバーに表示してあります

Printed in Japan
ISBN978-4-86578-163-2